Staat - Kirche - Volksschule im Reussenland

Studien zur Religiösen Bildung (StRB)

Herausgegeben von
Michael Wermke und Thomas Heller

Band 9

Sylvia E. Kleeberg-Hörnlein

Staat - Kirche - Volksschule im Reussenland

Teil 1: Eine vergleichende Mikrostudie zur Entwicklung der Schulaufsichtsfrage in den Fürstentümern Reuss älterer Linie (1778–1918) und Reuss jüngerer Linie (1848–1918) unter den Bedingungen des langen 19. Jahrhunderts

EVANGELISCHE VERLAGSANSTALT
Leipzig

Bibliographische Information der Deutschen Nationalbibliothek
Die Deutsche Nationalbibliothek verzeichnet diese Publikation in der Deutschen Nationalbibliographie; detaillierte bibliographische Daten sind im Internet über http://dnb.dnb.de abrufbar.

Printed in Germany · H 8022

Das Buch wurde auf alterungsbeständigem Papier gedruckt.

Cover: Kai-Michael Gustmann, Leipzig
Coverbild: Jan-Peter Kasper, Jena
Satz: Sylvia E. Kleeberg-Hörnlein/Christina Koch, Jena
Druck und Binden: Hubert & Co., Göttingen

ISBN 978-3-374-04181-7
www.eva-leipzig.de

Inhalt

Teil I: Einleitung

Teil II: Die Entwicklung der Schulaufsichtsfrage im Fürstentum Reuss älterer Linie von 1778 bis 1918

Teil III: Die Entwicklung der Schulaufsichtsfrage im Fürstentum Reuss jüngerer Linie von 1848 bis 1918

V. Teil: Quellen- und Literaturverzeichnis

Teil I: Einleitung

1 Untersuchungsparameter

1.1 Problemstellung

> »Das Staatskirchenrecht (oder: Religionsverfassungsrecht) stellt den Teil des staatlichen Verfassungsrechts dar, der die Beziehungen des Staates zu den Kirchen und anderen Religionsgemeinschaften regelt. Das Verhältnis von Staat und Religionsgemeinschaften ist zu allen Zeiten und in allen Ländern immer auch ein Rechtsproblem. Der Staat ist Herr der weltlichen Rechtsordnung, versteht sich als Hüter des Friedens. Er nimmt seine Einwohner als Bürger in Anspruch. An dieselben Menschen richten sich religiöse Botschaften, die auch das Handeln der Menschen in der Welt betreffen. [...]. Das Verhältnis von Staat und Kirche (oder Religionsgemeinschaften) im Sinne eines geordneten Gegenübers von weltlichem Gemeinwesen und rechtlich selbständigen Religionsverbänden ist eine Besonderheit der christlich-abendländischen Welt, denn gerade das Christentum hat diese Unterscheidung hervorgebracht.«[1]

In dieser Äußerung des bekannten Kirchenrechtlers Axel von Campenhausen zum Staats-Kirchen-Verhältnis in der Bundesrepublik Deutschland wird das Problemfeld sehr gut verdeutlicht, in dem sich dieses Verhältnis stets bewegt hat und bewegt: dem doppelten Herrschaftsanspruch. Dieser ergab und ergibt sich traditionell daraus, dass der Landeseinwohner einerseits vom Staat – als Herrn der weltlichen Ordnung – als Bürger und andererseits von den christlichen Kirchen – als traditionellen Herren der geistlichen Ordnung – als Gläubiger beansprucht wird. Dass dadurch eine »Auseinandersetzung, Abgrenzung und Spannung«[2] zwischen Staat und Kirche(n) hervorgerufen wurde und wird, hat in der Vergangenheit immer wieder zu der Notwendigkeit geführt, Regelungen zur genauen Festlegung der Rechte und Pflichten beider Größen an den Bewohnern des Staates zu treffen. Ein Gesellschaftsbereich der von diesen Auseinandersetzungen stets in besonderem Maße betroffen war, war das Schulwesen, das erst im Laufe des »langen 19.

---

1 Campenhausen: Staat. 123.

2 Campenhausen: Staat. 123.

Jahrhunderts«[3] in den deutschen Territorien mehr oder weniger vollständig unter die Aufsicht des Staates bzw. der bürgerlichen Gemeinden gestellt wurde.[4] Den Endpunkt dieser Entwicklung stellten die Bestimmungen der Weimarer Reichsverfassung aus dem Jahre 1919 dar, die zur Beendigung des Staatskirchentums und so zur Trennung von Staat und Kirche sowie zur vollständigen Unterstellung der Schule unter die staatliche Aufsicht führten. Damit wurde ein Prozess beendetet, der eine Entwicklung der Schulaufsichtsfrage widerspiegelt, zu der es im gesamten deutschen Reich Tendenzen gab. Angesichts dessen stellt sich die Frage nach der territorialen Kirchen- und Volksschulentwicklung[5] der deutschen Länder bis 1919.

I.2 FRAGE- UND ZIELSTELLUNG

Die folgende Untersuchung wird als eine historisch-systematische und vergleichende Mikrostudie zwischen den Fürstentümern Reuß älterer Linie und Reuß jüngerer Linie durchgeführt. Sie zielt darauf ab, der Entwicklung der Schulaufsichtsfrage und damit des Staats-Kirchen-Volksschul-Verhältnisses[6] im langen 19. Jahrhundert im Reußenland nachzuspüren. Die dafür notwendige Fragestellung ist folgende:

---

3 Wenn in der Folge vom ›langen 19. Jahrhundert‹ gesprochen wird, ist darunter in der Regel der Zeitraum von 1789 bis 1918, das heißt von der Französischen Revolution bis zum Ende des Ersten Weltkrieges gefasst. Die einzige Abweichung findet in Bezug auf die reußischen Territorien statt, wobei der Terminus ›langes 19. Jahrhundert‹ den Zeitraum von 1778 bzw. 1848 bis 1918 beschreibt.

4 Vgl. HERRMANN: Kirchengeschichte. 518.

5 Der Volksschulbegriff in dieser Untersuchung folgt nachstehender Definition: »Aus den zahlreichen Schularten um 1800 [...] haben sich im Verlaufe des 19. Jahrhunderts, bedingt durch die enorm ansteigende ökonomische Entwicklung, zwei verschiedene Grundtypen des allgemeinbildenden Schulwesens herauskristallisiert. [...] Für diesen Grundtypus hat sich die Bezeichnung ›höheres‹ beziehungsweise ›mittleres‹ Schulwesen eingebürgert. Der andere umfaßt alle übrigen – das sind zugleich alle niederen – Arten von allgemeinbildenden Schulen. Für diesen Grundtypus ist die Bezeichnung Volksschulwesen, kurz *Volksschule* genannt, [...] gebräuchlich geworden.« (MENZEL: Anfänge. 8f.).

6 Im Rahmen dieser Untersuchung wird *Staats-Kirchen-Volksschul-Verhältnis* bzw. in Abwandlung *Staats-Kirchen-Verhältnis, Kirchen-Volksschul-Verhältnis* und *Staats-Volksschul-Verhältnis* je als eigener Terminus verwendet, um so zu kennzeichnen welche Beziehungsstruktur im Fokus steht.

Wie entwickelte sich die Schulaufsichtsfrage in den reußischen Territorien in dem Zeitraum von 1778/1848 bis 1918 unter den Bedingungen des modernen Verfassungsstaates und der Entstehung eines Schulsystems?

Es wird darum gehen, an den beiden reußischen Staaten herauszuarbeiten, inwiefern der Protestantismus selbst in diesen Territorien eine Rolle für die Entstehung der staatlichen Schulaufsicht und für einen Bedeutungsverlust religiöser Bildungsinhalte bis hin zu einer Trennung von Kirche und Staat gespielt hat. Die Einsicht, dass es bei der Frage nach der Schulaufsichtsentwicklung und damit der Betrachtung der strukturellen Entwicklung der Beziehungen von Staat, Kirche und Volksschule um institutionelle Zuständigkeiten geht, die sich rechtlich fassen lassen, rückt die Verwaltungs- und Rechtsverhältnisse in den reußischen Staaten in den Fokus.[7] Entsprechend wird diese Untersuchung Folgendes leisten:

1 die Analyse und Interpretation des strukturellen Verhältnisses der drei Größen Staat, Kirche und Volksschule zueinander. und zwar für die beiden Fürstentümer in seinen historischen, verwaltungsmäßigen und rechtlichen Beziehungen im langen 19. Jahrhundert;
2 die Frage beantworten, ob überhaupt, wohin und warum, d.h. aufgrund welcher Faktoren sich die Schulaufsichtsfrage im Reußenland entwickelte, und
3 klären, inwieweit die Entwicklungen im Reußenland im langen 19. Jahrhundert den ›allgemeindeutschen‹ Entwicklungstendenzen in dieser Zeit entsprachen.

---

7 Die Fragestellung dieser Untersuchung eröffnet ein größeres Problemfeld. Zu dessen ausführlicher Beantwortung könnten jeweils eigene Untersuchungen zur Ideengeschichte, zu den Bereichen der Industrialisierung und Wirtschaftsentwicklung bzw. Ausdifferenzierung des modernen Kapitalismus, zur gesellschaftlichen Politisierung und Herausbildung eines vielfältig differenzierten Vereinswesens, zur weltanschaulichen Pluralisierung, zur Veränderung des sozialen Gesellschaftsgefüges durch neue Wirtschaftsbedingungen und Verstädterung u.ä. fruchtbar gemacht werden. Der Fokus liegt hier jedoch anders.

1.3 FORSCHUNGSSTAND UND QUELLENLAGE

Eine Untersuchung, wie es die vorliegende ist, die sich in ihrem Schwerpunkt mit den rechtlichen und verwaltungsmäßigen Entwicklungen im Staats-Volksschul-, Staats-Kirchen- und Kirchen-Volksschul-Verhältnis vor dem Hintergrund der spezifischen Entwicklungen der Landes-, Kirchen- und Volksschulgeschichte der beiden reußischen Fürstentümer auseinandersetzt, existiert bisher noch nicht. Neben zahlreichen Publikationen zur Landes-, Volksschul-, Kirchen-, Wirtschafts- und Herrschergeschichte finden sich nur wenige Arbeiten zu rechtlichen Themen und keine, die die Entwicklung der Schulaufsichtsfrage im Reußenland im langen 19. Jahrhundert explizit thematisiert. Die bisherigen Veröffentlichungen fokussieren meist das Staats-Kirchen-Verhältnis oder die Volksschul- und Lehrerbildungsgeschichte und streifen das Staats-Volksschul- oder Kirchen-Volksschul-Verhältnis lediglich. Im Folgenden werden einige dieser Veröffentlichungen in chronologischer Reihenfolge kurz vorgestellt.

Neben systematischen Arbeiten existieren mehrere Veröffentlichungen zur Gesetzeslage oder auch Darstellung der Verwaltungsverhältnisse im Reußenland. Dazu gehören für das Fürstentum Reuß jüngerer Linie JULIUS ALBERTIS Repertorien der geltenden Gesetze aus den Jahren 1860, 1863, 1873, 1883, 1893, 1901 und 1912,[8] die Darstellung des Staatsrechts von KARL MÜLLER aus dem Jahre 1884[9] sowie der Band von OTTO STEINHÄUSER und GUSTAV KALB zum Volksschulrecht aus dem Jahre 1898.[10] Für das Fürstentum Reuß älterer Linie existiert von OTTO LIEBMANN ein Band zum Staatsrecht aus dem Jahre 1884[11] und die von ALFRED RESCH 1910[12] und 1914[13] in zwei Bänden veröffentlichte Schulgesetzsammlung. Eine Darstellung des Staats- und Verwaltungsrechts beider reußischen Fürstentümer liefert der Band von PAUL SCHLOTTER aus dem Jahre 1909.[14] Eine auf rechtlichen Quellen beruhende

---

8 Vgl. ALBERTI: Repertorium (1860); ALBERTI: Repertorium (1863).; ALBERTI: Repertorium (1873); ALBERTI: Repertorium (1883); ALBERTI: Repertorium (1893); ALBERTI: Repertorium (1901); ALBERTI: Repertorium (1912).

9 Vgl. MÜLLER: Staatsrecht.

10 Vgl. KALB/STEINHÄUSER (Hrsg): Volkschulrecht.

11 Vgl. LIEBMANN: Staatsrecht.

12 Vgl. RESCH: Schulgesetzsammlung (1910).

13 Vgl. RESCH: Schulgesetzsammlung (1914).

14 Vgl. SCHLOTTER: Verwaltungsrecht.

Übersicht zum Verwaltungsaufbau beider Fürstentümer bietet der Band von ULRICH HESS zur Behördenorganisation Thüringens von 1993.[15]

Aus dem Bereich der Rechtsgeschichte ist der Band des Juristen RUDOLF ZEISSNER aus dem Jahre 1915 zu nennen.[16] Er betrachtet das Staats-Kirchen-Verhältnis in Reuß jüngerer Linie und zwar von der Reformation bis zum Ende des 19. Jahrhunderts. Neben der Vorstellung der rechtlichen Grundlagen dieses Verhältnisses liefert der Autor eine Interpretation der institutionellen Ausgestaltung der Staats-Kirchen-Beziehung unter Beachtung der historischen Hintergründe, geht jedoch kaum auf das Volksschulwesen ein.

Die einzige umfangreichere historisch-systematische Arbeit zum Volksschulwesen, genauer zur Entwicklung des Volksschullehrerstandes im Fürstentum Reuß jüngerer Linie, stammt von dem Realoberlehrer und Stadtarchivar von Gera, ERNST PAUL KRETSCHMER, und wurde im Jahre 1927 erstmals veröffentlicht.[17] Darin zeichnet der Autor einerseits die Geschichte der beiden Lehrerseminarien in Schleiz und Gera und andererseits einen Teil der Professionsgeschichte des Lehrerstandes auf der Grundlage rechtlicher und historiographischer Quellen nach. Entsprechend liegt mit dieser Veröffentlichung die einzige Arbeit vor, die einen wichtigen Beitrag zur Geschichte der Entwicklung der Schulaufsichtsfrage im Fürstentum Reuß jüngerer Linie liefert und eine ähnliche Ausrichtung zeigt, wie die anschließende Untersuchung.

Eine Forschungsarbeit unter einem etwas anderen Blickwinkel liefert der Historiker KARL-FERDINAND LOHE mit seinem Band aus dem Jahre 1937 über die staatsrechtliche Stellung der Landesregierung und Volksvertretung sowie deren Auseinandersetzung miteinain Reuß älterer Linie in den Jahren 1867 bis 1918.[18] Diese historisch-systematisch angelegte Untersuchung zielt darauf ab »die wechselseitigen Beziehungen zwischen Regierenden und Regierten, [...]«[19] darzustellen. LOHE geht zwar ebenfalls auf die rechtlichen Grundlagen für die von ihm betrachteten Schwerpunkte ein, untersucht grundsätzlich aber weniger ein Verhältnis zwischen zwei institutionellen Größen, sondern fragt vielmehr historisch-soziologisch nach den Machtverhältnissen von Staat und Volk und wie sie sich anhand der Gesetzesdiskussionen zwischen Landesherrn und Landtag zeigten. In LOHES Untersuchung

15 Vgl. HESS: Geschichte Thüringens. 50–52, 119–124.

16 Vgl. ZEISSNER: Staat.

17 Vgl. KRETSCHMER: Geschichte.

18 Vgl. LOHE: Stellung.

19 LOHE: Stellung. XV.

geraten die Kirchen- und Schulangelegenheiten lediglich als gesellschaftspolitisch bedeutende Bereiche in den Blick. Dementsprechend geht er nur auf ausgewählte Themen ein, die er anhand eines kurzen Verweises auf die Rechtslage und einer anschließenden Darstellung der um sie geführten politischen Debatten behandelt.[20]

Eine ebenfalls historische Arbeit liegt mit dem 1938 veröffentlichten Aufsatz des Theologen und Geraer Superintendenten HEINRICH BERTHOLD AUERBACH zur Geschichte des landesherrlichen Kirchenregiments in Reuß jüngerer Linie vor.[21] Diese kirchenhistorische Darstellung des Staats-Kirchen-Verhältnisses unter historisch-systematischen Aspekten liefert mit ihrem Fokus zwar einen sehr interessanten Beitrag zur reußischen Kirchengeschichte, geht jedoch nicht nennenswert auf die Volksschule ein.

Der Jurist HANS GEORG ZU SCHOENAICH CAROLATH liefert in seinem 1938 erschienenen Band über das landesherrliche Kirchenregiment in Reuß-Greiz eine auf rechtlichen Quellen basierende Untersuchung.[22] Darin setzt er sich mit dem »Verhältnis der Landesherren zu der Kirche ihres Herrschaftsgebietes«[23] auseinander. Neben den staatsrechtlichen Grundlagen für die verwaltungsmäßige Gestaltung des landesherrlichen Kirchenregiments von 1560 bis 1716[24] gerät auch das Verhältnis von Kirche zu Schule und Staat zu Schule in den Blick. Dies geschieht jedoch lediglich dort, wo es bezüglich des landesherrlichen Kirchenregiments relevant ist, bleibt ansonsten aber in seiner Betrachtung stark begrenzt.

---

20 Dazu gehören im kirchlichen Bereich etwa die Diskussion um ein Dissidentengesetz (vgl. 110–115), die Sonn- und Festtagsheiligung (vgl. 115–117), die gesetzliche Regelung des Tanzwesens (vgl. 117–121), die Änderung des Kirchenregiments (vgl. 121–126) und im schulischen Bereich die Neugestaltung des Lehrerseminars, der Erlass eines Volksschulgesetzes, die finanzielle Schulunterhaltung (vgl. 126–145) sowie die Besoldungen und Pensionen von Lehrern und Geistlichen (vgl. 161–179).

21 Vgl. AUERBACH: Geschichte.

22 Vgl. SCHOENAICH CAROLATH: Kirchenregiment.

23 SCHOENAICH CAROLATH: Kirchenregiment. 22.

24 Dieser Zeitraum wird einerseits durch das Prager Urteil von 1560 begrenzt, dass den Reußen verlorene Gebiete wieder zuerkannte, und andererseits durch die per Konsistorialverordnung von 1716 veranlasste Einführung des halleschen Pietismus als Staatsreligion in Reuß-Obergreiz (vgl. SCHOENAICH CAROLATH: Kirchenregiment. 20–23).

Eine sehr ausführliche Darstellung der Stadtgeschichte Zeulenrodas liegt mit den vier Teilbänden des Zeulenrodaer Stadtarchivars und Historikers FRIEDRICH LORENZ SCHMIDT aus den Jahren 1935, 1937, 1938 und 1953 vor.[25] In den beiden Teilbänden des zweiten Bandes aus den Jahren 1938 und 1953, die den Zeitraum von 1651 bis 1867 behandeln, widmet sich SCHMIDT nicht nur der Darstellung der Stadtverfassungs-, sondern auch der Kirchen-, Schul- und Kulturgeschichte Zeulenrodas, wobei die Darstellungen institutionell-struktureller Zusammenhänge zwischen Staat, Kirche und Volksschule nicht ausbleiben, jedoch auch nicht im Fokus liegen. Dennoch liefert SCHMIDT einen wichtigen Beitrag zur Staats-Kirchen-Volksschul-Geschichte in Reuß-Greiz.

Der Historiker WERNER QUERFELD gewährt in seinem Band aus dem Jahre 1957 zum Kultur- und Vereinsleben der Stadt Greiz im 19. Jahrhundert einen Einblick in dessen städtische Kulturgeschichte.[26] Er beschäftigt sich in erster Linie mit der Schul-, Lehrerbildungs-, Vereins- und Kirchenmusikgeschichte für Greiz unter Heranziehung zahlreichen Quellenmaterials und liefert einen wichtigen Beitrag zur Geschichte der Volksschul-, Lehrerbildungs- und auch Schulaufsichtsentwicklung im Fürstentum Reuß-Greiz unter kulturgeschichtlichem Fokus; dementsprechend geht er nur zu einem geringen Anteil auf die staatlich- oder kirchlich-schulpolitischen Aspekte der Stadtgeschichte ein.

Eine recht umfangreiche Darstellung der Kirchengeschichte im Greizer Land bietet der von der GREIZER SUPERINTENDENTUR im Jahre 2008 herausgebrachte Sammelband zur 800jährigen Geschichte des Christentums in Reuß älterer Linie.[27] Da es darin um die Darstellung der Kirchengeschichte geht, geraten zwar auch das Kirchen-Staats- und das Kirchen-Volksschul-Verhältnis in den Blick, werden jedoch nicht erschöpfend thematisiert.

Als eine der jüngsten Veröffentlichungen zur Geschichte des Fürstentums Reuß älterer Linie im 19. Jahrhundert ist abschließend noch auf den von WERNER GREILING und HAGEN RÜSTER herausgegebenen Tagungsband aus dem Jahre 2013 zu verweisen.[28] Dieser Sammelband enthält zwar Aufsätze zu unterschiedlichen Aspekten der Landes-, Wirtschafts- und Sozialgeschichte, die einen wichtigen Beitrag zur Aufarbeitung der historischen

---

25 Vgl. SCHMIDT: Zeulenroda (1935); SCHMIDT: Zeulenroda (1937); SCHMIDT: Zeulenroda (1938); SCHMIDT: Zeulenroda (1953).

26 Vgl. QUERFELD: Vereinsleben.

27 Vgl. SUPERINTENDENTUR GREIZ (Hrsg): 800 Jahre.

28 Vgl. GREILING/RÜSTER (Hrsg): Reuß.

Entwicklung des Fürstentums im langen 19. Jahrhundert liefern, aber dennoch steht nirgends explizit die Kirchen- oder Volksschulgeschichte bzw. die Schulaufsichtsfrage im Fokus. Einzig im Aufsatz von CHRISTIAN ESPIG zur sozialgeografischen Gliederung des Fürstentums findet sich ein Abschnitt zur religiösen Entwicklung in Reuß älterer Linie[29] und in der biografischen Skizze SVEN MICHAEL KLEINS zu HEINRICH XXII. VON REUSS ÄLTERER LINIE gerät dessen Religiosität und Religionspolitik in den Blick.[30]

Die Ausrichtung des Schwerpunkts der vorgestellten Forschungsarbeiten, die bedeutende Beiträge zur Landes-, Verwaltungs-, Kirchen-, Religions-, Volksschul- und Lehrerbildungsgeschichte liefern, hängt nicht nur eng mit den Verfassern – Theologen, Historiker, Archivare, Juristen – zusammen, sondern auch mit dem Forschungsbereich, für den diese Untersuchungen abgefasst worden sind.

Die vorliegende Untersuchung zur Entwicklung der Schulaufsichtsfrage im Reußenland nimmt einen gänzlich anderen Blickwinkel als die genannten Forschungsarbeiten ein, da sie einen Beitrag im Bereich der historischen Religionspädagogik und damit auch zur historisch orientierten religiösen Bildungsforschung liefert. Die Konzentration auf den Einfluss der Verflechtung von politischen, verfassungsspezifischen, rechtlichen, verwaltungsmäßigen und ideologischen Rahmenbedingungen auf die Entwicklung des Staats-Kirchen-Volksschul-Verhältnisses im langen 19. Jahrhundert stellt im Bereich historischer Forschung zwar keine Neuerung dar, diese Untersuchung gehört jedoch als regionalhistorisch angelegte Mikrostudie zu den relativ neuen Arbeitsfeldern der Historischen Religionspädagogik. Im Folgenden sollen überblicksartig einige bereits existierende Arbeiten aus den Bereichen der Historischen Religionspädagogik, religiösen Bildungsforschung, Historischen Pädagogik und auch Rechtswissenschaft vorgestellt werden, die sich mit dem Zusammenhang der drei Größen Staat, Kirche und Volksschule beschäftigen und eine ähnliche Zielrichtung wie die vorliegende Untersuchung verfolgen.

Gleich zu Anfang ist auf die im Bereich der Historischen Pädagogik angesiedelte und 1973 erstmals veröffentlichte Forschungsarbeit von CHRISTA BERG zur preußischen Volksschule von 1872 bis 1900 zu verweisen.[31] In dieser Untersuchung widmet sich BERG der Umstrukturierung des preußischen Volksschulwesens ab Erlass des Schulaufsichtsgesetzes 1872 und betrachtet die »Schule als Gegenstand eines staats-, kirchen- und parteipolitischen

29 Vgl. ESPIG: Gliederung. 225–228.

30 Vgl. KLEIN: Skizzen. 275, 277.

31 Vgl. BERG: Okkupation.

Interessenkonflikts«.[32] Aufgrund ihrer sehr differenzierten Darstellung der im letzten Drittel des 19. Jahrhunderts geführten Auseinandersetzungen zwischen evangelischer und katholischer Kirche, Parteien, der Lehrerschaft und auch dem Gesetzgeber, liefert die Autorin mit ihrer Mikrostudie einen sehr aufschlussreichen Beitrag zur preußischen Schulaufsichtsgeschichte. Sie zeigt deutlich, dass die Volksschule auch an der Wende zum 20. Jahrhundert durchaus noch zwischen Staat und Kirche bzw. Politik und Religion stand.

Die 1995 erstmals veröffentlichte religionspädagogische Habilitationsschrift »Religion – Bildung – Schule« von HORST F. RUPP stellt eine historisch-systematisch angelegte Studie zur Entwicklung des Verhältnisses von Religion, Bildung und Schule in der deutschen Geschichte der Neuzeit dar.[33] RUPP betrachtet darin nicht nur die Entwicklung des neuzeitlichen Bildungsbegriffs unter unterschiedlichen philosophischen und theologischen Prämissen, sondern setzt sich auch mit der historischen und institutionellen Entwicklung des niederen und höheren Schulwesens, vornehmlich in Preußen, auseinander, um die Verbindung zwischen dem Verhältniswandel des Bildungsverständnisses, des Religionsunterrichtes und des Schulwesens aufzuzeigen. Damit hat der Autor eine sehr lesenswerte Untersuchung zu einem Aspekt der Entwicklung des Staats-Kirchen-Volksschul-Verhältnisses in der preußisch-deutschen Geschichte unternommen.

Die 2005 erstmals veröffentlichte Dissertation von OLIVER KLISS, die aus dem religionspädagogischen Bereich stammt, beschäftigt sich mit der Schul- und Religionsentwicklung im Deutschen Kaiserreich von 1870 bis 1918.[34] Der Autor liefert darin eine lesenswerte Darstellung der Entwicklung von Religion, Religionsunterricht und Volksschule aus der Sicht unterschiedlicher Akteure im Deutschen Kaiserreich – vor allem in Preußen –, wozu die Kirche, die Lehrerverbände, die universitären Fachwissenschaften Pädagogik, Religionspädagogik und (ev.) Theologie ebenso wie die politischen Parteien gehören. Er leistet mit seiner Untersuchung nicht nur einen Beitrag zur Geschichte der Entwicklung der Schulaufsichtsfrage in der zweiten Hälfte des langen 19. Jahrhunderts auf Reichsebene, sondern auch zur evangelischen Religionsgeschichte in Preußen.

---

32 Vgl. BERG: Okkupation. 16.

33 Vgl. RUPP: Religion.

34 Vgl. KLISS: Schulentwicklung.

Weitere Veröffentlichungen im Bereich der Historischen Religionspädagogik liefern RAINER LACHMANN und BERND SCHRÖDER in dem von ihnen 2007 herausgegebenen Sammelband zur Geschichte des evangelischen Religionsunterrichts sowie dem zugehörigen Quellenband von 2010.[35] Ersterer versammelt Aufsätze zur Geschichte des Religionsunterrichts und damit auch zur Entwicklung des Volksschulwesens und der Schulaufsichtsfrage in Deutschland. Der Fokus liegt hier im Wandel des religiösen Unterrichts in der Schule in seiner Form, seinem Inhalt wie auch seiner Verortung innerhalb des Schulwesens, genauer, wie er sich vom Mittelalter bis zum Ende des Zweiten Weltkriegs von der Grundlage des ›Schule-Haltens‹ und Schulwesens hin zu einem von vielen Unterrichtsfächern entwickelte. Gleichzeitig wird daran deutlich, dass seine Entwicklung unter anderem ein Indikator für die Veränderung des Verhältnisses von Staat zu Kirche, Kirche zu Schule und Staat zu Schule sein konnte.

Einen historischen Beitrag zur Geschichte des Staats-Kirchen-Volksschul-Verhältnisses in Deutschland im langen 19. Jahrhundert liefert der Historiker HANS-MARTIN MODEROW mit seiner 2007 erstmals veröffentlichten Dissertationsschrift »Volksschule zwischen Staat und Kirche«.[36] In dieser Mikrostudie widmet sich der Autor dem Volksschul- und Lehrerbildungswesen Sachsens im langen 19. Jahrhundert und untersucht das Spannungsverhältnis zwischen Staat, Kirche und Schule angesichts unterschiedlicher bildungspolitischer Interessen und mit dem Fokus auf den rechtlichen und institutionellen Grundlagen und Strukturen, die das Verhältnis von Staat, Kirche und Volksschule zueinander bestimmten und deutlich in seiner Wandlung veranschaulichen. Mit dieser Untersuchung liegt ein regionalhistorischer Beitrag zur sächsischen Bildungs- und Schulgeschichte vor, der durchaus auch für den Bereich der historischen Religionspädagogik und der religiösen Bildungsforschung interessant ist.

Die Dissertationsschrift von MICHAEL VONDENHOFF wurde 2008 erstmals veröffentlicht und beschäftigt sich mit dem Volksschulwesen in Preußen aus juristischer Perspektive. Es geht darin um die Volksschule, die im 19. Jahrhundert stets im Spannungsfeld zwischen Staat und Kirche stand.[37] Der Autor betrachtet in erster Linie die rechtsgeschichtliche Entwicklung des Staats-Kirchen-Volksschul-Verhältnisses und die staatliche Schulpolitik in Preußen

---

35 Vgl. LACHMANN/SCHRÖDER (Hrsg.): Geschichte (2007); LACHMANN/SCHRÖDER, (Hrsg.): Geschichte (2010).

36 Vgl. MODEROW: Volksschule.

37 Vgl. VONDENHOFF: Schule.

vom Mittelalter bis zur Veröffentlichung der Weimarer Reichsverfassung und spannt den Bogen bis zum Grundgesetz der Bundesrepublik Deutschland. Zusätzlich dazu geht er für das letzte Drittel des 19. Jahrhunderts in kurzen Exkursen auch auf die Volksschulgeschichte Bayerns, Württembergs, Hessens, Badens und Sachsens ein. VONDENHOFF zeigt in seiner Untersuchung deutlich den Zusammenhang zwischen Entpolitisierung der Kirche und Entkirchlichung der Schule auf, was seiner Ansicht nach beides durch die staatliche Gesetzgebung im 19. Jahrhundert weiter vorangetrieben wurde.

Eine aktuelle religionspädagogische Mikrostudie, die sich mit der Trennung von Kirche und Volksschule im Laufe des 19. Jahrhunderts beschäftigt, stellt VANESSZA HEILAND in ihrem 2014 im vierten – von ANTJE ROGGENKAMP und MICHAEL WERMKE herausgegeben – Band der Reihe »Studien zur Religiösen Bildung« (StRB) veröffentlichten Aufsatz vor.[38] Ihr Hauptaugenmerk liegt dabei auf der westfälischen Petitionsbewegung zur Volksschulfrage an die Frankfurter Nationalversammlung und zwar mit dem Ziel zu untersuchen »ob und wie (schulische) Bildung um 1848 als autonomer, vom bis dahin bestehenden kirchlichen Einfluss gelöster und damit säkularer Bereich diskursiv konstruiert wurde«[39]. Damit leistet die Autorin nicht nur einen Beitrag zur westfälischen und preußischen Volksschul-, sondern auch Säkularisierungsgeschichte Deutschlands im langen 19. Jahrhundert.

Des Weiteren ist auf den 2014 ebenfalls in genanntem vierten Band der Reihe »Studien zur Religiösen Bildung« (StRB) veröffentlichten Aufsatz der VERFASSERIN zur Entwicklung der Schulaufsichtsfrage in den reußischen Territorien von 1848 bis 1918 zu verweisen.[40] Darin wird auf den thematischen Schwerpunkt der hier vorliegenden Untersuchung eingegangen sowie ein Überblick zur Landes-, Kirchen- und Volksschulgeschichte des Reußenlandes vom Mittelalter bis 1918 gegeben und verdeutlicht, dass es bei der Frage nach der Schulaufsicht auch in den reußischen Territorien um die Frage nach ideologischen und vor allem institutionellen Zuständigkeiten geht, die sich rechtlich fassen lassen und sich konkret in den Rechts- und Verwaltungsverhältnissen der Länder niederschlugen.

Eine aktuelle juristische Mikrostudie zur reußischen Dorfgemeinde und ihrer Verfassung von 1400 bis zum Erlass der Gemeindeordnungen in Reuß jüngerer Linie 1850 und Reuß älterer Linie 1871 hat UDO MANFRED HAGNER

---

38 Vgl. HEILAND: Bildungswesen.

39 HEILAND: Bildungswesen. 104.

40 Vgl. KLEEBERG: Entwicklung.

2014 in drei Teilbänden vorgelegt.[41] Darin setzt er sich nicht nur mit der Dorfgemeinde als rechtlicher, ökonomischer und sozialer Institution sowie den dörflichen Ämtern im Reußenland und deren Entwicklung unter Heranziehung diverser Rechtsquellen auseinander, sondern bietet auch kurze Exkurse zu Themen wie Familie, Eheleben, Schulbindung, Kirchen-, Beamtenschafts-, Advokatur-, Notariats-, Scharfrichter-, Medizin-, Kultur- und Wirtschaftsgeschichte, die in einem Wechselverhältnis mit der bäuerlichen Gemeindeverfassung standen. Insgesamt verdeutlicht diese Dissertation aus dem juristischen Fachbereich, dass Rechtsquellen nicht nur sichere Aussagen über Rechtslage und Verwaltungsstrukturen zulassen, sondern auch als historische Zeugnisse zur Rekonstruktion der Entwicklung von Gesellschaft, Wirtschaft, Schul-, Kirchen- und Staatswesen Verwendung finden.

Angesichts der vorangegangenen Vorstellung ähnlicher älterer und aktueller Forschungsarbeiten dürfte deutlich geworden sein, dass sich die vorliegende Untersuchung einerseits in die Forschungsbereiche der Historischen Religionspädagogik sowie religiösen Bildungsforschung einordnen lässt, darüber hinaus aber auch einen Beitrag zur Volksschul-, Schulrechts-, Kirchen- und Landesgeschichte Thüringens und Deutschlands liefert.

Als primäre Quellen zur Nachzeichnung der Entwicklung der Schulaufsichtsfrage in den beiden reußischen Territorien werden deren Gesetzsammlungen dienen, die sich im Bestand des Thüringischen Staatsarchivs Greiz befinden. Sie stellen in historischer Perspektive die ersten und einzigen Quellen bei einer Beschäftigung mit Rechtsdokumenten des 19. Jahrhunderts dar.[42] Namentlich werden für das FÜRSTENTUM REUSS ÄLTERER LINIE das »Fürstliche Reuß-plauische Amts- und Verordnungsblatt« aus den Jahren 1817 bis

---

41 Vgl. HAGNER, UDO MANFRED: Dorfgemeinde.

42 Der Übergang zu einer schriftlichen Veröffentlichung von Gesetzen, Verordnungen etc. hatte erst ab dem 19. Jahrhundert begonnen sich im deutschen Raum durchzusetzen und zwar »zumeist mit der Belehnung von bestehenden Wochen-, Amts- und Intelligenzblättern mit der Aufgabe der Gesetzespublikation« (HOLZBORN, TIMO: Geschichte. 164). Die Systematisierung dieser Einzelpublikationen in Gesetzessammlungen fand vor allem ab den 1820er Jahren statt. Anfangs wurden sie oft den Intelligenzblättern beigelegt und fanden in den meisten deutschen Staaten erst ab der Mitte des 19. Jahrhunderts zu einer Eigenständigkeit: »An die Stelle der unsicheren Versendung der Gesetze an die Behörden trat somit [...] die Veröffentlichung in den Gesetzblättern. Diese wurden oftmals besonders günstig oder sogar kostenlos verlegt. Außerdem wurden die Behörden angewiesen, entsprechende Exemplare zu beziehen.« (HOLZBORN: Geschichte. 164).

1852 und die »Gesetzsammlung des Fürstenthums Reuß Aelterer Linie«[43] – ab 1870 »Gesetzsammlung für das Fürstentum Reuß Aelterer Linie« – von 1852 bis 1918 als Quellen dienen, und für das Fürstentum Reuss jüngerer Linie die »Gesetzsammlung für die Fürstlich Reußischen Lande Reuß Jüngerer Linie«[44] – ab 1871 »Gesetzsammlung für das Fürstenthum Reuß jüngerer Linie« – von 1821 bis 1918. Ergänzend dazu werden auch die Gesetzsammlungen der Fürstentümer Reuß-Lobenstein und Ebersdorf sowie Reuß-Schleiz herangezogen werden, und Einblick in das Amts- und Verordnungsblatt Gera genommen. Darüber hinaus wird für das Jahr 1919 die »Gesetzsammlung für beide Freistaaten Reuß beziehungsweise den Volksstaat Reuß« teilweise als Quelle hinsichtlich der Frage nach der Trennung von Kirche und Schule nach 1918 herangezogen werden.

1.4 Aufbau der Untersuchung und methodisches Vorgehen

Die vorgestellte Frage- und Problemstellung thematisiert einen Bereich, der für diese Untersuchung als Staats-Kirchen-Volksschul-Verhältnis bezeichnet wird. Er macht die Beschäftigung mit folgenden Beziehungskonstellationen dieser drei Größen notwendig: von Staat und Kirche, von Staat und Volksschule, von Kirche und Volksschule und schließlich von Staat, Kirche und Volksschule. Dies verdeutlicht, dass es hier um die Frage nach dem Verhältnis von Institutionen zueinander geht, das einerseits formal zunächst rechtlich geregelt wird und sich andererseits real in konkreten Verwaltungsstrukturen niederschlägt. Diese Verwaltungsstrukturen ermöglichen wiederum Rückschlüsse auf die jeweilige Stellung der ideellen Bereiche Politik zu Religion, Politik zu Bildung und Erziehung, Religion zu Politik sowie Religion zu Bildung zu ziehen. Um genannten Verschränkungen und dem Anspruch, eine Untersuchung in Form einer vergleichenden Mikrostudie durchzuführen, gerecht zu werden, erfolgt der Aufbau dieser Untersuchung in der nachfolgend vorgestellten Weise.

---

43 Vgl. Landesherrliche Verordnung, in: GS FRAeL, Jg. 1852, Nr. 1. 1–3; vgl. Landesherrliche Verordnung, in: GS FRAeL, Jg. 1867, Nr. 24. 249f.

44 Vgl. Höchste Verordnung, in: GS FRLRJL, Bd. 1, Jg. 1821–1833. Nr. 1. 1–4; Regierungs-Bekanntmachung, in: GS FRLRJL, Bd. 7, Jg. 1847–1849. Nr. 208. 105f.; Regierungs-Bekanntmachung, in: GS FRLRJL, Bd. 7, Jg. 1847–1849. Nr. 210. 120–122.

Grundsätzlich liegt eine Gliederung in vier Teile vor: I. Einleitung, II. Fürstentum Reuß älterer Linie, III. Fürstentum Reuß jüngerer Linie, IV. Zusammenfassung.[45]

In Teil I werden nach der Einführung in das Problemfeld, Frage- und Zielstellung verdeutlicht, daraufhin Forschungsstand und Quellenlage, methodisches Vorgehen bei und struktureller Aufbau dieser Untersuchung sowie die Untersuchungsgegenstände und der Untersuchungszeitraum vorgestellt, bevor wichtige Begrifflichkeiten erklärt und historische Entwicklungsstrukturen des deutschen Staats-, Schulrechts-, Kirchenrechts- und Volkschulwesens vom 16. bis 19. Jahrhundert überblicksartig dargestellt werden. Abschließend erfolgt ein Abriss zu den historischen Grundlagen des Staats-Kirchen-Volksschul-Verhältnisses in den reußischen Staaten vom 16. bis 18. Jahrhundert.

Damit ein tatsächlicher Vergleich der Entwicklung der Schulaufsichtsfrage in den beiden reußischen Fürstentümern möglich ist, erfolgt die Gliederung der Hauptuntersuchungsteile II und III nach dem gleichen Schema. Dieses sieht pro Teil jeweils zwei Kapitel vor: 1. Historische Grundlagen zur Schulaufsichtsfrage und 2. Rechtliche Grundlagen und verwaltungsmäßige Grundstrukturen zur Schulaufsichtsfrage. Die beiden Kapitel gliedern sich jeweils wieder in drei Unterkapitel zu den Institutionen Staat, Kirche und Volksschule.

Diese Gliederung erlaubt es einerseits der Fragestellung der Gesamtuntersuchung nachzugehen und die institutions-, ideen-, verwaltungs- und rechtsgeschichtlichen Entwicklungen für die Größen Staat, Kirche und Volksschule für jedes Fürstentum einzeln zu betrachten und andererseits die Kapitel und Unterkapitel beider Teile miteinander zu vergleichen. In Teil IV erfolgt zunächst eine historisch-systematische Reflexion der Entwicklungen des Staats-Kirchen-Verhältnisses und der Schulaufsichtsfrage im Reußenland vom 16. bis 18. Jahrhundert, wobei sich an den Ausführungen des Einleitungsteils orientiert wird. Daran schließen sich ebensolche Reflexionen für die einzelnen Fürstentümer an, die die Untersuchungsergebnisse der Teile II und III zum Ersten hinsichtlich der Entwicklung des Staats-Kirchen-Verhältnisses und zum Zweiten hinsichtlich der Entwicklung der Schulaufsichtsfrage, d.h. des Staats-Kirchen-Volksschul-Verhältnisses zusammenfassen und kritisch betrachten. Den Abschluss bildet ein Kapitel, worin die Aus-

---

45 Darüber hinaus existiert das Quellen- und Literaturverzeichnis als Teil V.

gangsfrage dieser Untersuchung in einer vergleichenden Zusammenfassung zur Entwicklung der Schulaufsichtsfrage in den reußischen Fürstentümern beantwortet wird.

Methodisch ist diese Untersuchung als eine historisch-systematisch vergleichende Mikrostudie angelegt und greift damit ein in der Historischen Religionspädagogik übliches Vorgehen auf, das »historische Rekonstruktion mit systematischen, d.h. hermeneutischen, normativen, begriffsklärenden, jedenfalls theologischen Reflexionen«[46] verbindet und für das sich »v.a. die Kombination verschiedener methodischer Zugriffe, etwa die Erschließung bislang unveröffentlichter Quellen in eigener religionspädagogischer Sache statt Beschränkung auf Veröffentlichungsexegese, die Kombination aus historischer Rekonstruktion und systematischer Ertragssicherung, die Aufnahme vergleichender Gesichtspunkte«[47] durchgesetzt hat. Das Besondere an dieser Kombination von historisch-kritischer und systematischer Methodik ist, dass sie erlaubt den zu betrachtenden Forschungsgegenstand dieser Untersuchung unter zwei Perspektiven zu untersuchen. Entsprechend wird die Entwicklung der Schulaufsichtsfrage im Reußenland einerseits unter historisch-kritischer Perspektive betrachtet, das heißt auf der Basis von historischem Quellenmaterial und Sekundärliteratur die geschichtliche Entwicklung der Schulaufsichtsfrage nachvollzogen und in ihren historischen Bezügen dargestellt, und andererseits wird diese Entwicklung angesichts überhistorischer Strukturmodelle wie etwa des Gottesgnadentums, des Bürokratismus, des kirchlichen Konstitutionalismus oder eines Kirchenverfassungssystems reflektiert und nach ihrer historischen Bedeutung im Prozess der Verstaatlichung des Schulwesens bis 1919 befragt.

---

46 Schröder: Religionspädagogik. 178.

47 Schröder: Religionspädagogik. 178f.

1.5 UNTERSUCHUNGSGEGENSTÄNDE UND -ZEITRAUM

1.5.1 DIE FÜRSTENTÜMER REUSS ÄLTERER LINIE UND REUSS JÜNGERER LINIE

Die Fürstentümer Reuß älterer Linie (ä.L.) und Reuß jüngerer Linie (j.L.) bildeten ab 1871 die kleinsten souveränen Territorien im Deutschen Kaiserreich,[48] waren jedoch keineswegs politisch bedeutungslos, sondern besaßen vielseitige Verwandtschafts- und Freundschafts- sowie diplomatische Beziehungen zu Adelshäusern in ganz Deutschland, Österreich, Schlesien sowie einigen anderen europäischen Ländern.

Von Interesse sind gerade diese beiden Staaten durch ihre Gemeinsamkeiten: ihre historischen Wurzeln, ihre konfessionellen Grundlagen, ihre Bildungspolitik und Bildungsgeschichte vom 16. bis 18. Jahrhundert. Dennoch zeichneten sie sich im 19. Jahrhundert durch sehr deutliche Unterschiede in ihrer jeweiligen Entwicklung aus. Zu den politischen Eigenarten der Reußen, die auf eine teils differente Entwicklung der Schulaufsichtsfrage schließen lassen, zählte, dass das Fürstentum Reuß j.L. sich als eher fortschrittlich-liberal zeigte, von Beginn an eine konstitutionelle Monarchie und preußenfreundlich war, sich in seiner Politik am Königreich Preußen und Großherzogtum Sachsen-Weimar-Eisenach orientierte und religiös gemäßigt lutherisch-orthodox blieb. Das Fürstentum Reuß ä.L. blieb trotz der 1867 durch den Beitritt zum Norddeutschen Bund und Petitionen der Bevölkerung zwangsweise erlassenen Landesverfassung bis 1902 von seinem Fürsten weitestgehend absolutistisch, konservativ und streng lutherisch-orthodox regiert.

1.5.2 STAAT, KIRCHE UND VOLKSSCHULE

Die Schulaufsichtsfrage zielt im Kern auf eine Verhältnisbestimmung der drei Größen Staat, Kirche und Volksschule ab. Dabei fällt die Wahl auf die Volksschule bzw. das niedere Schulwesen, da es die von allen Kindern in erster Instanz zu besuchende Schulform darstellte und ob ihres gesellschaftlich breiten Wirkungsgrades in besonderem Maße im machtpolitischen Fokus von Staat, Kirche, Städten und bürgerlichen Gemeinden lag.

---

48 Reuß älterer Linie verfügte über eine Fläche von 316,3 km², Reuß jüngerer Linie von 826,7 km². (vgl. HESS: Geschichte Thüringens. 93).

Um das machtpolitische Verhältnis der Institutionen Staat, Kirche und Volksschule zueinander erfassen und analysieren zu können, wird der Schwerpunkt auf den rechtlichen und verwaltungsmäßigen Grundlagen dieser Größen liegen, die die Basis für deren mehr oder weniger stark geführte Auseinandersetzung um die Schulaufsichtsfrage bildeten.

1.5.3 Das lange 19. Jahrhundert im Reussenland von 1778/1848 bis 1918

Der Untersuchungszeitraum, der in der Folge als ›langes 19. Jahrhundert‹ im Kontext der reußischen Geschichte mit 1778/1848 bis 1918 angegeben ist, basiert in seiner Eingrenzung auf den Zeitpunkten ab denen die beiden Staaten durch eine Zusammenführung ihrer jeweiligen Linien vereinheitlicht waren.

Die ältere Linie hatte ab 1778 alle ihre Herrschaften endgültig zu einem Staat zusammengeführt und ihr Landesherr erlangte in diesem Jahr die Reichsfürstenwürde. Die Landesherren der Teilherrschaften der jüngeren Linie dagegen wurden zwar bereits zwischen 1790 und 1806 in den Reichsfürstenstand erhoben, doch erst 1848 fand ein Zusammenschluss der einzelnen Herrschaften zu einem Staat statt.

Das Jahr 1918 wurde als weiterer zeitlicher Einschnitt gewählt, da es durch den Regierungsrücktritt des Landesherrn über die beiden Linien Reuß das Ende beider Staaten als souveräner konstitutioneller Monarchien markierte.

2 Historisch-systematische Begriffsbestimmungen

Entsprechend der dieser Untersuchung zugrunde liegenden Fragestellung eröffnet sich ein relativ weites Feld, in das die Entwicklungen der Schulaufsichtsfrage historisch, systematisch und auch phänomenologisch einzubetten sind. Im Folgenden sollen dafür wichtige Begriffe und historische Erscheinungen in ihrer für diese Untersuchung relevanten Bedeutung erklärt werden.

2.1 Zur Schulaufsichtsfrage

2.1.1 Zum Schulaufsichtsbegriff

Die Institutionen Staat, Kirche und Schule haben gesellschaftlich gesehen jeweils Machtpositionen inne und üben ihre Macht, geleitet von bestimmten materiellen oder ideellen Interessen, in Form von politischem Handeln aus. Entsprechend geraten Recht und Verwaltung als die Bereiche in den Blick, in denen sich dieses Verhältnis konkretisiert.

> »Recht und Erziehung, [...], gehen mit der Institutionalisierung der Bildung eine Ehe ein. Seitdem es Schule als planmäßige Veranstaltung des Unterrichts gibt, entsteht das Problem einer sinnvollen Organisation des Bildungswesens, das schulrechtlich verankert werden muß. Der prinzipielle ›Kampf ums Recht‹ konkretisiert sich zum Kampf ums Schulrecht, wenn die gesellschaftlichen Mächte erkennen, daß Schule ein *politicum* ist. In dieser Auseinandersetzung um das mächtige und richtige Schulrecht geht es um die Konkurrenz zweier sich widerstreitender und anscheinend einander ausschließender Prinzipien: des *gesellschaftlichen Rechtes auf Schule* und des *personalen Rechtes auf Bildung*. Kirche und Staat, Wirtschaft und Gesellschaft trachten, seitdem es die von ihnen gegründeten und geförderten Schulen gibt, sich dieser rechtlich und damit faktisch zu bemächtigen, um sie für ihnen zu- und untergeordnete Funktionen nutzbar zu machen. Ob es um den Kirchen- oder Staatsbürger geht, immer geht es um eine bestimmte Form und Inhaltlichkeit der Subordination.«[49]

---

49 Froese: Entwicklungsskizzen. 44.

Die dabei betriebene Regentschaft von Staat oder auch Kirche über die Schule bzw. das Schulwesen[50] wird durch den Begriff der ›Schulaufsicht‹ näher bestimmt.[51] Damit sind im engeren Sinne die klassischen Formen des Aufsichtshandelns, d.h. Rechtsaufsicht, Fachaufsicht, Dienstaufsicht und eine umfassende Beratungstätigkeit gemeint:[52]

> »Die Sch.[ulaufsicht] wird durch staatl. Behörden wahrgenommen, die über die Kontrollfunktion hinaus wesentliche Gestaltungsaufgaben im Schulwesen erfüllen: die Organisation und Leitung des Schulwesens, die Unterrichtsgestaltung nach Inhalten und Methoden, das Schulangebot im regionalen Umkreis, die Grundversorgung der Schulen mit Lehrkräften, die Sicherung ihres sachgemäßen Einsatzes und die Ausbildung von Nachwuchslehrkräften, die Organisation der Lehrerfortbildung sowie die Sicherung der Finanzierung.«[53]

Damit kommen der Schulaufsicht zwei Grundfunktionen zu und zwar zum Ersten die drei Formen der Dienstaufsicht: des Staates über die Lehrer, der Fachschaft über den Unterricht und der Rechtsaufsicht über die Schulverwal-

---

50 Im Folgenden wird in dieser Untersuchung nicht vom Bildungswesen, sondern vom Erziehungs- bzw. Schulwesen gesprochen werden. Damit wird einerseits der Terminologie der Quellen gefolgt und andererseits auf die Terminologie des 19. Jahrhunderts zurückgegriffen: »Bildungsbegriff und schulische Institutionen werden im Verlauf des 19. Jahrhunderts sprachlich klar voneinander unterschieden. Die Bildungstheorie des frühen 19. Jahrhunderts spricht vom ›Schulwesen‹, von ›Elementarunterricht‹, ›Schulunterricht‹ und ›Universitätsunterricht‹ und bezeichnet ihren Zusammenhang als ›Organisation der Schulen‹ (Humboldt), die Erziehungstheorie redet in gleicher Terminologie von der ›Organisation der Erziehungseinrichtungen‹ (für ›das Knabenalter‹) und bezeichnet diese als ›Volksschule‹, ›Bürgerschule‹ und ›Gelehrtenschule‹ (Schleiermacher). Beide verwenden aber nicht den integrierenden Begriff des Bildungswesens. Erziehung und Bildung sind im frühen 19. Jahrhundert Zentralbegriffe der theoretischen Reflexion. Sie werden konstruktiv wie problematisierend, aber keineswegs positiv etikettierend auf das öffentliche Schul- und Hochschulwesen übertragen.« (Drewek: Einführung. 226).

51 In der folgenden Untersuchung wird der Begriff ›Schulaufsicht‹ hinsichtlich der Entwicklung des Schulwesens bzw. -systems bis 1918 als historisch in den untersuchten Quellen gebrauchter Terminus verwendet, auch wenn angesichts der verstärkten Ausdifferenzierung des Schulsystems am Ende des 19. Jahrhunderts bereits aus überhistorischer Perspektive eher von einer *Steuerungsverantwortung* gegenüber dem Schulsystem anstatt von einer bloßen *Aufsicht* darüber gesprochen werden könnte (vgl. Lange: Schulaufsicht. 141).

52 Vgl. Böhm: Art. Schulaufsicht. 1016.

53 Böhm: Art. Schulaufsicht. 1016.

tungsbetätigung der nichtstaatlichen Schulträger,[54] und zum Zweiten staatliche Normierungsrechte, d.h. die zentrale Ordnung und Organisation sowie die Planung und die Leitung des Schulwesens.[55] Zu diesen Normierungsrechten gehören die Festlegung der Schulformen und -typen sowie die Regelung ihrer Beziehungen zueinander (Schulaufbau und -organisation), der Erlass verbindlicher Richtlinien für den Bau und die Ausstattung der Schulen sowie fester Ferien- und Prüfungsordnungen und zahlreicher weiterer Allgemeinregelungen.[56] Daran wird deutlich, dass eine enge Beziehung zwischen der Schulaufsicht und -verwaltung besteht und dass diese institutionellen und rechtlichen Verflechtungen in starkem Maße von schulpolitischen[57] Entwicklungen beeinflusst werden bzw. auf diese zurückwirken können. Angesichts dieses Zusammenhangs hat Hans Heckel folgende drei Thesen formuliert:

> »1. Wie in der großen Politik spielen auch in der Bildungspolitik die rechtlichen Vorgegebenheiten und Voraussetzungen – Verfassungen, Gesetze, Verträge, richterliche Entscheidungen, Ergebnisse rechtswissenschaftlicher Arbeit – eine bedeutsame Rolle, indem sie bestimmend, korrigierend oder verbietend, fördernd oder hemmend wirken.

---

54 »Aufsicht im traditionellen Sinne bezieht sich vor allem auf die Systemebene ›Lehrkraft‹. […] Schulaufsicht in diesem Verständnis ist nicht ergebnis-, sondern prozessorientiert. Sie vollzieht sich vor allem in Form von Unterrichtshospitationen, in denen sich insbesondere die Rolle der Schulaufsichtsbeamten als Dienstvorgesetzte manifestierte.« (Lange: Schulaufsicht. 144).

55 Das Monopol über die Lehrplangestaltung spielt eine bedeutende Rolle. Es ermöglicht die Steuerung des Schulwesens in seiner inhaltlichen Ausrichtung und ist damit ein effektives Instrument zur Durchsetzung bildungspolitischer Ziele in die schulische Praxis; vgl. ausführlicher hierzu: Vollstädt: Steuerung.

56 Vgl. Heckel: Schulrecht. 52f.

57 Wenn im Folgenden vom Umgang mit *politischem Handeln* bzw. *Politik* gesprochen wird, werden diese Begriffe in der Definition Max Webers verwandt und zwar als: »Streben nach Machtanteil oder nach Beeinflussung der Machtverteilung, sei es zwischen Staaten, sei es innerhalb eines Staates zwischen den Menschengruppen, die er umschließt. Das entspricht im wesentlichen auch dem Sprachgebrauch. Wenn man von einer Frage sagt: sie sei eine ›politische‹ Frage, von einem Minister oder Beamten: er sei ein ›politischer‹ Beamter, von einem Entschluß: er sei ›politisch‹ bedingt, so ist damit immer gemeint: Machtverteilungs-, Machterhaltungs- oder Machtverschiebungsinteressen sind maßgebend für die Antwort auf jene Frage oder bedingen diesen Entschluß oder bestimmen die Tätigkeitssphäre des betreffenden Beamten. Wer Politik treibt, erstrebt Macht: Macht entweder als Mittel im Dienst anderer Ziele – idealer oder egoistischer –, oder Macht ›um ihrer selbst willen‹: um das Prestigegefühl, das sie gibt, zu genießen.« (Weber: Wirtschaft. 1043).

2. Die Bedeutung der rechtlichen Voraussetzungen für die Bildungs-, insbesondere für die Schulpolitik wird vielfach nicht gesehen und nicht beachtet.
3. Die Vernachlässigung der rechtlichen Voraussetzungen wirkt sich in der Bildungspolitik nachteilig aus.«[58]

Obwohl diese Thesen zum Zusammenhang von Schulrecht und -politik angesichts schulreformerischer Fragen in den 1960er Jahren von HECKEL aufgestellt wurden, sind sie in ihrer Grundsätzlichkeit dennoch zeitlos. Sie verdeutlichen, dass jegliche Bildungspolitik zu einem wichtigen und großen Teil von den rechtlichen wie verwaltungsmäßigen Gegebenheiten eingegrenzt und abhängig ist. Im Umkehrschluss sind auch Recht und Verwaltung zur Durchsetzung (bildungs)politischer Ziele instrumentalisierbar, denn Politik bezweckt die Ziele, die sie sich gesetzt hat und die sie anstrebt nach deren Erreichung durch eine rechtliche Verankerung zu festigen.[59] Entsprechend spielt in diesem Zusammenhang auch die Frage nach der Urheberschaft von Rechtssatzungen eine nicht zu unterschätzende Rolle und trat auch angesichts bestehender ›Schulaufsichtsfragen‹ in der deutschen Geschichte immer wieder auf. Dabei ging es ganz klar um die Autonomie[60] des Schulträgers in seiner Schul- bzw. Bildungspolitik sowie der Ausübung seiner Aufsichtsrechte, die nicht nur als Kontrollfunktionen wahrgenommen werden sollten, sondern auch ein aktives, eigenmächtiges politisches wie rechtliches Handeln einschließen. WALTER BERKA führt zur Entwicklung des Autonomie-Verständnisses im 19. Jahrhundert erläuternd aus:

> »Mit dem Aufstieg des Nationalstaats wurden autonome Verbände oft als Fremdkörper im einheitlich gedachten Staat empfunden; das hat dazu geführt, dass der Begriff der Autonomie im Staatsrecht als überholt galt und im Konzept der Selbstverwaltung aufgegangen ist – mithin in einer staatsrechtlichen Konstruktion, der die politische Dynamik des Autonomiepostulats fehlt, die aber ebenfalls mit einer Satzungsgewalt und einer relativen Unabhängigkeit verbunden wird. In all diesen Zusammenhängen hatte und hat der juristische Autonomiebegriff eine verhältnismäßig eindeutige, feststehende Bedeutung: Solange Autonomie

---

58 HECKEL: Schulrecht. 2.

59 Vgl. HECKEL: Schulrecht. 2f.

60 Der Begriff der ›Autonomie‹, der sehr oft im Zusammenhang mit Ansprüchen der Eigenregulierung gebraucht wird, stammt in seiner ursprünglichen Bedeutung aus dem juristischen Bereich und meint die *Selbst-Gesetzgebung*, d.h. »die Fähigkeit des Einzelnen oder einer sozialen Gruppe eigene Angelegenheiten durch Vertrag oder Satzung zu regulieren« (BERKA: »Autonomiey«. 120).

> als ein juristisches Konzept gedacht ist, lassen sich die wesentlichen Merkmale relativ bestimmt angeben. Insbesondere muss in einem juristischen Kontext durch Rechtsnormen präzisiert sein,
>
> - welchem Subjekt Autonomie gewährleistet wird, etwa einem öffentlich-rechtlichen Verband, einer privatrechtlichen Assoziation, einer Bildungsinstitution oder einem Lehrer, der in einer solchen Einrichtung tätig ist;
> - wem gegenüber Autonomie beansprucht wird, etwa gegenüber dem Staat oder einer sozialen Macht wie der Kirche oder gegenüber der bürokratischen Führungsspitze einer Bildungsinstitution;
> - welcher Inhalt mit Autonomie verbunden ist, etwa eine Weisungsfreiheit oder Satzungsgewalt im Rahmen von Aufsichtsbefugnissen oder das Recht der eigenständigen Bestellung der Leitungsorgane aus der Mitte der Verbandsangehörigen usw.«[61]

An diesen Ausführungen wird deutlich, dass sich Autonomie hinsichtlich ihrer Funktion und Trägerschaft unterscheiden lässt und jeweils unterschiedliche Konzepte ihrer Ausgestaltung mit dieser Unterscheidung verbunden sind. Hinsichtlich des Bildungsbereichs verweist Berka darauf, »dass die mit Autonomie verbundene Selbstbestimmung im Bildungsbereich entweder [mit] einer natürlichen Person oder mit einer Organisation verknüpft«[62] sei, was bedeutende rechtliche Konsequenzen in der Praxis hat:

> »Träger von personaler Autonomie in diesem Sinne sind beispielsweise der akademische Lehrer oder der Lehrer an Schulen, aber auch die Eltern, wenn sie einen häuslichen Unterricht organisieren. In gewissem Umfang ist eine solche Autonomie geradezu selbstverständlich und sie existiert auch losgelöst von irgendwelchen rechtlichen Verbürgungen, weil das Unterrichtsgeschehen nur in Grenzen einer Steuerung durch Normen oder außenstehende Instanzen unterworfen werden kann. Man kann insoweit von einer faktischen Autonomie des Erziehungs- und Bildungsgeschehens sprechen. Ihr Ausmaß darf nicht unterschätzt werden: Unterrichtsarbeit auf den verschiedenen Ebenen ist, gleichgültig ob man auf die Schulen oder auf die Universitäten blickt, in unseren Traditionen weitgehend individuell gestaltete Einzelarbeit mit einem hohen Maß an Selbstständigkeit.«[63]

---

61 Berka: »Autonomiey«. 120f.

62 Berka: »Autonomiey«. 131.

63 Berka: »Autonomiey«. 131.

Diese Autonomie, die auch im 19. Jahrhundert bereits für die einzelnen Lehrer in ihrer Unterrichtstätigkeit bestand, sollte in dieser Zeit insofern mit dem Schulwesen verknüpft werden, als dass es möglich würde, dass die Lehrerschaft ihre Schulangelegenheiten selbständig regeln könnte, ohne von Kirche oder auch staatlicher Bevormundung abhängig zu sein.[64] Für die reußischen Fürstentümer wird danach zu fragen sein, inwiefern in ihnen ein pragmatisches Verhältnis zwischen Politik und Recht bestand, wie sich die Zusammenhänge zwischen Schule, Kirche und Staat institutionell, verwaltungsmäßig und rechtlich gestalteten und sich Autonomiebestrebungen bei den Lehrern zeigten.

2.1.2 Zur deutschen Schulrechts- und Schulaufsichtsgeschichte

Konnte aus historischer Sicht bis zum 16. Jahrhundert noch von einem bloßen ›Schule-Halten‹ gesprochen werden, da es keine standardisierte Lehrerbildung, kein lehramtliches Hauptamt und keine Schulpflicht gab,[65] so setzte durch die Reformation die Entstehung eines Volks-Schulwesens ein.[66] Dieses zeichnete sich durch eine neue Programmatik der Schule aus, die eine elementare Qualifikation für jeden Heranwachsenden forderte und sich somit in einem ersten Schritt der modernen Bildungskonzeption annäherte.[67] Dennoch blieb die Bildung zunächst weiterhin an Stand, Geschlecht und die kirchlichen Bedürfnisse gebunden, was sich an den Lehrplänen deutlich zeigte:

> »Einerseits legen sie für anspruchsvollere Bildungsformen immer noch großen Wert auf das Lateinische, andererseits sind der Katechismus und die hl. Schrift das Medium, in dem die elementare Bildung – über das Buchstabieren, Zusammensetzen von Silben zum Lesen, Schreiben und elementaren Rechnen – zugleich religiös traditionell bestimmt wird und nicht etwa für sich selbst.«[68]

---

64 Die Verbindung von Staat und Schule bzw. die staatliche Schulträgerschaft wurde von den Lehrern vor allem hinsichtlich pragmatischer Gesichtspunkte gefordert, da es einerseits die ideologische Lösung von der Kirche und religiösen Lehrinhalten bedeutete, andererseits aber auch eine bessere finanzielle Absicherung der Lehrer und Emanzipation ihres Berufsstandes hin zu größerer Selbstbestimmung in ihrer Ausbildung und auch Berufstätigkeit.

65 Vgl. Tenorth: Geschichte. 70.

66 Zum Verhältnis von Kirche und Schule: vgl. Grethlein: Art. Schule.

67 Vgl. Tenorth: Geschichte. 69.

68 Tenorth: Geschichte. 69.

In den protestantischen Ländern wurden vor allem Martin Luthers (1483–1546) erzieherische Schriften[69] grundlegend für das reformatorische Schulverständnis[70] und die Neugestaltung der Schulen. Darin spricht sich Luther, ausgehend von der Zweireichelehre,[71] für eine staatliche Schulaufsicht aus:

> »Neben dem Wohl der Kinder nennt Luther einen zweiten Grund, der die Obrigkeit zum Eingreifen in das Geschäft der Erziehung zwingt, nämlich das Wohl des der Obrigkeit anvertrauten Gemeinwesens. Nicht nur als obersten Vormund der Jugend, sondern auch als Ordnungsmacht des weltlichen Regiments Gottes hat

---

69 Als bedeutende Schriften Martin Luthers zur Gestaltung des Schulwesens nennt Leonhard Froese namentlich: »An die Ratsherren aller Städte Deutsches Lands, dass sie christliche Schulen aufrichten und halten sollen« (1524), der »Schulplan« (1524), der zwar nicht erhalten, jedoch wohl in Phillip Melanchthons »Visitationsbüchlein« (1528) eingegangen sei, »Ein Sermon oder Predigt, dass man solle die Kinder zur Schule halten« (1530) sowie »An den christlichen Adel deutscher Nation. Von des christlichen Standes Besserung« (1520). (vgl. Froese: Entwicklungsskizzen. 18).

70 »In der ›christlichen Schule‹ nimmt der Lehrer die Aufgaben beider Regimente wahr, indem er die Kinder nicht nur in den weltlichen Fächern des humanistischen Lehrplans, sondern auch im Wort Gottes unterrichtet. Weil dieses im Mittelpunkt steht, ist die Schule ›christlich‹. Doch durch den Unterricht in den weltlichen Fächern soll sie die Heranwachsenden in den Stand setzen, die Aufgaben der weltlichen Berufe späterhin verantwortlich als Christen wahrzunehmen, d.h. den Dienst in den weltlichen Berufen als Gottesdienst anzusehen.« (Ballauff/Schaller: Pädagogik. 23).

71 Die *Zweireichelehre* (zur näheren Erläuterung: vgl. Anselm, Reiner: Art. Zweireihelehre; vgl. Härle, Wilfried: Art. Zweireichelehre; vgl. Kroeger, Matthias: Art. Zweireichelehre) stützt sich auf Martin Luthers Interpretation der *Zwei-Schwerter-Lehre*, die dieser in seiner Schrift »Von weltlicher Obrigkeit, wie weit man ihr Gehorsam schuldig sei« von 1523 dargelegt hat. Darin schreibt er über das Verhältnis beider Regimenter und ihre Aufgaben: »Darum muß man diese beide Regiment mit Fleiß scheiden und beides bleiben lassen: eins, das fromm macht; das ander, das äußerlich Fried schaffe und bösen Werken wehret; keins ist ohn das ander gnug in der Welt. Denn ohn Christus geistlich Regiment kann niemand fromm werden vor Gott durchs weltlich Regiment. So gehet Christi Regiment nicht über alle Menschen, sondern allezeit ist der Christen am wenigsten und sind mitten unter den Unchristen. Wo nu weltlich Regiment oder Gesetz allein regiert, da muß eitel Heuchelei sein, wenns auch gleich Gottes Gebot selber wären. Denn ohn den heiligen Geist im Herzen wird niemand recht fromm, er tue, wie seine Werk er mag. Wo aber das geistlich Regiment allein regiert über Land und Leut, da wird der Bosheit der Zaum los und Raum geben aller Büberei: denn die gemeine Welt kanns nicht annehmen noch verstehen.« (Luther: Obrigkeit 1. 9f.).

> die Obrigkeit die Verantwortung für die rechte Erziehung. Sie darf es nicht dem Zufall überlassen, ob ›ehrbare und wohlerzogene Bürger‹ sich einstellen oder nicht.
> So muß die Übernahme dieser Aufgabe durch den Staat gefordert werden.«[72]

Dennoch zeigt sich die schulgeschichtliche Bedeutung der Schriften LUTHERS nicht nur darin, dass sie Einfluss auf die schulische Bestandsaufnahme der Kirchenvisitationen nahmen, sondern auch dadurch, dass deren Ideen in das «Visitationsbüchlein« PHILIPP MELANCHTHONS (1497–1560) aufgenommen wurden und so auf die Abfassung der Schulordnungen einwirkten.[73] Von diesen stellt die »Sächsische Schulordnung« von 1528 wohl die »bedeutsamste schulpolitische und schulrechtliche Leistung«[74] dar. Sie war »Vorläufer und Vorbild jener vorpreußischen Entwicklung und Verbreitung von Schulordnungen in ›deutschen Landen‹, die ihre eigene Geschichte und ihren ersten Höhepunkt im ›Allgemeinen Landrecht‹ von 1794 haben«.[75]

Die Verabschiedung von staatlichen Schulordnungen hing in den protestantischen Ländern mit der Wandlung des Kirchenrechts zum Staatskirchenrecht zusammen.[76] Dadurch gestalteten die Landesherren auch die Schulverhältnisse in ihren Territorien neu.[77] An dieser Stelle ist die »Weimarer Schulordnung« von 1619 zu nennen, da sie die erste von einer Kirchenordnung getrennte deutsche Schulordnung darstellte und in ihr erst-

---

72 BALLAUFF/SCHALLER: Pädagogik. 27.

73 Vgl. FROESE: Entwicklungsskizzen. 18.

74 FROESE: Entwicklungsskizzen. 18.

75 FROESE: Entwicklungsskizzen. 18.

76 Vgl. KRAWIETZ: Überblick. 50.

77 »Sie ordneten Visitationen der Kirchen und Schulen an, erließen die hierzu erforderlichen Instruktionen und – nach Abschluß der Visitationen – allgemeine Vorschriften, für die Bezeichnungen wie Ordnung, Landesordnung, Kirchen-Ordnung o.ä. üblich waren. Zwischen den Kirchen- und Schulordnungen und dem sonstigen Landesrecht bestand in rechtlicher Hinsicht keinerlei Unterschied. Der Landesherr erließ und veröffentlichte diese Vorschriften wie alle übrigen Landesgesetze oder ermächtigte Dritte (z.B. Visitationskommissionen), in seinem Namen Verordnungen zu erlassen, die rechtlich als Verordnungen des Landesherrn galten. Von Visitatoren erlassene Anordnungen wurden gewöhnlich Abschiede genannt. Die Tatsache, daß bei den Vorarbeiten, der inhaltlichen Gestaltung und abschließenden Formulierung derartiger Vorschriften Theologen, sonstige Gelehrte oder Personen aus dem öffentlichen Leben (z.B. aus dem Rat) maßgeblichen Einfluß auf den endgültigen Inhalt der Gesetze nahmen, ändert selbstverständlich nichts an dem landesherrlichen Charakter dieser Rechtsvorschriften.« (KRAWIETZ: Überblick. 50f.).

mals ein staatlicher Zwang zur Schulpflicht formuliert wurde.[78] Doch neben einer Schulpflicht fehlte es im 17. Jahrhundert auch an dem im heutigen Sinne professionalisierten Lehrerstand; stattdessen war die Besoldung für Lehrende gering und diese Tätigkeit kaum prestigeträchtig, sodass die meisten Schulmeister der Volksschulen ihr Amt nur als eine Nebentätigkeit ausführten. Meist übernahmen Theologen den öffentlichen Unterricht und die Schularbeit zur Überbrückung der Zeit bis sie ihr eigentliches geistliches Amt antreten konnten und in den Städten fanden sich oft Universitätsabsolventen als Lehrende.[79] Durch diese Schulpraxis zeigte sich die pädagogische Arbeit entsprechend den Qualitäten der Berufsinhaber vielgestaltig, d.h. »sie oszilliert zwischen gelehrtem Unterricht und brutal durchgesetzter sozialer Kontrolle«.[80] Dennoch kann aufgrund der zahlenmäßigen Ausbreitung der Schulen, des Erlasses konkreter Schulordnungen – egal ob innerhalb der Kirchenordnungen oder als selbständige Ordnungen – und durch die Etablierung eines Elementarschulwesens ab dem Ende des 16. Jahrhunderts von einem ›Schulwesen‹ als Sammelbegriff für den Bereich der Schulangelegenheiten gesprochen werden. Ab dem 17. Jahrhundert begannen unter dem Einfluss von Absolutismus, Pietismus und Aufklärung Wandlungen in der staatlichen Bildungspolitik einzusetzen. In dieser Zeit wurden erste Versuche zu einer Vereinheitlichung und Standardisierung des Schulwesens unternommen, die aber von Territorium zu Territorium unterschiedlich nachdrücklich und erfolgreich durchgeführt wurden. In der zweiten Hälfte des 18. Jahrhunderts fanden dagegen erste Schritte zur Steigerung der Qualität pädagogischen Arbeitens durch die Gründung staatlicher Lehrerseminarien statt.[81] Die Trägerschaft, Leitung und Gestaltung der Schulen blieb aber weiterhin uneinheitlich. Wurden die städtischen Schulen in der Regel auch von den Städten getragen und durch einen Theologen oder Schulmeister unter kirchlicher bzw. städtisch-kirchlicher Lokalaufsicht verwaltet, so changierten Trägerschaft, Leitung und Gestaltung der Volksschulen auf dem Lande zwischen verschiedenen Formen von landesherrlicher, gemeindlicher und kirchlicher Herrschaft, wobei der lokale Einfluss der Pfarrer meist ungebro-

---

78 Vgl. FROESE: Entwicklungsskizzen. 21–23.

79 Vgl. TENORTH: Geschichte. 89.

80 TENORTH: Geschichte. 89.

81 Vgl. TENORTH: Geschichte. 86.

chen blieb. Diese Uneinheitlichkeit war der Tatsache geschuldet, dass der deutsche Staat noch kein voll ausgebildeter Anstalts- und Interventionsstaat war.[82]

Eine besondere Stellung in der Schulrechtsgeschichte nahm ab dem 18. Jahrhundert Preußen ein, wo zahlreiche Schulordnungen erlassen worden sind, von denen die »Gymnasien- und Schulordnung« von 1713 als erste bedeutende zu nennen ist, denn in ihr:

> »sind schon jene wegweisenden Elemente enthalten bzw. kündigen sich an, die dann das weitere bildungspolitische Programm Friedrich Wilhelms I. und seiner Nachfolger bestimmen. Die Kategorisierung des Lehrerberufs bzw. -standes mit angemessener Besoldung und Ausbildung, des Lehrstoffes mit einheitlichen Lehrbüchern und -plänen sowie des Gymnasialexamens als Zäsur gegenüber dem Universitätsstudium.«[83]

Unter Friedrich II. von Preussen (geb. 1712, reg. 1740–1786) fanden bedeutende schulrechtliche Entwicklungen statt. Obwohl bereits 1717 ein erster Versuch zur gesetzlichen Regelung der Schulpflicht unternommen worden war,[84] stellte erst das »General-Landschulreglement« vom 12. August 1763 den Beginn wirklicher schulrechtlicher Reformen dar. Darin war der Gedanke von der »Volksschule als Staatsanstalt«[85] ebenso vertreten, wie vom »Öffentlichkeitscharakter des gesamten Bildungswesens«[86] und damit der allein staatlichen Verwaltung der Schulangelegenheiten.

Den Abschluss und Höhepunkt der preußischen Schulrechtspolitik des 18. Jahrhunderts bildete das »Allgemeine Landrecht« vom 5. Februar 1794 mit seinen Bestimmungen zur Verstaatlichung des Schul- und Erziehungswesens und Festschreibung einer allgemeinen Schulpflicht.[87] Damit war für Preußen eine Entwicklung abgeschlossen, die zur Herausbildung von vier das Schulwesen tragenden Prinzipien geführt hatte, die grundlegende Geltung für die Schulgesetzgebung des 19. Jahrhunderts erhielten: die Bestimmung der Schule als Staatsanstalt; die Gleichberechtigung der nicht mehr regierenden, sondern staatlich anerkannten Kirchen; der staatliche Zwang

---

82 Vgl. Tenorth: Geschichte. 87–90.

83 Froese: Entwicklungsskizzen. 25.

84 Vgl. Füssel/Roeder: Recht. 7.

85 Froese: Entwicklungsskizzen. 26.

86 Froese: Entwicklungsskizzen. 26.

87 Vgl. Preussisches Allgemeines Landrecht. 110.

und schließlich die Unterhaltung der Schulen als gemeine Last.[88] Ein schulrechtshistorisch bedeutendes Dokument, das diese Prinzipien aufnahm, ist die »Reichsverfassung vom 28. März 1849«. Sie ist als erste reichsdeutsche Verfassung unter den Bedingungen des modernen Staates zu betrachten und dokumentiert die schulrechtlichen Tendenzen der Zeit im sechsten Artikel ihres sechsten Abschnitts:

»§. 152. Die Wissenschaft und ihre Lehre sind frei.

§. 153. Das Unterrichts- und Erziehungswesen steht unter der Oberaufsicht des Staats und ist, abgesehen vom Religionsunterricht, der Beaufsichtigung der Geistlichkeit als solcher enthoben.

§. 154. Unterrichts- und Erziehungsanstalten zu gründen, zu leiten und an solchen Unterricht zu ertheilen, steht jedem Deutschen frei, wenn er seine Befähigung der betreffenden Staatsbehörde nachgewiesen hat. Der häusliche Unterricht unterliegt keiner Beschränkung.

§. 155. Für die Bildung der deutschen Jugend soll durch öffentliche Schulen überall genügend gesorgt werden. Eltern oder deren Stellvertreter dürfen ihre Kinder oder Pflegebefohlenen nicht ohne den Unterricht lassen, welcher für die unteren Volksschulen vorgeschrieben ist.

§. 156. Die öffentlichen Lehrer haben das Recht der Staatsdiener. Der Staat stellt unter gesetzlich geordneter Betheiligung der Gemeinden aus der Zahl der Geprüften die Lehrer der Volksschulen an.

§. 157. Für den Unterricht in Volksschulen und niederen Gewerbeschulen wird kein Schulgeld bezahlt.
Unbemittelten soll auf allen öffentlichen Unterrichtsanstalten freier Unterricht gewährt werden.

§. 158. Es steht einem Jeden frei, seinen Beruf zu wählen und sich für denselben auszubilden, wie und wo er will.«[89]

---

88 Vgl. Krawietz: Überblick. 57f.

89 Verfassung des deutschen Reiches vom 28. März 1849. 415f. Zu den Folgen dieser Verfassung führt Froese aus: »Ein Jahr später (1850) legt der im Revolutionsjahr berufene Kultusminister *Ladenberg* einen neuen UNTERRICHTSGESETZENTWURF [...] vor, der die positiven schulrechtlichen Impulse des Allgemeinen Landrechts, des Süvernschen Entwurfs sowie der ›Reichsverfassung‹ zusammenzufassen sucht. Er tritt jedoch gegenüber diesen letzteren bereits einen gewissen Rückzug in Richtung auf die bald folgenden Stiehlschen Regulative an, indem er den Kirchen wiederum größere Rechte im Schulwesen einräumt: Aufgabe der ›Volksschule‹ sei es, ›durch Unterricht, Übung, Zucht und Ordnung die Grundlagen der für das Leben im Staat und in der Kirche, sowie der für das Berufsleben erforderlichen Bildung‹ zu schaffen (§ 2); neben der Volksschule als Simultanschule bleibt die Konfessionsschule, soweit

Auch wenn diese Verfassung scheiterte und nie zu offizieller Geltung als Reichsverfassung gelangte, besaß sie doch eine weit reichende und wirkmächtige ideelle Ausstrahlung und wurde zur Orientierung nachfolgender liberaler Reformbestrebungen im Bereich des Politischen wie auch des Schulischen.[90]

Eine wichtige Rolle für die Revolution von 1848 in Preußen und die Entstehung dieser Verfassung spielte, neben anderen gesellschaftlichen Kräften, auch die Lehrerschaft der Volksschule.[91] Denn zu Beginn des 19. Jahrhunderts war die Mehrheit der Lehrer noch nicht seminaristisch ausgebildet und ausreichend pädagogisch für ihren Beruf qualifiziert. Darüber hinaus hatten sich die Besoldung und das gesellschaftliche Ansehen der Lehrer noch nicht nennenswert gewandelt, sodass diese weiterhin oft nur im Nebenamt unterrichteten, hauptamtlich Kantoren, Küster oder Handwerker waren, und auch die Unterrichtsbedingungen dringend nach Reformen verlangten:

> »Das unterrichtliche Element, die Bildungsfunktion dieser Schule war oft ihrer Sozialisierungsfunktion im Sinne einer ›Sozialdisziplinierung‹ untergeordnet, und dann beherrschten Stock und Prügel des Lehrers die gesamte Institution – nicht unbedingt als Ergebnis der übergeordneten staatlichen Absicht, sondern ›aus lokalem Impuls‹.
>
> Die Elementarschule in Preußen war also zu Beginn des 19. Lahrhunderts noch ganz den traditionalen Strukturen verhaftet; sie war, weil schulgeldabhängig bzw. aus mageren kirchlichen Fonds unterhalten, dürftig finanziert, hatte schlecht ausgebildete Lehrer, wurde nur mangelhaft besucht, war kaum flächendeckend verbreitet – kurz, sie war ein Abbild der nachrangigen Bedeutung, die Bildung und Schule in einer Welt besaßen, die noch weitgehend von herkömmlichen, oft jahrhundertealten Anschauungen und Praktiken bestimmt war.«[92]

Dementsprechend gehörten zu den Forderungen des 1848 als Interessenvertretung der deutschen Lehrerschaft in Eisenach gegründeten »Allgemeinen Deutschen Lehrervereins« eine Verstaatlichung der Volksschule, eine Errichtung eines separaten Ministeriums der öffentlichen Volkserziehung zur staatlichen Schulaufsicht, der kostenlose Schulbesuch, eine offizielle An-

---

vorhanden oder erwünscht, bestehen (§ 11 u. 12); das Berufsrecht der Lehrkräfte wird zwischen Gemeinde, Staat und Kirche, die ein Vetorecht hat, geteilt (§ 51ff).« (Froese: Entwicklungsskizzen. 31f.).

90 Vgl. Keiner: Lehrer.

91 Vgl. Wittmütz: Elementarschule. 39f.

92 Wittmütz: Elementarschule. 21.

erkennung des Lehrerstandes als Berufsstand und damit verbunden eine angemessene Besoldung und gesetzlich geregelte Pensionsverhältnisse.[93] Eine erste Reaktion auf diese Forderungen stellte in Preußen der Erlass der nach ihrem Verfasser FERDINAND STIEHL (1812–1878) benannten »Stiehlschen Regulative« über die Einrichtung des evangelischen Seminar-, Präparanden- und Elementarschulunterrichts dar, die aus den Vorbereitungen des von der Reichsverfassung geforderten Unterrichtsgesetzes hervorgingen, aber dennoch inhaltlich so gestaltet waren, dass sie bis 1872 »einer eindeutig konservativen, antirevolutionären Schul- und Erziehungspolitik«[94] dienten.

Den Abschluss der im 18. Jahrhundert eingeleiteten preußischen Bildungspolitik, die hinsichtlich des pädagogisch-systemischen Ausbaus des Schulwesens durchaus progressiv war, bildete das »Schulaufsichtsgesetz vom 11. März 1872«[95]. Verbunden mit dessen Veröffentlichung waren heftige Diskussionen, wie ein Auszug aus einer zeitnahen Rede des preußischen Kultus-Ministers ADALBERT FALK (1827–1900) zeigt:

> »Wir haben zu fragen, was will das Gesetz? Das Gesetz will die Anerkennung und für manche Gebiete die zweifellose Klarstellung des Satzes, daß alle Beamten und alle Behörden, die mitzuwirken haben bei der Schulaufsicht, dabei im Namen des Staates handeln. Es will, daß der Geistliche, der dabei thätig ist, sein Mandat vom Staate habe und anerkenne, dass er solches habe vom Staate und nicht von seiner Stellung in der Kirche. Es will der Entwurf, dass die Staatsregierung bei der Auswahl der Inspektoren aus dem geistlichen Stande nicht mit Nothwendigkeit gebunden sei an die Bestimmungen und die Wahl der kirchlichen Oberen. Das ist der Sinn des Entwurfs, und dazu braucht man allerdings ein Gesetz. Es ist in den Motiven gesagt, es handele sich nicht darum, grundsätzlich und überall die Schul-Inspektorate den Beamten der Kirche, den Geistlichen, zu entziehen.«[96]

Und auch die folgende Erklärung FALKS zeigt deutlich, welche Befürchtungen mit dem »Schulaufsichtsgesetz« verbunden waren:

---

93 Vgl. WITTMÜTZ: Elementarschule. 26.

94 WITTMÜTZ: Elementarschule. 27.

95 FROESE verweist darauf, dass die durch ADALBERT FALK erlassenen »Allgemeinen Bestimmungen vom 15. Oktober 1872» und der »Erlass über den Religionsunterricht vom 18. Februar 1876« in die gleiche inhaltliche Richtung wie das Schulaufsichtsgesetz zielten und damit OTTO VON BISMARCK (1815–1898) für seinen Kulturkampf gegen die katholische Kirche in die Hände spielten (vgl. FROESE: Entwicklungsskizzen. 33f.).

96 ZWECK UND BEDEUTUNG DES GESETZENTWURFS ÜBER DIE SCHULAUFSICHT. 2.

> »Aber das Wort ›Trennung der Kirche von der Schule‹ ist gefallen. Meine Herren! Es handelt sich bei diesem Gesetze nicht um Trennung der Schule von der Kirche, sondern um eine genauere Abgrenzung der Rechte des Staates an der Schule und der Rechte der Kirche an der Schule, um nichts Anderes, insbesondere nicht um eine Lösung des Zusammenhanges zwischen Kirche und Schule.«[97]

Diese Auszüge machen deutlich, dass es bei der preußischen Schulaufsichtsfrage um die Forderung der Leistung einer Schulaufsicht durch staatlich mandatierte Beamte und Behörden ging, und um die eindeutige gesetzliche Abgrenzung staatlicher und kirchlicher Rechte an der Schule. Es ging den preußischen Gesetzgebern eben nicht um eine Verdrängung der Kirche aus dem Schulwesen oder gar um eine Scheidung von Kirche und Staat im Sinne einer Säkularisierung, sondern lediglich darum, per Gesetz eine neue Verhältnisbestimmung dieser Größen zueinander zu erreichen. Darüber hinaus wird deutlich, dass die preußischen Schulreformen ein eindeutiges Zugeständnis an eine neue historische Epoche darstellten: ein sich gesellschaftlich, weltanschaulich und auch politisch pluralistisch gestaltendes Zeitalter, das die Etablierung neuer Bildungsstandards und den Ausbau des Schulwesens zu einem Schulsystem in staatlicher Trägerschaft erforderte.[98]

---

97 AUS DER REDE DES KULTUS-MINISTERS DR. FALK IN DER SITZUNG DES HERRENHAUSES VOM 6. MÄRZ. 2.

98 Noch waren die Schulen in kommunaler Trägerschaft, d.h. »dass Einrichtung und Unterhalt der Schulen, sowie die Besoldung der Lehrer Sache der Gemeinde sind. Die Familien hatten ihren Beitrag dazu durch Zahlung eines Schulgeldes zu leisten. Umfang und Qualität des Unterrichtsangebots waren also unvermeidlich durch die in der ersten Hälfte des 19. Jahrhunderts meist geringe Finanzkraft der Gemeinden begrenzt. Armut der Familien limitierte die Nachfrage nach Schulbildung insbesondere in den Fällen, in denen die schulpflichtigen Kinder durch ihre Arbeit zum Unterhalt der Familie beitragen mussten. Unter günstigeren Bedingungen aufseiten der Gemeinde wie der Familien konnten auch in kleineren Städten Schulen eingerichtet werden, die ein über das Unterrichtsprogramm der Elementarschulen hinausgehendes Angebot offerierten – nicht selten durch privat finanzierten Ergänzungsunterricht z.B. in den klassischen Sprachen, der Schüler auf den Besuch einer Höheren Schule vorbereitete. In Städten mittlerer Größe wurden Lateinschulen oder Bürgerschulen mit oder ohne Lateinunterricht angeboten, die einerseits Schüler auf die oberen Klassen Höherer Schulen vorbereiteten, andererseits aber auch Schüler aufnahmen, die solche Ambitionen nicht hatten, sondern z.B. nach Absolvierung der Schulpflicht abgehen wollten.« (FÜSSEL/ROEDER: Recht. 14). Auch HANS-ULRICH WEHLER verweist darauf, dass die Schulen bis zur Jahrhundertwende in erster Linie Gemeindeangelegenheiten waren und sich die preußische Schulpolitik entsprechend verstärkt einer Vereinheitlichung widmete, um diese Regelung zugunsten einer staatlich-einheitlichen Schulaufsicht und damit Zentralisierung der Bildungspolitik aufzubrechen (vgl. WEHLER: Doppelrevolution. 1191–1198).

Im Oktober 1872 erfolgte zur Ergänzung des »Schulaufsichtsgesetzes« der Erlass eines neuen Gesetzes über das preußische »Volksschul-, Präparanden- und Seminar-Wesen«, das die »Stiehlschen Regulative« endgültig ablöste.[99] Am Ende des 19. Jahrhunderts blieben schließlich zwei rechtlich fixierte Sachverhalte als Ergebnis der Schulentwicklung bestehen:

> »1. die ›Unterhaltung der öffentlichen Volksschulen‹ obliegt grundsätzlich den Kommunen; 2. ›in der Regel sollen die Schüler einer Schule derselben Konfession angehören und von Lehrern ihrer Konfession unterrichtet werden‹.«[100]

Darüber hinaus wurden in unterschiedlichen Bereichen des Schul- und Erziehungswesens gesetzliche Reformen durch- und Neuerungen eingeführt, das Schulwesen besser durchgegliedert und vereinheitlicht sowie die Rechtsstellung der Lehrer weiter verbessert.[101] Entsprechend dieser Entwicklungen waren die Lehrer am Ende des 19. Jahrhunderts durch ein Präparanden- und Seminarwesen gut ausgebildet, wurden besser bezahlt und waren als ehrenhafter Berufsstand im öffentlichen Ansehen gestiegen. Zudem traten verstärkt Frauen in den Volksschuldienst ein und die Qualität des Unterrichts wandelte sich spürbar:

> »Sie [die Lehrer, Anm. SEKH] ›hielten nicht mehr Schule‹, sondern unterrichteten, strukturierten ihren Stoff, mühten sich um Anschauung und um Verstehen der Schüler. Die Lernprozesse, die sie organisierten, wurden zunehmend abstrakt, herausgelöst aus dem allgemeinen Lebenszusammenhang. Zur wesentlichen Unterrichtsform, vor allem in den Realien, entwickelte sich immer stärker der Vortrag des Lehrers, der Frontalunterricht mit einer geregelten Sitzordnung in dem Klassenzimmer. Diese Form des Unterrichts erforderte eine gewissermaßen curriculare Durchstrukturierung des Unterrichtsstoffes, war also anspruchsvoller als das vorherige Buchstabieren, Repetieren und Memorieren.«[102]

Der systemisch-pädagogische Ausbau des Schulwesens hin zu einem Schulsystem blieb im gesamten 19. Jahrhundert eine territoriale Entwicklung, da die Regelung von religiösen und bildungspolitischen Angelegenheiten weiterhin im Zuständigkeitsbereich der Länder lagen. Damit blieb auch die Schulaufsichtsfrage im Sinne einer endgültigen Trennung von Kirche und

---

99 Vgl. Liese: Bestimmungen.

100 Froese: Entwicklungsskizzen. 35.

101 Vgl. Krawietz: Überblick. 60.

102 Wittmütz: Elementarschule. 31.

Schule bis 1918 vielerorts ein brisantes und viel diskutiertes Politikum. Erst die »Weimarer Reichsverfassung« von 1919 führte mit ihren Bestimmungen zu einer Änderung des Staats-Kirchen-Volksschul-Verhältnisses, da sie nicht nur in die zuvor föderale Verwaltung der Ressorts »Bildung« und »Religion« eingriff, sondern auch die endgültige Durchsetzung der staatlichen Schulaufsicht festschreibt:

> »Art. 142. Die Kunst, die Wissenschaft und ihre Lehre sind frei. Der Staat gewährt ihnen Schutz und nimmt an ihrer Pflege teil.
> Art. 143. Für die Bildung der Jugend ist durch öffentliche Anstalten zu sorgen. Bei ihrer Einrichtung wirken Reich, Länder und Gemeinden zusammen. Die Lehrerbildung ist nach den Grundsätzen, die für die höhere Bildung allgemein gelten, für das Reich einheitlich zu regeln. Die Lehrer an öffentlichen Schulen haben die Rechte und Pflichten der Staatsbeamten.
> Art. 144. Das gesamte Schulwesen steht unter der Aufsicht des Staates; [...]. Die Schulaufsicht wird durch hauptamtlich tätige, fachmännisch vorgebildete Beamte ausgeübt.
> Art. 145. Es besteht allgemeine Schulpflicht. Ihrer Erfüllung dient grundsätzlich die Volksschule mit mindestens acht Schuljahren und die anschließende Fortbildungsschule bis zum vollendeten achtzehnten Lebensjahre. Der Unterricht und die Lernmittel in den Volksschulen und Fortbildungsschulen sind unentgeltlich.
> Art. 146. Das öffentliche Schulwesen ist organisch auszugestalten. Auf einer für alle gemeinsamen Grundschule baut sich das mittlere und höhere Schulwesen auf. Für diesen Aufbau ist die Mannigfaltigkeit der Lebensberufe, für die Aufnahme eines Kindes in eine bestimmte Schule sind seine Anlage und Neigung, nicht die wirtschaftliche und gesellschaftliche Stellung oder das Religionsbekenntnis seiner Eltern maßgebend. Innerhalb der Gemeinden sind indes auf Antrag von Erziehungsberechtigten Volksschulen ihres Bekenntnisses oder ihrer Weltanschauung einzurichten, soweit hierdurch ein geordneter Schulbetrieb, auch im Sinne des Abs. 1, nicht beeinträchtigt wird. Der Wille der Erziehungsberechtigten ist möglichst zu berücksichtigen. [...] Für den Zugang Minderbemittelter zu den mittleren und höheren Schulen sind durch Reich, Länder und Gemeinden öffentliche Mittel bereitzustellen, insbesondere Erziehungsbeihilfen für die Eltern von Kindern, die zur Ausbildung auf mittleren und höheren Schulen für geeignet erachtet werden, bis zur Beendigung der Ausbildung.
> Art. 147. Private Schulen als Ersatz für öffentliche Schulen bedürfen der Genehmigung des Staates und unterstehen den Landesgesetzen. Die Genehmigung ist zu erteilen, wenn die Privatschulen in ihren Lehrzielen und Einrichtungen sowie in der wissenschaftlichen Ausbildung ihrer Lehrkräf-

te nicht hinter den öffentlichen Schulen zurückstehen und eine Sonderung der Schüler nach den Besitzverhältnissen der Eltern nicht gefördert wird. Die Genehmigung ist zu versagen, wenn die wirtschaftliche und rechtliche Stellung der Lehrkräfte nicht genügend gesichert ist. Private Volksschulen sind nur zuzulassen, wenn für eine Minderheit von Erziehungsberechtigten, deren Wille nach Artikel 116 Abs. 2 zu berücksichtigen ist, eine öffentliche Volksschule ihres Bekenntnisses oder ihrer Weltanschauung in der Gemeinde nicht besteht oder die Unterrichtsverwaltung ein besonderes pädagogisches Interesse anerkennt. Private Vorschulen sind aufzuheben. [...]
Art. 148. In allen Schulen ist sittliche Bildung, staatsbürgerliche Gesinnung, persönliche und berufliche Tüchtigkeit im Geiste des deutschen Volkstums und der Völkerversöhnung zu erstreben. Beim Unterricht in öffentlichen Schulen ist Bedacht zu nehmen, daß die Empfindungen Andersdenkender nicht verletzt werden. Staatsbürgerkunde und Arbeitsunterricht sind Lehrfächer der Schulen. Jeder Schüler erhält bei Beendigung der Schulpflicht einen Abdruck der Verfassung. Das Volksbildungswesen, einschließlich der Volkshochschulen, soll von Reich, Ländern und Gemeinden gefördert werden.
Art. 149. Der Religionsunterricht ist ordentliches Lehrfach der Schulen mit Ausnahme der bekenntnisfreien (weltlichen) Schulen. Seine Erteilung wird im Rahmen der Schulgesetzgebung geregelt. Der Religionsunterricht wird in Übereinstimmung mit den Grundsätzen der betreffenden Religionsgesellschaft unbeschadet des Aufsichtsrechts des Staates erteilt. Die Erteilung religiösen Unterrichts und die Vornahme kirchlicher Verrichtungen bleibt der Willenserklärung der Lehrer, die Teilnahme an religiösen Unterrichtsfächern und an kirchlichen Feiern und Handlungen der Willenserklärung desjenigen überlassen, der über die religiöse Erziehung des Kindes zu bestimmen hat. Die theologischen Fakultäten an den Hochschulen bleiben erhalten.«[103]

In der anschließenden Untersuchung soll vor diesem Hintergrund nicht nur nach der tatsächlichen Entwicklung der Schulaufsichtsfrage und damit des Schulrechts in den reußischen Fürstentümern gefragt, sondern auch die Ergebnisse dessen zu den reichsrechtlichen Entwicklungen ins Verhältnis gesetzt werden.

---

103 Verfassung des Deutschen Reichs vom 11. August 1919. 516–518.

2.1.3 Zur Typologie eines Schulsystems

Als für die Entstehung eines Schulsystems in den deutschen Staaten grundlegend bedeutend sind in erster Linie zwei Entwicklungen zu sehen, die im 18. Jahrhundert begannen und bis zum Ende des 19. Jahrhunderts weitestgehend abgeschlossen waren. Zum Ersten war dies die Professionalisierung[104] des Lehrerstandes, d.h. dessen Ausformung zu einem offiziell anerkannten Berufsstand »streng methodisch für ihren Beruf ausgebildeter und staatlich geprüfter Lehrkräfte«,[105] die fest und unkündbar eingestellt werden, ein regelmäßiges Gehalt beziehen, Anspruch auf eine Pension besitzen und deren Hinterbliebene im Todesfall »auf Grund gesetzlich feststehender Normen«[106] versorgt werden. Zum Zweiten gehörten die Durchsetzung der Schulpflicht und die Regelung des Unterrichts, d.h. der Inhalte und Stundenanzahl sowie der Ferienzeiten dazu.[107]

Im 19. Jahrhundert fand aufgrund der schulhistorischen und -rechtlichen Entwicklungen des Volksschulwesens auch dessen pädagogisch-systemischer Ausbau statt, der sich in seinem Ergebnis von den Zuständen des 18. Jahrhunderts deutlich unterschied:[108]

---

104 Als Merkmale der *Professionalisierung* nennt Peter Lundgreen aus historisch-soziologischer Sicht folgende: »Fachwissen (Bildungspatente), um exklusive Kompetenz glaubhaft zu behaupten. Professionelle Identität durch eigene Berufsverbände, berufsständische Selbstkontrolle u.ä. Öffentliches Image als am Gemeinwohl orientierte unabdingbare Dienstleistung. Rechtliche Privilegierungen, z.B. durch Berechtigungsmonopole für die Bildungspatente auf dem Arbeitsmarkt (Lizensierung, Titelschutz u.ä.).« (Lundgreen: Professionen. 9).

105 Clausnitzer u.a.: Volksschulwesen. 4.

106 Clausnitzer u.a.: Volksschulwesen. 4.

107 Vgl. Clausnitzer u.a.: Volksschulwesen. 5-7.

108 Bis zum Ende des 18. Jahrhunderts hatten sich aus sozialgeschichtlicher Sicht folgende Merkmale für die Schulen und Schulformen der traditionalen, ständisch strukturierten und agrarisch geprägten Gesellschaft ausmachen lassen: »Soweit es in traditionalen [...] Gesellschaften schon Formen institutionalisierter Erziehung gab, waren diese Schulen jeweils auf ein spezifisches regionales, soziales, religiöses, berufsständisches, geschlechtsspezifisches Milieu bezogen. Diese traditionale Gesellschaft war für fast alle Menschen [...] eine in partikuläre Räume segregierte soziale Welt: dementsprechend waren nicht nur die häusliche Erziehung, sondern auch die Ansätze institutionalisierter Erziehung strukturell und funktional noch nicht nach allgemeingültigen Prinzipien und Regelungen organisiert, sondern auf sehr vielfältige, den jeweiligen Milieus angepasste Weise.« (Zymek: Schule. 218).

> »Institutionalisierte Erziehung in entwickelten Industriegesellschaften macht dagegen aus, daß die Bildungsinstitutionen – je nach Kultur und Gesellschaft durchaus unterschiedlich – durch allgemeingültige, universalistische Regelungen systematisch geordnet und untereinander sowie mit anderen gesellschaftliche Subsystemen vernetzt sind. Moderne Bildungssysteme sind in der Regel durch einen gemeinsamen Kern von Prinzipien, Kulturgütern und Unterrichtsgegenständen charakterisiert, durch einen sequentiellen Aufbau, durch Übergangs- und Prüfungsregelungen, durch Bestimmungen zur Lehrerausbildung und -anstellung, zur Finanzierung der Schulunterhaltung und Lehrerbesoldung, schließlich auch vernetzt mit dem Beschäftigungssystem durch die Festlegung von Vorbildungsvoraussetzungen für ein mehr oder weniger breites Spektrum von Berufen.«[109]

Diese Entwicklungen waren von Territorium zu Territorium unterschiedlich schnell und stark zu spüren, da Reformen, wenn sie denn von der jeweiligen Regierung beschlossen worden waren, nicht ohne Probleme durchgeführt werden konnten:

> »Der langfristige, ungleichzeitige und widersprüchliche Prozeß der historischen Schulentwicklung ergibt sich daraus, daß Schulreformgesetze oder Reformerlasse, wenn sie auf die Einführung oder Reform von Schulsystemen abzielen, in Hunderten von Orten umgesetzt werden müssen und damit die Macht- und Handlungsressourcen jeder Regierung überfordern, die diesen Prozeß radikal verkürzen will. Das gilt nicht nur für historische Epochen der Schulentwicklung in Deutschland, in denen die Zentralregierungen gar nicht die verfassungsrechtlichen Kompetenzen besaßen, den Ländern, Regionen, Kommunen und privaten Schulträgern generelle Regelungen aufzuzwingen, aber auch nicht finanzielle Ressourcen in einem Maße mobilisieren und zur Verfügung stellen konnten, daß damit starke Anreize zur Umsetzung solcher Schulreformprogramme gegeben worden wären.«[110]

Dieser langfristige Prozess der Systembildung im Schulwesen lässt sich nach DETLEF K. MÜLLER in drei Phasen einteilen. Zum Ersten in die der Systemfindung, in der unterschiedliche Schultypen noch unverbunden nebeneinander existieren,[111] und zum Zweiten die der Systemkonstitution, d.h. der Organi-

---

109 ZYMEK: Schule. 218f.

110 ZYMEK: Schule. 220.

111 Vgl. MÜLLER: Voraussetzungen. 13. »In der Phase der *Systemfindung* entwickelten die einzelnen Schulformen spezifische Zielsetzungen und eigene Abgrenzungs-

sation eines Schulsystems durch die Zuordnung bestehender Schultypen zu- und deren funktional gegliederter Abstimmung aufeinander.[112]

> »Bei der Analyse der Systemfindung und Systemkonstitution sind folgende Entwicklungen innerhalb des Bildungswesens besonders zu berücksichtigen: (a) traditionale Vorgaben; (b) gesetzliche Rahmenbedingungen; (c) regionale Besonderheiten; (d) Berechtigungsregelungen; (e) soziale Differenzierung und Hierarchisierung; (f) Qualifikationskrisen; (g) bildungstheoretische Legitimationen.«[113]

Daran schließt sich zum Dritten die Phase der Systemkomplementierung an. Darunter wird die Ergänzung des konstituierten Systems durch Modifikationen, den Einbezug zwar bereits bestehender Schulformen, die zuvor noch nicht anschlussfähig gewesen waren, oder auch die Einführung neuer Bildungsziele und -pläne verstanden.[114]

Angewendet auf die deutsche Geschichte ist die Zeit ab dem 18. Jahrhundert als eine Phase der Systemfindung zu sehen, wohingegen erst ab dem zweiten Drittel des 19. Jahrhunderts von einer Phase der Systemkonstitution gesprochen werden kann, die 1919/1920 endete. Dennoch trat das Schul- und Bildungssystem in Deutschland trotz einer ab dem letzten Drittel des 19. Jahrhunderts ansteigenden Bildungsexpansion[115] erst im 20. Jahrhundert in die Phase der Systemkomplementierung ein.[116] Bis dahin blieb das Volks-

---

kriterien, bemühten sich um ein besonderes Eltern- und Schüler-Klientel und ein auf diese Bezugsgruppen wirkendes Schulklima. Die staatlichen Organe, besonders die Schulbürokratie, reagierten durch Verordnungen, Lehrpläne und Berechtigungsregelungen auf diese Entwicklungen, sie nahmen sie fast nie vorweg oder bestimmten nur selten ihren Verlauf.« (MÜLLER: Voraussetzungen. 14).

112 Vgl. MÜLLER, DETLEF K.: Voraussetzungen. 13. »In der Phase der *Systemkonstitution* wurden die Möglichkeiten und Grenzen der intraschulischen Flexibilität – d.h. die Vielfalt der Bildungswege innerhalb eines Schultyps – und der interschulischen Fluktuationen – d.h. die Vielfalt der Bildungswege innerhalb des Bildungssystems – festgelegt. Die unterschiedlichen Legitimationsideologien der Schulformen verloren zugleich durch deren Einbezug in ein Gesamtsystem ihre begrenzte Reichweite und wurden Teile einer Bildungstheorie, in der die Programmatik einer allgemeinen Bildungsfähigkeit des einzelnen durch die Lernzielbestimmung von sozialen Gruppen ersetzt wurde (Elitebildung, volkstümliche Bildung).« (MÜLLER: Voraussetzungen. 14).

113 MÜLLER: Voraussetzungen. 14.

114 Vgl. MÜLLER: Voraussetzungen. 13.

115 Vgl. TIETZE: Bildungssystem. 104f.; 107–112.

116 Vgl. MÜLLER: Voraussetzungen. 13.

schulwesen in seiner Entwicklung in erster Linie durch folgende Faktoren bestimmt:

> »Auf Seiten der Volksschule ist das 19. Jahrhundert durch die zunehmende Durchsetzung der noch auf das vorausgehende Jahrhundert zurückgehenden Schulpflichtbestimmungen, die Ausbildung ihrer inneren Strukturen (Entstehung mehrklassiger Systeme, Entwicklung und Normierung von Lehrplänen, partielle Verbesserung der Unterrichtsmethoden) sowie die wachsende Professionalisierung der Lehrerschaft charakterisiert. Diese Entwicklungen können jedoch kaum darüber hinwegtäuschen, daß die Volksschule trotz solcher strukturellen und dabei auch qualitativen Verbesserungen stets – meist gegensätzlichen – politischen Ansprüchen von Monarchie, Kirchen, Parteien und nicht zuletzt der Lehrerverbände selbst ausgesetzt gewesen war.«[117]

Angesichts der stufen- oder auch niveauweisen Entwicklung des Schulsystems im langen 19. Jahrhundert teilt Hartmut Titze die Systementwicklung in drei zeitliche Phasen ein:

> »1. Zwischen 1788 und 1834 wurde die Bildungsselektion unter herrschaftlicher Kontrolle *institutionalisiert*. Beim Übergang zu diesem neuen Modus der Vergesellschaftung (›Selbstverwirklichung und Bildung‹) spielte die beginnende Leistungskonkurrenz zwischen adligen und bürgerlichen Amtsanwärtern eine bedeutende Rolle. Im Selbst- und Weltverständnis der jugendlichen Bildungsschicht gingen zwei Normenkreise eine neuartige Verbindung ein [...].
> 2. Das Wachstum bis ca. 1880 war eine erfolgreiche *Anpassungsleistung* des Bildungswesens an die Bedürfnisse des gesellschaftlichen Lebens nach dem ersten Industrialisierungsschub. Diese Einschätzung ergibt sich aus der Aufstauung des Bildungsbedarfs, der sich für viele Bereiche als Mangel an qualifiziertem Nachwuchs für den Zeitraum von 1860 bis 1880 empirisch belegen lässt. [...].
> 3. In den letzten Jahrzehnten des 19. Jahrhunderts entzog sich die höhere Bildung der traditionellen autoritären Kontrolle und politischen Steuerung durch das traditionsbefangene administrative System. [...]«[118]

---

117 Drewek: Einführung. 228.

118 Titze: Bildungssystem. 112f. Der Begriff der »Bildungsselektion«, der hier genannt wird, lässt sich nach Axel Nath wie folgt definieren: »Als analytisch unterscheidbare Funktionen des Bildungssystems können wir die Qualifikation und die Selektion identifizieren. Während die Qualifikation die qualitativen, die kulturellen Ergebnisse der Bildung bezeichnet (individuelle Kompetenzen), können wir unter

An diesen Ausführungen wird deutlich, dass die Entwicklung des Schulsystems eng mit den wirtschaftlichen und gesellschaftlichen Entwicklungen zusammenhing und sich diese drei Bereiche gegenseitig beeinflussten.[119]

Darüber hinaus verweist TITZE darauf, dass die Systemherausbildung im Schulwesen in den letzten Jahrzehnten des 19. Jahrhunderts zu einer Lösung des Schulwesens von herrschaftlicher und damit staatlicher Steuerung führte. Dies zog wiederum die Emanzipation des Schulwesen zu einem eigenen Subsystem im Staat nach sich, das nicht nur eine Eigendynamik[120] in seiner Ausformung besaß, sondern auch eigene, systeminterne Kontrollmechanis-

---

Selektion die quantitative, die sozial differenzierende Seite des Bildungsprozesses begreifen.« (NATH,: Bildungswachstum. 9).

119 HANS-PETER FÜSSEL und PETER M. ROEDER halten diesbezüglich sehr anschaulich für das 19. Jahrhundert fest: »Am Ende des Jahrhunderts präsentiert sich das Bildungssystem im Wesentlichen so, wie wir es – freilich mit einer Fülle keineswegs unbedeutender Modifikationen – heute kennen: Die auf einen achtjährigen Kurses [sic!] ausgebaute Volksschule mit fachlich differenziertem Unterricht, die Mittel- oder Realschule und das Nebeneinander verschiedener Formen des Gymnasiums, deren Abschlüsse im Prinzip vergleichbare Berechtigungen vermitteln, schließlich ein im internationalen Vergleich gut ausgebautes Hochschulsystem [...]. Diese Entwicklung ist freilich nicht nur als Resultat von Steuerungen durch staatliche Verwaltung zu verstehen, sondern auch – oder gar primär – als Ergebnis von Veränderungen der Rahmenbedingungen, die Art und Umfang der Nachfrage nach Schul- und Hochschulbildung mitbestimmen: z.B. demographische Entwicklungen, Veränderungen im Verhältnis der Wirtschaftssektoren zueinander, im 19. Jahrhundert also etwa die Schrumpfung des agrarischen Sektors, der Ausbau des gewerblich-industriellen Sektors, und des Dienstleistungssektors auf kommunaler, Provinz- und gesamtstaatlicher Ebene, nicht zuletzt die wirtschaftliche Lage der privaten Haushalte wie der öffentlichen Einrichtungen auf allen Ebenen. Alle diese Faktoren wirken sich regional und lokal auf die Nachfrage nach Schulbildung wie auf das Angebot aus. Erst mit der sich beschleunigenden Expansion des Schulwesens im Laufe des 19. Jahrhunderts wird dieses selbst zu einem entscheidenden Impulsgeber zur Steigerung der Nachfrage. Die Frage nach Passung zwischen Nachfrage und Angebot stellt sich vor dem Hintergrund des Kommunalprinzips, d.h. der Regelung, dass Einrichtung und Unterhalt der Schulen, sowie die Besoldung der Lehrer Sache der Gemeinde sind.« (FÜSSEL/ROEDER: Recht. 13f.).

120 Dieser Begriff wird hinsichtlich des Schulwesens in Übereinstimmung mit der Differenzierung von PETER LUNDGREEN gebraucht: »1) ›Eigendynamik‹ als Teil von ›Bildungspolitik‹. Hier denke ich an Akteure und Diskurse, die von Interessenvertretern des Bildungssystems dominiert werden, also von Lehrergruppen und Absolventenverbänden. 2) ›Eigendynamik‹ als Residualgröße. Hier denke ich an Veränderungen im Bildungssystem, die sich nicht oder nur schlecht durch ›Bildungspolitik‹ erklären lassen. Dieser interessante Fall lässt freilich offen, welche Ursachen im Einzelnen hinter dieser – residualen – Eigendynamik stehen.« (LUNDGREEN: »Bildungspolitik«. 34).

men zur Eigenregulierung. Als Gründe für diese Emanzipation des Schulwesens von der herrschaftlichen Kontrolle, benennt TITZE drei Bereiche, die sich von 1778 bis ca. 1880 grundlegend wandelten:

»a) Das Systemproblem der nur begrenzt verfügbaren Verwertungschancen für Bildungsprozesse trat erstmals unter *Wachstumsbedingungen* auf, d.h. die Verwertungschancen wuchsen dynamisch mit dem Wachstum der akademischen Berufsstände.
b) Durch *Interessenorganisation von unten* gerieten alle staatlichen Steuerungsmaßnahmen viel stärker als im Vormärz unter Legitimationsdruck. Die Krisensteuerung mußte mit den Betroffenen nun ausgehandelt werden.
c) Dabei machte sich erstmals mit erheblicher Bedeutung die *Eigendynamik* des Bildungssystems geltend.«[121]

In Übereinstimmung mit den Beobachtungen HARTMUT TITZES lässt sich bereits ab den 1860er, vor allem jedoch ab dem letzten Drittel des 19. Jahrhunderts eine gewisse »Bildungsexpansion«[122] feststellen, die zum typischen Merkmal moderner Schulsysteme wurde. Diese hatte in institutioneller wie sozialer Perspektive nicht nur bedeutenden gesellschaftlichen Einfluss, sondern wirkte auch auf die weitere Ausdifferenzierung des Schulwesens bzw. -systems fördernd ein.[123] Entsprechend lässt sich die Entstehung und der Ausbau von Schulsystemen in den deutschen Staaten im Laufe des langen

---

121 TIETZE: Bildungssystem. 113.

122 »Der Begriff der ›Expansion‹ als genuines Entwicklungsmerkmal moderner Bildungssysteme kann aus zwei verschiedenen Perspektiven definiert werden. Expansion lässt sich zum einen auf den flächendeckenden Ausbau des Schulwesens, die sukzessive Durchsetzung der Schulpflicht sowie, enger gefasst, auch auf die zunehmende Bildungsbeteiligung an höheren Schulen und Hochschulen beziehen, mithin auf die äußere Ausdehnung des Bildungssystems bzw. auf das Binnenwachstum bestimmter Teilbereiche. Zum anderen werden mit dem Expansionsbegriff soziale Mobilisierungsprozesse fokussiert, durch die sich Chancen und Erfolg der Beteiligung an höheren Bildungseinrichtungen über die akademischen Eliten hinaus langfristig auch auf andere Schichten ausgedehnt haben.« (DREWEK: Bildungssysteme. 811).

123 Vgl. DREWEK: Bildungssysteme. 812.

19. Jahrhunderts als ein Entwicklungsprozess über mehrere Niveaustufen[124] hinweg betrachten, die sich nach Ansicht TITZES vor allem an der Entwicklung der Volksschullehrerbildung veranschaulichen lassen:

> »Innerhalb gegebener Verhältnisse kommt es, erstens, durch die Wahrnehmung von überwindbaren Mängeln und durch günstige Verwertungschancen zu Wachstum, zum Ausbau und zur Differenzierung von Bildungseinrichtungen (z.B. Präparandenanstalten, Ausbau der Lehrerseminare zu mehrklassigen Einheiten). In einem zweiten Schritt werden ähnliche Strukturen (sechsklassig ausgebaute Einrichtungen der Volksschullehrerausbildung) auf einem höheren Entwicklungsniveau des Bildungssystems integriert und verallgemeinert (Anerkennung und Einreihung ins höhere Schulsystem zuerst in Sachsen 1876 und Baden 1909, Umwandlung der Lehrerbildungsanstalten in Deutsche Oberschulen in Preußen nach 1920). Das Bildungswachstum vollzieht sich nach dem Muster von Differenzierung und Integration: Die sechsklassig ausgebauten Lehrerbildungsstätten werden als höhere Schulen eines bestimmten Typs anerkannt. Zu einer teilweisen Akademisierung der Volksschullehrerausbildung kommt es erst in den 1920er Jahren [...]. Im Bereich der Mädchen- und Frauenbildung lassen sich ähnliche Strukturen erkennen [...].«[125]

Neben den Schularten oder -typen, die im Laufe des langen 19. Jahrhunderts ausgebaut, neu strukturiert und konzipiert wurden, fanden auch enorme Veränderungen in der Lehrerbildung statt, die sich zwar bis 1920 gemäß seminaristischem Modell gestaltete, doch in ihren Lehrinhalten und Qualifikationsanforderungen wandelte und den Notwendigkeiten der Zeit ebenso unterwarf wie die Schulausbildung:

> »Vorbereitung auf und Einübung in Schulpraxis, ermöglicht in den sozialen Organisationsformen einer Fachschule (mit den ›Bildungsgütern‹ der Volksschule als Lehrgegenständen) und einer Übungsschule (zur ›betrieblichen Lehre‹), also eine nicht-akademische ›Verberuflichung‹ (Kuhlemann, 1992, S. 256-263), mit einer von praktischen Schulmännern gepflegten, nicht (oder kaum) theoriegelei-

---

124 »Der Theorie des Bildungswachstums liegt die folgende Überlegung zugrunde: Das Bildungswachstum vollzieht sich über Niveaustufen hinweg, die eine strukturelle Einheit darstellen. Sind die Anpassungskapazitäten bzw. Lernspielräume auf einem Entwicklungsniveau erschöpft, wird der Sprung auf ein neues Niveau herausgefordert. Der Mechanismus, durch den der Sprung von einem auf das nächste Niveau vermittelt wird, ist der Eigenausbau des Bildungssystems.« (TIETZE: Bildungssystem. 116).

125 TIETZE: Bildungssystem. 116.

> teten Pädagogik. Die solcherart ausgebildeten Lehrer richteten ihr berufsständisches Interesse, wie könnte es auch anders sein, auf die Verringerung, dann Beseitigung des Abstandes zu den Gymnasiallehrern. Zentrale Dimension dieser (Professionalisierungs-)Politik war naturgemäß die ›einheitliche‹ Lehrerbildung, sprich die Akademisierung der Ausbildung von Volks- und Mittelschullehrern. Je erfolgreicher man auf diesem Wege war, je größer wurde die Distanzierung vom pädagogischen Berufswissen zugunsten von Wissenschaftsorientierung für Fachlehrer.«[126]

Wird im Laufe der folgenden Untersuchung die Entwicklung der Schulaufsichtsfrage in den reußischen Territorien unter den Bedingungen der Entstehung eines modernen Schulsystems näher betrachtet, erfolgt ein Abgleich mit den hier gemachten Ausführungen zu dessen Typologisierung sowie der Professionalisierung des Lehrerberufs, um zu prüfen, inwieweit die reußischen den Entwicklungen in anderen deutschen Staaten entsprachen.

2.2 Zu den Grundlagen des europäischen Staatsabsolutismus

Die Grundlagen für das enge Staats-Kirchen-Volksschul-Verhältnis protestantischer Prägung in Deutschland haben die Entstehung der Landesherrschaft, des landesherrlichen Kirchenregiments und des staatlichen Absolutismus (1648–1789) gelegt. Letzterer zeichnete sich durch folgende Hauptmerkmale aus, auf die es im Anschluss einzugehen gilt:

> »Politische Herrschaftsform, bei der eine einzelne Person, i.d.R. der Monarch, vollständig über die souveräne Ausübung aller Staatsgewalt verfügt, zugespitzt in dem Ausspruch Ludwig XIV.: ›Der Staat bin ich.‹ […] Er basiert auf der Idee der Herrschaft von Gottes Gnaden. Während des A.[bsolutismus, Anm. SEKH] wurde die Ausübung der Herrschaft durch den Aufbau von staatlichen Bürokratien zur Modernisierung von Verwaltung und Militär gefestigt. Mit dem Aufkommen des A.[bsolutismus, Anm. SEKH] wurde auch die Idee einer unumschränkten staatlichen Souveränität entwickelt. Damit führte der A.[bsolutismus, Anm. SEKH] nach innen zu einer Entmachtung der Stände und dem Niedergang des

126 Lundgreen: Professionen. 10f.

Feudalismus und war nach außen mit dem Bemühen um territoriale Integration und machtpolitische Expansion des eigenen Staatswesens verbunden. Staatliche Integrität und Souveränität sind die wichtigsten Grundlagen für die Herausbil-dung moderner Nationalstaaten.«[127]

2.2.1 Zu Landesherrschaft und Landesverwaltung

Im 13. Jahrhundert setzte auf den Grundlagen des Lehensrechtes und -systems die Entwicklung der Landesherrschaft innerhalb des Heiligen Römischen Reiches[128] ein, womit dessen Verfassung vom vormaligen Stammes- zum Territorialprinzip überging und den Landesherren den Ausbau einer eigenständigen Herrschaftsgewalt gestattete, wie sie davor lediglich dem Königtum zugestanden hatte.[129] Damit verbunden war die Schaffung bedeutender Grundlagen für die Entwicklung moderner Territorialstaaten, denn:

> »Im Streben nach einer einheitlichen staatlichen Macht suchten die Landesherren an die Stelle des Lehnsstaates einen Beamtenstaat mit einer straffen Verwaltungsorganisation zu setzen. Der Staat der Landesherren wurde zum Gebietsstaat innerhalb dessen der Landesherr jede von außen kommende Gewalt auszuschließen suchte. So wurden in den Gebieten der Landesherren die Grundlagen des modernen Staates geschaffen.«[130]

Das sich daraufhin herausbildende Grundschema dieser landesherrlichen Regentschaft schlug sich in den typischen Verwaltungsstrukturen des absolutistischen Staates nieder. Dem Landesherrn, der in den weltlichen Territorien durch Erbfolge und in den geistlichen durch Wahl bestimmt wurde, stand grundsätzlich sein Land, repräsentiert durch den Landtag, gegenüber. Seine Stände und sonstigen Untertanen hatten ihm die so genannte (Erb)Hul-

---

127 KLEIN/SCHUBERT: Politiklexikon. 13.

128 Ab dem Jahre 1495 erhielt das *Heilige Römische Reich* den Zusatz *Deutscher Nation* zur Verdeutlichung, dass es sich lediglich auf die deutsche Nation beschränke. Dennoch war erst im 17. und 18. Jahrhundert in der Staatsrechtslehre mit diesem Zusatz auch die tatsächliche Herrschaft der Deutschen über dieses Reich gemeint, das bis 1806 bestand (vgl. CONRAD: Staat. 65).

129 Vgl. CONRAD: Staat. 50.

130 CONRAD: Staat. 51.

digung bei Regierungsantritt zu leisten, was einen Treue- und Untertänigkeitseid bedeutete, während der Landesherr die ständischen Freiheitsrechte zu bestätigen hatte.[131]

Die Landschaft, zu der Kurien des landsässigen höheren Adels, der Ritterschaft, ausgewählter Bürger der Städte – wenn diese unmittelbar der fürstlichen Kanzlei unterstanden – sowie der Prälaten gehörten, trat regelmäßig auf den Landtagen zur gemeinsamen Beratung der eigenen Interessen zusammen. Die so gefassten Beschlüsse mussten anschließend mit dem Landesherrn verhandelt und in einem Landtagsabschied als Vertrag zwischen Landesherrn und Landtag verkündet werden.[132]

Dem Landesherrn oblagen bestimmte Herrschaftsrechte über sein Territorium. Zu diesen gehörten das Gesetzgebungsrecht, die Grundherrschaft bzw. das Kammergut, die Herrschaft über die Städte, die Herrschaft über den landsässigen Adel, die Militärhoheit, ab dem 16. Jahrhundert die Kirchenhoheit, die lediglich durch die Landstände eingeschränkte Steuerhoheit sowie die Hochgerichtsbarkeit.[133] Unter diesen Rechten gab es jedoch auch gewisse Abstufungen. So war die Grundherrschaft der Bereich in dem der Landesherr am freiesten regieren konnte, da er dort als Grund- und Landesherr rechtlich nicht in seiner Gewaltausübung beschränkt war. Die Stadtherrschaft dagegen oblag dem Landesherrn nicht völlig frei, da er sich »durch die von ihm in Stadtrechtsurkunden und Stadtstatuen verliehenen Rechte, die der Rat ausübte, selbst beschränkt«[134] hatte. Dadurch besaßen die Städte die Kompetenz zur Selbstverwaltung, zur Abhaltung von Märkten (Marktrecht), zur Befestigung sowie eine eigene Niedergerichtsbarkeit, behielten aber den Landesherrn als obersten Stadtherrn bei, der weiterhin die Wahlen und Amtsführung beaufsichtigte und sich diese Rechte im Zeitalter des Absolutismus meist noch weiter ausbaute.[135]

Gegenüber dem landsässigen Adel trat der jeweilige Regent als Lehens- und Landesherr auf. Dies gestattete ihm einerseits bei einem Aussterben eines Lehensträgers dessen Lehensgut wieder in seinen Grundbesitz einzu-

---

131 Vgl. Conrad: Staat. 96.

132 Vgl. Conrad: Staat. 97.

133 Vgl. Hess: Geschichte Thüringens. 17f..

134 Hess: Geschichte Thüringens. 19.

135 Vgl. Hess: Geschichte Thüringens. 19.

gliedern und andererseits als Gerichtsherr über den Adel aufzutreten. Der landsässige Adel – wie auch die Städte – besaß hingegen die Niedergerichtsbarkeit über seine Grundherrschaft, d.h. die Patrimonialgerichtsbarkeit.[136]

Die Landstände hatten gegenüber dem Landesherrn die Landstandschaft inne, d.h. das Recht und auch die Pflicht auf den Landtagen dem Landesfürsten »Rat und Hilfe zu leisten«[137] sowie das Recht der Steuerbewilligung. Letzteres bedeutete eine gewisse Abhängigkeit des Landesherrn von den Landständen und war außerdem die Grundlage für die Ausbildung einer landständischen, von der landesherrlichen getrennten Steuererhebung sowie Steuerverwaltung. Nicht selten nutzten die Stände diese Abhängigkeit des Landesherrn in Steuerdingen zur vertraglichen Sicherung von Privilegien und Landfreiheitserklärungen.[138] Ein Wandel vollzog sich erst – territorial unterschiedlich stark – im 17. Jahrhundert durch den weiteren Ausbau des landesherrlichen Machtmonopols. Dessen Gewährleistung fußte in erster Linie auf einer effizienten und hierarchischen Verwaltungsstruktur, die sich in allen deutschen Staaten in ihrem Aufbau ähnlich gestaltete. An der Spitze stand der Landesherr als oberster weltlicher Souverän und seit dem 16. Jahrhundert Kirchenherr, ihm untergeordnet der fürstliche Rat als Landesverwaltung, dem die Aufgaben als höchster Polizei- , bei Fehlen eines Hofgerichts, als höchster Gerichts- und Finanzbehörde zukamen, das Konsistorium[139] oder der Kirchenrat als oberste Behörde für die Kirchen- und Schulsachen, die Städte und der Hofkriegsrat. Darüber hinaus existierten weitere den

136 Vgl. HESS: Geschichte Thüringens. 18f.

137 HESS: Geschichte Thüringens. 19.

138 Vgl. CONRAD: Staat. 98. Dennoch existierte kein ständiger Gegensatz zwischen Landesherrn und Landständen, denn: »Die Hauptgegenstände der fürstlichen Gesetzgebung, nämlich Verwaltungsvorschriften und Polizeiordnungen wurden nicht als ›Recht‹ im eigentlichen Sinne angesehen, zu ihrem Erlaß und ihrer Änderung war daher die ständische Mitwirkung nicht erforderlich. [...] Dabei ist auch zu berücksichtigen, daß die in den ständischen Repräsentationsorganen vertretenen Gruppen unter Umständen auf anderen Ebenen auf die Rechtsetzungstätigkeit Einfluß nehmen konnten. So rekrutierte sich der höfische Rat des Fürsten einerseits aus Mitgliedern des landständischen Adels, und andererseits war auch das städtische Bürgertum in diesem Gremium vertreten, denn oft entstammten die gelehrten Juristen den bürgerlichen Patriziergeschlechtern« (SICHELSCHMIDT: Recht. 26).

139 Vgl. HEUN: Art. Konsistorium.

obersten Behörden auf den Kommunal- und Lokalebenen angeschlossene Behörden, die dem Landesherrn die vollständige Aufsicht über seinen Staat und die höchstmögliche Effizienz bei dessen Regierung garantieren sollten.[140]

Ziele dieses Verwaltungsaufbaus und der damit einhergehenden Bürokratisierung waren die Ordnung und Zentralisierung des Staates zugunsten der landesherrlichen Machtausübung. Neben diesem strukturellen Wandel des deutschen Territorialstaatswesens, der in seiner Tragweite auch für die reußischen Territorien untersucht werden soll, setzten ab dem 16. Jahrhundert bedeutende religionspolitische Wandlungen auf territorialstaatlicher Ebene ein, die dazu führten, dass jeder Herrscher zum Kirchenherrn seines Territoriums wurde.

2.2.2 Zum Landesherrlichen Kirchenregiment

Mit dem Beginn der Landesherrschaft setzte auch das landesherrliche Kirchenregiment ein,[141] das erst 1919 durch die »Weimarer Reichsverfassung« aufgehoben wurde. Bis dahin garantierte es dem Landesherrn die oberste Aufsicht über alle geistlichen und schulischen Angelegenheiten. Die rechtlichen Grundlagen legten der »Augsburger Religionsfriede« (1555) und der »Westfälische Friede« (1648), doch den Beginn des landesherrlichen Kirchenregiments stellten die Visitationen dar, aus denen erst die Kirchenordnungen und daraufhin die Verwaltungsstrukturen der Landeskirchen[142] hervorgingen.

---

140 Vgl. Conrad: Staat. 53f.

141 Vgl. Krumwiede: Art. Kirchenregiment; Wall: Art. Landesherrliches Kirchenregiment.

142 »Der Begriff Landeskirche ist erst im frühen 19. Jahrhundert aufgekommen, obgleich die mit ihm bezeichnete besondere Verfassungsgestalt der Konfessionskirchen in Deutschland bereits seit der Mitte des 16. Jahrhunderts Bestand hatte. Der Begriff verwies im 19. Jahrhundert insbesondere auf die Privilegierung einer einzelnen bekenntnisbestimmten Kirche durch den Staat, auf dessen Territorium sie sich befand. Jeder Staat konnte innerhalb seiner Grenzen allerdings auch mehrere Konfessionskirchen anerkennen und als seine Landeskirchen auf unterschiedliche Weisen fördern. Im letzten Drittel des Jahrhunderts trat dann [...] die ganz neue Situation ein, daß das Gebiet einer Landeskirche nicht mehr mit dem des Staates identisch sein mußte« (Mehlhausen: Kirche. 197).

2.2.2.1 *Der Augsburger Religionsfriede (1555) als rechtliche Grundlage*

Dem »Augsburger Religionsfrieden«,[143] der durch den »Westfälischen Frieden«[144] in seiner Gültigkeit bestätigt und damit maßgebend für die Religionspolitik des Heiligen Römischen Reiches Deutscher Nation bis zu dessen Auflösung im Jahre 1806 wurde, kommt die Bedeutung des ersten reichsrechtlichen Dokuments beginnender staatlicher Religionsfreiheit und zur Regelung des Staats-Kirchen-Verhältnisses der Länder zu.

Der »Augsburger Religionsfriede« zeichnete sich durch drei grundlegende Charakteristika aus.[145] Zum Ersten war er Vertrag zur Wahrung des politischen, zwischenstaatlichen Friedens im Reich und suchte entsprechend den versöhnlichen Ausgleich zwischen den nun konfessionell unterschiedlichen Reichsständen. Zum Zweiten bildete der Religionsfriede die rechtliche Grundlage dafür, dass die Augsburgische und ihr verwandte Konfessionen, d.h. das lutherische Bekenntnis, offiziell als zur »religiösen Landschaft« des Heiligen Römischen Reiches Deutscher Nation zugehörig anerkannt wurden.

---

143 Den Vorgänger des Religionsfriedens bildete der »Passauische Vertrag«, dessen Bestimmungen zu einem großen Teil Eingang in den Religionsfrieden von 1555 fanden (vgl. PASSAUISSCHER VERTRAG. 151–170).

144 Vgl. INSTRUMENTUM PACIS OSNABRUGENSIS. 449–618.

145 In dessen §§. 15–32 finden sich die dieser Charakterisierung zugrunde gelegten Bestimmungen. Darin wird – unter der Maßgabe, dass alle getroffenen Regelungen zur künftigen Sicherung des religiösen Friedens in und zwischen den Ländern des *Heiligen Römischen Reiches Deutscher Nation* dienen sollen – unter anderem bestimmt, dass kein Reichsstand alten Glaubens einen Reichsstand, der nun der »Augsburgischen Konfession« und verwandten Konfessionen angehöre, in irgendeiner Weise anfeinden dürfe (vgl. §. 15), dass kein der »Augsburgischen Konfession« und verwandter Konfessionen angehöriger Reichsstand die weltlichen und geistlichen Reichsstände, die der alten Religion weiterhin angehören, in irgendeiner Weise anfeinden dürfe (vgl. §. 16), dass das Recht zur Reformation für die Territorien unter geistlicher Herrschaft beschränkt bzw. ausgesetzt werde (vgl. §. 20), dass kein Reichsstand einen Religionszwang gegenüber einem anderen Reichsstand noch gegenüber dessen Untertanen ausüben dürfe (vgl. §. 23), dass die Freizügigkeit für Religionsflüchtlinge ohne Sanktionen gewährleistet sein müsse (vgl. §. 24) und schließlich, dass dieser Vertrag unabdingbar für das ganze Reich zur Friedenssicherung gelte (vgl. §. 25), was auch bedeute, dass keine Gesetze jeglicher Art dem geschlossenen Religionsfrieden entgegenstehen dürften (vgl. §. 28). Weiterhin wird bestimmt, dass die Reichsstände – anwesende wie abwesende (vgl. §. 33) – für sich und ihre Erben die Einhaltung dieses Religionsfriedens zuzusichern hätten (vgl. §§. 29f.) und allen Reichsständen – egal welcher Konfession – die Rechtsgleichheit vor den juristischen Instanzen des Reiches zuerkannt werde (vgl. §. 32) (vgl. RELIGIONSFRIEDEN. 176–181).

Und zum Dritten bildet der Religionsfriede durch seine Bestimmungen die Grundlage für das landesherrliche Kirchenregiment.[146] Die Ergebnisse dieser Gesetzgebung waren bedeutende religionsrechtliche und -politische Veränderungen, wodurch sich das staatlich-kirchliche ebenso wie das kirchlich-staatliche Abhängigkeitsverhältnis grundlegend wandelte:

> »Er [der »Augsburger Religionsfriede«, Anm. SEKH] hat die *Einheit des Reichs* über seine schweren Krisen infolge der Glaubensspaltung gerettet. Er hat den theologischen und politischen Antagonismus der beiden Religionsparteien in ein rechtliches Koexistenzsystem eingebunden und neutralisiert. Er hat die Bindung der öffentlichen Gewalt *an Verfassungsgesetze* entscheidend gestärkt und eine frühe [...] Rechtsstaatlichkeit im Reich errichtet, die einen Absolutismus des Kaisers ausschloß. Er hat den *Staatsbildungsprozeß der Territorien* in Deutschland mächtig vorangetrieben, weil er die reichsrechtlichen Grundlagen für ihre Konfessionalisierung durch das ius reformandi und das landesherrliche Kirchenregiment schuf, die zur Konsolidierung der Herrschaftsgewalt und zur Ausbildung fester Gebietsgrenzen des einheitlichen Konfessionsstaats führte. – Auch der deutsche *Föderalismus* hat im Religionsfrieden von 1555 wichtige Wurzeln, weil das Reichskirchenrecht entscheidend die Selbständigkeit der Territorien und ihre Mitwirkungsrechte an der Reichspolitik in den sensibelsten Fragen des Konfessionellen Zeitalters stärkte. – Im Zeitalter der Religionskriege schuf er erstmals ein *Staatskirchenrecht* immerwährender religiöser Friedens-, Freiheits- und Gleichheitsgarantien. Mit ihm kam der neue Rechtstyp einer *weltlichen Ausgleichs- und Rahmenordnung* für geistlich unüberbrückbare Gegensätze auf, dem die Zukunft gehörte [sic] sollte.«[147]

Die an die Reformation anschließende christlich-religiöse Pluralisierung und deren staats- und religionsrechtliche Konsequenzen zeigen damit deutlich, dass die Wirkungsgeschichte des Protestantismus gerade im kirchenrechtlichen und kirchenpolitischen Bereich in den deutschen Staaten als eine Ge-

---

146 Diese Tatsache war dem rechtlichen Charakter des *Heiligen Römischen Reiches Deutscher Nation* geschuldet, das als Reichsverband aus in Lehensabhängigkeit zum Kaiser stehenden souveränen Staaten bestand, die sich der Reichsgesetzgebung zwar zu beugen hatten, jedoch in ihrer Landesgesetzgebung weitestgehend frei agieren konnten. Diese Tradition der Landesherrschaft, die ihre Wurzeln im mittelalterlichen Frankenreich hatte, fand sich durch den »Augsburger Religionsfrieden« nicht nur bestätigt, sondern auch um den Bereich der landesherrlichen Kirchenhoheit erweitert, was im 17. Jahrhundert unter der Formel »cuius regio, eius religio« (übersetzbar mit »wessen Herrschaft, dessen Religion«) Eingang in die (Kirchen)Geschichte fand.

147 Heckel: Religionskonflikt. 12.

schichte fortschreitender Religionsfreiheit mit der Tendenz zur staatlichen Säkularisierung betrachtet werden kann. Angesichts dessen wird für die reußischen Staaten zu fragen sein, inwiefern dort die reichsrechtlichen Bestimmungen von 1555 bzw. 1648 in das Selbst- und Legitimationsverständnis der Landesherren eingingen und zur Rechtfertigung eines Landeskirchenrechts genutzt wurden.

2.2.2.2 Kirchenvisitationen und landesherrliche Kirchenverwaltungsstrukturen

Die Bestätigung des »Augsburger Religionsfriedens« durch den »Westfälischen Frieden« bedeutete für die Staaten im deutschen Raum, dass sie in der Folgezeit ihr landesherrliches Kirchenregiment auf dieser verfassungsrechtlichen Basis in Form eines reformatorischen Episkopalrechts ausbauen konnten.[148] Eine besondere Bedeutung kam dabei den Kirchenvisitationen zu. Diese hatten bereits vor der Reformation existiert und waren vom Landesherrn zur Kontrolle der kirchlichen und schulischen Verhältnisse in den Gemeinden durch eine Kommission von staatlichen – in der Regel Juristen – und kirchlichen Vertretern eingesetzt worden. Ihre besondere Bedeutung lag darin begründet, dass sie nicht nur den Zustand des Kirchenwesens aktenmäßig dokumentierten, sondern darüber hinaus wiesen sie

> »auf, was alles jenseits von Kirche, Glaube und Religion im engeren Sinn von den Überprüfungen mitbetroffen wurde, welche Bereiche im Raum des Profanen, im Bereich von Recht und Wirtschaft, von Politik und Gesellschaft, von Bildung, Erziehung und Kultur dabei berührt oder in stärkere Mitleidenschaft gezogen wurden.«[149]

Doch auch wenn sich die kursächsische Kirchenvisitation vom 16. Juni 1527 in diese Tradition einreiht, so kann sie doch als Beginn des landesherrlichen Kirchenregiments gesehen werden. Denn sie stellt die erste Version dar, die zur Bestandsaufnahme zwecks der Aufstellung einer neuen Kirchenordnung

---

148 Vgl. HECKEL: Staat. 80f. Eine aufschlussreiche Untersuchung zu den theologischen und innerkirchlichen Begründungen für dieses Herrschaftsverhältnis mit dem Schwerpunkt auf der Frage, wo die Gesetzgebung des 16. Jahrhunderts ihren Platz in der Kirche habe, bietet: SCHWANHÄUSSER: Gesetzgebungsrecht. 15–30, 143–149.

149 LANG/ZEEDEN: Einführung. 10.

für eine Territorialkirche durchgeführt wurde.[150] Die in den Kirchenordnungen zu findende Rechtssetzung erlaubt es nicht nur Rückschlüsse auf die tatsächliche Verwaltungsorganisation zu ziehen, sondern zeigt auch deutliche Unterschiede in der Rechtssetzung im ländlichen und städtischen Gebiet.[151] So wird beispielsweise in den ländlichen Quellen meist nur allgemein von Theologen oder Räten gesprochen, während in den städtischen Quellen konkret Namen der Verantwortlichen genannt werden. Dies veranlasst Karla Sichelschmidt zu der Beobachtung, dass die Quellen für den ländlichen Raum eher Wert auf Institutionalisierung und Bürokratisierung der Verwaltung legen würden, während in den Städten eher ein Interesse an der persönlichen Leistung der einzelnen Person vorliege. Daraus wiederum schlussfolgert sie, dass, je geringer die Aufmerksamkeit der Individualität eines Verfassers gewidmet werde, umso bedeutender die Stellung des zur juristischen Regelung des Kirchenwesens berufenen Gesetzgebers sei, wodurch die territoriale Rechtssetzung den Schwerpunkt eindeutig auf das vom Landesherrn verliehene Amt, auf die Berufung und auf den Auftrag lege.[152]

> »Bei der Rechtsetzung der Städte wird eher deutlich, daß es sich um theologische Ordnungen handelt, zu deren inhaltlicher Regelung die städtischen Organe sich nicht kompetent fühlen. Die inhaltliche Autorität beruht vielmehr oft gerade auf der Tatsache, daß ein Geistlicher der Verfasser ist. Demgegenüber erwecken die Kirchenordnungen der Territorien einen anderen Eindruck: Hier kann der Landesherr die kirchlichen Angelegenheiten regeln, weil im Rahmen seiner Verwaltungsorganisation die Fachkompetenz zur inhaltlichen Gestaltung des Kirchenwesens vorhanden ist.«[153]

Diese Unterscheidung finde sich nach Ansicht Sichelschmidts auch in allen anderen Verwaltungsangelegenheiten wieder, wobei keine Unterscheidung und Besonderheit anhand des Regelungsgegenstandes vorliege, sondern sich diese aus den unterschiedlichen Sozial- und Verfassungsstrukturen von Stadt und Flächenstaat ergäben.[154]

---

150 Vgl. Sehling (Hrsg.): Ordnungen. 32–36.

151 Vgl. Sichelschmidt: Recht. 49f.

152 Vgl. Sichelschmidt: Recht. 49f.

153 Sichelschmidt: Recht. 50.

154 Vgl. Sichelschmidt: Recht. 51.

Die Grundlagen für die jeweilige Kirchenverfasstheit und damit die innerstaatliche Kirchenverwaltung bildeten die Kirchenordnungen,[155] zu denen EMIL SEHLING festhält:

> »Die evangelische Kirche legt auf das Recht geringeren Werth als die vorreformatorische Kirche; ihren Schwerpunkt findet sie im Evangelium. Niemals jedoch sind die Reformatoren der Meinung gewesen, die Kirche könne einer festen Ordnung, eines eigenen Rechtes, entbehren. [...] Die sichtbare Kirche bedarf der Rechtsordnung.«[156]

An der Spitze genannter Rechtsordnung stand der Landesherr, dem nicht nur die eigenmächtige Wahl seiner Landesreligion, sondern auch die oberste Aufsicht über das gesamte Landeskirchen- und -schulwesen oblag. Ihm unterstand das Konsistorium[157] bzw. der Kirchenrat als oberste geistliche Behörde direkt. Ihm kamen die Gerichtsbarkeit über und die Verwaltung der Kirchen- und Schulangelegenheiten zu, was lokal durch die betreffenden Ortspfarrer geleistet wurde, die der jeweiligen Superintendentur als Verwaltungsbehörde der Ephorie unterstanden. Das Amt des Superintendenten, der in manchen Gegenden auch Dekan, Senior, Propst oder Inspektor genannt wurde, war erst im Zuge der Reformation entstanden, sodass dem Superintendenten keine Trägerschaft eines Kirchenregiments, sondern lediglich ein Wächteramt zukam.[158]

Die Superintendenten[159] hatten zur Gewährleistung der Aufrechterhaltung der geltenden Kirchenordnung und sonstiger gültiger Verordnungen regelmäßige Visitationen in den Gemeinden und Ortschaften durchzuführen, deren Ergebnisse dem Konsistorium und dem Landesherrn regelmäßig vor-

---

155 Inwiefern sich in vielen Kirchenordnungen des 16. Jahrhunderts noch Einflüsse des kanonischen Rechts und damit traditionelle Anknüpfungen an die Kirchengeschichte des Mittelalters zeigten, dokumentiert: SPRENGLER-RUPPENTHAL: Recht.

156 SEHLING (Hrsg): Ordnungen. V.

157 »Amt und Aufgaben von Superintendent und Konsistorium wurden in Anlehnung an vormals bischöfliche Befugnisse geschaffen. Inhalt der Pflichten sind Aufsicht und Kontrolle; beide Ämter haben primär organisatorischen Charakter. Juristisch sind Superintendenten und Konsistorialräte nicht mit höherer geistlicher Kompetenz oder Leitungs- und Weisungsbefugnissen in theologischen Fragen ausgestattet als Pfarrer und Laien. Da sie es aber letztendlich waren, die auch über Fragen der Lehre entscheiden sollten, war ihr Einflussbereich in geistlichen Dingen naturgemäß größer als der des einzelnen Pfarrers.« (SICHELSCHMIDT: Recht. 181).

158 Vgl. DINGEL: Art. Kirchenverfassung III. 1322.

159 Vgl. JUNGHANS: Art. Superintendent.

zulegen waren. Darüber hinaus musste das Konsistorium, das sich aus zwei Geistlichen und zwei Juristen – meist Angehörigen der Landesregierung – zusammensetzte, auch bei Personal- und Rechtsfragen künftig Rücksprache mit dem Landesherrn halten. Dies reichte so weit, dass Geistliche in der Regel lediglich von der Superintendentur oder dem Konsistorium vorgeschlagen werden konnten, letztlich jedoch der Landesherr über deren Anstellung entschied.[160]

Das zentrale geistliche Amt nahm weiterhin der Pfarrer ein, da er am stärksten mit der Gesellschaft in Berührung kam und Einfluss auf diese ausüben konnte:

> »Nur seine Verpflichtung läßt sich nach lutherischer Auffassung unmittelbar aus den biblischen Grundlagen herleiten: Die Verkündigung des Evangeliums und die Verwaltung der Sakramente bilden den Kernbereich des christlichen Gemeindelebens. Der Pfarrer war derjenige, für den eine Kirchenordnung in erster Linie gedacht war, und daher widmet sich die Rechtsetzung seinem Amt auch mit besonderer Aufmerksamkeit. Ganz wesentliches Ziel der Gesetzgebung ist dabei die Hebung des Bildungsstandes. Um ein höheres Niveau der Volksbildung erreichen zu können, mußte zunächst gewährleistet sein, daß der Pfarrer über den entsprechenden Kenntnisstand verfügte.«[161]

Nachdem die Reformation in Verbindung mit der Landesherrschaft zur Herausbildung des landesherrlichen Kirchenregiments geführt hatte, waren die kirchlichen Aufsichtsstrukturen ab dem 16. Jahrhundert fest in den staatlichen Verwaltungsapparat eingegliedert und so die kirchlichen wie schulischen Angelegenheiten strukturell verstaatlicht. Dies war zwar kein gänzlich neues Konzept, sondern hatte seine Ursprünge bereits in vorreformatorischer Zeit,[162] doch kam es in der Form solcher vollständiger Verstaatlichung

---

160 Vgl. Hess: Geschichte Thüringens. 17–29. Hess beschreibt das Schema der Behördenorganisation für Mitteldeutschland, das als typisch für sämtliche deutschen Staaten betrachtet werden kann.

161 Sichelschmidt: Recht. 180.

162 Dabei sollte immer im Blick bleiben, dass das Verhältnis zwischen Kirche und Staat von Beginn an sehr eng verflochten war und kirchliche Angelegenheiten bereits zu diesem Zeitpunkt bis zu einem gewissen Grad unter staatlicher Aufsicht gestanden hatten. Dafür sind die Investiturstreitigkeiten des Mittelalters ebenso beispielhaft zu nennen wie die Tatsache, dass es zahlreiche Überschneidungen zwischen kirchlicher wie weltlicher Gewalt gab: »Das gilt für soziale Verbindungen – die fürstlichen Familien stellten nicht nur die weltlichen Machthaber, sondern auch die Inhaber der hohen geistlichen Ämter. Das gilt aber auch für die Wahrnehmung bestimmter Rechte und Aufgaben. Die Territorialfürsten versuchten in vorreformatorischer Zeit der

der Kirchengewalt bisher nicht vor. Dass diese Entwicklungen auch in den reußischen Fürstentümern stattfanden, ist historisch belegt, doch wird in der anschließenden Untersuchung danach zu fragen sein, inwieweit sich diese Strukturen im 19. Jahrhundert erhielten oder veränderten und durch die Schulaufsichtsfrage beeinflusst wurden bzw. diese selbst beeinflussten.

2.2.3 Zu ausgewählten Strukturmerkmalen des modernen Staates nach Max Weber

Im Nachfolgenden wird auf die Ausführungen des Nationalökonomen und Soziologen MAX WEBER (1864–1920) zu den soziologischen Charakteristika des modernen rationalen Staates in seinem Werk »Wirtschaft und Gesellschaft« aus dem Jahre 1902 eingegangen. Die darin vorgestellte Typologie staatshistorischer Entwicklungen in der Neuzeit soll in der folgenden Untersuchung zu einem Abgleich mit den staatlichen Entwicklungen im Reußenland dienen, um so dessen staatlichen Modernisierungsprozess im Hinblick auf die Entwicklung der Verwaltung und Bürokratisierung beurteilen zu können.

Eine Grundlage jeglicher staatlicher Verwaltung bildet die legitime Herrschaft, bezüglich der WEBER drei Typen gemäß ihrer Geltungsansprüche unterscheidet. Diese können sein:

»1. *rationalen* Charakters: auf dem Glauben an die Legalität gesatzter Ordnungen und des Anweisungsrechts der durch sie zur Ausübung der Herrschaft Berufenen ruhen (legale Herrschaft), [...]
2. *traditionalen* Charakters: auf dem Alltagsglauben an die Heiligkeit von jeher geltender Traditionen und Legitimität der durch sie zur Autorität Berufenen ruhen (traditionale Herrschaft), – oder endlich
3. *charismatischen* Charakters: auf der außeralltäglichen Hingabe an die Heiligkeit oder die Heldenkraft oder die Vorbildlichkeit einer Person oder der durch sie offenbarten oder geschaffenen Ordnungen [ruhen] (charismatische Herrschaft). Im Fall der satzungsmäßigen Herrschaft wird der legal gesatzten sachlichen unpersönlichen Ordnung und dem durch sie bestimmten Vorgesetzten kraft formaler Legalität seiner Anordnungen und in deren Umkreis gehorcht. Im Fall der traditionalen Herrschaft wird der Person des durch Tradition berufenen und an die Tradition (in deren Bereich) gebun-

römischen Kurie Privilegien abzutrotzen. Sie waren bestrebt, die Bischofswahlen zu beeinflußen und ›Landesbistümer‹ zu schaffen. Sie waren Patrone oder Kirchenvögte für viele Pfarrstellen und konnten so die Besetzung der Pfarren bestimmen. Landesherrliche und bischöfliche Gewalt arbeiteten aber auch im Bereich der Visitation zusammen.« (SICHELSCHMIDT: Recht. 4).

denen Herrn kraft Pietät im Umkreis der Gewohnten gehorcht. Im Fall der charismatischen Herrschaft wird dem charismatisch qualifizierten Führer als solchem kraft persönlichen Vertrauens in Offenbarung, Heldentum oder Vorbildlichkeit im Umkreis der Geltung des Glaubens an dieses sein Charisma gehorcht.«[163]

Als eine besondere, von der traditionalen wie charismatischen Herrschaft verschiedene Herrschaftsform benennt Weber den Feudalismus, dessen echte Formen der Lehens- und Pfründenfeudalismus seien[164], und der sich durch folgende Merkmale auszeichne:

»Bei allen Herrschaftsformen ist die Tatsache der Existenz des Verwaltungsstabes und seines *kontinuierlich* auf Durchführung und Erzwingung der Ordnungen gerichteten Handelns für die Erhaltung der Fügsamkeit vital. Die Existenz *dieses* Handelns ist das, was man mit dem Wort ›Organisation‹ *meint*. Dafür wiederum ist die (ideelle und materielle) Interessen*solidarität* des Verwaltungsstabes mit dem Herrn ausschlaggebend. Für die Beziehung des Herrn zu ihm gilt der Satz: daß der auf jene Solidarität gestützte Herr jedem *einzelnen* Mitglied gegenüber stärker, *allen* gegenüber schwächer ist. Es bedarf aber einer planvollen *Vergesellschaftung* des Verwaltungsstabes, um die Obstruktion oder bewusste Gegenaktion gegen den Herrn planvoll und also erfolgreich durchzuführen und die Leitung des Herrn lahmzulegen. Ebenso wie es für jeden, der eine Herrschaft brechen will, der Schaffung *eigener* Verwaltungsstäbe zur Ermöglichung *eigener* Herrschaft bedarf, es sei denn, daß er auf Konnivenz und Kooperation des bestehenden Stabes gegen den bisherigen Herrn rechnen kann. In *stärkstem* Maß ist jene Interessensolidarität mit dem Herrn da vorhanden, wo für den Verwaltungsstab die *eigene* Legitimität und Versorgungsgarantie von der des Herrn abhängt. Für den Einzelnen ist die Möglichkeit, sich dieser Solidarität zu entziehen, je nach der Struktur sehr verschieden. Am schwersten bei voller *Trennung* von den Verwaltungsmitteln, also in rein patriarchalen (nur auf Tradition ruhenden), rein patrimonialen und rein bureaukratischen (nur auf Reglements ruhenden) Herrschaften, am leichtesten: bei ständischer Appropriation (Lehen, Pfründe).«[165]

Wie an der Auseinandersetzung mit Weber deutlich wird, spielt die Frage nach Macht und Herrschaft im absolutistischen und modernen Staat eine entscheidende ideologische Rolle. Dementsprechend ist der moderne Staat

---

163 Weber: Wirtschaft. 159.

164 Vgl. Weber: Wirtschaft. 189.

165 Weber: Wirtschaft. 196.

bzw. der politische Verband aus soziologischer Sicht auch nicht aus dem heraus zu definieren, was er tut, sondern angesichts der Anwendung des spezifischen Machtmittels der physischen Gewaltsamkeit.[166]

Der Staat selbst lässt sich nach WEBER als eine menschliche Gemeinschaft definieren, die innerhalb eines bestimmten Gebietes das Monopol legitimer physischer Gewalt besitze, und als alleinige Quelle des Rechtes auf Gewaltsamkeit, die die Reichweite der physischen Gewalt sonstiger Verbände oder Einzelpersonen nach ihrem Ermessen beschränke.[167] Das so entstehende Herrschaftsverhältnis zwischen Bewohnern und Staat stützt sich auf allgemein bekannte, mit den Herrschaftstypen korrespondierende Rechtfertigungsgründe:

> »Einmal die Autorität des ›ewig Gestrigen‹: der durch unvordenkliche Geltung und gewohnheitsmäßige Einstellung auf ihre Innehaltung geheiligten *Sitte:* ›traditionale‹ Herrschaft, wie sie der Patriarch und der Patrimonialfürst alten Schlags übten. Dann die Autorität der außeralltäglichen persönlichen *Gnadengabe* (Charisma): die ganz persönliche Hingabe und das persönliche Vertrauen zu Offenbarungen, Heldentum oder anderen Führereigenschaften eines Einzelnen: ›charismatische‹ Herrschaft, wie sie der Prophet oder – auf dem Gebiet des Politischen – der gekorene Kriegsfürst oder der plebiszitäre Herrscher, der große Demagoge und politische Parteiführer ausüben. Endlich: Herrschaft kraft ›Legalität‹, kraft des Glaubens an die Geltung legaler *Satzung* und der durch rational geschaffene Regeln begründeten sachlichen ›Kompetenz‹, also der Einstellung auf Gehorsam in der Erfüllung satzungsmäßiger Pflichten: eine Herrschaft, wie sie der moderne ›Staatsdiener‹ und alle jene Träger von Macht ausüben, die ihm in dieser Hinsicht ähneln. – Es versteht sich, daß in der Realität höchst massive Motive der Furcht und Hoffnung [...] und daneben Interessen verschiedenster Art die Fügsamkeit bedingen. [...].«[168]

Eng mit diesen drei genannten Legitimitätsgründen bzw. -prinzipien verbunden, ist die sich darauf stützende legitime Ordnung.[169] Deren Legitimität könne laut WEBER durch unterschiedliche innerliche Faktoren, genauer affektuelle, wertrationale oder auch religiöse, und durch Erwartungen spezifisch äußerer Folgen, d.h. durch eine Interessenlage begründet werden, während die Ordnung selbst zweifach und zwar durch Konvention oder auch Recht charak-

---

166 Vgl. WEBER: Wirtschaft. 1042f .

167 Vgl. WEBER: Wirtschaft. 1043.

168 WEBER: Wirtschaft. 1043f.

169 Vgl. WEBER: Wirtschaft. 22.

terisierbar sei.[170] Als entscheidend für den Begriff Recht definiert Weber »die Existenz eines Erzwingungs-Stabes«[171] und benennt als den Geltungsbereich dieses Rechtes, der legitimen Ordnung und der Verwaltungsordnung den sozialen Verband[172] bzw. Verwaltungsverband.[173] Einen Verband dagegen, »dessen gesatzte Ordnungen innerhalb eines angebbaren Wirkungsbereiches jedem nach bestimmten Merkmalen angebbaren Handeln (relativ) erfolgreich oktroyiert werden«[174] bezeichnet Weber als Anstalt und ein kontinuierliches Zweckhandeln[175] als Betrieb.[176] Die Verbindung zwischen Anstalt, Betrieb, legitimer Ordnung, Recht und Verwaltungsstab schafft die Bürokratisierung, denn sie »ist *das* spezifische Mittel, ›Gemeinschaftshandeln‹ in rational geordnetes ›Gesellschaftshandeln‹ zu überführen. Als Instrument der ›Vergesellschaftung‹ der Herrschaftsbeziehungen war und ist sie daher ein Machtmittel allerersten Ranges für den, der über den bürokratischen Apparat verfügt. Denn unter sonst gleichen Chancen ist planvoll geordnetes und geleitetes ›Gesellschaftshandeln‹ jedem widerstrebenden ›Massen‹- der auch ›Gemeinschaftshandeln‹ überlegen. Wo die Bürokratisierung der Verwaltung einmal restlos durchgeführt ist, da ist eine praktisch so gut wie unzerbrechliche Form der Herrschaftsbeziehungen geschaffen.«[177]

Diese Bürokratisierung, die zur Herausbildung einer neuen Form des Berufsbeamtentums führte, wurde für die absolutistischen Herrscher zum Garanten der Durchsetzung einer strengen Machthierarchie.[178] Doch obwohl

---

170 Vgl. Weber: Wirtschaft. 24.

171 Weber: Wirtschaft. 25.

172 Vgl. Weber: Wirtschaft. 35.

173 Vgl. Weber: Wirtschaft. 37.

174 Weber: Wirtschaft. 38.

175 Vgl. Weber: Wirtschaft. 37.

176 Vgl. Weber: Wirtschaft. 38.

177 Weber: Wirtschaft. 726f.

178 »Der einzelne Beamte kann sich dem Apparat, in den er eingespannt ist, nicht entwinden. Der Berufsbeamte ist, im Gegensatz zum ehren- und nebenamtlich verwaltenden ›Honoratioren‹, mit seiner ganzen materiellen und ideellen Existenz an seine Tätigkeit gekettet. Er ist – der weit überwiegenden Mehrzahl nach – nur ein einzelnes, mit spezialisierten Aufgaben betrautes, Glied in einem nur von der höchsten Spitze her, nicht aber (normalerweise) von seiner Seite, zur Bewegung oder zum Stillstand zu veranlassenden, rastlos weiterlaufenden Mechanismus, der ihm eine im wesentlichen gebundene Marschroute vorschreibt. Und er ist durch all dies vor allem festgeschmiedet an die Interessengemeinschaft aller in diesen Mechanismus eingegliederten Funktionäre daran, daß dieser weiterfunktioniere und die vergesellschaftet ausgeübte Herrschaft fortbestehe. Die Beherrschten ihrerseits ferner können einen einmal bestehenden bürokratischen Herrschaftsapparat weder entbehren noch

diese Spezialisierung staatlicher Verwaltung und damit verbunden eine Festigung der Herrschaftsstrukturen durch die stärkere Einbindung der Beherrschten in diese stattfand, lässt Weber unentschieden, ob der Ausbau bürokratischer Strukturen auch grundsätzlich zu einer Machtzunahme der Bürokratie innerhalb des Staatswesens führte.[179] Diese staatliche Verwaltungs- und Machtpolitik mithilfe der Bürokratisierung hatte Folgen für die Ausformung des modernen Verfassungs- und Verwaltungsstaates:

> »Dem heutigen Staat formal charakteristisch ist: eine Verwaltungs- und Rechtsordnung, welche durch Satzungen abänderbar ist, an der der Betrieb des Verbandshandelns des (gleichfalls durch Satzung geordneten) Verwaltungsstabes sich orientiert und welche Geltung beansprucht nicht nur für die – im wesentlichen durch Geburt in den Verband hineingelangenden – Verbandsgenossen, sondern in weitem Umfang für alles auf dem beherrschten Gebiet stattfindende Handeln (also: gebietsanstaltsmäßig). Ferner aber: daß es ›legitime‹ Gewaltsamkeit heute nur noch insoweit gibt, als die staatliche Ordnung sie zuläßt oder vorschreibt [...]. Dieser Monopolcharakter der staatlichen Gewaltherrschaft ist ein ebenso wesentliches Merkmal ihrer Gegenwartslage wie ihr rationaler ›Anstalts‹- und kontinuierlicher ›Betriebs‹-Charakter.«[180]

---

ersetzen, da er auf Fachschulung, arbeitsteiliger Fachspezialisierung und festem Eingestelltsein auf gewohnte und virtuos beherrschte Einzelfunktionen in planvoller Synthese beruht.« (Weber: Wirtschaft. 727).

179 Vgl. Weber: Wirtschaft. 730.

180 Weber: Wirtschaft. 40.

Neben dem Staat als politischem Verband [181] spielte auch die Kirche im modernen Staat eine wichtige Rolle, da sie nicht nur einen spezifischen Verband darstellte, sondern wie der Staat gewisse Herrschaftsansprüche an ›ihre‹ Untertanen stellte, obwohl sie im Zeitalter des Absolutismus in die Verwaltungsstrukturen des Staates einverleibt wurde. Zur Charakteristik der Institution Kirche und dem Unterschied zum politischen Verband bzw. Staat führt Max Weber genauer aus:

> »Für den Begriff des hierokratischen Verbandes kann die *Art* der in Aussicht gestellten Heilsgüter – diesseitig, jenseitig, äußerlich, innerlich – kein entscheidendes Merkmal bilden, sondern die Tatsache, daß ihre Spendung die Grundlage geistlicher *Herrschaft* über Menschen bilden kann. Für den Begriff ›Kirche‹ ist dagegen nach dem üblichen (und zweckmäßigen) Sprachgebrauch ihr in der Art der Ordnungen durch des Verwaltungsstabs sich äußernder (relativ) rationaler Anstalts- und Betriebscharakter und die beanspruchte monopolistische Herrschaft charakteristisch. Dem normalen *Streben* der kirchlichen Anstalt nach eignet ihr hierokratische *Gebiets*herrschaft und (parochiale) territoriale Gliederung, wobei im Einzelfall die Frage sich verschieden beantwortet: durch welche Mittel diesem Monopolanspruch Nachdruck verliehen wird. Aber derart wesentlich wie dem politischen Verband ist das tatsächliche *Gebiets*herrschaftsmonopol für die Kirchen historisch nicht gewesen und heute vollends nicht.«[182]

Angesichts der Untersuchung der reußischen Fürstentümer wird danach zu fragen sein, ob und inwiefern sich die hier dargestellten Beobachtungen Max

---

181 Weber führt zu diesen Begriffen näher aus: »*Politischer* Verband soll ein Herrschaftsverband dann und insoweit heißen, als sein Bestand und die Geltung seiner Ordnungen innerhalb eines angebbaren geographischen *Gebiets* kontinuierlich durch Anwendung und Androhung *physischen* Zwangs seitens des Verwaltungsstabes garantiert werden. *Staat* soll ein politischer *Anstaltsbetrieb* heißen, wenn und insoweit sein Verwaltungsstab erfolgreich das *Monopol legitimen* physischen Zwanges für die Durchführung der Ordnungen in Anspruch nimmt. – ›Politisch orientiert‹ soll ein soziales Handeln, insbesondere auch ein Verbandshandeln, dann und insoweit heißen, als es die Beeinflussung der Leitung eines politischen Verbandes, insbesondere die Approbriation oder Expriation oder Neuverteilung oder Zuweisung von Regierungsgewalten, bezweckt. *Hierokratischer* Verband soll ein Herrschaftsverband dann und insoweit heißen, als zur Garantie seiner Ordnungen physischer Zwang durch Spendung oder Versagung von Heilsgütern (hierokratischer Zwang) verwendet wird. *Kirche* soll ein hierokratischer *Anstaltsbetrieb* heißen, wenn und soweit sein Verwaltungsstab das *Monopol* legitimen hierokratischen Zwanges in Anspruch nimmt.« (Weber: Wirtschaft. 39).

182 Weber: Wirtschaft. 40f.

Webers zur Legitimation des modernen Staates, zur Herausbildung des rationalen und durch einen Bürokratismus gekennzeichneten Verwaltungssystems und zur Charakteristik der Institution Kirche auch auf die Realität im Reußenland des langen 19. Jahrhunderts anwenden lassen.

2.2.4 Zur Phänomenologie des Gottesgnadentums nach Herbert von Borch

Die Wahl zur Darstellung des Gottesgnadentums aus historisch-soziologischer Perspektive fällt auf die 1934 erstmals veröffentlichte Dissertation »Das Gottesgnadentum« von Herbert von Borch (1909–2003),[183] da dieser darin nicht nur eine sehr ausführliche Darstellung desselben in seinen politisch-sozialen Beziehungen und zu dessen Geschichte liefert, sondern auch, weil darin ein für die hier folgende Untersuchung wichtiger genuiner Zusammenhang zwischen Religion und Herrschaft aufgezeigt wird. Das Phänomen Herrschaft charakterisiert von Borch folgendermaßen:

> »Jede soziale Beziehung, auch die der Vorgeschichte, ist mit Herrschaft inkrustiert; aber *Geschichte* beginnt erst mit der Herauslösung der Herrschaft zu einem *institutionellen* Gebilde. Der Mensch tritt in die Geschichtlichkeit ein, indem die *Natur*tatsache Herrschaft *Kultur*tatsache wird: indem mit Herrschaft als Gebilde die Naturschranken für die Vergesellschaftung des Menschen durchbrochen werden. Dieser Schritt geschah zuerst in Ägypten und Babylonien; mit ihm beginnt Geschichte.
> An ihrem Beginn steht somit das Phänomen der Herrschaft – für diesen Beginn nur als magisches Geschehen, als außermenschlich und damit außergeschichtlich verursachtes Gebilde zu begreifen. Es hat die Spuren dieses Ursprungs – der zugleich seine höchste Steigerung war, die Form, von der alle folgenden Formen nur Abschattierungen der Intensität des Herrschers sind – nie verloren.«[184]

Die enge Beziehung zwischen Herrschaft und Religion ist nicht ohne die Beziehungen zu verstehen, die die religiöse und die geburtsrechtliche Legitimation der Herrschaft in Europa miteinander eingegangen sind. Diese lässt sich laut von Borch in drei Phasen einteilen. Die erste Phase bildete das vorchristlich-germanische Königtum, in dessen Königsrecht die geburts-

---

183 Der Historiker, Soziologe und Journalist Herbert von Borch promovierte 1933 bei dem Nationalökonom und Soziologen Alfred Weber (1868–1958), dem jüngeren Bruder Max Webers.

184 Borch: Gottesgnadentum. 1.

rechtlich-dynastische und die religiöse Beglaubigung des Herrschers zusammenfielen. Das Mittelalter bildete die zweite Phase, da sich darin das germanisch-geblütsrechtliche mit dem christlich-theokratischen Monarchenrecht verband, was sich in der Einführung der Herrscherweihe zur Legitimierung der Herrschaft äußerte. Die dritte und letzte Phase bildete schließlich die Zeit des Absolutismus, in der die theokratische und erbcharismatische Herrschaftsbegründung im modernen Gottesgnadentum miteinander verschmolzen.[185] Daraus ergaben sich weiterhin drei wichtige Konsequenzen: die Entstehung einer Individualsukzession, die zur Erstgeburtsregelung geführt hat; die Entstehung der Erbmonarchie, die die Sphären der Herrschenden und Beherrschten endgültig schied und alle rechtliche Macht in die Hände des Herrschers legte; und die Verbindung von Erblegitimität und Gottesgnadentum.[186] Dies ergänzend führt HERBERT VON BORCH konkret zur religiösen Herrschaftslegitimation im deutschen Raum aus:

> »In struktureller Entsprechung zu der absolutistisch-bürokratischen Struktur des nationalen Staates erhält das Verhältnis von Staat und Hierokratie jetzt wieder einen cäsaropapistischen Charakter. Die religiöse Herrschaftslegitimation tritt im dynastischen Gottesgnadentum der nationalen Erbmonarchien Europas und der deutschen Territorialfürstentümer als institutioneller Typus der Herrschervergöttlichung wieder in einer soziologischen Gesamtstruktur auf, welche für sie typisch ist: der Herrschervergöttlichung korrespondiert soziologisch die Verselbständigung und Überlagerung des Staates gegenüber der Gesellschaft (hier als ›moderner Staat‹ zum ersten Mal in radikalster Aufsaugung der Gesell-

---

185 Vgl. BORCH: Gottesgnadentum. 139–142.

186 Vgl. BORCH: Gottesgnadentum. 144. »Die Geschichte der religiösen Herrschaftslegitimation zeigt so durchgehend für den Absolutismus der ersten Gestalt des modernen Staates den staatskirchlich begründeten, institutionellen Typus der unmittelbar göttlichen Legitimität des Herrschers. Diese Legitimationsweise steht in direkter Kontinuität mit der mittelalterlichen, durch die Hierokratie in der sakramentalen Herrscherweihe verliehenen religiösen Beglaubigung der Herrschaft, nimmt also den ganzen aufgewiesenen universalhistorischen Traditionszusammenhang der Herrschaft in sich hinein. Sie unterscheidet sich aber von ihrer mittelalterlichen Vorform durch die prinzipielle Verselbständigung gegenüber der Hierokratie, ihre Unreduzierbarkeit auf irgendwelche Instanzen außer der transzendenten, hierin strukturell den antiken Herrschaftsformen verwandt. Zugleich wird der mittelalterliche Universalismus – der das Erbe einer langen Tradition universaler Herrschaft in sich trug – gewissermaßen *nach innen gewendet* und in die absolutistische Aufsaugung des gesamten gesellschaftlichen Daseins durch den Staat, d.h. den Herrscher umgesetzt. Der orientalisch-antike-mittelalterliche *Kosmokrator*anspruch wird so in die *Intensität* des staatlichen Herrschers verwandelt.« (BORCH: Gottesgnadentum. 146f.).

schaft innerhalb einer nationalen und territorialen Geschlossenheit), die Identifizierung von Staat und Herrschergewalt und die Ausbildung eines zentralistisch-bürokratischen Herrschaftsapparates. Erst innerhalb dieser Gesamtstruktur wird wieder ein institutionelles, unmittelbares Gottesgnadentum möglich, während in der mittelalterlichen Struktur der Feudalisierung und Verkirchlichung der Herrschaftsverhältnisse nur eine personale, soziologisch in gewissem Sinn ›freischwebende‹ Herrschervergöttlichung strukturell möglich war.«[187]

Als für den Ausbau des absolutistischen Gottesgnadentums bedeutende Religion identifiziert VON BORCH den Protestantismus, zu dessen politischer Funktion er ausführt:

»Im Protestantismus wird die göttliche Unmittelbarkeit des Staatlichen und des Herrschers begründet, welche nicht nur dem Herrscher, sondern auch dem ganzen staatlichen Apparat, d.h. dem Beamtentum, eine amtscharismatische Weihe verleiht. In dieser göttlichen Unmittelbarkeit findet die Verselbständigung des modernen Staates erster Prägung, seine in der absoluten persönlichen Herrschergewalt verkörperte *Souveränität*, ihren adäquaten sakralen Ausdruck.«[188]

Diese als in einer »amtscharismatische[n] Weihe« gipfelnde Verbindung von Herrschaft und Religion basiere laut VON BORCH auf folgenden Grundlagen:

»Das Naturrecht des Luthertums hatte durch seinen konservativen und idealistisch-passiven Charakter von vornherein die Anlage zur religiösen Sanktion bestehender Herrschaftsverhältnisse in sich, ganz im Gegensatz zum Calvinismus. Die Obrigkeit verwaltet die Lex naturae, die weltlich-staatliche Ordnung, kraft göttlichen Auftrags, der geistliche Stand unterrichtet nur die Obrigkeit über die Forderungen der Bibel, der beide Gewalten gleichermaßen untergeordnet sind. Die Obrigkeit ist, eben weil sie vom natürlich-geschichtlichen Prozeß hervorgebracht ist, von Gott eingesetzt, und daher schuldet man ihr unbedingten Gehorsam. Im Gegensatz zum Calvinismus hat das Luthertum kein Widerstandsrecht ausgebildet, sondern im Gegenteil jenes die Wirklichkeit eben auf Grund ihrer Qualität als Wirklichkeit transzendent legitimierende Denken geschaffen, ohne dessen vielfach säkularisierte Nachwirkungen die für die deutsche Struktur so wichtige Herrschaftsform der ›Obrigkeit‹ nicht verstehbar ist.«[189]

---

187 BORCH: Gottesgnadentum. 144.

188 BORCH: Gottesgnadentum. 146.

189 BORCH: Gottesgnadentum. 146.

Angesichts dessen dürfte die durch den Protestantismus gestützte dynastisch-religiöse Herrschaftslegitimation bedeutend für die Entstehung und den Ausbau des modernen Staates gewesen sein, als den von Borch den absolutistischen Einheitsstaat identifiziert. Er hält zu der soziologischen Funktion des dynastisch-religiösen Legitimationsprinzips fest:

> »Das entscheidend Neue dieser Struktur ist die soziologische Verselbständigung des Staates gegenüber der Gesellschaft, die Entstehung des Staates als autonome Kategorie. In einem gewissen Sinn entsteht Staat überhaupt erst mit diesem modernen Staat durch seine Isolierung und Herauslösung aus allen gesellschaftlichen Verflechtungen – der Staat als etwas geradezu ontologisch Selbständiges. Im Gegensatz zum Lehens- und Ständestaat, in denen die staatliche Willensbildung gesellschaftlichen Trägern teilweise amalgamiert war, wird jetzt die staatliche Substanz in einem Gebilde konzentriert, das, über der Gesellschaftssphäre stehend und von ihr prinzipiell unabhängig, ursprünglicher, einziger und unbeschränkter Träger der staatlichen Willensbildung und politischen Macht ist – in einem Gebilde, das *souverän* ist.
> In diesem geschichtlich erstmaligen Begriff der *Souveränität* liegt der soziologisch-politische Funktionssinn der Legitimität.«[190]

Im Anschluss an diese Ausführungen setzt sich von Borch mit dem genannten Begriff der Souveränität weiter auseinander, der im Zeitalter des Absolutismus eine besondere Bedeutung gewann, und geht auf die Souveränitätslehre Jean Bodins (1529/30–1596) von 1576 ein. Der Meinung von Borchs nach stelle sie die erste moderne Staatslehre dar, die das Wesen des absolutistischen Staates und die Souveränität als den soziologischen Sinn des dynastischen Gottesgnadentums erkannt habe.[191] Dementsprechend resümiert er:

> »Nun ist es sehr aufschlußreich, dass Bodin in dieser Lehre vom Staat eine bestimmte Identifikation vornimmt. Er identifiziert *Souveränität* und *Staatsgewalt* und diese Identifikation eines Teiles mit dem Ganzen, der Souveränität als einer Eigenschaft des Staatsganzen mit der Souveränität als Eigenschaft der herrschenden Gewalt im Staat spiegelt ganz klar diese soziologische Situation wieder: daß der absolute Staat garnicht durch das Ganze der Gesellschaft dargestellt wurde, sondern eben durch jene Staatsgewalt; und daß folglich die genuin-

190 Borch: Gottesgnadentum. 147f.

191 Vgl. Borch: Gottesgnadentum. 148f.

> staatlichen Qualitäten nicht dem ›Ganzen‹, dem Staatsvolk zukommen, sondern wirklich der ›Staatsgewalt‹, in welcher der Staat seine Realität hat, *die der Staat ist* – die in ihrer Souveränität dieses ›biologisch Neue‹ verkörpert. Und diese Staatsgewalt heißt konkret: das legitime Herrschertum.«[192]

Mit dieser Verselbständigung des modernen Staates in jeglicher Hinsicht sieht VON BORCH auch die Herrschervergöttlichung verknüpft bzw. benennt diese als für den absolutistisch-bürokratischen Staat typisch, der auf den Ausbau seiner Macht konzentriert sei und deswegen alle zur Regentschaft notwendigen Strukturen und Institutionen mit dem Regierenden zu identifizieren versuche.[193]

Angesichts der Ausführungen VON BORCHS wird deutlich, dass sich der absolutistische Landesherr doppelt legitimiert sah und zwar einerseits durch seine genealogische Herkunft und andererseits durch die Einsetzung in sein Amt durch einen göttlichen Willensakt bzw. eine göttliche Berufung. Demzufolge verstand er seine Legitimation als unabhängig von menschlichem Willen und sonstigen weltlichen Instanzen, weshalb er auch in seinem Amt und als Person souverän und niemandem gegenüber rechenschaftspflichtig sei. Daran wird offensichtlich, dass die entstandene Herrschaftslegitimation durch das Gottesgnadentum nicht nur zu einer stärkeren Scheidung zwischen Herrscher und Gesellschaft führte, sondern auch zu einer stärkeren Aneignung bzw. Einverleibung des Staates und auch der Kirche durch den Landesherrn, der zur Machtausübung in seinem Territorium entsprechende Instanzen errichtete. Dazu gehörte seit dem Reformationszeitalter auch das – oft als Stütze zur Herrschaftslegitimation instrumentalisierte – Landeskirchentum.

Im Hinblick auf die reußischen Fürstentümer wird einerseits danach zu fragen sein, inwiefern sich das Gottesgnadentum als Begründungsfigur zur Herrschaftslegitimation wieder finden lässt und welche Rolle dessen phänomenologische Bestandteile, d.h. die Erbmonarchie, die Souveränität und *Erblegitimität* spielten, und andererseits, welche Konsequenzen das ›moderne Gottesgnadentum‹, im Sinne der Charakterisierung VON BORCHS, rechtlich, institutionell und politisch im Reußenland zeigte.

---

192 BORCH: Gottesgnadentum. 149.

193 Vgl. BORCH: Gottesgnadentum. 144.

2.2.5 Zu den Kirchenverfassungssystemen des 16. bis 19. Jahrhunderts

Angesichts der engen Verbindung zwischen Staat und Kirche, die sich ab dem 16. Jahrhundert in den protestantischen Ländern Europas aufgrund der Verbindung von Landesherrschaft und landesherrlicher Kirchenregentschaft in der Person des Monarchen entwickelte, wird eine Beschäftigung mit den historisch identifizierbaren Modellen der Kirchenpolitik und Kirchenverfassung von der Reformations- bis zur Neuzeit notwendig.

Der Begriff Kirchenpolitik ist mehrdeutig und lässt sich gemäß üblichem Sprachgebrauch auf dreierlei Weisen verstehen, nämlich als staatliche Kirchenpolitik, als die von der Kirche vor allem gegenüber dem Staat gezeigte Politik und als die innerkirchliche Politik.[194] Im Folgenden wird Kirchenpolitik lediglich im Hinblick *das Staats-Kirchen-Verhältnis* von Bedeutung sein und die Frage nach der Beziehung dieser beiden Institutionen zueinander im Vordergrund stehen. Deren Antwort ist zwar in erster Linie im rechtlichen Bereich zu suchen, was, wie Gerhard Robbers verdeutlicht, jedoch durchaus problematisch ist:

> »Die Frage nach staatlichem Recht als Rechtsquelle im Kirchenrecht berührt Grundprobleme des Verhältnisses von Staat und Kirche, aber auch des kirchlich-theologischen Verständnisses von Recht überhaupt. Nicht zuletzt deswegen steht die Antwort auf diese Frage – im Wandel des Selbstverständnisses des Kirchenrechts einerseits, des staatlichen Regelungsanspruchs andererseits – in ständiger historischer Entwicklung. Eine durchgängig gültige Bestimmung ihrer Beziehungen zueinander besteht nicht. Sie hängt ab vom Rechtsbegriff des Kirchenrechts, vom herrschenden Begriff des Rechts allgemein ebenso wie von der Stellung der Kirche zum Staat. Verfassungsrechtliche Maßgaben begegnen theologischen Grundüberzeugungen, pragmatische Funktionsüberlegungen dogmatischen Glaubenssätzen, verbreitete Skepsis, ja Ablehnung gegenüber dem Recht der Notwendigkeit organisatorischer Entlastung kirchlichen Alltagslebens und dem Umgang mit staatlichen und gesellschaftlichen Stellen in einer Rechtsordnung.«[195]

Als maßgebend für die Kirchenpolitik des 16. bis 19. Jahrhunderts haben sich im Bereich des Kirchenrechts[196] drei Theorien herausgebildet, die hi-

194 Vgl. Honecker: Art. Politik. 18.

195 Robbers: Recht. 474.

196 Eine lesenswerte Darstellung zur Herausbildung des reformatorisch begründeten protestantischen Kirchenrechts liefert: Strohm: Ius.

storisch zur systematisierenden und typisierenden Bestimmung des Staats-Kirchen-Verhältnisses aus kirchen- wie staatsrechtlicher Perspektive herangezogen werden und zwar der Episkopalismus, der Territorialismus sowie der Kollegialismus.[197]

Der Episkopalismus bzw. das Episkopalsystem bezeichnet in seiner reformatorischen Form das landesherrliche Kirchenregiment unter dem Summepiskopat des Landesherrn, das sich im 16. Jahrhundert herausbildete, sich in erster Linie auf die Bestimmungen des »Augsburger Religionsfriedens« stützte und historisch durch die Formel »cuius regio, eius religio« beschrieben wird.[198] Dieses System führte dazu, dass das Kirchenregiment, das ursprünglich nicht zu einem Teil der souveränen Staatsgewalt des Herrschers werden sollte, seine Selbstverwaltung durch eine strukturelle Verstaatlichung verlor.[199]

Der Territorialismus bzw. das Territorialsystem dagegen war nach Meinung von Georg Ris das Ergebnis der »Verfremdung der reformationstheologischen Aussagen in den Rechtsformeln des Friedensvertrages«[200] (1555) und der Ausformung eines strengen Kirchenregiments, und habe zur »Zersetzung der rechtstheologischen Grundlagen der Reformation und zur Relativierung der Wahrheitsfrage beigetragen«,[201] was das Staats-Kirchen-Verhältnis stark veränderte. Dieses Rechtssystem führte dazu, dass die staatliche Herrschergewalt in ihrer Souveränität zu einem Teil der Staatsgewalt erklärt wurde, der von Beginn an da gewesen sei und erst durch die Reformation seine ursprüngliche Stellung und auch die Aufgabe der Protektion der Kirche gegen äußere Einflüsse wiedererhalten habe.[202] Dadurch war das Verhältnis von Staat und Kirche nicht nur von weltlicher Perspektive her bestimmt,[203]

---

197 Vgl. Schlaich: Kirche. 174.

198 Vgl. Heckel: Staat. 80f.

199 Vgl. Ris: Konstitutionalismus. 25f.

200 Ris: Konstitutionalismus. 29.

201 Ris: Konstitutionalismus. 29.

202 Vgl. Ris: Konstitutionalismus. 30.

203 Vgl. Hecke: Staat. 111. Georg Ris führt zu diesem Aspekt weiter aus: »Zuordnung, Inhalt und Ausmaß der Kirchengewalt bestimmte sich allein nach einfachem Territorialstaatsrecht. Das säkulare Naturrecht drang damit in den kirchlichen Raum ein, ein schützender Wall reformatorischen Kirchenrechts fehlte eben auf lutherischer Seite. In der Gemengelage mit anderen Regalrechten, die sich in dieser Zeit zur Souveränität verdichteten, mußte sich die Abgrenzbarkeit und Abgrenzung von Kirchen- und Staatsgewalt verflüchtigen Die Ununterscheidbarkeit von innerkirchlichen und staatlichen Rechten machte eine Differenzierung sinn- und wertlos. Kirchliche

sondern auch das Kirchenregiment als ein landesherrliches betrachtet, das der Kirche ihre Freiheit nahm.[204] Genannte Entwicklungen, die schließlich zur Säkularisierung des Staats-Kirchen-Volksschul-Verhältnisses im 19. bzw. 20. Jahrhundert geführt haben, gründeten sich auf der »Politisierung und Verrechtlichung der reformatorischen Vorstellungen und Begriffe«[205], die nach Ris die Reformation ebenso verfremdet hätten wie die Reformation dies auch selbst durch die Säkularisierung des Rechts, die Einverleibung der Kirchengewalt durch die Territorialmacht sowie durch die Verweltlichung der Herrschaft getan habe.[206]

Das dritte Kirchenrechtssystem, der Kollegialismus bzw. das Kollegialsystem, sieht die Kirche als »societas libera et aequalis«, wobei »die Kennzeichnung ›aequalis‹ auf die innere Verfassung der Kirche, die ohne Hoheitsgewalt sein soll, die Kennzeichnung ›libera‹ auf die Freiheit von staatlicher Intervention«[207] abziele. Joachim Mehlhausen führt bezüglich dieser Neuinterpretation und -legitimation des landesherrlichen Kirchenregiments aus:

> »De facto schrieb der Kollegialismus die innergesellschaftliche Stellung der Kirchen als vom Staat institutionell zu verwaltender Einrichtungen noch einmal fest. Doch durch die Unterscheidung zwischen der kirchlichen Kirchengewalt

---

Aufgaben wurden als Teile der Staatsfunktion definiert, die äußere Kirche zur Ordnungs-, Überwachungs-, Verwaltungs- und Erziehungsanstalt reduziert. Gleichzeitig wuchs der Staat in eine Gesamtverantwortung auf den ›klassisch‹ kirchlichen Feldern der Sozialfürsorge, religiösen Erziehung und Zucht, wenngleich mit polizeilichen Mitteln, hinein. [...] Die äußeren Kirchenangelegenheiten des Staates umfassten all das sinnlich Wahrnehmbare, Körperliche, das nicht in den inneren Kreis der von Gott beherrschten, nicht sichtbaren, individuell-seelischen Gemeinschaft mit dem Herrn fiel. Die engere, gleichzeitig aber schärfere Grenzziehung zwischen unsichtbarer und weltlicher Kirche verschleierte die Verrechtlichung der Kirche insgesamt und hüllte sie in ein milderes Licht: Die ecclesia visibilis mag in die Hände des Staates gefallen sein, trösteten sich die Theologen, auf sie kommt es aber nicht an. Ihre Struktur ist nicht vorgegeben und daher verfügbar. Den seelischen und eigentlich entscheidenden Bereich kann der Staat gleichwohl nicht antasten. Die notwendigen Interdependenzen und -aktionen der beiden Seiten, ja die Tatsache, daß es sich um zwei Seiten einer Kirche handelt, übersah man.« (Ris: Konstitutionalismus. 30–32)

204 Vgl. Schlaich: Kirche. 179f.

205 Ris: Konstitutionalismus. 32.

206 Vgl. Ris: Konstitutionalismus. 32.

207 Schlaich: Kirche. 175.

> (iura in sacra) und der staatlichen Kirchenaufsicht (iura circa sacra) eröffnete die Kollegialtheorie den Prozeß zu einer verstärkten Besinnung innerhalb der Kirchen auf ihr Wesen und ihre vom Staat grundsätzlich unabhängige Eigenart.«[208]

Diese Beobachtung stützt auch die kirchliche Reaktion auf diese Entwicklungen:

> »In einer eigentümlichen Wendung von einem staatsrechtlichen zu einem kirchenrechtlichen System haben vor allem Theologen des 18. Jahrhunderts den aufgeklärt vereinsrechtlichen Kirchenbegriff zugunsten der kirchlichen Freiheit in geistlichen Dingen gegen den Staat gekehrt und im Kollegialismus systematisiert: Wenn die äußere Kirche ein freigebildeter Verein wie andere sei, sagten sie, müsste auch ihr Vereinsautonomie gewährt werden. Der Kirchenbegriff des Kollegialismus stellte dabei den Kirchenbegriff nach den Maßstäben des weltlichen Rechts nicht in Frage, sondern setzte ihn voraus. Allerdings wurde er nicht vom Staatsrecht her definiert, sondern er bestimmte das Staatsrecht. In den Schranken der Vereinsaufsicht bestehe die Freiheit, die Vereinsrechte (jura collegia) selbständig zu gebrauchen.«[209]

Auf dieser Grundlage, so führt MEHLHAUSEN aus, war das gesamte 19. Jahrhundert von dem Bemühen der Juristen und Theologen geprägt, für Kirche und Staat ein differenzierendes und zugleich abgrenzendes neues Selbstverständnis zu gewinnen.[210] Genauer hieß das, dass es zu einer Trennung, aber weiterhin bestehenden Kooperation zwischen den Institutionen Staat

---

208 MEHLHAUSEN: Kirche. 194. GEORG RIS macht ähnliche Beobachtungen und führt ergänzend dazu aus: »Bei der Ausübung der übertragenen Rechte wurde der Landesherr inhaltlich an das jus divinum gebunden und äußerlich durch das Recht der Gemeinden begrenzt. Im frühen, theologischen Kollegialismus fanden sich wieder Elemente der Lehre von der duplex persona, allerdings ohne reformationstheologischen oder notordnungsrechtlichen Hintergrund. Die Lehre von der Übertragung der Kollegialrechte auf den Landesherren verband dabei die Theorie der strikten Scheidung von kirchlichen und hoheitlichen Rechten und die Praxis des ungeschiedenen landesherrlichen Kirchenregiments« (RIS: Konstitutionalismus. 41). Auch SCHLAICH argumentiert in eine ähnliche Richtung, wenn er im kollegialistischen Verständnis eine Parallele zu den Lehren von der Staatsentstehung durch Gesellschafts- und Unterwerfungsverträge sieht: »Mit der Übertragung der iura collegialia auf den Landesherrn wird eben nicht ein hoheitliches Regiment errichtet, die Kirche bleibt vielmehr eine societas aequalis. Der Unterwerfungsvertrag, der im staatlichen Bereich die Hoheitsgewalt des Landesherrn begründet, fällt also im kirchlichen Bereich aus, denn er machte die Kirche zur societas inaequalis« (SCHLAICH: Kirche. 177f.).

209 RIS: Konstitutionalismus. 39f.

210 Vgl. MEHLHAUSEN: Kirche. 194f.

und Kirche kommen sollte, was ideologisch durch die Aufklärung und deren Toleranzidee vorbereitet worden war, jedoch darüber hinausging:

> »Die Aufklärung, die den rationalen Territorialismus geboren hatte, durch den sich die konfessionelle Geschlossenheit im Territorium verwirklichte, führte diesen Territorialismus auch ad absurdum. Eine auf einen religiösen Verein reduzierte Kirche ohne Stiftungscharakter konnte keinen Anspruch auf Exklusivität erheben. Wenn der Glaube nur noch individuelles Recht sein sollte, das einer Gemeinschaft nicht zustehen konnte, war es dem Staate verwehrt, die Zulassung verschiedener religiöser Vereine zu hindern, die eine vernünftige Religionsethik geradezu forderte. Die konfessionelle Geschlossenheit der Territorien war damit in Frage gestellt. Die mittelalterliche Einheitsidee war tot, der konfessionell geschlossene Staat hatte sich selbst überlebt. Ein neues System teilte die Rechte der alten geistlich-weltlichen Monarchie in die Kirchengewalt jeder Kirche und die weltliche Kirchenaufsicht des Staats über allen Kirchen. Die Verengung des Staatseinflusses vom Politischen auf das Polizeiliche erbrachte eine gewandelte Stellung des aufgeklärten Staates gegenüber der Landeskirche: Die aufgeklärte Staatstheorie wuchs aus der einen Landeskirche heraus.«[211]

Bei der näheren Betrachtung der Kirchenpolitik im Reußenland wird unter Heranziehung der aufgezeigten kirchenrechtlichen Verfassungstheorien näher zu untersuchen sein, inwiefern solche juristisch anerkannten Begrün-

---

211 Ris: Konstitutionalismus. 44f. Auch Schlaich verweist kritisch auf den kirchenrechtstheoretisch vorbereitenden Charakter der Kollegialtheorie für den Übergang zur Trennung von Kirche und Staat: »Die Kollegialisten meistern zunächst die Schwierigkeit des modernen, säkularen Staates, in dem mehrere Konfessionen zugelassen sind und in dem es später zur Trennung von Staat und Kirche kommt, die Kirchen überhaupt in ihrer Rechtsgestalt noch ›greifen‹ zu können. Die Schwierigkeit beruht darauf, daß dem säkularen Staat der Sinn für die geistliche Gestalt der Kirchen fehlt. Mit der Rechtsform des Kollegiums aber ist die Einpassung der Kirche in das staatliche Recht auch dem modernen Staat unproblematisch – fast zu unproblematisch – möglich. [...] Wenn die Kollegialisten allerdings Wert darauf legen, die Kirche sei eine freie und gleiche Gesellschaft, so liegt diese Vorstellung nach heutiger Auffassung wohl näher beim privatrechtlichen Verein als bei der potentiell auch hoheitlich handelnden Körperschaft des öffentlichen Rechts. Die Kollegialisten betonen, daß die Gestalt der Kirche als res publica, die sie in ihrer Frühzeit hatte, verfehlt und von den Reformatoren wieder abgeschüttelt worden sei. Die heutige Qualifikation der Kirchen als Körperschaften des öffentlichen Rechts, durch die Weimarer Verfassung von 1919 und das Grundgesetz von 1949, steht aber aus jetziger Sicht wiederum näher bei der von den Kollegialisten abgelehnten Form der ›res publica‹ als bei der freien und gleichen Gesellschaft der Kollegialisten« (Schlaich: Kirche. 175f).

dungsmuster explizit gebraucht bzw. ungenannt impliziert worden sind, oder auch aus gegenwärtiger Perspektive zur Typisierung des dort zu findenden Staats-Kirchen-Verhältnisses verwendet werden könnten.

2.3 Zu Modellen des Staat-Kirchen-Verhältnisses im langen 19. Jahrhundert

2.3.1 Zum staatlichen und protestantischen Konservativismus

> »Der Konservatismus ist das ideologische Produkt einer historisch datierbaren geistig-politischen Herausforderung durch die Aufklärung; ihrer Absage an die traditionalen Autoritäten im allgemeinen, ihres in Vertragslehre und Gleichheitspostulat gipfelnden revolutionären Anspruchs im besonderen.«[212]

Dieser politische Konservatismus bzw. Konservativismus lässt sich beschreiben als:

> »eine politische Weltanschauung, die die Stärken der Tradition hervorhebt, die herrschende politische Ordnung bewahrt bzw. stärkt und die vorgegebene Verteilung von Macht und Reichtum vor Kritik schützt. Die drei wichtigsten Prinzipien des K.[onservatismus, Anm. SEKH] sind daher Identität, Sicherheit und Kontinuität. [...] Aus konservativer Sicht bilden Gesellschaften ein organisches Ganzes, in dem die Individuen und die sozialen Gruppen ihre unterschiedlichen Aufgaben zum Nutzen aller zu erfüllen haben und die Gesellschaft als Ganzes durch Gewohnheiten und Gebräuche zusammengehalten wird. Insofern ist für den K.[onservatismus, Anm. SEKH] eine Ordnung des Oben und Unten (in der eine Elite genauso notwendig ist wie Mittel- und Unterschichten) eine notwendige gesellschaftliche Bedingung. Fortschritt und Veränderung werden nicht grundsätzlich ausgeschlossen, bedürfen zunächst aber allgemeiner Zustimmung und Bewährung. Bei aller Vielfalt ist ein positives Verhältnis zum Umgang mit der Macht und der Ausübung von Macht ein wesentliches Element konservativen Denkens.«[213]

---

212 Brandt: Repräsentation. 47.

213 Klein/Schubert: Das Politiklexikon. 175f.

Der protestantische Konservativismus, der sich als religiöses Gegenstück zum politischen Konservativismus des nach 1815 auftretenden Frühkonstitutionalismus in Deutschland entwickelte, gewann in der ersten Hälfte des 19. Jahrhunderts als kirchenpolitische Bewegung an Bedeutung und lässt sich folgendermaßen charakterisieren:

> »Die Komplementärerscheinung zur politischen Loyalität gegenüber der Obrigkeit war durchweg die Bejahung der vorgefundenen Gesellschaftsordnung. Mit kirchlicher Orthodoxie korrelierte fast immer eine konservative Sozialethik, für die Revolution mehr oder minder als Sünde galt. Beschäftigung mit der Geschichte des protestantischen Konservativismus erstreckt sich also gleichzeitig auf seine politisch und seine gesellschaftlich systemstabilisierende Funktion. Da die gleichen Kirchen, die die ständische Gliederung verteidigten und politisch zwischen oben und unten unterschieden, doch stets für alle, für die gesamte Bevölkerung dagewesen sind, könnte es sein, daß die Jahrhunderte hindurch im Obrigkeitsstaat die festeste ideologisch-organsiatorische Klammer zwischen Regierenden und Regierten, zwischen Ober-, Mittel- und Unterschicht gebildet haben.«[214]

Darüber hinaus verweist HEINZ GOLLWITZER darauf, dass der protestantische Konservativismus Formwandlungen unterworfen gewesen sei, die zur Herausbildung mehrerer Varianten geführt hätten: der Sanktionierung des Obrigkeitssystems, dem Spezialfalle eines Kultes der Legitimität und des Gottesgnadentums, sowie zu einer Identifizierung mit dem Staat im hegelschen Sinn. Im 19. und 20. Jahrhundert, so GOLLWITZER weiter, habe auch der konservative Protestantismus unumgängliche Konzessionen an die Demokratisierung des politischen Lebens gemacht und sich in Parlamenten und Parteien für seine Sache betätigt.[215]

Dass sich trotz des protestantischen und staatlichen Konservativismus sowie der unterschiedlichen Entwicklungen innerhalb der deutschen Staaten dennoch im Laufe des 19. Jahrhunderts die Säkularisierung mehr oder weniger vollständig durchsetzte, war unter anderem durch die enormen Auswirkungen des Liberalismus bedingt:

> »Die in der bürgerlichen Gesellschaft des 19. Jahrhunderts aufkeimenden freiheitlichen Bestrebungen des Liberalismus haben langfristig auch in jenen Staaten des Deutschen Bundes das evangelische Kirchenverfassungsrecht verändert,

---

214 GOLLWITZER: Vorüberlegungen. 24.

215 Vgl. GOLLWITZER: Vorüberlegungen. 25.

> wo sie zunächst mit Entschlossenheit von politisch-reaktionären Regierungen zurückgedrängt worden waren. Der Prozeß der Loslösung der Kirche vom Staat hatte mit der Durchsetzung des Grundsatzes der Parität im konfessionell gemischten Staat begonnen; die Regierungspraxis der weltlichen Obrigkeit konnte diesen Prozeß verlangsamen, ihn aber nicht zum Stillstand bringen.«[216]

Der Konstitutionalismus, der sich im 19. Jahrhundert in einer Sonderform mit den weiterhin souveränen Monarchien verband und in den protestantischen Ländern in der Regel durch einen protestantischen Konservativismus gestützt wurde, konnte sich zwar unterschiedlich stark konservativ und rückwärts gewandt gestalten, überlebte jedoch seine enge Verbindung mit dem Staat nicht. Diese endete spätestens mit der »Weimarer Reichsverfassung« von 1919, die den Höhepunkt der staatlichen Säkularisierung bildete.

Im Bezug auf die reußischen Fürstentümer wird zu fragen sein, inwiefern sich dort ein staatlicher oder auch protestantischer Konservativismus finden lässt und wie sich dieser jeweils politisch äußerte und auf das Staats-Kirchen-Volksschul-Verhältnis und damit die Schulaufsichtsfrage auswirkte.

2.3.2 Zum monarchischen und kirchlichen Konstitutionalismus

Das 19. kann auch als ein Jahrhundert des europäischen Konstitutionalismus[217] bezeichnet werden, worunter seit dem 18. Jahrhundert ebenso eine Beschränkung politischer Herrschaft durch eine geschriebene Staatsverfassung wie die darauf ausgerichtete politische Bewegung verstanden wird.[218]

Eine besondere Eigenart des Konstitutionalismus stellte der europaweit auftretende monarchische Konstitutionalismus dar, der auch in Deutschland zu finden war. Er zeichnete sich nicht nur durch eine Bejahung des monarchi-

---

216 Mehlhausen: Kirche. 213.

217 Dieter Langewiesche bemerkt zur Beurteilung des 19. Jahrhunderts kritisch: »Ein Jahrhundert der Monarchie kann man mit Fug und Recht das neunzehnte nennen. Nicht nur in Europa. Das ist erstaunlich. Die vielen griffigen Namen, die dem 19. Jahrhundert gegeben wurden, um es prägnant zu charakterisieren, zielen alle in eine andere Richtung, gegen die Staatsform Monarchie gerichtet, ihr feindselig. Um nur die gebräuchlichsten zu nennen: Jahrhundert der Revolutionen und der Demokratisierung, der Nation und des Nationalstaates, man spricht auch vom Jahrhundert der Ideologien, der wirkungsmächtigen *Ismen* der Moderne: Nationalismus, Liberalismus und Konservatismus, Sozialismus und Marxismus. Man hat es auch das Jahrhundert der Säkularisierung genannt; das macht man heute kaum noch, aber einen Schub an Entkirchlichung gab es doch in diesem Jahrhundert Europas.« (Langewiesche: Monarchie. 5).

218 Vgl. Pauly: Art. Konstitutionalismus. 1313.

schen Prinzips,[219] sondern aufgrund einer politischen Machtbeschränkung des Monarchen durch eine Verfassung[220] auch durch ein gewisses Zusammengehen des Monarchismus mit dem Liberalismus aus. Dies stellte nicht nur das Ergebnis eines historischen Entwicklungsprozesses dar,[221] sondern geschah auch aufgrund pragmatischer Prämissen:

---

219 Das *monarchische Prinzip*, d.h. das Beruhen von Herrschaft auf einem traditionell entstandenen dynastischen Thronfolgeanspruch, war durch das *Fürstenrecht* in den einzelnen Adelshäusern geregelt, dass sich aus unterschiedlichen Rechtsquellen speisen konnte – wie etwa Urkunden, Hausverträgen und ähnliches – und auf das sich die monarchischen Herrscher der deutschen Staaten bis 1918 beriefen. Einen Überblick zum deutschen Fürstenrecht liefert Hermann Rehms in seiner Veröffentlichung aus dem Jahre 1904. Darin wird angesichts der Einleitung in das Kapitel zur Thronfolgeregelung die traditionelle und grundsätzliche fürstliche Haltung zu Fragen des Staatsrechts und der Herrschaftslegitimation deutlich: »Die Thronfolge ist ein Gegenstand des Staatsrechtes geworden, aber daneben ein selbständiger, d.h. vom Staatsrecht unabhängiger des Hausrechtes geblieben. Nicht unter, sondern koordiniert neben dem Landesstaatsrecht regelt das Hausrecht die Thronfolge. Das Staatsrecht besitzt nicht für das Haus und das Hausrecht nicht für den Staat bindende Kraft hinsichtlich der Thronfolge. Das öffentliche Recht eines Landes zerfällt in zwei voneinander unabhängige Rechtsteile, in Landesstaatsrecht und in fürstliches Hausrecht. Die fürstliche Familie besitzt ein vom Staat unabhängiges Recht an der Krone. *Der Staat hat ihr's nicht gegeben und der Staat kann ihr's wider ihren Willen nicht einseitig nehmen.* Das Hausrecht ist soweit unabhängig vom Staatsrecht, vom Staatsrecht des Landes« (Rehm: Fürstenrecht. 7).

220 »Der Typus der konstitutionellen Monarchie im Deutschland des 19. Jh.s kennzeichnet das monarchische Prinzip, das den Ursprung der Staatsgewalt [...] beim Monarchen verankert, diesen jedoch in der Ausübung seiner Gewalt durch die Konstitution beschränkt, insb. parlamentarische Mitwirkungsrechte im Rahmen der gesetzgebenden Gewalt [...] anerkennt, derer es i.d.R. für Eingriffe in Freiheit und Eigentum des Bürgers sowie zur Budgetbewilligung bedurfte [...].« (Pauly: Art. Konstitutionalismus. 1314).

221 »Aber bereits lange vor der Französischen Revolution hatten die einsetzende Säkularisierung und die zunehmende Bürokratisierung den aufgrund von Heiligkeit und Abstammung berufenen König allmählich zu einem schlichten, aber mächtigen Staatsorgan verwandelt. Jedoch kam es mit der Einführung einer geschriebenen Verfassung zu einer zusätzlichen Abstraktion des Monarchen zu einem Verfassungsorgan. Diese ›Funktionalisierung‹ des Königtums aufgrund seiner Verrechtlichung ermöglichte [...] die Anpassung des monarchisch geprägten Verfassungsstaates an die sich aufgrund der Revolutionen und sozioökonomischen Entwicklungen beständig wandelnden politischen und gesellschaftlichen Verhältnisses und Kräftekoalitionen« (Kirsch: Funktionalisierung. 88f).

> »Die Verfassung der konstitutionellen Monarchie bot eine Antwort auf die in den verschiedenen Ländern Europas auftretenden Fragen wie die Finanzschwierigkeiten des absolutistischen Staates, die nationale Unabhängigkeit, die Strukturierung eines neuen oder um neue Gebiete erweiterten Staatswesens oder die Einbeziehung der Bevölkerung in den politischen Willensbildungsprozess.«[222]

Die mit dem konstitutionellen Monarchismus verbundene Funktionalisierung des Monarchen führte nach Ansicht MARTIN KIRSCHS dazu, dass dieses Staatssystem in unterschiedlichen Erscheinungsformen auftrat, und zwar als Verfassungsstaat:

> »1. mit machtpolitischem Übergewicht des Monarchen (Frankreich 1814, Preußen 1850),
> 2. mit faktischer Dominanz des Parlaments (Frankreich 1791 und 1830, Belgien 1831, Sardinien-Piemont ab 1852),
> 3. mit bonapartistischer Prägung (Frankreich 1799 und 1852),
> 4. mit ständischer Prägung (Polen 1791, Schweden 1809).«[223]

Auch bezüglich des Wandels der innenpolitischen Funktion des Monarchen im Verfassungsstaat des 19. Jahrhunderts unterscheidet MARTIN KIRSCH mindestens drei Rollenbilder: zum Ersten den Monarchen als nationale Identifikationsfigur, der in seiner Legitimation meist auf traditionale Ansprüche zurückgreift; zum Zweiten den Monarchen als politischen Vermittler zwischen unterschiedlichen Interessengruppen des Parlaments; und zum Dritten denn Monarchen als teils sogar gesellschaftlich desintegrierend wirkendes ›Bollwerk‹ gegen einen Ausbau politischer Mitbestimmungsrechte oder auch die Geltendmachung sozialer Forderungen seitens der Gesellschaft.[224]

Entsprechend der Veränderung der Rolle des Monarchen und dessen Funktionalisierung wandelte sich auch die Art der Herrscherlegitimation. War bis zum 18. Jahrhundert vor allem die von MAX WEBER als traditionaler Herrschaftstyp bezeichnete Form vorzufinden, zeigt sich im 19. Jahrhundert die Tendenz zu einer Vermischung der WEBERSCHEN Legitimationstypologien, das heißt:

> »dass die traditionale Legitimierung des Monarchen unter anderem aufgrund der sich verstärkenden Verrechtlichung der politischen Handlungsbedingungen

---

222 KIRSCH: Funktionalisierung. 87.

223 KIRSCH: Funktionalisierung. 84f.

224 Vgl. KIRSCH: Funktionalisierung. 89–91.

> immer mehr zugunsten einer rationalen Begründung zurücktrat, wobei zeitweilig charismatische Elemente mit einflossen, dann nämlich, wenn die Hoffnung auf einen erfolgreichen Führer zur Krisenbewältigung und der Wunsch nach nationaler Größe den Aufstieg eines Einzelnen ermöglichten, dessen monarchischer Charakter durch Plebiszite ›demokratisch‹ verstärkend legitimiert wurde [...]. [...] Die Herrschaft eines Königs wurde nicht als gottgegeben akzeptiert, sondern zunehmend danach beurteilt, mit welchem Erfolg er seine Funktion in Staat und Nation ausfüllte.«[225]

Die in Frankfurt am Main durch das Paulskirchenparlament abgefasste »Reichsverfassung« war zwar von liberalem Gedankengut[226] und dem Wunsch nach Volkssouveränität geprägt, doch blieb ein Kompromiss zwi-

---

225 Kirsch: Funktionalisierung. 97.

226 Der *Liberalismus des 19. Jahrhunderts* umfasste in erster Linie: »eine politische Weltanschauung, die die Freiheiten des einzelnen Menschen in den Vordergrund stellt und jede Form des geistigen, sozialen, politischen oder staatlichen Zwangs ablehnt. Die vier wichtigsten Prinzipien des L.[iberalismus, Anm. SEKH] sind: a) das Recht auf Selbstbestimmung auf der Basis von Vernunft und Einsicht, b) die Beschränkung politischer Macht und c) die Freiheit gegenüber dem Staat, d) die Selbstregulierung der Wirtschaft auf der Basis persönlichen Eigentums. [...]. Der politische L.[iberalismus, Anm. SEKH] zielt auf die Förderung der Freiheit des Individuums (z.B. Glaubens-, Meinungsfreiheit) und auf die Beschränkung politischer Herrschaft (J. Locke) nach der Maxime, dass die Reichweite staatlicher Gewalt durch die Freiheit des Individuums begrenzt wird, dessen Freiheit aber dort endet, wo die Freiheit eines anderen Individuums beeinträchtigt wird. Aus der Sicht des L.[iberalismus, Anm. SEKH] wird daher keineswegs die Notwendigkeit des Staates bestritten, vielmehr sollen die Ziele des L.[iberalismus, Anm. SEKH] durch die Institutionen des Rechtsstaats (z.B. Grundrechte, Verfassung) sowie durch staatlich garantierte Rechtssicherheit (zu der auch das staatliche Gewaltmonopol zählt) erreicht werden. [...]. In Europa setzten sich seitdem [seit der Erklärung der Menschenrechte während der Französischen Revolution im Jahre 1789, Anm. SEKH] (unterschiedlich rasch) die Individualrechte durch, und es etablierte sich das gesetzte Recht als Basis politisch staatlichen Handelns. In den USA führte die Verfassungsentwicklung dazu, dass ein (im europäischen Sinne) ausgebautes Staatswesen bis heute verhindert wurde. Das Prinzip der Gewaltenteilung (Montesquieu) wurde zum zentralen Element moderner Staatsverfassungen und Regierungsformen. [...] Der L.[iberalismus, Anm. SEKH] war im 19. Jh. eine (weltweite) politische Bewegung des aufstrebenden Bürgertums, die allerdings in D[eutschland, Anm. SEKH] politisch weitgehend machtlos blieb. In der sog. Dt. Revolution 1848 scheiterte das Bürgertum bei dem Versuch, eine politische Führungsrolle in D[eutschland, Anm. SEKH] zu übernehmen. Die industrielle Entwicklung in D[eutschland, Anm. SEKH] und der Ausbau des Wirtschafts-L.[iberalismus, Anm. SEK] fanden auf der Basis eines konservativen (obrigkeitsstaatlichen) Staatsverständnisses und (aufgrund des sozialen Elends) des Ausbaus eines konservativen (Sozial-) Staates statt« (Klein/Schubert: Politiklexikon. 184–186).

schen Monarchie und Volksvertretung trotz eines Verzichts auf eine vollständige Parlamentarisierung aus.[227] Auch wenn sie nie zur Geltung kam, hatte sie dennoch Einfluß auf nachfolgende Verfassungen der meisten deutschen Staaten und führte unter anderem zu einem Wandel des Staats-Kirchen- und auch des Staats-Kirchen-Volksschul-Verhältnisses. In dieser »Reichsverfassung« von 1849 enthaltene und für das Staats-Kirchen-Verhältnis neuartige Bestimmungen, die teils Eingang in andere deutsche Verfassungen bis hin zur »Weimarer Reichsverfassung« fanden, waren folgende:

> »§. 144. Jeder Deutsche hat volle Glaubens- und Gewissensfreiheit. Niemand ist verpflichtet, seine religiöse Ueberzeugung zu offenbaren.
> §. 145. Jeder Deutsche ist unbeschränkt in der gemeinsamen häuslichen und öffentlichen Uebung seiner Religion. Verbrechen und Vergehen, welche bei Ausübung dieser Freiheit begangen werden, sind nach dem Gesetze zu bestrafen.
> §. 146. Durch das religiöse Bekenntniß wird der Genuß der bürgerlichen und staatsbürgerlichen Rechte weder bedingt noch beschränkt. Den staatsbürgerlichen Pflichten darf dasselbe keinen Abbruch thun.
> §. 147. Jede Religionsgesellschaft ordnet und verwaltet ihre Angelegenheiten selbstständig, bleibt aber den allgemeinen Staatsgesetzen unterworfen. Keine Religionsgesellschaft genießt vor andern Vorrechte durch den Staat; es besteht fernerhin keine Staatskirche. Neue Religionsgesellschaften dürfen sich bilden; einer Anerkennung ihres Bekenntnisses durch den Staat bedarf es nicht.
> §. 148. Niemand soll zu einer kirchlichen Handlung oder Feierlichkeit gezwungen werden.
> §. 149. Die Formel des Eides soll künftig lauten: ›So wahr mir Gott helfe.‹
> §. 150. Die bürgerliche Gültigkeit der Ehe ist nur von der Vollziehung des Civilactes abhängig; die kirchliche Trauung kann nur nach Vollziehung des Civilactes Statt finden. Die Religionsverschiedenheit ist kein bürgerliches Ehehinderniß.
> §. 151. Die Standesbücher werden von den bürgerlichen Behörden geführt.«[228]

Damit wird deutlich, dass das Ziel der Gesetzgeber eine Trennung von Kirche und Staat war und zwar einerseits eine institutionelle und andererseits eine rechtliche, wobei sich letztere darin äußert, dass Glaubens- und Gewissensdinge sowie religiöse Praxis zur Privatsache erklärt werden, nicht rechenschaftspflichtig sein sollen und keine Gründe für eine rechtliche Diskriminierung liefern dürfen. Diese Forderungen, die 1849 noch nicht reichsrecht-

---

227 Vgl. PAULY: Art. Konstitutionalismus. 1315.

228 VERFASSUNG DES DEUTSCHEN REICHES VOM 28. MÄRZ 1849. 414f.

lich umgesetzt wurden, wirkten substantiell fort und wurden im Laufe des 19. Jahrhunderts teilweise umgesetzt. Sie spiegelten deutlich die Tendenzen der Zeit wider.[229]

Neben dem staatlichen bzw. monarchischen Konstitutionalismus, der im Zuge der Gründung des Deutschen Bundes und Verabschiedung der »Deutschen Bundesakte« im Jahre 1815 eingesetzt und sich durch die »Reichsverfassung« von 1849 weiter ausgebildet hatte, trat in Deutschland auch ein kirchlicher Konstitutionalismus auf. Dieser wurde zwar relativ rasch durch die einsetzende politische Restauration ab den 1820er Jahren in seiner Entwicklung unterbrochen, kam aber im Laufe der Revolution von 1848/49 wieder stärker zur Geltung.[230] Bedeutung für die Entwicklung des Staats-Kirchen-Verhältnisses in Deutschland gewann er vor allem aufgrund seines Einflusses auf eine rechtliche wie verwaltungsorganisatorische Emanzipation der Kirche vom Staat:

> »Im 19. Jh. erhielten die evangelischen Landeskirchen in Deutschland zum ersten Mal in ihrer Geschichte Kirchenverfassungen, die sie aus dem Staatsapparat herauslösten und ihnen eine eigenständige Struktur gaben [...]. Diese Verfassungen verbanden das fortdauernde Landesherrliche Kirchenregiment und seinen konsistorialen Behördenapparat mit einer Beteiligung der Gemeinden durch presbyteriale und synodale Organe. Es entstand dadurch eine Mischverfassung, die Elemente des Verfassungsrechts der konstitutionellen Monarchie auf die Kirchenverfassung übertrug, aber doch auch eigenständige Abweichungen vom weltlichen Modell enthielt, die man theologisch zu rechtfertigen versuchte.«[231]

---

229 Martin Heckel beschreibt diese Zeit sehr anschaulich, in der es eben auch – wie an der Reichsverfassung von 1849 deutlich wird – um die Reform des Staatskirchenrechts ging: »Die Streitigkeiten um die Reform des Staatskirchenrechts spiegeln das wogende Ringen zwischen den konservativen und revolutionären, den integralen und den liberalen kirchlichen und weltlichen Strömungen und Kräften des Zeitalters. Es wurde getragen und vorangetrieben von der ausklingenden Aufklärungsphilosophie und dem deutschen Idealismus, der Romantik und dem Historismus, der Orthodoxie und einer populären säkularen Fortschritts- und Emanzipationsidee. Damit hat sich die Auseinandersetzung zwischen Monarchie und Volkssouveränität vielfältig verquickt und aufgeladen, weil sich der Widerstreit der beiden großen Konfessionen mit den modernen Weltanschauungsgegensätzen, philosophischen Richtungskämpfen, politischen und sozialen Konflikten verband« (Heckel: Religionskonflikt. 40).

230 Vgl. Ris: Konstitutionalismus. 86f.

231 Landau: Art. Kirchenverfassungen. 151.

Im Hinblick auf das Reußenland wird zu fragen sein, ob und inwiefern sich ein monarchischer und kirchlicher Konstitutionalismus dort entwickelten, und welche Auswirkungen diese auf das Staats-Kirchen-Verhältnis und auf die Entwicklung der Schulaufsichtsfrage hatten.

2.3.3 Zum modernen Verfassungsstaat

Die Herausbildung des modernen, konstitutionellen und demokratischen Staates war vielerlei Einflussfaktoren unterworfen, die in den Bereichen Wirtschaft, Politik, Kultur, Gesellschaft und Religion ebenso zu suchen sind, wie in der Veränderung staats- und verwaltungsrechtlicher Strukturen. Ein damit verbundener Entwicklungsstrang fand seinen Endpunkt in der Herausbildung des weltanschaulich neutralen Staates, was sich u.a. im Auseinandertreten von Kirche und Staat sowie Kirche und Schule zeigte. Dies wurde erstmals verfassungsrechtlich in den Artikeln 142 bis 149 der »Weimarer Reichsverfassung« von 1919 festgehalten, die damit zugleich den Höhepunkt des Säkularisierungsprozesses des langen 19. Jahrhunderts bildete.

Einige typische Merkmale demokratischer Staaten finden sich in Deutschland bereits in den konstitutionellen Monarchien angelegt. Dennoch waren nicht sie die Wiege des ›modernen Staates‹, sondern die Zeit des Absolutismus, der in vielerlei Hinsicht die strukturellen Grundlagen legte. Diese Staatsform fußte auf der Landesherrschaft und führte aufgrund der ihr zugrunde liegenden Herrschaftsideologie zu einer Ausdifferenzierung staatlicher Verwaltung, der Bürokratisierung, der Verrechtlichung von Herrschaft und damit auch einer politischen Funktionalisierung des Herrschers. Darüber hinaus erfolgte im Zuge der Unterstellung des Kirchenregimentes unter die staatliche Oberhoheit eine Verstaatlichung kirchlicher wie auch schulischer Verwaltungsstrukturen.

Diese Einverleibung der kirchlichen Institutionen in eine staatliche Verwaltungsstruktur und die Entpolitisierung der Kirche durch die Unterstellung unter das landesherrliche Regiment wiederum legten die Grundlagen für und ermöglichten im Endeffekt erst die spätere Trennung von Kirche und Staat. Diese Vorgänge ebneten prinzipiell bereits in der frühen Neuzeit den Weg hin zu einer Säkularisierung des Staatswesens, d.h. schufen die Basis für die Entstehung des ›weltanschaulich neutralen Verfassungsstaates‹. Er zeichnet sich gerade dadurch aus, dass der Landesherr nicht mehr an eine religiöse Legitimation, die Staatsbürger nicht mehr an ein Bekenntnis zur Garantie ihrer Rechte und das politische Gebilde des Staates in seiner Aufgabe nicht mehr an einen göttlichen Auftrag gebunden ist. Staat und Landesregierung wurden in der Folge rein weltlich gedacht, legitimiert und entsprechend mit rein weltlichen Aufgaben versehen.

Die letzte Phase hin zu diesem Entwicklungsstadium ist im langen 19. Jahrhundert von 1789 bis 1918 zu finden. In dieser Zeit vollzog sich die Weiterentwicklung des absolutistischen Ständestaates über die konstitutionelle Monarchie hin zu einem modernen Verfassungsstaat. Dieser ist als eine Form von Herrschaft zu verstehen, die unter den politischen Sammelbegriff Demokratie fällt und sich dadurch auszeichnet, dass sie:

> »a) die Freiheit individueller Entscheidungen und Handlungen sowie individuelle Verantwortung ermöglicht, b) die individuelle Gleichheit vor Recht und Gesetz garantiert sowie Minderheiten schützt und c) zahllose Formen gesellschaftlicher Vereinigungen ermöglicht, d.h. kollektives und solidarisches Handeln auf eine freiwillige Grundlage stellt (und z.B. in Form der Koalitionsfreiheit schützt).«[232]

Darüber hinaus sind demokratische Gesellschaften durch die Existenz gesellschaftlicher Foren wie etwa Verbände, Parteien, Parlamente u.ä. geprägt, die auf Basis bestimmter Rechtssätze die politische Teilhabe der Bevölkerung an der Landespolitik ermöglichen. Demokratische Staatsgebildet zeichnen sich weiterhin durch eine Beschränkung jeglicher Form politischer Herrschaft durch das Rechtsstaatsprinzip aus. Damit wird die Geltung einer Verfassung bezeichnet, die nicht nur Grund- und Menschenrechte, sondern auch die politische und verwaltungsmäßige Organisation des Staates ganz klar regelt. Dabei müssen alle in der Verfassung festgeschriebenen Bestimmungen immer, auch und gerade gegenüber den staatlichen Gewalten, gerichtlich einklagbar sein. Die staatlichen Gewalten wiederum sind, anders als im absolutistischen Staat, von einander getrennt und nicht mehr vertikal, sondern horizontal innerhalb der staatlichen Verwaltung verankert. Demzufolge sind die Exekutive, Legislative und Judikative in ihren Ressorts voneinander getrennt, bleiben jedoch in ihrer politischen Machtausübung miteinander verschränkt. Sie sind dadurch zwar weiterhin bis zu einem gewissen Grad voneinander abhängig, müssen miteinander funktionieren, üben gleichzeitig auch eine gegenseitige Kontrollfunktion aus. Dieses Aufbrechen vertikaler Machthierarchien zeigt sich auch im sonstigen Staatsaufbau, der entsprechend in horizontaler und mehrstufig ausdifferenzierter Form vorgenommen wird.[233]

---

232 Klein/Schubert: Politiklexikon. 71.

233 Vgl. Klein/Schubert: Politiklexikon. 71f.

Im Bezug auf die reußischen Fürstentümer wird zu fragen sein, inwiefern sich dort diese Entwicklung zum modernen Verfassungsstaat im langen 19. Jahrhundert vollzog, ob bzw. welche genannten Merkmale eines demokratischen Staates zu finden waren und wie sich dies auf das Staats-Kirchen-Volksschul-Verhältnis auswirkte.

6.3.4 Zum Säkularisierungsbegriff

Der Begriff Säkularisierung dient »zur entstehungsgeschichtl. sowie strukturellen Beschreibung und Beurteilung des Verhältnisses zwischen Geist und Gestalt des Christentums einerseits und der modernen Welt der Neuzeit andererseits«.[234] Dadurch ist er in seiner Bedeutung jeweils an den Kontext gebunden, in dem er gebraucht wird. VOLKER DREHSEN identifiziert diesbezüglich drei ineinander verflochtene Sachkomplexe. Dazu zählt zum Ersten die Entstehung und Entfaltung der modernen Welt als eine gesellschaftsgeschichtliche Ausdifferenzierung einzelner Lebensbereiche, die sich institutionalisieren und in ihrer Legitimation von den kirchlich-religiösen Maßgaben lösen. Zum Zweiten gehört die religionskritische Verselbständigung und Verallgemeinerung der bürgerlichen Kultur und zum Dritten schließlich eine weitgehende Entkirchlichung der alltäglichen Lebenswelten und ganzer Sozialschichten dazu.[235] Zu den Phänomenen und Prozessen der Säkularisierung hält DREHSEN fest:

> »Mit S.[äkularisierung, Anm. SEKH] ist im sachl. Kern also die Aufhebung der Identität von kirchl.-rel. Christentum einerseits und moderner Gesellschaftsstruktur, neuzeitl. Geisteskultur und auch alltägl. Lebenswelt andererseits festgestellt. Zu einer Kategorie ideenpolit. Deutung und kulturpolit. Orientierung konnte S.[äkularisierung, Anm. SEKH] erst werden, indem man einzelne Aspekte dieses umfassenden Prozesses interessiert vereinseitigte und verallgemeinerte, indem man kirchl., kulturelles und privates Christentum unterschiedslos gleichsetzte und sie einem Religionsbegriff einverleibte, der dem allg. Bewußtsein und der modernen Entwicklung gegenübersteht.«[236]

Wichtige Grundlagen für die Säkularisierung des Staats-Kirchen- und Kirchen-Volksschul-Verhältnisses hatten bereits die Reformation, das Territori-

---

234 DREHSEN: Art. Säkularisierung. 1108.

235 Vgl. DREHSEN: Art. Säkularisierung. 1108.

236 DREHSEN: Art. Säkularisierung. 1108.

alstaatssystem und der kirchenrechtliche Territorialismus gelegt, zu dessen Bedeutung Georg Ris ausführt:

> »Dabei hat die territorialistische Theorie lutherische Grundpositionen aufgegeben. Die Unterordnung von Kirche und weltlicher Obrigkeit unter Gottes Gebot und Willen wich der Unterordnung der Kirche unter die – weltlich verstandene – Aufgabe des Staats. Der geistlich-korporative Kirchenbegriff verkehrte sich in einen öffentlichrechtlichen, anstaltlichen, dessen tragende Säule die Organisationsgewalt des Staates bildete. Er gab Gesetze, regelte personelle und organisatorische, disziplinäre und agendarische Fragen. Die Bindung an überpositive, metaphorische Grundsätze und Kriterien löste sich in einen anthropozentrischen Rechtsbegriff auf, der zur vollen Verfügung des Menschen stand. An die Stelle der zersetzten christlich-kirchlichen Einheit trat die in der Rechtsidee gegründete humane. Ein eigener theologisch fundierter Kirchenbegriff fand in diesem staatsordnenden System der individuellen Freiheit und polizeilichen Aufsicht keinen Platz. Aber der Territorialismus war wie kein anderer Denkansatz für das Verhältnis von Staat und Kirche, wie kein anderer Erklärungsversuch für das landesherrliche Kirchenregiment geschaffen, sich in die politische Staats- und Souveränitätsidee des Territorialstaates einzubringen und sie mitzutragen, die Staatsgewalt zu einen, zu stärken, und die intermediären Gewalten des landsäßigen Adels und der Städte auszuschalten. Gleichzeitig konnte durch die beherrschende Rolle des Staates über die Kirche die Glaubensfreiheit – weltlich verstanden i. S. der Bekenntnis- und Abfallfreiheit – und die Individualität des Einzelnen ohne gemeinschaftliche Einbindung gewahrt und gewährt werden.«[237]

Diese Grundlagen wurden vor allem durch die Aufklärung[238] weiter begünstigt und in den folgenden Jahrhunderten stärker ausgebaut, was zu einer fortschreitenden Scheidung kirchlicher und staatlicher Aufgaben führte.

---

237 Ris: Konstitutionalismus. 33f.

238 Georg Ris führt zu den Auswirkungen der Aufklärung näher aus: »Die Kirchenzugehörigkeit sank zu einer auf Vernunft gegründeten, gewillkürten Kirchenvereinsmitgliedschaft herab, oder sie ging als Annex des am Geburts- oder Wohnort üblichen Staatsrechts ohne jeden Anspruch auf Wahrheit und Bindung in das Staatsangehörigkeitsrecht ein. Dem Ende der kirchlichen Selbständigkeit, ja einer vom Staate unterscheidbaren Kirche im hergebrachten Sinne, folgte das Ende der kirchlichen Rechtssetzung und -durchsetzung. Der Beitrag der Theologie zur Kirchengeschichte schwand; theologischer und rechtlicher Kirchenbegriff entfremdeten sich. Die Säkularisierung des Kirchenrechts auf dem Boden geistlicher Toleranz, kirchlicher Indifferenz und weltlicher Gleichheit führte zu einer Vereinheitlichung der kirchlichen Rechts- und Organisationsverhältnisse in den Händen einer weltlichen, aber durchaus wohlwollenden Obrigkeit« (Ris: Konstitutionalismus. 37f.).

Diese Tendenzen hin zu einer vollständigen staatlichen Säkularisierung entwickelten sich vor allem im Laufe des langen 19. Jahrhunderts – begünstigt durch kulturelle, religiöse, politische, wirtschaftliche und soziale Einflussfaktoren – in Deutschland fort und wirkten sich bis 1918 mehr oder weniger vollständig auf das Staats-Kirchen- sowie das Kirchen-Volksschul-Verhältnis aus. Dies ist aus historischer Perspektive gerade kirchenrechtlich sehr klar fassbar:

> »Die Geschichte des evangelischen Kirchenverfassungsrechts in Deutschland ist im 19. Jahrhundert im wesentlichen von zwei Bewegungen bestimmt worden [...] Man kann die erste [...] als eine langsame Ablösung der Kirche vom Staat bezeichnen, die zweite als eine stufenweise Ausbildung eines eigenständigen kirchlichen Rechtskreises, der sich vom staatlichen Recht immer deutlicher abzuheben begann, rechtssystematisch aber nach dessen Prinzipien gestaltet blieb. Beide Entwicklungen vollzogen sich sowohl im Bereich der kirchenleitenden Instanzen in den einzelnen deutschen Landeskirchen als auch in der akademischen Disziplin der Kirchenrechtswissenschaft. Hinzu kam seit der Zeit des Vormärz ein immer intensiver werdendes Interesse der Öffentlichkeit an der Verfassung der evangelischen Landeskirchen. In der zeitgenössischen Publizistik fand diese Diskussion ein vielfältiges, aufmerksam wahrgenommenes Echo. Zentrales Thema war die von den Vertretern des frühen Liberalismus aufgestellte Forderung, den evangelischen Kirchen müsste die Selbstverwaltung unter Beteiligung von Laien in kollegialen Leitungsorganen (presbyterial-synodales Verfassungsprinzip) ermöglicht werden.«[239]

Im Zusammenhang mit der nachfolgenden Untersuchung geraten die hier gemachten Ausführungen zur Säkularisierung wieder in den Blick, wenn es um Fragen nach der Verfasstheit der reußischen Staaten und deren Staats-Kirchen- sowie Kirchen-Volksschul-Verhältnis geht. Konkret wird danach zu fragen sein, inwiefern sich diese Strömungen der Zeit in den reußischen Territorien überhaupt finden lassen und welche Auswirkungen sie dort zeigten, d.h. inwiefern das Reußenland am Zeitgeschehen und auch den reichsdeutschen Entwicklungen teilnahm bzw. davon beeinflusst wurde.

---

239 MEHLHAUSEN: Kirche. 193f.

3 Zu den historischen Grundlagen des Staats-Kirchen-Volksschul-Verhältnisses im Reussenland vom 16. bis 18. Jahrhundert

3.1 Zur Landesgeschichte vom 16. bis 18. Jahrhundert

Zu Beginn des Reformationsjahrhunderts herrschten im Voigtland neben den Herren von Gera und Reuss zu Greiz auch die Burggrafen von Meissen. Nach einem Beschluss von 1538 sollten letztere beim Aussterben der Linie Gera die Hälfte deren Besitzes erhalten.[240] Während des Schmalkaldischen Krieges (1546/47) wurden den Reußen ihre Besitzungen durch Kaiser Karl V. (1500–1558, reg. 1519–1555/56) entzogen[241] und unter die Lehenshoheit der böhmischen Krone gestellt, wo sie bis 1806 in ihrer reichsunmittelbaren Stellung als Reichsstandschaft gesichert waren.[242] Weiterhin bedeutend war, dass Burggraf Heinrich IV. zu Meissen aus dem Hause Plauen (1510–1554) im Jahre 1547 eine eigene Herrschaft einrichtete, die Plauen, Vogtsberg, Schleiz, Lobenstein, Pausa und Greiz einschloss, wodurch das Vogtland seine bis dahin größte geschlossene Ausdehnung und Heinrich IV. eine Stimme im Reichstag erhielt. Als er verstarb erhielten seine beiden Söhne das Land samt Schulden, weshalb sie 1563 Teile des Landes an Sachsen abtraten.[243]

Nachdem die Reussen beim Oberhofgericht Wien erfolgreich seit 1557/58 Klage wegen des Gebietsverlusts von 1547 geführt hatten, erhielten sie im Jahre 1560 durch das ›Prager Urteil‹ das Stammland Greiz sowie die Hälfte von Gera, während den Burggrafen Heinrich (V.) d.Ä. zu Plauen (1533–1568) und Heinrich (VI.) d.J. zu Schleiz (1536–1572) die andere Hälfte Geras und die Herrschaften Lobenstein und Posterstein zufielen. Dennoch waren die

---

240 Vgl. Michel: Reformation. 33.

241 Vgl. Michel: Reformation. 33.

242 Vgl. Herz: Reußen.; für einen ausführlichen Überblick: vgl. Thieme: Landesherrschaft.

243 Vgl. Michel: Reformation. 33.

Streitigkeiten um die Gebietsaufteilungen noch nicht vollständig beigelegt. Entsprechend wurde 1562 eine Belehnung der Burggrafen sowie Reußen durch Kaiser FERDINAND I. (1503–1564) notwendig, die die Herrschaft Gera – ohne die Pflege Reichenfels – den REUSSEN zuschlug, für die Burggrafen eine Höhe der für die Herrschaft Schleiz zu zahlenden Entschädigungssumme festsetzte und die überkommene Schuldenlast in Gera regelte.[244] Durch den Tod des Burggrafen HEINRICH VI. VON MEISSEN (1536–1572) im Jahre 1572 erlangten die REUSSEN die Herrschaften Saalburg und Reichenfels sofort, Lobenstein durch käuflichen Erwerb erst 1576 und Schleiz durch verwandtschaftliche Streitigkeiten erst 1590 wieder zurück.[245] Doch trotz territorialen Zuwachses blieben den REUSSEN zunächst noch Burggrafen- und Reichsfürstenwürde verwehrt, denn:

> »Der Burggrafentitel und mit ihm verbunden der Stand eines Fürsten des Reichs konnte von den Reußen wegen ihrer schlechten Finanzlage und wegen des Widerstandes von Kursachsen, das darin einen Angriff auf die dem Wettiner Hause zustehende Würde eines Markgrafen von Meißen erblickte, nicht behauptet werden.«[246]

Aufgrund der territorialen Veränderungen im 16. Jahrhundert geschahen unter den reussischen Nachkommen mehrere Landesteilungen. Eine bedeutende war die im Jahre 1564, die zur Teilung der REUSSEN in eine ÄLTERE LINIE, zu der Untergreiz gehörte, eine JÜNGERE LINIE, zu der Gera, Schleiz, Lobenstein und Ebersdorf gehörten, sowie eine MITTLERE LINIE, zu der Obergreiz gehörte, führte.[247] Nachdem die mittlere Linie 1616 bereits wieder ausgestorben war, fielen deren Besitzungen an die ältere Linie, woraufhin sich diese REUSS-GREIZ nannte und 1625 eine Teilung in die Länder REUSS-OBERGREIZ und REUSS-UNTERGREIZ erfuhr. Diese Teilung wurde erst durch den Tod HEINRICHS III. (GEB. 1701; REG. 1733–1768) im Jahre 1768 wieder aufgehoben und dessen Besitzungen fielen an Obergreiz.[248] In den folgenden 350 Jahren bildeten sich durch Teilungen immer wieder neue Kleinststaaten, während sich der gesamte Besitz der Hauptlinien im Wesentlichen in seinem Umfang

---

244 Vgl. SCHOENAICH CAROLATH: Kirchenregiment. 29.

245 Vgl. HERRMANN: Kirchengeschichte. 183.

246 SCHOENAICH CAROLATH: Kirchenregiment. 31.

247 Die Stammväter waren: HEINRICH XIV. (1506–1572; DER ÄLTERE), HEINRICH XVI. (1530–1572; DER JÜNGERE) und HEINRICH XV. (1525–1578; DER MITTLERE).

248 Vgl. LEMM/SCHENKE/SCHENKE (Hrsg): Fürstenstraße. 4.

erhielt.[249] Die Landesteilungen wurden schließlich durch die Einführung einer Primogeniturordnung[250] bis zum Jahre 1690[251] in allen reußischen Gebieten beendet. Sie führte unter anderem dazu, dass Graf Heinrich I. zu Reuss-Schleiz (geb. 1639, reg. 1664–1692) für seinen jüngeren Sohn Heinrich XXIV. (1681–1748) das Paragium Köstritz einrichtete.[252] Unterdessen hatten sich bei der jüngeren Linie folgende eigenständige Gebiete herausgebildet, die bis ins 19. Jahrhundert Bestand hatten: Reuss-Gera (1564–1802), Reuss-Lobenstein (1647–1824), Reuss-Schleiz (1647–1848), Reuss-Ebersdorf (1678–1848), das sich ursprünglich von Reuss-Lobenstein abgespalten hatte, und Reuss-Köstritz (1692–1848).[253] Diese Gebiete gehörten zu der 1604 zusammengeschlossenen Reussischen Fürstengemeinschaft Reuss jüngerer Linie, die ihren Sitz in Gera nahm.[254] Die letzte Teilung des Reußenlandes geschah

---

249 Im 17. Jahrhundert existierten durch zahlreiche Gebietsteilungen bis zu 22 nebeneinander regierende, oft nur kurzlebige Linien (vgl. Farner/Heinrich XIII. Reuss (Hrsg.): Fürstenstraße. 12).

250 Vgl. Der Geschlechtsverein sämmtlicher Herren Reussen von Plauen vom 10. November 1668.

251 »Durch einen Geschlechtsrezeß des Gesamthauses Reuß im Jahre 1668 ist [...] festgelegt worden, daß das Recht der Erstgeburt maßgebend sein, daß also der Erstgeborene des ältesten, vom gemeinsamen Stammvater herrührenden Zweigs die übrigen männlichen wie auch alle weiblichen Anverwandten von der Thronfolge ausschließen soll. Diesem Rezeß folgte im Jahre 1681 ein weiterer, wonach die Lande beider Linien unteilbar und beim Aussterben des Mannesstamms in der einen Linie die andere und in dieser wieder der Erstgeborene je des ältesten Zweigs nachfolgeberechtigt sein soll. Diese beiden Rezesse sind im Jahre 1690 von den Herren beider Linien zum Landesgesetz erhoben [...] worden.« (Schlotter: Verwaltungsrecht. 5).

252 Vgl. Trebge: Spuren. 40–48. Das Paragium Köstritz war von Heinrich I. zu Reuss-Schleiz (1639–1692) angesichts der Einführung des Primogeniturrechts 1679 im Hause Reuß für seinen jüngeren Sohn Heinrich XXIV. (1681–1748) als Apanage eingerichtet und rechtlich 1687 per Testament festgeschrieben worden. Als Paragium stellte es zwar eine Lehnsherrschaft mit allen dazugehörigen Regalien dar, besaß jedoch keine Landeshoheit. Das Gebiet setzte sich aus mehreren von Heinrich I. erworbenen Lehnsgütern zusammen, und zwar Köstritz, Hohenleuben, Reichenfels, Hartmannsdorf, Niderböhmsdorf, Politz, Brückla, Roben, Göttendorf, Triebes, Steinbrücken, Weißendorf sowie Langenwetzendorf (vgl. Meusel/Schmidt (Hrsg.): Briefe. 3, Anm. 5).

253 Es existierten noch andere Gebiete wie bspw. Reuss-Hirschberg (1678–1711), die hier jedoch bewusst nicht aufgeführt werden, da sie nach nur kurzem Bestehen in den genannten aufgegangen sind (vgl. Her: Reußen; Kunz (Hrsg.): Beschreibungen. 288).

254 Vgl. Kunz (Hrsg.): Beschreibungen. 34.

1694. Weitere Gebietsveränderungen ergaben sich in den Folgejahren und -jahrzehnten lediglich durch das Aussterben von Herrschaftslinien.

Im Jahre 1668 wurden zwei wichtige vertragliche Regelungen getroffen, die die weiterführende Geschichte der Reussen prägten: zum einen wurde durch den »Geschlechtsverein sämmtlicher Herren Reussen von Plauen vom 10. November«[255] die Verbindlichkeiten für das Haus Reuss festgeschrieben und zum anderen durch den »Nebenvertrag des Reußischen Hauses vom 13. November 1668«[256] die Nummerierung der Heinriche der Reussenfamilie in allen Linien geregelt.[257]

Im Jahre 1673 erfolgte die Ernennung aller Reussen zu Reichsgrafen durch Kaiser Leopold I. (1640–1705) und 1778 wurde die ältere Linie, die bereits 1768 all ihre Teilherrschaften mit dem Sitz in Greiz unter der Herrschaft Heinrichs XI. zu Reuss-Obergreiz (1722; reg. 1743–1800)[258] vereinigt hatte, in den Reichsfürstenstand erhoben. Von der jüngeren Linie erhielt zunächst Reuss-Lobenstein 1790 die Reichsfürstenwürde und am 9. April 1806 folgten Schleiz, Lobenstein(-Selbitz), Ebersdorf sowie Köstritz.[259]

Nachdem auf Betreiben Kaiser Napoleons I. (1769–1821) 1806 der Rheinbund gegründet worden war, trat Fürst Heinrich XIII. zu Reuss-Greiz (geb. 1747, reg. 1800–1817) mit den Fürsten der jüngeren Linie in Verhandlungen über einen Beitritt, um die Fürstentümer gegen die territorialen Expansionsbestrebungen des Königreichs Sachsen zu schützen. Als eine Einigung zustande gekommen war, nutzte Heinrich XIII. seine verwandtschaftlichen

---

255 Vgl. Der Geschlechtsverein sämmtlicher Herren Reussen von Plauen vom 10. November 1668.

256 Vgl. Nebenvertrag des Reussischen Hauses vom 13. November 1668.

257 Vgl. Gehrlein, Thomas: Haus. 15. »Die ältere Linie begann mit dieser neuen Nummern-Serie im Jahr 1693 mit der Geburt von Heinrich I. von Reuß-Obergreiz. Die Nummerierung sollte nach der Reihenfolge der Geburt der männlichen Familienmitglieder mit ›I‹ beginnen, mit ›C‹ (100) enden und dann erneut wieder mit ›I‹ fortfahren. Sie endete jedoch in der älteren Linie 1878 mit der Geburt Heinrich XXIV., welcher 1927 verstarb und mit ihm die ältere Linie im Mannesstamm erlosch. Die jüngere Linie begann die neue Nummern-Serie für alle Äste und Zweige gemeinsam im Jahr 1695 mit der Geburt von Heinrich I. von Reuß-Schleiz und endete mit der Geburt von Heinrich LXXV. von Reuß-Köstritz im Jahr 1800 (dieser Prinz hatte auch die bisher höchste Ordnungszahl in der Geschichte des Gesamthauses inne). Mit jedem neuen Jahrhundert wurde sodann wieder mit ›I‹ begonnen und die Nummerierung bis Ende des Jahrhunderts fortgeführt. Die Familie behielt sich das Recht vor, nach eigenem Ermessen mit ›I‹ zu beginnen.« (Gehrlein: Haus. 15).

258 Vgl. Klein: Fürst. 6.

259 Vgl. Gehrlein: Haus. 19.

Verbindungen zum Fürsten von Nassau-Weilburg, der bei der Gemahlin Napoleons I., Josephine (1763–1814), in hohem Ansehen stand und ebnete so den Weg zu den Beitrittsverhandlungen zum Rheinbund.[260] Am 18. April 1807 traten schließlich alle reußischen Fürstentümer als Mitglieder dem Rheinbund bei. Als dieser 1813 aufgelöst wurde, schlossen sie sich der antinapoleonischen Koalition an und nachdem auf dem Wiener Kongress 1815 die Neuordnung der politischen Verhältnisse in Europa geschehen war, wurden sie Mitglieder des neu gegründeten Deutschen Bundes. Ihre Selbständigkeit hatten sie zuvor nur durch den Einfluss Österreichs bewahren können, wobei sich vor allem die guten Verbindungen des Fürsten Heinrich XIII. zu Reuss-Greiz zum Kaiserhof bemerkbar machten, der seit 1813 wieder offiziell als Generalfeldzeugmeister in österreichischen Diensten stand.[261] Als souveräne Staaten wurden neben der älteren Linie auch alle Länder der jüngeren Linie als einzelne Mitglieder des Deutschen Bundes gezählt, hatten jedoch im Bundestag nur eine gemeinsame Stimme als Reuss jüngerer Linie.[262]

3.2 Zur Kirchengeschichte vom 16. bis 18 . Jahrhundert

Die Reformation konnte im Reußenland nur nach einigem Widerstand der Landesherren eingeführt werden,[263] wobei zunächst die Herrschaften Greiz,[264] Schleiz, Gera[265] 1533 und 1534 visitiert wurden und erst 1543 Lo-

---

260 Vgl. Klein: Fürst. 18f.

261 Vgl. Klein: Fürst. 21–23.

262 Vgl. Kunz (Hrsg.): Beschreibungen. 34.

263 Vgl. Rüster: Stadtherrschaft. 10–19.

264 Heinrich der Ältere (1506–1572) bekannte sich durch das Empfangen des Abendmahls in reformatorischer Form zu Ostern 1536 offiziell zum evangelischen Glauben. In der Folge wurde die Gottesdienstordnung geändert und die Pfarrer zur Predigt des Evangeliums gemäß Wittenberger Reformation verpflichtet, das Abendmahl mit Brot und Wein abgehalten, die Sakramente auf Taufe und Abendmahl beschränkt, stärker in der Gemeinde gesungen und die sächsische »Herzog-Heinrich-Agende« von 1539 für die Greizer Gottesdienste genutzt (vgl. Michel: Reformation. 35). Die Besitzungen der Klöster, Stifte und Kommenden samt Nutzrechten sowie die Patronatsrechte der Pfarreien gingen an die Landesherren über. Insgesamt wurde der Bestand der Pfarreien kaum verändert (vgl. Bünz,: Christianisierung. 18.).

265 Vgl. Frantzke: Kaiser.

Benstein. Wenig später erließ Burggraf Heinrich IV. von Meissen im August 1552 für das Vogt- und Reußenland eine umfassende Kirchenordnung.[266]

Die reußische Kirche kam erst 1562 wieder unter reußische Herrschaft und bereits 1564 musste Heinrich der Ältere seine Herrschaft teilen, wodurch die Greizer Kirche den religiös uneinigen Herren von Ober- und Untergreiz unterstand:

> »Misshelligkeiten entstanden bald durch die synergistischen Streitigkeiten, denn Heinrich der Mittlere von Obergreiz war Flacianer, Heinrich der Ältere von Untergreiz deren schärfster Gegner. Sie einigten sich nun dahin, daß im Greizer Sprengel jeder seinen besonderen Geistlichen [...] einsetzen sollte.«[267]

Das Auftreten des »Flacianismus« verursachte in sämtlichen thüringischen Staaten religiöse Uneinigkeiten, die sich zu einem Streit auswuchsen und zwar zwischen Flacianern – deren streng lutherisch-calvinistische Ansichten im »Weimarischen Konfutationsbuch« von 1559 festgeschrieben waren – und deren Gegnern, die sich auf die phillipistisch geprägte »Strigelsche Deklaration« beriefen.[268] Auch in den reußischen Ländern kam es in den 1560er Jahren zu Auseinandersetzungen zwischen Flacianern und deren Gegnern, die schließlich 1567 zur Abfassung einer eigenen »Reußisch-Schönburgischen Konfession« führte,[269] um »ihre Lehre vor aller Welt zu verteidigen

---

266 Vgl. Michel: Reformation. 36. Die *burggräfliche Kirchenordnung* regelte Liturgie, Predigt, Berufsbild und Aufsicht der Geistlichen, Zucht in Kirche, Familie, Unterricht, für die Konfirmation, Hochzeit und Begräbnis, den Küsterdienst sowie die Kirchenbuchführung (vgl. Kirchen-Ordnung Heinrich's IV. vom 30. August 1552).

267 Thoss: Geschichte. 139.

268 Vgl. Herrmann: Kirchengeschichte. 145f. Geistliche, die eine Unterschrift der Deklaration verweigert hatten, fanden vor allem im Mansfeldischen, Schönburgischen und Reußischen Zuflucht (vgl. Vollert: Heinrich. 14f.). Rudolf Herrmann verweist darauf, dass Matthias Flacius (Illyricus) Wichtiges für die Theologiegeschichte getan habe: »Sein geschichtliches Verdienst ist, daß er die ausgesprochen lutherische Art der deutschen Reformation zu wahren mitgeholfen hat. Andrerseits hat er wesentlich dazu beigetragen, daß die Prophetie Luthers in starre verstandesmäßige Sätze gepreßt wurde, und daß das Streben nach Reinheit der Lehre in den lutherischen Landeskirchen fortan ein verhängnisvolles Übergewicht erhielt« (Herrmann: Kirchengeschichte. 146f.).

269 Vgl. Heller: Konfession.

und die Wesensgleichheit derselben mit echtem Luthertum unter Beweis zu stellen«.[270] Der Titel dieser – von drei flacianischen Superintendenten[271] ausgearbeiteten – Konfession lautete:

> »Confessionschrift etlicher Predicanten in den Herrschafften Graitz, Geraw, Schönburg, und anderer hernach unterschreibenden: Gestellet zu notwendiger Ablehnung vieler ertichten Calumnien und Lesterungen, und dagegen zu erklerunge und beföderung der Wahrheit, zu förderst aber wie ein jeder Christ, die jetzt schwebenden schedlichen Corruptelen und Irthume, nach dem Heiligen Catechismo Lutheri erkennen, widerlegen und fliehen müge«[272]

Diese Ablehnung alles Nicht-Lutherischen zeigt sich klar an deren inhaltlichem Aufbau:

> »In der Konfession kommt erst ein ›bericht an den Leser‹, dann die Namen der Subskribenten in der Herrschaft ›Geraw‹, i. d.h. ›Graitz‹, i.d.h. ›Schönburg‹, ›Und andere‹, dann ›Inhalt dieser gantzen Schrifft‹. I. ›Das erste Theil dieser Schrifft. Schutz-Rede an den Christlichen Leser.‹ II. ›Das Andere Theil dieser Schrifft.‹ Hier wird gezeigt, daß der Grund dieser Schrift sei die h. Schrift, die Symbola Ökumenika, Augspurgische Confession in der *un*veränderten Gestalt, die Schmalkaldischen Artikel, die Konfutation, die Lüneburgische und die Mansfeldische Confession, Luthers Katechismen und Luthers Schriften. III. ‹Das Dritte Theil dieser Schrifft.‹ Nach der Ordnung der 6 Hauptstücke des Katechismus wird die strenglutherische Lehre entwickelt unter fortwährender Widerlegung ‹der irrigen Lehrer‹. Endlich schließt ab ein ›Anhang und Zugabe‹ ›von der dreyen heiligen Stände und Orden/als der Kirchen- Landes- und Haußväter eigentlichem Ampt/in Gottes oder Religions-Sachen. I. Von den Predigern. II. Von den Oberherren.‹«[273]

---

270 Schoenaich Carolath: Kirchenregiment. 39.

271 Dies waren Simon Musäus (1521–1576) in Gera, Georg Autumnus (1529–1598) in Greiz und Bartholomäus Rosinus (1520–1586) in Waldenburg. Sie waren alle drei zuvor aus ihren ursprünglichen Wirkungsstätten wegen ihrer theologischen Ansichten geflohen und hatten daraufhin Anstellung im *reußischen* bzw. *schönburgischen* Gebiet gefunden (vgl. Brückner: Landeskunde. 295).

272 Autumnus/Museäus: Confessionschrift.

273 Vollert: Heinrich. 16.

Doch auch, wenn die Drucklegung und Veröffentlichung einer gemeinsamen Bekenntnisschrift religiöse Einheit unter den Reußen nach außen hin demonstrieren sollte, gab es dennoch bis zum Tode HEINRICHS DES ÄLTEREN im Jahre 1572 enorme Spannungen zwischen den flacianisch und antiflacianisch eingestellten Angehörigen des Hauses Reuß. Diese begannen sich erst ab den 1580er Jahren spürbar abzubauen und flammten angesichts einer erneuten Drucklegung der Konfessionsschrift im Jahre 1599, die auf das Betreiben Graf HEINRICHS DES JÜNGEREN, GENANNT POSTHUMUS (GEB. 1572, REG. 1595–1635) geschah, wieder auf.[274] Das Ziel der Neuausgabe und deren anschließender Verbreitung im gesamten Reußenland war vor allem die theologische Vereinheitlichung der Lehre und Verkündigung der Pfarrer.[275] In der Folge erlangte die Konfession auch tatsächlich große identitätsstiftende Bedeutung, was sich daran zeigte, dass sie ihren festen Platz neben Bibel und protestantischen Hauptbekenntnisschriften besaß, in den Gemeinden der älteren Linie bis 1934 Gültigkeit hatte,[276] und dass die Pfarrer der jüngeren Linie sie bei ihrer Ordination bis 1884 zu unterzeichnen hatten[277]. Als rechtlich-verbindliche Glaubensgrundlage wurde sie samt der Konkordien-

---

274 Vgl. SCHOENAICH CAROLATH: Kirchenregiment. 40f.

275 Vgl. MICHEL: Reformation. 37. Mit der Veröffentlichung der zweiten Auflage war die erneute Visitation in Greiz, Schleiz, Saalburg, Lobenstein und Gera von 1600 bis 1602 verbunden (vgl. VOLLERT: Heinrich. 27).

276 Vgl. BRÜCKNER: Landeskunde. 296.

277 Vgl. MICHEL: Reformation. 36f. In Untergreiz, das sich während des synergistischen Streits als antiflacianisch eingestellt zeigte, erhielt die *Reußisch-Schönburgische Konfession* dagegen erst im Jahre 1616 durch das Aussterben der mittleren Herrschaftslinie offizielle Geltung (vgl. THOSS: Geschichte. 139)

formel[278] jedoch erst durch den Geschlechtsvertrag von 1668 eingeführt[279] und durch den Hausbeschluss von 1697 über eine dritte Ausgabe der Konfessionsschrift nochmals bekräftigt.[280]

Auch auf dem Gebiet der jüngeren Linie finden sich Hinweise auf eine religiöse Liberalität, die in gewissem Gegensatz zur reußischen Konfession stand. Hier war es Heinrich XXIV. zu Reuss-Köstritz (1681–1748)[281] der sich

278 Im Vorfeld hatte es Zwist zwischen den *reußischen Herren der älteren Linie* und den *Abgesandten des sächsischen Kurfürsten* gegeben, da sich erstere weigerten, sich der *Konkordienformel* anzuschließen. Es »antworteten beide höflich ablehnend: Die Obergreizer am 21. Dezember 1579 wegen Unmündigkeit der jungen Herren Henrichs (XVII.) d.Ä., Heinrichs (XVIII.) d.M. und Heinrichs (XIX.) d.J., – die drei Untergreizer Brüder Heinrich II. (der Lange), Heinrich III. und Heinrich V. am 23. Februar 1580 unter Berufung auf die Übereinkunft mit der oberen Herrschaft, bei den prophetischen, apostolischen und den drei symbolischen Büchern, den Schmalkaldischen Artikeln, den beiden Katechismen D. Luthers und der Augsburger Konfession von 1530 zu verbleiben ›und nichts Neues oder darwider Strittiges auf die Bahn bringen zu lassen‹« (Schoenaich Carolath: Kirchenregiment. 83). Die Ergänzung der *Reußischen Konfession* um die Berufung auf die *Konkordienformel* fand erstmals in die Auflage von 1599 Eingang bzw. wurde in Untergreiz spätestens 1668 tatsächlich offiziell wahrgenommen.

279 Vgl. Der Geschlechtsverein sämmtlicher Herren Reussen von Plauen vom 10. November 1668.

280 Vgl. Schoenaich Carolath: Kirchenregiment. 41. »Wie die 1. und 2. Ausgabe der *Reußischen Konfession*, so ging auch deren 3. Auflegung nicht ohne Unzuträglichkeiten innerhalb des reußischen Hauses vor sich, da – vor allem seitens Untergreiz – erklärt wurde, die Schrift habe in dem Gebet der älteren Linie nie Geltung gehabt (Heinrich V. zu Rothenthal am 4. April 1665, Heinrich II. zur Burgk im Jahre 1668). Nichtsdestoweniger erklärte man dieses ›*fundamentum territorialis et supremae jurisdictionis*, und also unzweiflichen *regiminis episcopalis et ecclesiastici*‹ (›Erinnerung, worumb sich die Untere Herrschaft Graiz nicht von der Verwandnis der Reußil. Konfessionsschrift ausschließen sollte, sondern vielmehr verlangen, sich in genere mit inkludieren zu lassen‹ von 1665 §. 4) im Jahre 1668 für bindend, alle reußischen Geistlichen sollten sie unterschreiben. Wie wenig man sich jedoch an diesen und wohl auch an andere Hausbeschlüsse hielt, geht daraus hervor, daß der Untergreizer Graf am 30. August 1700 dem Geraer Kanzler schreiben konnte, diese Bekenntnisschrift sei dem Greizer Superintendenten und seines Wissens auch den anderen Pfarrern der ä.L. gänzlich unbekannt, weshalb er um ein Exemplar zur Durchsicht bäte« (Schoenaich Carolath: Kirchenregiment. 63).

281 Vgl. Trebge, Friedrich Wilhelm: Heinrich XXIV.

1703 weigerte das Hausgesetz von 1668 zu unterzeichnen, da er die darin enthaltenen religiösen Bestimmungen als zu eng gefasst und möglicherweise gesellschaftlich problematisch ansah.[282]

Der verstärkte Ausbau der kirchlichen Verwaltungsstrukturen setzte auf dem Gebiet der jüngeren Linie mit der Errichtung des ersten Konsistoriums und der ersten Kanzlei des REUSSENLANDES unter der Herrschaft des HEINRICH POSTHUMUS im Jahre 1604 mit Sitz in Gera ein.[283] Eine dazugehörige einheitliche Kirchenverfassung – die »Gräfliche Reuß-Plauensche Geraische Konsistorialordnung« – wurde jedoch erst nach langen Verhandlungen im Jahre 1635 verabschiedet.[284]

Die institutionelle Nähe des Konsistoriums und der Kanzlei zueinander zeigte sich deutlich in deren personeller Besetzung. Das Konsistorium bestand aus einem Konsistorialpräsidenten der gleichzeitig Kanzler des Landes war, zwei geistlichen und zwei weltlichen Räten – in der Regel den Hof- und Justizräten des Landes – sowie einem Sekretär, und wenn es um Fragen von Kirchenrechten und Rechten milder Stiftungen ging, wurde ein so genannter Regierungs- und Konsistorialadvocat hinzugezogen.[285]

---

282 Vgl. SCHOENAICH CAROLATH: Kirchenregiment. 65. SCHOENAICH CAROLATH bemerkt angesichts dessen zwar, dass das Verhalten HEINRICHS XXIV. nicht als sich vorbereitende andersartige Einstellung hallischer Richtung zu werten sei, da dieser 1706 offiziell erklärt habe, dass die Reußische Konfession eine rechtsgültige Verfassung sei, auf die man sich berufen könne (vgl. SCHOENAICH CAROLATH: Kirchenregiment. 65), doch ist dies kritisch zu hinterfragen. Die Verfasserin teilt SCHOENAICH CAROLATHS Schlussfolgerung nicht, da angesichts der religiösen Biografie HEINRICHS XXIV. durchaus ein Zusammenhang zwischen dessen pietistischer Prägung und seinem Verhalten zur Reußischen Konfession bestehen dürfte. Er war zwar Pietist, doch lehnte aufgrund dessen nicht automatisch die landeseigene Konfession ab, da diese zum einen als strenglutherische nicht im Gegensatz zum Pietismus stand, und er zum anderen den Pietismus – ganz in dessen Sinne (vgl. BRECHT: Art. Pietismus) – als eine Veredelung der lutherischen Lehre verstand (vgl. TREBGE: Heinrich XXIV; TREBGE: Spuren. 53–79; MEUSEL/SCHMIDT (Hrsg.): Briefe).

283 Vgl. ZEISSNER: Staat. 50.

284 Vgl. ZEUNER (Hrsg.): Heimat. 143. Ein bedeutender weiterer Ausbau des gemeinschaftlichen Konsistoriums der jüngeren Linie in Gera geschah erst rund 100 Jahre später und es bildeten sich die institutionellen Strukturen heraus, die weitestgehend bis ins 19. Jahrhundert hinein bestehen blieben (vgl. HELLER: Graf).

285 Vgl. BRÜCKNER: Landeskunde. 290.

Zur Verbesserung der kirchlichen Verwaltung auf dem Gebiet der älteren Linie wurde in Reuß-Untergreiz 1640 eine Konsistorialordnung unter dem Titel »Articuli Consistorii Gräizensis«[286] erlassen und ein Konsistorium in Greiz errichtet, das jedoch 1649 bereits wieder aufgelöst und dafür in jeder der Teilherrschaften ein eigenes eingerichtet wurde.[287] Den Vorsitz der Konsistorien in Ober- und Untergreiz führten ab 1649 weltliche Beamte: die Hofräte der Greizer Herren, die als Juristen wegen der dafür notwendigen umfangreichen Rechtskenntnisse die Verwaltungstätigkeiten effektiver durchführen konnten als Geistliche. Damit auch weiterhin ein Vertreter der Geistlichkeit in den Konsistorien vorhanden war, wurde der Archidiakonus bzw. Diakonus – als Ersatz für den vormaligen Superintendenten – als ein beratendes kirchliches Mitglied eingesetzt und immer abwechselnd von beiden Herrschaften für sein Amt nominiert.[288]

Ab der Mitte des 17. Jahrhunderts kamen vermehrt Fragen zur Errichtung einer gemeinschaftlichen Greizer Regierung auf, die vor allem 1671 und 1680 mit den Städten und der Ritterschaft durch den Gesamtrat des Gesamthauses Reuss verhandelt wurden und durch Schreiben beispielsweise aus den Jahren 1686, 1687 und 1694 dokumentiert sind.[289] Unter dem Aspekt gemeinschaftliche Regelungen für das Gesamthaus zu finden, wurden auch der Geschlechtsrezesses von 1668, der Nebenvertrag aus dem gleichen Jahr und der Hausvertrag von 1690 abgefasst und verabschiedet.[290] Damit waren trotz weiterhin unterschiedlicher Verwaltungsstrukturen für alle reußischen Landesteile gleichermaßen grundlegende Regelungen, unter anderem zu Fragen der Landesreligion und -konfession, zur Schulordnung und Verwaltungsstruktur der Länder, getroffen worden.[291]

---

286 Vgl. Articuli Consistorii Gräizensis.

287 Vgl. Schoenaich Carolath: Kirchenregiment. 52–57.

288 Vgl. Thoss: Geschichte. 139.

289 Vgl. Schoenaich Carolath: Kirchenregiment. 62.

290 Vgl. Der Geschlechtsverein sämmtlicher Herren Reussen von Plauen vom 10. November 1668; Nebenvertrag des Reussischen Hauses vom 13. November 1668; vgl. Hausvertrag vom 3., 4. und 5. Sept. 1690.

291 Vgl. Der Geschlechtsverein sämmtlicher Herren Reussen von Plauen vom 10. November 1668. 337–355.

Eine wichtige religiöse Veränderung, die zunächst die Herrschaften der JÜNGEREN LINIE betraf, setzte ab dem Ende des 17. Jahrhunderts ein: das Aufkommen des Pietismus. Er leitete einen kirchengeschichtlich sehr bedeutenden Abschnitt im Reußenland ein, denn es »gab in ganz Deutschland kein anderes Fürstengeschlecht, in dem so zahlreiche Glieder sich so völlig und rückhaltlos dem Geiste der Frömmigkeit im pietistischen Sinn erschlossen«[292] und in diesem Sinne ihre Religions- und Bildungspolitik gestalteten:

> »Die durch den 30jährigen Krieg verkommene Kirche und Schule wurde [...] durch Kirchenvisitationen zu heben gesucht, indeß erst vom Jahre 1700 an strebte man mit Nachdruck einerseits durch eine Reihe von gräflichen Ordnungen und Mandaten [...] erneuertes Leben in den Gemeinden zu erwecken, andererseits dadurch, daß die Regenten den pietistischen und herrnhuterischen Geist nicht allein durch persönliche Hingebung, durch Abfassung von Schriften und Liedern und durch Herbeiziehung von pietistischen Hofpredigern, sondern auch durch Gründung von Waisenhäusern und selbst durch Errichtung einer Herrnhuteranstalt begünstigten.«[293]

Der Pietismus hielt unter der Herrschaft HEINRICHS XXIV. ZU REUSS-KÖSTRITZ (1681–1748)[294] zunächst in Köstritz und im 18. Jahrhundert in der Herrschaft OBERGREIZ Einzug, wo HEINRICH XXIV. ab 1703 als Vormund des unmündigen HEINRICH II. ZU REUSS-OBERGREIZ (GEB. 1696, REG. 1714–1722) regierte.[295]

---

292 HERRMANN: Kirchengeschichte. 258.

293 BRÜCKNER: Landeskunde. 377.

294 OTTO MEUSEL und BERTHOLD SCHMIDT gehen davon aus, dass HEINRICH XXIV. wahrscheinlich in seiner Militärzeit erstmals intensiver mit den pietistischen Ideen PHILIPP JAKOB SPENERS und AUGUST HERMANN FRANCKES in Berührung kam und auch dort eine Art Berufungserlebnis erfuhr (vgl. MEUSEL/SCHMIDT (Hrsg.): Briefe. 2–6). FRIEDRICH WILHELM TREBGE verweist dagegen jedoch darauf, dass HEINRICH XXIV. nicht durch ein einzelnes Erlebnis, sondern erst nach einer systematischen Beschäftigung mit verschiedensten religiösen und theologischen Auffassungen zu seiner gefestigten Weltanschauung gelangt sei. Dafür spräche auch, dass er aus einer Familie stammte, die bereits durch ihre verwandtschaftlichen Beziehungen eng mit pietistischen Persönlichkeiten verbunden war, denn er war ein Urenkel des HEINRICH POSTHUMUS, und dessen dritter Ehefrau ANNA ELISABETH GEB. GRÄFIN ZINZENDORF und somit ein Enkel von GRÄFIN EVA SUSANNE GEB. V. ZINZENDORF AUF POTTENDORF, die zugleich Großmutter Graf NIKOLAUS LUDWIGS VON ZINZENDORF gewesen ist (vgl. TREBGE: Spuren. 53f.)

295 Vgl. SCHMIDT: Zeulenroda. 734f.

Er und seine Ehefrau[296] pflegten ab 1704 eine enge persönliche Freundschaft mit August Hermann Francke (1663–1727),[297] der Köstritz mehrmals besuchte, und Heinrich XXIV. war gemeinsam mit Graf Erdmann Heinrich Freiherr Henckel von Donnersmarck auf Pölzig (1681–1752)[298] entscheidend am Ausbau der Franckeschen Stiftungen in Halle beteiligt.[299] Neben seiner persönlichen religiösen Weiterbildung, die dem Ziele der christlichen Vervollkommnung dienen sollte, war der Graf auch darum bemüht, die pietistische Frömmigkeit an seinem Hofe und in der Bevölkerung einzuführen. Dazu erließ er beispielsweise eine Verordnung, die seinen Bediensteten und dem Hofgesinde Gottesfurcht und Ehrbarkeit vorschrieb und für die Bevölkerung bestimmte er 1720, dass Franckes »Glauchisches Bedenck-Büchlein« (1693) für Andachten und Gottesdienste zu verwenden sei.[300] Darüber hinaus regelte er die Verwaltungsorganisation neu, suchte Verbesserungen im Justizwesen und Strafvollzug, besetzte vakante Pfarrstellen mit Absolventen der Halleschen Schulen, begründete auf Anraten Franckes und mit Unter-

---

296 Heinrich XXIV. heiratete 1704 die stark pietistisch geprägte Marie Eleonore Emilie geb. Freifrau v. Promnitz (1688–1776), die ihn in den folgenden Jahren in seinem religiösen Tun sehr aktiv unterstützte und aufgrund ihrer familiären Verbindungen auch der Grund für die Wirksamkeit in und die Verbindungen der Familie nach Schlesien war (vgl. Schmidt: Zeulenroda. 734f.; Trebge: Spuren. 66; Holzhey: Suche. 24).

297 Wie sehr Francke Köstritz als pietistischen Hort schätzte, wird am überlieferten Briefwechsel zwischen ihm und dem gräflichen Paar deutlich. Er schreibt z.B. am 5. Juli 1718: »Ich fasse denn Kösteritz mit allem, was es hat, in die Arme des Glaubens, und bringe es mit Gebeth und Flehen vor das Angesicht des Herrn, den ich bitte, daß er daselbst die Ströme seines Segens biß an den jüngsten Tag fließen und dann in die Ewigkeit einfließen lassen wolle. Gelobet sei sein heiliger Name, der helffe uns allen um Christi willen. Amen!« (zitiert nach: Meusel/Schmidt(Hrsg.): Briefe. 92).

298 Vgl. Meusel/Schmidt (Hrsg.): Briefe. 118f.

299 Vgl. Trebge: Spuren. 56f. Des Weiteren bemerkt Trebge zur Beziehung zwischen Köstritz und Halle: »In Köstritz und Halle liefen die Fäden zusammen. Von hier aus wurden Stellen für Pfarrer, Erzieher und Informatoren, Berater und Sekretäre, die natürlich in Halle ausgebildet waren, vermittelt. Graf Heinrich XXIV. redigierte Franckesche Predigten, Vorlesungen und Erbauungsschriften.« (Trebge: Spuren. 75). Weitere Persönlichkeiten die in engem Kontakt zum Grafen standen und einen wichtigen Einfluss auf dessen Frömmigkeit ausübten, waren Johann Gottfried Arnold (1666–1714), der Köstritz auch persönlich besuchte, und Johann Wilhelm Petersen (1649–1727), zu dem der Graf jedoch bald auf gewisse Distanz ging, da Francke entschieden vor den drastischen Ansichten Petersens zum Chiliasmus warnte (vgl. Meusel/Schmidt (Hrsg.): Briefe. 6f.).

300 Vgl. Meusel/Schmidt (Hrsg.): Briefe. 10f.

stützung Henckel von Donnersmarck auf Pölzigs die Predigerkonferenzen, »die der ständigen Fortbildung und Orientierung der Geistlichen auf die Entwicklung von natürlicher Frömmigkeit und religiösem Leben dienen sollten«,[301] legte höhere Einkünfte für die Pfarrstellen fest und führte Reformen im Schulwesen ein.[302]

Durch die Herausbildung der Köstritzer Herrschaft und des Hofes zu einem Ort pietistischer Erziehung mit religiöser Ausstrahlung über die Ländergrenzen hinaus, entstand ein reger Austausch zwischen und kamen enge Beziehungen mit Adelshäusern in ganz Deutschland zustande. Dies geschah vor allem aufgrund der Ausbildung verwandtschaftlicher Beziehungen durch Heirat und gegenseitige Vormundschaftsvereinbarungen.[303]

Nachdem Heinrich XXIV. 1711 die Vormundschaft über Reuss-Ebersdorf und 1722 über Reuss-Obergreiz übernommen hatte, versuchte er auch dort gemäß seinen pietistischen Vorstellungen zu walten und erfuhr dabei familiäre Unterstützung.[304] Im Jahre 1730 engagierte sich Graf von Zinzendorf persönlich bei der Gründung einer eigenen Gemeinde nach herrnhutischem Vorbild in Ebersdorf,[305] der sich auch Heinrich XV. zu Reuss-Lo-

---

301 Trebge: Spuren. 57.

302 Vgl. Trebge: Spuren. 57f.

303 Vgl. Herrmann: Kirchengeschichte. 281. Darüber hinaus setzte er sich für die Rechte der Protestanten in Schlesien ein, war korrespondierendes Mitglied im »Missionskollegium für die Heidenmission«, das 1715 in Kopenhagen gegründet worden war. Er wurde auch mehrmals vom Wiener Kaiserhof mit vertraulichen diplomatischen Missionen betraut, reiste im Auftrage A.H. Franckes durch Deutschland und war neben anderen Adeligen verantwortlich für die Verbreitung des Pietismus in Adelsfamilien Schlesiens und Brandenburgs, der so »eines der Standbeine der im positiven Sinn viel beschworenen preußischen Tugenden wie Ordnung, Gewissenhaftigkeit und Sparsamkeit« (Trebge: Spuren. 53f.) bildete.

304 In Reuss-Ebersdorf waren es vor allem Gräfin Erdmuthe Benigna von Reuss-Ebersdorf, geb. v. Solms-Laubach (1670–1732), ihr Sohn Graf Heinrich XXIX. (geb 1699, reg. 1717–1747) sowie deren Tochter Gräfin Erdmuthe Dorothea (1700–1756), die mit Graf Nikolaus Ludwig von Zinzendorf verheiratet war (vgl. Trebge: Spuren. 30).

305 Bedeutend für Ebersdorf war die Entwicklung hin zur langsamen Lösung der herrnhutisch geprägten Gemeinde vom Ebersdorfer Hof, die ab dem Ende der 1730er Jahre einsetzte. Einhergehend damit wurde das bestehende Waisenhaus zu einer Erziehungsanstalt für die Kinder der Gemeindeangehörigen umgewandelt, an das sich bald noch Häuser zur Versammlung der Gemeindeglieder sowie zur Beherbergung lediger Brüder anschlossen. Im Jahre 1745 wurde das Waisenhaus samt zugehörigen Gebäuden schließlich zu einer milden Stiftung erklärt, was die Verselbständigung der Gemeinde vorantrieb. Im gleichen Jahr »wurden Orts-, Hof- und Brüdergemeine

benstein (1674–1739) und dessen Ehefrau anschlossen.[306] Heinrich XXIV. zu Reuss-Köstritz sah diese Gemeinde jedoch kritisch, da er deren Religiosität als seinem halleschen Pietismus entgegenstehend empfand.[307]

In Reuss-Obergreiz etablierte sich der Pietismus nach Vorbild Philipp Jacob Speners (1635–1705), August Hermann Franckes und Nikolaus Ludwig Graf von Zinzendorfs unter der Herrschaft Heinrichs II. zu Reuss-Obergreiz, dessen Ziel es war: »den halleschen Pietismus in seiner extremsten Färbung«[308] zu einer deutschen Landeskirche auszubilden.[309] Die Gründe für sein Engagement lagen einerseits in seinem engen Kontakt zum Köstritzer Hof und zum anderen in der Frömmigkeit des Herrschers selbst, der einige Zeit in den pietistischen Kreisen Halles verbracht hatte.[310] Bereits 1714 fand ein Pfarrkonvent in Greiz unter Anwesenheit Heinrichs XXIV. zu Reuss-Köstritz statt, auf dem Thematiken erörtert wurden, die für die gesamte Regierungszeit Heinrichs II. wichtig blieben. Dazu zählte das Unterrichtswesen, die Abhaltung so genannter Hauskirchen bzw. Hausandachten, Hausvisitationen, die Vorbereitung zum heiligen Abendmahl, die Verbreitung der Bibel u.ä.[311] Kurze Zeit später erließ er eine neue Konsistorialordnung worin festgeschrieben wurde, dass es Aufgabe des Konsistoriums sei:

organisatorisch und räumlich getrennt« (Beyreuther: Kirche. 30) und 1751 erlangte die Gemeinde den Status einer eigenständigen, von der Landeskirche unabhängigen, religiösen Gemeinschaft (vgl. Herrmann: Kirchengeschichte. 286–293). An dieser Entwicklung wird ein spezifisches Merkmal dieser Art von Gemeinden deutlich: »Sie waren im 18. Jahrh. Zufluchtsstätten der religiösen Individualisten gewesen, die sich dem harten Zwang des Staatskirchentums nicht fügen wollten.» (Herrmann: Kirchengeschichte. 452).

306 Vgl. Herrmann: Kirchengeschichte. 285f.

307 Vgl. Trebge: Spuren. 77f.

308 Schmidt: Zeulenroda. 458.

309 Vgl. Schmidt: Geschichte. 151. Rudolf Herrmann urteilt hierzu: »Die kurze Regierung, die er mit 19 Jahren antrat, stellt den eigenartigen und wahrscheinlich einzigartigen Versuch dar, in seinem kleinen, nur etwa 10 000 Einwohner umfassenden Ländchen einen radikalen Pietismus ›von oben her konsequent durchzuführen‹. Greiz wurde eine Zufluchtsstätte radikaler Pietisten und Separatisten« (Herrmann: Kirchengeschichte. 283).

310 Vgl. Kollmann: Reformbestrebungen. 25f.

311 Vgl. Schmidt: Zeulenroda. 459f.

> »sich beständig genaue Kenntnis des Zustandes der Kirchen und Schulen zu verschaffen, tüchtige Pfarrer und Schuldiener zu gewinnen, ihre Amtseinführung sorgfältig zu überwachen und zumal die Pflege des häuslichen Gottesdienstes auf alle Weise zu fördern«.[312]

Am 11. Juni 1714 schrieb der Landesherr fest, dass dreimal jährlich die Pfarrer seines Landes, zwecks gegenseitiger Erbauung sowie zum Austausch über die Zustände von Kirchen und Schulen, zu so genannten ›Colloquien‹, später ›Synoden‹[313] genannt, zusammentreten sollten.[314] Die erste Synode fand im September 1717 statt. Die dort verhandelten Themen sind charakteristisch für die religiösen Bestrebungen des Landesherrn, der an allen Zusammenkünften persönlich teilnahm und den versammelten Pfarrern stets Entwürfe neuer Ordnungen vorlegen ließ. Sie zielten insgesamt betrachtet auf die allgemeine Verbesserung des Christentums in seinem Lande ab. Demgemäß beschäftigten ihn Fragen zur effektivsten Möglichkeit der Verbreitung der christlichen Lehre und Gewinnung der Zuhörer, zum Amt und der Pflicht der Prediger, zu der Frage, ob die Obrigkeit Prediger, die den Anforderungen an ihr Amt nicht gewachsen zu sein scheinen, entlassen solle, wie das Schulwesen verbessert werden könne, in welchem Umfang die Katechismuslehre stattzufinden habe, und wie die Bettlerei abgeschafft werden könne.[315] Darüber hinaus folgten Erlasse und Mandate, die die Vorstellungen des Landesherrn vom wahrhaft christlichen Leben widerspiegelten, mit dem Ziel:

---

312 KOLLMANN: Reformbestrebungen. 30.

313 Als höchst charakteristische Kundgebung wertet KARL KOLLMANN die Verlautbarung des Grafen auf der Frühjahrssynode am 14. April 1722: »Ob es nicht hochnötig sei, sowohl denen alten als denen jungen beyzubringen und in der applicacion (Anwendung) deutlich zu erklären, dass der Articul von der Erlösung und Heiligung noch nicht an ihnen erfüllt werden könne, bis sie in der Wahrheit an Christum glauben und sich ihm übergeben, dass er sein Werk in ihnen vollenden könne, auf dass sie nicht, wie Paulus Rom. 9 v. 32. 33 und 10 v. 3 saget, sich in der vermeinten Gerechtigkeit, welche bey ihnen in der Tauffe und Christlichen Nahmen bestehet, feste setzen und sich als wie die Juden vor das auserwehlte Volk halten, sondern vielmehr erkennen, dass sie nur Christen nach dem Fleisch und nicht Söhne der Verheissung sind, die sich der sowohl straffenden Gerechtigkeit Gottes unterwerfen, indem sie sich der verdammung würdig halten, als der Erbarmenden, durch welche sie in Christo zu Gnaden angenommen werden; denn je mehr man den Menschen von seiner in preoccupacionibus (vorgefassten Meinungen) bestehenden Gerechtigkeit blos mache, je mehr demüthige er sich unter die gewaltige Hand Gottes. Haec est quaestio synodalis, welche bitte bey denen synodalactis beyzulegen.« (zitiert nach: KOLLMANN: Reformbestrebungen. 33).

314 Vgl. KOLLMANN: Reformbestrebungen. 30.

315 Vgl. KOLLMANN: Reformbestrebungen. 31f.

> »seine Untertanen durch Konsistorialverordnungen, durch Auswahl streng pietistischer Pfarrer und durch eigenes Vorbild zu entschiedenen Christen zu erziehen, deren Lebensführung in voller Harmonie mit den göttlichen Gesetzen stünde, wie sie sich im Evangelium und in den Lehren der pietistischen Priester und Lehrer offenbarten. Totales Christentum war die Losung des frommen Grafen.«[316]

Zu diesem Zweck fanden sich in Obergreiz auch pietistische Theologen und Laien ein, die schwärmerischen Richtungen angehörten und aus anderen Gegenden vertrieben worden waren. Sie erhielten gräflichen Schutz und die Möglichkeit ihre Streitschriften gegen die lutherisch-orthodoxe Geistlichkeit im kursächsischen Dresden zu veröffentlichen.[317]

Aus den Verhandlungen des Grafen mit seinen Geistlichen gingen etliche Schriften hervor wie etwa 1719 die »Anleitung zur Hauskirche« und 1720 »Von Beschaffenheit wie auch Ambt und Pflicht derer Prediger, Schul-Diener und Haus-Väter«. Zusätzlich dazu ließ der Graf Bibeln zunächst zu günstigen Preisen und später kostenfrei durch die Pfarrer an die Haushalte seiner Herrschaft verteilen. Er veranlasste auch den Druck einer Greizer Ausgabe des »Neuen Testaments« mit einer Einleitung zur richtigen Nutzung desselben.[318] Darüber hinaus hielt er die Pfarrer dazu an, dass sie den Untertanen des Landes die Notwendigkeit der Anschaffung der »Vier Bücher vom wahren Christentum« (1605) des Johann Arndt (1555–1621) deutlich machen sollten. Besonders in Zeulenroda, das sich zu einem Zentrum des Pietismus in Reuss-Obergreiz entwickelte, fand dieses Werk großen Anklang. Es wirkte dort auch noch bis zur Mitte des 19. Jahrhunderts fort, da es weiterhin zur Gestaltung der Hausandachten genutzt wurde[319]. So führte Heinrich II. zu Reuss-Obergreiz den Pietismus als Staatsreligion ein und geriet darüber in Konflikt mit den Herren von Untergreiz[320] und Schleiz.[321] Bereits 1717 richteten beide ein Schreiben an die übrigen reussischen Herrscher, worin sie

---

316 Schmidt: Zeulenroda. 458.

317 Vgl. Schmidt: Zeulenroda. 458.

318 Vgl. Kollmann: Reformbestrebungen. 34.

319 Vgl. Schmidt: Zeulenroda. 458–461.

320 Durch die Teilung der Stadt Greiz war diese nicht nur als Ganzes von einer religiösen Richtung geprägt, sondern dürfte Heinrich XIII. zu Reuss-Untergreiz, als Verfechter lutherischer Orthodoxie und der *Reußischen Konfession*, durch die geografische Nähe zum Obergreizer Hof zum Widerstand gegen die pietistischen Bestrebungen Heinrichs II. zu Reuss-Obergreiz angehalten haben.

321 Vgl. Biber/Michel: 18. Jahrhundert. 46.

dazu ermahnten die pietistischen Bestrebungen in den Ländern wachsam zu verfolgen und darauf zu achten, dass kein Abrücken von der wahren lutherischen Lehre erfolge.[322] Als der Landesherr bereits 1722 verstarb, endete die teils scharfe Auseinandersetzung zwischen Regierung und Geistlichkeit um den Pietismus im Staate.[323] HEINRICH XXIV. ZU REUSS-KÖSTRITZ[324] übernahm die Regierungsgeschäfte erneut, die erst 1743 an HEINRICH XI. ZU REUSS-OBERGREIZ (GEB. 1722; REG. 1743–1800; AB 1778 REICHSFÜRST) übergingen.[325] Dadurch, durch die Erziehung HEINRICHS XI. ZU REUSS-OBERGREIZ von 1722 bis 1743 am Köstritzer Hof durch den in Halle ausgebildeten und von FRANKKE persönlich empfohlenen Theologen[326] und Hofmeister ANTON V. GEUSAU (1695–1749), sowie durch die starke persönliche Frömmigkeit HEINRICHS XI.[327] konnte sich der Pietismus bis weit in das 18. Jahrhundert hinein erhalten.

---

322 Vgl. das Schreiben von 1717 zitiert in: KOLLMANN: Reformbestrebungen. 40f.

323 Vgl. SCHMIDT: Geschichte. 151f. Zu erwähnen ist, dass trotz gewisser Widerstände gegen den Pietismus – auch unter den Geistlichen – dennoch eine Akzeptanz desselben zu finden war. Sie gründete sich darauf, dass »er bestimmte Reformforderungen auf[stellte], die teilweise so zeitgemäß waren, daß sie auch von Männern gegnerischer Einstellung verwirklicht wurden« (HERRMANN: Kirchengeschichte. 297).

324 Unter dessen Regierung blieben die pietistischen Prägungen im Lande erhalten und durch die guten Verbindungen zu *Reuß-Ebersdorf* wurden unter dem Einfluss der Kontakte zu Graf ZINZENDORF durch den aus Ebersdorf stammenden und seit 1726 in Greiz ansässigen Drucker ABRAHAM GOTTLIEB LUDEWIG nicht nur eine *Ebersdorfer Bibel*, sondern 1727 auch ein neues *Greizer Gesangbuch* pietistischer Prägung, sowie in den 1730er Jahren verschiedene Texte SPENERS in den Druck gegeben (vgl. BIBER/MICHE: 18. Jahrhundert. 48).

325 Vgl. BIBER/MICHEL: 18. Jahrhundert. 48.

326 Vgl. TREBGE: Spuren. 59f.

327 »Seiner im streng pietistischen Geist gehaltenen Erziehung entsprechend, war er fest überzeugt, daß sein Regierungsauftrag ein unverdientes Geschenk göttlicher Gnade sei, für das seinen Dank abzustatten er sich durch gewissenhafteste Erledigung aller Regierungsgeschäfte ernstlich verpflichtet fühlte.« (SCHMIDT: Zeulenroda. 739). Er unterschied sich in regentschaftlicher wie religiöser Haltung von seinem Vater: »In weiser Mäßigung nicht den ausgefallensten Verschrobenheiten seines die Grenzen des Pathologischen streifenden Vaters verfallen, hielt er doch bis an sein Ende, obgleich sich der Zeitgeist in Deutschland inzwischen völlig gewandelt hatte, streng darauf, daß die vom Vater oder dem Vormund für das Seelenheil der Untertanen getroffenen polizeilichen Anordnungen zur Verinnerlichung des Christentums nicht vergessen wurden.« (SCHMIDT: Zeulenroda. 461).

Heinrich XI. führte zwar eine strenge, doch umsichtige Regierung, ging einerseits auf die Nöte seiner Untertanen ein und forderte andererseits eine strenge religiöse Zucht, die ihre religions- und bildungspolitischen Nachwirkungen bis ins 19. Jahrhundert hinein zeigte:

> »Da Heinrich XI. 57 Jahre regierte und ihm 1768 auch die Herrschaft Untergreiz zugefallen war, hat sein Einfluß wesentlichen Anteil an der Herbeiführung jener Sonderstellung, die das Greizer Fürstentum und seine Kirche in vielen Fragen der protestantischen Konfessionen bis in die jüngste Zeit eingenommen hat, als auch an der immer wieder zu beobachtenden Neigung eines Teiles der Landeskinder, sich religiösen Sekten anzuschließen oder fromme Gemeinschaften – eine Gemeinde der Heiligen – innerhalb der Landeskirche zu bilden.«[328]

Einen solchen auserwählten Kreis bildete die pietistische Gemeinde in Zeulenroda, die im 18. Jahrhundert eine eigene, vom Staatspietismus Heinrichs II. unterschiedene pietistische Frömmigkeit pflegte und engen Kontakt zu Ebersdorf hielt,[329] der sich unter anderem durch einen regen Austausch zwischen den Gläubigen beider Orte zeigte:

> »Die von den frommen Bräuchen besonders tief ergriffenen Familien setzten den schwärmerischen Kult meist zu Hause fort, schlossen sich mit anderen vom öffentlichen kirchlichen Leben der Stadt ab, ›separierten‹ sich, hielten eigene religiöse Übungen unter Führung von Winkelpredigern in ihren Wohnungen ab und sahen mit ›pharisäischem Hochmut‹ auf die übrige Christenheit herab.«[330]

Eine Folge dessen war, dass sich letztlich sogar das Greizer Konsistorium einschaltete, da diese Entwicklungsrichtung der pietistischen Hauskirchen in Zeulenroda weder von den Landesherren noch der Landeskirche vorgesehen und gewünscht worden war.[331] Das Hauptproblem für das Konsistorium

---

328 Schmidt: Zeulenroda. 461.

329 »Mancher Zeulenrodaer ›erweckten‹ Familie war höchste irdische Glückseligkeit, eine Tochter als fromme Schwester im ›hl. Ebersdorf‹ im Schoß der Brüdergemeinde [sic] untergebracht zu wissen. Von Zeit zu Zeit besuchten die Angehörigen das begnadete Familienmitglied und wohnten bei dieser Gelegenheit dem Sonntagsgottesdienst und sonstigen frommen Übungen der Ebersdorfer Gemeinde bei.« (Schmidt: Zeulenroda. 462).

330 Schmidt: Zeulenroda. 462.

331 Die Anzeige solcher religiöser ›Fehlentwicklungen‹ geschah meist durch Geistliche, die jegliche Abweichung von ihrem pietistischen Frömmigkeitsverständnis als gefährlich erachteten: »In Zeulenroda zumal hatte ein widerliches Denunziantentum

bestand dabei nicht allein in der Tatsache, dass ihm durch diese Hausandachten der Zugriff auf die dort vermittelten religiösen Inhalte fehlte, sondern auch, dass diese Hinwendung zum Privat-Religiösen ein Fernbleiben von der Zeulenrodaer Kirche und den offiziellen Gottesdiensten nach sich zog.[332]

3.3 Zur Schulgeschichte vom 16. bis 18. Jahrhundert

Mit der Reformation vollzog sich auch im Bereich des Schulischen ein Wandel, denn es begannen sich neben den seit der zweiten Hälfte des 14. Jahrhunderts bisher nur in den Städten existierenden Knabenschulen auch Schulen in den sonstigen eingepfarrten Orten zu bilden.[333] Eine herausragende Rolle für die Entwicklung des Schulwesens in den Gebieten der jüngeren Linie nahm der Stammvater derselben, Heinrich der Jüngere, genannt Posthumus ein, der bereits zu Beginn seines Regierungsantritts festhielt, dass er für vier Dinge Sorge tragen wolle:

> »die Aufrechterhaltung einer der reinen Religion angemessenen Kirchenverfassung, die Verbesserung des Schulwesens, die genaue und gewissenhafte Verwaltung der Justiz, die Anordnung guter Polizei in seinem Lande«.[334]

Nachdem Heinrich Posthumus den Druck der zweiten Auflage der Reußisch-Schönburgischen Konfessionsschrift 1599 in Auftrag gegeben hatte, ließ er von 1600 bis 1602 abermals Visitationen durchführen, in deren Fokus unter anderem die Überprüfung des Verhaltens der Schuldiener und Pfarrer sowie der Qualität ihrer Lehre, das Verhalten der Schul- bzw. Pfarrkinder und auch der Zustand der Pfarr- und Schulhäuser standen. Aufgrund dieser Dokumentation bestehender Zustände sollten eine neue Gottesdienstordnung sowie Verbote gegen jedweden Aberglauben und die Ausübung als heidnisch angesehener Bräuche erlassen sowie die Pfarrer in die Führung der Kirchenbücher eingewiesen werden. Weiterhin forderte der Landesherr die Rückgabe

---

geblüht, Frömmler berichteten den Kirchenbehörden in Greiz die ›Sünden‹ ihrer Mitchristen, um sich bei der Landesherrschaft Liebkind zu machen und jene, besonders wenn es sich um Amtsbrüder oder Kollegen handelte, anzuschwärzen und in Ungnade zu stürzen« (Schmidt: Zeulenroda. 462).

332 Vgl. Schmidt: Zeulenroda. 464.

333 Vgl. Brückner: Landeskunde. 296.

334 Vollert: Heinrich. 13.

der im Besitz von Adeligen und Bürgern befindlichen Kirchengüter an die Kirche und hob bestehende Steuerbefreiungen auf, da er die Steuern u.a. zur Finanzierung der Kirchen- und Schulgebäude sowie zu einer besseren Besoldung der Lehrer und Pfarrer nutzen wollte, damit sie ohne existentielle Nöte ihren Aufgaben nachkommen konnten.[335]

Für die Stadt Greiz ist erstmals für das Jahr 1474 die Existenz eines so genannten Schulmeisters verzeichnet, der, wie damals üblich, im Dienst der Kirche stand und durch den entsprechenden Pfarrherrn entlohnt wurde.[336] Die Einführung der Reformation im Jahre 1533 führte zu einigen Veränderungen. In der Folge wurden Stadtrat und reußische Landesherrschaft zu Abgaben für die Schule, später auch der Greizer Pfarrer und die Schüler zu Abgaben für den Lehrer verpflichtet. Dieser hatte dafür bei Bedarf auch die Sonntags-Predigt im Schloss, statt der Vesper einen deutschen Psalm bzw. christliche Gesänge abzuhalten und als ausgebildeter Theologe mit seinen Schülern auf Hochzeiten und ähnlichen christlichen Feiern zu singen.[337] Gleichzeitig wurden durch die Reformation in sämtlichen Ortschaften so genannte gemeine Kästen oder auch Kirchkästen[338] zur Verwaltung der kirch-

---

335 Vgl. Müller: Heinrich. 181f.

336 Vgl. Söllner: Entwicklung. 46.

337 Vgl. Söllner: Entwicklung. 46. Die erste Landesvisitation im September 1533 hinterließ für Greiz folgende Richtlinien: Pfarreien sollten mit den notwendigen Materialien für ihren Dienst ausgestattet werden, die Landesherren jedes Jahr die Kirchenrechnungen prüfen und den Superintendenten wie auch die Pfarrerschaft unterstützen. Weiterhin wurden sie angehalten für die Bestrafung von Sektierern und Wiedertäufern Sorge zu tragen. Auch der Stadtrat erhielt einige Anweisungen. So sollte dieser zukünftig auf das Einsammeln des Opfergeldes zu Weihnachten und Pfingsten achten, dass für die Besoldung der Pfarrer genutzt wurde, sowie darauf, dass Schulmeister, Kirchner, Prediger sowie Kaplane solange ausreichend Holz jedes Jahr zur Verfügung hätten, bis deren Lohn sich erhöht habe, und dass sie weiterhin die üblichen Brote, Taufpfennige u.ä. erhielten. Ebenso wie die Landesherren sollte auch der Stadtrat die christliche Ordnung wahren, gegen Sektierer und Wiedertäufer vorgehen, auf die Ordnung bei der Einnahme des Sakramentes (zuerst Männer, dann Frauen) achten, einen gemeinen Kasten zur Versorgung der Armen einrichten, die Vikare zum Besuch von Kranken u.ä. anhalten, auf das Abhalten der Litanei am Mittwoch und Freitag achten, sowie städtische Angelegenheiten künftig im Rathaus – nicht mehr vor der Sonntagspredigt in der Kirche – verkündigen (vgl. Thoss: Geschichte. 137).

338 Vgl. Thoss: Geschichte. 140–143. Die Rechnung des Kirchkastens wurde »jährlich nach Quasimodogeniti von den beiderseitigen Räten und Beamten zusammen mit dem Superintendenten nach Prüfung der Ratsrechnung abgenommen und justifiziert« (Schoenaich Carolath: Kirchenregiment. 49).

lichen Lehen und Stiftungen gegründet, die außerdem durch Spenden von Bürgern ergänzt wurden. Sie dienten der Besoldung der Pfarrer und Lehrer, der Unterhaltung der Gebäude sowie der Vergabe von Almosen.[339] Dies war nichts generell Neues, sondern lediglich eine neue Verwaltungsform der bisherigen Verhältnisse. Diesen entsprechend musste die politische Gemeinde schon immer für Kirchenkosten aufkommen, wenn die kirchlichen Geldmittel nicht ausreichten.[340] Diese Regelung hing mit dem Anstellungsverhältnis des Schulmeisters zusammen:

> »Die Lehrer wurden wie die Geistlichen vom Landesherren und nicht von der Stadt berufen. Ihre Rechte und Pflichten waren in umfangreichen Vokationsbriefen festgelegt. Sie bestimmten, daß der Lehrer der heranwachsenden Jugend vor allen Dingen mit christlichem, gottseligem Leben und Wandel recht vorangehen, diese zur Gottesfurcht und guten Künsten erziehen, die ihm obliegenden Lectiones mit allem Fleiß treiben sollte. Es war ihm auch aufgetragen, an Sonn- und Festtagen wie auch an Wochentagen die Chormusik anzuhören und bei den Frühgebeten anwesend zu sein. In seinem Lebenswandel sollte er sich so führen, daß Gott, die Herrschaft, das Ministerium, der Stadtrat und die ganze Gemeinde und Bürgerschaft mit ihm zufrieden wären.«[341]

Greiz besaß lange Zeit nur einen Schulmeister, der zusätzlich zum Unterrichten noch das Amt des Kantors und Kirchners ausübte. Er erhielt erst 1581 einen zweiten Lehrer zur Seite gestellt, und ab 1634 bezeichneten sich die beiden Schulmeister, die meist von Hause aus Theologen waren, als ›Rektor‹ und ›Kantor‹.[342] Dennoch blieben die Zustände im schulischen Bereich weiterhin mangelhaft. Deutlich wird dies an Klagen über den Schulmeister und Missstände in der Schule, die die Bürger der Stadt Greiz im Jahre 1574 führten, sowie an den Ergebnissen der Visitationen von 1590, die die Herren von Reuß zu einer Bestandsaufnahme bestehender Mängel am und im Schulgebäude veranlassten.[343] Diese Unzulänglichkeiten konnten jedoch bis

---

339 Vgl. Michel: Reformation. 35.

340 Vgl. Zeissner: Staat. 55. In den Städten Greiz und Zeulenroda erhielten die Lehrer durch die Gründung der ›gemeinen Kästen‹ ein ordentliches Gehalt, was das Zahlen von zusätzlichem Schulgeld weitestgehend unnötig werden ließ (vgl. Michel: Reformation. 35).

341 Thoss: Geschichte. 145f.

342 Vgl. Thoss: Geschichte. 147f.

343 Vgl. Thoss: Geschichte. 143–145.

zur Mitte des 17. Jahrhunderts nicht beseitigt werden. Deutlich wird dies an der Tatsache, dass die Stadt sich 1596 mit der Bitte der Verschärfung der Schulzucht an die Landesherren wandte und, dass die Landesherrschaft 1638, 1663 und 1664 Streitigkeiten zwischen den Schulmeistern, den Schulmeistern und Geistlichen sowie zwischen den Schulmeistern und Eltern beilegen musste.[344]

Weitere Bemühungen zum Ausbau und zur Verbesserung des Volksschulwesens setzten erst nach dem Dreißigjährigen Krieg ein, als durch die Kirchenvisitationen in der zweiten Hälfte des 17. und zu Beginn des 18. Jahrhunderts erhebliche Mängel festgestellt wurden, die es zu beheben galt. Dafür wurde vorgeschlagen, »daß der Lehrer des Kirchortes wöchentlich ein Mal in den eingepfarrten Orten Kinderlehre halten oder daß hier Schulen errichtet würden«.[345] Des Weiteren wurden ab 1700 vermehrt Ordnungen und Mandate von den Fürsten erlassen, die auf Verbesserungen im kirchlichen wie schulischen Sektor abzielten.[346] Diese Reformwilligkeit hing gerade ab dem späten 17. Jahrhundert eng mit der pietistischen Frömmigkeit der Herrscher zusammen, denn dadurch legten diese vermehrt Wert auf die schulische Bildung ihrer Untertanen, was in erster Linie die Katechetik, d.h. die christliche Unterweisung und das Lesenlernen anhand der Bibel bedeutete. Eine Folge dieser Bemühungen war zunächst die Entstehung so genannter

---

344 Solche Streitigkeiten waren keine Seltenheit und drehten sich zum Beispiel um Fragen der Vernachlässigung der unterrichtlichen Pflichten, um das Abhalten von (politischen u.ä.) Schmähreden vor den Schülern, um finanzielle Fragen zwischen Rektor und Schulmeister(n), um Veränderungen in den Unterrichtsinhalten oder der Lehrpläne, was mit dem Superintendenten abgesprochen werden musste, um persönliche Zwistigkeiten zwischen Rektor und Schulmeister(n) oder unter den Schulmeistern, die sich auch auf deren Verhalten zu den Schülern auswirkten, und um das Verhalten der Schüler während des Gottesdienstes und das Singen der Schüler dort unter Anleitung des Schulmeisters bzw. Kantors (vgl. THOSS: Geschichte. 143–145).

345 BRÜCKNER: Landeskunde. 296.

346 Es wurde eine Katechismusordnung erlassen, ein Kirchenzucht-Mandat, eine Schulordnung, ein gemeinsames Gesangbuch und eine reußische Kirchenordnung (vgl. BRÜCKNER: Landeskunde. 377).

Wanderschulen,[347] die erst allmählich durch die Einrichtung fester Unterrichtsräume mit einem stetig anwesenden Lehrer abgelöst wurden.[348]

In Greiz wurde 1665 das im Jahr 1544 erbaute Schulgebäude erstmalig erweitert[349] und im Jahre 1669 außerdem eine neue Mädchenschule errichtet.[350] Da die Schülerzahlen jedoch weiterhin anstiegen, wurde 1680 ein neues Schulgebäude erbaut.[351] Zur Verbesserung der Unterrichtsverhältnisse wurde im letzten Drittel des 17. Jahrhunderts zusätzlich zum ›Rector‹, d.h. dem örtlichen Schulmeister, und zum ›Cantor‹[352] noch ein ›Tertius‹ als dritter Lehrer angestellt.[353] Dennoch wurde der Unterricht auch weiterhin dreiklassig in einem Raum abgehalten.[354]

In Zeulenroda zeichnete sich ab 1650 ebenfalls deutlich ab, dass die Verbindung des Schulmeisteramtes mit den sonstigen kirchlichen Nebenämtern nicht mehr vereinbar war. Dementsprechend wurde im Jahre 1661 das ›Kirchneramt‹, 1679/80 das ›Kantoramt‹ sowie 1718 das ›Organistenamt‹[355] als selbständige Ämter eingeführt:

> »Es war jedoch nicht möglich, diese Dienste so zu bezahlen, daß sie ihren Mann ernähren konnten, und sie mussten daher nach wie vor mit dem Schuldienst verbunden bleiben. Wahrscheinlich hätten Bürgermeister und Rat noch länger die Ämter in einer Hand belassen, wenn nicht das schnelle Anwachsen der Schulkinderzahl und die von der Landesherrschaft immer dringlicher geforderte Schul-

---

347 Da sich die meisten Gemeinden keinen fest angestellten Lehrer leisten konnten bzw. weil es nicht ausreichend ausgebildete Lehrer gab, fanden sich Schneider, Schmiede, Nachtwächter oder auch Hirten als Lehrende, die im Winter, wenn sie nicht ihrer eigentlichen Arbeit nachgehen konnten, in den Häusern der Kinder Unterricht erteilten. Sie erhielten dafür Kost und Logis bei den Ortsansässigen, die sie entsprechend der vorhandenen Zahl an Schulkindern, umgerechnet in Wochen zu beschäftigen und beherbergen hatten (vgl. Brückner: Landeskunde. 296).

348 Vgl. Brückner: Landeskunde. 296f.

349 Vgl. Thoss: Geschichte. 132.

350 Vgl. Kirchen-Galerie der Fürstlich Reussischen länder. Das Fürstenthum Reuss-Gera. 16.

351 Vgl. Thoss: Geschichte. 132.

352 1580 war ein zweiter Lehrer an der bis dahin einzigen Volksschule in Greiz angestellt worden. Da er auch das Organistenamt ausübte, wurde er als ›Cantor‹ bezeichnet. Bis dahin hatte der Lehrer als Schulmeister, Kantor und auch Kirchner gedient (vgl. Querfeld: Vereinsleben. 3).

353 Vgl. Schoenaich Carolath: Kirchenregiment. 44.

354 Vgl. Söllner: Entwicklung. 46.

355 Vgl. Schmidt: Zeulenroda. 504–513.

> pflicht der Mädchen eine Vermehrung der Lehrerstellen unbedingt gefordert hätten, wodurch die Möglichkeit einer Arbeitsteilung im kirchlichen Nebendienst gegeben war.«[356]

Im 18. Jahrhundert setzten weitere schulische Reformen ein. Unterstützt durch Heinrich XXIV. zu Reuss-Köstritz gründete der Landesherr Heinrich II. zu Reuss-Obergreiz beispielsweise eine Armenschule, aus der später ein Waisenhaus mit angeschlossener Schule gemäß halleschem Vorbild wurde.[357] Des Weiteren ergingen zahlreiche gesetzliche Neuerungen. Bereits auf der Synode von 1714 hatten die Schulverhältnisse im Fokus der Aufmerksamkeit gelegen, und es kam zu einer intensiven Beschäftigung mit der auf dem Lande weitestgehend nicht abgehaltenen ›Sommerschule‹ und der mangelhaft besuchten ›Kinderlehre‹. Darauf folgten 1714 und 1716 Verordnungen zum Umfang des Sommerschulunterrichts, zur Zahlung des doppelten Schulgeldes bei Schulversäumnissen, zur zweimal wöchentlich abzuhaltenden Visitation der Schulen durch die Pfarrer – zur Verbesserung des Unterrichts für die Schüler wie auch die Schulmeister – sowie zur Führung von Tabellen über Schulbesuch, Betragen, Fleiß u.ä.[358], die monatlich an das Konsistorium weiterzuleiten waren.[359] 1717 wurden auch die Anforderungen an die Schulexamina geändert, die auf dem Lande überhaupt erst eingeführt werden mussten, und das Niveau der Examina generell angehoben. Darüber hinaus wurde festgelegt, dass fleißige Kinder für ihre Schulleistungen Papier und Brötchen sowie die Kinder armer Eltern aus dem Kirchenkasten finanzierte Schulbücher erhalten sollten.[360] Zur Regelung der Schulpflicht wurde 1718 bestimmt, dass alle Kinder ab dem fünften Lebensjahr bis zur Konfirmation verpflichtet seien die Schule zu besuchen, sowie die erneute Auflage, dass Pfarrer alle vier Wochen Berichte über die Schulsäumnisse von Kindern an das Konsistorium zu berichten hätten und zweimal wöchentlich eine Schul-

---

356 Schmidt: Zeulenroda. 504.

357 Vgl. Trebge: Spuren. 58.

358 Durch eine Verordnung vom 17. Juni 1718 wurden die Pfarrer ermahnt, noch stärker auf die Abfassung und Führung solcher Tabellen zu achten und sie, wenn möglich, selbst für die Lehrer aufzustellen bzw. zumindest bei Abnahme zu unterschreiben. Vorgeschriebene Rubriken waren: »1. Nahmen der Eltern und Kinder. 2. Nativitas (Jahr). 3. Catechismus in verbis. 4. Catechismus in sensu. 5. Lesen. 6. Schreiben. 7 vita et mores. 8. cum et absque venia. 9. absentes praeterito mense. 10. praemia in examine« (Kollmann: Reformbestrebungen. 40).

359 Vgl. Kollmann: Reformbestrebungen. 38f.

360 Vgl. Kollmann: Reformbestrebungen. 40.

visitation[361] stattzufinden habe.[362] Im Zuge dessen wurde auf einer Synode desselben Jahres der Katechismusunterricht neu geregelt. Als grundlegende Literatur wurden das »Neue Testament« und »Luthers Katechismus«, ergänzt durch die Einleitung des »Greizer Neuen Testaments« sowie Johann Arndts Schrift »Vier Bücher vom wahren Christentum« (1605)[363] festgelegt.[364] Darüber hinaus wurde die Konfirmation zur Verbesserung der Schulverhältnisse zur Pflicht erklärt, »weil der Unterricht dadurch einen gesetzlichen Abschluss erhielt, während bisher die Eltern nach Willkür oft schon vom 12. Jahre an die Kinder nicht mehr in die Schule schickten«.[365]

Die durch den Pietismus motivierten Bildungsreformen wirkten sich zu Beginn des 18. Jahrhunderts auch auf den Bereich der Mädchenbildung aus, wie etwa in Zeulenroda:

---

361 Für diese Visitationen wurde 1720 unter Heranziehung der Verordnungen der Jahre 1716 bis 1719 ein verbindlicher Fragenkatalog festgelegt: »1. Ob das ganze Jahr durch Schule gehalten werde und zwar im Sommer 1 oder 2 Stunden des Mittags, im Frühjahr 1 oder 2 Stunden des Morgens (Verordnung vom 1. Mai 1716). 2. Ob die säumigen Eltern auf das Schulgeld exequiert werden. 3. Ob einige Kinder aus der Schule bleiben wegen Mangel des Schulgeldes oder wegen Mangel der Kleider. Diese sind aufzuschreiben, und wie viel sie zu Kleidern nötig haben. 4. Ob der Pfarrer zum wenigsten zweimal die Schule besuche und die Kinder examiniere. 5. Ob und wie oft Schulexamina im Jahr gehalten werden. 6. Ob den Kindern etwas an Büchern, Bretzeln, Papier ausgeteilt werde. 7. Ob auch ein andrer als der Greizer Katechismus in der Schule traktiert werde. 8. Ob Joh. Arndts W. Christentum in der Schule traktiert werde. 9. Wie viel mal in der Woche Katechismuslehre in der Kirche gehalten werde. 10. Ob Kinder zum heiligen Abendmahl gelassen werden, so nicht tüchtig. 11. Ob die Kinder, wenn sie zum heiligen Abendmahl gelassen werden, vor der ganzen Gemeinde examiniert und auf ihren Taufbund konfirmiert werden. 12. Ob Kinder zum heiligen Abendmahl gelassen werden, da sie nicht mehr zur Schule gegangen. 13. Ob den Schulmeistern Schulgeld abgezogen werde, wenn die Kinder nicht die ganze Woche in die Schule gehen – wider die Verordnung vom 14. April 1719.« (Kollmann: Reformbestrebungen. 43f.).

362 Vgl. Biber/Michel: 18. Jahrhundert. 46f.

363 »Joh. Arnd oder Arndt (1555–1621) hatte sich, abgestoßen von den gehässigen theologischen Streitereien seiner führenden zeitgenössischen Amtsbrüder um die lutherische Lehre, einem volkstümlichen Mystizismus hingegeben, sah das für den Menschen Wesentliche in der christlichen Religion in ihrem die Herzen bewegenden Gefühlswert und schrieb entsprechende Erbauungsbücher. Die auf den Pietismus vorbereitenden ›Vier Bücher vom wahren Christentum‹ (1605) hat Heinrich II. durch die Pfarrer allen Untertanen zum Ankauf empfohlen.« (Schmidt: Zeulenroda. 460. Anm. 597)

364 Vgl. Kollmann: Reformbestrebungen. 41.

365 Kollmann: Reformbestrebungen. 44f.

> »Erlasse an die Untertanen in Stadt und Land, ihre Töchter der Schule zuzuführen, häuften sich, Androhung von Strafen für hartnäckige Schulgleichgültigkeit oder -feindschaft, Rüffel an den Zeulenrodaer Stadtrat, die er sich wegen Duldung schlechten Schulbesuchs der Mädchen zuzog, begegnen uns wiederholt zwischen 1700 und 1750 in den Akten.«[366]

Vor allem für die Mädchen aus besser gestellten Bevölkerungsschichten wurde vermehrt eine höhere Bildung gefordert und entsprechend die Schulfächer angepasst. Dadurch wurde der Religionsunterricht durch Handarbeiten, Geschichtsunterricht sowie Sittenlehre ergänzt:

> »Diejenigen Mädchen, die sich zu ›etwas mehrerem als zu gemeinen Mägden schicken‹, sollten die Eltern, wie es bei Knaben schon immer war, in die Privatstunden des Lehrers schicken, damit sie in der Historie, Moral und im Briefschreiben und anderen dem weiblichen Geschlecht nützlichen Dingen unterrichtet würden.«[367]

Dennoch bedeutete diese Verbesserung nicht, dass die Mädchen bereits völlig mit den Jungen gleichgestellt waren. Das Schulwesen blieb insgesamt betrachtet auch noch weiterhin mangelhaft, denn ebenso wie die Schulpflicht sich nicht bis zum Ende des 18. Jahrhunderts durchsetzen konnte[368] und der Besuch lediglich der Winterschule weit verbreitet blieb, wurden auch künftig meist nur die Kinder im Alter von 6 bis 10 Jahren regelmäßig zur Schule geschickt, um ein wenig Lesen und Schreiben zu lernen und danach sofort Aufgaben im elterlichen Haushalt zu übernehmen oder als wichtige Arbeitskräfte den Unterhalt der Familien zu unterstützen.[369] Dennoch urteilt Kollmann angesichts der Bemühungen Graf Heinrichs II. um eine strengere Schulzucht zusammenfassend:

> »Immerhin hat er die erste Grundlage für eine gedeihliche Entwicklung des Volksschulwesens gelegt, vor allem dadurch, dass er den Schulzwang wirklich zur Durchführung brachte, indem er durchsetzte, dass alle Kinder vom vollende-

---

366 Schmidt: Zeulenroda. 513.

367 Schmidt: Zeulenroda. 514.

368 Für Zeulenroda ist belegt, dass es noch 1859 Klagen über das Fernbleiben vieler armer Kinder von der Schule gab und im Zuge dessen Bürgermeister und Rat der Stadt damit drohten polizeilich gegen Schwänzer vorzugehen und den Eltern, die Almosen bezogen, die Unterstützungsgelder zu streichen (vgl. Schmidt: Zeulenroda. 518).

369 Vgl. Schmidt: Zeulenroda. 517.

ten 5. Lebensjahre bis zur Konfirmation die Schule besuchten. Sodann aber sind seine mannigfachen Massregeln einer eingehenden und ständigen Schulaufsicht bedeutsam.«[370]

Auf der Frühjahrssynode von 1720 ging es auch um die mangelhafte Lehrerausbildung:[371]

»Besondere Beachtung verdient, was der Graf für die Hebung des Landschulwesens tat. [...] Aber bedenklich ist es, wenn die Pfarrer gefragt wurden, ob ihre Schulmeister Proben ihrer Bekehrung abgelegt hätten; wenn vorgeschrieben wurde, daß mit den Kindern täglich ein Abschnitt aus Arndts ›Wahrem Christentum‹ gelesen wurde; oder wenn der Graf einen Mann, dessen völlige Unwissenheit sich bei der Prüfung ergeben hatte, trotzdem als Lehrer anstellte: er sei bekehrt, das Übrige werde er noch lernen.«[372]

Angesichts all dieser Überlegungen zur Verbesserung der Umwelt, in der die Schulbildung stattfinden sollte, kam es gleichzeitig auch zu einem Nachdenken über die Lehrinhalte. Wie wichtig HEINRICH II. zu dieser Zeit die Lehre der Kinder anhand der ›richtigen‹ Schulbücher war, ist an einem Erlass von 1721 zu erkennen, in dem die Nutzung anderer Literatur als der durch den Grafen genehmigten und zum Druck freigegebenen verboten wurde.[373] Was die konkreten Lehrpläne anbetraf, war es noch im ersten Drittel des 18. Jahrhunderts üblich, den Schwerpunkt auf religiöse Lehrinhalte zu legen. Dementsprechend standen der LUTHERISCHE und SPENERSCHE Katechismusunterricht, der Leseunterricht anhand der »Bibel«, des »Greizer Neuen Testamentsy der »Abcbücher« und JOH. ARNDTS »Vier Bücher vom Wahren Christentum« sowie Unterricht zur Memorierung von Kirchenliedern, Psalmen und Bibelversen im Vordergrund, ergänzt durch Unterricht zur Abfassung von Briefen, zu Arithmetik und zur Reimkunst (Prosodia).[374]

---

370 KOLLMANN: Reformbestrebungen. 47.

371 »In den Städten waren die Lehrer regelmäßig Theologen; auch auf dem Lande verwalteten bei uns hie und da junge Theologen das Schulamt, bis sie eine Anstellung im Pfarramt erhielten. Die meisten Lehrer aber waren zuvor Handwerker gewesen und hatten eine sehr dürftige Schulbildung gehabt. Von einer methodischen Vorbildung [...] war keine Rede.« (KOLLMANN: Reformbestrebungen. 42).

372 HERRMANN: Kirchengeschichte. 284.

373 Vgl. KOLLMANN: Reformbestrebungen. 43.

374 Für die Zeulenrodaer Schule hält F. L. SCHMIDT nach intensiver Beschäftigung mit den Lehrplänen der 1720er Jahre fest: »Die kleinen Schüler wurden in der Rektorklasse im Lesen gedruckter und geschriebner Schriften geübt, lernten schreiben und

Neben der Neuregelung der Schulinhalte wurde auch auf institutioneller Ebene eine Neuerung für Reuß-Obergreiz eingeführt und zwar 1731 durch Heinrich XXIV. von Reuss-Köstritz, der damit einen Wunsch Heinrichs II. in die Tat umsetzte. Er schuf das Amt eines Schulinspektors für Reuß-Obergreiz, das mit Matthias Knochenhauer (1668–1770) besetzt wurde, der ab 1720 Erbprinzenerzieher für Heinrich XI. in Greiz und seit 1726 Hofmeister bei der Reichsgräfin von Reuss in Dresden gewesen war:

> »Das bedeutende Wachstum der Einwohnerschaft im 18. Jahrhundert vermehrte die Arbeit der Pfarrer nicht unbeträchtlich, was besonders für die seelsorgerliche Betreuung der Gemeinde nachteilig war, zumal der Diakonus wegen seines Dienstes in den Filialdörfern nur als halbe Kraft gelten konnte. Die Oberbehörde war von der Überlastung beider Prediger überzeugt und schuf 1731 mit der Ernennung des Theologen Matthias Knochenhauer zum Landesschulinspektor mit dem Wohnsitz in Zeulenroda ein geistliches Hilfsdienstamt. Denn dieser Beamte sollte nicht nur den Schulen des Landes vorstehen, sondern auch die hiesigen Geistlichen im Predigtamt unterstützen. Am 24. Juni 1731 wurde er im Gottesdienst in sein Amt eingeführt. Als später die Stelle des Landesschulinspektors in Zeulenroda eingezogen wurde, wurde stets die Rektorstelle mit einem Theologen besetzt, der den geistlichen Hilfsdienst mit zu übernehmen hatte (Collaborator ministerii = Mitarbeiter am Geistlichen ministerium).«[375]

Zu den Aufgaben des Schulinspektors gehörte es nicht nur viermal im Jahr Aufsicht über die Landschulen zu führen und darüber Berichte an das Greizer Konsistorium abzufassen, sondern auch in der Schule von Zeulenroda nach Schülern mit besonderer Begabung Ausschau zu halten und diese in einer sog. Selekta, d.h. einer speziellen Klasse mit Unterrichtsschwerpunkten in Religion und Latein, zusammenzufassen.[376] Weitere wichtige Veränderungen ergaben sich unter dem seit 1734 tätigen Schulinspektor und Subdia-

---

rechnen. In Religion waren früh eine Stunde Lektüre im Neuen und Nachmittag eine Stunde im Alten Testament angesetzt. Dreimal wöchentlich sollte mit den größeren Knaben etwas aus Arndts ›Wahrem Christentum‹ gelesen werden. [...] Mittwoches und sonnabends wurde Speners Katechismus traktiert, auch die nächstfolgenden Sonntags- oder Festevangelien durchgesprochen und gelernte Lieder und Sprüche aufgesagt. In der Klasse des Kantors lernten die Anfänger buchstabieren und übten sich die Fortgeschrittenen im Lesen leichter Stücke. Die größeren Schüler fingen bereits an zu schreiben. In der Religion brachte ihnen der Kantor den Katechismus bei. Es war ihm fernerhin unverwehrt, hauptsächlich in Privatstunden begabte Schüler in die lateinische Sprache und Arithmetik einzuführen.« (Schmidt: Zeulenroda. 522).

375 Schmidt: Zeulenroda. 478.

376 Vgl. Schmidt: Zeulenroda. 517.

kon Wolfgang Christoph Hertel (1709–1742). Neben der Knabenschule, an der drei Lehrer in drei Klassen unterrichteten, entstanden so die Gommlaer Schule für die Kinder aus Gommla, Kurtschau und Pommeranz, eine Mädchenschule sowie ein Lyceum in Greiz.[377] An letzterem unterrichtete Hertel selbst, doch da sich bald eine zweite Klasse am Lyceum bildete, wurde ein zweiter Lehrer, ›Collaborator‹ genannt, eingestellt. Die Folge dessen war die künftige Betitelung der drei Lehrer an der Knabenschule als ›Tertius‹, ›Quartus‹ und ›Quintus‹.[378] Des Weiteren gründete Superintendent Johann Benjamin Osswald (1696–1769) 1736 die Caritas-Schule als Armenschule für Kinder deren Eltern sich das Schulgeld nicht leisten konnten, und ab 1751 wurden von Handwerkern so genannte Winkelschulen[379] eingerichtet, in denen arme Kinder kostenlosen Unterricht erhielten. Gegen die Winkelschulen wurde jedoch bald vonseiten der Greizer Lehrer Widerspruch laut, da diese fürchteten, dass ihnen Schulgeld entgehen würde.[380] Ebenso gab es Beschwerden in der Stadt Zeulenroda, da dort im Jahre 1747 drei Winkelschulmeister in Konkurrenz zur Stadtschule arbeiteten und »eine beträchtliche Zahl schulwilliger Kinder«[381] unterrichteten.

Eine wichtige Rolle für die Art und Weise der Ausgestaltung des Unterrichts und den konkreten Umgang mit den Lehrmaterialien und -inhalten spielte im 18. Jahrhundert die Tatsache, dass sich Heinrich II. zu Reuss-Obergreiz und Heinrich XXIV. zu Reuss-Köstritz um Lehrkräfte bemühten, die gemäß franckescher Pädagogik ausgebildet worden waren.[382] Als Hein-

---

377 Vgl. Söllner: Entwicklung. 47.

378 Vgl. Querfeld: Vereinsleben. 5.

379 Im Laufe des 19. Jahrhunderts erhielten sich Winkelschulen teils als ›Privatschule‹. Dadurch konnten Handwerker, Pädagogen, Theologen u.ä. weiterhin Unterricht für Schulanfänger, Nachhilfe zur Vorbereitung auf den Besuch höherer Lehranstalten oder zur weiteren beruflichen Ausbildung erteilten.

380 Vgl. Söllner: Entwicklung. 47.

381 Schmidt: Zeulenroda. 518.

382 Beispielhaft dafür sei auf F.L. Schmidts Urteil zu den Zuständen an der Zeulenrodaer Schule verwiesen, das er aufgrund des Visitationsberichtes von 1745 fällt: »Des Rektors eigene Hauptlektüre waren neben der Bibel und dem Katechismus Arndts ›Wahres Christentum‹ und ›Paradiesgärtlein‹, sowie die Schriften Professor *Franckes*. Als Lehrmittel benützten seine Schüler die Cansteinsche Bibel, den Greizer Katechismus, Lorgens lateinische Grammatik, das lateinische Evangelienbuch, ein Rechenbuch, Hübners biblische Historien und Lickenfetts Einleitung in die Bücher der hl. Schrift. Auf die Frage, ob er den Kindern Anleitung zum Gebet gäbe, sagte Rektor Büttner, er bete ihnen wohl vor, doch verspüre er bei ihnen keinen eigenen Trieb zum Beten, es wäre hier eine verwilderte Jugend. Dem Rat seines Lehrers, des

rich II. starb und Heinrich XI. zu Reuss-Obergreiz ab 1743 die Regierung übernahm, setzten trotz bestehender Bemühungen um eine weitere Anhebung des Schulwesens im Geiste des Pietismus, keine so weit reichenden Verbesserungen im Schulwesen mehr ein, wie in den Jahren zuvor. Dies lag unter anderem an dem Fehlen ausreichender finanzieller Mittel dafür.[383]

Doch auch, wenn sich Heinrich II. und auch Heinrich XI. für Reformen des Schulwesens einsetzten, so taten sie dies in erster Linie zur Durchsetzung des Pietismus in der Gesellschaft und instrumentalisierten das Schulwesen entsprechend:

> »Tatsächlich beschäftigte sich Heinrich II. viel und tatkräftig mit schulischen Angelegenheiten. Alles aber, was er tat, hatte nur das eine Ziel, pietistische Gesinnung in die Herzen seiner Landeskinder zu pflanzen und zu pflegen. Wie bei der Auswahl der Lehrer nicht Kenntnisse und Fertigkeiten, sondern ihre Gesinnung und Denkart entscheidend waren, so war pietistische Gesinnungsbildung erstes Ziel des Unterrichts, die Aneignung von Kenntnissen nur in der Religion Hauptforderung. Der reußische Pietismus wünschte keine Bildung des Volkes im Sinne der Aufklärung. Der Unterricht in den Realien war daher denkbar dürftig, in den Dorfschulen unbekannt. Weltliche Bildung war noch immer ein Vorrecht Weniger. Kulturträger waren nach Gottes Ratschluß in erster Linie die Gesellschaftsschicht der Adligen, Bürger- und Bauernkinder durch einen planmäßigen Volksschulunterricht an die Bildungshöhe dieser führenden Kreise heranzuführen, wäre Heinrich II. und Heinrich XI. als ein Frevel an Gottes Weltordnung erschienen. In ihren Augen war eine Volksschule nur berechtigt, wenn sie beitrug, das Volk in allen seinen Ansprüchen bescheiden zu halten. Daher waren für diese Schule keine gelehrten Lehrer erwünscht, sondern möglichst naive Laienkräfte, die einigermaßen lesen, schreiben und rechnen konnten, im übrigen nicht viel mehr wussten als ihre Schüler. Mit Absicht war auch das Schulhaus so ärmlich wie möglich ausgestattet; [...].«[384]

Die Reformen im Schulwesen, die in der zweiten Hälfte des 18. Jahrhunderts dennoch durchgeführt wurden, fanden vor allem auf Betreiben einzelner Persönlichkeiten statt, die der Landesherr teilweise bei ihren Vorhaben un-

---

Herrn Professor Francke folgend, tue er in der Liebe eher zu viel als in der Schärfe. Müsse er aber strafen, bediene er sich eines Stöckleins, daß die Kinder die Strafe auch fühlten. Er hielt jeden Vormittag zwei öffentliche und eine Privatstunde« (Schmidt: Zeulenroda. 523).

383 Vgl. Schmidt: Zeulenroda. 741.

384 Schmidt: Zeulenroda. 741. Anm. 28.

terstützte.[385] Neben einer Verbesserung der Unterrichtsumstände geriet in der zweiten Hälfte des 18. Jahrhunderts auch verstärkt die Lehrerbildung in den Blick, wobei die Gründung des Lehrerseminars in Greiz im Jahre 1793 einen wichtigen Schritt hin zur Steigerung der Qualität der Lehreraubildung darstellte.

Auch wenn sich die Reformen im Volksschulwesen vom Ende des 17. bis zum Ausgang des 18. Jahrhunderts örtlich sehr stark unterschieden, in REUSS-OBERGREIZ, REUSS-EBERSDORF und REUSS-KÖSTRITZ in erster Linie durch die Einflüsse des Pietismus bestimmt waren und noch kein systematischer Ausbau des Schulwesens oder der Lehrerausbildung geschah, legten die in dieser Zeit vorgenommenen Reformen wichtige Grundlagen für die Schulreformen des 19. Jahrhunderts. Dazu zählten die Maßnahmen zur Regelung der Schulpflicht ebenso wie die verstärkte Visitation und damit Kontrolle der Schulen, die Einführung von Schülerverzeichnissen sowie die systematische Überarbeitung der Lehrpläne und des Lehrbuchkanons.

---

385 Weitere Verbesserungen setzten in der Lehrerausbildung 1764 und 1765 ein, als Superintendent OSSWALD versuchte, einige Männer in Vorbereitung auf den Lehrerberuf im Lesen, Katechisieren, Rechnen und Singen zu unterrichten (vgl. QUERFELD: Vereinsleben. 7). Im Jahre 1778 trat CHRISTOPH ERNST HERTEL (1735–1813) den Dienst als Schulinspektor an und verfasste 1785 »Die Geschichte der Greizer Schule«, worin er auf die Entwicklung und den möglichen Wandel des Unterrichts an der *Knabenschule* wie auch dem *Lyceum* einging (vgl. SÖLLNER: Entwicklung. 47).

Teil II:
Die Entwicklung der Schulaufsichtsfrage im Fürstentum Reuss älterer Linie von 1778 bis 1918

1 Historische Grundlagen zur Schulaufsichtsfrage

In diesem ersten Untersuchungsteil werden durch die Betrachtung wichtiger Etappen in der Landes-, Kirchen- und Volksschulgeschichte zunächst die historischen Hintergründe zur Entwicklung des Staats-Kirchen-Volksschul-Verhältnisses im Fürstentum Reuß älterer Linie im langen 19. Jahrhundert aufgezeigt. Im Anschluss daran wird auf die rechtlichen Grundlagen und verwaltungsmäßigen Grundstrukturen eingegangen, die die Entwicklung des Staats-, Kirchen- und Volksschulwesens institutionell dokumentieren.

Das Ziel soll es sein herauszufinden, inwiefern eine Schulaufsichtsfrage existierte und wie sich das Staats-Kirchen-Volksschul-Verhältnis von 1778 bis 1918 entwickelte.

1.1 Zur Landesgeschichte von 1778 bis 1918

1.1.1 Von 1778 bis zum Tode Heinrichs XIX. zu Reuss-Greiz 1836

Im Jahre 1778 wurde Heinrich XI. zu Reuss-Obergreiz (geb. 1722; reg. 1743–1800) mit »dem Prädikat ›Hochgebohren‹«[386] durch Kaiser Joseph II. (geb. 1741; reg. 1765–1790) in den Reichsfürstenstand erhoben. Heinrich XI., zu dieser Zeit kaiserlicher Rat, setzte für die Erhebung in den Reichsfürstenstand einige finanzielle Mittel ein und verschuldete sich und seinen Staat dadurch.[387] Er zeichnete sich als Herrscher durch den fortgesetzten Ausbau

---

386 Schmidt: Geschichte. 104.

387 Es ist zu vermuten, dass er die Reichsfürstenwürde erlangte, da sein Sohn Heinrich XIII. Autor des damaligen Standardwerks zu den Grundlagen der Kriegsführung war, und seit 1777 als Obristleutnant des 21. Infanterieregiments in den Diensten des österreichischen Kaisers stand (vgl. Klein, Sven Michael: Fürst. 6). Denn Reuß-Greiz war zu diesem Zeitpunkt eines der kleinsten Territorien im deutschen Reich: »Reuß zerfällt in drei größere und mehrere kleine Teile. Nächst Bremen und Lübeck der kleinste, nächst Schaumburg-Lippe der am wenigsten bevölkerte deutsche Staat, hat es von allen acht thüringischen Staaten die größte Bevölkerungsdichte.« (Klein (Hrsg.): Thüringen. 291). Und auch der geringe Gebietszuwachs den Reuß-Greiz

des Schulwesens, als »Freund der Wissenschaften und Künste«,[388] durch die Aufrechterhaltung und weitere Förderung des Pietismus als Landesreligion, durch eine strenge Regierung im Hinblick auf die Einhaltung der Sitten sowie durch die Bemühungen um eine gerechte und auf die Nöte seiner Untertanen eingehende Regierung aus. Dennoch teilte er eine klare absolutistische Herrschaftsauffassung, die sich auch auf seine Landespolitik auswirkte:

> »Sein Wille war in seinem Lande entscheidend. Die ›Landstände‹ verloren unter seiner Regierung den letzten Rest ihrer kümmerlichen Befugnisse; die bescheidenen Rechte beider Städte wurden mehr und mehr beschnitten, und die Bauernschaft verlor jeden Einfluß auf die Finanzgebarung der Regierung. Der Graf war überzeugt, daß der Untertanenverstand beschränkt sei und fühlte sich umso mehr verpflichtet, als Landesvater für seine ›unmündigen‹ Landeskinder zu denken und zu handeln, ihnen mit seinem gesamten Regierungsapparat behilflich zu sein, die rechte Straße zu ihrem wahren Lebensglück zu finden und einzuhalten.«[389]

Darüber hinaus hatte Heinrich XI. bereits ab der Mitte des 18. Jahrhunderts mit starken Finanzproblemen zu kämpfen, die unter anderem durch Schulden aufgrund der verstärkten Bautätigkeiten zur »Verschönerung seiner Residenz«,[390] durch den Siebenjährigen Krieg (1756–1763), durch Hungerkatastrophen[391] und durch die Übernahme der enormen Verschuldung des Hauses Untergreiz 1768 entstanden waren. Sie schränkten die Handlungsfähigkeit des Landesherrn stark ein und konnten aufgrund der wirtschaftlichen Infrastruktur des Landes bis zum Ende des 18. Jahrhunderts nicht ausgeglichen werden:

---

später durch seinen Beitritt zum Deutschen Bund 1815 erhielt, wirkte sich nicht nennenswert auf seine Größe aus. Es erhielt die Dörfer Altgommla, Kühdorf und Hanisberg den ehemals kursächsischen und zeitweilig preußischen Anteil von Alt- und Neugernsdorf, ein Nitschareuther Bauerngut sowie das zum Hauskloster Mildenfurth gehörige Weida-Mildenfurther Waldgebiet (vgl. Gehrlein: Haus. 19). Damit erlangte Reuß-Greiz sein bis 1918 gültiges Staatsgebiet von rund 316 Quadratkilometern.

388 Grüner(Hrsg.): 800 Jahre. 16.

389 Schmidt: Zeulenroda. 739.

390 Grüner (Hrsg.): 800 Jahre. 16.

391 Christel Gäbler benennt die Jahre 1770–1772, 1780–1784, 1787–1790, 1793–1795 und 1799–1800 als Zeiträume von Hungersnöten, die nicht nur das Heilige Römische Reich Deutscher Nation betrafen, sondern auch das Gebiet der älteren Linie (vgl. Gäbler: Reuß. 63).

> »Wenngleich im Verlaufe des 18. Jahrhunderts die ökonomische Entwicklung sowie der Handel durch die Ansiedlung gut situierter Großkaufmänner einen nachhaltigen Auftrieb erhielten, so war die Wirtschaft [...] auch im Fürstentum Reuß älterer Linie noch immer auf die Verarbeitung der natürlichen, dort vorhandenen Ressourcen begrenzt. Der Großteil der Bevölkerung fand demnach sein Auskommen in den Zweigen der Land- und Forstwirtschaft, beziehungsweise im Bergbau. Wenn auch in den beiden Städten des Fürstentums Reuß ä.L., in Zeulenroda und in Greiz, sowie in der Stadt Gera für die jüngere Linie, durchaus ein aktives Gewerbe zu verzeichnen war – denn diese Städte konnten für sich sogar den Status regelrechter Ballungszentren des Textilgewerbes reklamieren – so erschwerten doch andererseits auch viele Faktoren einen weiteren Aufschwung.«[392]

Die Finanzkrise des Fürstenhauses Reuß-Greiz[393] verschärfte sich nach der Jahrhundertwende durch den verheerenden Brand der Stadt Greiz von 1802,[394] den Einmarsch der französischen Truppen von 1806, die Zollpolitik des Heiligen Römischen Reiches Deutscher Nation und die wirtschaftliche Konkurrenz im Textilgewerbe zu Plauen, Gera und auch England[395] noch weiter. Dies führte dazu, dass sich der seit 1800 regierende Fürst HEINRICH

---

392 GÄBLER: Reuß. 62f.

393 Ab 1778 sind für das Fürstentum die Bezeichnungen »Reuß-Greiz« ebenso wie »Reuß älterer Linie« verwendbar und finden in der historiographischen Literatur Anwendung, da es ab diesem Zeitpunkt nur noch einen geschlossenen Staat der älteren Linie unter der Herrschaft des Hauses Reuß-Greiz gab. Dennoch zeigt sich bei näherer Beschäftigung mit der Geschichte von Reuß älterer Linie deutlich, dass bis zur Mitte des 19. Jahrhunderts wohl noch die Bezeichnung »Reuß-Greiz« üblich gewesen ist und erst mit dem Erlass der ersten modernen Verfassung 1867 die Bezeichnung »Reuß älterer Linie« im Gegensatz zu »Reuß jüngerer Linie« mehrheitlich verwendet wurde. Entsprechend wird diese Unterscheidung im Folgenden ebenfalls vorgenommen.

394 Dieser Stadtbrand gilt als der verheerendste in der Stadtgeschichte. HEINRICH XIII. versuchte den Wiederaufbau aktiv zu unterstützen, indem er Gelder durch den Verkauf der herrschaftlichen Särge aus der Fürstengruft organisierte und durch die Gründung von Textilmanufakturen, um die Vernichtung der ehemals blühenden Handweberei auszugleichen (vgl. KLEIN: Fürst. 13–17). Bereits 1790 hatte ein Stadtbrand in Zeulenroda zu großen Verheerungen geführt und diese Stadt in ihrer wirtschaftlichen Entwicklung zurückgeworfen. Obwohl jeder Stadtbrand eine Katastrophe darstellte, führte die damit verbundene Aufbauarbeit zu einem wirtschaftlichen Fortschritt auf lange Sicht, wie FALK BURKHARDT bei näherer Beschäftigung mit den Stadtbränden und deren Folgen in Ostthüringen festgestellt hat (vgl. BURKHARDT: Grundzüge. 198f).

395 Ausführlicher zu den wirtschaftlichen Verhältnissen: vgl. BECK: Entwicklung. 5–25.

XIII. zu Reuss-Greiz (geb. 1747, reg. 1800–1817)[396] kurz vor dem Zusammenbruch seines Haus- und Privatvermögens befand, sodass er sich 1809 gezwungen sah seine Stände um Hilfe zu bitten. Dieser Umstand führte zur Entstehung eines Landesgrundgesetzes.[397] Dieses neue Gesetz wurde nötig, da sich die Stände bei Gewährung einer jährlichen finanziellen Unterstützung (›Sustentation‹), die zur Zinsdeckung und Senkung der Schulden gedacht war, gleichzeitig dahingehend grundgesetzlich sichern wollten, dass ihre finanzielle Beihilfe zweckmäßig verwendet wird und die Substanz des Kammervermögens unveräußerlich bleibt.[398] Dennoch hielt die Finanzkrise weiterhin an. Dies lag einerseits an externen Einflüssen wie der Wirtschaftspolitik der deutschen Staaten, die einander den Zugang zu Rohstoffen sowie Absatzmärkten aus Konkurrenzgründen erschwerten[399] und andererseits an der Verpflichtung von Reuß-Greiz als Mitglied des Rheinbundes Truppen für die französische Krone bereitzustellen und zu unterhalten.[400]

Heinrich XIII. zeichnete sich während seiner kurzen Regierungszeit vor allem durch seine Förderung der Künste, seine österreichfreundliche Haltung und eine restaurative Staatspolitik aus.[401] Letztere zeigte sich angesichts eines bedeutenden reichsdeutschen Ereignisses, das in seine Regierungszeit fiel: die Gründung des Deutschen Bundes.[402]

Durch die im Jahre 1815 veröffentlichte Deutsche Bundesakte setzte auf Reichsebene der so genannte Frühkonstitutionalismus als erste Phase moderner Verfassungsgebung in Deutschland ein. Dieser führte dazu, dass auch im thüringischen Raum – nicht ohne erheblichen Druck durch die Bevölkerung – sämtliche Staaten bis 1849 neue landständische Verfassungen verabschiedeten und damit der Verpflichtung gemäß Art. 13 der Deutschen

---

396 Heinrich XIII. hatte sich vor seiner Regierungszeit vor allem als Feldherr im Dienste des österreichischen Kaisers ausgezeichnet und befand sich bei Regierungsantritt im Range eines Generalfeldmarschall-Leutnants. Bis zum Beitritt seines Fürstentums zum Rheinbund im Jahre 1807 verblieb er im aktiven österreichischen Militärdienst, den er bereits seit 1766 versah. Er war auch danach als Person treuer Anhänger Kaiser Franz I. (geb. 1768; reg. 1804–1835) (vgl. Klein: Fürst. 6–10).

397 Vgl. Herntrich: Thüringen. 50f.; Rüster: Stadtherrschaft. 17.

398 Vgl. Schmidt: Geschichte. 123.

399 Vgl. Beck: Entwicklung. 26–35.

400 Eine detailliertere Auseinandersetzung mit den finanziellen Belastungen findet sich in: Schmidt: Zeulenroda. 749–775.

401 Vgl. Grüner (Hrsg.): 800 Jahre. 17.

402 Eine lesenswerte Übersicht über die Politik Reuß älterer Linie von 1806 bis 1815 liefert: Rödel: Politik.

Bundesakte nachkamen.[403] Allein Reuß-Greiz blieb der einzige Staat dessen Herrscher bis 1867 das Landesgrundgesetz von 1809 als einzige Verfassung beibehielten:

> »Unter der Asche des im Feuer der österreichisch-preußischen Reaktion zusammengebrochenen Freiheitsdomes der deutschen Jugend von 1813 glühten allenthalben die Funken des politischen Fortschrittes [...]. Die Regierung und die ›getreuen Landstände‹, soweit sie den Adel, bezw. den Großgrundbesitz vertraten, sahen ihre gemeinsame Aufgabe darin, mit allen Mitteln zu verhindern, daß diese Funken durch Zuzug frischer Luft sich in Flammen verwandelten, die stark genug waren, die morschen Stützen einer überlebten Zeit zu verzehren. Die Regierung der beiden Nachfolger Heinrichs XIII. erschöpfte sich völlig in dieser selbstgestellten traurigen Aufgabe.«[404]

Als 1817 HEINRICH XIX. ZU REUSS-GREIZ (GEB. 1790; REG. 1817–1836), der bis dahin sein Leben als Offizier in österreichischen Diensten verbracht hatte, seine Regierung antrat, litt sein Staat auch weiterhin spürbar unter finanziellen Problemen und hatte zudem mit den Folgen von Missernten der vorhergehenden Jahre zu kämpfen.[405] Auch in den 1820er Jahren blieb die finanzielle Krise bestehen und betraf vor allem die Landbevölkerung, die eine Petition abfasste, die zunächst zwar ungehört blieb, doch im Zusammenhang mit den Ausläufern der französischen Julirevolution in Greiz im Jahr 1830 noch einmal die Basis für Unruhen bildete, die diesmal bis zur Regierung und zum Landesherrn ausstrahlten. Die Unruhen legten sich zwar bis zum

---

403 Dort heißt es: »In allen Bundesstaaten wird eine landständische Verfassung stattfinden.« (DIE DEUTSCHE BUNDES-ACTE VOM 8. JUNI 1815. 205). Entsprechend verabschiedeten von 1815 bis 1830 eine Verfassung: *Schwarzburg-Rudolstadt* (1816 [Verordnung über eine Repräsentation des Volkes]; wirksam seit 1821), *Sachsen-Weimar-Eisenach* (1816 [Grundgesetz]), *Sachsen-Hildburghausen* (1818 [Landesgrundgesetz]), *Lichtenberg* (1821 [Verordnung über den Landrat als ständische Korporation]), *Sachsen-Coburg-Saalfeld* (1816 [Dekret], 1820 [zwei Erlasse], 1821 [Verfassung]) und *Sachsen-Meiningen* (1824, 1829 [Grundgesetze]). Nach 1830 verabschiedeten eine Verfassung: *Sachsen-Altenburg* (1831 [Grundgesetz]), *Schwarzburg-Sondershausen* (1830–1831 [Landständische Verfassung], 1841 [Landesgrundgesetz], 1857 [Landesgrundgesetz]), *Gotha* (1849 [Staatsgrundgesetz]), *Reuß jüngerer Linie* (1849 [Staatsgrundgesetz], 1852 [Revidiertes Staatsgrundgesetz]), *Sachsen Coburg und Gotha* (1852 [Staatsgrundgesetz für beide Herzogtümer]), *Schwarzburg-Rudolstadt* (1854 [Grundgesetz] und schließlich *Reuß älterer Linie* (1867 [Verfassung]) (vgl. FACIUS: Staaten. 67).

404 SCHMIDT: Zeulenroda. 776.

405 Vgl. SCHMIDT: Geschichte. 123.

Jahresende, doch die finanziellen Probleme des Landes blieben bestehen.[406] Sie lieferten schließlich auch einen der Gründe, die zum Beitritt des Fürstentums zum Zoll- und Handelsverein der Thüringischen Staaten und somit zum Deutschen Zollverein im Jahre 1834 führten. Dieser neue Wirtschaftsverbund trug stark zu einer Förderung des einsetzenden wirtschaftlichen Wandels bei:

> »Zur gleichen Zeit macht die Handelstätigkeit starke innere Wandlungen durch. Spezialisation, intensivere Werbetätigkeit, Bildung von Aktiengesellschaften, von Geld- und Kreditinstituten, kurz ein verstärkter Konkurrenzkampf kennzeichnen die Intensivierung der kapitalistischen Produktionsweise auch in der Greizer Wirtschaft. In der Entwicklung der Produktion beginnt nun innerhalb der Textilindustrie der Übergang vom Handwerk und der Hausindustrie zur Manufaktur und teilweise zur Fabrik einzusetzen.«[407]

1.1.2 Zur Regentschaft Heinrichs XX. zu Reuss-Greiz von 1836 bis 1859

Als im Jahre 1836 Heinrich XX. zu Reuss-Greiz (geb. 1794, reg. 1836–1859) die Regierung im Fürstentum antrat, blieben die Zuschüsse durch die Landstände, die durch neue Steuern zu Lasten der Bevölkerung erbracht werden mussten, weiterhin bestehen.[408] Dennoch waren die Faktoren sehr vielfältig, die zum Ausbruch von Unruhen ab den 1830er Jahren[409] bis hin zu den Aufständen und zur Revolution von 1848/49[410] führten.

Die Ursachen für das aufständische bzw. revolutionäre Handeln von Teilen der Bevölkerung waren größtenteils in den wirtschaftlichen Verhältnissen zu suchen.[411] Dennoch darf auch die Tatsache nicht übersehen werden, dass mit dem Einsetzen der Aufklärung ein Überdenken der politischen Ver-

---

406 Vgl. Reichstädter: Napoleons. 87–109.

407 Beck: Entwicklung. 225.

408 Vgl. Schmidt: Geschichte. 123.

409 Vgl. Brückner: Landeskunde. 379.

410 Vgl. Berthold Schmidt nennt in seiner Geschichte des Reußenlandes bspw. Remptendorf, Zeulenroda, Fraureuther, Crispendorf und Greiz als Orte mit den auffälligsten revolutionären Aktivitäten durch die Landbevölkerung (vgl. Schmidt: Geschichte. 124f.).

411 Eine bedeutende Rolle spielten ebenso wie die wirtschaftliche Depression in den 1840er Jahren auch die schlechte Kartoffelernte im Jahre 1846 sowie die nachfolgende Verknappung und der damit verbundene starke Preisanstieg von Lebensmitteln (vgl. Schmidt: Zeulenroda. 788).

hältnisse im Lande stattgefunden hatte und so auch politisch-ideelle Veränderungen zum Zündstoff für die Revolution gehörten:

> »Erst ein so weltbewegendes Ereignis wie die französische Revolution gegen Ende des 18. Jahrhunderts, ferner die napoleonischen Neuordnungen in verschiedenen Rheinbundstaaten konnten auch im Bürger der deutschen Kleinstaaten im Verlauf weiterer Jahrzehnte, nachdem Preußen mit der Steinschen Reform schon neue Wege gezeigt hatte, Zweifel an der ewigen Gültigkeit der Stadtordnungen des Mittelalters wach werden lassen. In der Praxis war in diesen Jahrzehnten schon allerlei ausgemerzt und neu gestaltet worden, ohne daß allerdings die Landesregierung in verbrieften Satzungen solche Abänderungen öffentlich beurkundet hätte. Amtlich bestanden die Statuten in allen ihren Punkten noch zu Recht. 1830 kam es daher in verschiedenen deutschen Ländern, auch Kleinstaaten Mitteldeutschlands, zu Unruhen.«[412]

Die Revolution von 1848/49 hielt in Reuß-Greiz ebenso Einzug wie in den anderen deutschen Staaten und war im März 1848 vor allem durch die angrenzenden Gebiete der jüngeren Linie zunächst in die Landesteile Burgk und Zeulenroda vorgedrungen, bevor auch in Greiz Unruhen ausbrachen. In der Zeit von März bis Juni 1848 erfolgten immer wieder Aufstände und die Einreichung zahlreicher Petitionen aus den verschiedenen Landesteilen. Zu den darin formulierten Forderungen gehörten beispielsweise die Revision der Landesverfassung und der Stadtordnungen, die Übernahme der Lehrerbesoldung durch die Staatskasse, die Einführung der Presse- und Versammlungsfreiheit, Verbesserungen in der Rechtspflege durch die Trennung von Verwaltung und Justiz, die Einführung von Schwurgerichten sowie eine zeitgemäße Gebührenordnung für die Behörden. Des Weiteren wurde die Volksbewaffnung, die Beseitigung aller Privilegien, die Aufhebung aller Feudallasten, die Einführung eines allgemeinen aktiven und passiven Wahlrechts, das Abhalten regelmäßiger Ständeversammlungen, die Vereidigung des Militärs auf die neue Verfassung, die Öffentlichkeit in Landes- und Gemeindevertretungen, die Gleichheit aller Untertanen vor dem Gesetz und die Abtretung der fürstlichen Kammergüter gefordert.[413] Eine der ersten Reaktionen von Regierungsseite auf diese Forderungen war das Versprechen des

---

412 SCHMIDT: Zeulenroda. 309.

413 Vgl. STRAUCH: Schicksale. 3–12. Inwiefern sich die Bevölkerung politisierte, zeigt sich unter anderem in der Gründung eines demokratischen Vereins sowie eines staatstreuen konservativen »Vaterlandsvereins«, die beide eigene Zeitungen veröffentlichten (vgl. hierzu ausführlicher: STRAUCH: Schicksale. 3–16).

Fürsten, dass die ständische Verfassung erweitert werden sollte und zwar unter Beteiligung von Vertretern für Bürger und auch Bauern.[414] Dem folgte per fürstlicher Proklamation die Zusicherung, dass es zur Mitwirkung an der Bundesreorganisation kommen solle, Pressefreiheit eingeführt, die Rechtspflege verbessert sowie eine neue Landesverfassung und neue Stadtordnungen[415] erlassen werden sollten.[416]

Bereits am 31. Mai 1848 verordnete die Regierung die Einberufung eines Landtages, und erst die Verkündigung des Wahlgesetzes für den konstituierenden Landtag am 2. Juni 1848 schuf für die folgenden drei Monate eine gewisse Ruhe im Fürstentum. Doch als im September noch kein Verfassungsentwurf vorlag und sich der Landtag auflöste,[417] kam es abermals zu Unruhen in der Bevölkerung, die im Oktober ihren nächsten Höhepunkt erreichten. Die Unruhen endeten erst, als von November bis Dezember Reichstruppen in der Landeshauptstadt einquartiert wurden und damit die Regierung endgültig die Oberhand gewann.[418] Doch da eine zeitnahe Veröffentlichung des Verfassungsentwurfs immer noch nicht in Aussicht stand, kam es im Mai 1849 letztmalig zu Unruhen in der Bevölkerung. Daraufhin verwies der Fürst öffentlich darauf, dass er die neue Reichsverfassung bereits anerkannt habe, veröffentlichte Anfang Juni den Verfassungsentwurf, und am 25. Juni 1849 wurde der Landtag eröffnet.[419] Die alte Regierung hatte zu diesem Zeitpunkt die ›heiße Phase‹ der Revolution bereits überstanden ohne größeren Schaden zu nehmen.[420]

Bis zum 13. April 1850 traten die Stände in Greiz zusammen, um den Verfassungsentwurf der Regierung zu beraten. Es folgten weitere Überarbeitungs- und Beratungsphasen bis im Juli 1851 schließlich der endgültige Entwurf der neuen Verfassung verabschiedet und der Landtag aufgelöst wur-

414 Vgl. Schmidt: Geschichte. 124.

415 Neue Stadtordnungen wurden für Greiz und Zeulenroda 1849 erlassen: »Diese ermöglichten der Bürgerschaft zumindest auf kommunaler Ebene eine demokratische Mitbestimmung und können als Belege für die politische Bedeutung von 1848/49 gelten, selbst wenn die Wahlen zu den Stadtparlamenten und die Arbeitsaufnahme der Deputierten erst mit einer zeitlichen Verzögerung stattfanden; in Zeulenroda Anfang 1850 und in Greiz erst im April 1851« (Süssenguth: Staat. 127).

416 Vgl. Schmidt: Geschichte. 125.

417 Vgl. Höchste Verordnung, in: GS FRAeL, Jg. 1867, Nr. 3. 16–18.

418 Vgl. Schmidt: Geschichte. 27.

419 Vgl. Strauch: Schicksale. 23f.

420 Vgl. Schmidt: Geschichte. 127f.

de.[421] Alles, was nun für das Inkrafttreten der Verfassung noch nötig war, war deren Veröffentlichung durch Fürst Heinrich XX. Er aber verhinderte die Publizierung solange bis die Verhältnisse im Deutschen Bund den Verzicht auf eine moderne Verfassung als unproblematisch erscheinen ließen. Ihm kam dabei die Tatsache zugute, dass im Deutschen Bund nach dem Scheitern des Frankfurter Parlaments wieder eine Phase der politischen Reaktion einsetzte, die in den thüringischen Staaten ab 1850 begann und bedeutete, »die liberalen und demokratischen Elemente der Revolutionsverfassungen bzw. Gesetze mit verfassungsändernder Wirkung zu beseitigen und aufzuheben und zu den bürokratisch-obrigkeitsstaatlichen Verhältnissen zurückzukehren«[422]. Dies erlaubte eine weitgehende Rückkehr zu den altständischen Verhältnissen im Sinne des Landesherrn.[423] Dennoch hatte die Revolution weit reichende politische Veränderungen nach sich gezogen:

> »Obwohl die Stände ihre Tätigkeit ab 1851 wieder genauso wie vor Beginn der Revolution fortsetzten, gewann diese jetzt jedoch ein deutlich verändertes Gepräge. In dichter Folge wurden jetzt Reformgesetze verabschiedet, die vor der Revolution auf Halde gelegen hatten und nun dazu beitrugen, dem Fürstentum den Weg in das sich hier nunmehr geradezu rasant durchsetzende Industriezeitalter zu bahnen. In mancher Hinsicht wurden die Stände damit sogar zum Testamentsvollstrecker jenes ›Beratungslandtages‹ der Revolutionszeit, der eigentlich ihr Ende hatte herbeiführen sollen, indem sie dessen Gesetzgebungsprogramm umsetzten.«[424]

Im Oktober 1851 erklärte Fürst Heinrich XX. die in seinem Fürstentum nach dem Vorbild der am 27. Dezember 1848 von der Frankfurter Nationalversammlung als gesondertes Gesetz erlassenen Grundrechte des Deutschen Volks eingeführten Grundrechte für aufgehoben.[425] Damit demonstrierte er, dass er der Reaktion im Deutschen Bund folgte, die sich rechtlich im Bundesbeschluss vom 23. August 1851 zur Aufhebung des Frankfurter Grundrech-

---

421 Eine lesenswerte Darstellung der zäh laufenden Verfassungsverhandlungen findet sich in: Strauch: Schicksale. 26–41.

422 Jonscher: Verfassungsgeschichte. 29f. Betroffen von den Änderungen waren v.a. das Wahlrecht, die Grundrechte und die Domänenfrage (vgl. Jonscher: Verfassungsgeschichte. 31).

423 Vgl. Herntrich: Thüringen. 50.

424 Müller: Verfassung. 153.

425 Vgl. Landesherrliche Verordnung, in: AVB (1851) 64. Beilage.

tekatalogs deutlich zeigte.[426] Doch auch, wenn sich der Landesherr politisch konservativ zeigte, blieb sein Staat nicht hinter den Erfordernissen der Zeit zurück:

> »Zu den bedeutendsten Veränderungen, […], gehören u.a. durch die Vereinigung der bisherigen Justizämter Obergreiz, Untergreiz und Dölau, die Einführung einer Gesetzsammlung 1852, die Befreiung des Grundbesitzes von althergebrachten Lasten durch Gesetze über die Ablösung der alten Hut- und Triftgerechtigkeiten (1852), Fronen (1853) sowie der Lehn- und Siegelgelder (1857). Die Um- und Neugestaltung des Landschulwesens und die Verbesserung des Lehrerseminars lagen dem Fürsten ebenfalls am Herzen. Handel und Verkehr unterstützte er durch Maßnahmen wie der Förderung des öffentlichen Straßenbaus.«[427]

Das Verhältnis des Fürstentums zu Preußen, das bis 1918 ein ähnliches bleiben sollte, wird angesichts des Verhaltens des Kleinstaates bei den Verhandlungen der Deutschen Frage auf der Frankfurter Nationalversammlung deutlich. Diese Frage bezeichnete die Diskussion um die Gestalt eines neuen Bundesstaats der deutschen Länder unter einer modernen Verfassung. Dabei standen letztlich zwei Lösungen zur Auswahl: die großdeutsche mit Österreich als Bündnispartner und die kleindeutsche eines Bundesstaats unter preußischem Vorsitz und Ausschluss Österreichs.

Nachdem die Frankfurter Nationalversammlung gescheitert war, bestellte Preußen den Reichstag nach Erfurt, um dort im Frühjahr 1850 auf Basis der Frankfurter Reichsverfassung eine neue Unions-Verfassung zu schaffen. Die darin vorgesehene Union sah eine kleindeutsche Lösung unter Vorsitz Preußens vor. Darüber gerieten die beiden Großmächte jedoch in einen Konflikt, der im Dezember des Jahres in die Mobilmachung Preußens gegen Österreich mündete. In dieser Krisenzeit, die von den deutschen Staaten ein Bekenntnis zu einer der beiden Großmächte verlangte, stellte sich Fürst Heinrich XX. bereits während der Verhandlungen in Frankfurt über die Gründung eines deutschen Bundesstaates aufgrund realpolitischer Erwägungen – jedoch nicht, ohne ein Entschuldigungsschreiben nach Wien zu entsenden[428] – auf die Seite Preußens.[429]

---

426 Vgl. Boldt (Hrsg.): Reich. 388.

427 Klein: Skizzen. 263.

428 Vgl. Strauch: Schicksale. 56.

429 Eine wichtige Rolle bei der Entscheidung des Fürsten spielten zwei Faktoren. Der erste war die im Raum stehende Thüringische Frage. Diese hatte sich im Zuge der Debatten in der Frankfurter Nationalversammlung um die Beseitigung sämtli-

Die Erfurter Verfassung gelangte nie zu rechtlicher Gültigkeit, was die Wiederherstellung des Deutschen Bundes im Mai 1851 und eine Zeit der politischen Reaktion nach sich zog, die die Jahre 1850 bis 1866 prägte, in denen sich ein immer weiter verstärkendes deutsches Nationalgefühl in zahlreichen überregionalen Festlichkeiten auszudrücken begann.[430]

---

cher deutscher Kleinstaaten im Sinne einer Stabilisierung des zukünftigen deutschen Gesamtstaates ergeben. In erster Linie stand dabei die Mediatisierung im Mittelpunkt. Im Zuge der Diskussion waren bezüglich des zukünftigen Verbleibs des Fürstentums Reuß-Greiz drei mögliche Szenarien entworfen worden, von denen am Ende jedoch keines zur Geltung gelangte. Eine Möglichkeit bestand darin, ein Königreich Thüringen– als stabilen deutschen Mittelstaat – unter der Herrschaft Weimars einzurichten, was den Zusammenschluss aller thüringischen Kleinstaaten bedeutet hätte. Eine zweite Variante war die Mediatisierung der reußischen Fürstentümer durch Eingliederung entweder in das Königreich Sachsen oder Bayern, und eine dritte Möglichkeit war der Zusammenschluss aller reußischen Fürstentümer zu einem reußischen Staat. Dies stieß jedoch bei den Reußen selbst nicht auf Zustimmung (vgl. Strauch: Schicksale. 72–103). Der andere Faktor, der die Entscheidung Heinrichs XX. mitbestimmt hatte, war: »die Möglichkeit, den Bundesstaat zu errichten, den gerade die Kleinstaaten so notwendig brauchten [...], und nur Preußen war stark genug, ihnen im Falle der Not Schutz zu gewähren, während Österreich eben mit dem Versuch, den ungarischen Aufstand niederzuwerfen, gescheitert war« (Strauch: Schicksale. 55). Durch die Aufnahme in einen deutschen Staatenbund unter einer starken Schutzmacht würde demzufolge die Thüringische Frage für Reuß-Greiz obsolet werden und so die Heinrich XX. wichtige Souveränität seines kleinen Fürstentums erhalten bleiben. Dennoch blieb das Verhältnis zwischen Reuß-Greiz und Preußen angespannt. Am deutlichsten zeigte sich dies 1863. Als sich in diesem Jahr auf Betreiben Österreichs hin der Frankfurter Fürstentag zusammenfand, um österreichische Reformvorschläge für den Deutschen Bund zu beraten, blieb Fürstin Caroline zu Reuss-Greiz (1819–1872, reg. 1859–1867) – als einziges thüringisches Staatsoberhaupt – persönlich fern, was bezeichnend für die Haltung eines der kleinsten deutschen Fürstentümer zum Deutschen Bund war (vgl. Facius: Thüringen. 517). Denn mit der Ablehnung der Teilnahme am Fürstentag und damit der Weigerung an einer Reform des Deutschen Bundes mitzuwirken, verdeutlichte Fürstin Caroline ihre Abneigung gegen jegliche Form von Staatenbünden, die in ihre fürstliche Souveränität eingreifen könnten.

430 Die thüringischen Staaten nahmen am »Deutschen Turnfest« (1860), »Deutschen Sängerfest« (1860) – beide in Coburg – sowie dem »Deutschen Schützen- und Turnfest« (1861) in Gotha teil, »den jeweils ersten ihrer Art mit Betonung des ›deutschen Charakters‹«. (Facius: Thüringen. 517).

1.1.3 Zur Regentschaft Carolines zu Reuss-Greiz von 1859 bis 1867

Als nach Gründung des Norddeutschen Bundes dessen Verfassung am 1. Oktober 1867 in den neuen Landesteilen in Kraft trat,[431] war dies unter anderem das Ergebnis einer Reihe von Verhandlungen zwischen Preußen und den thüringischen Kleinstaaten.[432] Sogar Reuß-Greiz, das als letzter thüringischer Staat beitrat, durfte auf Wunsch Fürst Otto von Bismarcks (1815–1898) selbständig bleiben.[433] Zu dieser Zeit stand das Fürstentum unter der Regentschaft Fürstin Carolines zu Reuss-Greiz, die ihren noch unmündigen Sohn Heinrich XXII. (geb. 1846; reg. 1859/67–1902) vertrat. Sie war nicht nur die Tochter eines österreichischen Generals und dadurch ebenso konservativ sowie pro-österreichisch eingestellt wie ihr verstorbener Mann Heinrich XX., sondern auch »eine äußerst charakterfeste und willensstarke Frau. Gewissenhaftigkeit, Strenge, Einfachheit und Gottesfurcht waren die Grundsätze, die sie in sich vereinigte.«[434] Demgemäß hatte sich das in einem persönlichen Verhältnis mit dem Wiener Hof verbundene Fürstentum im Krieg von 1866 auf Seiten Österreichs gestellt und war auch nur äußerst widerwillig und durch erheblichen militärischen wie politischen Druck[435] zum Schluss eines

---

431 Gemäß dieser Verfassung gestaltete sich der Norddeutsche Bund als ein Bundesstaat, dessen Einzelstaaten den Bundesorganen Bundesrat und Reichstag untergeordnet waren. Die Vormachtstellung Preußens wurde hierbei durch den Art. 11 der Verfassung geregelt, demzufolge der Deutsche Kaiser als Bundespräsident an der Spitze des Bundes stand. Auch die spätere »Reichsverfassung«, am 16. April 1871 in Kraft getreten, basierte auf der Verfassung des Norddeutschen Bundes und zeigte nur geringfügige Änderungen (vgl. Boldt (Hrsg.): Reich. 449). Beide enthielten nicht nur keinen Grundrechtekatalog, sondern wiesen auch keine detaillierte materielle Ausgestaltung auf, das heißt, sie führten lediglich die Kompetenzen der Reichsverwaltung und -gesetzgebung aus, beließen ansonsten aber das Landesverfassungsrecht in der Kompetenz der Einzelstaaten (vgl. Herntrich: Thüringen. 203f.).

432 Vgl. Jonscher/Schilling: Geschichte. 182f.

433 Vgl. Herntrich: Thüringen. Anm. 810; Goldhahn: Vögte. 201f.

434 Klein: Skizzen. 271. »Der Einfluss der Eltern auf den Erbprinzen sollte für sein weiteres Leben von fundamentaler Bedeutung sein. Schon als Kind sind ihm christlicher Glaube und christliche Weltanschauung tief ins Herz gepflanzt worden« (Klein: Skizzen. 271).

435 Im Vorfeld waren zwei preußische Kompanien in Reuß-Greiz einmarschiert, die von einigen pro-preußisch eingestellten Kräften unter der Kaufmannschaft des Landes begrüßt worden waren und Fürst Bismarck zur Annexion des Fürstentums drängten (vgl. Goldhahn: Vögte. 89.) Dieser schlug daraufhin eine Auflösung des Fürstentums durch territoriale Aufteilung unter Preußen und dessen thüringischen Bündnispartnern vor. Dies konnte jedoch durch Großherzog Carl Alexander von

Friedensvertrages mit Preußen am 26. September[436] sowie zum Beitritt zum Norddeutschen Bund am 05. August 1866 gezwungen worden.[437] Dieser Beitritt bedeutete einen teilweisen Verlust von Souveränitätsrechten sowohl für die ältere als auch für die jüngere Linie der Reußen, da die Eingliederung in den norddeutschen Staatenbund eine Aufgabe der selbständigen Außenpolitik, die Abstimmung grundlegender wirtschaftlicher Fragen mit ihm und auch die Abtretung der Militärhoheit bedeutete.[438] Dies waren Umstände die Fürstin Caroline ebenso wenig wie ihren Sohn versöhnlich mit Preußen stimmten.

Innenpolitisch kam es Ende des Jahres 1866 zu leichten Unruhen, als am 4. Dezember eine Bittschrift an die Fürstin erging, die von circa 100 Bürgern unterzeichnet worden war und eine Überarbeitung der Verfassung nach dem Vorbild anderer neuzeitlicher Verfassungen der Mitglieder des Norddeutschen Bundes forderte.[439] Daraufhin wurde eine Kommission unter dem Vor-

---

Sachsen-Weimar-Eisenach (geb. 1818; reg. 1853–1901) verhindert werden, indem dieser sich bei seinem Schwager König Wilhelm I. von Preussen (geb. 1797; reg. 1861–1888) für das Fürstentum verwandte (vgl. Jonscher/Schilling: Geschichte. 183). Die nächstliegende Lösung für Fürst Bismarck und den preußischen König bestand in dem Plan Reuß-Greiz an Reuß jüngerer Linie anzugliedern: »Die Ansicht des Königs, Reuß älterer mit Reuß jüngerer Linie zu verschmelzen, darf man als Dank des Königs für die freundliche Haltung von Reuß j.L. werten; war doch Reuß ä.L. außer Sachsen-Meiningen der einzige Staat Nord- und Mitteldeutschlands, der nach der Schlacht bei Königgrätz nicht einmal grundsätzlich mit dem Bündnisangebot vom 16. Juni einverstanden war«. (Hänsel: Tage. 7). Durch geschickte Verhandlungen zwischen den Reußen älterer wie jüngerer Linie konnte dies jedoch aufgehalten werden. Schließlich musste sich Fürst Bismarck fügen und Reuß-Greiz blieb als eigenständiges Fürstentum bestehen. Er konnte jedoch die Forderung einer hohen Kontributionszahlung an Preußen sowie den Thronwechsel in Reuß-Greiz erwirken (vgl. Herntrich, Thomas: Thüringen. 205). Reuß-Greiz war nicht der einzige Staat der nur widerwillig in den von Preußen dominierten Norddeutschen Bund eintrat. Dazu gehörte u. a. auch das Königreich Hannover, das keiner Annexion durch Preußen entgehen konnte. In diesem Zusammenhang ist der Abschnitt »Reuß ä.L. und Preußen im Jahre 1866« aus dem Blickwinkel des reußischen Regierungspräsidenten Friedrich Schneider als Zeitzeuge recht aufschlussreich: Schneider (Hrsg.): Tagen. 34–60.

436 Vgl. Friedensvertrag zwischen Preussen und Reuss ä.L. im Jahre 1866. 106f.

437 Vgl. Herntrich: Thüringen. 201f.

439 Vgl. Seela: Landtage. 27.

439 Gefordert wurde in der Bittschrift, dass die Verfassung Heinrichs XX. aus dem Jahre 1850 verabschiedet werde. Die Regierung erließ auf dieses Gesuch hin zwar keine Resolution, um sich so nicht an Termine zu binden, doch wurde eine Kommission unter Heinrich XXII. zur Ausarbeitung einer Verfassung und eines neuen Wahlgesetzes zusammengestellt. Der Verfassungsvorschlag wurde dem am 13. März 1867

sitz des noch minderjährigen, doch nun regierenden Heinrich XXII. gebildet, die sich der Erarbeitung einer neuen Verfassung widmete. Diese erlangte am 28. März 1867, dem Tage der Volljährigkeit Heinrichs XXII., unter dem Titel »Verfassung des Fürstenthums Reuß älterer Linie« Rechtskraft.[440] Die neue Verfassung, die das Fürstentum formal zu einer konstitutionellen Monarchie machte, wies zwar altständische Tendenzen auf, entsprach aber größtenteils den Vorgaben der Bundesverfassung.[441]

1.1.4 Zur Regentschaft Heinrichs XXII. von Reuss Älterer Linie von 1867 bis 1902

Nachdem sich das Fürstentum Reuß älterer Linie nur widerwillig in den unter Vorsitz Preußens befindlichen Norddeutschen Bund hatte zwingen lassen, trat es ebenso widerwillig dem am 18. Januar 1871 gegründeten Deutschen Reich bei. Dies lag nicht nur an der Tatsache, dass aufgrund der bereits bestehenden Eingliederung in den Norddeutschen Bund, der geschlossen in das Deutsche Reich überging, die reußischen Fürstentümer statt als souverän handelnde Staaten lediglich als Bundesglieder beitraten,[442] sondern in erster Linie an der Person des regierenden Fürsten Heinrich XXII. von Reuss Älterer Linie, der die Geschicke seines Staates von 1867 bis 1902 bestimmte.[443] Seine Ablehnung Preußens speiste sich dabei nicht nur aus seiner Sympathie für Österreich und aus dem Gefühl heraus, dass seine Souveränität durch die Einheitsbestrebungen des Reichskanzlers Fürst Otto von Bismarcks angegriffen würde,[444] sondern auch aufgrund der mit der Vorherrschaft Preußens

---

zusammengetretenen alten ständischen Landtag vorgelegt, der aber für Verfassung und Wahlgesetz keine nennenswerten Änderungen vorschlug (vgl. Lohe: Stellung. 5f.).

440 Vgl. Seela: Landtage. 68–70.

441 Vgl. Gesetz, in: GS FRAeL, Jg. 1867, Nr. 6. 29–54; vgl. Gesetz, in: GS FRAeL, Jg. 1867, Nr. 8. 67–78.

442 Vgl. Seela: Landtage. 27.

443 »Er war entschieden ein Sonderling und mutet uns wie ein Schaustück längst vergangener Tage an. Erzogen von einer Mutter, die noch vollständig von der Herrlichkeit des alten Bundes unter Führung des österreichischen Kaiserstaates befangen war, aufgewachsen in dem Bewußtsein der legitimistischen Souveränität, die für die beiden Reuß doch eigentlich erst der Rheinbundszeit entstammte, begann der junge Fürst seit seinem Regierungsantritt (1867) einen lebenslänglichen Kampf mit Preußen [...]« (Schmidt: Geschichte. 147).

444 Deutlich wird dies immer wieder anhand der Schreiben, die der Landesherr seinem Ministerpräsidenten schickte und worin seine Bedenken zum Ausdruck kom-

ab 1866 einhergehenden Teilung des Deutschen Bundes trotz propagierter nationaler Einheitsbestrebungen:

> »Gewöhnlich sieht man in der Herausbildung der Nation ein Zeichen der Moderne und entdeckt daher einen wichtigen Wendepunkt in den Jahren 1870/71. Für Heinrich XXII. ist das Jahr 1866 von größerer Bedeutung als das Jahr 1871. Er legt den Hauptakzent nicht auf die Vereinigung von 1871 und die daraus resultierende Entwicklung deutscher Nationsbildung, sondern auf die Spaltung Deutschlands 1866 und die daraus resultierende Schwächung des deutschen Föderalismus. Das Jahr 1866 ist für Heinrich das Schlüsseljahr der Umgestaltung und der Neudefinition Deutschlands. Österreich wurde ausgeschlossen und die preußische Dominanz gefestigt. Zusätzlich markierte das Jahr 1866 eine bedeutende Veränderung in der politischen Kultur in Richtung einer wahrnehmbaren Interessenpolitik und einer ideologischen Trennung von Politik und ethischen Werten (oder Moralität).«[445]

Dies motivierte den reußischen Fürsten zu seinem lebenslangen, letztlich meist von Außenstehenden und in den Printmedien belächelten Kampf[446] gegen jeglichen preußischen Versuch der Ausdehnung der Reichskompetenz und einer Beschneidung – wenn auch nur gefühlt – einzelstaatlicher Rechte zu führen:[447]

---

men, dass Preußen über die Reichskompetenzen hinaus in die Länderkompetenzen einzugreifen versuche: »Lieber Präsident! Die R. Ztg. spricht wieder von der Absicht der preußischen Regierung im Bundesrathe ein Ausnahmegesetz gegen renitente Geistliche einzubringen. Ich ersuche Sie schleunigst den Vertreter unserer Stimme dahin zu instruiren, daß er Alles was nur möglich ist gegen diese neue u. verbesserte Auflage des Jesuitengesetzes unternimmt. Das [sic] er für mich dagegen zu stimmen hat ist *selbstverständlich*. Doch möchte ich mich damit nicht begnügen. Ich möchte feierlich dagegen protestiren, daß hier wieder – u. zwar in der gehässigsten u. verabscheuungswürdigsten Weise – über die Competenz des Reiches hinausgegriffen werden u. die verbündeten Regierungen zu Mitschuldigen der preußischen Kirchenpolitik u. zu Mitverbüßern der natürlichen Consequenzen derselben gemacht werden sollen. Greiz am 14. Februar 1874.« (zit. nach: Schneider (Hrsg.): Tagen. 64). An anderer Stelle spricht Heinrich XXII. direkt aus: »Principiell bin ich jeder Erweiterung der Reichscompetenz abgeneigt: also schon aus diesem Grunde gegen die Vorlage.« (aus einem Schreiben an die Regierung vom 16. Nov. 1884, zitiert nach: Schneider (Hrsg.): Tagen. 77).

445 Mathieu: Heinrich XXII. 53.

446 Eine ausführliche Darstellung zu Reuß älterer Linie in der politischen Satire des späten 19. Jahrhunderts liefert: Rüster: Kampf. 279–376.

447 Dabei ging es Heinrich XXII. nicht nur um sein Fürstentum, sondern um jegliche gesetzlichen Erweiterungen der Zuständigkeit des Reiches über die deutschen

> »Die Sympathie Heinrichs haben sich Bismarck, Wilhelm I. und der II. und mit ihnen die Preußen freilich für alle Zeiten verscherzt. 1897 beschlagnahmen in Greiz die Beamten sogar die Reichsfahne. Heinrich XXII. nimmt eine reichsfeindliche Haltung ein, am Hof und in der Verwaltung werden nur preußenfeindliche Beamte eingestellt. Aus Opposition zu den Reichsfarben führt Reuß ä.L. das demokratische Schwarz-Rot-Gold. Bei der Abstimmung 1877 über den Sitz des Reichsgerichts gibt die Stimme Reuß' Ausschlag für Leipzig an Stelle von Berlin. Selbst das geplante Reichsgesetz zum Schutz der Singvögel lehnt er ab, sei es aus reiner Widerspruchslust zu allem Preußischen, sei es, weil die Krummetsvögel zu den Lieblingsspeisen seiner Vorfahren gehören.«[448]

Heinrich XXII. zählte gerade im letzten Drittel des 19. Jahrhunderts zu den bekanntesten Partikularisten des Deutschen Reiches,[449] die ihren souveränen Herrschaftsanspruch vehement vertraten und »die sich selbst als Legitimisten oder Anhänger einer ›Rechtspartei‹ verstanden«[450]. Deutlich äußerte sich dies z.B. an der Stellungnahme der Regierung Heinrichs XXII. zur Thronfolge im Herzogtum Braunschweig im Jahre 1884:

Fürstentümer und so ließ er seine Abgeordneten gegen jede Vorlage stimmen, hinter der er die Gefahr einer Beschneidung fürstlicher Souveränität vermutete (vgl. Klein: Heinrich. 40).

448 Goldhahn: Vögte. 90f. In diesem Sinne gehörte Reuß älterer Linie neben Mecklenburg auch zu den einzigen Staaten, die 1873 gegen die Einführung eines einheitlichen bürgerlichen Gesetzbuches im Deutschen Reich stimmten (vgl. Klein: Heinrich. 40). Aufschlussreich dazu ist das Schreiben Heinrichs XXII. zum Gesetz über den Schutz nützlicher Vögel, denn es zeigt nicht nur, dass der Fürst einen gewissen trokkenen Humor besessen haben muss, sondern veranschaulicht auch noch einmal wie konsequent er in seiner Ablehnung der Ausweitung von Reichskompetenzen war: »An die Regierung. Ich lese in der Zeitung, daß dem Bundesrathe ein Gesetzentwurf betreffend den Schutz nützlicher Vögel vorgelegt worden sei. Wenn ich auch für den Schutz nützlicher Vögel bin, so will ich denselben doch nicht durch *Reichsgesetz* gewährt sehen: der Bevollmächtigte ist daher zu instruiren, die hiesige Stimme *gegen* das Gesetz abzugeben. Greiz 4. Dezember 1878« (zitiert nach: Schneider (Hrsg.): Tagen. 71).

449 Vgl. Eberhardt: Thüringens. 110; Jonscher: Heinrich XXII. ›Partikularismus‹ wird hier als »das (übermäßige) Bestreben [...] eines Gliedstaates nach Durchsetzung der eigenen Interessen oder nach (wirtschaftlicher, kultureller bzw. politischer) Unabhängigkeit vom Gesamtstaat« (Klein/Schubert: Politiklexikon. 226) verstanden.

450 Rüster: Kampf. 279. »Diese politische Richtung gehörte neben dem freisinnigen Liberalismus, der Sozialdemokratie und dem ultramontanen Katholizismus sowie allen Nichtdeutschen zum Feindbild der Nationalisten, die in der Regel für einen mächtigen Zentralstaat eintraten« (Rüster: Kampf. 279).

»Die fürstliche Regierung steht auf dem Standpunkte des monarchistisch-legitimistischen Prinzips, gemäß dessen dem nach den betreffenden Ordnungen berufenen legitimen Thronfolger des Souverains einer erblichen Monarchie die Regierungsrechte mit dem Ableben desselben von selbst zufallen. So erwünscht der fürstlichen Regierung die Betheiligung der Herzoglich braunschweigischen Bevollmächtigten an den Verhandlungen des Bundesraths erscheint, vermag sie doch an einer Abstimmung nicht Theil zu nehmen, die ihres Erachtens ein Abweichen von dem eingenommenen Standpunkte involviren würde.«[451]

Zu der politisch gesehen konservativen und monarchistisch-legitimistischen Einstellung Heinrichs XXII. gehörte auch dessen streng lutherisch-orthodoxe Religiosität, die nicht nur seine landesherrliche Kirchenpolitik bestimmte, sondern auch seine Haltung zu kirchenpolitischen Fragen auf Reichsebene, wie sich an seiner Reaktion auf ein Gesetz zur Einführung der Zivilehe[452] erkennen lässt:

»Die Fürstliche Regierung erkennt in der Ehe eine göttliche Institution; sie nimmt in Folge dessen der Civilehe gegenüber eine rein abweisende Stellung ein. Insbesondere verwahrt sie sich gegen die Einführung der obligatorischen Civilehe, in welcher sie nichts Anderes als eine Vergewaltigung aller christlich denkenden u. christlich fühlenden Nupturienten erblickt. Die, principiell ebenso verwerfliche, facultative Civilehe ermangelt des gehässigen Charakters der obligatorischen; aber auch gegen diese, sowie endlich gegen die Nothcivilehe erhebt die Fürstliche Regierung aus principiellen Gründen Widerspruch.«[453]

Doch trotz gewisser Aversionen gegen den Norddeutschen Bund und das Deutsche Reich unter preußischem Vorsitz, versuchte Heinrich XXII. stets den durch die Verfassungen beider Staatenbünde festgeschriebenen Verpflichtungen weitgehend nachzukommen.[454] Dementsprechend hielt sich dies in gewissen Grenzen, denn selbst mit der Verabschiedung der Verfassung von 1867 änderte sich nichts an der Auffassung Heinrichs XXII., dass

---

451 Zitiert nach: Schneider (Hrsg.): Tagen. 90.

452 Im Zuge der reichsdeutschen Einführung der standesamtlichen Beurkundung der Zivilehe und des Personenstandes wurden diese 1875 auch in Reuß älterer Linie eingeführt und traten 1876 in Kraft (vgl. Landesherrliche Verordnung, in: GS FRAeL, Jg. 1875, Nr. 15. 145–202; vgl. Instruktion, in: GS FRAeL, Jg. 1875, Nr. 15. 203; Regierungs-Bekanntmachung, in: GS FRAeL, Jg. 1905, Nr. 8. 44; Regierungs-Bekanntmachung in: GS FRAeL, Jg. 1910, Nr. 5. 62).

453 Instruction für den Bevollmächtigten zum Bundesrath betreffend die Civilehe. 65.

454 Vgl. Klein: Heinrich. 17.

er allein von Gottes Gnaden zum Fürsten eingesetzt worden sei.[455] Daher regierte er im Rahmen der reußischen Verfassung weiterhin fast absolutistisch:

> »Seinem Leitbild entsprechend war Heinrich XXII. nicht nur Vater seiner Familie, sondern als Fürst von Gottes Gnaden aus tiefer Überzeugung heraus auch ›Vater des Vaterlandes‹. Die vielen innenpolitischen Aufgaben, denen er sich mit größter Gewissenhaftigkeit annahm, waren für den Fürsten eine Selbstverständlichkeit. Um die Regierung seines Landes hat er sich bis ins kleinste Detail hinein selbst gekümmert. Scheinbar unbedeutende Dinge, die andernorts gewöhnlicherweise durch Behörden entschieden wurden, nahm er sich oft selbst an. Die geringe Größe seines Landes und seine Tüchtigkeit ermöglichten ihm dies.«[456]

Zur Umsetzung seiner sonstigen, nicht persönlich verwalteten Innenpolitik behielt der Fürst die alten Zentralbehörden, die Landesregierung für innere Verwaltung, das Finanz- und das Justizwesen in seiner bisherigen Form bei und beließ das Konsistorium als oberste Verwaltungsbehörde für Kirchen- und Schulsachen. Darüber hinaus sorgte er durch das im Vergleich zu anderen deutschen Staaten eher rückständige Landtagswahlgesetz sowie durch die zu den strengsten im gesamten Deutschen Reich gehörende Vereins- und Versammlungsgesetzgebung[457] dafür, das das zeitgemäße politische Leben in seinem Staat weitgehend behindert wurde.[458]

Dennoch ist das Fürstentum den wirtschaftlichen Entwicklungen der Zeit gefolgt und durchlebte, wie die meisten anderen deutschen Staaten in der zweiten Hälfte des 19. Jahrhunderts, den Prozess der vollständigen Indu-

---

455 Vgl. Klein: Heinrich. 39.

456 Klein: Skizzen. 273.

457 Versammlungen waren nicht generell verboten, doch sehr stark reglementiert, um jegliche Art von gesellschaftlicher Politisierung zu Ungunsten des Landesherrn und der Landesregierung bereits im Keim zu ersticken, wie §. 1 des Gesetzes zum Versammlungsrecht aus dem Jahre 1887 zeigt. Darin heißt es u.a.: »Verboten sind Versammlungen, deren Zweck es ist, Gesetzübertretungen, überhaupt unrechtmäßige oder unsittliche Handlungen zu begehen, dazu aufzufordern oder doch dazu geneigt zu machen, insbesondere solche Versammlungen, von denen durch Thatsachen die Annahme gerechtfertigt ist, daß sie zur Förderung von auf den Umsturz der bestehenden Staats- und Gesellschaftsordnung gerichteten Bestrebungen bestimmt sind.« (Gesetz, in: GS FRAeL, Jg. 1887, Nr. 1. 1).

458 Vgl. Jonscher/Schilling: Geschichte. 192–194.

strialisierung.[459] Deren Grundlagen waren in den 1850er und 1860er Jahren durch den Ausbau der Wollhandweberei, die Hochzeit des Verlagssystems und durch den Ausbau der bereits bestehenden Fabrikanlagen im Zweig der textilen Veredlungsindustrie gelegt worden. In den 1860er und den 1870er Jahren kam es zur »Mechanisierung und zur fabrikmäßigen Produktion der gesamten Industrie«[460] und schließlich verbesserte sich die wirtschaftliche Infrastruktur auch durch den Ausbau des Eisenbahnnetzes und den Anschluss der reußischen Staaten daran.[461]

Neben dem technischen Fortschritt und dem Ausbau der Transportwege spielten auch die auf Bundes- und Länderebene geschaffenen rechtlichen Rahmenbedingungen eine bedeutende Rolle.[462] Dadurch war die Grundlage

---

459 Bezüglich der in diesem Zusammenhang zwangsläufig auftretenden und hier nicht weiter erörterten Frage, inwiefern die wirtschaftliche Entwicklung auf die Politik des Landesherrn oder die innerstaatlichen Verhältnisse des Fürstentums zurückzuführen ist, sei auf folgende Anmerkung Hans-Werner Hahns verwiesen: »Vielmehr muss man sehen, dass Reuß älterer Linie Teil einer dynamischen Wirtschaftsregion war, bei deren Abgrenzung von anderen Gebieten staatliche Grenzen keine entscheidende Rolle spielten. Der Staat Reuß älterer Linie gehörte einer größeren, von der Textilindustrie geprägten sächsisch-ostthüringischen Region an, die schon seit der frühen Neuzeit eine hohe Gewerbedichte aufwies. Die Gründe für diese Entwicklung waren weniger in der Wirtschaftspolitik der jeweiligen Herrscher zu suchen. Weit wichtiger waren Determinanten wie Bevölkerungsdichte und -zunahme, natürliche Ressourcen, ältere Gewerbetraditionen, an die man anknüpfen konnte, innovative Unternehmer, ein gut ausgebildetes Arbeitskräftereservoir und ausreichendes Kapital, dessen Akkumulation durch die frühe Einbindung in überregionale Handelsnetze gefördert wurde« (Hahn: Kleinstaaterei. 189).

460 Beck: Entwicklung. 226. Ausführlicher zur Industrieentwicklung in diesem Zeitraum: Beck: Entwicklung. 110–163.

461 Vgl. Thoss: Geschichte. 151. So entstanden 1865 die Eisenbahnlinie Greiz – Brunn und 1875 die Linie Weischlitz – Wolfsgefährth. Die nachfolgende Industrialisierung führte zu weit reichenden Folgen: »Durch das Aufblühen der Industrie, das der städtischen Verwaltung manche schwierige, aber dankbare Aufgabe stellte, wurde der Wohlstand der einst armen Weberstadt gewaltig gehoben, sodaß diese hinsichtlich ihrer Finanzkraft bald die anderen Gemeinden des Landes weit überflügelte. Während im Jahre 1913 die Einwohnerzahl der Stadt 31,94 % der Einwohnerzahl des Landes ausmachte, betrug ihr Einkommensteuersoll (ohne die Schloßgemeinde) 60,99 % des Einkommensteuersolls des Landes und das Vermögenssteuersoll der Stadt 57,22 % des Vermögenssteuersolls des Landes« (Thoss: Geschichte. 151).

462 Zu deren Grundlagen gehörten beispielsweise die Einführung des »Allgemeinen Deutschen Handelsgesetzbuches« (1861) im Jahre 1862, die Einführung einer «Gewerbeordnung« in Reuß älterer Linie (1868), die durch die Festschreibung voller Gewerbefreiheit die rechtliche Grundlage für die Entwicklung eines kapitalistischen Wirtschaftssystems lieferte, die Veröffentlichung der «Bundesgewerbeordnung vom

für die freie Entfaltung der industriellen Revolution auch in Reuß älterer Linie gelegt, das sich ab Mitte des 19. Jahrhunderts zu einem industriellen Ballungszentrum im thüringischen Raum entwickelte:

> »Das Reußenland und seine Nachbargebiete erlebten in Anlehnung an die westsächsische Industrie einen gewaltigen wirtschaftlichen Aufschwung, der sich auf die ausgedehnte Kammgarnweberei in Gera, Greiz und Weida gründete.«[463]

Weiterhin wurde im letzten Drittel des 19. Jahrhunderts das Verkehrswesen weiter ausgebaut, der Handel weiter internationalisiert, was Greiz unter anderem einen Absatzmarkt in Nordamerika bescherte, sowie die Industrialisierung in der gesamten Textilindustrie abgeschlossen.[464] Dennoch brachte die Industrielle Revolution nicht nur Positives, sondern zeigte sich insgesamt betrachtet im Fürstentum Reuß älterer Linie – wie auch sonst in Europa – als eine Entwicklung, die sich wirtschaftlich wie auch gesellschaftlich als ambivalent in ihren Folgen erwies:

> »Für die Stadt Greiz selbst bedeuten diese Jahre den Abschluß entscheidender Veränderungen in ihrer gesamten Geschichte. Eine umfangreiche Bautätigkeit an gewerblichen und industriellen Anlagen wie auch Wohnungsbauten führen zur räumlichen Ausdehnung der Stadt um ein Mehrfaches ihres Areals und geben ihr den Charakter einer modernen Industriestadt. Die städtische Einwohnerzahl hat sich infolge des Bedarfs der Industrie an Arbeitskräften durch Zustrom vor allem vom umliegenden Lande in einem halben Jahrhundert nahezu vervierfacht, was zu ernsten Auswirkungen auf die sozialen Verhältnisse führt. Die Klassengegensätze haben eine weitere Verschärfung erfahren, der Masse der Lohnarbeiterschaft steht nur noch eine geringe Zahl kapitalistischer Unternehmer gegenüber. Durch die Intensivierung der Produktions- und Ausbeutungsmethoden werden die Arbeiter zur Gründung neuer sozialer und politischer Selbsthilfeorganisationen gezwungen, denen die Unternehmer durch Zusammenschluß in monopolistischen Vereinigungen und Verbänden gegenübertreten. Eindeutig läßt sich das Missverhältnis zwischen dem wirtschaftlichen Fortschritt der kapi-

---

21. Juni 1869«, die die bundesweite Gewerbefreiheit regelte, die »Vereinheitlichung des Obligations- und Wechselrechts« (1869), das «Gesetz über die Aktiengesellschaften vom 11. Juni 1870«, das die staatliche Konzessionierung aufhob, die Einführung der »Maß- und Gewichtsordnung des Norddeutschen Bundes vom 17. August 1868« im Jahre 1872 sowie die Einführung der Mark gemäß »Reichsmünzgesetz vom 9. Juli 1873« im Jahre 1876 (vgl. Hess: Geschichte Thüringens. 96f.).

463 Hess: Geschichte Thüringens. 101.

464 Vgl. Beck: Entwicklung. 164–223.

talistischen Produktionsweise und der sozialen Lage der Mehrheit der Bevölkerung erkennen, das in Zukunft von Jahr zu Jahr gebieterischer zu einer Lösung drängen sollte.«[465]

1.1.5 ZUR REGENTSCHAFT DER JÜNGEREN LINIE VON 1902 BIS 1918

Nach dem Tode HEINRICHS XXII. übernahm der seit 1867 in Gera regierende Fürst HEINRICH XIV. VON REUSS JÜNGERER LINIE (GEB. 1832) anstelle des Erbprinzen HEINRICH XXIV. (1878–1927),[466] von 1902 bis 1908 die Regierung über die ältere Linie[467] gemäß der Vereinbarung von 1668 in Personalunion.[468] Politisch fand zwar kein vollkommener Wandel der Verhältnisse statt, doch traten in der Folge der Anpassung an die Erfordernisse der modernen Zeit einige Veränderungen ein, die zunächst einen liberaleren politischen Kurs bedeuteten, wie durch die Aufhebung des Verbots politischer Vereine (1908)[469] sowie Veränderungen im Justiz-, Steuer- und auch Schulwesen deutlich wurde.

1908 gab HEINRICH XXIV. aufgrund seines Alters die Regierungsgeschäfte an seinen Sohn Erbprinz HEINRICH XXVII. VON REUSS JÜNGERER LINIE (1858–1928; REG. 1908–1918) beide Linien) ab, der ihm 1913 auf den Thron als offizieller Regent des Reußenlandes folgte.[470] Im Jahre 1918 endete das monarchische Zeitalter auch für Reuß älterer Linie und HEINRICH XXVII. legte offiziell am 15. November 1918 die Regentschaft nieder.[471]

465 BECK: Entwicklung. 227.

466 Seit einem Unfall, bei dem sich der fünfjährige Prinz den Kopf bei einem Sturz aufgeschlagen hatte, blieb er geistig auf dem Stand eines Kindes zurück (vgl. KLEIN: Heinrich. 27–29).

467 Vgl. URKUNDE, in: GS FRAEL, Jg. 1902, Nr. 3. 11.

468 Vgl. PATENT, in: GS FRAEL, Jg. 1902, Nr. 3. 11f.

469 Vgl. REGIERUNGS-VERORDNUNG, in: GS FRAEL, Jg. 1908, Nr. 4. 13–16.

470 Vgl. PATENT, in: GS FRAEL, Jg. 1908, Nr. 12. 61; vgl. PATENT, in: GS FRAEL, Jg. 1908, Nr. 13. 62; vgl. URKUNDE, in: GS FRAEL, Jg. 1908, Nr. 13. 63f.

471 Vgl. QUERFELD: Quellen; HÖCHSTER ERLASS, in: GS FRAEL, Jg. 1918, Nr. 9. 79; HÖCHSTER ERLASS, in: GS FRAEL, Jg. 1918, Nr. 9. 79; HÖCHSTER ERLASS, in: GS FRAEL, Jg. 1918, Nr. 9. 80.

1.2 ZUR KIRCHENGESCHICHTE VON 1778 BIS 1918

1.2.1 ZUR PHASE DER AUFKLÄRUNG VOM ENDE DES 18. JAHRHUNDERTS BIS 1817

In Reuß-Greiz war es Ende des 18. Jahrhunderts der Landesherr HEINRICH XI. ZU REUSS-OBERGREIZ, der sich vom Pietismus ab- und der Aufklärung zuwandte und in deren Sinne Neuerungen im kirchlichen Leben einführte. Zu diesen gehörten unter anderem der Erlass einer neuen Beichtverordnung (1786), die Einführung eines neuen Gesangbuches (1786) und die Abschaffung der bei Ehebruch und sog. Blutschande zu leistenden Kirchenbuße (1800). Unterstützt wurde er dabei durch den amtierenden Superintendenten FRIEDRICH TRAUGOTT WETTENGEL (1750–1824), der der Richtung der sentimentalen Aufklärung zugeneigt war und ein Buch mit dem Titel »Anleitung zum weisen und frohen Genusse des Lebens zunächst für die Jugend. In Gesprächen und Erzählungen« verfasste, das 1789 in Greiz erschien.[472]

Trotz der eindeutigen Haltung des Superintendenten war die Mehrheit der Geistlichen im Lande nicht offen gegenüber der Aufklärung eingestellt,[473] sodass sie unter ihnen im letzten Drittel des 18. Jahrhunderts nicht richtig Fuß fassen und die pietistischen sowie orthodoxen Lehrmeinungen in Reuß-Greiz verdrängen konnte.

---

[472] Vgl. BIBER/MICHEL: 18. Jahrhundert. 48–50.

[473] Zum Charakter der Aufklärung führt MARTIN SCHMIDT erläuternd aus: »Faßt man die Aufklärung als Ganzes ins Auge, so fällt eine eigentümliche Verbindung von großen und kleinen Zügen auf. [...]. Zu den großen gehört zuerst der unbedingte Wahrheitsernst, [...], sodann die Sittlichkeit, die vom Vollkommenheitsziel bestimmt war, weiterhin die echte Naturfrömmigkeit (Physiotheologie), die die Majestät und Güte Gottes überall wahrnahm und bis ins kleinste sorgfältig beobachtete, die unbedingte Autonomie [...] des Menschen in Erkenntnis und Willensbildung, der Sinn für seine unbedingte Würde, die Leidenschaft für die Erziehung zum Guten. Unter den kleinen erschienen der Sinn für den Alltag mit seinen Pflichten, die Zuwendung zum praktischen Leben [...], die Organisation von Schulen, nicht zuletzt ›Industrieschulen‹ (d.h. Gewerbeschulen), und von Gewerbe selbst zur Hebung der Wirtschaftskraft, schließlich die bisweilen sentimentale Rührseligkeit, namentlich bei den kirchlichen Amtshandlungen [...], an der Spitze die Konfirmation.« (SCHMIDT: Art. Aufklärung. 604). Angesichts der Vielgestaltigkeit der Aufklärung schieden sich auch der theologische Liberalismus und Konservativismus in ihren Urteilen über sie: »Während der Liberalismus, besonders betont bei Ernst Troeltsch, sie positiv würdigte, und in ihr den eigentlichen Beginn der Neuzeit erblickte, so daß die Reformation noch ins Mittelalter zu verweisen sei, hielt die konservative Theologie sie für eine Fehlentwicklung, die nicht nur überwunden, sondern ausgeschieden werden musste.« (SCHMIDT, : Art. Aufklärung. 606).

> »Pietisten wie jene mystischen Schwärmernaturen zu Zeiten Heinrichs II. und Heinrichs XXIV., waren unter den staatlich geprüften Theologen gegen Ende des Jahrhunderts zwar kaum noch vorhanden, die hallesche und die Leipziger theologische Richtung hatten sich verglichen, aus dem Pietismus und der Orthodoxie war ein geläutertes Luthertum hervorgegangen, und in Halle geschulte Theologen waren es, die in Greiz den Kampf gegen die Aufklärung in allen ihren Formen führten.«[474]

Und auch nach dem Regierungsantritt Heinrichs XIII., der die Religionspolitik seines Vaters weiterführte, gewann die Aufklärung nur gering an Einfluß und bereits unter dessen Nachfolger Heinrich XIX. fand durch das Auftreten der pietistisch-konfessionalistischen Strömung und Erweckungsbewegung[475] eine Rückkehr zur lutherischen Orthodoxie statt.

1.2.2 Die Hinwendung zum Neuluthertum ab 1817

Die »Reußisch-Schönburgische Konfession« bildete zwar vom 16. Jahrhundert bis 1934 kontinuierlich die Grundlage der Landesreligion, aber dennoch wandelte sich der Umgang mit ihr je nach vorherrschender theologischer

---

474 Schmidt: Zeulenroda. 469.

475 Vgl. Behnrath: Art. Erweckung; Deichgräber: Art. Erweckung. Zur Charakterisierung der *Erweckungsbewegung*, wie sie sich vor allem in Thüringen zeigte, führt R. Herrmann näher erläuternd aus: »Neben dem wesentlich mit aus der deutschen Erweckungsbewegung erwachsenen lutherischen Konfessionalismus gab es in der zweiten Hälfte des Jahrhunderts eine in unserem Gebiet freilich sehr dünne neupietistische Strömung, die unter dem Namen ›*Gemeinschaftsbewegung*‹ bekannt ist. Sie hängt mit den kleinen Kreisen von ›Stillen im Lande‹, die hier und da bestanden, und mit Ausläufern der Erweckungsbewegung zusammen, ist aber ganz wesentlich durch angelsächsische Einflüsse bestimmt. In den fünfziger Jahren griff die in England erwachsene ›Evangelische Allianz‹ nach Deutschland über, von den konfessionellen Lutheranern heftig bekämpft; sie wollte ursprünglich gegenüber dem aufsteigenden Papsttum eine gemeinsame Plattform für alle unter die verschiedensten Kirchen und Sekten aufgeteilten Evangelischen auf streng biblischer Grundlage schaffen, wuchs aber dann mit dem Neupietismus zusammen. [...]. Die Erweckungsbewegung hing mit einer allgemeinen geistigen Strömung in Deutschland, der Romantik, zusammen; wo aber die angelsächsischen Einflüsse herrschten, löste man sich völlig vom geistigen Leben der Nation los und pflegte eine naiv-sentimentale Frömmigkeit, die [...] leicht als Heuchelei und unkeusches Zurschaustellen innersten Gefühlslebens erscheint.« (Herrmann: Kirchengeschichte. 498).

Strömung. Nachdem im 17. und 18. Jahrhundert zunächst der Pietismus und dann für kurze Zeit auch die Aufklärung ihren Einfluss geltend gemacht hatten, setzte sich ab 1817, begünstigt durch den Neupietismus, die Erwekkungsbewegung[476] und eine »pietistisch-konfessionalistische Strömung«,[477] eine Form lutherischer Religiosität durch, die die Rückkehr zur landeseigenen Konfession im Sinne der Orthodoxie der Nachreformations- und Ent-

---

[476] Vgl. HERRMANN: Kirchengeschichte. 498.

[477] Diese von RUDOLF HERRMANN als »pietistisch-konfessionalistische Strömung« benannte Verbindung des Pietismus mit Elementen der Romantik beschreibt HERRMANN mit Blick auf Thüringen wie folgt in ihren Entstehungsursachen und Charakteristika: »Die Entwicklung der Aufklärungstheologieen im 18. Jahrh. war so gegangen, daß zuerst die in den Bekenntnisschriften niedergelegten dogmatischen Systeme beiseite geschoben und dann die heilige Schrift ›vernünftig‹ umgedeutet wurde. Die *pietisch-konfessionalistische Strömung* ging den umgekehrten Weg. Zuerst kehrte man zu einem nicht vernünftig oder philosophisch gedeuteten biblischen Christentum im wörtlichen Verstande zurück; dann betonte man darüber hinaus die Geltung des ›Bekenntnisses‹, womit man in erster Linie das sog. apostolische Glaubensbekenntnis meinte. Anfangs war der Schlachtruf: ›die *ganze* Bibel‹ (im Gegensatz zu der ›vernünftig‹ umgedeuteten), ›der *ganze* Christus‹. Später erregte der Streit um das Apostolikum die Gemüter. Es ist kein Zweifel, daß gewisse Grundwahrheiten des Christentums, die in Vergessenheit geraten waren, durch diese Strömung wieder hervorgeholt wurden, wobei die freiheitlichen idealistischen Theologien schon einige Vorarbeit geleistet hatten. Sie waren in den Hintergrund getreten unter dem Einfluß einer allgemeinen geistigen Grundhaltung, die diesen Wahrheiten nicht günstig war. Aber indem man sie über Gebühr zurückgestellt hatte, war man mit der allgemeinen Geisteshaltung des Volkes in Einklang geblieben. Jetzt verfiel man in den entgegengesetzten Fehler: in der Freude des Neufindens verlor man die Fühlung mit der Zeit. Man täuschte sich darüber hinweg, weil man allerdings mit einem Teil des Volkes innerlich zusammenging, nämlich mit dem rückwärts gewandten, auf die Erhaltung des Bestehenden ausgerichteten Teil. Diese innere Verbindung zwischen politisch und kirchlich-theologisch ›Rechts‹ bestand bis an das Ende unseres Zeitraums. Andrerseits zog aus diesem Verflochtensein die radikale christentumsfeindliche Strömung immer neue Nahrung: das Christentum sei zu bekämpfen, weil es von den herrschenden Schichten als Mittel benützt werde, das Volk in Unterwürfigkeit zu halten. Gewiß war darin ein Körnlein Wahrheit. Die Beweggründe in den einzelnen menschlichen Seelen sind seltsam gemischt. Aber es wäre sehr abwegig, die vielen Glieder der Fürstenhäuser und des Adels und die politisch konservativ eingestellten deutschen Menschen überhaupt, die zugleich für die neue pietistisch-konfessionalistische Form des Christentums eintraten, durchweg des zynischen Mißbrauchs der Religion für politische Zwecke zu beschuldigen. Dazu war das christliche Erbe viel zu stark. Es waren unter ihnen viele aufrichtig fromme Menschen, die aus ehrlichster innerer Überzeugung handelten« (HERRMANN: Kirchengeschichte. 483f).

stehungszeit der reußischen Konfession forderte. Damit schlossen sich die Landesherren und die Landeskirche Reuß älterer Linie der theologischen Strömung des lutherischen Neukonfessionalismus bzw. Neuluthertums[478] an. Eine endgültige Durchsetzung der lutherischen Orthodoxie war erst in der Mitte des 19. Jahrhunderts erreicht, was jedoch die Existenz anderer religiöser Gruppen im Land nicht ausschloss, die entweder nicht zur Landeskirche gehörten[479] bzw. zwar evangelisch waren, aber auf eine andere Art als es die Landesreligion verlangte.[480] Deutlich wird dies beispielsweise durch

---

478 Diese theologische Richtung, die eine Rückbesinnung auf die lutherische Orthodoxie des 16. Jahrhunderts (vgl. Matthias: Art. Orthodoxie; Fatio: Art. Orthodoxie; Fischer: Art. Konfessionalismus) im 19. Jahrhundert bezeichnet, trat in unterschiedlichen Ausprägungen, aber immer mit folgendem theologischen Grundgedanken auf: »Das Bekenntnis stehe in einem positiv zu wertenden Verhältnis zur Heiligen Schrift; es entwickele sich in der Geschichte der Kirche organisch, indem es sich dem menschlichen Bewußtsein sukzessiv immer weiter erschließe. Da eine Gemeinschaft Bekennender von vornherein vorausgesetzt wurde, verstand man das Bekenntnis als ein kirchliches, das sich in organischer Entwicklung der Erfahrung der Kirche erschließe. Grundsätzlich sei zwar die Bekenntnisbildung mit den lutherischen Bekenntnisschriften des 16. Jh. beendet, aber es bleibe noch Bewegungsraum für die theologische Entfaltung und Durchdringung der klassischen reformatorischen Texte.« (Kantzenbach/Mehlhausen: Art. Neuluthertum. 332). Diese typische Rückbesinnung auf die Bibel, die reformatorischen Bekenntnisschriften wie sie durch das »Konkordienbuch« (1580) festgelegt worden waren, fand auch in Reuß-Greiz statt, d.h. es kam zu einer Rückbesinnung auf die »Reußisch-Schönburgische Konfessionsschrift« und die in ihr als Grundlagen für die Landesreligion festgelegten Bekenntnisschriften.

479 Tatsächlich existierte seit 1822 eine katholische Gemeinde in Greiz, die sich durch die Heirat Heinrichs XIX. mit der katholischen Prinzessin Gasparine von Rohan-Rochefort und Montauban (1798/99-1871) angesiedelt hatte (vgl. Espig, Christian: Gliederung. 225). Den Status einer öffentlich anerkannten Kirchgemeinde mit den Eigenschaften und Rechten einer juristischen Person sowie der Vermögensfähigkeit erhielten die katholischen Gläubigen jedoch erst durch die Bestätigung der »römisch-katholischen Kirchgemeinde Greiz« durch Fürst Heinrich XXII. im Jahre 1897 (vgl. Regierungs-Bekanntmachung, in: GS FRAeL, Jg. 1897, Nr. 6. 43). Eine ausführlichere Darstellung der katholischen Gemeinden in Reuß älterer und auch Reuß jüngerer Linie bietet: Freisen: Fürstentum.

480 Viele dieser Vereine gingen nicht nur auf ein besonderes religiöses Sendungsbewusstsein ihrer Initiatoren zurück, sondern waren auch Reaktionen auf die gesellschaftlichen Herausforderungen durch die industrielle Revolution. Sie zeigten welche Nöte innerhalb der Bevölkerung auf seelsorgerlichem wie karitativem Gebiet herrschten und inwiefern Landeskirche und Staat nicht gewillt oder fähig waren darauf zu reagieren. Von staatlicher Seite waren religiöse Vereine nur insofern geduldet, als dass sie zum religiös-gesellschaftlichen Leben im Sinne der Landeskirche beitrugen. Aus diesem Grunde waren die Vereinsgründungen durch Pfarrer wie Gustav

eine landesherrliche Verordnung zu religiösen Versammlungen außerhalb der Kirche aus dem Jahre 1953, in deren Präambel es heißt:

> »Es ist wiederholt der Fall vorgekommen, daß in Unserm Fürstenthum durch ausländische Sectirer religiöse Zusammenkünfte in Privatwohnungen veranstaltet, und durch die in dergleichen Versammlungen gehaltenen aufregenden Vorträge Zwiespalt und Unordnungen in Familien und Gemeinden hervorgerufen worden.«[481]

Für die Richtung, in die die Kirchenpolitik sich jeweils bewegte und damit auch für die Beeinflussung des theologischen Profils der Landeskirche zeichneten sich bis 1918 vor allem die Landesherren als oberste Kirchenherren verantwortlich. Geht es also darum das Staats-Kirchen-Verhältnis in Reuß älterer Linie zu verstehen, bleibt ein Blick auf das religiöse Selbst- und Staatsverständnis der Landesfürsten nicht aus. Besonders hervorzuheben sind für das 19. Jahrhundert in diesem Zusammenhang Fürstin CAROLINE ZU REUSS-GREIZ und ihr Sohn HEINRICH XXII., die beide politisch wie religiös gesehen als ultrakonservativ eingestellt beurteilt werden können und unter

---

SCHMIDT oder ALFRED RESCH, von denen bekannt war, dass sie treu zum Landesherrn und der Landeskirche standen, möglich (vgl. SCHMIDT: Zeulenroda. 472f.; KLEIN: Streifzüge. 60f.; HELLER: Gustav Schmidt. 66; KNOLL: Greiz. 70f.).

[481] Vgl. LANDESHERRLICHE VERORDNUNG, in: GS FRAeL, Jg. 1853, Nr. 14. 173–175. Geregelt wird in dieser Verordnung, dass das Konsistorium des Landes alle privaten religiösen Zusammenkünfte zu genehmigen habe (vgl. §. 1) und sonst Strafe auf solche Versammlungen stehe (vgl. §§. 2–6). Angehörigen des Fürstentums waren solche Privatversammlungen ebenfalls nicht unangemeldet erlaubt, sondern mussten erst einem Pfarramt angezeigt und durch dieses gestattet werden. Dabei lag die Zustimmung zur Abhaltung solcher Versammlungen allein im Ermessen des Pfarrers, der bei Belieben auch hospitieren konnte. Einzig von dieser Regelung ausgeschlossen blieben Hausandachten (vgl. §§. 7f.).

deren Regentschaft die massive Förderung des Neuluthertums durch eine sehr eindeutige Kirchengesetzgebung und eine verschärfte Kirchenzucht stattfand.[482]

Einer der ersten Schritte den Fürstin CAROLINE bei dem Bemühen um eine Förderung der lutherischen Orthodoxie unternahm, war die Berufung entsprechend gesinnter Geistlicher:

> »Daher gewährte sie einigen jener Geistlichen ihrer Heimat und des ehemaligen Königreiches Hannover, die nicht gewillt waren, ihren streng lutherischen Standpunkt der preußischen Landeskirche aufzuopfern, im Greizer Land Unterkunft. Sie berief sie zu Lehrern an die höheren Schulen (Landes-Schullehrer-Seminar), in Pfarrstellen und in die Regierung.«[483]

Diese Entscheidung traf in der Bevölkerung nicht generell auf Zustimmung, wie an den Reaktionen in Zeulenroda deutlich wird:

> »Die entschiedene Wendung der Kirche nach 1860 zum orthodoxen Luthertum paulinischer Prägung unter Führung der aus Hessen und Hannover von der Fürstin Karoline und ihrem Sohn ins Land geholten Theologen und Konsistorialherren fand bei der Masse der hiesigen Gemeindemitglieder wenig Verständnis und wurde vielfach abgelehnt, so daß selbst ein zweifellos so außergewöhnlich bedeutender Pfarrer und Mensch wie Kirchenrat D. Alfred Resch, Pastor primarius unserer Stadt seit 1863, weit mehr dem warmen Leben verbunden als die Greizer asketischen Theologen mit ihrem mittelalterlich anmutenden Gottesbegriffen, eine für die ev.-luth. Landeskirche fast katastrophale Entwicklung zur Entkirchlichung breitester Massen nicht aufzuhalten vermochte. Die echte

---

482 Die Kirchenzucht, unter der die allgemeine kirchliche Rechtsordnung bzw. Kirchenverfassung und die Gemeinschaftsordnung für die Gläubigen verstanden wird, wurde im 19. Jahrhundert durch die Landesherren genutzt, um »jede Äußerung von Unkirchlichkeit in Weltanschauung und Sozialverhalten« (DREHSEN/WALF: Art. Kirchenzucht. 639) der Gläubigen zu ahnden und so das kirchliche Leben institutionell wie sozial im gewünschten Sinne zu formen und zu kontrollieren (vgl. LEITH: Art. Kirchenzucht. 173–176, 183–191; GOERTZ: Art. Kirchenzucht). Entsprechend instrumentalisierten auch Fürstin CAROLINE und HEINRICH XXII. die Kirchenzucht in ihrem Fürstentum als Mittel zur Durchsetzung und Wahrung politischer Macht.

483 SCHMIDT: Zeulenroda. 471.

> Kirchlichkeit beschränkte sich schließlich auf ein kleines Häuflein ›erweckter‹ Christen, fast wie zur Zeit des Pietismus, deren Religion sich in einem zeitfernen Frömmigkeitskult hinter verschlossenen Türen erschöpfte (Landeskirchliche Gemeinschaft).«[484]

Nachdem 1867 Heinrich XXII. seine Regentschaft antrat, führte er die eingeschlagene kirchenpolitische Richtung fort und festigte sie in den Folgejahren. Denn für ihn als Legitimisten und Verfechter des Gottesgnadentums mit Berufung auf Röm 13,1[485] nahm die Religion in seinem Staate eine besondere Stellung ein:[486]

> »So wie er seine Krone von Gott hatte, dem er letztlich auch hinsichtlich seines politischen Wirkens rechenschaftspflichtig war, erwartete er auch von allen anderen, insbesondere seinen Untertanen, sich in wahrhaftigem Christentum zu üben und jene Ordnung der irdischen Dinge zu akzeptieren und zu verteidigen. Er berief sich dabei auf ein göttliches Recht, dem die menschliche Rechtsord-

---

484 Schmidt: Zeulenroda. 474. »1865 wurde im Gegensatz zu Reuß j.L. und anderen thüringischen Ländern die luth.-bayerische Gottesdienstordnung wohl von Resch zuerst in Zeulenroda eingeführt. Die Zeulenrodaer Bevölkerung stand dieser ›Restauration‹ im allgemeinen sehr gleichgültig gegenüber und verlor, als Ganzes gesehen, mehr und mehr ihren inneren Kontakt mit der Kirche. Weder das Anwachsen freidenkerischer Gesinnung (besonders in dem sich ausbreitenden sog. vierten oder Arbeiterstand), noch das Aufleben mystizistischen religiösen Schwärmertums (Landeskirchliche Gemeinschaft) oder religiöser Laiensekten (Apostolische Gemeinde, Methodisten) nach amerikanischem Muster konnten die extrem lutherische Kirche selbst unter Führung eines zweifellos so hervorragenden Geistlichen wie Kirchenrat D. Alfred Resch in unserer Stadt in dem Maße unterbinden, wie dies der katholischen Kirche in ihren ureigensten Bezirken noch möglich war.« (Schmidt, Friedrich Lorenz: Zeulenroda. 471). Die bayerische Gottesdienstordnung war auf Betreiben Reschs eingeführt worden, da er sie als lutherischer als die zu dieser Zeit verwandte, aus der aufklärerischen Phase stammende ansah (vgl. Behr, Michael: Alfred Resch. 67).
Wirkmächtige Vereine, die unter diesen gesellschaftlich-religiösen Vorraussetzungen in dieser Zeit in Zeulenroda entstanden, waren der durch Resch gegründete »Verein für Armenpflege«, der 1878 gegründete »Männer- und Jünglingsverein«, der »durch Vortragsabende, musikalische Uebungen und Unterhaltungen (Chorsingen, Posaunenblasen) die Verbindung zwischen Kirche und Nachwuchs auch außerhalb der öffentlichen Gottesdienste zu erhalten oder verlorene neu zu knüpfen« (Schmidt: Zeulenroda. 473) suchte, sowie ein seit 1863 bestehender »Gustav-Adolf-Verein«.

485 Diese Bibelstelle lautet in lutherischer Übersetzung: »Jedermann sei untertan der Obrigkeit, die Gewalt über ihn hat. Denn es ist keine Obrigkeit außer von Gott; wo aber Obrigkeit ist, die ist von Gott angeordnet.«

486 Klein: Heinrich. 39.

nung nicht widersprechen dürfe. Eine solch konsequente Haltung, die in den vorangegangenen Jahrhunderten mehr Anerkennung gefunden hatte, stempelte ihn nun zum Sonderling.«[487]

Dementsprechend ließ er sich durch die Verfassung von 1867 auch weiterhin die Episkopalrechte garantieren,[488] was ihm ermöglichte die gewünschte Kontrolle in politischen wie kirchlichen Dingen auszuüben. Dies hatte ebenfalls weit reichende Konsequenzen für seine Bevölkerung, denn angesichts der wirtschaftlichen wie auch politischen Entwicklungen im Deutschen Reich, die nicht ohne Wirkung auf sein Fürstentum blieben, wollte er diesen »die moralische Läuterung der Menschen im christlichen Sinne entgegensetzen, die mit der Rückkehr zum Gleichgewicht, wie es vor 1866 in Deutschland bestand, verbunden sein mußte.«[489] Angetrieben durch diese Haltung – dass mit der Religion auch die Moral in die Politik zurückkehren würde – betrieb er die gesetzliche Verschärfung der Kirchenzucht.[490] Dies zeigte sich unter anderem dadurch, dass obwohl sich der Fürst den gesetzlichen Vorgaben des Reiches beugen musste und z.B. die Zivilehe einführen, er die Veröffentlichung einer neuen Dienstanweisung im Jahre 1876 sowie des Kirchengemeindegesetzes von 1880 zur Regelung einer strengeren kirchlichen Ordnung im Fürstentum veranlasste.[491] Des Weiteren wurde auch das Gesetz zu religiösen Zusammenkünften außerhalb der Landeskirche von 1853 im Jahre 1886 ersetzt, in dessen §. 1 es heißt:

> »Personen, welche nicht einer der anerkannten Confessionen angehören, dürfen sich zu solcher gemeinschaftlichen gottesdienstlichen Uebung, welche über die häusliche Andacht [...] hinausgeht, nur unter der Voraussetzung versammeln, daß sie Mitglieder eines von Unserer Landesregierung auf Grund der Landesherrlichen Verordnung vom 28. April 1855 genehmigten Vereins zum Zweck ge-

---

487 Rüster: Forschungsgegenstand. 80.

488 Vgl. Gesetz, in: GS FRAeL, Jg. 1867, Nr. 6. 41. §. 48.

489 Rüster: Forschungsgegenstand. 81.

490 Klein: Heinrich. 52f.

491 Zu den Gesetzen zur Verschärfung der Kirchenzucht gehörte auch eine umfangreiche Regelung zur Feier der Sonn- und Festtage aus dem Jahre 1876, die – samt Nachtrag von 1878 – aufgrund ihrer Ausführlichkeit und Strenge ein Beispiel für die Konsequenz darstellt, mit der der Landesherr seine Kirchen- und Religionspolitik betrieb (vgl. Landesherrliche Verordnung, in: GS FRAeL, Jg. 1876, Nr. 4. 11–15; Nachtrag, in: GS FRAeL, Jg. 1878, Nr. 15. 192f).

> meinschaftlicher Religionsübung sind und daß die Vorschriften des betreffenden Vereinsstatuts, sowie die Bedingungen, an welche die gedachte Genehmigung geknüpft worden ist, gehörig eingehalten werden.«[492]

Durch diese Bestimmungen wurde es für genannte religiöse Vereine äußerst schwierig oder sogar unmöglich, ihre Religion legal in Reuß älterer Linie auszuüben. Dass es in Teilen der Bevölkerung einen Willen zur Lösung von der Landeskirche ebenso wie nach Anerkennung anderer Glaubensgemeinschaften gegeben hat, zeigen die seit 1868 immer wieder stattfindenden Verhandlungen um ein Dissidentengesetz im Landtag, zu denen der Landesherr eine deutlich abweisende Stellung einnahm.[493]

Zur Unterstützung seiner Religionspolitik berief HEINRICH XXII. wegen ihrer »Renitenz«[494] abgesetzte Theologen aus Kurhessen in den 1870er Jahren in sein Territorium und baute »dadurch seine Landeskirche noch mehr zu einer Hochburg der strengsten lutherischen Orthodoxie«[495] aus.[496] In die-

492 LANDESHERRLICHE VERORDNUNG, in: GS FRAEL, Jg. 1886, Nr. 15. 162.

493 Aufgrund einer Petition eines Webermeisters und einiger anderer Männer, die ein Dissidentengesetz forderten und sich bereits von der Kirche losgesagt hatten, wurde in den Landtagsabschied Folgendes als Reaktion darauf aufgenommen: »Mit der beantragten gesetzlichen Regelung des Verhältnisses der Dissidenten ohne dafür hervorgetretenes *allgemeines* Bedürfniß würden Wir Uns zu einer Initiative herbeilassen, die nach Unserer Ueberzeugung in dem Uns anvertrauten Interesse der Kirche vermieden werden muß.« (LANDTAGSABSCHIED, in: GS FRAEL, Jg. 1868, Nr. 30. 594). Zu den Verhandlungen über ein Dissidentengesetz: vgl. KLEIN: Behandlung. 19–24; LOHE: Stellung. 110–115. Erst in der Zeit des Deutschen Reiches änderten sich auf Basis der Reichsgesetzgebung auch in Reuß älterer Linie die Bestimmungen dahingehend, dass ein Kirchenaustritt möglich wurde (vgl. GESETZ, in: GS FRAEL, Jg. 1875, Nr. 17. 255f.). Die Pluralisierung der Weltanschauungen zeigte sich nicht nur an Fragen zum Kirchenaustritt und der Gründung religiöser Vereine, sondern auch an den notwendig werdenden Regelungen zum Religionsunterricht für Kinder, die nicht der Landesreligion angehörten (vgl. CONSISTORIAL-VERORDNUNG, in: GS FRAEL, Jg. 1889, Nr. 5. 45f.).

494 RUDOLF HERRMANN führt dazu aus: »In dem von 1866 von Preußen annektierten Kurhessen war die Pfarrerschaft unter Führung August Bilmars antipreußisch und lutherisch-konfessionell eingestellt. Das führte seit 1873 zur sog. Renitenz gegen gewisse kirchenregimentliche Maßnahmen, hinter denen man Unionsabsichten witterte« (HERRMANN: Kirchengeschichte. 402).

495 HERRMANN: Kirchengeschichte. 402.

496 Diese konservativ in ihren religiösen und meist entsprechend auch in ihren politischen Ansichten geprägten Theologen repräsentierten in Reuß älterer Linie wie auch im sonstigen Deutschen Reich den so genannten ›protestantischen Konservativismus‹, der lutherische Orthodoxie und Monarchismus miteinander verband und unter dem Begriffspaar ›Thron und Altar‹ in die deutsche Geschichte einging. Diese

sem Zusammenhang ist auch die Gründung und Unterstützung des »Lutherischen Gotteskastens« 1881 auf Initiative des Konsistoriums in Greiz sowie in Zeulenroda zu sehen, der zur Unterstützung »orthodox-lutherischer Gemeinden unter unierten, reformierten und calvinistischen Protestanten«[497] gedacht war. Ebenfalls zu nennen ist die Ausrichtung einer großen Gedächtnisfeier zum 400. Geburtstag Luthers an der alle Schüler und Lehrer teilzunehmen hatten. Im Vorfeld hatte das Konsistorium bereits gesetzliche Regelungen erlassen, die den orthodoxen Charakter dieser Veranstaltung garantieren sollten.[498]

Zur strukturellen Sicherung der lutherischen Orthodoxie in seinem Land nutzte der Landesherr auch sein Recht zur Besetzung bzw. Bestätigung der geistlichen Ämter seiner Landeskirche und schuf sich so über die Jahre ein Konsistorialkollegium, das ihn in seiner Religionspolitik, in seiner konservativen Landespolitik sowie in seinen außenpolitischen Auseinandersetzungen mit Preußen tatkräftig unterstützte:

> »Zu diesem Zeitpunkt [1895; Anm. SEKH] hatte der Fürst ein Konsistorium an seiner Seite, das seinen Auffassungen in allen Beziehungen gerecht wurde. Es bestand lediglich noch aus Vertretern der sogenannten ›Rechtspartei‹, die in der halbamtlichen ›Landeszeitung für das Fürstentum Reuß Aelterer Linie‹ ihr Publikationsorgan fand. Nachdem Superintendent Freiherr von der Trenck freiwillig seinen Dienst in Greiz quittierte, um als einfacher sächsischer Pfarrer weiterwirken zu können, bestand das Konsistorium aus folgenden Mitgliedern: Präsident von Dietel, ein ausgesprochener Anhänger der Rechtspartei; Oberregierungsrat von Meding, ein geborener Welfe; Superintendent Gerhold, ein aus Kurhessen vertriebener Pfarrer; Kirchenrat und Landesschulinspektor Pfarrer Schule in Herrmannsgrün, Verfasser der Festschrift zum 25jährigen Regierungsjubiläum des Fürsten und eifriges Mitglied der Rechtspartei; weiterhin der Sekretär von Uslar-Gleichen, ebenfalls ein Welfe; sowie letztendlich Schulrat und Seminardirektor Collmann, gleichfalls wie Gerhold ein vertriebener Kurhesse und Mitglied der welfisch-hessischen Rechtspartei.«[499]

Wendung steht symbolisch für die enge Verbindung zwischen bzw. Einheit von Staat und Kirche gerade im ideologischen Bereich, die bis 1918 als eine Erscheinungsform des Protestantismus existiert hat und anschließend durch das Ende der Monarchien in Deutschland ihre Existenzgrundlage verlor.

497 SCHMIDT: Zeulenroda. 473.

498 Vgl. CONSISTORIAL-VERORDNUNG, in: GS FRAEL, Jg. 1883, Nr. 14. 141f.

499 HERRMANN: Kirchengeschichte. 427.

Nach dem Tode Heinrichs XXII. im Jahre 1902 und der Regierungsübernahme durch die jüngere Linie änderte sich nichts Grundlegendes in der Kirchenpolitik des Landes. Das Konsistorium zeichnete sich weiterhin durch seine strenge lutherisch-orthodoxe Haltung aus.[500] Dennoch gab es einige durch den neuen Landesherrn veranlasste kleinere Veränderungen wie eine gewisse Lockerung der Kirchenzucht und – als Zugeständnisse an die modernen Zeiten – ein neues Kirchgemeindegesetz im Jahre 1918.

Einen tiefen Einschnitt stellte die Trennung von Kirche und Staat im Jahre 1918 dar, die mit dem Ende des monarchischen Zeitalters in Deutschland eintrat und durch die die reußische Kirche ihr landesherrliches Oberhaupt verlor.[501] Kurz darauf gründete sich im April 1919 durch den Zusammen-

---

500 Vgl. Klein: Heinrich. 75.

501 Die Kirchenleitung befand sich seit 1918 in einer Umbruchphase, die zur Wahl einer vorläufigen Synode führte. Im Mai 1919 hielten die 15 Mitglieder ihre konstituierende Sitzung ab, die von den Themen »1. Selbständigkeit oder Anschluss der künftigen Landeskirche an andere Kirchen. 2. Erstellung einer Kirchenordnung als Verfassung. 3. Künftiger Träger der Kirchengewalt« (Koch: Kirche. 76) beherrscht wurde. Nachdem mehr als ein Jahr lang über einen Zusammenschluss zwischen den Landeskirchen der beiden reußischen Fürstentümer verhandelt worden war, kam die Synode schließlich überein, dass die Landeskirche Reuß älterer Linie selbständig bleiben sollte (vgl. Koch: Kirche. 76). Mit der Gründung des Landes Thüringen im Jahre 1920 kam es schließlich wieder verstärkt zu einer Debatte um die seit 1918 bereits aufgeworfene Frage nach einer gemeinsamen thüringischen Landeskirche. Dabei weigerte sich die alte Kirchleitung in Greiz beharrlich und letztmalig am 29. September 1920, der im gleichen Jahr gegründeten Thüringer Evangelischen Landeskirche beizutreten. Als Gründe wurden konfessionelle wie theologische vom Greizer Konsistorium angeführt: »Der ausschlaggebende Grund dafür war die Fortsetzung der Bindung der Landeskirche an das lutherische Bekenntnis, zu der sich die Thüringer evangelische Kirche nicht entschließen konnte« (Koch: Kirche. 77). In der Folge gründete sich die Evangelisch-Lutherische Kirche in Reuß älterer Linie, die sich im Jahre 1922 ihre eigene Verfassung gab (vgl. Klein: Streifzüge. 63) und zwar »mit Kirchenvorstand (Einzelgemeinde), Kirchentag (Synode) und Konsistorium. Dieses bestand aus 3 nebenamtlichen Mitgliedern, 2 Theologen (der Vorsitzende führte die Amtsbezeichnung: Oberkirchenrat) und einem Juristen und bildete gemeinsam mit dem ständigen Ausschuß des Kirchentags den Kirchenausschuß. Der Kirchentag hatte die gesetzgebende Gewalt und wählte die Mitglieder des Konsistoriums. [...]. In der Verfassung spielten überall die lutherischen Bekenntnisschriften eine ausschlaggebende Rolle; die Pfarrer sollten bei der Einführung ›in unzweideutiger Weise auf Schrift und Bekenntnis‹ verpflichtet werden; als anstellungsfähig wurden nur solche betrachtet, die ›fest‹ auf dem Bekenntnis standen. Der Kirchentag wurde nicht durch allgemeine Wahlen der Kirchenglieder, sondern durch die Mitglieder der Kirchenvorstände bestellt. Da es keine Verhältniswahlen gab, waren die Minderheiten praktisch ausgeschaltet« (Herrmann: Kirchengeschichte. 602f.). Erst im Jahre 1934 trat die

schluss der beiden ehemaligen reußischen Fürstentümer unter der Regierung eines Volks- und eines Staatsrates der Volksstaat Reuß.[502]

1.3 Zur Volksschulgeschichte von 1778 bis 1918

1.3.1 Zum Greizer Lehrerseminar von 1793 bis 1918

Nachdem in der Phase des Pietismus ein weiterer Ausbau des Volksschulwesens stattgefunden hatte, indem die räumlichen Unterrichtsbedingungen teils verbessert, die Lehrpläne überarbeitet, die Anschaffung von Lehrmaterial durch den Landesherrn gefördert und eine relativ strenge Durchsetzung der Schulpflicht vorgenommen worden waren, war die Ausgangslage für den weiteren systemisch-pädagogischen Ausbau des Volksschulwesens ab 1778 gut. Einen ersten wichtigen Schritt stellte das Streben nach einer Verbesserung der Qualität der Lehrkräfte durch die von Kirchenrat Friedrich Traugott Wettengel (1750–1824) geförderte Gründung des Greizer Prediger- und Schulmeister-Seminars im Jahre 1793 unter der Bezeichnung »Fürstliches Lehrerseminar« dar. Daraufhin galt für angehende Lehrkräfte die Regelung, dass das Seminar mindestens ein Jahr zu besuchen sei.[503] Die Aufnahme erfolgte durch das Konsistorium, das die Kandidaten zur praktischen und theoretischen Unterweisung an den Superintendenten übergab. Zum Klientel der Seminaristen zählten anfangs ältere Handwerksmeister, »die sich durch eigenen Fleiß und mit Hilfe von Geistlichen oder Lehrern die nötigen Vorkenntnisse angeeignet hatten«[504] und erst einige Zeit später kamen auch junge Handwerksgesellen als Bewerber hinzu. Das Lehrerseminar selbst war keine gut organisierte Ausbildungseinrichtung:

> »Dem Unterricht lagen keine festen Pläne zugrunde. Die Anstalt bot nur gewisse pädagogische Anweisungen. Die Bewerber wurden nicht regelmäßig zu Beginn eines Schuljahres aufgenommen, sondern konnten jederzeit beitreten. Die soziale Lage zwang diese Handwerksmeister und -gesellen, als Seminaristen weiterhin ihr Handwerk auszuüben. Es gab keine Abgangsprüfungen. Die Absolventen

Reußische Landeskirche – wenn auch nicht freiwillig, sondern auf Druck vonseiten Thüringens – der Thüringer Evangelischen Landeskirche bei (vgl. Klein: Heinrich. 75). Dabei ließ sie sich zusichern, dass sie ihre kirchliche Eigenart beibehalten dürfe (vgl. Herrmann: Kirchengeschichte. 603).

502 Vgl. Koch: Kirche. 75.

503 Vgl. Söllner: Entwicklung. 47.

504 Querfeld: Vereinsleben. 7.

> gehörten so lange der Anstalt an, bis eine Lehrerstelle frei war, und das konnte zuweilen zehn Jahre und auch länger dauern. Mancher Seminarist wurde des Wartens müde und gab seine Absicht, Lehrer zu werden, auf. Der Unterricht, vielmehr die Unterweisung, bestand lediglich darin, daß die Seminaristen alle 14 Tage dem Mittwochsgottesdienst beizuwohnen und die Katechisation eines Kandidaten anzuhören hatten, um sich danach in der Wohnung des Direktors, des gleichzeitigen Superintendenten, unter dessen Leitung im Katechisieren zu versuchen. Von einer Lehrerausbildung konnte also kaum die Rede sein.«[505]

Eine Verbesserung der Ausbildungsbedingungen setzte erst nach der Übernahme der Superintendentenstelle durch Gustav Schmidt (1797–1780) im Jahre 1839 ein.[506] Nachdem dieser eine Bestandsaufnahme durchgeführt und einen Plan zum weiteren Ausbau des Lehrerseminars ausgearbeitet hatte, beantragte er bei der Landesregierung die finanzielle Unterstützung seines Vorhabens. Sie wurde ihm gewährt.[507]

Im Jahre 1840 konnte ein erster regulärer, zweijähriger Kurs mit acht Seminaristen eröffnet werden. Diese hatten sich dazu zu verpflichten, regelmäßig an den Gottesdiensten teilzunehmen und Aufzeichnungen zum Gedankengang der Predigten anzufertigen sowie sich als gute Schüler gegenüber ihren Lehrern und untereinander zu zeigen.[508]

Zu den Fächern, die in diesem ersten Semester regulärer Lehrerausbildung wöchentlich gelehrt wurden, gehörten: Christliche Glaubens- und Sittenlehre; Bibelkunde; Orthographie und Stil der deutschen Sprache; Populäre Religions- und Kirchengeschichte; Arithmetik; allgemein Wissenswertes der Geometrie; Naturlehre; Naturgeschichte; physikalische Geometrie und Astronomie; Katechetik; Erziehungslehre; allgemeine Weltgeschichte in Ver-

505 Querfeld: Vereinsleben. 63.

506 Gustav Schmidt orientierte sich bei seinen Entwürfen an den Vorgaben zur Organisation der Lehrerbildung in Sachsen, die bereits ab der Mitte der 1830er Jahre enorme Verbesserungen erfuhr (vgl. Gross: Geschichte. 212).

507 Vgl. Querfeld: Vereinsleben. 63.

508 Vgl. Querfeld: Vereinsleben. 64.

bindung mit Geographie; allgemeine Methodik und theoretische Musik.[509] An dieser Fächerkombination wird einerseits deutlich, wie eng die pfarramtliche und schulpädagogische Ausbildung inhaltlich noch verknüpft waren und andererseits auch, welche Schwerpunkte bis zur Mitte des 19. Jahrhunderts für den noch stark durch religiöse Inhalte geprägten Schulunterricht wichtig gewesen sind.

Zunächst übernahmen der Superintendent, der Konsistorialassessor und der Greizer Kantor den Unterricht am Seminar als unentgeltliche Nebentätigkeit, doch da dies keine dauerhafte Lösung zur Sicherung einer qualitativ guten Lehrerausbildung war, stellte Superintendent Gustav Schmidt 1842 einen Antrag zur Einstellung einer festen Seminarlehrkraft. Daraufhin wurde 1843 der Theologe Franz Hoffmann eingestellt, der in seinen Ansichten den lutherisch orthodoxen Vorgaben des Konsistoriums entsprach und künftig 26 Wochenstunden des seminaristischen Unterrichts zu halten hatte.[510]

Doch trotz der 1839 erstmals in größerem Umfang getroffenen Regelungen zu Zugangs- und Abgangsbestimmungen sowie Ausbildungsinhalten des Greizer Lehrerseminars und weiteren diesbezüglichen Ergänzungen in den 1840er Jahren, zeigten sich bis zur Mitte des 19. Jahrhunderts weiterhin bemerkenswerte Missstände in der Lehrerbildung. Deutlich lässt sich dies an der Analyse der Situation der derzeitigen Lehrerausbildung und an den Plänen für die künftige Gestaltung der Lehrerausbildung zeigen, die während der Verhandlungen des Landtags von 1856 formuliert worden sind:

> »Eine Hauptbedingung zur Hebung der Landschulen ist die Herausbildung tüchtiger Lehrer. Schon längst wurde erkannt, daß hierzu der Unterricht auf einem Gymnasium oder Lyceum nicht ausreiche, weil derselbe für den künftigen Landschullehrer auf der einen Seite zu viel, auf der andern zu wenig gewährt; dies führte zu Errichtung besonderer Lehranstalten für künftige Elementarlehrer – Schullehrerseminarien. – Auch für unser Land machte sich das Bedürfniß einer solchen Anstalt fühlbar. Bei den sehr beschränkten Aussichten, welche das Einkommen der meisten Schulstellen denen bietet, welche sich dem Schulfache

---

509 Vgl. Querfeld: Vereinsleben. 64. Werner Querfeld hat diese Daten dem speziell für eine systematischere Ausbildung der Lehrer aufgestellten »Lectionskatalog für das Semester von Ostern bis Michaelis 1840« entnommen. Darüber hinaus zeigte auch die Praxis deutlich, dass noch eine enge Verbindung zwischen Schuldienst und kirchlichem Dienst bestand: die Volksschullehrer hatten im 19. Jahrhundert neben ihrem Unterricht auch kirchliche Dienste als Organisten, Kantoren oder Pfarrgehilfen zu verrichten, was deren gute musikalische Ausbildung notwendig machte (vgl. Querfeld: Vereinsleben. 65).

510 Vgl. Querfeld: Vereinsleben. 65.

> widmen, ist nicht zu verlangen, noch zu erwarten, daß diese auf ihre Vorbildung aus eigenen Mitteln einen Aufwand machen, der mit ihren Aussichten für die Zukunft im Missverhältnis stehen würde; dies wäre aber nicht zu vermeiden, wenn sie genöthigt wären, ausländische Seminarien zu besuchen, wo sie nicht wie hier, auf allen Seiten Unterstützung und mannigfache Gelegenheit zu Verdienst finden, und eben so wenig den Unterricht frei hätten. Dies führte, nach sorgsamer Erwägung aller Umstände, im Jahre 1843 zu der Errichtung des hiesigen Schullehrerseminars. Dasselbe wurde anfänglich mit einem jährlichen Zuschuß von 350 Thlr. dotirt, dieser jedoch später auf 400 Thlr. erhöht.
> Von den seit 1843 auf dieser Anstalt herangebildeten Zöglingen wurden vier und zwanzig in hiesigen Schuldiensten angestellt, acht haben im Auslande Anstellung gefunden, was ein nicht unrühmliches Zeugniß für die Wirksamkeit des Seminars giebt; einige Zöglinge desselben werden bereits als Hülfslehrer verwendet, andere sind als Privatlehrer thätig; einige sind auch, die hier erhaltene Ausbildung benützend, zu anderen entsprechenden Berufsarten übergegangen.
> Die Zahl der seit Ostern 1854 in das Seminar aufgenommen, und gegenwärtig den Unterricht noch genießenden Jünglinge beträgt 22.
> Durch besondere landständische Bewilligung ist der Fonds des Seminars um jährlich 50 Thlr. vermehrt worden.«[511]

Zur Verbesserung der Lehrerausbildung wurde 1860 eine Bekanntmachung mit einigen Ergänzungen zu dem »Publicando« von 1839 veröffentlicht, die trotz der Einführungen von Neuerungen oder Zusatzbestimmungen grundlegend für die Organisation des Seminars blieb. Diese Bekanntmachung regelte unter anderem, dass die Lehrerausbildung sich künftig aus einem zweijährigen Präparanden- und einem zweijährigen Seminaristenkurs zusammensetzen sollte, die jeweils zu Ostern jeden Jahres eröffnet wurden. Deutlich wird aber auch, dass die Lehrkräfte des Seminars ebenso wie die Lehrinhalte noch spürbar kirchlich und von religiösen Themen bestimmt waren, und auch die Ausrichtung der Ausbildung auf eine hohe Praxisnähe abzielte.[512]

Nachdem Reuß älterer Linie 1867 eine neue Verfassung eingeführt hatte, entstanden im Landtag rege Diskussionen um die Notwendigkeit einer weiteren Aufrechterhaltung des Lehrerseminars in Greiz, da es ob seiner stark orthodoxen Ausrichtung als zu rückständig empfunden wurde. Da sich der Landesherr, jedoch erfolgreich gegen solche Vorwürfe zu wehren wusste, blieb das Seminar bestehen, und zu Beginn der 1870er Jahre setzte sich BERTHOLD SCHMIDT (1838–1925) als Seminardirektor für dessen Neugestaltung ein.[513]

511 REGIERUNGS-BEKANNTMACHUNG, in: GS FRAeL, Jg. 1857, Nr. 2. 9f.

512 Vgl. BEKANNTMACHUNG, in: GS FRAeL, Jg. 1860, Nr. 3. 26–31.

513 Vgl. QUERFELD: Vereinsleben. 68.

> »Die Regierung sprach sich im September 1873 für eine Reorganisation der Anstalt und für den Neubau eines Seminargebäudes aus. Daraufhin beschloss das Konsistorium, für das Seminar einen dreiklassigen Aufbau mit einem vierjährigen Kursus vorzunehmen. Als die Errichtung eines neuen Seminargebäudes an den zu hohen Kosten scheiterte, legte die Regierung Ende 1874 dem Landtag einen abgeänderten Plan vor. Dieser beschränkte sich im wesentlichen auf die Umgestaltung des Unterrichtsbetriebes und sah einen fünfjährigen Kurs in drei Klassen vor: 1) Zwei Jahre Präparandenklasse, 2 zwei Jahre II. Seminarklasse und 3) ein Jahr I. Seminarklasse. Den Unterricht sollten erteilen: der Direktor, ein akademisch und seminaristisch gebildeter Lehrer sowie Musikdirektor Wilhelm Urban.«[514]

Als es zur Beratung dieser Pläne auf dem Landtag von 1875 kam, scheiterten diese jedoch in vollem Umfang, und bis 1886 wurden nur geringfügige Änderungen an der Organisation des Seminars vorgenommen.[515] Erst 1886[516] und nochmals 1910[517] erfolgten größere Veränderungen in der Seminarstruktur, und 1885 wurde zur Verbesserung der didaktischen Ausbildung der Lehrer nach länger andauernden Forderungen und Verhandlungen schließlich eine Seminarübungsschule[518] eingerichtet.

Eine wesentliche Neuerung im Schuldienst stellte die Einstellung von Lehrerinnen ab 1879 dar, womit Reuß älterer Linie in erster Linie den Entwicklungen auf Reichsebene folgte.[519] Im Laufe der nächsten Jahre bis 1918 wurde die Lehrerausbildung weiter verbessert[520] und an die Erfordernisse der Zeit angepasst, wobei für Reuß älterer Linie die Nachbarschaft des Königreichs Sachsen, das sich seit dem ersten Drittel des 19. Jahrhunderts bereits als schulpolitisches Vorbild mit deutschlandweiter Ausstrahlung zeigte, un-

---

514 Querfeld: Vereinsleben. 69.

515 Vgl. Consistorial-Bekanntmachung, in: GS FRAeL, Jg. 1875, Nr. 6. 73; Konsistorial-Bekanntmachung, in: GS FRAeL, Jg. 1901, Nr. 5. 63; Konsistorial-Bekanntmachung, in: GS FRAeL, Jg. 1904, Nr. 2. 14.

516 Vgl. Consistorial-Bekanntmachung, in: GS FRAeL, Jg. 1886, Nr. 6. 87–90.

517 Vgl. Konsistorial-Verordnung, in: GS FRAeL, Jg. 1910, Nr. 16. 135–142.

518 Vgl. Consistorialverordnung, in: GS FRAeL, Jg. 1885, Nr. 1. 1f.

519 Vgl. Consistorialverordnung, in: GS FRAeL, Jg. 1879, Nr. 1. 4; Konsistorial-Verordnung, in: GS FRAeL, Jg. 1911, Nr. 4. 113.

520 Beispielsweise wurden 1912 für Thüringen einheitliche Prüfungen für die Schulamtskandidaten eingeführt (vgl. Konsistorial-Bekanntmachung, in: GS FRAeL, Jg. 1912, Nr. 3. 21–28; Konsistorial-Verordnung, in: GS FRAeL, Jg. 1912, Nr. 6. 37; Konsistorial-Bekanntmachung, in: GS FRAeL, Jg. 1912, Nr. 6. 38; Konsistorial-Bekanntmachung, in: GS FRAeL, Jg. 1912, Nr. 6. 40–43).

ter anderem als ein Motor diente. Die Lehrer selbst hatten bereits in der ersten Hälfte des 19. Jahrhunderts versucht eine Möglichkeit zur Vertretung ihrer Interessen zu finden, was in anderen thüringischen Staaten bereits durch Lehrervereine geschah. Da es in Reuß älterer Linie aber kein Vereins- und Versammlungsrecht gab, das die freie Gründung eines Lehrervereins zuließ, wurde auf Betreiben des Konsistoriums 1841 ein Hauptlehrerverein gegründet. Die Lehrer waren daraufhin verpflichtet diesem Verein beizutreten, der durch den Staat und das Konsistorium gelenkt wurde.[521] Erst nachdem sich die Gesetze zum Vereins- und Versammlungsrecht unter dem Einfluss des Deutschen Reiches zu wandeln begannen, gründete sich 1876 der »Pädagogische Verein« als Zusammenschluss liberal gesinnter Lehrer und fern von staatlichen Einflüssen.[522] Erst 1908 konnte schließlich ein »Landeslehrerverein« durch die Lehrerschaft des Fürstentums selbst gegründet werden.[523]

I.3.2 ZUM STAND DES VOLKSSCHULWESENS IN GREIZ UND ZEULENRODA VON 1778 BIS 1860

Der Stadtbrand von Greiz im Jahre 1802 zog nicht nur einen Einschnitt auf wirtschaftlichem, sondern auch auf schulischem Gebiet nach sich. Letzterer wurde durch die Vernichtung der beiden Schulgebäude, der Bibliothek und der Lehrmittel sowie durch den Wegzug mehrerer Familien und dadurch den Rückgang der Schülerzahlen und den Wegfall wichtiger Geldmittel zur Finanzierung der Lehrkräfte verursacht.[524] Die einzige Lösung dieser schwierigen Lage bestand darin, dass der Bürgermeister der Stadt Greiz selbst handelte und Stadtrat wie Konsistorium dazu drängte, das Knabenschulgebäude wieder errichten zu lassen, während die Mädchenschule bis zum Ende des

521 Vgl. QUERFELD: Gründung. 3f. Der Hauptlehrerverein bildete das Forum zur Abhaltung regelmäßiger Lehrerkonferenzen und wurde erst 1919 im Zuge der Trennung von Kirche und Schule in Reuß älterer Linie aufgelöst. Er gliederte sich – entsprechend den Ephorien – in vier Zweigvereine. Die Herrschaft Burgk besaß seit 1839 einen eigenen Verein, der zunächst unabhängig vom Hauptlehrerverein blieb und erst 1872 damit begann an dessen Konferenzen teilzunehmen.

522 Der »Pädagogische Verein« in Greiz (ab 1919 »Lehrerverein Greiz«) schloss sich 1908 mit den beiden Pädagogischen Vereinen von Zeulenroda und Burgk zusammen, wodurch der »Landeslehrerverein Reuß älterer Linie« entstand, der sich 1922 dem »Thüringer Lehrerverein« anschloss.

523 Vgl. HESS: Geschichte Thüringens. 197.

524 Vgl. QUERFELD: Vereinsleben. 8.

19. Jahrhunderts in der sog. Armenanstalt untergebracht wurde.[525] Die Unterrichtsbedingungen ebenso wie die Durchsetzung der Schulpflicht blieben dennoch trotz dieser einzelnen Verbesserungen aufgrund politischer Faktoren bis zur Mitte des 19. Jahrhunderts mangelhaft.[526] Doch auch wenn von staatlicher Seite tief greifende bildungspolitische Reformen zunächst weiterhin fehlten, wurde auf privater Ebene ab den späten 1830er und frühen 1840er Jahren immer mehr in dieser Richtung getan, was vor allem mit den wirtschaftlichen und sozialen Veränderungen ab dem zweiten Drittel des 19. Jahrhunderts zusammenhing. Denn wirtschaftlich betrachtet setzte in Reuß-Greiz ab den 1830er Jahren ein allmählicher Aufschwung ein, der mit den durch die deutsche Zollpolitik verbesserten Handelsbedingungen sowie der langsam beginnenden Industrialisierung einherging. In Greiz selbst vergrößerten sich ab dem zweiten Drittel des 19. Jahrhunderts die Einwohnerzahlen beständig und die Zahl der Kinder stieg an, doch nur die wenigsten Familien konnten das nötige Schulgeld aufbringen bzw. brauchten ihre Kinder als zusätzliche Arbeitskräfte zur Finanzierung ihres Lebensunterhalts, sodass diese die öffentlichen Schulen nicht besuchen konnten.[527] Da der Staat oder auch die Stadt Greiz jedoch keine Lösung für dieses Problem lieferten, obwohl Forderungen vonseiten der Bürger zum staatlichen Ausbau des Volksschulwesens laut wurden, gründeten sich private Initiativen zur Beschulung und Erziehung armer Kinder.[528]

---

525 Vgl. Querfeld: Vereinsleben. 8.

526 »Bemerkenswert ist, daß die Landesregierung um 1840 gegen die Verwendung schulpflichtiger Kinder als Hütejungen weit weniger energisch vorging als im 18. Jahrhundert, weil sie die Rittergutsherren nicht verletzen wollte, die im vormärzlichen Landtag die Mehrheit bildeten und in jener revolutionären vormärzlichen Zeit dem Landesherrn als die einzigen zuverlässigen Stützen seines Thrones galten. Umso entschiedener forderten die liberalen Elemente der 48er Bewegung die unbedingte Schulpflicht [...]« (Schmidt: Zeulenroda. 518).

527 Vgl. Querfeld: Vereinsleben. 11.

528 Ein Beispiel hierfür stellt die Gründung der »Beschäftigungsanstalt für verwahrloste Kinder« im Sommer 1841 durch den Greizer »Frauenverein« dar, der diese ebenfalls unterhielt. Ihre Aufgabe war es, schulpflichtige Jungen und Mädchen unterzubringen, die durch ihre arbeitenden Eltern tagsüber nicht beaufsichtigt werden konnten. Die Kinder erhielten für die Arbeit, die sie dort leisteten, einen Lohn, Frühstück sowie Abendbrot. Ab 1847 wurde die Einrichtung zu einer Anstalt für Mädchen umgewandelt, in der die Schülerinnen von einer Art Lehrerin in verschiedenen Handarbeitstechniken ausgebildet wurden. Für die Kinder, die weder Waisen waren noch Aufnahme in der Beschäftigungsanstalt fanden, zeichnete sich ab 1847 die »Erbprinzenstiftung« verantwortlich (vgl. Querfeld, Werner: Vereinsleben. 11). Neben diesen beiden Einrichtungen existierte eine »Kinderbewahranstalt« für Jun-

Eine wichtige Persönlichkeit im Zusammenhang mit Verbesserungen im Volksschulwesen durch dessen weiteren systemisch-pädagogischen Ausbau war Gustav Schmidt. Er hatte Philosophie und Theologie in Leipzig und Jena studiert und war ab 1821 am Greizer Predigerseminar tätig. Zudem war er Prediger am Hofe Heinrichs XIX., Hauslehrer in Adelskreisen, ab 1821 erster Mädchenlehrer und ab 1824 Archidiaconus der Stadt Greiz. Im Jahre 1839 übernahm er die Ämter des ersten Stadtpfarrers von Greiz, des Superintendenten, des ersten Konsistorialassessors, des Leiters des Greizer Lehrerseminars sowie Schulinspektors des Fürstentums.[529] 1841 verfasste Schmidt einen Lagebericht zur Knaben- und auch Mädchenschule der Stadt Greiz, den er beim Konsistorium einreichte. Aus dem Bericht ging hervor, dass für die große Anzahl von Schülern nicht ausreichend Lehrer vorhanden waren,[530] woraufhin die Mädchenschule einen zusätzlichen Lehrer bewilligt bekam.[531] Doch neben seinem Wirken für die öffentliche Volksbildung, zeichnete er sich ebenfalls für den Ausbau des Armenschulwesens verantwortlich. Er widmete sich in besonderem Maße dem Greizer Waisenhaus, das er als Direktor leitete. 1842 war die Armenschule, die an die Waisenschule angeschlossen war, zu einer öffentlichen Lehranstalt erhoben worden.[532] Dennoch blieb sie ebenso wie die Waisenschule eine auf Wohltätigkeit und Privatinitiative gestützte Angelegenheit. 1848 verband Schmidt das Waisenhaus mit einer Armen- und Abendschule,[533] hob damit dessen Bedeutung und bot gleichzeitig den am Tage in den Fabriken arbeitenden Kindern die Möglich-

---

gen und Mädchen aus Arbeiterfamilien, die zwischen zweieinhalb und sechs Jahren, sowie eine »Krippe« für Kleinkinder, die zwischen sechs Wochen und zweieinhalb Jahren alt waren – beides nichtstaatliche Einrichtungen (vgl. Querfeld: Vereinsleben. 37).

529 Vgl. Heller: Gustav Schmidt. 65. Theologisch war er ein Vertreter des Neuluthertums. Darüber hinaus zeichnete er sich durch ein starkes soziales Empfinden aus, was sich in seinem gesamten Wirken zeigte: »Die Industrialisierung führte auch in Greiz zu massiven sozialen Problemen und die Not in den unteren Schichten verschärfte sich. Schmidts ausgeprägtes Sozialgefühl erkannte bald, dass der Übergang von der Heimarbeit zur Fabrikarbeit auch eine Umgestaltung im Erziehungs- und Bildungswesen erforderte« (Heller: Gustav Schmidt. 65).

530 In den drei Klassen der Knabenschule wurden 71, 86 und 155 Schüler unterrichtet, während es in der Mädchenschule pro Klasse 155 und 172 Schülerinnen waren (vgl. Söllner,: Entwicklung. 47).

531 Vgl. Söllner: Entwicklung. 47.

532 Vgl. Querfeld: Vereinsleben. 11.

533 Vgl. Heller: Gustav Schmidt. 66.

keit, dennoch eine Schulbildung zu erhalten.[534] Die Armen- und Abendschule bildete die Grundlage und das Vorbild für die Herausbildung der vier Fabrikschulen, auch Abendschulen genannt, ab den 1840er Jahren.[535] Ähnliche Schulen waren in der zweiten Hälfte des 19. Jahrhunderts die so genannten Gewerbe- oder Fortbildungsschulen, die den beruflichen Anforderungen der Zeit entsprechen sollten und meist durch Handwerker und Industrielle finanziell unterstützt oder sogar ins Leben gerufen worden waren.[536]

Im Jahre 1848 ließ Gustav Schmidt eine Volksbibliothek einrichten und gründete 1849 eine Sonntagsschule in der jungen Handwerkern eine Bildung in den Allgemeinfächern zukam.[537] Im Jahre 1852 war schließlich auch das Rettungshaus »Carolinenfeld« zu einer Anstalt für Knaben und Mädchen ausgebaut. Es war vom Verein für innere Mission unter Leitung Gustav Schmidts 1849 gegründet worden, und jegliche dort stattfindende Erziehung sowie der Unterricht wurden nach seinen Grundsätzen streng christlich gestaltet. Ziel war es, so genannte ›verwahrloste Kinder‹ durch Unterricht und Arbeit den Weg in ein geregeltes und sittlich gutes, christliches Leben zu zeigen.[538]

All diese genannten Erziehungs- und Unterrichtseinrichtungen verband einerseits die Tatsache, dass sie für die arbeitende und arme Bevölkerung errichtet worden waren und andererseits, dass sie nicht unter die staatliche Aufsicht und Unterhaltung fielen, sondern allein auf Privatinitiativen zurückgingen. Dementsprechend wurden sie von Privatpersonen, Stiftungen oder Vereinen finanziert und unterhalten. Dies änderte sich bis zum letzten Drittel des 19. Jahrhunderts ebenso wenig wie die Bedeutung dieser Einrichtungen zur Unterstützung des Ausbaus des Bildungs- und Erziehungswesens.[539]

---

534 Vgl. Heller: Gustav Schmidt. 66.

535 Vgl. Söllner: Entwicklung. 47.

536 Vgl. Schmidt: Zeulenroda. 528.

537 Vgl. Heller: Gustav Schmidt. 66.

538 Vgl. Querfeld: Vereinsleben. 14f.

539 Die Stiftungen, Vereine und auch »Unterstützungskassen« zur Ergänzung des Erziehungs- und Schulwesens im Fürstentum blieben das gesamte lange 19. Jahrhundert hindurch wichtige Stützen der staatlichen Einrichtungen und standen später durch die Verfassung von 1867 auch unter staatlichem Schutz. Dadurch gelang es vielen von ihnen in den Körperschaftsstatus zu gelangen (vgl. Consistorial-Bekanntmachung, in: GS FRAeL, Jg. 1861, Nr. 15. 125–142; Regierungsbekanntmachung, in: GS FRAeL, Jg. 1881, Nr. 4. 79; Regierungs-Bekanntmachung, in: GS FRAeL, Jg. 1884, Nr. 1. 7f.; Regierungs-Bekanntmachung, in: GS FRAeL, Jg. 1889, Nr. 5.

Insgesamt betrachtet blieben die schulischen Verhältnisse in der Stadt Greiz, wie auch in Zeulenroda und den Ortschaften des Landes, bis in die zweite Hälfte des 19. Jahrhunderts hinein in vielerlei Hinsicht unzureichend.[540] Dies lag unter anderem daran, dass der Ausbau des Volksschulwesens von staatlicher Seite keine Priorität genoss und damit dessen staatliche Unterstützung mangelhaft war. Ein weiterer Grund war, dass den Kirchkästen und Gemeinden einerseits die finanziellen Mittel zu einer Verbesserung fehlten und andererseits ihre Handlungsmöglichkeiten rechtlich stark eingeschränkt waren. Der eigentliche Schulherr war der Staat, während die zuständigen Verwaltungsinstanzen zur Landeskirche gehörten und die Gemeinden selbst konnten nur mit einer Erlaubnis und Unterstützung von Staat und Landeskirche ihre Volksschulen ausbauen. Dementsprechend trat die Bevölkerung des Fürstentums immer wieder an die Landesregierung und den Landesherrn, teilweise auch erfolgreich, mit Forderungen heran. Wie sich die landesherrlichen Maßnahmen zur Unterstützung des Volksschulwesens bis 1856 gestalteten und welche Faktoren für die Notstände im Volksschulwesen eine Rolle spielten, zeigt ein Auszug aus dem Landtagsabschied zu den Verhandlungen von 1856:

> »Die Aufbringung der Mittel, welche die Kirchen und Schulen erfordern, ist zwar zunächst Obliegenheit der Gemeinden; [...] allein die hohe Wichtigkeit, welche

45; REGIERUNGS-BEKANNTMACHUNG, in: GS FRAEL, Jg. 1890, Nr. 9. 47; REGIERUNGS-BEKANNTMACHUNG, in: GS FRAEL, Jg. 1892, Nr. 8. 111; REGIERUNGS-BEKANNTMACHUNG, in: GS FRAeL, Jg. 1893, Nr. 1. 28; REGIERUNGS-BEKANNTMACHUNG, in: GS FRAEL, Jg. 1893, Nr. 5. 47; REGIERUNGS-BEKANNTMACHUNG, in: GS FRAEL, Jg. 1894, Nr. 1. 2; REGIERUNGS-BEKANNTMACHUNG, in: GS FRAEL, Jg. 1894, Nr. 4. 25; REGIERUNGS-BEKANNTMACHUNG, in: GS FRAEL, Jg. 1894, Nr. 4. 25; REGIERUNGS-BEKANNTMACHUNG, in: GS FRAEL, Jg. 1894, Nr. 5. 31; REGIERUNGS-BEKANNTMACHUNG, in: GS FRAEL, Jg. 1895, Nr. 7. 78; REGIERUNGS-BEKANNTMACHUNG, in: GS FRAEL, Jg. 1901, Nr. 4. 62; REGIERUNGS-BEKANNTMACHUNG, in: GS FRAEL, Jg. 1903, Nr. 13. 74; REGIERUNGS-BEKANNTMACHUNG, in: GS FRAEL, Jg. 1904, Nr. 3. 25; REGIERUNGS-BEKANNTMACHUNG, in: GS FRAEL, Jg. 1904, Nr. 3. 26; REGIERUNGS-BEKANNTMACHUNG, in: GS FRAEL, Jg. 1906, Nr. 5. 30; REGIERUNGS-BEKANNTMACHUNG, in: GS FRAEL, Jg. 1906, Nr. 9. 43; REGIERUNGS-BEKANNTMACHUNG, in: GS FRAEL, Jg. 1906, Nr. 14. 83; HÖCHSTE VERORDNUNG, in: GS FRAEL, Jg. 1910, Nr. 7. 72–74; REGIERUNGS-BEKANNTMACHUNG, in: GS FRAEL, Jg. 1912, Nr. 7. 53f.; REGIERUNGS-BEKANNTMACHUNG, in: GS FRAEL, Jg. 1912, Nr. 18. 223; REGIERUNGS-BEKANNTMACHUNG, in: GS FRAEL, Jg. 1912, Nr. 18. 226).

540 In der Greizer *Knabenschule* gab es Mitte des 19. Jahrhunderts sieben Klassen von denen jede zwischen 90 und 104 Schüler zählte und auch in der Greizer *Mädchenschule*, die mittlerweile fünf Klassen umfasste, stellten sich die Verhältnisse ähnlich dar (vgl. SÖLLNER: Entwicklung. 48).

ein gehöriger Schulunterricht nicht allein für die betreffenden Gemeinden, sondern auch für die allgemeine Wohlfahrt hat, macht nicht allein der Staatsregierung und dem Kirchenregiment die sorgsame Beaufsichtigung des Schulwesens zur Pflicht, sondern macht auch nöthig, daß der Staat aushülflich eintrete, wenn die Kräfte der Gemeinden nicht ausreichen, um jenem Zwecke gehörig zu genügen.

Hierauf ward von den Erlauchten Landesherren schon in früherer Zeit ernstlich Bedacht genommen, und namentlich bereits in der ersten Hälfte des vorigen Jahrhunderts – zuerst nur für die Herrschaften Obergreiz und Dölau – eine Kasse zur Verbesserung der geringen Gehalte der Landschullehrer gestiftet; später wurden derselben noch andere Zuschüsse gewidmet, und ihr die Bestimmung einer allgemeinen Schulkasse für das ganze Land gegeben. Seit dem Jahre 1845 erhält diese Kasse einen jährlichen Zuschuß aus Landesmitteln, welcher anfänglich 300 Thlr. betrug. Bei Bewilligung dieses Zuschusses ward zwar auch eine allenfallsige Unterstützung städtischer Lehrer in Aussicht genommen, jedoch dabei ausdrücklich bestimmt, daß dieselbe stets nur vorübergehend sein dürfe.

Konnte hiermit auch ein Anfang zu Verbesserung der Lage der Landschullehrer gemacht werden, so reichte doch diese Unterstützung bei Weitem nicht aus, um auf die Dauer dem Bedürfnisse zu genügen. Der immer höher steigende Preis alles dessen, was zum Leben nothwendig ist, gegenüber dem so sehr geringen Einkommen der meisten Schulstellen – unter den 34 Schulstellen des Landes befanden sich 2, deren Einkommen unter 100 Thlr., und 15, deren Einkommen nur zwischen 100 und 150 Thlr. betrug – machte eine bleibende Verbesserung desselben unumgänglich nöthig; die großen Ansprüche, welche, in Vergleichung mit der früheren Zeit, an den Unterricht gemacht werden, erheischten eine Vermehrung der Lehrmittel; das außerordentliche Anwachsen der Bevölkerung, welche in den Jahren 1833 bis 1855 von 30,041 auf 39,302 Köpfe, mithin um mehr als 30 Procent stieg, hatte eine Überfüllung der Schulen zur Folge, so daß bei mancher derselben die Kräfte eines einzelnen Lehrers völlig unzureichend wurden, und die Anstellung von Hülfslehrern nicht umgangen, oder auch nur länger aufgeschoben werden konnte; endlich war auch in einigen Fällen die Emeritirung älterer, zu Erfüllung ihres schweren Berufs nicht mehr tüchtiger Lehrer nöthig. Wenn auch in dergleichen Fällen die Mehrzahl der betreffenden Gemeinden sich willig zeigten, zu dem erforderlichen Mehraufwande das Ihrige beizutragen, so konnte von ihnen doch billiger Weise nicht verlangt werden, denselben allein zu übernehmen, und es mußte derselbe daher theilweise aus der Landschulkasse bestritten werden. Aus diesen Gründen wurde ständischer Seits der Zuschuß zu letzterer mit dankenswerther Bereitwilligkeit nach und nach bis auf 850 Thlr. erhöht.

Auch auf dem jetzigen Landtage bethätigten die Herrn Stände ihren rühmlichen Sinn für Hebung des öffentlichen Unterrichts, indem sie diesen Zuschuß auf die Finanzperiode von 1857 bis 1864 noch um 150, mithin auf 1000 Thlr. jährlich erhöhten, und ihre Deputirten zu Bewilligung weiterer Zuschüsse für den Fall ermächtigten, daß durch nothwendige Errichtung neuer Lehrerstellen, durch Ausschulungen und Begründung neuer Schulen oder durch Emeritirungen sich das Bedürfniß dazu herausstellen sollte, und, was insbesondere die Emeritirungen betrifft, der etwaige Aufwand für dieselben nicht aus dem laufenden Fonds bestritten werden könnte.«[541]

In Zeulenroda dagegen hatte nur eine Volksschule existiert, die in der zweiten Hälfte des 18. Jahrhunderts wegen wachsender Schülerzahlen baulich erweitert worden war[542] und im Jahre 1790 dem Stadtbrand zum Opfer fiel, sodass ein Schulneubau notwendig wurde:

»Die Schule erhielt fünf Klassenzimmer und vier Lehrerwohnungen. Der Bau war sehr mangelhaft, denn es fehlte das Geld, etwas Gutes in Angriff nehmen und vollenden zu können. Die Lehrer klagten wiederholt über unzulängliche Räume, gesundheitsschädliches Zusammenpferchen der Kinder in niedrigen Räumen, von deren Wänden das Wasser niederlief und sich im Winter in den Klassenzimmern an der Nordwestseite des Hauses in Reif verwandelte. Die Verhältnisse besserten sich erst, als das neue Rathaus fertig geworden war (1828) und das alte Rathaus in der Schuhgasse zur Mädchenschule bestimmt wurde. Man gewann dadurch im alten Schulgebäude neben der Stadtkirche soviel Platz, daß man die ungünstigsten Räume ausschalten konnte. 1835 wurde der am schlechtesten gebaute Westflügel niedergerissen, weil er bereits baufällig war. Er wurde in verkleinertem Maße schöner und besser wieder aufgebaut und in ihm eine Wohnung für den Kantor eingerichtet [...].«[543]

Bereits seit 1745 gab es keine wöchentlichen Schulkonferenzen der Lehrer mehr, in denen sich das Kollegium über bestehende Probleme und Möglichkeiten zur Verbesserung der Lehrumstände und des Unterrichts hätte austauschen können.

Noch bis zur Mitte des 19. Jahrhunderts wurden vonseiten des Konsistoriums immer wieder Rügen zum zahlreichen Fernbleiben der Schüler – vor allem der Mädchen – vom Unterricht erteilt. In Zeulenroda selbst wurde in den 1820er Jahren durch die steigende Zahl von Schülern immer deutlicher, dass das Klassenzimmer nicht ausreichte:

541 REGIERUNGS-BEKANNTMACHUNG, in: GS FRAeL, Jg. 1857, Nr. 2. 8f.

542 Vgl. SCHMIDT: Zeulenroda. 529f.

543 SCHMIDT: Zeulenroda. 530f.

> »Pfarrer und Rat der Stadt lehnen diesen Vorschlag der Klassenteilung jedoch ab. Heuschkel [Lehrer der Zeulenrodaer Stadtschule, Anm. SEKH] wollte, statt beide Abteilungen vor- und nachmittags gemeinsam, die Fortgeschrittenen am Vormittag, die ABC-Schützen am Nachmittag unterrichten. Dies würde nach Ansicht der Behörde einen Entrüstungssturm in der Stadt geben, da die Eltern keinesfalls für den halben Unterricht das ganze Schulgeld zu zahlen bereit sein würden. Die Behörden sind zwar auch der Meinung, daß die Kinder in getrennten Abteilungen besser unterrichtet werden und mehr lernen könnten als bei zweimaligem Unterricht am Tage in zusammengepferchter Enge einer Klasse, glauben auch, daß sie gesundheitlich weniger Schaden leiden würden: am Schuldreier jedoch läßt man die Neuerung scheitern.«[544]

Ein weiterer Schritt zur Verbesserung des Zeulenrodaer Schulwesens setzte mit dem Wirken des Kantors Friedrich Solle (1807–1884) im Jahre 1835 ein, der das Lehrerseminar in Weimar besucht hatte. Er führte Schulnoten zur besseren Beurteilung der Schüler ein und setzte sich auch für die Umstellung des Unterrichts von einem Einzel- hin zu einem Gesamtunterricht für alle Kinder ein.[545]

Auch in Zeulenroda kam es durch die Aufsichtsberichte an das Greizer Konsistorium, das Erleben der Unterrichtszustände vor Ort sowie die Reformvorschläge Gustav Schmidts 1839 vermehrt zu Reorganisationsforderungen vonseiten der Lehrenden wie der Bürgerschaft. Erste spürbare Reaktionen darauf traten im Zuge des Vormärz und der Revolution von 1848/49 auf, indem Bürger oder auch politisch engagierte Vereine Pläne für eine Reform des Schulwesens entwarfen. Ein Beispiel dessen stellt die durch den Bürgerausschuss Zeulenroda gewählte Schulkommission und der 1850 verfasste Plan zu einer Schulreform dar,[546] der verdeutlicht, welche Missstände zu dieser Zeit herrschten:

> »Ein Regulativ über Schulversäumnisse, das nur Papier blieb, eine unzulängliche Besoldungsordnung für neu anzustellende Lehrkräfte, eine Gesetzesvorlage über andersartige Erhebung des Schulgeldes und der Gehaltszahlung, die Forderung

---

544 Schmidt: Zeulenroda. 524.

545 Letzteres konnte er nicht durchsetzen, sondern verblieb – wie bisher üblich – vor allem beim Unterricht einzelner begabter und aus betuchteren Familien stammender Schüler, deren Eltern diesen Unterricht bezahlen konnten, sodass diese Kinder »alles lernten, was das Leben später von ihnen forderte, und sie erhielten eine Bildung, die der heutigen Volksschulbildung mindestens gleichwertig war« (Schmidt: Zeulenroda. 525).

546 Vgl. Schmidt: Zeulenroda. 520.

> neuzeitlicher Unterrichtsmethoden und die Beseitigung der Prügelstrafe bezw. deren Umwandlung in Arrest- und Ehrenstrafen waren wesentliche Programmpunkte Grimms und seiner Freunde, über die viel geredet und wenig beschlossen wurde. Der einzig positive Gewinn für das Schulwesen war der Wunsch nach einer Teilung der Stadtschule in eine schulgeldpflichtige Bürgerschule mit gehobenen Lehrzielen und in eine Armenfreischule. Merkwürdigerweise lief man aber später gerade im Bürgerausschuß gegen die Sprachklasse der Bürgerschule an, die man für eine Bevorzugung der Wünsche reicher Leute erklärte. Die Anregung der Zweiteilung stammte übrigens vom Superintendenten Dr. Schmidt, der sie im Anschluß an seinen Reorganisationsplan zur Entlastung der überfüllten und unter sehr zahlreichen Schulversäumnissen fast aller Kinder der ärmeren Bevölkerung leidenden Stadtschule gegeben hatte. Trotzdem nun auch der Bürgerausschuß die Teilung forderte, kam sie zunächst nicht zustande, weil sich Ausschuß und Stadtrat scheuten, die Mittel durch Steuererhebung aufzubringen.«[547]

Es waren einerseits die politischen Verhältnisse des Vormärz, die ein Handeln der Landesregierung im Sinne einer Verbesserung des Volksschulwesens im eigenen Land verhinderten, wodurch von der Regierung auch kein ausreichender politischer Druck auf den Stadtrat und die Bürgerschaft ausgeübt werden konnte, sowie andererseits das stetig bestehende Problem nicht ausreichend vorhandener finanzieller Mittel. Dennoch setzten auch in Zeulenroda ab der Mitte des 19. Jahrhunderts nachhaltige Reformen ein:

> »Eine Förderung aller Kinder bis zur Bildungshöhe, wie sie dem Volksschulpädagogen der liberalen Zeit um 1830 bis 1848 vorschwebte, wurde in Zeulenroda erst durch die Reformen *Reschs* allmählich erreicht, blieb aber bis gegen 1900 wesentlich hinter den Erwartungen zurück, da der Religionsunterricht einen ungemein breiten Raum einnahm und hierunter aller Unterricht, besonders der Deutsch- und Geschichtsunterricht, sehr leiden mußte.«[548]

1.3.3 ZUR REORGANISATION DES GREIZER VOLKSSCHULWESENS VON 1860 BIS 1910

1.3.3.1 Zur Modernisierung des Greizer Volksschulwesens von 1860 bis 1866

Die noch in der Mitte des 19. Jahrhunderts herrschenden Missstände im Volksschulwesen und die langsame Reaktion des Staates darauf führten dazu, dass in den 1860er Jahren Forderungen seitens des Greizer Bürger-

---

547 SCHMIDT: Zeulenroda. 519.

548 SCHMIDT: Zeulenroda. 525.

tums nach weltlichen Inspektionsrechten des Stadtrats über Kirche und Schule laut wurden.[549] Das Ziel war es, lokalen Einfluss auf die Schulaufsicht und damit auf das Konsistorium und die einseitige Ausrichtung des Volksschulwesens in seinen Bildungsplänen ausüben zu können:

> »Diese Forderungen zeigen deutlich die Bestrebungen des Greizer Bürgertums, die immer mehr die partikularistisch-reußischen Ziele zugunsten einer unitarisch-deutschen Einstellung ausschließen wollten. Während in dieser Zeit in den anderen thüringischen Landen das Schulwesen immer mehr in die Hand des Staates und der Gemeinde überging, blieb das Konsistorium in Reuß-Greiz – ebenso wie in Schwarzburg-Rudolstadt – oberste Schulbehörde, was weiterhin die kirchliche Ausrichtung des Greizer Schulwesens zur Folge hatte.«[550]

Zur gleichen Zeit verfasste der Stadtpfarrer von Zeulenroda, ALFRED RESCH (1835–1912), 1863 seine Schrift »Das Schulwesen der Stadt Greiz«, in der er nicht nur die Entwicklung der Schulen der Stadt nachzeichnete, sondern auch einen kritischen Blick auf die zu dieser Zeit herrschenden schulischen Zustände warf.[551] Er forderte eine deutliche Verbesserung des Schulwesens durch eine größere Beteiligung städtischer Organe an dessen Ausbau:

> »Die wirtschaftlich vorangekommene Stadt sollte die Neugestaltung und Hebung des Schulwesens als Aufgabe und Pflicht ansehen und dementsprechend die Unterhaltungskosten übernehmen, um geordnete, den anderen Staaten angepaßte Verhältnisse zu schaffen, das Schulwesen zu fördern und den Aufbau auf lange Zeit zu sichern. Er schlug eine Schulkommission vor, durch die der Einfluß der städtischen Behörden vergrößert werden sollte.«[552]

Dieser Bericht wurde anschließend bei der Schulbehörde kontrovers diskutiert und führte letztlich auch zu Veränderungen in der Organisation der Bürgerschule, die mittlerweile ein Parallelklassensystem aufwies, für das neue Lehrer notwendig wurden. Des Weiteren sprach der Bericht die schlechten Unterrichtsbedingungen in der Mädchenschule, der Armen- und Waisen- bzw. Halbtagsschule, und den vier Fabrik- bzw. Abendschulen an, die nicht nur die räumlichen Gegebenheiten betrafen, sondern auch die zu hohe Schü-

---

549 Vgl. SÖLLNER: Entwicklung. 48.

550 QUERFELD: Vereinsleben. 22.

551 Vgl. RESCH: Schulwesen.

552 QUERFELD: Vereinsleben. 20.

lerzahl für zu wenige Lehrer. Diese Umstände sowie die schlechte Bezahlung der Lehrer, wegen der sie meist noch Privatunterricht geben mussten und so 60- bis 80-Stunden-Arbeitswochen leisteten, sorgten dafür, dass eine spürbare Anzahl an Lehrkräften nach Sachsen übersiedelte, das bereits seit längerem feste Regelungen zur Verbesserung der Volksschulverhältnisse getroffen hatte.[553]

1864 fasste die Lokalschulinspektion Greiz einen »Bericht, die öffentlichen Schulen der Stadt Greiz, insonderheit die bei denselben neuerdings bewirkten Organisationen betreffend« ab, worin diese ebenfalls wie ALFRED RESCH zu dem Schluss kam, dass eine Reorganisation des Stadtschulwesens in Greiz notwendig sei.[554] 1865 wurde daraufhin mit der Ausarbeitung eines Reorganisationsplanes begonnen, der die Errichtung einer einheitlichen Bürgerschule mit einer dreistufigen Gliederung für Knaben wie Mädchen vorsah. Sie sollte der elementarsten Grundbildung über die zur Ergreifung eines bürgerlichen Berufes notwendige Bildung bis hin zu einem Bildungsniveau reichen, die den Knaben den Übergang zu einer Staatsrealschule oder sogar einem Gymnasium ermöglichte und den Mädchen die Bildung einer höheren Töchterschule vermittelte.[555] Daneben setzte sich RESCH dafür ein, dass sämtliche existierenden Lehranstalten zum Aufbau einer gemeinsamen Bürgerschule vereinigt würden. Dem wurde jedoch von städtischer Seite durch die Kommission des Stadtverordnetenkollegs von 1865 nur eingeschränkt zugestimmt. Die Komission wollte die Fabrikschule sowie die Armen- und Waisenschule von dieser Entwicklung weiterhin ausschließen, wohingegen RESCH angestrebt hatte, jene Schulen endlich den städtischen Behörden zu unterstellen und damit die Lage des Armenschulwesens zu verbessern.[556] Die Kommission des Stadtverordnetenkollegs arbeitete zwar 1865 einen Plan zur Reorganisation des Schulwesens aus, da jedoch Uneinigkeit in den Beratungen von 1866 zwischen Konsistorium und städtischen Vertretern von Greiz bezüglich der Abtretung des Kollaturrechts herrschte, folgte eine Ruhephase der Verhandlungen.[557] Dass dennoch die Frage um das Kollaturrecht auch in den Landtagsverhandlungen von 1867 und 1868 weiter thematisiert wurde, zeigt der zugehörige Landtagsabschied.[558] Obwohl der Landtag zu-

---

553 Vgl. QUERFELD: Vereinsleben. 17; RESCH: Schulwesen.

554 Vgl. QUERFELD: Vereinsleben. 20.

555 Vgl. QUERFELD: Vereinsleben. 21.

556 Vgl. QUERFELD: Vereinsleben. 21.

557 Vgl. SÖLLNER: Entwicklung. 48f.

558 Vgl. LANDTAGSABSCHIED in: GS FRAeL, Jg. 1868, Nr. 30. 589–596.

gunsten der künftigen Aufsicht des Greizer Stadtrates und der Gemeindevertreter über die Schulangelegenheiten in ihren Einflussbereichen entschied, sprach sich der Landesherr klar dagegen aus, da es für ihn »einen Eingriff in erworbene Privatrechte in sich schließen und das kirchliche Interesse nicht fördern, sondern gefährden«[559] würde.

1.3.3.2 Zur Schulbauphase von 1870 bis 1910

Im Jahre 1869 wurde erneut mit dem fürstlichen Konsistorium über die Einrichtung einer höheren Lehranstalt verhandelt, die unter Auflagen als Realschule I. Ordnung bewilligt wurde und den Anstoß für eine Neuorganisation des Schulwesens ab 1870 gab.[560]

Vor dem Beginn der eigentlichen Reorganisation des Schulwesens wurde eine Kommission aus städtischen Deputierten zusammengestellt, von der zwei Mitglieder vom Konsistorium damit beauftragt wurden, sich über die Schulverhältnisse im Nachbarstaat Reuß jüngerer Linie, genauer in der Stadt Gera zu informieren. Der daraus hervorgehende Bericht diente neben den Geraer Lehrplänen unter anderem als Grundlage für die Ausarbeitung des Reorganisationsplanes für die Stadt Greiz durch Gustav Schmidt. Nach einigen weiteren Verhandlungen zwischen städtischer Kommission und Konsistorium setzte 1872 bis 1910 schließlich eine Schulneubauphase ein. Zunächst wurde 1872 anstatt der ursprünglich vorgesehenen Realschule eine Höhere Bürgerschule mit Gymnasialklassen errichtet und zwar die Große Knabenschule, die den Ersatz für die Armenschule darstellte.[561] Hierbei wurde sich an einer bereits in Gera existierenden solchen Schule orientiert. Zum Leiter der Höheren Bürgerschule wurde Seminarlehrer und Schulrat Berthold Schmidt ernannt.[562] Er trug die Verantwortung für die Reorganisation des Bürgerschulwesens ab dem 1. Januar 1873. Sein diesbezüglicher Plan im Schulbericht von 1873/74 soll ein pädagogisches Meisterwerk gewesen sein, da darin alle Anforderungen, die zu dieser Zeit an eine Schule hätten gestellt werden können, berücksichtigt gewesen seien.[563] Mit Beginn des Schuljahres 1874/75 war die Reorganisation schließlich in ihren wichtigsten Grundzü-

---

559 Landtagsabschied, in: GS FRAeL, Jg. 1868, Nr. 30. 594.

560 Söllner: Entwicklung. 48f.

561 Vgl. Leber: Schulwesen. 192.

562 Vgl. Söllner: Entwicklung. 49.

563 Vgl. Leber: Schulwesen. 19.

gen abgeschlossen und in den Folgejahren fanden, in erster Linie bedingt durch den wirtschaftlichen Aufschwung in Greiz, nur noch notwendige Anpassungen der Schulverhältnisse an wachsende Schülerzahlen statt.[564]

Der Beginn der Schulbauphase ging eng mit einer Verstärkung der Forderungen nach wesentlichen Verbesserungen im Schulwesen einher, die von unterschiedlichsten Bevölkerungsgruppen gestellt wurden. Welche konkreten Wünsche aufgrund bestehender Missstände existierten, zeigt sich im Landtagsabschied für den außerordentlichen Landtag der Jahre 1872 und 1873, wo folgende Anträge gestellt wurden:

»5. Was endlich die aus Anlaß der Petitionen

a) der Landschullehrer des Fürstenthums,
b) des Gemeinderaths zu Zeulenroda um Erlaß des Volksschulgesetzes,
c) der Gemeindebehörden zu Greiz um Erlaß eines Schulgesetzes gestellten Anträge, sowie
d) die von dem Landtage befürwortete Petition einer Anzahl Einwohner von Zeulenroda um Erlaß eines Dissidenten-Gesetzes anlangt, so behalten Wir Uns vor, solche in weitere Erwägung zu nehmen und nach Befinden das Erforderliche darauf zu verfügen.«[565]

Die hier gestellten Anträge auf eine Verbesserung der Lehrerbesoldungen, ein Volksschulgesetz, ein Schulgesetz sowie Dissidentengesetz standen in engem Zusammenhang mit dem Erlass solcher Gesetze im Laufe des 19. Jahrhunderts in anderen deutschen Ländern.[566] Es entstanden zwar Verhandlungen um ein Volksschulgesetz, doch es gelangte zunächst nicht zur Ausführung.

Im Zuge der Reorganisationsplanungen des Volksschulwesens war auch über eine Lösung des räumlichen Problems und die Schaffung idealer baulicher Voraussetzungen für ein gutes Lernumfeld beratschlagt und anschließend ein Konzept zur einheitlichen Anlage, Einrichtung und Ausstattung künftig zu bauender Schulgebäude erarbeitet worden, das ab 1882 per Konsistorial-Verordnung in Geltung trat.[567]

---

564 Vgl. QUERFELD: Vereinsleben. 32–37.

565 LANDTAGSABSCHIED, in: GS FRAEL, Jg. 1873, Nr. 1. 6.

566 Vgl. LOHE: Stellung. 110–115, 126–145, 161–179.

567 Vgl. CONSISTORIALVERORDNUNG, in: GS FRAEL, Jg. 1882, Nr. 8. 81–86. Da in der Folge alle Schulgebäude nach dem in dieser Verordnung vorgegebenen Schema errichtet wurden, das noch heute in den alten Volksschulgebäuden aus jener Zeit zu erkennen ist, lohnt sich ein näherer Blick hinein. In dieser Verordnung werden nicht

Im Zuge der letzten großen Schulbauphase wurde 1884 die Erste Bürgerschule oder auch Große Mädchenschule errichtet und 1894 folgte der Bau der Mädchenbezirksschule (später Pestalozzischule), 1899 der Neubau der Knabenbezirksschule (später Bergschule) und 1910 der Bau der Marienschule (später Goetheschule). Zusätzlich dazu war 1893 ein Knabenhort auf Initiative der Fabrikantenfamilie Arnold eingerichtet worden, der die Rechte einer milden Stiftung besaß und sich in der Nähe der Marienschule befand. 1904 wurde ebenfalls eine Hilfsschule zur Förderung von Jungen und Mädchen gegründet.[568]

---

nur die Lage und Beschaffenheit des Bauplatzes (vgl. §. 1), die baulichen Vorgaben zu Mauern und Wänden (vgl. §. 2) und zum Fußboden (vgl. §. 3) getroffen, sondern auch zur ganz konkreten Gestaltung der Schulzimmer. Diese sollten entsprechend der Schülerzahl konzipiert werden, die nicht mehr als 80 betragen durfte, und mit glatten Wänden, gedielten Fußböden, mindestens 2 m hohen Türen sowie ausreichend, aber die Schüler nicht durch zu viel Lichteinfall blendenden, Fenstern ausgestattet sein (vgl. §§. 4–8). Außerdem hatte jede Schule zur Beheizung der Räume ausreichend große eiserne Öfen einzubauen und Thermometer zur Kontrolle der mittleren Raumtemperatur (14–16°C) in den Schulräumen anzubringen (vgl. §. 9). Darüber hinaus sollte außerhalb der Schulzeiten durch Öffnen der Fenster und Türen ausreichend gelüftet werden, und es durften bei Bedarf auch Ventilations-Einrichtungen eingebaut werden (vgl. §. 10). Des Weiteren wurden die Maße für die hell, geräumig und zugfrei zu gestaltenden Gänge und Treppen (vgl. §. 11) sowie für die Lehrerwohnung geregelt, die mindestens zwei Stuben, zwei Kammern, eine Küche, einen Vorratsraum sowie ein Boden- und ein Kellergelaß besitzen musste (vgl. §. 12). Neben Aborten, die außerhalb des Schulgebäudes und nach Geschlechtern getrennt angelegt werden sollten (vgl. §. 13), war für jede Schule auch ein eingefriedeter, der Anzahl der Schüler entsprechend großer und vom Schulgebäude aus überblickbarer Spielplatz zu bauen (vgl. §. 14). Jede Schule musste außerdem einen Trinkbrunnen auf ihrem Hof besitzen, der von den Schülern wie der dort wohnenden Lehrerfamilie genutzt werden sollte (vgl. §. 15). Die Unterrichtsräume waren mit Schultischen und Bänken, d.h. Subsellien (vgl. §. 16), einem Katheter (vgl. §. 17) sowie schwarzen Wandtafeln, einem Schrank für die Lehrmittel und Möglichkeiten zur Aufbewahrung von Kleidungsstücken auszustatten (vgl. §. 18).

568 Vgl. Söllner, Rudolf: Entwicklung. 49. Zu den durch die Familie Arnold gemachten Stiftungen gehörten in Greiz folgende: das »Ernst-Arnold-Studien-Stift« (vgl. Regierungs-Bekanntmachung, in: GS FRAeL, Jg. 1894, Nr. 1. 2), das »Ernst und Lina Arnold-Stift« (vgl. Regierungs-Bekanntmachung, in: GS FRAeL, Jg. 1894, Nr. 4. 25), sowie die »Louise-Wilhelmine-Arnold-Stiftung« (vgl. Regierungs-Bekanntmachung, in: GS FRAeL, Jg. 1904, Nr. 3. 25).

Neben dem Ausbau des Volksschulwesens fanden auch im höheren Schulwesen bedeutende Veränderungen statt,[569] die u.a. dazu führten, dass seit 1910 der vierjährige Besuch einer Volksschule zur Voraussetzung für den Eintritt in eine höhere Schule wurde.[570]

1.3.4 Zur Reorganisation des Zeulenrodaer Volksschulwesens von 1863 bis 1900

Alfred Resch (1835–1912), der Theologie in Leipzig und Erlangen studiert hatte, was ihn konservativ neulutherisch prägte, trat nach einer Lehrtätigkeit in Finnland ab 1860 als dritter Lehrer den Dienst an der Greizer Stadtschule an und begann sich im Missionsverein zu engagieren.[571] Dadurch trat er im Jahre 1863 bereits mit einem gewissen pädagogischen Erfahrungsschatz den Dienst als Pfarrer, Lehrer und Lokalschulinspektor in Zeulenroda an:

> »Mit Alfred Resch, [...], trat als Lokalschulinspektor ein an Fachkenntnissen reicher, ungemein tatkräftiger und zielbewußter Mann an die Spitze des Schulwesens, das er in 15jähriger unermüdlicher Arbeit unter schwierigsten äußeren Verhältnissen aus einem rückständigen Organismus zu einer leistungsfähigen, gehobenen Anforderungen gerecht werdenden städtischen Bürgerschule mit fast 100%iger Schulpflicht umwandelte.«[572]

Genau wie Gustav Schmidt vertrat er als Neulutheraner theologisch die Linie der Landeskirche, weshalb er im Laufe der zweiten Hälfte des 19. Jahrhunderts in seiner kirchlichen wie sozialen Tätigkeit wirksam sein konnte,

---

569 Vgl. Söllner: Entwicklung. 52f.

570 Vgl. Söllner: Entwicklung. 53.

571 Vgl. Behr: Alfred Resch. 67; Resch: Alfred Resch. Alfred Resch besuchte von 1848 bis 1853 die Leipziger *Schola Thomana* und studierte ab 1853 Theologie in Leipzig (1853–1856) und Erlangen (1856–1857), da die dortigen theologischen Profile dem des Greizer Konsistoriums entsprachen. 1857 legte er seine theologische Staatsprüfung vor der Landeskirchenbehörde Greiz ab. Anschließend war er zwei Jahre als Lehrer für Religion und alte Sprachen am deutschen Privatgymnasium in Wiborg tätig, bevor er Tertius an der Greizer Bürgerschule und einziger Hauptlehrer des Lehrerseminars wurde (vgl. Schmidt: Zeulenroda. 495).

572 Vgl. Schmidt: Zeulenroda. 520.

ohne dass ihn höhere Stellen nennenswert einschränkten.[573] Resch gehörte zu den Theologen, die die Durchsetzung der orthodoxen Kirchenpolitik ab der Mitte des 19. Jahrhunderts aktiv unterstützten und damit die noch vorherrschende aufklärerische Theologie in Zeulenroda bekämpfte.[574] Dabei erregte er zunächst Anstoß in seiner neuen Gemeinde, da er dazu neigte, sich mit einer gewissen Härte in theologischen Angelegenheiten durchzusetzen:

> »Resch dagegen griff, wo er die ›ewigen Heilswahrheiten‹ seiner Kirche bedroht glaubte, wo er sittliche Zustände sah, die seinem Begriff eines reinen Christentums widersprachen, mit entschiedener Kraft und heiligem Zorn durch. Die Folge davon war sehr bald offener Kampf auf der ganzen Linie. Stadtrat, Bürger- und Elternschaft begehrten gegen ihn auf. Im ›Wochenblatt‹ tobte sich der Kampf in Schmähungen gegen die ›Pfaffenherrschaft‹ aus; Bürgerausschuß und Stadtrat ergriffen die Partei der in ihren Rechten angeblich bedrohten Bürger; die Lehrerschaft, soweit vor allem alte und verbrauchte Männer in Frage kamen, befürchtete Zwangspensionierung, weil sie glaubte, den modernen und hohen Anforderungen, die der Lokalschulinspektor an die Erzieherschaft stellte, nicht gewachsen zu sein. Doch allmählich legten sich die Wogen der ersten Aufregung. Als es Resch gelungen war, die schlimmsten Übel in der Gemeinde zu beseitigen, besonders die häufigen wilden Ehen zwischen auswärtigen Strumpfwirkergesellen und hiesigen Meistertöchtern oder -witwen in kirchlich gesegnete Verhältnisse umzuwandeln oder zu beseitigen, die unverhältnismäßig hohe Zahl unehelicher Geburten zu beschränken, das öffentliche Bettelunwesen durch Gründung des Armenvereins zu beheben [...], strengste Schulpflicht einzuführen u. a. m., ja als er sogar über seine Dienstpflicht als Oberpfarrer hinaus für die Besserung öffentlicher Zustände in der Stadtgemeinde mit großer Kraft, viel Geschick und Erfolg eintrat (Eisenbahn- und Feuerlöschwesen), erzwang er sich in stetig wachsendem Maße die Anerkennung und Achtung aller guten Bürger.«[575]

---

573 Dass Resch trotz seiner ›Linientreue‹ nie ein so hohes kirchliches Amt bekleidete wie etwa Gustav Schmidt, führt Rudolf Herrmann darauf zurück, dass Resch ein ›Preußenfreund‹ gewesen sei (vgl. Herrmann: Kirchengeschichte. 496).

574 »Weiterhin stand Reschs Arbeit die theologische Tradition der Aufklärung entgegen. Während die Gemeinde bisher vornehmlich durch rationalistische Predigten im Sinne der Aufklärung geprägt war, schlug Resch völlig neue theologische Töne an. Er predigte nicht mehr menschliche Vernunft, sondern drang auf die Bindung an die lutherischen Bekenntnisschriften und die Theologie des Paulus.« (Behr: Alfred Resch. 67).

575 Schmidt: Zeulenroda. 495f. Alfred Resch war auch gesellschaftlich tätig, denn er »wollte nicht nur auf rein kirchlichem Gebiet wirken, sondern auch in die bürgerliche Gesellschaft seine sozial diakonischen Anliegen und Überzeugungen hinein tragen. Diese waren im weiteren Sinne von Johann Hinrich Wicherns Konzept einer

Den wohl bedeutendsten Beitrag zur Verbesserung der gesellschaftlichen Zustände leistete RESCH mit der Durchsetzung der Reorganisation des Schulwesens, für die er sich von Beginn an einsetzte[576] und wobei er sich an den bereits im Vorfeld vom Greizer Superintendenten GUSTAV SCHMIDT für Zeulenroda geäußerten Vorschlägen sowie an dessen Reorganisationsplänen für das Greizer Schulwesen orientierte.[577] So übernahm er die Neuregelung des Elementarunterrichts, wobei die bisherige Buchstabiermethode durch die mit der Schreiblesemethode gekoppelte Lautiermethode ersetzt wurde und führte 1864 die Fächer Latein und Französisch, die in der ersten Hälfte des 18. Jahrhunderts zu Privatunterricht erklärt worden waren, wieder als öffentlichen Unterricht ein.[578] Außerdem wurden unter seiner Verantwortung regelmäßig Versäumnistabellen[579] und im Jahre 1863 die seit 1745 nicht mehr stattfindenden wöchentlichen Schullehrerkonferenzen wiederbelebt.[580] Er setzte Verbesserungen der Lehrgehälter, eine Erhöhung des Schulgeldes und eine Besserung der Unterrichtsbedingungen – zum Beispiel den Ausbau der Schulgebäude, eine Verringerung der Schülerzahlen pro Klasse, die

---

Inneren Mission wie im engeren Sinne durch die Bemühungen seines Schwiegervaters Gustav Schmidt bestimmt« (BEHR: Alfred Resch. 67). In diesem Sinne setzte er sich angesichts der durch die Industrialisierung auch in Zeulenroda auftretenden sozialen Probleme für eine Verbesserung der Lage der Bevölkerung auf materiellem wie geistigem Gebiet ein: »1877 wurde die Kinderbewahranstalt ›Heinrich-Stift‹ gegründet [...], die sich der Erziehung und Versorgung solcher Kleinkinder annahm, deren Mütter durch Arbeit in den Fabriken ihrer Häuslichkeit einen großen Teil des Tages über entzogen waren. 1891 wurde ferner die erste Gemeinde-Diakonissin angestellt, der die Krankenpflege alleinstehender oder schwerkranker Leute zugewiesen wurde. In einer Stadt, der ein von Aerzten hauptamtlich geleitetes Krankenhaus fehlte, war diese Gründung einer Diakonissenstelle umso mehr von größtem Segen für viele Familien, als man gleich in einer der ersten Kräfte, der Schwester Marie Kluge aus Guben, eine unermüdliche, immer hilfsbereite und aufopferungswillige Pflegerin gewonnen hatte« (SCHMIDT: Zeulenroda. 473).

576 Die damit beschriebene Reorganisation hat RESCH in einem Bericht von 1879 festgehalten (vgl. SCHMIDT: Zeulenroda. 520).

577 Einen ausführlichen Bericht zur Reorganisation des Zeulenrodaer Schulwesens bietet: RESCH: Zeulenrodaer Schulwesen.

578 Vgl. SCHMIDT: Zeulenroda. 526.

579 Vgl. SCHMIDT: Zeulenroda. 520–522.

580 Vgl. SCHMIDT: Zeulenroda. 524.

Anstellung weiterer Lehrer und die Anschaffung von Lehrmitteln[581] – durch. Des Weiteren wurde auf sein Betreiben hin Zeichnen im Jahre 1878 zu einem öffentlichen Fach erklärt.[582]

Die seit 1652 abgehaltenen öffentlichen Prüfungen wurden bis zum Beginn des 20. Jahrhunderts einmal jährlich durchgeführt, jedoch unter Resch erweitert, sodass ab den 1860er Jahren schriftliche und mündliche Prüfungen, über eine ganze Woche verteilt stattfanden.[583] Resch konnte trotz der scheinbaren Vielzahl dennoch nur einen Teil der von ihm gewünschten Reformen bzw. seine Reformen oft nicht im von ihm gewünschten Ausmaß durchsetzen, da die finanziellen Mittel durch die Stadtkasse, den Kirchkasten – der 1865 seine Zulagen strich – und das Schulgeld stark eingeschränkt waren:

> »Bessere Verhältnisse zu erzielen, war Resch nicht möglich, da die Stadt die hierzu notwendigen Mittel (neues Schulgebäude, wesentliche Vermehrung der Lehrkräfte) nicht aufzubringen gewillt war. Reschs Reformen waren überhaupt nur möglich durch weitgehende Opfer der Lehrerschaft. Niedrigste Gehaltsstaffeln, höchste Pflichtstundenzahlen, Überstunden ohne oder mit geringer Bezahlung, höhere Klassenschülerzahlen als in den Schulen von Greiz und in den Städten Sachsens waren bis ins beginnende 20. Jahrhundert hin für unser Schulleben charakteristisch.«[584]

Eine ganz praktische Lösung gerade dieser Probleme sah Resch in der Übergabe des Volksschulwesens in die gemeinsame Obhut von Gemeinde und Staat, wofür er sich bereits seit der Mitte des 19. Jahrhunderts einsetzte und was er nach eingehender Beobachtung der Entwicklungen des Schulwesens wie folgt in seiner Schrift »Die Volksschule in gemeinsamer Pflege von Staat und Gemeinde« (1913) begründet:

> »Was die mit Übernahme aller finanziellen Lasten auf den Staat verbundenen Rechte der Schulgemeinden betrifft, so würden gewiß viele Lehrer damit zufrieden sein können, wenn sie nicht von der Gnade der ›Dorfmagnaten‹ abhängig wären inbezug auf Amtswohnung, Beschaffung von Lehrmitteln, Beaufsichti-

---

581 »Sehr dürftig war in diesen Zeiten die Ausstattung der Anstalten mit Lehrmitteln. Im 18. Jahrhundert konnte hiervon schon deshalb keine Rede sein, weil die Bedeutung der Anschauung als ›Grundlage aller Erkenntnis‹ noch nicht pädagogisches Gemeingut war« (Schmidt: Zeulenroda. 521).

582 Vgl. Schmidt: Zeulenroda. 526.

583 Ausführlicher zu den Prüfungen und deren Begleitumständen, wie etwa dem Brezelessen oder der Wahl des Prüfungsortes: vgl. Schmidt: Zeulenroda. 526f.

584 Vgl. Schmidt: Zeulenroda. 521.

gung am Schulorte. Man braucht nur an die überaus langsame Entwickelung des Schulbetriebs bei Beschaffung von Lehrmitteln in einzelnen ländlichen Schulbezirken zu denken, um die Vorteile anzuerkennen, die die Staatsschule mit sich bringen würde.«[585]

Dabei sprach sich Resch nie für eine bloße Staatsschule aus, sondern für eine sinnvolle Arbeitsteilung zwischen Gemeinde und Staat bei der Volksschulaufsicht, denn:

> »Es wäre jammerschade, wenn infolge der absoluten Staatsschule das gemeinsame Interesse und die gemeinsame Arbeit der Ortsgemeinde und des Staates an der Schule verkümmern würde. Eine Arbeitsteilung hat Diesterweg in seinen Anregungen ›über die freie Schule im freien Staat‹ festgelegt, wie sie anders nicht besser ausgedrückt werden kann: Die allgemeine Schulgesetzgebung soll in den Händen des Staates, die autonomische Verwaltung in den Händen der selbständigen Schulgemeinde, die technische Ausführung in den Händen der Lehrer liegen. Hinsichtlich der finanziellen Lasten mag die Teilung zwischen Staat und Gemeinde eine fließende bleiben, die von Zeit zu Zeit zu neuen Regulierungen führt; auch die Ortsgemeinde muß zu den Ausgaben in irgend einer Weise zu allen Zeiten herangezogen werden. Die Volksschule als Einrichtung muß bleiben in gemeinsamer Pflege von Staat und Gemeinde.«[586]

---

585 Resch: Volksschule. 9.

586 Resch: Volksschule. 22.

2 Rechtliche Grundlagen und verwaltungsmässige Grundstrukturen zur Schulaufsichtsfrage von 1778 bis 1918

2.1 Zur Staatsverwaltung

2.1.1 Zum Landesgrundgesetz von 1809

Das »Landesgrundgesetz für das Fürstenthum Reuß älterer Linie vom 15. März 1809«[587] war eine der ersten Verfassungen, wenn auch landständisch, die noch vor Einsetzen des Frühkonstitutionalismus in Mitteldeutschland verabschiedet[588] und explizit als »Landesgrundgesetz« benannt wurde. Darüber hinaus dokumentiert es die herrschende soziale Struktur sowie das Verhältnis von Herrschaft und Land zueinander.

Nicht nur die Gliederung des Landesgrundgesetzes zeigt deutlich den landständischen Charakter dieser Verfassung,[589] sondern auch folgender Auszug aus dessen Präambel:

> »Wenn es nun der, auf vorgängige Berathung mit Unseren getreuen Ständen, einberufenen und mit gehöriger Vollmacht versehenen Ritter- und Landschaftlichen Deputation eines Theils gelungen, nebst der standesmäßig unumgänglichen Subsistenz des Landesherrn, einen Fond zur jährlichen Schuldenminderung auszumitteln, jedoch solches nicht anders, als durch neue schwere Bürden Unserer getreuen Unterthanen geschehen können, so ist es aber auch andern Theils für Uns unerlässliche Pflicht, die Verwendung zum Zwecke sorgfältig zu sichern, und zu dem Ende jeder willkürlichen Schwächung des Staats-Vermögens durch

---

587 Landesgrundgesetz für das Fürstenthum Reuss älterer Linie vom 15. März 1809. 121–129.

588 Vgl. Herntrich: Thüringen. 48–50.

589 Daran schließen sich drei Abschnitte an: »Von den Landes-Bedürfnißen und den dazu bestimmten Steuern und Contributionen« (§§. 1–5), »Von dem Cameral-Vermögen und von Cammer-Schulden« (§§. 6–16) sowie »Von Chatoull- oder Privat-Güthern und Schulden« des Landesherrn (§§. 17–20).

> Veräußerung, so wie jeder weiteren Vermehrung der Schulden, durch feste Bestimmung der darauf Bezug habenden Rechts-Geschäfte, wirksam und bleibend für die Zukunft vorzubeugen.«[590]

Die Tradition sah dabei vor, dass der Landesherr die Stände zur Zustimmung bei finanziellen Regelungen und bei sonstigen Gesetzesvorlagen lediglich als Gutachter heranzog, wobei ihm jedoch völlig freigestellt war, inwieweit er deren Meinung letztlich berücksichtigte.[591] Der dafür nötige Landtag, der nur alle acht Jahre komplett und von dem sonst jährlich nur ein Deputierten-Ausschuss zusammentrat, setzte sich aus folgenden Personen bzw. Personengruppen zusammen:

> »aus den Besitzern der landtagsfähigen Rittergüter ohne Unterschied des adligen oder bürgerlichen Standes, den Bürgermeistern der Städte Greiz und Zeulenroda und 4 ›Ausländern‹, Landesangehörigen von Reuß jüngerer Linie, wegen ihrer in Reuß ä.L. seßhaften Lehensleute: 1) dem Besitzer der Rittergüter Reichenfels und Hohenleuben, 2) dem Pfarrer aus Hohenleuben, 3) dem Stadtrat aus Schleiz als Vertreter des Deutschen Hauses in Schleiz, 4) dem Stadtrat von Saalburg als Vertreter der geistlichen Kastengerichte zu Saalburg.«[592]

Anhand dieser Zusammensetzung wird deutlich, dass personell lediglich Adlige, angehörige des Bürgertums – die hohe Machtpositionen im Verwaltungssystem inne hatten – und die Geistlichkeit vertreten waren, jedoch niemand aus dem Bauern-, Händler oder Handwerkerstand. Dennoch trug das Landesgrundgesetz durchaus fortschrittliche Züge und zwar insofern, als dass explizit die Rechte und Pflichten der Landstände schriftlich fixiert und ihnen ein Mitspracherecht in finanziellen Dingen zuerkannt worden ist, sowie der Landesherr in gewissem Maße eine Selbstbeschränkung seiner Rechte und eine Abhängigkeit von den Ständen offiziell und urkundlich eingeräumt hat.

---

590 LANDESGRUNDGESETZ FÜR DAS FÜRSTENTHUM REUSS ÄLTERER LINIE VOM 15. MÄRZ 1809. 121f.

591 Vgl. LOHE: Stellung. 1.

592 LOHE: Stellung. 1.

2.1.2 Zu den Verwaltungsstrukturen von 1778 bis 1866

Die oberste Instanz im Lande bildete von jeher der Landesfürst als oberster weltlicher Souverän und seit dem 16. Jahrhundert Oberhaupt seiner Landeskirche, dem alle Behörden zur Zentralverwaltung seines Landes unterstanden. Eine einheitliche Regierung Greiz war bereits 1768 eingerichtet worden, als Untergreiz an Obergreiz fiel und bestand seit ca. 1770/80 aus drei Kollegien: der Regierung, die die oberste Justiz- und Verwaltungsbehörde bildete, dem Konsistorium, das die oberste geistliche Behörde bildete und für Kirchen- und Schulsachen zuständig war, und der Kammer, die die oberste Finanzbehörde für die Verwaltung des Kammerguts darstellte.[593] Ein Kabinett als viertes Kolleg kam am Ende des 18. Jahrhunderts dazu und war für die »Anleitung der Verwaltung und für auswärtige Angelegenheiten«[594] zuständig. An diese Oberbehörden waren seit Anfang des 18. Jahrhunderts die Ämter Untergreiz, Obergreiz, Dölau, Burgk sowie das landesherrliche Stadtvogteigericht Zeulenroda als Unterbehörden angeschlossen. Die untere kirchliche Behörde war die dem Konsistorium direkt unterstellte Superintendentur Greiz.[595]

Anders als in vielen anderen mitteldeutschen Staaten stellte die Revolution von 1848/49 keinen verfassungsmäßigen Einschnitt dar, doch sind ab den 1850er Jahren einige Neuerungen bezüglich der Verwaltungsstrukturen auszumachen. So setzte im Jahre 1854 der erste Schritt auf dem Weg zu einer Trennung von Verwaltung und Justiz auf der unteren Ebene ein, wodurch sich die Struktur der Ämter Obergreiz, Untergreiz, Dölau, Burgk und des Stadtvogteigerichts Zeulenroda wandelte, indem sie zum Justizamt Greiz zusammengeschlossen wurden und die Unterstellung der gesamten niederen Kriminalrechtspflege aller Ämter unter das Kriminalgericht Greiz geschah.[596]

---

593 Vgl. Hess: Behördenorganisation. 51.

594 Hess: Behördenorganisation. 51.

595 Vgl. Hess: Behördenorganisation. 51.

596 Vgl. Landesherrliche Verordnung, in: GS FRAeL, Jg. 1855, Nr. 3. 9–14; Landesherrliche Verordnung, in: GS FRAeL, Jg. 1855, Nr. 3. 15f.

Der Regierung unterstanden seit jeher die Städte Greiz und Zeulenroda, die durch ihre Stadtordnungen von den Landgemeinden gesonderte Verwaltungsregelungen besaßen,[597] und die Rittergüter direkt. Letzteren waren auf unterster Verwaltungsebene die Gemeinden als Verwaltungseinheiten für die Ortschaften des Landes unterstellt.[598] Bis 1867 oblag den Rittergütern die Patrimonialgerichtsbarkeit über ihre Gemeinden und Ortschaften, wodurch ihnen die jeweiligen Ortsrichter (Schulzen) unterstanden. Die Ortschaften wiederum besaßen die Gemeindeversammlung als gemeinsames Forum zur Verwaltung der Gemeindeangelegenheiten. Diese setzten sich aus den Besitzern von Wohnhäusern und den Ortsschulzen zusammen. Die Rittergutsbesitzer konnten, mussten jedoch nicht, teilnehmen, durften bei persönlicher oder Abwesenheit ihres Abgesandten im Nachhinein jedoch auch keinen Widerspruch gegen die durch die Gemeindeversammlung gefassten Beschlüsse einlegen.[599] Ab 1854 erhielten die Ortschaften außerdem die Möglichkeit zur Wahl von Gemeindevorstehern.[600] Darüber hinaus wurde ihnen auch gestattet, Gemeindeausschüsse zu bilden und sie zur Erleichterung der Verhandlungen als Interessenvertretungen in die Gemeindeversammlungen zu ent-

---

[597] Erst im Jahre 1848, im Zuge der Revolution, kam es zu einer Abfassung einer weitestgehend neuen Stadtverordnung, die jedoch nur von 1850 bis 1871 Gültigkeit besaß und dann abermals geändert wurde (vgl. Schmidt: Zeulenroda. 313–316). Weitere Maßnahmen, die dem hier eingeschlagenen Weg der Modernisierung nachfolgten, waren zum Beispiel auch der »Nachtrag zur Stadtordnung für Greiz« im Jahre 1857, der durch die Ergänzung des Amtes des *Stadtkämmerers* durch einen in den Stadtfinanzen befugten *Stadtrat* Verwaltung und Finanzen trennte (vgl. Landesherrlicher Nachtrag, in: GS FRAeL, Jg. 1857, Nr. 7. 45–48) sowie die Einsetzung einer Instanz zur Kontrolle der Finanzangelegenheiten der Landgemeinden im Jahre 1861 (vgl. Landesherrliche Verordnung, in: GS FRAeL, Jg. 1861, Nr. 12. 95f.) – die bis dahin fehlte – und in Zukunft den Missbrauch von Geldern, die für Gemeindeangelegenheiten bestimmt waren, verhindern sollte.

[598] Vgl. Gesetz, in: GS FRAeL, Jg. 1854, Nr. 7. 54–66; Gesetzliche Verordnung, in: GS FRAeL, Jg. 1854, Nr. 16. 131–142.

[599] Vgl. Gesetzliche Verordnung, in: GS FRAeL, Jg. 1854, Nr. 16. 131–135, §§. 1–6.

[600] Und zwar mit der Begründung: »Sollte in der einen oder der andern Ortschaft die Verwaltung der Gemeindeangelegenheiten, wie sie durch die Regierungsverordnung über die Richter- und Schulzenpflicht vom 10. Februar 1829 §. 7. geordnet ist, nach den örtlichen Verhältnissen als ungenügend zeigen, und eine Trennung dieser Verwaltung von den übrigen Obliegenheiten des Ortsrichters nöthig oder wünschenswert erscheinen, so kann auch dafür ein besonderer Gemeindevorsteher angestellt werden. Doch ist dazu jedes Mal die besondere Genehmigung *Unserer* Landeregierung erforderlich, welche nach deren Ermessen auch versagt werden kann« (Gesetzliche Verordnung, in: GS FRAeL, Jg. 1854, Nr. 16. 137, §. 13).

senden.[601] Diese neuen Möglichkeiten führten auf lokaler Ebene nicht nur zu einer gewissen Trennung von Verwaltung und Justiz, die den Ortschaften eine individuellere und effektivere Klärung von Verwaltungsangelegenheiten ermöglichen sollte, sondern die Bildung von Gemeinde-Ausschüssen erlaubte den Ortschaften auch ihre Belange durch eine ausgewählte Interessenvertretung in den Gemeindeversammlungen zu repräsentieren.[602] Darüber hinaus begann ab der Mitte des 19. Jahrhunderts auch eine Ablösung des Lehensystems, deren Grundlage die Einführung einer Gewerbe- und Einkommensteuer im Jahre 1855[603] legte.[604]

2.1.3 Zur Verfassung von 1867

Die neue Staatsverfassung von Reuß älterer Linie aus dem Jahre 1867 zeichnet sich wie andere konstitutionelle Verfassungen durch folgende Charakteristika aus:

> »1) die Normen der Macht für die höchsten staatlichen Gewaltträger, 2) die Normen für das Verhältnis zwischen der Staatsgewalt und dem Volke. Die rechtlichen Beziehungen werden also von der Seite des ›Herrschers‹ und von der Seite des Volksgenossen, des Individuums, aus betrachtet. Nachdem einmal eine konstitutionelle Verfassung erlassen ist, wird sie meistens als Gesetz behandelt und im Wege der Gesetzgebung geändert. Sie ist jedoch kein einfaches Gesetz, sondern ein Grundgesetz, wofür erschwerende Abänderungsformen bestehen.«[605]

---

601 Vgl. Gesetzliche Verordnung, in: GS FRAeL, Jg. 1854, Nr. 16. 139f., §. 17.

602 Bspw. in Remptendorf, Waltersdorf, Crispendorf, Pohlitz, Naitschau, Fraureuth, Reudnitz, Schönbach und Mehla (vgl. Bekanntmachung, in: GS FRAeL, Jg. 1855, Nr. 14. 91; Bekanntmachung, in: GS FRAeL, Jg. 1861, Nr. 9. 77; Bekanntmachung, in: GS FRAeL, Jg. 1862, Nr. 9. 337; Bekanntmachung, in: GS FRAeL, Jg. 1863, Nr. 12. 81; Bekanntmachung, in: GS FRAeL, Jg. 1864, Nr. 2. 23; Bekanntmachung, in: GS FRAeL, Jg. 1866, Nr. 3. 18; Bekanntmachung, in: GS FRAeL, Jg. 1866, Nr. 4. 23; Bekanntmachung, in: GS FRAeL, Jg. 1866, Nr. 8. 113f.; Gesetz, in: GS FRAeL, Jg. 1868, Nr. 18. 240).

603 Vgl. Gesetz, in: GS FRAeL, Jg. 1855, Nr. 27. 179–199.

604 Vgl. Regierungs-Bekanntmachung, in: GS FRAeL, Jg. 1857, Nr. 2. 7.

605 Lohe: Stellung. 3.

Die »Verfassung des Fürstenthums Reuß älterer Linie vom 28. März 1867«[606] blieb bis 1918 gültig und machte Reuß älterer Linie zwar zu einer konstitutionellen Monarchie, dennoch konnte Landesfürst Heinrich XXII. während seiner Regierungszeit von 1867 bis 1902 weitestgehend absolutistisch über sein Territorium herrschen. Die Grundlage dafür legte der Landesherr bei Erlass der Landesverfassung selbst.

Es gab zwei Varianten zum Erlass einer solchen Verfassung. Eine Möglichkeit war, durch die verfassungsgebende Gewalt eines Volkes, d.h. beispielsweise ein Parlament, eine Verfassung gegenüber der Staatsgewalt mit demokratischen Mitteln zu erzwingen. Und die andere Möglichkeit bestand darin, dass der Landesherr aus freiem Willen und unter Berufung auf sein monarchisches Prinzip eine Verfassung als Akt einer frei gewählten Selbstbeschränkung seiner Machtfülle erließ.[607] Wie auch in den übrigen deutschen Staaten entschieden sich Fürstregentin Caroline und Prinz Heinrich XXII. für die letztere Variante, entsprach sie doch den Handlungsvorgaben durch ihr herrschaftliches Selbstverständnis. Dieses wie auch der Herrschaftsanspruch wird bereits in der Präambel der neuen Verfassung deutlich:

---

606 Gesetz, in: GS FRAeL, Jg. 1867, Nr. 6. 29–54.

607 An der Frage nach dem Urheber war bereits die »Reichsverfassung« von 1849 gescheitert, da sich der preußische König keine vom Volk erzwungene Verfassung auferlegen lassen wollte und sich auf das ›monarchische Prinzip‹ berief. Diese Entscheidung war eine Frage des persönlichen Herrschaftsverständnisses und ging mit der Vorstellung des Gottesgnadentums zur Legitimierung monarchischer Herrschaft einher. Eine demokratisch geschaffene Verfassung brachte dadurch aus der Perspektive des Monarchen gleich zwei Probleme mit sich: einerseits hatte hier ›das Volk‹ Entscheidungen getroffen, die die bisherige absolute Machtfülle des Landesherrn (in seinem Empfinden durchaus zu weit bis hin zur politischen Bedeutungslosigkeit) beschneiden würden und zum anderen erfüllte solch eine Verfassung ›von unten‹ nicht die traditionellen Ansprüche, dass ein Souverän stets ›von oben‹, d.h. göttlich legitimiert sei und so in seiner Machtposition unabhängig von seinem Volk bestehe. Das ›monarchische Prinzip‹ war für Deutschland in der »Wiener Schlussakte« vom 15. Mai 1820 in Art. 57 wie folgt festgehalten worden: »Da der deutsche Bund, mit Ausnahme der freien Städte, aus souverainen Fürsten besteht, so muß, dem hierdurch gegebenen Grundbegriffe zufolge, die gesammte Staatsgewalt in dem Oberhaupte des Staats vereinigt bleiben, und der Souverain kann durch eine landständische Verfassung nur in der Ausübung bestimmter Rechte an die Mitwirkung der Stände gebunden werden« (Schlussakte der Wiener Ministerkonferenzen vom 15. Mai 1820. 99).

> »Wir Heinrich der Zwei und Zwanzigste, von Gottes Gnaden älterer Linie souverainer Fürst Reuß [...] fügen hiermit zu wissen:
> In der Ueberzeugung, daß die zeitherige Landesverfassung den vorgeschrittenen Anforderungen an die Staatsverwaltung nicht mehr genüge, und von dem aufrichtigen Wunsche erfüllt, die vielfach kund gegebene Erwartung nach einer zeitgemäßen Umgestaltung derselben in einer für das Wohl des Landes wahrhaft förderlichen Weise zu befriedigen, ertheilen und verkünden Wir mit hierzu erklärter Zustimmung der Stände des Fürstenthums nachstehende Verfassung [...]«[608]

Die Verfassung[609] nahm bei Erlass am 28. März 1867 in ihren Bestimmungen bereits Bezug auf die Verfassung des Norddeutschen Bundes, die erst am 25. Juni 1867 verkündet und am 01. Juli 1867 in Kraft treten sollte. Entsprechend dieser Bezugnahme enthält sie zwar eine Zahl staatsbürgerlicher Rechte (vgl. §§. 21–28; 30–34; 39–45; 55–59; 61) und bestimmt, dass endgültige Regelungen betreffend Presse-, Vereins- und Versammlungsrecht (§. 29) an die Einzelgesetzgebung weiterzuleiten seien[610], weist aber dennoch zahlreiche altständische Tendenzen auf. Dies zeigt sich unter anderem im I. Abschnitt an den Bestimmungen zum obrigkeitlichen Charakter und der Gewaltenteilung nach altständischem Vorbild (vgl. §§. 3–8; 11) und an spürbar traditionellen Gewohnheiten in Fragen der Finanzverwaltung und Steuerbewilli gung im II. Abschnitt (Vgl. §§. 13–20; 70).[611] Darüber hinaus ist vor allem die

---

608 Gesetz, in: GS FRAeL, Jg. 1867, Nr. 6. 30.

609 Vgl. Gesetz, in: GS FRAeL, Jg. 1867, Nr. 6. 30–54. Die Verfassung besteht aus 91 Paragraphen aufgeteilt auf acht Abschnitte und ist wie folgt gegliedert: In *Abschnitt I* (§§. 1–12) finden sich allgemeine Bestimmungen, worin u. a. festgehalten wird, dass sich das Fürstentum als einer unter einer Verfassung vereinigter unteilbarer Staat des Norddeutschen Bundes verstehe. *Abschnitt II* (§§. 13–20) trifft die Regelungen bezüglich des Staats- und Kammervermögens, das als Haus-, Dominal- und Familiengut des Fürstlichen Hauses gilt. *Abschnitt III* (§§. 21–34) befasst sich in Form eines Grundrechtekatalogs mit den Rechten und Pflichten der Staatsangehörigen. *Abschnitt IV* (§§. 35–36) handelt vom Staatsdienst. *Abschnitt V* (§§. 37–45) regelt die Rechtspflege, hebt die Patrimonialgerichtsbarkeit auf, überträgt alle Gerichtsbarkeit dem Staate und verfügt die Trennung von Verwaltung und Justiz. *Abschnitt VI* (§§. 46–52) befasst sich mit den kirchlichen Verhältnissen, Schulen sowie milden Stiftungen. *Abschnitt VII* (§§. 53–86) legt die Rechte sowie Zusammensetzung der Landesvertretung fest und *Abschnitt VIII* (§§. 87–92) schreibt die Gewähr der Verfassung fest.

610 Bei dieser Bestimmung war sich offensichtlich an den revidierten Verfassungen des *Fürstentums Reuß jüngerer Linie* von 1852 und 1856 orientiert worden. (Vgl. Herntrich: Thüringen. 212f.).

611 Wie etwa an der Zusammensetzung (vgl. §§. 15–17; 20) und den Bestimmungen für den Umgang mit dem Kammervermögen (vgl. §§. 18f.). Des Weiteren verweisen

Bestimmung des Verhältnisses des Landtags zum Landesherrn in § 67[612] ein charakteristisches Beispiel für die Staatsauffassung Fürst HEINRICHS XXII. Dieser Paragraph macht das Abhängigkeitsverhältnis zwischen Landesherrn und Parlament sehr deutlich: einerseits werden Gesetze, Verordnungen etc. durch den Landesherrn veröffentlicht, denen der Landtag zugestimmt haben muss, aber andererseits bietet sich durch diese Bestimmung – in Verbindung mit §. 77 – für den Landesherrn die Möglichkeit die Veröffentlichung von Gesetzen u.ä. solange hinauszuzögern bis die Beschlüsse des Landtages seinen Wünschen entsprachen bzw. die Veröffentlichung komplett abzulehnen.[613]

---

die Wortwahl wie in §. 14 (»Stände«), §. 63 (»ständischen Wirksamkeit«) und §. 65 (»Ständeversammlung«) sowie in zahlreichen Inhalten der einzelnen Paragraphen auf die Einwirkung altständischer Traditionen; so beispielsweise in den meisten Bestimmungen des VII. Abschnitts wie etwa, dass gemäß §. 66 dem Landesherrn weiterhin bei allen Landtagsbeschlüssen ein eigenständiges Handeln in Gesetzesdingen zustehe. Dies wird in zahlreichen Paragraphen noch weiter ausgeführt (vgl. §§. 66–69; 72; 77) und beweist, dass die lediglich in Gesetzesdingen beratende Funktion des Landtages weitestgehend erhalten blieb (vgl. §§. 62; 74; 76), auch wenn §. 62 dem Landtag ein Gesetzesvorschlagsrecht einräumt: »Der Landesvertretung stehen im Allgemeinen folgende Rechte zu: die Mitwirkung bei der Gesetzgebung und Ordnung des Staatshaushaltes, das Zustimmungsrecht bei der Besteuerung und bei der ›Erhöhung der Staatsschuld, das Recht des Gesetzesvorschlags, der Beschwerde und Anklage gegen Staatsdiener‹ (§. 89). Die Grenzen für die Ausübung dieser Rechte sind in dieser Verfassungsurkunde bestimmt« (GESETZ, in: GS FRAEL, Jg. 1867, Nr. 6. 45). Dass dieses Gesetzesvorschlagsrecht den Möglichkeiten der Landesregierung deutlich untergeordnet und beschränkt war, zeigen die §§. 74, 77 und 78.

612 »Der Landesherr erlässt und veröffentlicht die Gesetze mit Bezug auf die erfolgte Zustimmung der Landesvertretung; er ertheilt die zu deren Vollziehung und Handhabung erforderlichen sowie die aus dem Aufsichts- und Verwaltungsrechte fließenden Verfügungen und Verordnungen. Der Fürst erlässt auch, mit Ausnahme jeder Abänderung der Verfassung, diejenigen ihrer Natur nach der ständischen Zustimmung bedürfenden Verordnungen welche durch des Landes Wohl dringend geboten sind und deren Zweck durch Verzögerung ganz oder zum Theil vereitelt werden würde. Dergleichen Verordnungen müssen jedoch dem Landtage bei dessen Zusammentritt zur Genehmigung vorgelegt werden und es bleiben dafür, daß des Landes Wohl die Eile geboten habe, die Mitglieder Fürstlicher Landesregierung, welche für die Erlassung der Verordnung gestimmt haben, verantwortlich, haben auch deshalb sämmtlich dergleichen außerordentliche Verfügungen mit zu unterzeichnen« (GESETZ, in: GS FRAEL, Jg. 1867, Nr. 6. 46).

613 Angesichts der Frage nach den politischen Einflussnahmemöglichkeiten des Landtages ist auch dessen in §. 53 festgelegte Zusammensetzung interessant: »Die Landesvertretung besteht aus zwölf Abgeordneten. Zu denselben werden nebst einem Stellvertreter für jeden Abgeordneten drei vom Landesherrn, zwei von den bisher landtagsfähigen Rittergutsbesitzern, welche einen Rittersitz im Lande haben, und von den übrigen Besitzern gebundener Güter mit einem Areal von mindestens

Dass diese Verfassung mit ihren Bestimmungen eine durch den Landesherrn und damit im Rahmen seiner Interessen erlassene war und bei der Bezeichnung des Fürstentums Reuß älterer Linie als konstitutionelle Monarchie die Betonung auch weiterhin auf ›Monarchie‹ lag, machen die §§. 62, 74, 77 und 78 deutlich.[614] Für die Staatsangehörigen positive Neuerungen in der Verfassung waren dagegen die meisten Regelungen im III. Abschnitt[615]

---

150 Morgen, aus deren Mitte, sieben von den übrigen wahlberechtigten Landesangehörigen, nämlich zwei von der Stadt Greiz, einer von der Stadt Zeulenroda, drei von den Landgemeinden der Herrschaft Greiz, einer von den Landgemeinden der Herrschaft Burgk auf je sechs Jahre gewählt« (Gesetz, in: GS FRAeL, Jg. 1867, Nr. 6. 42). Ergänzt werden diese klar definierten Rahmenbedingungen des Wahlrechts durch die in den §§. 57 bis 61 geregelten Wählbarkeitsbestimmungen der Mitglieder des Landtages. Des Weiteren zeigt ein Blick in das »Gesetz, die Wahl der Abgeordneten zu den künftigen Landtagen betr.« (Gesetz, in: GS FRAeL, Jg. 1867, Nr. 8. 67–78), dass gemäß §. 1 die »Wahl der Landtagsabgeordneten und der Stellvertreter derselben [...] unter der Leitung Fürstlicher Landesregierung und der von ihr beauftragten Personen« stehe und von staatlicher Seite eine direkte Beeinflussung der Zusammensetzung des Landtags geschah, da einerseits nur die Ritter- und Grundbesitzer eine direkte Wahlmöglichkeit besaßen, alle anderen über Wahlmänner indirekt wählten (vgl. §. 3) und der Landesherr einen Vorsitzenden und dessen Stellvertreter aus den Ritterguts- und Grundbesitzern wählte (vgl. §. 11). Damit nahm der Landesherr direkten Einfluss auf die Zusammensetzung des Landtages. Relativ frei in der Abgeordnetenwahl waren nur die Städte und Landgemeinden. An den Bestimmungen aus Verfassung und Wahlgesetz werden zwei Dinge deutlich. Zum Ersten, dass die Zusammensetzung des Landtages ein Einkammernsystem repräsentierte, dessen Mehrheit von vornherein treu zum Fürsten stehen und in dessen Sinne entscheiden würde, und zum Zweiten, wie sehr die Verhaftung in den altständischen Gewohnheiten noch vorhanden war. Daran dürfte sich deutlich die Absicht Fürst Heinrichs XXII. widerspiegeln, trotz seiner Bindung an eine moderne Verfassung in der souveränen Machtausübung weiterhin so wenig wie möglich durch Gesetz und Landtag eingeschränkt zu bleiben: »Die zahlreichen Vertretungen des platten Landes und die privilegierten Abgeordneten lassen auf die starken patriarchalischen Tendenzen der Regierung und besonders des Landesherren, Heinrichs XXII., schließen, der jeder liberalen Richtung abhold war. [...] Deshalb konnten Anträge auf eine mehr liberale oder mehr demokratische Ausgestaltung der Verfassung bei der Regierung nie auf Erfolg rechnen. Es wurde auch zu Lebzeiten des Fürsten wegen der Landtagszusammensetzung kein Antrag mehr gestellt. Ueberhaupt war seit der Landtagsauflösung im Jahre 1878 [...] bis zum Tode Heinrichs XXII. 1902 kaum eine bedeutende Opposition im Landtage vorhanden« (Lohe: Stellung. 24).

614 Vgl. Gesetz, in: GS FRAeL, Jg. 1911, Nr. 13. 143.

615 Diese garantierten ihnen weit reichende persönliche Rechte wie die Gleichheit vor dem Gesetz (vgl. §. 24), die Freiheit der Person, Freizügigkeit und Immunität gegen Nachsteuern und Abzugsgelder (vgl. §. 25), das Recht auf Ämtervergabe ohne Ansehen des Standes (vgl. §. 26), das Beschwerderecht (vgl. §. 27), das Briefgeheimnis (vgl. §. 28), die Unverletzlichkeit des Eigentums (vgl. §. 30), die Aufhebung der

und im V. Abschnitt.[616] Als Zugeständnis an den Obrigkeitsstaat mit gleichzeitiger Beschränkung absolutistischer Willkür fällt im V. Abschnitt lediglich der §. 45 auf:

> »Der Landesherr hat in Strafrechtsfällen das Recht der Abolition (Niederschlagung des Prozesses) so wie der Verwandlung, Minderung und des Erlasses der Strafe, kann aber zuerkannte Strafen nicht schärfen.«[617]

Der VIII. Abschnitt schreibt in §. 87 die Verbindlichkeit der Verfassung fest und in den §§. 88 bis 91 wird auf die Gültigkeit und den Umgang mit der Verfassung in Streitfällen Bezug genommen. Im abschließenden §. 92 ist die Außerkraftsetzung des bis dahin gültigen ständischen Landesgrundgesetzes von 1809 und aller mit der Verfassung von 1867 in Widerspruch stehenden rechtlichen Bestimmungen festgeschrieben. Damit wird zum Abschluss ein klarer Schnitt in der Verfassungsgeschichte deutlich.

An der reußischen Verfassung von 1867 zeigt sich das für diese Zeit in einigen deutschen Staaten übliche Nebeneinander von Tradition und Aufbruch in ein neues Zeitalter. Die Modernisierung wird dabei durch die Aufnahme eines Grundrechtekatalogs und die Verstaatlichung der Judikative deutlich, wogegen die Beibehaltung traditioneller Souveränitätsvorstellungen sich daran zeigt, dass durch die Sicherung wichtiger Rechte im exekutiven, legislativen sowie judikativen Bereich das Machtmonopol weitestgehend beim Landesherrn verblieb.

2.1.4 Zu den Verwaltungsstrukturen von 1867 bis 1918

Wie in einem absolutistisch regierten Staat üblich, ist auch in Reuß älterer Linie trotz einer konstitutionellen Monarchie ab 1867 eine zentralistische Re-

---

Patrimonialgerichtsbarkeit (vgl. §. 31), die Ablösung des Lehenswesens (vgl. §. 32) und die verhältnismäßig abhängige Grund- und Einkommenssteuer (vgl. §. 34) sowie die allgemeine Wehrpflicht (vgl. §. 33).

616 Darin wird nicht nur die Gerichtsbarkeit vollständig in staatliche Hände gelegt (vgl. §. 37), die Rechtspflege abhängig von geltender Gesetzgebung gemacht (vgl. §. 38), die Öffentlich- und Mündlichkeit der Strafprozesse eingeführt (vgl. §. 39), die willkürliche Verhaftung (vgl. §. 40), Hausdurchsuchung (vgl. §. 41) und »Confiscation« (vgl. §. 43) abgeschafft, sondern auch das Beschwerderecht gegen staatliche Organe garantiert (vgl. §. 42) und staatlich veranlasste »Moratorien/Zahlungsgestundungen« verboten (vgl. §. 44).

617 GESETZ, in: GS FRAeL, Jg. 1867, Nr. 6. 40.

gierung mit streng vertikaler Verwaltungshierarchie zu finden, die sich stufenweise in oberste, mittlere, untere und unterste Behörden gliedern lässt.[618] An der Spitze des Landes stand der Fürst,[619] dem die nachstehend genannten Oberbehörden direkt unterstanden: die Landesregierung als oberstes staatliches Regierungsorgan (vgl. §. 11) und oberste Behörde der Landesjustiz (vgl. §§. 31; 37). Weiterhin war die Landesregierung oberste Finanzbehörde und damit Verwalterin der Landeskasse (vgl. §. 15) und des Kammervermögens (vgl. §. 18) sowie der inneren Verwaltung. Für Haussachen und als fürstliches Organ existierte das Geheime Kabinett, und für Kirchen- und Schulangelegenheiten das Konsistorium (vgl. §. 49). Innerhalb der Landesregierung, des Konsistoriums und auch der Kammer blieb nicht nur eine Trennung der Ressorts aus, sondern auch die Kollegialverfassung bis 1918 erhalten. Dementsprechend hatte der Kanzler gleichzeitig die Ämter des Regierungs-, Konsistorial- und Kammerpräsidenten inne.[620] Auf der mittleren und unteren Verwaltungsebene erfolgte ab 1868 die schrittweise Umsetzung der Bestimmungen des V. Abschnitts (§§. 37–45) der Verfassung von 1867. Dazu gehörte die Aufhebung der Patrimonialgerichtsbarkeit in allen Städten sowie aller Grundherren und des befreiten Gerichtsstandes im Jahre 1868,[621] die eine vollständige Verstaatlichung des Gerichtswesens bedeutete, ebenso wie die aufgrund des Anschlusses des Landes an die Gerichtsgemeinschaft thüringischer Staaten[622] vollzogene Trennung von Verwaltung und Justiz.[623] Diese Neuorganisation von Verwaltung und Justiz führte zur Gründung des Landratsamtes Greiz als unterer Verwaltungsbehörde für das gesamte Für-

---

618 Die nachfolgend aufgezeigte Gliederung folgt den Vorgaben der Verfassung von 1867.

619 Diesem kamen laut §. 3 folgende Eigenschaften zu: »Der Fürst ist erblicher Landesherr; seine Person ist unverletztlich. Die Staatserbfolge richtet sich, den Reußischen Haus- und Familienverträgen gemäß, nach den Grundsätzen der Erstgeburt und der agnatischen Linealfolge im Mannsstamme. Er übt die Staatsgewalt auf verfassungsmäßige Weise, die gesetzgebende im Verein mit der Landesvertretung, die vollziehende allein. Er besetzt die Staatsämter und vertritt das Land nach außen« (Gesetz, in: GS FRAeL, Jg. 1867, Nr. 6. 30).

620 Vgl. Hess, Ulrich: Behördenorganisation. 120.

621 Vgl. Gesetz, in: GS FRAeL, Jg. 1868, Nr. 11. 136–142; Gesetz, in: GS FRAeL, Jg. 1868, Nr. 23. 525f.; Gesetz, in: GS FRAeL, Jg. 1868, Nr. 23. 527–530; Regierungs-Verordnung, in: GS FRAeL, Jg. 1868, Nr. 26. 555f.

622 Vgl. Bekanntmachung, in: GS FRAeL, Jg. 1868, Nr. 19. 243–274.

623 Vgl. Gesetz, in: GS FRAeL, Jg. 1868, Nr. 20. 277–286; Regierungs-Verordnung, in: GS FRAeL, Jg. 1868, Nr. 23. 524f.

stentum (vgl. §. 16). Dennoch verblieb in Burgk die Verwaltung für dieses Amt bis 1918 bei der Gerichtsbehörde, und die Städte Greiz und Zeulenroda blieben weiterhin unmittelbar der Landesregierung unterstellt (vgl. §. 17).[624]

Für das gesamte Staatsgebiet war seit 1868 das der Landesregierung unterstehende[625] Landratsamt mit Sitz in Greiz als Verwaltungsbehörde für sämtliche Belange der Gemeinden und Ortsgemeinden des Landes zuständig.[626]

Unterhalb des Landratsamtes wurden die Ortsgemeinden durch Gemeindeversammlungen und eigene Gemeindebehörden verwaltet.[627] Eine diesbe-

---

624 Diese behielt laut §. 21 folgende Zuständigkeiten: »Die Landesregierung bildet: für die bei dem Landrathsamte in erster Instanz ressortirenden und für die bei den Stadträthen zu verhandelnden Polizei- und Verwaltungsgeschäfte die zweite und letzte Instanz. Dieselbe ist die Aufsichtsbehörde über die unteren Verwaltungsbehörden mit Einschluß des Landrathsamtes, sie verpflichtet das bei letzterem anzustellende Beamten- und Dienerpersonal, übt die Disciplinargewalt über dasselbe und ertheilt die erforderlichen Geschäftsordnungen und Instruktionen. Wegen der bei dem Landrathsamte erforderlichen Stellenbesetzungen und wegen der im Geschäftsbereiche desselben und der Stadträthe vorkommenden Gnadensachen hat die Landesregierung Unsere Entschließung einzuholen« (Gesetz, in: GS FRAeL, Jg. 1867, Nr. 6. 35). Die Rechtspflege wurde in der Folge dieses Gesetzes durch vier Justizämter (Greiz I, Greiz II, Zeulenroda, Burgk), ein Kreisgericht, das Appellationsgericht (Eisenach) und das Ober-Appellationsgericht (Jena) ausgeübt (vgl. §§. 1f.). Die unteren Justizbehörden wurden aufgehoben (vgl. §. 3) und das Ober-Appellationsgericht übernahm die Funktion des obersten Justizkollegiums an Stelle der Landesregierung (vgl. §. 6). Darüber hinaus wurde auch ein neues Strafgesetzbuch in Anlehnung an das des Norddeutschen Bundes eingeführt (vgl. Landesherrliche Verordnung, in: GS FRAeL, Jg. 1868, Nr. 21. 287–290).

625 Und so erstreckten sich auch nach einer gesetzlichen Neuregelung im Jahre 1915 die an den Landratsamtsbezirk Greiz übertragenen Selbstverwaltungsbefugnisse nur auf die Aufgaben der Kriegswirtschaft (vgl. Gesetz, in: GS FRAeL, Jg. 1915, Nr. 13. 78f).

626 Vgl. Gesetz, in: GS FRAeL, Jg. 1871, Nr. 1. 37–39. Bereits an dieser Maßnahme wird deutlich, dass es aufgrund des Bestehens nur einer untersten Behörde für das gesamte Land Probleme in der Berücksichtigung der Interessen der unterschiedlichen Landesregionen und Ortschaften in der Verwaltungstätigkeit gegeben haben muss.

627 Das Gesetz vom 29. Mai 1854 wurde 1868 durch einen Nachtrag ergänzt, der dem Landratsamt verbietet, Anträge von Gemeinden zur Errichtung von Gemeindeverwaltungen getrennt vom jeweiligen Ortsrichteramt und zur Bildung von Gemeindeausschüssen abzulehnen sowie die Vorbehaltsbestimmungen im Gesetz von 1854 (§§. 13–15; 17) für ungültig erklärt (vgl. Nachtrag, in: GS FRAeL, Jg. 1868, Nr. 25. 552).

züglich wichtige Neuregelung stellte die Gemeindeordnung von 1871[628] dar, die abgesehen von einigen wenigen Nachträgen in den folgenden Jahren bis 1918 grundlegend für die Verwaltung des Landes blieb. Sie schreibt noch einmal fest, dass die Gemeinden einen Gemeinderat als Vertretung nach außen und einen Gemeindevorstand für die Verwaltungsangelegenheiten einzurichten (vgl. Art. 10) sowie ihre Verwaltungs- und Finanzangelegenheiten selbständig zu regeln haben (vgl. Art. 11–19). Es war den Gemeinden auch gestattet Ortsstatuten zu verfassen und nach landesherrlicher Prüfung zu erlassen (vgl. Art. 14).

Der Aufbau der Gemeindeverwaltung wurde dreigliedrig angelegt, sodass als unterstes Verwaltungsorgan ab 1871 die Gemeindeversammlung, zusammengesetzt aus allen stimmberechtigten Männern (vgl. Art. 45) agierte und die Gemeindeangelegenheiten zu diskutieren und Beschlüsse zu fassen hatte. Auf mittlerer Ebene wurde der Gemeinderat als Vertretung der Gemeinde in ihren Rechten und Pflichten installiert (vgl. Art. 95), der sich je nach Größe der Gemeinde unterschiedlich zusammensetzte. Die oberste Verwaltungsinstanz bildete der Gemeindevorstand[629] mit umfangreichen Verwaltungsrechten (vgl. Art. 101[630]).

---

628 Vgl. Gemeindeordnung, in: GS FRAeL, Jg. 1871, Nr. 1. 1–36; Regierungsverordnung, in: GS FRAeL, Jg. 1871, Nr. 5. 63–74. Gewisse Abänderungen fanden 1876, 1884, 1892 und 1904 statt (vgl. Gesetz, in: FRAeL, Jg. 1876, Nr. 6. 22; Gesetz, in: FRAeL, Jg. 1884, Nr. 2. 9; Gesetz, in: FRAeL, Jg. 1884, Nr. 5. 23–37; Regierungs-Verordnung, in: FRAeL, Jg. 1884, Nr. 5, 38–46; Abänderungen, in: FRAeL, Jg. 1892, Nr. 1. 12; Abänderungen in: FRAeL, Jg. 1904, Nr. 2. 11f.). Sie betrafen aber die grundsätzliche Verwaltungsstruktur nicht näher, sondern bezogen sich in erster Linie auf die Neuverteilung von Rechten und Pflichten unter den Behörden.

629 Er bestand in den Landgemeinden aus einem Gemeindevorsteher und dessen Stellvertreter und in den Städten aus dem ersten und zweiten Bürgermeister (vgl. Art. 60). Jedem Vorstand musste außerdem ein Rechnungsführer und den Gemeindebedürfnissen entsprechendes Personal angehören. Des Weiteren konnte er auf Beschluss des Gemeinderats hin einen Schriftführer oder Bezirksvorsteher umfassen (vgl. Art. 61).

630 »[...] er ist berufen, für die Bekanntmachung und Ausführung der die Gemeindeverwaltung betreffenden Gesetze und Verordnungen, sowie der Beschlüsse der ihm vorgesetzten Behörden zu sorgen, die unmittelbare Leitung aller Verwaltungsgeschäfte zu führen, die Beschlüsse des Gemeinderathes oder der Gemeindeversammlung vorzubereiten und zur Ausführung zu bringen, die Gemeindeanstalten und Stiftungen, sowie das Gemeindevermögen zu verwalten, bezüglich die dazu bestellten besonderen Beamten zu beaufsichtigen und letztere zu instruiren, die Gemeinde nach Außen zu vertreten und ihre Rechte zu wahren, mit Behörden und Privatpersonen im Namen der Gemeinde zu verhandeln, den Schriftenwechsel für dieselbe zu führen, die Urkunden und Akten der Gemeinde aufzubewahren, die Gemeindeabga-

Ab 1871 oblag auch die Aufsicht über die Verwaltung der Gemeindeangelegenheiten nicht mehr direkt der Landesregierung, sondern dem Landesausschuss als Zwischeninstanz (vgl. Art. 152). Dessen genaue Aufgaben wurden wiederum durch ein eigenes Gesetz geregelt.[631] Darin heißt es, dass als Instanz zwischen Regierung und dem so genannten ›platten Land‹ ein Landesausschuss einzurichten sei, der sich laut §. 2 wie folgt zusammenzusetzen habe:

> »Der Landesausschuß besteht aus dem Vorstande des Landrathsamtes, einem Vertreter der Fürstlichen Kammer und 6 Vertretern der Städte, der Landgemeinden und der excommunalisirten Rittergüter, von welchen je einer durch die Gemeinderäthe der beiden Städte, zwei durch die Gemeindevorsteher und die Besitzer der excommunalisirten Rittergüter im Bezirke des Justizamts Greiz II und je einer durch die Gemeindevorsteher und die Besitzer der excommunalisirten Rittergüter in den Bezirken der Justizämter Zeulenroda und Burgk gewählt werden.«[632]

Der Landesausschuss verlor jedoch bereits 1892 bestimmte Rechte wieder, wodurch die Aufsichtspflicht über die Verwaltung der Gemeindeangelegenheiten und über die öffentliche Armenpflege auf das Landratsamt überging.[633] Zur weiteren Eingliederung des Landesausschusses in die Regierung wurde 1910 gesetzlich bestimmt, dass der Greizer Bürgermeister als weiteres Mitglied zum Landesausschuss hinzutreten solle.[634]

Mit Blick auf das Gesetz vom 1. Juni 1883 lässt sich daher folgende, nach ihren bedeutendsten Institutionen gegliederte, Verwaltungsstruktur für das Fürstentum ausmachen, die bis 1918 grundsätzlich so bestehen blieb: An der Staatsspitze stand der Landesherr und ihm direkt unterstellt waren das Geheime Kabinett, die Landesregierung, das Konsistorium und das Kriegsministerium. Unterhalb der Landesregierung standen die Städte Greiz und Zeu-

ben nach den Gesetzen oder Beschlüssen zu vertheilen und deren Beitreibung im Executionswege anzuordnen« (vgl. Gesetz, in: GS FRAeL, Jg. 1871, Nr. 1. 39).

631 Vgl. Gesetz, in: GS FRAeL, Jg. 1871, Nr. 1. 37–39. Es folgten in den anschließenden Jahren weitere Gesetze zur Ergänzung oder leichten Abänderung dieses Gesetzes (vgl. Gesetz, in: GS FRAeL, Jg. 1874, Nr. 7. 55; Gesetz, in: GS FRAeL, Jg. 1876, Nr. 6. 23).

632 Gesetz, in: GS FRAeL, Jg. 1871, Nr. 1. 37

633 Vgl. Gesetz, in: GS FRAeL, Jg. 1892, Nr. 1. 7.

634 Vgl. Gesetz, in: GS FRAeL, Jg. 1910, Nr. 5. 60.

lenroda sowie das Landratsamt, das als Landespolizeibehörde fungierte. Ihm unterstand der Landesausschuss, dem wiederum die Gemeindevorstände als nächste Verwaltungseinheiten und Polizeibehörden untergeordnet waren.

Im Jahre 1884 wurde aufgrund reichsgesetzlicher Bestimmungen auch den Städten eine neue Behörde vorgeschaltet, die die direkte Aufsicht der Landesregierung über die städtischen Verwaltungsangelegenheiten aufhob und die Bezeichnung »Aufsichtsbehörde über städtische Gemeindeverwaltung« erhielt. Deren Vorstand setzte sich aus einem Juristen und Mitglied der Landesregierung samt drei juristischen Stellvertretern zusammen, die durch den Landesherrn zu ernennen waren.[635] Auch die Bewohner des Greizer Hofes bildeten ab 1885 eine eigenständige Gemeinde:

> »Die Gebäude der Fürstlichen Neuen Burg, des Fürstlichen oberen Schlosses, die Marstallgebäude sowie die im Fürstlichen Parke in und bei Greiz gelegenen Gebäude mit Einschluß des Gewächshauses sind in Gemäßheit der Bestimmung in Artikel 4 der Gemeindeordnung vom 25. Januar 1871 einem Gemeindebezirke nicht überwiesen. Die dem hohen Landesfürstlichen Hause nicht angehörigen Bewohner dieser Gebäude haben die Bildung einer neuen Gemeinde unter der Bezeichnung ›Schloßgemeinde Greiz‹ für den sich aus den gedachten Fürstlichen Besitzungen zusammensetzenden Bezirk beschlossen, auch ein gewisse Einrichtungen in der Gemeinde und das Verhältniß derselben zum Fürstlichen Domanium regelndes Statut errichtet.«[636]

Damit emanzipierte sich die Schloßgemeinde ebenso wie die Land- und Stadtgemeinden und erlangte einerseits die Möglichkeit, als politischer Akteur in Erscheinung zu treten und andererseits – da sie ebenfalls der Gemeindeordnung von 1871 unterstand – auch in ihren Verwaltungsangelegenheiten auf ihre individuellen Bedürfnisse und dabei weitestgehend selbstbestimmt zu handeln.

Eine grundlegende Neuerung in den Verwaltungsstrukturen des Landes ergab sich 1915 im Zuge des Ersten Weltkrieges. Im Gesetz vom 18. November 1915[637] wurde aufgrund von Problemen der Volksernährung und in der Wirtschaft bestimmt, dass die Gemeinden und Gutsbezirke zu einem besonderen rechtsfähigen Gemeindeverband zusammengeschlossen werden

---

635 Vgl. Gesetz, in: GS FRAeL, Jg. 1884, Nr. 2. 9, §§. 1f.

636 Regierungs-Bekanntmachung, in: GS FRAeL, Jg. 1885, Nr. 1. 1.

637 Vgl. Gesetz, in: GS FRAeL, Jg. 1915, Nr. 13. 78f.

sollen (vgl. §. 1), der von einem Ausschuss, bestehend aus dem Vorstand des Landratsamtes als Vorsitzenden und vier Mitgliedern, die aus einer Generalversammlung der Gemeinden und Gutsbezirke zu wählen seien, vertreten werden solle (vgl. §. 2).

Die letzte große Veränderung in der Rechts- und Verwaltungspflege fand schließlich 1918 durch die Zusammenlegung der reußischen Länder älterer und jüngerer Linie statt.[638]

2.2 ZUR KIRCHENVERWALTUNG

2.2.1 ZU DEN VERWALTUNGSSTRUKTUREN VON 1778 BIS 1866

Als HEINRICH XI. ZU REUSS-OBERGREIZ 1778 in den Reichsfürstenstand erhoben wurde, waren die Aufgaben des Fürstlich-Reuß-Plauischen Konsistoriums in Greiz als oberster kirchlicher Verwaltungsinstanz, die dem Landesherrn als oberstem Kirchenherrn direkt unterstellt war, umfangreich.[639] Es war zuständig für äußere kirchliche Angelegenheiten wie Personal-, Bau- und Finanzsachen, besaß die Ehegerichtsbarkeit und die Gerichtsbarkeit über die Geistlichen, war für die inneren Kirchenangelegenheiten wie die theologische Lehre, die Liturgie, die Gottesdienstordnung und Kirchenzucht zuständig und besaß die Verantwortung für die inneren und äußeren Schul-

---

[638] Vgl. GEMEINSCHAFTSNOTGESETZ, in: GS FRAeL, Jg. 1918, Nr. 13. 101–104. Einzelne kleine Veränderungen waren zuvor lediglich in Form einer Umbenennung bestimmter Verwaltungsorgane und der weiteren Ausdifferenzierung von Zuständigkeiten in der Landesverwaltung vorgenommen worden, die jedoch die Verwaltungsstruktur nicht grundlegend änderten (vgl. REGIERUNGS-BEKANNTMACHUNG, in: GS FRAeL, Jg. 1910, Nr. 18. 150; REGIERUNGS-BEKANNTMACHUNG, in: GS FRAeL, Jg. 1911, Nr. 9. 69; GESETZ, in: GS FRAeL, Jg. 1912, Nr. 11. 68–100; GESETZ, in: GS FRAeL, Jg. 1912, Nr. 11. 101–104; REGIERUNGS-VERORDNUNG, in: GS FRAeL, Jg. 1912, Nr. 20. 235; REGIERUNGS-VERORDNUNG, in: GS FRAeL, Jg. 1912, Nr. 20. 236–238; HÖCHSTE VERORDNUNG, in: GS FRAeL, Jg. 1913, Nr. 7. 71).

[639] Der Umfang und die Art der Aufgaben des Konsistoriums waren historisch gewachsen und durch einen ganzen Gesetzeskorpus geregelt. Dazu gehörten die »Greizer Konsistorialartikel« von 1640 (vgl. ARTICULI CONSISTORII GRÄIZENSIS. 158–160) ebenso wie der reussische »Geschlechtsverein« von 1668 (vgl. DER GESCHLECHTSVEREIN SÄMMTLICHER HERREN REUSSEN VON PLAUEN VOM 10. NOVEMBER 1668. 266–318), der »Hausvertrag« von 1690 (vgl. HAUSVERTRAG VOM 3., 4. UND 5. SEPT. 1690. 337–355.), die »Untergreizer Canzley-Ordnung« von 1715 (vgl. UNTERGREIZER CANZLEY-ORDNUNG. 163–165), die »Taxordnung« für Obergreiz von 1716 sowie die »Canzley-Ordnung der Gräffl. Reußil. Herrschaft zu Ober-Graitz« aus dem Jahre 1724 (vgl. SCHOENAICH CAROLATH, HANS GEORG ZU: Kirchenregiment. 165–169).

angelegenheiten, d.h. auch hier die Aufsicht über die Personal-, Bau- und Finanzsachen, den Bildungsplan und die Gerichtsbarkeit über die Lehrer.[640] Damit bildete das Konsistorium das geistliche Obergericht des Landes.[641] Als kirchliche Mittelbehörde unterstand die Superintendentur bzw. Ephorie Greiz dem Konsistorium seit 1778 direkt und umfasste das gesamte Gebiet des Fürstentums mit 22 Pfarreien. Da es wie das Konsistorium für äußere wie innerliche Angelegenheiten in kirchlichen und schulischen Dingen zuständig war, fungierte es für die Parochien des Landes als geistliches Untergericht für Geistliche, Lehrer und in Ehesachen:

> »Der Superintendent war immer zugleich Stadtpfarrer. Er wurde vom Landesherrn designiert und mittels eigenhändig unterschriebener Urkunde vociert, erhielt aber dann die Vocation als Stadtpfarrer vom Stadtrat zu Greiz. Neben den Konsistorial- und Ephoralgeschäften hatte er an allen Sonn- und Festtagen die Predigt im Hauptgottesdienst sowie alle Innungs- und Stiftungspredigten zu halten. Die Abendgottesdienste besorgte er gemeinschaftlich mit dem Archidiakonus. Beichtvater war er nur der fürstlichen Familie, in welcher ihm auch alle übrigen vorkommenden geistlichen Casualverrichtungen oblagen. Auch die Konfirmation der Catechumenen und ein Teil des Konfirmandenunterrichts lagen ihm ob.«[642]

Aufgrund der geringen Größe des Landes waren die unteren kirchlichen Behörden, die Pfarreien bzw. Parochien, als fürstliche Patronate direkt dem Greizer Konsistorium unterstellt.[643] Während die Mitglieder des Konsistoriums und der Superintendentur vom Landesherrn ernannt wurden, wurden

---

640 Vgl. Hess: Verwaltungsorganisation. 241; Schoenaich Carolath: Kirchenregiment. 183.

641 »Daß die Konsistorien auch Gerichtshöfe waren, zuständig für alle Landeseinwohner in Ehesachen, für Geistliche und Lehrer in sämtlichen Rechtsdingen, außer denen, die ihre Erbgüter betrafen –, war ein Überrest der geistlichen Gerichtsbarkeit des Mittelalters, den die Reformation beibehalten hatte. Auch das wurde jetzt als Übergriff aus dem geistlichen auf das weltliche Gebiet empfunden« (Herrmann: Kirchengeschichte. 349).

642 Vgl. Thoss: Geschichte. 140.

643 Vgl. Hess: Behördenorganisation. 121. Eine einzige Ausnahme bildete Herrmannsgrün, das seit 1507 im Besitz der Familie von Geldern-Crispendorf war und bis 1938 als Privatpatronat verblieb (vgl. Klein: Streifzüge. 58).

die Pfarrer nach eingehender Prüfung vom Konsistorium eingestellt.[644] Die Parochien wiederum setzten sich aus einer oder mehreren Kirchgemeinden zusammen, denen mehrere Ortsgemeinden angehörten.

Der hier beschriebene kirchliche Verwaltungsaufbau war durchaus nicht typisch für den mitteldeutschen Raum. Denn im Gegensatz zu Reuß älterer Linie existierten in anderen Staaten Thüringens meist mehrere Superintendenturen (Ephorien) als Mittelbehörden, denen so genannte Kircheninspektionen bzw. -kommissionen unterstanden, die für die äußeren Kirchenangelegenheiten, die Ehegerichtsbarkeit sowie die Gerichtsbarkeit über Geistliche und Lehrer für einen bestimmten Amtsbezirk zuständig waren. Sie setzten sich in der Regel aus dem jeweiligen Amtmann – üblicherweise ein Jurist, der sich für die äußeren Verwaltungsangelegenheiten verantwortlich zeigte – und dem jeweiligen Superintendenten zusammen. Im 19. Jahrhundert wurden diese unteren kirchlichen Behörden vielfach auch als Kirchen- und Schulinspektion bzw. Kirchen- und Schulamt bezeichnet.[645] Solche Kommissionen waren 1845 in Zeulenroda eingerichtet worden und gewisse weltliche Inspektionsrechte existierten für den Stadtrat und die Stadtverordneten der Stadt Greiz bereits seit 1849, doch eine feste Institution mit weit reichenden weltlichen Inspektionsrechten wurde erst durch die Verordnung vom 21. Dezember 1861[646] als Kirchen- und Schuldeputation eingerichtet. Diese setzte sich aus dem Bürgermeister, dem Ratsassessor und drei ausgewähl-

---

644 Anders als in Greiz, wo lediglich die Landesregierung Reuß älterer Linie und das dortige Konsistorium über die Besetzung der Stellen zu entscheiden hatten, lag es bei der Pfarrstellenbesetzung der Stadt Zeulenroda. Denn da einige der zugehörigen Filialdörfer im Schleizer Land lagen, hatte das gemeinschaftliche Konsistorium der jüngeren Linie in Gera ein Mitspracherecht bei der Pfarrerwahl. Probleme taten sich dann auf, wenn die Herren der älteren und jüngeren Linie unterschiedlichen theologischen Richtungen angehörten, wie es etwa im 18. Jh. der Fall war, als Gera und Schleiz lutherisch-orthodox geprägt waren und nur in Leipzig oder Jena studierte Pfarrer und das streng pietistische Obergreiz nur in Halle studierte Pfarrer zur Anstellung vorsah. Neben diesen Unstimmigkeiten zwischen den Landesregierungen und Konsistorien, spielte aber auch eine Rolle, dass sich im 18. Jh. vermehrt die Stadt Zeulenroda darüber beschwerte, dass sie selbst kein Mitspracherecht bei der Besetzung ihrer Pfarrstelle habe. Ein Wandel diesbezüglich trat erst im 19. Jh. und nur für einen kurzen Zeitraum ein, denn es gelang der Bürgerschaft durch die neue, im Zuge der Revolutionsereignisse entstandene Stadtordnung von 1848/49 das alleinige Patronatsrecht über die Kirchen- und Schulstellenbesetzung zu erhalten, das jedoch 1883 bereits wieder an die Landesregierung überging (vgl. SCHMIDT: Zeulenroda. 476–478).

645 Vgl. HESS: Verwaltungsorganisation. 244.

646 Vgl. LANDESREGENTSCHAFTLICHE VERORDNUNG, in: GS FRAeL, Jg. 1862, Nr. 1. 1–6.

ten Stadtabgeordneten zusammen (vgl. §. 1) und hatte bei Beratungen einen gewählten Vertreter der eingepfarrten Ortschaften bzw. die Ortsvorstände der Filialgemeinden hinzuzuziehen (vgl. §. 2)[647]. Diese Deputation agierte als Vermittlungsinstanz zwischen der Stadt und dem Konsistorium, der Superintendentur oder auch dem Stadtpfarramt (vgl. §. 3). Zu ihrem Geschäftskreis gehörten laut §. 4:

> »a) die Mitwirkung bei der Verwaltung des Kirchenvermögens und der Schulkasse [...].
> b) die Wahrnehmung des Interesses der kirchlichen und Schulgemeinde zur Aufbringung der kirchlichen und Schulbedürfnisse. [...]
> c) die fürsorgende Mitaufsicht über die zur Kirche und Schule gehörigen Gebäude und Grundstücke, unter Mitwirkung des Ephorats und des hiesigen Pfarramtes und unter der Oberaufsicht des Fürstlichen Consistoriums. [...]
> d) die etwa nöthig werdenden Erklärungen bei Versetzung der geistlichen und Schulstellen. [...]
> e) die Ausübung des Rechts der Beschwerdeführung bei der kirchlichen Oberbehörde in Fällen, wenn Kirchen- oder Schulbeamte durch ihren Lebenswandel Aergerniß geben sollten.«[648]

Wie aus ihrem Wirkungsbereich ersichtlich, erfüllte diese Deputation gleich mehrere wichtige und nicht nur verwaltungstechnische Aufgaben. So wurde beispielsweise die willkürliche Handhabung kirchlicher Angelegenheiten weiter eingeschränkt, da nun die Kirchen- und Schuldeputation zwischen den kirchlichen Instanzen stand. Gleichzeitig wurde den Ortsgemeinden die

---

647 In Folge des Erlasses der Gemeindeordnung von 1871 erging 1882 eine Abänderung des §. 2 worin es heißt: »I. Die Bestimmung in §. 2 der bezeichneten Verordnung werden insofern verändert, daß künftig der nach Greiz eingepfarrten Ortschaften in der nach §. 1 der Verordnung gebildeten Kirchendeputation von den Gemeindevorstehern dieser eingepfarrten Ortschaften aus ihrer Mitte – auf die Dauer seiner Verwaltung des Gemeindevorsteheramtes – zu wählen ist. II. Das zu wählende Mitglied muß selbstverständlich der evangelisch-lutherischen Landeskirche angehören. Die Wahl bedarf der Bestätigung Unseres Consistoriums. III. Bei der Wahl, welche von dem Vorstande Unseres Landrathsamtes zu leiten ist, entscheidet einfache Stimmenmehrheit, bei Stimmengleichheit das Loos. [...]« (Landesherrliche Verordnung, in: GS FRAeL, Jg. 1882, Nr. 10. 94–96). Bei genauerer Betrachtung wird deutlich, dass diese Änderung zunächst wie ein Zugeständnis an mehr Selbstbestimmung für die Kirchgemeinden scheint, aber da es letztlich weiterhin dem Konsistorium oblag der erfolgten Wahl bzw. des Loses zuzustimmen, war dessen Einfluss keineswegs gemindert.

648 Landesregentschaftliche Verordnung, in: GS FRAeL, Jg. 1862, Nr. 1. 2f.

Möglichkeit eröffnet ihre Vorhaben zunächst mit der Stadt abzusprechen, bevor diese an die Superintendentur oder das Konsistorium weitergeleitet wurden, was gerade bei finanziellen Fragen von Vorteil war. Dadurch konnten Anfragen nicht nur gleich auf unterster Ebene bearbeitet werden und die Ortsgemeinden hatten bei einer Befürwortung eines Antrages durch die Stadt einen Unterstützer vor den höheren kirchlichen Stellen, sondern die Stadt hatte nun auch die Möglichkeit direkten Einfluss auf die kirchlichen und schulischen Angelegenheiten vor Ort zu nehmen und diese abgestimmt auf die dortigen Bedürfnisse zu gestalten.

Neben der verwaltungsmäßig engen Bindung der Kirche an den Landesherrn und den Staat, spielte auch die Organisation der Finanzierung des Kirchenwesens eine wichtige Rolle, die maßgeblich zum institutionellen Staats-Kirchen-Verhältnis beitrug:

> »Die Leistungen des Staates und der bürgerlichen Gemeinden für kirchliche Zwecke lassen sich in der Hauptsache in drei Punkten zusammenfassen. Erstens bestritt der Staat die Kosten der kirchlichen Verwaltung in den Ober- und Mittelinstanzen, indem er seine rechtskundigen Beamten als Konsistorialpräsidenten und Beisitzer, später die Minister, andere Beamte der Regierungen, Amtleute, Landräte und Amtsrichter dafür zur Verfügung stellte, dazu die nötigen Räume und was sonst zur Verwaltung erforderlich ist. [...]. Zweitens: seit der Reformation wurden aus den Erträgen der eingezogenen Klostergüter jährlich Zulagen an zahlreiche gering ausgestattete Pfarreien gezahlt; sie erscheinen oft unter dem Namen: Additionsgelder. [...]. Drittens: zur Deckung der ortskirchlichen Bedürfnisse, insbesondere zur baulichen Unterhaltung der Kirchen und Pfarrhäuser, waren in erster Linie die ortskirchlichen Vermögensstöcke (Kirchenfabriken), in zweiter die Eingepfarrten verpflichtet. Das wurde teils aus den Kassen der bürgerlichen Gemeinden, teils durch Umlagen geleistet, je nach Möglichkeit und Herkommen.«[649]

Was die konkrete Finanzierung kirchlicher Einrichtungen betraf, so waren die seit 1821 geführten Orts-, Stadt- und Gemeindekassen[650] insoweit zuständig, als die staatliche allgemeine Kirchenkasse oder die örtlichen Kirchkästen nicht zur Finanzierung ausreichten. Wie dringend eine Regelung der Finanzen für die Arbeit der Kirchen und auch Schulen war, zeigt sich anhand der Tatsache, dass es laut Regierungs-Bekanntmachung zu den Verhandlun-

---

649 Herrmann: Kirchengeschichte. 516f.

650 Vgl. Gesetzliche Verordnung, in: GS FRAeL, Jg. 54, Nr. 8. 67–76.

gen des Landtages von 1856 ein wichtiges Thema war.[651] Im Jahre 1857 folgte eine Verordnung, die Anwohner dazu verpflichtete einen gewissen Betrag in den zu ihrem Kirchspiel gehörigen Kirchkasten – ähnlich dem heutigen Ortskirchengeld – zu entrichten.[652] Geistliche wie auch Lehrer waren von ›bürgerlichen Lasten‹, d.h. beispielsweise der Entrichtung von Gemeindeabgaben seit jeher entbunden, da sie ebenso wie Offiziere einen besonderen gesellschaftlichen Stand besaßen. Dennoch gehörten sie nicht zu den Zivilstaatsdienern und genossen wenig rechtliche Absicherung, was ihre Besoldung, ihre Altersabsicherung oder bei ihrem Tod die finanzielle Absicherung ihrer Hinterbliebenen betraf. Dies begann sich erst in der zweiten Hälfte des 19. Jahrhunderts kontinuierlich zu wandeln. Ein erstes wichtiges Ereignis war diesbezüglich die Gründung eines staatlichen Pensionsfonds als Teil der Landeskasse im Jahre 1860[653] und die gesetzliche Regelung zu den Pensionsverhältnissen der Witwen und Waisen von Geistlichen, Lehrern und Kirchdienern von 1864.[654] Mit diesem Fond verknüpft war gleichzeitig die Festle-

---

651 Darin wird darauf verwiesen, dass die Kirche in Reuß älterer Linie sehr dürftig ausgestattet sei und nicht wie in anderen Ländern reiche Klöster und Stifte existiert hätten, deren Fonds während der Reformation für die Ausstattung neuer Kirchen verwendbar gewesen wären. Trotz staatlicher Zuwendungen zur Finanzierung sei jedoch die Notwendigkeit eines Fonds für kirchliche Zwecke immer bestehen geblieben, sodass die Kirche durch Maßnahmen wie die Verlängerung von Vakanzzeiten und Vicarien einen Vermögensstock unter dem Namen »Geistliche-Vacanzkasse« bildete. Da sich dieser Zustand jedoch nicht beibehalten lasse, wurde auf dem Landtag über die Einrichtung eines Fonds für allgemeine kirchliche Zwecke beraten. Schließlich wurde dem zugestimmt und beschlossen, dass er einen ständischen jährlichen Zuschuss erhalten sowie zukünftig »Allgemeine Kirchkasse« heißen sollte (vgl. Regierungs-Bekanntmachung, in: GS FRAeL, Jg. 1857, Nr. 2. 5–11).

652 Vgl. Verordnung, in: GS FRAeL, Jg. 1857, Nr. 25. 180.

653 Vgl. Gesetz, in: GS FRAeL, Jg. 1860, Nr. 4. 33–44.

654 Gesetz, in: GS FRAeL, Jg. 1864, Nr. 3. 29–35. Dieses macht in seinem Proomium die Problematik deutlich, die zum Erlass dieses Gesetzes führte: »[...] haben für nothwendig erachtet, den Wittwen und unversorgten Waisen der Geistlichen, Kirchendiener und Schullehrer, bei der Unzulänglichkeit der ihnen von den betreffenden Anstalten, namentlich von der Diener-Wittwen- und Waisen-Unterstützungs-Societät zukommenden Unterstützung, eine dem Bedürfnisse wie der Billigkeit entsprechenende Pension in gleicher Weise, wie dieß hinsichtlich der Hinterlassenen der Civilstaatsdiener geschehen, gesetzlich zu sichern [...].« Gemäß dessen wird in § 1 verfügt: »Nach dem Tode eines von Unserm Consistorium berufenen oder auf erfolgte Präsentation bestätigten, in Aktivität oder im – nach Publikation dieses Gesetzes eingetretenen – Ruhestande versterbenden Geistlichen, Kirchendieners oder Schullehrers haben dessen Wittwe, sowie dessen unversorgte eheliche Kinder, ein jedes bis zum erfüllten 18. Lebensjahre Anspruch auf eine Pension aus dem zufolge des

gung eines finanziellen Beitrages, den jeder vom Konsistorium angestellte Geistliche, Kirchendiener und Schullehrer ab in Kraft treten dieses Gesetzes zu entrichten hatte (vgl. §. 15). Damit war eine rechtliche Absicherung der Familien gewährgeleistet, die bisher nicht in solchem Umfang existiert hatte.

2.2.2 Zu den kirchenrechtlichen Bestimmungen in der Verfassung von 1867

Typisch für das Staatskirchentum in Reuß älterer Linie war, dass keine eigenständige Kirchenverfassung existierte, sondern sich kirchenrechtliche Bestimmungen in Verordnungen, Verträgen, Bekanntmachungen sowie als Bestandteil des Staatsrechts finden lassen. In der Verfassung des Fürstentums von 1867 war es der VI. Abschnitt in dem zur Religionspolitik des Landes ausgeführt wird:

> »§. 46. Jeder Staatsangehörige ist unbeschränkt in der häuslichen Uebung seiner Religion. Nur den anerkannten christlichen Confessionen steht die freie öffentliche Religionsübung zu. Die evangelisch-lutherische Kirche ist die Landeskirche.
> §. 47. Die Glieder der christlichen Confessionen genießen gleiche bürgerliche und politische Rechte. Andere Glaubensgenossen haben an den staatsbürgerlichen Rechten nur in dem Maße Antheil, wie ihnen derselbe zeither zugestanden worden ist oder künftig gesetzlich zugestanden werden wird.
> §. 48. Dem Landesherrn stehen die in der Kirchenverfassung begründeten Episcopalrechte über die Landeskirche zu. Er übt die Staatsgewalt über die Kirchen, die Aufsicht und das Schutzrecht über dieselben aus.
> [...]
> §. 50. Die kirchlichen und Schulbeamten sind in ihren bürgerlichen Beziehungen und Handlungen den Gesetzen des Staats unterworfen. Beschwerden über deren Amtsführung (disziplinarische Vergehungen) sind durch die kirchliche Oberbehörde zu erledigen. Auf Klage wegen Ueberschreitung der geistlichen Amtsbefugnisse hat dieselbe Behörde nach vorgängiger Erörterung entsprechende Verfügung zu treffen. Wird letztere für unzureichend erachtet, so kann die Beschwerde an den Landesherrn gebracht werden.

Gesetzes vom 2. April 1860 gebildeten Pensionsfond, [...]« (Gesetz, in: GS FRAeL, Jg. 1864, Nr. 3. 29). Dieses Gesetz wurde 1883, 1892, 1897, 1904 und 1911 bezüglich der Beitragshöhe zum Pensions- bzw. Hinterbliebenenfond modifiziert, wodurch sich die Beitragshöhen änderten und die Leistungsansprüche verbesserten (vgl. Gesetz, in: GS FRAeL, Jg. 1884, Nr. 1. 4; Gesetz, in: GS FRAeL, Jg. 1892, Nr. 1. 9–11; Gesetz, in: GS FRAeL, Jg. 1897, Nr. 7. 47f.; Gesetz, in: GS FRAeL, Jg. 1911, Nr. 52. 23f.

> §. 51. Vermächtnisse und Schenkungen zu Gunsten einer frommen Stiftung bedürfen zu ihrer Gültigkeit keiner vorgängigen landesherrlichen Bestätigung. Privatstiftungen sollen, so lange ihr Zweck mit den Gesetzen des Landes bestehen kann, nicht verändert werden.«[655]

Ergänzend ist auch die Bestimmung in §. 37 wichtig, die alle Gerichtsbarkeit dem Staate unterstellte und die §§. 3; 66; 67 und 77, die den Landesherrn als bestimmende judikative wie exekutive Macht auszeichneten. An diesen Verfassungsbestimmungen wird die Haltung Heinrichs XXII. zu kirchlichen Fragen sehr deutlich. Dieser betrachtete nicht nur lediglich die christliche Religion als legal und die Bürgerrechte vom Bekenntnis zur Landesreligion abhängig, sondern verstand sich auch betont als Kirchenoberhaupt, dem alle Angelegenheiten in Kirchenverwaltung und -politik untergeordnet waren.

2.2.3 Zu den Verwaltungsstrukturen von 1867 bis 1918

Angesichts der Verfassung von 1867 verwundert es nicht, dass das Konsistorium als oberstes Verwaltungsorgan für kirchliche Angelegenheiten und in enger personeller Verbindung zur Landesregierung verblieb. Dies zeigte sich darin, dass der Konsistorialpräsident – üblicherweise ein Jurist – gleichzeitig Präsident der Fürstlichen Landesregierung war und das Konsistorium auch weiterhin zwei geistliche und zwei weltliche Mitglieder besaß. Erstere waren der Superintendent und Stadtpfarrer zu Greiz, der als Oberkonsistorialrat sowie ein Kirchenrat und Pfarrer, der als Konsistorialassessor fungierte.[656] Die beiden weltlichen Mitglieder waren Juristen, die neben ihrer konsistorialen Tätigkeit ebenfalls Mitglieder der Landesregierung waren.

Der Superintendentur Greiz waren die jeweiligen Lokalschulinspektionen und schließlich die Pfarrer und Leiter der öffentlichen Schulen oder höheren Lehranstalten unterstellt.

Im Jahre 1868 vollzog sich durch den Erlass des Organisationsgesetzes[657] eine weit reichende Wandlung in der Verwaltungsstruktur: die Aufhebung der geistlichen Gerichtsbarkeit durch die Neustrukturierung der Justiz und die Trennung von Verwaltung und Rechtspflege. Dadurch war das Konsisto-

---

655 Gesetz, in: GS FRAeL, Jg. 1867, Nr. 6. 40–42.

656 Vgl. Klein: Streifzüge. 57.

657 Vgl. Gesetz, in: GS FRAeL, Jg. 1868, Nr. 20. 277–286; Regierungs-Verordnung, in: GS FRAeL, Jg. 1868, Nr. 23. 524f..

rium eines wichtigen Machtbereiches enthoben worden. Die sonstigen Organisationsstrukturen der mittleren und unteren kirchlichen Behörden blieben jedoch erhalten.

Aufgrund des Erlasses der Gemeindeordnung von 1871 waren weit reichende Selbstverwaltungsrechte an die Gemeinden übergegangen, die laut §. 32 der Ausführungsverordnung zu diesem Gesetz[658] auch Konsequenzen für die Aufsicht über die Kirchen- und Schulsachen hatten:

> »Das Patronat, und Collaturrecht über Kirchen und Schulen wird, soweit es einer Gemeinde rechtlich zusteht, durch den Gemeinderath und Gemeindevorstand gemeinschaftlich unter Anwendung des Kopfstimmrechts, die den Gemeinden zustehenden weltlichen Inspektionsrechte über Kirchen, Schulen und milde Stiftungen werden im Zweifel durch den Gemeindevorstand ausgeübt.«[659]

Dagegen galt laut §. 32 für die Stadt Greiz:

> »Anlangend speciell die Stadt Greiz, so behält es bei den Bestimmungen der Landesregentschaftlichen Verordnung, die Feststellung der weltlichen Inspektionsrechte des Stadtraths zu Greiz über Kirchen, Schulen und milde Stiftungen u.w.d.a. betr., vom 20. December 1861 sein Bewenden.
> Die nach §. 1 dieser Verordnung zu bildende Kirchen- und Schuldeputation soll künftighin in ihren städtischen Mitgliedern aus den beiden Bürgermeistern und drei von dem Gemeiderath aus dessen Mitte zu wählenden Mitgliedern, von denen jedes Jahr eins ausscheidet, bestehen. Diese Mitglieder werden das erste Mal alsbald nach Einführung der Gemeindeordnung durch den Gemeinderath gewählt und bestimmt diejenigen, welche zuerst auszuscheiden haben, das Loos.«[660]

Ein tatsächlicher Wandel für die Kirchgemeinden hin zu einer stärkeren Selbständigkeit in den eigenen Verwaltungsangelegenheiten setzte erst ab 1880 ein. Bis dahin war es lediglich in den Städten zur Bildung von Kircheninspektionen bzw. -ämtern als Behörden für die äußeren Zuständigkeiten der Kirchenverwaltung gekommen. Doch nun erlaubte die durch das Gesetz vom 7. April 1880 bestimmte Trennung der Kirchen- von der politischen Gemeinde auch auf dem Land die Bildung von Kirchenvorständen als neu-

---

658 Vgl. Regierungsverordnung, in: GS FRAeL, Jg. 1871, Nr. 5. 63–74.

659 Regierungsverordnung, in: GS FRAeL, Jg. 1871, Nr. 5. 71.

660 Regierungsverordnung, in: GS FRAeL, Jg. 1871, Nr. 5. 71.

en kirchlichen Leitungsgremien.[661] Durch diesen Gesetzesakt trennte sich 1880 die kirchliche Gemeinde zwar verwaltungstechnisch von der politischen, aber gerade im vermögensrechtlichen Bereich blieben dennoch enge Verbindungen bestehen, da sich die Pflicht der politischen zur finanziellen Unterstützung der kirchlichen Gemeinde im Bedarfsfall nicht wandelte (vgl. §§. 28f.; 37f.). Dennoch ist hier ein wichtiger emanzipatorischer Schritt der Kirchgemeinden aus dem staatlichen hin zu einem eigenständig kirchlichen Verwaltungsapparat zu sehen. Deutlich wird dies in den Bestimmungen des §. 1 zur Rechtspersönlichkeit der Kirchgemeinde:

> »Die Kirchgemeinde in der evangelisch-lutherischen Landeskirche ist ein Glied in deren Organismus und hat die Rechte der Persönlichkeit, insbesondere auch die Erbfähigkeit und die allgemeine Befugniß, Rechte zu erwerben und Verbindlichkeiten einzugehen, die letztere vorbehältlich der besonderen in diesem Gesetze getroffenen Bestimmungen.«[662]

Damit wird sie zu einer Rechtsperson, die beispielsweise auch mit der politischen Gemeinde oder dem Staat eigenständig in Verhandlung treten konnte. Weiterhin erhielt die Kirchgemeinde durch den §. 2 auch wichtige Befugnisse zur lokalen Aufsicht über das Kirchenwesen, auch wenn sie weiterhin dem Konsistorium unterstellt blieb:

> »Aufgabe der Kirchgemeinde ist: unter Leitung und Pflege des in ihr bestehenden geistlichen Amtes dafür Sorge zu tragen, daß der christliche Glaube und das christliche Leben ihrer Angehörigen nach dem Worte Gottes und dem Bekennt-

---

661 Darin werden in 42 Paragraphen, verteilt auf *zwei Abschnitte* und einen Teil »Besondere Bestimmungen« unter anderem der rechtliche Status und die Aufgaben der Kirchgemeinde, des Kirchgemeindebezirks, der Kirchenmitglieder und Kirchgemeindeversammlung bestimmt (vgl. §§. 1–11) sowie der rechtliche Status und die Aufgabe des Kirchgemeindevorstands, dessen Bildung, die Wahlmodalitäten zum Vorstandsmitglied, dessen Pflichten, Aufgaben und Dienstzeit sowie der Wirkungskreis des Kirchgemeindevorstands festgelegt (vgl. §§. 12–38) und schließlich noch die Wirksamkeit dieses Gesetzes festgeschrieben (vgl. §§. 39–42) (vgl. Gesetz, in: GS FRAeL, Jg. 1880, Nr. 3. 9–21). Seine Gültigkeit erhielt dieses Gesetz durch die Verordnung des Inkrafttretens, die zur Abhaltung von Kirchgemeindeversammlungen einige Paragraphen und die Wahlordnung zum Kirchgemeindevorstand um bestimmte Sonderregelungen im Interesse des Konsistoriums ergänzte: vgl. Consistorial-Verordnung, in: GS FRAeL, Jg. 1880, Nr. 3. 21–40. Eine Abänderung erfolgte 1887: vgl. Gesetz, in: GS FRAeL, Jg. 1887, Nr. 15. 106.

662 Gesetz, in: GS FRAeL, Jg. 1880, Nr. 3. 9.

> nisse der evangelisch-lutherischen Landeskirche belebt und gefördert werden. Sie ist verpflichtet die zur Erreichung dieser Aufgabe nöthigen gottesdienstlichen und sonstigen Einrichtungen in angemessener Weise herzustellen und zu unterhalten und – vorbehaltlich etwaiger Beitragspflicht Dritter – die dazu erforderlichen Mittel insoweit aufzubringen, als nicht die Einkünfte aus dem örtlichen Kirchenvermögen für den gleichen Zweck bestimmt sind und zu dessen Befriedigung ausreichen. Zur Erfüllung dieser Obliegenheiten kann die Kirchgemeinde von Unserem Consistorium angehalten werden.«[663]

Die Kirchgemeinden setzten sich je aus einem von einer eingepfarrten Ortgemeinde unabhängigen Kirchgemeindebezirk (Kirchspiel) und den zugehörigen Kirchenmitgliedern zusammen (vgl. §. 3).[664] Verwaltet und vertreten wurden die Gemeinden durch einen auf sechs Jahre gewählten Kirchgemeindevorstand, bestehend aus dem Pfarrer bzw. dessen Stellvertreter, dem Archidiakonus bzw. Diakonus, zwischen drei und zwölf Vertrauensmännern – je nach Gemeindegröße – sowie dem Kirchenpatron bzw. dessen Bevollmächtigten, der seinen Dienst ehrenamtlich zu versehen hatte (vgl. §§. 12–27). Nur die Städte Greiz und Zeulenroda waren aufgrund ihrer städtischen Eigenverwaltung seit 1861 von der Bildung von Kirchenvorständen ausgenommen (vgl. §. 40).

Durch die Pflichten und weit reichenden Rechte, die den Kirchgemeinden zuerkannt wurden, erhielten die Kirchgemeindevorstände und damit die Kirchgemeinden die Möglichkeiten auf unterster Verwaltungsebene ihre Angelegenheiten innerhalb gewisser Grenzen frei und individuell zu regeln und damit auch effektiver auf die örtlichen Bedürfnisse im kirchlichen wie auch schulischen Bereich einzugehen. Das Konsistorium behielt sich auch weiterhin als oberste Aufsichtsbehörde das Recht vor, über Beschlüsse der Kirchgemeinden und -vorstände letztgültig zu entscheiden (vgl. §. 38).

Letzte gewichtige Änderungen in kirchlichen Verwaltungsangelegenheiten ergaben sich erst wieder im Jahre 1918. Zunächst erfuhr das Kirchgemeindegesetz von 1880 einige Veränderungen in Form von Zusätzen,[665] die

---

663 GESETZ, in: GS FRAEL, Jg. 1880, Nr. 3. 9.

664 Zur Veranschaulichung hier genannter Strukturen lohnt ein Blick in die dem Gesetz angefügte »Übersicht der Zahl derjenigen Mitglieder der Kirchgemeindevorstände [...]«. Diese verdeutlicht, dass 1880 – ohne die Städte Greiz und Zeulenroda – 20 Parochien, 27 Kirchgemeinden und 62 Ortsgemeinden im Fürstentum existierten (vgl. CONSISTORIAL-VERORDNUNG, in: GS FRAEL, Jg. 1880, Nr. 3. 34–36).

665 Vgl. GESETZ, in: GS FRAEL, Jg. 1918, Nr. 3. 14–18; KONSISTORIAL-VERORDNUNG, in: GS FRAEL, Jg. 1918, Nr. 3. 19f.

die Eigenständigkeit der Kirchgemeinden weiter förderten.[666] Die Erweiterung der Selbstverwaltungsrechte der Kirchgemeinden geschah gerade im finanziellen Bereich, denn sie eröffnete den Gemeinden in allen finanziellen Fragen einen größeren Handlungsspielraum. Darüber hinaus bestimmte das Gesetz eine Modifikation in der Zusammensetzung des Kirchgemeindevorstands[667], da beide Seiten künftig personell entsprechend den realen Verhältnissen vertreten waren und so innerhalb der Gemeinden ein neues Gesprächsforum zwischen der kirchlichen Leitung und der Gemeinde entstand. Eine weitere bedeutende Erweiterung der Befugnisse des Kirchenvorstands wurde durch den Artikel XIV bestimmt, der diesem in Ergänzung des §. 29, Nr. 4 und 6 des Gesetzes von 1880 weitreichendere Mitspracherechte bei der Besetzung geistlicher sowie der Stellen des Kantors, des Organisten und bei der Anstellung sonstiger niederer Kirchenbediensteter zusprach. Des Weiteren wurde durch Artikel XIX die Verwaltung des Vermögens der kirchlichen Stellen in den Städten Greiz und Zeulenroda dem Kirchgemeindevorstand zugesprochen und bestimmt, dass die Geistlichen ihre Besoldung zukünftig als monatliche Vorauszahlung aus der Besoldungskasse der Kirchkasse erhalten sollten. Darüber hinaus wird in Artikel XXI festgelegt, das der §. 40 des Gesetzes von 1880 aufgehoben sei und durch die Gründung von Kirchgemeindevorständen in den Städten »die zur Zeit bestehenden Verpflichtungen zu Leistungen der Städte an und für die dortigen Kirchgemeinden und geist-

---

666 Deutlich wird dies an den Bestimmungen im I. Artikel: »§ 2 des Gesetzes erhält folgenden Zusatz: ›Sie ist befugt ihre Angelegenheiten unter den gesetzlichen und aus ihrem Verhältnisse als Glied der evangelisch-lutherischen Landeskirche sich ergebenden Beschränkungen, insbesondere ihr Gesamtvermögen und das des Kirchlehns unter Aufsicht Unseres Konsistoriums selbständig zu verwalten. Das Aufsichts- und Verfügungsrecht des letzteren richtet sich, soweit nicht besondere landesgesetzliche Bestimmungen bestehen, nach den allgemeinen Normen des geltenden Kirchenrechts‹« (Gesetz, in: GS FRAeL, Jg. 1918, Nr. 3. 14).

667 »Der Eingang des § 13, einschließlich der Ziffern 1 und 2 erhält folgende Fassung: ›Der Kirchgemeindevorstand besteht aus 1. dem Pfarrer oder dessen Stellvertreter im Pfarramte und den sonstigen unwiderruflich angestellten Geistlichen der Kirchgemeinde, 2. den von den stimmberechtigten Kirchgemeindemitgliedern nach der Vorschrift des § 17 gewählten Mitgliedern. Die Zahl derselben wird für jede Kirchgemeinde nach Anhörung des Ephorats von Unserem Konsistorium festgesetzt. Sie darf in den ländlichen Kirchgemeinden nicht weniger als 3 und nicht mehr als 12 betragen. Für die Kirchgemeinde Greiz sind 20 Mitglieder von den Kirchgemeindemitgliedern zu wählen, davon je eines von den in Gommla und den in Kurtschau wohnenden Mitgliedern, für die Kirchgemeinde Zeulenroda 15 Mitglieder‹« (Konsistorial-Verordnung, in: GS FRAeL, Jg. 1918, Nr. 3. 19).

lichen Stellen in Wegfall«[668] kämen, wodurch eine endgültige Trennung der kirchlichen von der politischen Gemeinde stattfand. An dieser Auswahl von Zusatzbestimmungen in dem Abänderungsgesetz von 1918 wird deutlich, dass sich die Rechte und Möglichkeiten der Kirchgemeindevorstände und der Kirchgemeinden deutlich erweiterten und die Verselbständigung in den eigenen Verwaltungsangelegenheiten stark gefördert wurde.

Gleichzeitig mit den Abänderungen des Kirchgemeindegesetzes wurde auch eine Konsistorial-Bekanntmachung betreffend die Ordnung zur Gründung eines Landeskirchenvorstands verabschiedet,[669] die mit folgenden Worten eingeleitet wird:

> »Im Namen seiner Hochfürstlichen Durchlaucht des Fürsten haben Seine Hochfürstliche Durchlaucht der Fürst-Regent die gnädigste Entschließung gefaßt, im Anschluß an das Reformationsjubiläum im Jahre 1917 dem Laientum der evangelisch-lutherischen Landeskirche des Fürstentums Reuß ä.L. ein kirchliches Mitbestimmungsrecht zu gewähren, und gnädigst befohlen, daß ein Landeskirchenvorstand [...] eingerichtet wird.«[670]

Dieser Landeskirchenvorstand sollte laut § 1 der Ordnung folgende Funktion haben:

> »Der Landeskirchenvorstand ist die Vertretung der Gesamtheit der evangelisch-lutherischen Kirchengemeinden im Fürstentum. Das Fürstliche Konsistorium wird ihn über bestimmte Gegenstände der Verwaltung der evangelisch-lutherischen Landeskirche gutachtlich hören und jährlich mindestens einmal zusammenrufen.«[671]

---

668 Gesetz, in: GS FRAeL, Jg. 1918, Nr. 3. 18.

669 Vgl. Konsistorial-Bekanntmachung, in: GS FRAeL, Jg. 1918, Nr. 3. 20–24; Konsistorial-Verordnung, in: GS FRAeL, Jg. 1918, Nr. 6. 45f.

670 Konsistorial-Bekanntmachung, in: GS FRAeL, Jg. 1918, Nr. 3. 20.

671 Konsistorial-Bekanntmachung, in: GS FRAeL, Jg. 1918, Nr. 3. 21.

Der Vorstand sollte sich aus 24 Mitgliedern[672] zusammensetzen, die auf sechs Jahre gewählt wurden und jeweils einen Stellvertreter (vgl. § 5) zur Ausführung dieses Ehrenamtes besaßen (vgl. § 7). Gemäß §. 8 hatten sie beim Eintritt in den Kirchenvorstand folgenden Eid zu leisten:

> »Ich gelobe vor Gott, daß ich als Mitglied des Landeskirchenvorstandes mit Sorgfalt und Treue die Wohlfahrt der Landeskirche wahren und fördern will, nach der Norm des Wortes Gottes und des Bekenntnisses der evangelisch-lutherischen Kirche im Geiste dessen, der ihr Haupt ist, Christus.«[673]

Mit diesen Worten verpflichteten sich die Angehörigen des Landeskirchenvorstands explizit nicht dem Landesherrn oder einer staatlichen Institution, sondern allein ihrem Glauben und der Kirche. Die Einberufung des Landeskirchenvorstands konnte laut §. 10 nur durch das Fürstliche Konsistorium geschehen,[674] dessen Tagung unter Ausschluss der Öffentlichkeit stattzufinden hatte.[675]

Dem Landeskirchenvorstand, der aufgrund seiner Zusammensetzung ein gemeinsames Diskussions- und Entscheidungsforum von Kirchen- und Gemeindevertretern des Landes bildete, wurden auf den ersten Blick weit reichende Kontroll- und Mitbestimmungsrechte eingeräumt. Dennoch zeigt sich auch in der Tatsache, dass dieser Vorstand nur auf Einberufung des Konsistoriums tagen und letztlich nur durch Gutachten in seinen Ansichten zu hören sein sollte – wobei die letzte Entscheidung über die Beachtung seiner Äußerungen bei dem Konsistorium verblieb – klar, dass er im Grunde keine wirklich ernstzunehmenden Handlungsmöglichkeiten besaß. Er bildete kei-

---

672 Davon sollten sich sechs Mitglieder aus drei Mitgliedern, zwei Geistlichen und einem Laien rekrutieren, die der Landeskirche angehörten und vom Inhaber der Kirchengewalt berufen wurden. Die übrigen 18 Mitglieder sollten sich aus neun Mitgliedern, drei Geistlichen und sechs Laien zusammensetzen, die von den Mitgliedern der Kirchengemeindevorstände in den Städten und übrigen Parochien zu wählen waren (vgl. §§. 2; 4).

673 Konsistorial-Bekanntmachung, in: GS FRAeL, Jg. 1918, Nr. 3. 22.

674 Dem Konsistorium kam »das Recht zu, einen Landeskirchenvorstand zu entlassen« (Konsistorial-Bekanntmachung, in: GS FRAeL, Jg. 1918, Nr. 3. 11, §. 11).

675 »Zu einem gültigen Beschluß gehört die einfache Stimmenmehrheit der erschienenen Mitglieder. Der Konsistorialpräsident und die geistlichen Mitglieder des Fürstlichen Konsistoriums stimmen nicht mit. Die Leitung der Verhandlungen, sowie der Geschäfte zur Vorbereitung und in Ausführung der Sitzungen und der gefassten Beschlüsse ist Sache des Konsistorialpräsidenten. Derselbe schließt auch die Tagungen« (Konsistorial-Bekanntmachung, in: GS FRAeL, Jg. 1918, Nr. 3. 24).

ne selbständige kirchenpolitische Größe die dem Konsistorium tatsächlich als Kontrollinstanz gegenübertreten könnte. Vielmehr war die Gründung des Landeskirchenvorstands als ein Zugeständnis an bestehende gesellschaftliche Forderungen zu sehen. Der Anstoß für diese Entscheidungen stand auch in keinem Zusammenhang mit dem Reformationsjubiläum von 1917, sondern rührte vielmehr daher, dass in den anderen evangelischen Ländern des Reiches bereits solche Kirchenvorstände existierten und auf den Dörfern in Reuß älterer Linie seit 1918 die Selbstverwaltung der Gemeinden praktiziert wurde. Eine endgültige Trennung von Staat und Kirche trat erst im Jahre 1922 ein.

2.3 Zur Schulverwaltung

2.3.1 Zu den Verwaltungsstrukturen von 1778 bis 1866

Der Landesherr war bis 1918 auch Kirchenherr, wodurch ihm Kirche und Schule unterstanden sowie die kirchlichen und schulischen Entwicklungen in den Bahnen der staatlichen Gesetzgebung und Verwaltungsordnung verliefen. Folglich waren von 1778 bis 1919 das Fürstlich-Reuß-Plauische Konsistorium oberste, die Superintendentur Greiz mittlere, die Parochien untere und die jeweilige örtliche Pfarrei unterste Schulaufsichtsbehörde. Das Konsistorium und die Superintendentur hatten, neben ihren Verwaltungsaufgaben in inner- und äußerlichen Angelegenheiten, ebenfalls die Gerichtsbarkeiten über die Lehrer inne. Betreffs der Aufgaben gegenüber dem Schulwesen wurde die Superintendentur meist als Schulinspektion, der Superintendent als Schulinspektor sowie die Pfarrei als Orts- bzw. Lokalschulaufsicht und der jeweilige Pfarrer als Orts- oder Lokalschulinspektor bezeichnet.

Wie bereits bei den Angelegenheiten der Gemeinde- und Kirchenverwaltung war auch die Verwaltung der Schulangelegenheiten in den Städten Greiz und Zeulenroda durch die jeweiligen Stadtordnungen geregelt. Da es unterhalb der Superintendentur, als Mittelbehörde zwischen derselben und den Pfarreien in Reuß älterer Linie keine eigenen Kirchen- bzw. Schulinspektionen oder -ämter gab, gehörte die Forderung eines adäquaten Ersatzes seitens des Greizer Bürgertums ab der Mitte des 19. Jahrhunderts zum Ausdruck dessen wachsenden Selbstbewusstseins. Im Jahre 1861 führten diese Entwicklungen zum Erlass einer »Verordnung über die Feststellung der weltlichen Inspektionsrechte des Stadtrates zu Greiz über Kirchen, Schulen und milde Stiftungen«.[676] Diese Verordnung gestand dem Greizer Stadtrat einige verwaltungsmäßige Kontrollrechte über die äußeren Angelegenheiten – in erster Linie die Finanzen – von Kirchen, Schulen und milden Stiftungen für die Stadt Greiz zu. Dafür wurde eine feste Institution mit weltlichen Inspektionsrechten unter der Bezeichnung Kirchen- und Schuldeputation eingerichtet, die sich aus dem Bürgermeister, dem Ratsassessor und drei ausgewählten Stadtabgeordneten zusammenzusetzen (vgl. §. 1) und bei Beratungen einen gewählten Vertreter der eingepfarrten Ortschaften bzw. die Ortsvorstände der Filialgemeinden hinzuzuziehen hatte (vgl. §. 2).[677] Die Deputation agierte als Vermittlungsinstanz zwischen Stadt und Konsistorium, Superintendentur oder auch Stadtpfarramt in kirchlichen und schulischen Angelegenheiten (vgl. §. 3). Von den 12 Paragraphen dieser Verordnung sind bezüglich der Schulangelegenheiten die §§. 6 bis 11 wichtig. Genannter §. 6 regelt hinsichtlich der äußeren Angelegenheiten der Schule sowie der Aufhebung der Gemeinschaft zwischen der Stadtgemeinde und den Landgemeinden des Kirchspiels Folgendes:

> »a) Zwischen der Stadtgemeinde und den eingepfarrten Landgemeinden besteht ferner in Ansehung des Schulwesens keine Gemeinschaft. Sowohl erstere als letztere haben, jeder Theil für sich, für die Aufbringung der Schulbedürfnisse nach den bestehenden Gesetzen zu sorgen und beide Theile werden der gegenseitigen Mitleidenheit bei Aufbringung des Aufwandes auf die Schulen enthoben. Die Gemeinschaftlichkeit des Kirchkastens besteht demnach ferner nur noch in Ansehung der kirchlichen Bedürfnisse; aller darauf noch jetzt haftenden Ausgaben für städtische Schulzwecke ist derselbe zu entheben, und es sind solche von der Stadtkasse zu übernehmen, dagegen sind ihm solche auf der Stadtkasse lastenden Ausgaben zuzuweisen, welche rein kirchliche Angelegenheiten betreffen. In nothwendiger Folge der gänzlichen Trennung der Stadtgemeinde und der Eingepfarrten rücksichtlich des Schulwesens besteht auch die Vertretung der eingepfarrten Ortschaften bei der Deputation (S. oben §. 2) lediglich der

---

676 Vgl. Landesregentschaftliche Verordnung, in: GS FRAeL, Jg. 1862, Nr. 1. 1–6.

677 In Folge des Erlasses der Gemeindeordnung von 1871 erging 1882 eine Abänderung des §. 2 (Landesherrliche Verordnung, in: GS FRAeL, Jg. 1882, Nr. 10. 94–96). Bei genauerer Betrachtung wird deutlich, dass diese Änderung zunächst wie ein Zugeständnis an mehr Selbstbestimmung für die Kirchgemeinden scheint, dennoch obliegt es letztlich weiterhin dem Konsistorium der erfolgten Wahl bzw. des Loses zuzustimmen.

> kirchlichen Angelegenheiten und das zu Ausübung dieser Vertretung ermächtigte Mitglied hat sich jeder Einmischung in die Berathungen der Deputation über die städtischen Schulangelegenheiten zu enthalten.«[678]

Bezüglich der Verwaltung der Schulkasse heißt es in §. 7:

> »b) Für die hiesige Knaben- und Mädchenschule ist eine eigene Schulkasse zu gründen.
> In diese Kasse sind alle gegenwärtigen und künftigen Einnahmen für Schulzwecke zu weisen. Namentlich gehören dahin alle Beiträge für Schulzwecke aus der Stadtkasse und die Schulgeldereinnahme. Es bleiben jedoch vor der Hand bis auf anderweite Verfügung von dieser Einweisung die Besoldungen, Gehaltszulagen und andere Zahlungen für Schulzwecke ausgenommen, welche zeither aus Fürstlicher Generalkasse und aus einigen Stiftungskassen an die Betheiligten geleistet worden sind.«[679]

Des Weiteren wird bestimmt, dass für die Schulkasse ein gesondert zu ernennender Kassen- und Rechnungsführer gegen eine angemessene Besoldung durch den Stadtrat anzustellen sei (vgl. §. 8), wobei der Deputation nicht nur die Mitwirkung bei der Verwaltung der Schulkasse obliege, sondern auch die Geschäfte der Schulkommission auf sie übergehen sollen und damit die Leitung der Schulgeldereinnahme, die Entscheidung über Gesuche um Erlaß, Ermäßigung oder Stundung des Schulgeldes und ähnliche Aufgaben (vgl. §. 9).[680] Außerdem wurde der Kirchen- und Schuldeputation zwar kein Einfluss bei der Besetzung von vakanten Pfarr- und Schulstellen zugesprochen, aber ihr wurden in §. 11 bezüglich innerer Schulangelegenheiten folgende Befugnisse erteilt:

> »[...] namentlich die Feststellung des Lehrplans und die Ueberwachung und Ausführung desselben bleiben wie bisher dem Ephorus unter Mitwirkung der betreffenden Schuldirektionen und Lehrercollegien überlassen; die Deputation

---

678 Landesregentschaftliche Verordnung, in: GS FRAeL, Jg. 1862, Nr. 1. 4.

679 Landesregentschaftliche Verordnung, in: GS FRAeL, Jg. 1862, Nr. 1. 5.

680 Die Armenschule blieb von der neuen Verwaltung ausgeschlossen, da sie nicht durch städtische Mittel finanziert wurde. Die Deputation sollte aber zur Rechnungsabnahme hinzugezogen werden (vgl. §. 10).

> ist jedoch befugt, auch in dieser Beziehung Sachgemäße Anträge und Wünsche vorzubringen. Zu den Schulprüfungen ist dieselbe jedes Mal durch die betreffende Schuldirektion einzuladen und den sich einfindenden Mitgliedern ist der gebührende Ehrenplatz einzuräumen.«[681]

Im Jahre 1864, in Folge der Veröffentlichung des »Bericht, die öffentlichen Schulen der Stadt Greiz, insonderheit die bei denselben neuerdings bewirkten Organisationen betreffend«, wurden die Pläne zur Reorganisation des Schulwesens der Stadt Greiz gemacht.[682] Diese sahen unter anderem vor, dass die obere Schulaufsicht zwar weiterhin beim Konsistorium verblieb, jedoch die städtische Aufsicht durch einen speziellen Schulvorstand übernommen werden und auch die Vergabe von Lehrerstellen in Zukunft durch die städtischen Behörden geschehen sollte. Des Weiteren wurden der Turnunterricht für die Jungen sowie der Handarbeitsunterricht für die Mädchen vorgeschrieben, eine Abschaffung des Privatunterrichts, von Überstunden sowie der Verpflichtung der Lehrer zu kirchlichen Diensten und eine neue Fachlehrergliederung gefordert. Daraufhin wurden 1865 Pläne der Kommission des Stadtverordnetenkollegs zu einer Reorganisation unternommen, die jedoch wegen Streitigkeiten mit der Landesregierung bis 1869 ruhten.[683]

An diesen Entwicklungen wird deutlich, dass der reußische Staat aufgrund praktischer Erwägungen und der Forderungen der Bürger damit begann, Anteile schulischer Verwaltungsangelegenheiten abzutreten und so gewisse Kontrollrechte gegenüber kirchlichen Instanzen zu gewähren. Darüber hinaus waren auch die Trennung der kirchlichen und schulischen Finanzverwaltungsstrukturen sowie die Schaffung der Greizer Stadtdeputation, wichtige Schritte hin zu einer effektiveren, auf die realen Belange hin ausgerichteten örtlichen und durch weltliche Instanzen getätigten Schulverwaltung.

Neben einer räumlichen und materiellen Verbesserung, spielte auch die Durchsetzung der Schulpflicht eine wichtige Rolle zur Sicherung eines funktionierenden Volksschulwesens, denn die Grundlage des Unterrichts bildete eine gewisse Anzahl regelmäßig zum Unterricht erscheinender Schüler. Doch trotz der seit dem 18. Jahrhundert bestehenden Schulpflicht erschienen bis zu den 1840er Jahren die meisten Kinder nur äußerst unregelmäßig oder blieben ganz fern, wurden erst in höherem Alter von ihren Eltern zur Schule

---

681 Landesregentschaftliche Verordnung, in: GS FRAeL, Jg. 1862, Nr. 1. 6.

682 Vgl. Querfeld: Vereinsleben. 20.

683 Vgl. Querfeld: Vereinsleben. 20–22.

gesandt oder schon frühzeitig von der Schule genommen. Die Gründe dafür waren zum Beispiel das Einsparen des Schulgeldes bei armen Familien, die Tatsache, dass die Kinder gerade in den Sommermonaten auf dem Felde der Eltern helfen mussten oder auch das Arbeiten in einer Fabrik, um so Geld zu verdienen und die Familie zu unterstützen.[684] Aufgrund dieser vielen Schulversäumnisse forderte das Konsistorium auf Betreiben Berthold Schmidts von der Landesregierung den Erlass konkreter Regelungen zur Schulbesuchspflicht. Die Antwort darauf war die Verordnung vom 25. Januar 1847.[685]

Diese legte verbindlich fest, dass jedes Kind mit Vollendung des sechsten Lebensjahres schulpflichtig sei (vgl. §. 1), solange es nicht zu kränklich, schwächlich oder geistig zu unreif wäre und daher später in die Schule eintreten müsste (vgl. §. 2). Die Entlassung der Kinder aus der Schule und die Zulassung zur Konfirmation erfolgte laut Verordnung nur bei Erreichung des Schulzieles und zwar zu Ostern des Jahres in dem das vierzehnte Lebensjahr vollendet wurde (vgl. §. 3). Als Hauptziele der Schulzeit galten das Erlernen des Lesens, Schreibens und Rechnens, die Kenntnis der Hauptstücke des lutherischen Katechismus, der wichtigsten Bibelsprüche, Kirchenlieder sowie der christlichen Hauptlehren (vgl. §. 4). Wenn ein Kind diese Ziele nicht bis zu seiner Konfirmation erreichte und dies nicht an dessen geistiger Schwäche lag, sollte der Schulbesuch ein Jahr verlängert werden (vgl. §. 5). Das Schulgeld für jedes Kind war von der Aufnahme in bis zur Entlassung aus der

---

684 Aufschlussreich ist in diesem Zusammenhang eine Mitteilung aus der Märzausgabe des Amts- und Verordnungsblattes von 1842, worin es heißt: »[Schulsache.] Häufig noch werden den öffentlichen Schulen hiesiger Stadt die Kinder nach Ablauf der Quartale, statt an den beiden Aufnahmeterminen zu Ostern und Michaelis, zugeführt, auch bedürfen noch manche Eltern der Erinnerung, ihren Kindern die große Wohlthat frühen Unterrichtes nicht über die gesetzliche Frist hinaus zu entziehen. Daher werden beim Herannahen des ersten diesjährigen Aufnahmetermins die Eltern und Pfleger aller derjenigen Kinder, welche bis zum 1sten Juni das 6te Lebensjahr erfüllen, hiermit aufgefordert, dieselben von Mittwoch bis Sonnabend nach den Osterfeiertagen in den Vormittagsstunden bei den betreffenden Lehrern zur Aufnahme in die Schule anzumelden. Man sieht der Befolgung dieser Aufforderung um so zuversichtlicher entgegen, da gerade jetzt, nach der durch den Austritt der Konfirmanden veranlaßten Versetzung, in allen Klassen ein neuer Lehrkursus beginnt, da die in der Zwischenzeit Angemeldeten, wie bisher, eine besondere Berücksichtigung nicht ansprechen können und da auch künftighin für jedes schulfähige Kind das Schulgeld eingefordert werden wird. Greiz, den 22. März. 1842. C.F. Horlbeck, Schul-Inspector« (AVB (1842) 12. 47).

685 Vgl. Verordnung, in: GS FRAeL, Jg. 1874, Nr. 2. 25f.

Schule zu zahlen und eine Befreiung war nur für arme Eltern möglich, deren Kind länger als acht Jahre die Schule besuchte, weil es das Schulziel sonst nicht erreichte (vgl. §. 6).

Das Fernbleiben der Kinder von der Schule, weil sie als Arbeitskräfte herangezogen wurden, stellte trotz gesetzlicher Maßnahmen zur Schulpflichtregelung auch in der zweiten Hälfte des 19. Jahrhunderts eine besondere Problematik dar[686] und hing eng mit den Anforderungen des industriellen Zeitalters an die Gesellschaft zusammen.[687] Dieser Umstand machte es notwendig, dass der Staat regulierend eingriff, damit den zur Arbeit herangezogenen Kindern überhaupt eine Bildung zukommen konnte. Dementsprechend wurden die Fabrikinhaber, Besitzer gewerblicher Anstalten und sonstigen Dienstherren der Kinder rechtlich zur Gewährleistung einer allgemeinen Schulbildung ihrer Kinderarbeiter verpflichtet.[688] Eine weitere

---

686 Bezeichnend sind in diesem Zusammenhang auch die zahlreichen Vereinbarungen zwischen Reuß älterer Linie und anderen deutschen Staaten, die der Verpflichtung zur gegenseitigen Unterstützung bei der Durchsetzung der Schulpflicht galten (vgl. Regierungs-Bekanntmachung, in: GS FRAeL, Jg. 1876, Nr. 3. 9; Regierungs-Bekanntmachung, in: GS FRAeL, Jg. 1876, Nr. 5. 17; Regierungs-Bekanntmachung, in: GS FRAeL, Jg. 1877, Nr. 1. 1; Regierungs-Bekanntmachung, in: GS FRAeL, Jg. 1877, Nr. 7. 55; Regierungs-Bekanntmachung, in: GS FRAeL, Jg. 1877, Nr. 8. 74; Regierungs-Bekanntmachung, in: GS FRAeL, Jg. 1878, Nr. 3. 13; Regierungs-Bekanntmachung, in: GS FRAeL, Jg. 1916, Nr. 13. 55).

687 Dass ein Regulierungsbedarf zur Gewährleistung des flächendeckenden Schulbesuchs bis zur Jahrhundertwende bestanden hat, zeigt der Erlass eines Gesetzes über die Führung von Verzeichnissen schulpflichtiger Kinder (vgl. Landesherrliche Verordnung, in: GS FRAeL, Jg. 1881, Nr. 12. 128f.; Landesherrliche Verordnung, in: GS FRAeL, Jg. 1883, Nr. 18. 164f.), einer grundlegenden Neuregelung zum Alter der Schulpflichtigkeit der Kinder 1883 (vgl. Landesherrliche Verordnung, in: GS FRAeL, Jg. 1883, Nr. 10. 85f.), einer landesherrlichen Verordnung zur Überwachung des gesetzlich vorgeschriebenen regelmäßigen Besuchs der Volksschule (vgl. Landesherrliche Verordnung, in: GS FRAeL, Jg. 1885, Nr. 3. 17–22), einer landesherrlichen Verordnung über die Mitwirkung der Schulvorstände bei der Aufnahme von Kindern in die Volksschule (vgl. Landesherrliche Verordnung, in: GS FRAeL, Jg. 1886, Nr. 6. 90), einer Konsistorialordnung zur Vollziehung von Schulstrafen (vgl. Consistorial-Verordnung, in: GS FRAeL, Jg. 1886, Nr. 6. 87). Auch in der zweiten Hälfte des 19. Jahrhunderts blieben Probleme im Bereich der Durchsetzung der Schulpflicht bestehen wie sich beispielsweise daran zeigt, dass 1870 eine »Consistorial-Verordnung, das Verfahren gegen Eltern und Pfleger bei Schulversäumnissen der Kinder betr.« (vgl. Consistorial-Verordnung, in: GS FRAeL, Jg. 1870, Nr. 14. 128–130.) erlassen werden musste.

688 Dies zeigt eine »Landesherrliche Verordnung« von 1855 (vgl. Landesherrliche Verordnung, in: GS FRAeL, Jg. 1855, Nr. 13. 81–89), worin es heißt: »Kinder, wel-

Erscheinung, die den Staat zum Handeln zwang, um eine flächendeckende Schulaufsicht und damit Kontrolle vermittelter Unterrichtsinhalte zu gewährleisten, war die Existenz mehrere Schularten. Bereits seit der ersten Hälfte des 19. Jahrhunderts gab es öffentliche und private Schulen bzw. Erziehungsanstalten sowie Hauslehrer.[689] Dies führte 1856 zur Verabschiedung

---

che das neunte Lebensjahr noch nicht völlig zurückgelegt haben, sollen in Fabriken und anderen gewerblichen Anstalten zum Zwecke regelmäßiger Beschäftigung nicht aufgenommen werden. (§. 1). Die Aufnahme solcher Kinder, die das neunte Lebensjahr bereits überschritten haben, zu besagtem Zwecke darf nur geschehen auf dem Grunde eines Zeugnisses der betreffenden Schulbehörde, daß das aufzunehmende Kind einen dreijährigen regelmäßigen Schul-Unterricht bereits genossen und die dem neunten Lebensjahre entsprechenden Fortschritte im Lernen bereits gemacht, namentlich fertig lesen gelernt habe. (§. 2). Jedem in Arbeit stehenden Kinde muß außer der zur Einnahme seines Frühstücks, Mittagessens und Vesperbrodes erforderlichen Zeit noch so viel arbeitsfreie Zeit gewährt werden, daß es täglich einem mindestens zweistündigen Unterricht beiwohnen kann, und darf ihm eine längere als mit Einschluß des Schul-Unterrichtes zwölfstündige Beschäftigung nicht zugemuthet werden. Diese Beschäftigung mit Einschluß des Schul-Unterrichts darf nicht vor früh 6 Uhr beginnen und nicht über Abends 8 Uhr ausgedehnt werden. Von den zwei Unterrichtsstunden muß mit Ausnahme der trüben Zeit von Mitte November bis Mitte Februar, wenigstens Eine bei hellem Tageslichte stattfinden. (§. 3).« Weiterhin wird in dieser Verordnung geregelt, dass jeder Fabrikinhaber oder Besitzer einer gewerblichen Anstalt dazu verpflichtet sei, die Unterrichtskosten für die bei ihm arbeitenden Kinder zu übernehmen und Fabrikschulen einzurichten, die ebenso wie die öffentlichen Schulen unter Verwaltung der Schulaufsichtsbehörden stehen (vgl. §. 49) und auch, dass von den Fabrikinhabern oder Besitzern einer gewerblichen Anstalt eine genaue tabellarische Liste über die bei ihm angestellten Kinder zu führen, diese neben den Zeugnissen der Kinder aufzubewahren und auf Verlangen der Schulaufsichts- oder Polizeibehörde stets vorzulegen sei (vgl. §. 5). Außerdem wurden die Fabrikvorsteher dazu verpflichtet gemeinsam mit dem Ortspfarrer Anordnungen zu treffen, um die Sittlichkeit der Kinder zu überwachen und gegen Verführung und Ärgernis von Seiten der erwachsenen Fabrikarbeiter zu schützen sowie für die Aufrechterhaltung von Anstand und guter Sitte unter dem gesamten Arbeitspersonal zu sorgen (vgl. §. 6). Ein weiterer wichtiger Wirtschaftszweig in dem Kinder beschäftigt waren, war die Landwirtschaft wie eine Verordnung von 1862 (Landesregentschaftliche Verordnung, in: GS FRAeL, Jg. 1862, Nr. 1. 7f.) zeigt, die wie folgt eingeleitet wird: »[...] zu möglichster Verhütung der großen Nachtheile, welche das auf dem Lande häufig vorkommende Vermiethen schulpflichtiger Kinder als Hirten wegen der daraus entstehenden Vernachlässigung des Schulunterrichts für die geistige Entwickelung solcher Kinder zur Folge hat« (Landesregentschaftliche Verordnung, in: GS FRAeL, Jg. 1862, Nr. 1. 7).

689 Wie schwierig sich die reale schulische Situation – unabhängig von einer gesetzlich geregelten Schulpflicht oder bestehenden Aufsichtsstrukturen – noch bis zur Mitte des 19. Jahrhunderts in weiten Teilen des Landes gestáltete, zeigt eine »Verordnung« von 1853 zur Regulierung eines regelmäßigen Unterrichts: »Da zu vernehmen

einer Verordnung zur Regelung des Unterrichts für Kinder außerhalb der Ortsschulen[690] an der gleich mehrere wichtige Dinge deutlich werden. Zum Ersten zeigt sich daran, dass es eine plurale Schullandschaft gab, die gesellschaftlich so spürbar in Anspruch genommen wurde, dass es zu Konflikten zwischen dem Lehrpersonal der Ortsschulen und Eltern kam. Diese fielen den staatlichen Schulaufsichtsbehörden auf und zwangen den Staat zu einer rechtlichen Handlung. Zum Zweiten wird deutlich, dass es bereits gewisse Standards bezüglich der Anforderungen gab, die Lehrpersonen zu erfüllen hatten, um öffentlich anerkannt tätig zu werden. Es zeigt sich zum Dritten, dass zu einer Standardisierung der Bildung auch die sonstigen Schulformen unter die Aufsicht der örtlichen Schulinspektionen gestellt wurden. Diese Inspektionen hatten die Aufgabe, die staatlich festgelegten Prüfungsanforderungen ob ihrer Erfüllung an den nichtstaatlichen Schulen zu überprüfen. Und zum Vierten ist durch diese Verordnung belegt, dass in der Mitte des 19. Jahrhunderts die Bezeichnung ›Lehrerberuf‹ bereits gebräuchlich war. Dennoch waren neben den schulorganisatorischen Verhältnissen, auch die Einkommensverhältnisse der Lehrer in Reuß älterer Linie noch unzureichend. Denn diese erhielten lange Zeit keine von staatlicher Seite einheitlich geregelte Besoldung,[691] sondern die Vermögensangelegenheiten zwischen Staat, Kirche und Volksschule blieben vielfach miteinander verwoben und so wurde die Unterhaltung der Schulen und Lehrer aus mehreren unterschiedlichen Kassen finanziert. Dazu gehörten in erster Linie die Ortsschulkasse und der Kirchkasten. Reichten diese nicht aus, gab es Regelungen, die die Orts-,

---

gewesen, daß in mehrern Schulen des Landes von dem vorgeschriebenen Lehrstundenplane in der Weise abgewichen werde, daß mit Beseitigung der halben Schultage an den Mittwochen und Sonnabenden, der Unterricht Sonnabends völlig ausgesetzt und dafür Mittwoches Nachmittag Schule gehalten wird, – durch solche Abweichung aber die Gleichmäßigkeit des Lehrplans in den verschiedenen Schulen gestört und die Schuljugend um wöchentlich zwei Stunden Unterricht verkürzt wird, auch die Mittwochs-Nachmittage wegen der wünschenswerthen Theilnahme an den Lehrer-Conferenzen den Lehrern frei bleiben müssen: so wird hiermit verordnet: 1. Es ist der vorgeschriebene Lehrstundenplan, nach welchem Montags, Dienstags, Donnerstags und Freitags Vor- und Nachmittags, an den Mittwochen und Sonnabenden aber nur Vormittags Unterricht ertheilt werden soll, in sämmtlichen Schulen des Landes unabweichlich zu befolgen. 2. Die Local-Schulinspectionen haben darüber zu wachen, daß auch in dieser Beziehung der bestehenden Schulordnung in keiner Weise zuwidergehandelt werde« (Verordnung, in: GS FRAeL, Jg. 1853, Nr. 13. 171).

690 Vgl. Verordnung, in: GS FRAeL, Jg. 1856, Nr. 26. 349f. Diese Verordnung wurde in den Folgejahren weiter verschärft (vgl. Consistorial-Verordnung, in: GS FRAeL, Jg. 1887, Nr. 13. 95).

691 Vgl. Querfeld: Vereinsleben. 12f.

Stadt- oder auch Landgemeinden zur Kostenübernahme verpflichteten und in bestimmten Fällen griff die Landeskasse ein.[692] Wie undurchsichtig diese Regelungen Mitte des 19. Jahrhunderts noch waren, zeigt der Erlass einer Gesetzlichen Verordnung aus dem Jahre 1854, auf die sich auch in den Folgejahren immer wieder berufen wurde.[693] Daran zeigen sich gleich mehrere Charakteristika der Finanzierung von Kirchen- und Schulangelegenheiten, wie die Verantwortlichkeit der Kirchen- und Schulgemeinden für die Aufbringung der Mittel für die Kirchen und Schulen (vgl. §. 1), dass ab 1854 grundsätzlich alle Mitglieder der betreffenden Kirchen- und Schulgemeinde, die Rittergüter sowie alle im Kirchen- und Schulbezirk vorhandenen Immobilien zur Finanzierung der Kirchen- und Schulkasse herangezogen wurden (vgl. §§. 2–6), dass das Konsistorium grundsätzlich die Oberaufsicht über den Repartitionsfuß und die Verhandlungen um diesen in den Gemeinden zu führen hatte (vgl. §§. 7; 9–12) und dass die Leistung von Naturallasten erst ab 1854 in Reuß älterer Linie für Schul- und Kirchenangelegenheiten abgeschafft worden ist (vgl. §. 8).

Obwohl die geringe und oft auch unregelmäßige Besoldung der Lehrer ein ständiges Problem zur Gewährleistung eines funktionierenden Volksschulwesens darstellte, wurden erst ab der zweiten Hälfte des 19. Jahrhunderts weit reichende Maßnahmen unternommen, um zukünftig nicht nur eine gesetzliche, sondern auch eine exekutive Durchsetzung der Verbesserung der finanziellen Lage der Lehrer zu gewährleisten. Diesbezüglich stellte die Consistorial-Verordnung von 1855 einen ersten bedeutenden Schritt dar. Diese übertrug die Eintreibung der Schulgelder aus der Zuständigkeit der Lehrer in die der Gerichte, da diese weit reichendere Mittel zur Erzwingung der säumigen Zahlungen besaßen (vgl. §. 1–4) und führte damit eine landesweite Norm zur Regulierung der Zahlung des Schulgeldes auf dem Lande ein.[694] Damit wurde ein Prozess zur besseren finanziellen Absicherung der Lehrer hinsichtlich ihres Diensteinkommens,[695] ihrer Altersabsicherung[696]

---

[692] Vgl. Gesetz, in: GS FRAeL, Jg. 1875, Nr. 17. 254; Gesetz, in: GS FRAeL, Jg. 1880, Nr. 10. 93; Gesetz, in: GS FRAeL, Jg. 1883, Nr. 10. 83–84; Gesetz, in: GS FRAeL, Jg. 1883, Nr. 16. 149; Gesetz, in: GS FRAeL, Jg. 1886, Nr. 1. 2; Gesetz, in: GS FRAeL, Jg. 1901, Nr. 1. 8.

[693] Vgl. Gesetzliche Verordnung, in: GS FRAeL, Jg. 1854, Nr. 8. 67–76.

[694] Vgl. Consistorialverordnung, in: GS FRAeL, Jg. 1855, Nr. 11. 61f.

695 Vgl. GESETZ, in: GS FRAEL, Jg. 1862, Nr. 6. 53f.; VERORDNUNG, in: GS FRAEL, Jg. 1865, Nr. 1. 1f. Das Gesetz, dass 1862 erlassen, jedoch erst 1865 ausgegeben wurde, ist eine der ersten konkreten Regelungen zur finanziellen Verbesserung und Absicherung des Volkslehrerstandes. Darin wird erstmals deren Grundeinkommen in der Stadt und auf dem Land festgelegt (vgl. §. 1). Darüber hinaus wird ein beständiger Anstieg des Gehalts nach einer vom erfüllten 25. Lebensjahre ab zu berechnenden Dienstzeit in Fünfjahresschritten geregelt (vgl. §. 2). Des Weiteren heißt es, dass zur Ermittlung des Gesamteinkommens die Stelle samt festen und zufälligen Einkünften, alle zu Geldwert zu veranschlagenden Naturalbezüge, doch auf dem Lande die freie Wohnung nicht mit zu berechnen sei. In den Städten dagegen sollen auch freie Wohnungen mit einem Minimalwert in das Diensteinkommen mit einberechnet werden, da den Lehrern dort aufgrund der meist fehlenden freien Dienstwohnungen ein minimal höheres Diensteinkommen berechnet worden ist (vgl. §. 3). Die Aufbringung der Lehrerbesoldungen soll in Zukunft den in §. 1 der gesetzlichen Verordnung vom 7. Januar 1854 aufgestellten Grundsätzen folgen, und in erster Linie das von den Eltern der schulpflichtigen Kinder zu erhebende Schulgeld zur Besoldung verwendet werden. Dazu ist in jeder Gemeinde eine Schulgelderkasse unter Bestellung eines Schulgeldeinnehmers aus dem Mittel der Gemeinde zu bilden. Sind verschiedene Ortschaften zu einem Schulbezirk zusammengefasst, besteht auch die Möglichkeit zur Gründung von Filialkassen unter der Leitung besonderer Untereinnehmer. Die Lehrer sollen jeweils zum Quartal mit dem vollen Vierteljahresbetrag aus der Schulkasse besoldet werden und falls die Schulgeldereinnahmen nicht dazu ausreichen, hatte die Gemeinde den Fehlbetrag auszugleichen (vgl. § 4). Auch zukünftig soll eine Unterstützung aus Landesmitteln für wahrhaft bedürftige Gemeinden möglich sein, über die jedoch das Fürstliche Konsistorium zu entscheiden hätte, das Lehrern in Ausnahmefällen auch eine persönliche Zulage aus der Landesschulkasse gewähren dürfe (vgl. §. 5). Weitere Gesetze zur Verbesserung und Anpassung des Diensteinkommens der Lehrer und Lehrerinnen wurden in folgenden Jahren erlassen: 1868, 1870, 1874, 1885, 1891, 1901, 1903, 1907, 1910, 1913 und 1916 (vgl. NACHTRAG, in: FRAEL, Jg. 1868, Nr. 6. 91f.; GESETZ, in: FRAEL, Jg. 1870, Nr. 8. 83f.; GESETZ, in: GS FRAEL, Jg. 1874, Nr. 1. 14–16; GESETZ, in: FRAEL, Jg. 1885, Nr. 10. 88f.; GESETZ, in: FRAEL, Jg. 1891, Nr. 2. 9; CONSISTORIAL-BEKANNTMACHUNG, in: FRAEL, Jg. 1891, Nr. 3. 11; GESETZ, in: FRAEL, Jg. 1901, Nr. 1. 7; GESETZ, in: FRAEL, Jg. 1903, Nr. 16. 88; GESETZ, in: FRAEL, Jg. 1907, Nr. 1. 5f.; GESETZ, in: FRAEL, Jg. 1907, Nr. 1. 8–10; GESETZ, in: FRAEL, Jg. 1910, Nr. 3. 42–45; GESETZ, in: FRAEL, Jg. 1910, Nr. 3. 46; GESETZ, in: FRAEL, Jg. 1913, Nr. 2. 23; GESETZ, in: FRAEL, Jg. 1916, Nr. 7. 31f.). Darüber hinaus wurden den Lehrern künftig Alterszulagen erteilt (vgl. GESETZ, in: FRAEL, Jg. 1907, Nr. 1. 7). Dass die Lehrer dennoch bis zu den 1890er Jahren so gering besoldet wurden, dass sie noch Nebenbeschäftigungen – zusätzlich zum Schul- und Kirchendienst – aufnehmen mussten, zeigt eine Verordnung aus dem Jahre 1891 (vgl. CONSISTORIAL-VERORDNUNG, in: FRAEL, Jg. 1891, Nr. 6. 17).

696 Ein erstes nennenswertes Gesetz wurde 1868 erlassen, dem in den nächsten Jahren weitere Nachträge zur Anpassung der Höhe der Pensionen folgten (vgl. GESETZ, in: FRAEL, Jg. 1868, Nr. 11. 133–135; GESETZ, in: FRAEL, Jg. 1875, Nr. 3. 18; GESETZ, in: FRAEL, Jg. 1884, Nr. 1. 4; GESETZ, in: FRAEL, Jg. 1892, Nr. 1. 9f.; GESETZ, in: FRAeL, Jg. 1897, Nr. 7. 47f.; Gesetz, in: FRAeL, Jg. 1904, Nr. 2. 13; Gesetz, in: FRAeL, Jg. 1907, Nr. 2. 12; Gesetz, in: FRAeL, Jg. 1910, Nr. 3. 39–41).

und auch der Absicherung ihrer Hinterbliebenen im Todesfall[697] begonnen. Dennoch galten Lehrer weiterhin nicht als Zivilstaatsdiener, sondern blieben Angestellte der (Kirch)Gemeinden.[698]

Zur Verbesserung der Lehrerausbildung wurde 1860 eine Bekanntmachung mit einigen Ergänzungen zu dem Publicando von 1839 veröffentlicht, die trotz der Einführungen von Neuerungen oder Zusatzbestimmungen grundlegend für die Organisation des Lehrerseminars blieb.[699] Demnach gliederte sich das Seminar in zwei Abteilungen und zwar eine Präparandenklasse und eine Seminarklasse (vgl. §. 1), wobei die Zahl der Schüler auf höch-

---

697 Eine erste Societät zur Unterstützung von Witwen und Waisen der Geistlichen wie Lehrer war 1828 gegründet worden (vgl. Höchste Landesherrliche Urkunde, in: aVB (1842) 13. 49f.). Auch die Witwen und Waisen der Lehrer erfuhren eine finanzielle Absicherung, indem die Schulen meist eigene Hinterbliebenen-Kassen einrichteten bzw. von staatlicher Seite per Gesetz bestimmt wurde, dass die Pensionsansprüche der Verstorbenen Lehrer an deren Hinterbliebene übergehen sollten (vgl. Regierungs-Verordnung, in: GS FRAeL, Jg. 1854, Nr. 2. 12; Bekanntmachung, in: GS FRAeL, Jg. 1859, Nr. 18. 247; Gesetz, in: GS FRAeL, Jg. 1864, Nr. 3. 29–35; Gesetz, in: GS FRAeL, Jg. 1864, Nr. 3. 36–40; Regierungs-Bekanntmachung, in: GS FRAeL, Jg. 1874, Nr. 2. 27f.; Regierungs-Bekanntmachung, in: GS FRAeL, Jg. 1894, Nr. 6. 35; Regierungs-Bekanntmachung, in: GS FRAeL, Jg. 1898, Nr. 6. 35; Regierungs-Bekanntmachung, in: GS FRAeL, Jg. 1900, Nr. 1. 19f.; Gesetz, in: GS FRAeL, Jg. 1910, Nr. 3. 39–41; Gesetz, in: GS FRAeL, Jg. 1913, Nr. 3. 29; Regierungs-Bekanntmachung, in: GS FRAeL, Jg. 1915, Nr. 2. 5–32; Verordnung, in: GS FRAeL, Jg. 1917, Nr. 9. 58).

698 Vgl. GESETZ, in: GS FRAEL, Jg. 1860, Nr. 4. 34, §. 2.

699 Vgl. Bekanntmachung, in: GS FRAeL, Jg. 1860, Nr. 3. 26–31. Diese Bekanntmachung erfuhr in den 1860er Jahren noch einige Abänderungen. So erstmals 1863 durch eine Bekanntmachung in der es heißt: »Nachdem vom Fürstlichen Consistorio auf Antrag der hiesigen Seminar-Direktion beschlossen worden ist, bei dem Schullehrer-Seminar hier den Termin der Aufnahme und Entlassung der Zöglinge, sowie der dabei zu veranstaltenden Eintritts- und Abgangs-Prüfungen, von Ostern auf Michaelis zu verlegen und mit dieser Maßnahme bereits in diesem Jahre vorzugehen, so wird dies, unter Bezugnahme auf §. 5 der Consistorial-Bekanntmachung vom 29. März 1860 [...] hierdurch öffentlich bekannt gemacht« (Bekanntmachung, in: GS FRAeL, Jg. 1863, Nr. 9. 69). Eine weitere Abänderung erfolgte 1867. Darin heißt es, dass die Bestimmung am Schluss des §. 2 des Gesetzes von 1860, gemäß der die Höchste Schülerzahl auf 28 für beide Abteilungen des Seminars festgesetzt wurde, in Wegfall käme (vgl. Art. 1) und die Bestimmungen §. 3, 1. und §. 4, 1 bezüglich des Alters der aufzunehmenden Präparanden bzw. Seminaristen so zu formulieren sei: ›der Aufzunehmende muß mindestens das 15. resp. 17. Lebensjahr erreicht haben‹ (vgl. BEKANNTMACHUNG, in: GS FRAEL, Jg. 1867, Nr. 3. 15).

stens 28 Präparanden und Seminaristen begrenzt sein und zu den Lehrkräften und Räumen in ausgewogenem Verhältnis stehen musste (vgl. §. 2). Des Weiteren geht aus dieser Bekanntmachung hervor, dass das Seminar dem Fürstlichen Konsistorium unterstand, das weiterhin die Aufsicht führte und entsprechend die Zugangs- wie Abgangsvoraussetzungen sowie die Lehrinhalte bestimmte. Dementsprechend war der Lehrplan des Seminars stark von religiösen Inhalten geprägt, was eher an ein Priester- als ein Lehrerseminar erinnert. In engem Zusammenhang mit dem weiteren Verbleib unter kirchlicher Aufsicht stand auch die musikalische Ausbildung der Präparanden und Seminaristen, die aufgrund der kirchendienstlichen Verpflichtungen der Lehrer großes Gewicht hatte.[700] Und schließlich wird auch deutlich, dass bei

---

[700] Für die Aufnahme in die Präparandenklasse ist laut §. 3 näher bestimmt, dass der Zögling: »1. mindestens 15 Jahre alt und körperlich gesund sein, nicht schwerhörig, nicht gebrechlich, mit guter Brust und Stimme versehen und hat deshalb auch ein ärztliches Zeugniß beizubringen, worin ihm solches nebst der erhaltenen Impfung bezeugt wird. 2. von gewecktem Geist, gutem Charakter, reinen Sitten und unbescholtenem Wandel sein, und hat deshalb außer seinem Tauf- und Confirmationsschein ein Zeugniß über sein Schulleben und seine ganze bisherige Führung beizubringen. 3. fertig und mit richtiger Betonung der Sätze lesen können. 4. mit den Elementen der deutschen Sprachlehre, namentlich mit den Wortarten der Declination und Conjugation und den Hauptregeln der Rechtschreibung bekannt sein. 5. eine, wenn auch nicht völlig ausgebildete doch regelrechte und reinliche Handschrift liefern. 6. die Hauptstücke des kleinen Catechismus Luthers, die Kernsprüche der heiligen Schrift und die vorzüglichsten Kirchen-Lieder im Gedächtniß haben. 7. eine genügende Bekanntschaft mit den Lehren des Christenthumes, mit den biblischen Geschichten und dem Hauptinhalte der biblischen Bücher besitzen, alles in dem Maße, wie man es von einem guten Schüler der Oberclasse einer Volksschule erwarten kann. 8. die vier Species mit gleichbenannten, ungleichbenannten und gebrochenen Zahlen rechnen können. 9. musicalisch soweit vorgebildet sein, daß er die Noten kennt, einen Anfang im Singen nach Noten und im Clavierspiele gemacht hat« (Bekanntmachung, in: GS FRAeL, Jg. 1860, Nr. 3. 26f.). Für die Aufnahme in die Seminarklasse galten laut §. 4 dagegen folgende Voraussetzungen: »Die Aufnahme in die Seminarclasse ist sowohl für Präparanden als für Jünglinge, die sonst die nöthige Vorbildung sich angeeignet, an folgende Bedingungen geknüpft. Der Aufzunehmende muß 1. mindestens das 17. Lebensjahr zurückgelegt, und drüber, sowie 2. über die sub 3, 1. 2. bezeichneten körperlichen und geistigen Eigenschaften die betreffenden Zeugnisse beigebracht haben. 3. mit Ausdruck lesen und über den Inhalt des Gelesenen Bericht erstatten können. 4. mit den Hauptlehren der deutschen Grammatik vollständig bekannt, in der Rechtschreibung sicher sein, auch fähig, einen Brief oder eine Beschreibung ordentlich zu verfassen. 5. eine regelrechte, reinliche sichere Handschrift besitzen. 6. die unter 3. 6. bezeichneten Gegenstände fest im Gedächtniß haben. 7. bestimmte Begriffe in den Lehren des Christenthums und eine Uebersicht derselben, vollständige Kenntniß der biblischen Geschichte, auch Bekanntschaft mit den Hauptbegebenheiten der Religionsgeschichte und dem Hauptinhalte der bibli-

der Lehrerausbildung darauf geachtet wurde, dass die angehenden Lehrer nicht nur fachlich, sondern auch menschlich für ihren zukünftigen Beruf geeignet waren. Überhaupt zeigte sich die berufspraktische Ausrichtung des Seminars sehr klar an der Gestaltung der Abschlussprüfungen[701] und auch den Bestimmungen zur Weiterqualifikation bis zur Festanstellung:

> »Wenn der Seminarist die Prüfung besteht, so wird sowohl das Haupt-Ergebniß der vorzüglich (I.), gut (II.) oder genügend (III.) bestandenen Prüfung, als auch die in jedem Hauptgegenstande erlangte Censur Fürstlichem Consistorio schriftlich bekannt gemacht, welches ihn nach Maßgabe des Prüfungs-Bestandes in die Liste der Schulamts-Candidaten einreihet, wodurch er befähigt wird, als Hülfslehrer, Schulverweser oder in ähnlicher Function verwendet zu werden, verpflichtet zu seiner Fortbildung an den Conferenzen eines Lehrer-Vereins und an den nach dem Bedürfniß seiner Fortbildung vom Ephorate angeordneten wissenschaftlichen Beschäftigungen und Uebungen Theil zu nehmen. – Nach Verlauf von zwei Jahren hat er sich aber einer anderweiten Anstellungsprüfung (auch in dem Falle, daß er bereits im öffentlichen Dienste stehe) zu unterwerfen, deren Ergebniß für die Art seiner definitiven Anstellung resp. Weiterbeförderung maßgebend sein wird.«[702]

schen Bücher besitzen. 8. fertig sein im Rechnen bis zu den Proportionen mit Brüchen. 9. eine übersichtliche Kenntniß der Erdtheile und genauer Bekanntschaft mit Deutschland, sowie eine Uebersicht der Hauptbegebenheiten der allgemeinen Weltgeschichte besitzen, 10. im Stande sein, leichte Stücke nach einmaliger Durchsicht zu singen, auf dem Clavier und auf der Geige vorzutragen« (Bekanntmachung, in: GS FRAeL, Jg. 1860, Nr. 3. 27f.).

701 »§. 10. Nach Vollendung des Curs hat sich der Seminarist einer Prüfung zu unterwerfen, ob er die erzielte Reife erlangt habe. Dieselbe ist von derselben Commission, der auch die Aufnahme-Prüfung zusteht, zu veranstalten und zwar: 1) mündlich über die betreffenden Gegenstände so, daß ihm Gelegenheit gegeben wird, seine Kenntnisse sowie seine geistige Kraft und Gewandtheit im Denken und Vortragen zu zeigen; 2) schriftlich durch Aufgabe eines Aufsatzes über einen pädagogischen Gegenstand und eines ausführlichen Entwurfs zu einer Katechisation über eine Bibelstelle; 3) praktisch durch Haltenlassen der eben gedachten Katechisation und einer Probelection über einen andern Elementar-Unterrichtsgegenstand. [...].Wer bei der Abgangs-Prüfung nicht wenigstens die III. Censur erlangt hat, ist zu bedeuten, daß er, wenn er nicht ganz vom Lehrerberuf zurücktreten wolle, sich binnen angemessener Frist auf geeignetem Wege größere Tüchtigkeit anzueignen habe, um einer der nächsten Prüfungen mit besserem Erfolg sich unterziehen zu können« (Bekanntmachung, in: GS FRAeL, Jg. 1860, Nr. 3. 30).

702 Bekanntmachung, in: GS FRAeL, Jg. 1860, Nr. 3. 30.

2.3.2 Zu den schulrechtlichen Bestimmungen in der Verfassung von 1867

Die rechtlichen Rahmenbedingungen für die kirchliche und schulische Organisation wurden im Rahmen der neuen Staatsverfassung noch einmal grundlegend in Abschnitt VI festgelegt. Darin heißt es in den betreffenden Paragraphen:

> »§. 49. Für die Bildung der Jugend soll durch öffentliche Schulen überall genügend gesorgt werden. Eltern und deren Stellvertreter dürfen ihre Kinder oder Pflegebefohlenen nicht ohne den für die untern Volksschulen vorgeschriebenen Unterricht lassen. Das ganze Unterrichts- und Erziehungswesen steht unter der Oberaufsicht der geistlichen Behörde.
> §. 50. Die kirchlichen- und Schulbeamten sind in ihren bürgerlichen Beziehungen und Handlungen den Gesetzen des Staates unterworfen. Beschwerden über deren Amtsführung (disziplinarische Vergehungen) sind durch die kirchliche Oberbehörde zu erledigen. Auf Klage wegen Überschreitung der geistlichen Amtsbefugnisse hat dieselbe Behörde nach vorgängiger Erörterung entsprechende Verfügung zu treffen. Wird letztere für unzureichend erachtet, so kann die Beschwerde an den Landesherrn gebracht werden.
> §. 51. Alle milden Stiftungen ohne Ausnahme, sie mögen für den Cultus (gottesdienstliche Anstalten), den Unterricht oder die Wohlthätigkeit bestimmt sein, stehen unter dem besonderen Schutze des Staats, und das Vermögen oder Einkommen derselben darf unter keinem Vorwande zum Staatsvermögen eingezogen oder für andere als stiftungsmäßige Zwecke verwendet werden. Nur in dem Falle, wo der stiftungsmäßige Zweck nicht mehr zu erreichen steht, darf eine Verwendung zu andern ähnlichen Zwecken mit Zustimmung der Betheiligten und, sofern allgemeine Landesanstalten in Betracht kommen, mit Einwilligung der Landesvertretung erfolgen.«[703]

Anhand dieser Paragraphen wird nicht nur die Stellung des Landesherrn zur Frage der Aufsicht über das Volksschulwesen, sondern gleich mehrere Sachverhalte deutlich. So zeigt sich, dass eine verbindliche Schulpflicht bestand und ab 1867 verfassungsmäßig festgeschrieben war. Weiterhin zeigt sich, dass das Konsistorium die Schulaufsicht alleinig inne hatte und dass die kirchlichen wie schulischen Beamten unter konsistorialer Dienstaufsicht standen. Des Weiteren geht aus der Verfassung hervor, dass sich der Handlungsbedarf beim Landesherrn als oberster Instanz befand, wenn das

---

703 Gesetz, in: GS FRAeL, Jg. 1867, Nr. 6. 41.

Konsistorium an seine Grenzen geriet und dementsprechend die vertikale Hierarchie Landesherr – Kirche – Schulwesen auch weiterhin aufrechterhalten blieb. Und schließlich wird deutlich, dass die milden Stiftungen, die es in relativ großer Zahl zur finanziellen Unterstützung der Ortsschulen und damit des Schulwesens gab, unter staatlichen Schutz gestellt und ihnen damit eine bestimmte Wertschätzung entgegengebracht wurde.

2.3.3 Zu den Verwaltungsstrukturen von 1867 bis 1918

Die traditionellen Schulaufsichtsstrukturen, die sich im Rahmen kirchlicher Institutionen bewegten, wandelten sich bis 1918 nicht grundlegend. Dennoch wurden im Laufe der Zeit wichtige Einzelgesetzgebungen verabschiedet, die zu einer gewissen Emanzipation des Schulwesens vom Kirchenwesen beitrugen und ersterem stärkere Selbstverwaltungsmöglichkeiten zustanden. Bedeutend war in diesem Zusammenhang zunächst die Ausführungsverordnung der Gemeindeordnung von 1871,[704] in deren §. 32 die zu diesem Zeitpunkt bestehenden Aufsichtsstrukturen in den Gemeinden und Städten festgeschrieben sind:

> »Das Patronat, und Collaturrecht über Kirchen und Schulen wird, soweit es einer Gemeinde rechtlich zusteht, durch den Gemeinderath und Gemeindevorstand gemeinschaftlich unter Anwendung des Kopfstimmrechts, die den Gemeinden zustehenden weltlichen Inspektionsrechte über Kirchen, Schulen und milde Stiftungen werden im Zweifel durch den Gemeindevorstand ausgeübt.
> Anlangend speciell die Stadt Greiz, so behält es bei den Bestimmungen der Landesregentschaftlichen Verordnung, die Feststellung der weltlichen Inspektionsrechte des Stadtraths zu Greiz über Kirchen, Schulen und milde Stiftungen u.w.d.a. betr., vom 20. December 1861 sein Bewenden. Die nach §. 1 dieser Verordnung zu bildende Kirchen- und Schuldeputation soll künftighin in ihren städtischen Mitgliedern aus den beiden Bürgermeistern und drei von dem Gemeinderath aus dessen Mitte zu wählenden Mitgliedern, von denen jedes Jahr eins ausscheidet, bestehen. Diese Mitglieder werden das erste Mal alsbald nach Einführung der Gemeindeordnung durch den Gemeinderath gewählt und bestimmt diejenigen, welche zuerst auszuscheiden haben, das Loos.
> In der Stadt Zeulenroda wird die Schulkommission, über deren Zusammensetzung die Consistorialverordnung vom 2. Oktober 1845 das Nöthige bestimmt, künftighin aus den beiden Geistlichen und den beiden Bürgermeistern gebildet. Als Schriftführer der Commission hat der Schriftführer des Gemeindevorstands

704 Vgl. Regierungsverordnung, in: GS FRAeL, Jg. 1871, Nr. 5. 63–72.

> zu fungiren. Bezüglich der Betheiligung des ersten Geistlichen bei der Besetzung von Schulstellen, sowie bei Ausübung der Lokal-Kircheninspektion in Zeulenroda wird an den bestehenden Einrichtungen nichts geändert.«[705]

Ein erstes Gesetz auf diesem Wege wurde 1871 mit der Konsistorial-Verordnung zur Bildung von Schulvorständen zwecks regelmäßiger Überwachung des Schulbesuches, die mit den Lokalschulinspektoren und Gemeindevorständen zusammenzuarbeiten hatten, geschaffen.[706] In den Städten, die wie in der Gemeinde- und Kirchenverwaltung auch bezüglich der Schulverwaltung gewisse durch ihre Stadtordnungen geregelte Eigenrechte besaßen, fanden ab dem letzten Drittel des 19. Jahrhunderts nochmals wichtige gesetzliche Regelungen zur Stärkung von deren örtlicher Zuständigkeit im Bereich der Schulaufsicht statt. Dazu zählt das Gesetz vom 10. März 1880 für Zeulenroda[707]. An dessen Proömium wird ein Grundprinzip der Schulverwaltungs- bzw. -aufsichtsgesetzgebung deutlich: das Konsistorium gewährte den Städten und den Gemeinden gewisse Freiheiten in der Verwaltung eigener Schulangelegenheiten, solange das Oberaufsichts- und Gesetzgebungsrecht des Konsistoriums dadurch nicht gefährdet war.[708] Die unter diesen Bedingungen zu bildende neue Kommission mit der Bezeichnung »Stadtschulverwaltung«, hatte sich aus dem Stadtpfarrer und dem ersten Bürgermeister zusammenzusetzen (vgl. §. 1). Ihr oblagen nach §. 2 die schulischen Aufsichts- und Verwaltungsaufgaben mit folgenden Ausnahmen:

> »a. der inneren Schulangelegenheiten d.i. derjenigen, welche das Unterrichtswesen, die Zucht der Kinder, die Aufsicht über die Lehrer und die Thätigkeit des – der Stadtschulverwaltung coordinirten – Lokalschulinspektors als technischen Beamten überhaupt betreffen,

705 Regierungsverordnung, in: GS FRAeL, Jg. 1871, Nr. 5. 71.

706 Vgl. Consistorialverordnung, in: GS FRAeL, Jg. 1871, Nr. 15. 222.

707 Vgl. Consistorial-Verordnung, in: GS FRAeL, Jg. 1880, Nr. 2. 5–8; vgl. Konsistorial-Bekanntmachung, in: GS FRAeL, Jg. 1911, Nr. 2. 3.

708 »Nachdem für erforderlich und zweckmäßig erkannt worden ist, die bezüglich des Aufsichtsrechts in Schulangelegenheiten zwischen dem Stadtpfarramte und der städtischen Gemeindebehörde in Zeulenroda altherkömmlich bestehende Gemeinschaft in entsprechender Weise zu regeln, so wird unbeschadet des dem Fürstlichen Consistorium verfassungsmäßig zukommenden Oberaufsichts- und Verfügungsrechtes, nach vorausgegangener Verständigung zwischen dem Stadtpfarramte und der Gemeindebehörde mit Höchster Genehmigung von Fürstlichem Consistorium das Nachfolgende geordnet« (Consistorial-Verordnung, in: GS FRAeL, Jg. 1880, Nr. 2. 5f.).

b. der Schulgeldangelegenheit, welche vom Gemeindevorstand verwaltet wird, insofern nicht organische Bestimmungen hinsichtlich der Schulgeldsätze in Betracht kommen,
c. der den regelmäßigen Schulbesuch resp. die Schulversäumnisse betreffenden Angelegenheiten, in welcher Hinsicht auf die Consistorialverordnung vom 19. December 1871 (al. II.) Bezug genommen wird,
d. des Collaturrechts bezüglich der Lehrerstellen, das lediglich der Stadtgemeinde zusteht, jedoch unbeschadet des früher vereinbarten votum cosultativum des Stadtpfarrers, welches derselbe auch mündlich bei der Berathung in der Stadtschulverwaltung abgeben kann.«[709]

Zu den Kompetenzen der Stadtschulverwaltung gehörte laut §. 3 dagegen das Folgende:

»1. die Erlaubniß zur Ertheilung von Privatunterricht in den Schulgebäuden, überhaupt Verwendung der letztern zu nicht die öffentliche Schule betreffenden Zwecken,
2. die Festsetzung der Ernte- und Herbstfertien und die Zustimmung zu etwaigen Ferienbeschränkungen nach § 5 der Consistorialverordnung vom 14. Juli 1868,
3. die Verhandlungen und einleitenden Beschlussfassungen bei allen nothwendig werdenden Aenderungen im Schulorganismus,
4. die Verhandlungen, welche die Anstellung, die Entlassung oder Absetzung, die Dispositionsstellung und Pensionirung eines Lehrers einleiten,
5. die Bewilligung der Geldmittel für nöthig werdende Ueberstunden aus der Schulkasse,
6. die Beschaffung der zum Schulinventar erforderlichen Lernmittel und Schulutensilien,
7. der Neubau oder sonstige Erwerb von Schulhäusern,
8. die Veräußerung von Schulgrundstücken,
9. Lehrerbesoldungserhöhungen,
10. Aufnahme von Darlehen für Schulzwecke; [...]«[710]

---

709 Consistorial-Verordnung, in: GS FRAeL, Jg. 1880, Nr. 2. 6.

710 Consistorial-Verordnung, in: GS FRAeL, Jg. 1880, Nr. 2. 6. Dennoch unterlagen die Nummern 7 bis 10 auch Beschränkungen, wie §. 9 deutlich macht: »Die von der Stadtschulverwaltung in Schulangelegenheiten competenzgemäß gefassten Beschlüsse haben – insoweit sie nach der bestehenden Verfassung noch der Sanction des Fürstlichen Consistoriums bedürfen, nach Ertheilung derselben – unbeschadet des dem Letzteren als Oberaufsichtsbehörde zustehenden Rechtes der Aenderung und Aufhebung, für die Schulgemeinde Zeulenroda verbindliche Kraft und Geltung. Nur soweit es sich: a. um den Neubau oder sonstigen Erwerb von Schulhäusern, b.

In der Stadt Greiz dagegen fanden ab 1902 bedeutende Veränderungen statt:

> »Erst nach dem Tode des Fürsten Heinrich XXII. am 19. April 1902 ist im Jahre 1903 der Greizer Gemeindebehörde nach jahrzehntelangen Bemühungen das Besetzungsrecht für sämtliche Lehrerstellen zugestanden worden. Fortan konnte sie nach eigenem Ermessen auch die Direktoren und Oberlehrer auswählen. Das Greizer Volksschulwesen des 19. Jahrhunderts hatte im Gegensatz zu der Entwicklung der Schulverhältnisse in anderen deutschen Ländern durch die starken partikularistischen und kirchlichen Kräfte besondere Bahnen zu durchlaufen. Die Stadt Greiz verstand es jedoch in der zweiten Hälfte des Jahrhunderts, ihren Einfluß geltend zu machen und eigene Rechte auf dem Gebiete des Schulwesens zu erwerben.«[711]

Dem folgte 1906 nochmals eine bedeutende Veränderung und zwar bezüglich der Aufsicht über die dortige Bürgerschule.[712] In der Verordnung vom 14. April heißt es in §. 1 dazu:

> »Das Stadtpfarramt in Greiz führt als die der Leitung der dortigen Bürgerschule zunächst vorgesetzte Aufsichtsbehörde die Bezeichnung: Fürstliche Stadtschulinspektion.«[713]

Dieser Inspektion sollen die in den Gesetzen, Verordnungen und Bekanntmachungen geregelten Zuständigkeiten der Lokalschulinspektion in Greiz übertragen werden (vgl. §. 2), wobei sie um folgende, in §. 3 festgehaltene, Abänderung ergänzt wird:

> »Die Bestimmung in § 3 Ziffer 2 der Landesherrlichen Verordnung vom 23. Mai 1885, das Verfahren bei Überwachung des gesetzlich vorgeschriebenen regelmäßigen Besuches der Volksschule betr., wird dahin abgeändert, daß die Erlaubnis

---

um Veräußerung von Schulgrundstücken, c. um über das gesetzliche Maß hinausgehende Lehrerbesoldungserhöhungen, d. um die Aufnahme von Darlehen erforderlich machende Beschlüsse, e. um Beschlüsse, welche Ausgaben der Schulkasse über 50 M. im Gefolge haben, handelt, hat die Stadtschulverwaltung die Zustimmung des Gemeinderaths einzuholen« (Consistorial-Verordnung, in: GS FRAeL, Jg. 1880, Nr. 2. 8.)

711 Querfeld: Vereinsleben. 39.

712 Vgl. Höchste Verordnung, in: GS FRAeL, Jg. 1906, Nr. 5. 29f.

713 Höchste Verordnung, in: GS FRAeL, Jg. 1906, Nr. 5. 29.

> für Schulkinder der Bürgerschule in Greiz zum Wegbleiben aus der Schule bis zu 4 Wochen von dem Schuldirektor, auf länger als 4 Wochen von der Fürstlichen Stadtschulinspektion zu erteilen ist. [...]«[714]

Für das gesamte Fürstentum Reuß älterer Linie gehörte neben der Schaffung neuer Institutionen – wie der Schulkommissionen in Zeulenroda und Greiz oder den Schulvorständen – und der Regelung des Schulunterrichts außerhalb der Ortsschulen auch die Reglementierung des Privatunterrichts zu den Maßnahmen zur Gewährleistung einer flächendeckenden Schulaufsicht unter den Anforderungen der Zeit.[715] An dieser Verordnung ist ebenfalls erkennbar, dass staatlicherseits alles unternommen wurde, um sämtliche Formen des Unterrichtens der staatlichen Aufsicht durch die kirchlichen Behörden zu unterstellen und damit Kontrollinstanzen über die Einhaltung gewisser Qualitätsstandards bei den Lehrern und in der Lehre zu haben. Entsprechend wurde auch im Jahre 1883 ein Gesetz zu disziplinarischen Verfahren gegen »unwürdige, nachlässige und untüchtige Lehrer an öffentlichen Lehranstalten«[716] erlassen.[717] Die dafür zuständige Behörde war das Konsistorium als Oberschulbehörde. Darüber hinaus wurde eine Bekanntmachung erlassen, die die Benachrichtigung diverser staatlicher Behörden und Schulleitungen über die Einleitung und den Ausgang strafrechtlicher Untersuchungen gegen Lehrer betraf.[718] An diesen Gesetzen wird etwas Typisches für Reuß älterer Linie deutlich und zwar nicht nur, dass das Disziplinarrecht gegenüber den Lehrern als eine abgewandelte Form kirchlicher Gerichtsbarkeit über das Schulwesen verstanden werden kann, sondern auch, dass den kirchlichen Aufsichtsbehörden durch die Gesetze von 1883 weit reichende rechtliche Befugnisse zur Durchsetzung der aus der Kirchenzucht hervorgehenden Ansprüche an Lehrer wie Schüler an die Hand gegeben worden sind.

---

714 Höchste Verordnung, in: GS FRAeL, Jg. 1906, Nr. 5. 30.

715 Vgl. Consistorialverordnung, in: GS FRAeL, Jg. 1873, Nr. 1. 1f.

716 Gesetz, in: GS FRAeL, Jg. 1883, Nr. 6. 36–41, §. 1; vgl. Consistorial-Verordnung, in: GS FRAeL, Jg. 1883, Nr. 9. 75f.

717 Neben der strengeren Beaufsichtigung der Lehrer durch den Staat, waren diesen aber auch mehr Schutzrechte zugestanden worden, indem der Staat regulierend eingriff, wenn sich Eltern oder Pfleger unberechtigt gegen die von Lehrern verhangenen Disziplinarstrafen für die Schüler wandten (vgl. Landesherrliche Verordnung, in: GS FRAeL, Jg. 1882, Nr. 10. 91).

718 Vgl. Regierungs-Bekanntmachung, in: GS FRAeL, Jg. 1883, Nr. 11. 88–93. Geändert wurde diese Bekanntmachung durch: Regierungs-Bekanntmachung, in: GS FRAeL, Jg. 1916, Nr. 16. 77.

Neben diesen strukturellen Entwicklungen in der institutionellen Schulorganisation änderten sich innerschulische Organisationsstrukturen. Dazu gehörten neben Regelungen zur Schulpflichtdurchsetzung und verschärften Schulzucht auch die weitere Ausdifferenzierung der Ausgestaltung von Schulzeugnissen und deren Vereinheitlichung innerhalb des Fürstentums[719], die Einführung einer einheitlichen Rechtschreibung[720] sowie grundlegende Regelungen zur Anschaffung und Verwendung von Schulbüchern[721].

Der zu beobachtende Wandel der Schulaufsichtsstrukturen hin zu einer auf der untersten Ebene stärker ausdifferenzierten Behördenstruktur zeigte sich auch an dem Gesetz vom 12. Januar 1887[722] zur Vertretung der Schulgemeinden und der ländlichen Schulgemeinden, das am 1. Januar 1888 in Kraft trat.[723] Darin wird in §. 1 bestimmt, dass jede öffentliche Volksschulanstalt einen räumlich abgegrenzten Schulbezirk umfassen müsse, der sich über mehrere Gemeinden, Gemeindeteile bzw. geschlossene Gutsbezirke erstrecken könne, die alle zur Aufbringung des Bedarfs der Schulgemeinde verpflichtet seien und dessen Bewohner die Schulgemeinde bzw. den Schulverband bildeten. Dieser unterstand, ebenso wie die darin befindlichen Schulen von Angehörigen anderer Religionsgesellschaften, den landesherrlichen Bestimmungen für die Volksschulen und damit der Oberaufsicht des Konsistoriums (vgl. §. 1). Eine weitere bedeutende Regelung für die Konstitution der Schulgemeinden findet sich ebenfalls in §. 1:

> »Die Schulgemeinde hat juristische Persönlichkeit und verwaltet ihre Angelegenheiten nach Maaßgabe der einschlagenden Vorschriften unter der Oberaufsicht Unseres Consistoriums als der verfassungsmäßigen Oberschulbehörde (§. 49 der Landesverfassung). Die Schulgemeinde ist verpflichtet, ihr Schulwesen dem Bedürfniß entsprechend in gehöriger Weise nach den bestehenden Vorschriften resp. den Anordnungen der Oberschulbehörde herzustellen und zu unterhalten,

719 Vgl. Consistorial-Verordnung, in: GS FRAeL, Jg. 1870, Nr. 13. 122; Consistorial-Verordnung, in: GS FRAeL, Jg. 1877, Nr. 5. 39f.; Konsistorial-Verordnung, in: GS FRAeL, Jg. 1893, Nr. 7. 60; Konsistorial-Verordnung, in: GS FRAeL, Jg. 1903, Nr. 16. 83.

720 Vgl. Konsistorial-Bekanntmachung, in: GS FRAeL, Jg. 1903, Nr. 5. 29.

721 Vgl. Gesetz, in: GS FRAeL, Jg. 1879, Nr. 7. 131; Consistorialverordnung, in: GS FRAeL, Jg. 1879, Nr. 18. 273f.

722 Vgl. Gesetz, in: GS FRAeL, Jg. 1887, Nr. 4. 35–42.

723 Vgl. Consistorial-Verordnung, in: GS FRAeL, Jg. 1887, Nr. 16. 107f.

sowie – vorbehaltlich etwaiger Beitragspflicht Dritter – die dazu erforderlichen Mittel aufzubringen. Zur Erfüllung dieser Obliegenheit kann die Schulgemeinde von der Oberschulbehörde nöthigenfalls zwangsweise angehalten werden.«[724]

Weiter heißt es, dass sämtliche Verwaltungsangelegenheiten zur Regelung der Schulverbände, Aus- oder Einschulung von Gemeinden, deren Teilen oder Gutsbezirken, über die Gründung neuer Schulverbände und die Verteilung der Schullasten weiterhin vom Konsistorium zu entscheiden seien (vgl. §. 2). Sämtliche Bedürfnisse sollten aus der Schulkasse bestritten werden, in die das Schulgeld, die Beiträge zu den Schullasten, Zuschüsse der Landeskasse sowie anderer Fonds einfließen (vgl. §. 3), die pünktlich zu entrichten (vgl. §. 4) und bei Bedarf auch durch beauftragte Untereinnehmer einzusammeln waren (vgl. §. 5). Die Vertretung der Schulgemeinden nach ihren Rechten und Pflichten kam dem Schulvorstand zu (vgl. §. 6)[725], der sich laut §. 7 wie folgt zusammensetzen sollte:

»a. bei einfachen Schulgemeinden aus
1. dem Lokalschulinspektor als dem Vorsitzenden,
2. dem Gemeindevorsteher, in Behinderung dessen Stellvertreter,
3. zwei von der Gemeindevertretung zu wählenden Mitgliedern der Schulgemeinde. Die Gewählten sind zur Annahme der Wahl verpflichtet.
4. dem ersten oder einzigen Lehrer und da, wo zwei oder mehr besondere Schulen vorhanden sind, je dem ersten oder einzigen Lehrer derselben.
b) bei zusammengesetzten Schulgemeinden aus
1. dem Lokalsschulinspektor als dem Vorsitzenden,
2. den Gemeindevorstehern der betheiligten Gemeinden, im Verhinderungsfalle den Stellvertretern,

---

724 Gesetz, in: GS FRAeL, Jg. 1887, Nr. 4. 36.

725 In diesem Gesetz wird auch bestimmt, dass Ortsteile einer politischen Gemeinde, die einem Schulverband zugewiesen sind, der nicht dem politischen Gemeindeverband entspricht, keine besondere Vertretung im Schulvorstand besitzen sollen. Dagegen soll aber den Gutsbesitzern, die an der Erbringung der Schullasten beteiligt sind – ein Sitz im Schulvorstand zukommen (vgl. §. 7). Weiterhin wichtig ist, dass die Versammlungen des Schulvorstands durch den Vorsitzenden einberufen und vorbereitet werden, dem außerdem alle organisatorischen Aufgaben obliegen und der das Recht zum Widerspruch gegen Beschlüsse des Schulvorstandes habe. Die Vertretung des Schulvorstandes in allen gerichtlichen und außergerichtlichen Rechtsgeschäften steht dabei dem Vorsitzenden sowie dem Gemeindevorsteher des Schulortes zu (vgl. §. 11; Gesetz, in: GS FRAeL, Jg. 1887, Nr. 4. 37–39).

3. je einem von der Gemeindevertretung jeder Gemeinde zu wählenden Mitgliede der Schulgemeinde,
4. dem ersten oder einzigen Lehrer und da, wo zwei oder mehr besondere Schulen vorhanden sind, je dem ersten oder einzigen Lehrer derselben.«[726]

Zum sehr umfangreichen Wirkungskreis des Schulvorstands gehören laut §. 14:

»[...] überhaupt die Verwaltung des örtlichen Volksschulwesens, insoweit nicht der Unterricht, die Schulzucht, die Aufsicht über die Lehrer und die sonstigen Zuständigkeiten der Local- resp. der Landesschulinspection in Betracht kommen. Insbesondere gehören zum Wirkungskreis des Schulvorstandes auch

1. die Ausführung der das Volksschulwesen betreffenden allgemeinen Vorschriften und besonderen Anordnungen der Oberschulbehörde, insoweit solche die Schulgemeinde angehen,
2. die Beschaffung und gehörige Unterhaltung der für das örtliche Schulwesen erforderlichen Bedürfnisse, insbesondere auch der Schuhllocale, Schuleinrichtungen und Lehrerwohnungen mit Zubehör, jedoch, soweit Kirchschulgebäude in Betracht kommen, vorbehaltlich der den Vorschriften entsprechenden Zuständigkeit des Kirchgemeindevorstands,
3. die Aufsicht über die Schulgebäude nebst den dazu gehörigen Grundstücken und deren Gebrauch, unbeschadet jedoch der bezüglich der Kirchschulgebäude durch bestehende Vorschriften oder durch Verfügungen des Fürstlichen Consistoriums geordneten Befugnisse und Pflichten des Kirchgemeindevorstands,
4. die Beschlussfassung über Errichtung, Abänderung oder Aufhebung von Statuten der Schulgemeinde,
5. die Verwaltung und Vertretung des Vermögens der Schulgemeinde und der der Schule gewidmeten Stiftungen, soweit nicht in letzterer Beziehung in Folge besonderer Einrichtungen die Kirchen- oder die Gemeindebehörde zuständig ist oder vom Stifter andre Bestimmungen darüber getroffen worden sind, die Verwaltung und Vertretung des Schullehns kommt dagegen dem Inhaber der Schulstelle zu, jedoch unter der Aufsicht zunächst des Schulvorstands,
6. die Aufstellung und rechtzeitige Vorlegung der etwa von der Oberschulbehörde angeordneten und an dieselbe zur Revision einzureichenden jährlichen Voranschläge über die Einnahmen und Ausgaben der Schulkasse,
7. Ueberwachung der jährlichen Rechnungslegung des Schulkassirers, Abhörung und Iustification der Rechnung,

726 Gesetz, in: GS FRAeL, Jg. 1887, Nr. 4. 37.

8. die rechtliche Vertretung der Schulgemeinde in gerichtlichen und außergerichtlichen Rechtsgeschäften (s. jedoch §. 11 letzter Absatz), sowie die Abgabe von Erklärungen der Schulgemeinde den Behörden, den kirchlichen und politischen Gemeinden, sowie sonstigen Rechtspersönlichkeiten gegenüber,
9. die Aufnahme von Anleihen der Schulgemeinde mit oder ohne Verpfändung,
10. die Festsetzung der Schulgeldsätze, sowie der deshalbigen Ermäßigung und Befreiungen,
11. die Feststellung der in die Schulkasse fließenden Beiträge der einzelnen Mitglieder der einfachen Schulgemeinden bezw. die Feststellung der Beiträge der einzelnen Gemeinden, Güter u. s. w. in zusammengesetzten Schulgemeinden unter Einhaltung der deshalbigen Vorschriften, Verträge und sonstigen Rechtsnormen (vergl. §. 1 Abs. 4, §. 3 und §. 4 des Gesetzes vom 7. Januar 1886),
12. die Erlaubniß zur Benützung der Schullocale zu Privatunterricht, überhaupt zur Verwendung der Schullocale zu nicht die öffentliche Schule betreffenden Zwecken,
13. Festsetzung der Erndte- und Herbstferien und Zustimmung zu etwaigen nach den einschlagenden Vorschriften zulässigen Ferienbeschränkungen,
14. Bewilligung persönlicher Zulagen an Lehrer,
15. Anweisung der Geldmittel für nothwendig werdende Ueberstunden oder Vertretungsstunden auf die Schulkasse,
16. Ausübung der Befugnis und Pflichten der seitherigen Schulvorstände in Betreff der Schulversäumnisse,
17. Unterstützung der Lehrer bei Ausübung ihres Berufs, insbesondere in der Handhabung der Disciplin,
18. Antragstellung auf Unterbringung verwahrloster und geistig oder körperlich gebrechlicher schulpflichtiger Kinder,
19. Wahl des Verwalters der Schulkasse, Revision derselben durch ein Mitglied des Schulvorstands oder – unter Umständen – durch einen geeigneten Sachverständigen sowie Festsetzung der Vergütung des Schulkassirers,
20. Abgabe gutachtlicher Aeußerungen in Angelegenheiten des örtlichen Schulwesens auf Erfordern der Oberschulbehörde, sowie Stellung von Anträgen in solchen.

Der Schulvorstand übt seinen Wirkungskreis selbstverständlich überall unbeschadet des Aufsichts- und Verfügungsrechts der Oberschulbehörde aus.«[727]

Zur Sicherung der obersten Schulaufsicht als Recht und Pflicht des Konsistoriums wurde in §. 15 verfügt, dass Beschlüsse des Schulvorstandes einer Genehmigung des Konsistoriums bedürfen, wenn es dabei um Folgendes gehe:

---

727 Gesetz, in: GS FRAeL, Jg. 1887, Nr. 4. 40f.

»1. Errichtung, Abänderung und Aufhebung von Statuten der Schulgemeinde;
2. neue Schulbauten und Reparaturen vorhandener Schulgebäude, sofern die Kosten mehr als 300 M. betragen oder bauliche Aenderungen, die eine Veränderung der Umfassungsmauern, Schiedswände oder Feuerungsanlagen in sich begreifen,
3. Ankauf von Gebäuden und anderen Grundtücken zu Schulzwecken,
4. Veräußerung und Verpfändung von Gebäuden und anderen Grundstücken, sowie von Realrechten der Schulgemeinde und des Schullehns,
5. Aufnahme von Anleihen mit oder ohne Verpfändung von Immobilien,
6. Führung von Prozessen der Schulgemeinde,
7. Erhöhung der bestehenden Schulgeldsätze über den Betrag von 6 Mark pro Kind und Jahr hinaus (vergl. §. 3 Ges. v. 4. Januar 1874),
8. Aenderung der Dotation der Schulstelle und Bewilligung persönlicher Zulagen an Lehrer,
9. Benutzung der Schullocale zu anderen als den Zwecken der öffentlichen Schule,
10. Uebertragung der Schulkasse an den Gemeindekassirer oder der Gemeindekasse an den Schulkassirer.«[728]

Auch wenn dieses Gesetz noch keine Trennung von Kirche und Staat bedeutete, so deutete sie doch bereits die Entwicklung hin zu einem größeren Selbstbestimmungsrecht des Volksschulwesens mehr als nur an. Gerade an §. 14 zeigt sich deutlich, dass ab 1887 bereits sämtliche schulischen Verwaltungsangelegenheiten an die örtlichen Gemeinden zur Selbstverwaltung übergeben worden waren.

Im Jahre 1913 wurde ein Fortbildungsschulgesetz erlassen,[729] das die Errichtung und Unterhaltung von Gewerbeschulen bzw. Fortbildungsschulen vorschrieb, die an die Volksschulen anschließen sollten (vgl. §. 1) und folgende Aufgaben und Unterrichtsgegenstände besaßen:

»§. 2. Die Forbildungsschule hat die Aufgabe, die der Volksschule entwachsenen Knaben in denjenigen Kenntnissen und Fertigkeiten, welche vorzugsweise für das bürgerliche Leben förderlich sind, dem allgemeinen und beruflichen Interesse der Schüler entsprechend weiterzuführen und die sittlich-religiöse Charakterbildung, Gottesfurcht, Heimats- und Vaterlandsliebe zu pflegen.

---

728 Gesetz, in: GS FRAeL, Jg. 1887, Nr. 4. 41.

729 Vgl. Fortbildungsschulgesetz, in: GS FRAeL, Jg. 1913, Nr. 4. 50–54.

> Wesentliche Unterrichtsgegenstände der Fortbildungsschule für Knaben zur Erfüllung dieser Aufgaben sind: Bürger- und Lebenskunde und Berufskunde, deutsche Sprache und Rechnen sowie Zeichnen für die Berufe, die dessen bedürfen. Auf Beschluß der Schulgemeindevertretung wird auch Turnunterricht erteilt.«[730]

Diesen Vorgaben entsprechend sollte ein dreijähriger Besuch einer Fortbildungsschule im Anschluss an die Volksschule künftig für die Jungen verpflichtend sein, wenn diese die Ziele der Fortbildungsschule nicht bereits erreicht hatten, Privatunterricht nahmen oder eine höhere Schule besuchten (vgl. §. 3). Darüber hinaus wurde den Schulgemeinden freigestellt, auch für die Mädchen Fortbildungsschulen einzurichten und deren zweijährigen Besuch zur Verpflichtung zu machen. Der Ausbildungsschwerpunkt dieser Fortbildungsschulen sollte auf die Bereiche Haushalt und weibliche Handarbeiten gelegt werden (vgl. §. 5). Weiter wurde in diesem Gesetz bestimmt, dass sich die Verwaltung, Aufsicht und Finanzierung der Fortbildungsschulen auf die gleichen rechtlichen Grundlagen wie die Verwaltung, Aufsicht und Finanzierung der Volksschulen stützen sollte (vgl. §§. 6–11).

Aus der zugehörigen Ausführungs-Verordnung zum Fortbildungsschulgesetz[731] geht hervor, dass der Besuch der Fortbildungsschulen eng mit einer Berufsausbildung verknüpft sein bzw. diese ergänzen sollte (vgl. 1.) und sich dementsprechend zu gliedern hatte:

> »Die Fortbildungsschule gliedert sich nach den Jahrgängen in 3 sich auf einander aufbauende Abteilungen, die nach Bedarf zusammengefasst werden können. Innerhalb dieser Abteilung sind bei größeren Fortbildungsschulen je nach Bedarf Fachklassen (für Schüler des gleichen Berufs), Gruppenklassen (für Schüler verwandter Berufe) oder Mischklassen (für Schüler verschiedener Berufe) zu bilden. An größeren Schulen ist die Errichtung von Nachhilfeklassen für zurückgebliebene oder minderbegabte Schüler anzustreben.«[732]

Neben einer ähnlich den Volksschulen organisierten äußeren Einrichtung der Fortbildungsschulen, wurden diese innerlich entsprechend der beruflichen Förderung der Schüler organisiert:

---

730 Fortbildungsschulgesetz, in: GS FRAeL, Jg. 1913, Nr. 4. 50f.

731 Vgl. Ausführungs-Verordnung, in: GS FRAeL, Jg. 1913, Nr. 7. 72–76. Die letzte Änderung zur Ausführungs-Verordnung wurde 1918 erlassen (vgl. Konsistorial-Verordnung, in: GS FRAeL, Jg. 1918, Nr. 8. 73f.).

732 Ausführungs-Verordnung, in: GS FRAeL, Jg. 1913, Nr. 7. 73.

> »Die Teilnahme des Lehrers an dem beruflichen und außerberuflichen Leben der Schüler, die Einrichtung von Büchereien, Unterhaltungsabenden, Schulsparkassen und dergl., die Veranstaltung von Volks- und Jugendspielen und sonntäglichen Spaziergängen, der Besuch von Fabriken, Werkstattbetrieben u. s. w. sind besonders geeignet, zur erziehlichen Beeinflussung der fortbildungsschulpflichtigen Jugend beizutragen. Als wünschenswert ist auch, besonders in den Städten, die Einrichtung von Jugendheimen anzusehen, die in Verbindung mit der Fortbildungsschule und unter Leitung der an ihr wirkenden Lehrkräfte stehen. Die Entlassung der Fortbildungsschüler nach erfüllter Schulpflicht ist feierlich zu gestalten.«[733]

Auch die Verhaltensordnung war entsprechend der Ziele der Schule sehr streng organisiert (vgl. 5.) und der Lehr- und Stundenplan für die Jungen wurde den realen Anforderungen der Zeit folgenderweise angepasst:

> »Der Unterricht umfaßt:
> 1. Sachunterricht (a. Bürger- und Lebenskunde, b. Berufskunde);
> 2. Sprachunterricht;
> 3. Rechenunterricht;
> 4. Zeichenunterricht für die Berufe, die dessen bedürfen, und
> 5. sofern es die Schulgemeindevertretung beschließt, Turnunterricht.«[734]

Den Mädchen dagegen sollte Unterricht in den Fächern Hauswirtschaft, d.h. Haushaltungs-, Koch- und Nadelarbeitsunterricht, Bürger- und Lebenskunde, Gesundheitslehre, Erziehungslehre, Kinderpflege, Rechnen sowie Deutscher Sprache erteilt werden (vgl. 6. B).

Durch diese feste Angliederung der Fortbildungsschulen als weiterführende Berufsbildungsschulen an das Volksschulwesen wurden nicht nur die Ausbildungsmöglichkeiten verbessert, sondern auch die Berufsbildung fest in die bisherigen Schulbildungsstrukturen integriert. Darüber hinaus wird an den Bestimmungen zur Organisation der Fortbildungsschulen auch sehr deutlich, dass es für Jungen und Mädchen bzw. Männer und Frauen berufliche Rollenbilder gab, entsprechend denen die Unterrichtsfächer an den geschlechtlich getrennten Schulen festgelegt waren.

---

733 Ausführungs-Verordnung, in: GS FRAeL, Jg. 1913, Nr. 7. 73f.

734 Ausführungs-Verordnung, in: GS FRAeL, Jg. 1913, Nr. 7. 75.

Im Jahre 1914 folgte nicht nur eine Nachtragsbestimmung zum Fortbildungsschulgesetz von 1913, die eine Trennung von Wohn-, Schul- und Ausbildungsort gestattete,[735] sondern es wurde auch ein gesetzliches Übereinkommen mit dem Großherzogtum Sachsen geschlossen, um die größer werdende Anzahl reußischer Fortbildungsschüler dort in entsprechende Schulen schicken zu können.[736] Aufgrund des weiteren Ausbaus der Fortbildungsschulen im gesamten industrialisierten thüringischen Raum, einigten sich 1914 einige Thüringer Länder auf eine gemeinsame Ordnung zur Mittelschullehrerprüfung.[737] Diese Prüfung soll

> »Volksschullehrern der beteiligten Staaten, welche die zweite Prüfung bestanden haben, Gelegenheit geben, sich über die Fortbildung auszuweisen, die sie zur Verwendung besonders an Mittelschulen, Seminaren und Lyzeen befähigt.
> Der Prüfung können sich außerdem Geistliche und solche Kandidaten und Studierende des höheren Lehramts und der Theologie aus den beteiligten Staaten unterziehen, die mit dem Reifezeugnis einer neunklassigen höheren Lehranstalt die Universität bezogen und ordnungsmäßig mindestens drei Jahre lang dem Studium ihrer Wissenschaft auf der Universität obgelegen haben.«[738]

Zu den Unterrichts- und Prüfungsfächern der Fortbildungslehrer gehörten Pädagogik im Sinne einer »Beschäftigung mit der Psychologie in ihrem Zusammenhang mit der Unterrichts- und Erziehungslehre«,[739] Religion, Deutsch, Geschichte, Erdkunde, Französisch, Englisch, Mathematik, Naturlehre, Naturkunde und unter Umständen auch Latein.[740] Darüber hinaus stand es auch weiterhin Handwerksmeistern offen, sich als Lehrende für den gewerblichen und kaufmännischen Fachunterricht zu qualifizieren und in den Fortbildungsschulen zu unterrichten.[741]

Gerade an der Entwicklung der Fortbildungsschulen bzw. des Fortbildungsschulwesens, wird deutlich, dass sich nicht nur das Volksschulwesen

---

735 Vgl. Konsistorial-Verordnung, in: GS FRAeL, Jg. 1914, Nr. 5. 40.

736 Vgl. Regierungserklärung, in: GS FRAeL, Jg. 1914, Nr. 11. 129f.
1916 wurde solch eine Übereinkunft mit dem Königreich Sachsen geschlossen (vgl. Konsistorial-Bekanntmachung, in: GS FRAeL, Jg. 1916, Nr. 11. 49f.).

737 Vgl. Konsistorial-Bekanntmachung, in: GS FRAeL, Jg. 1914, Nr. 16. 152–158.

738 Konsistorial-Bekanntmachung, in: GS FRAeL, Jg. 1914, Nr. 16. 152f.

739 Konsistorial-Bekanntmachung, in: GS FRAeL, Jg. 1914, Nr. 16. 152–154.

740 Vgl. Konsistorial-Bekanntmachung, in: GS FRAeL, Jg. 1914, Nr. 16. 154–156.

741 Vgl. Regierungs-Bekanntmachung, in: GS FRAeL, Jg. 1917, Nr. 9. 57.

um eine Schulform erweitert hatte, die bereits 1914 als »Mittelschule« bezeichnet wurde, sondern auch, dass damit verbunden eine Erweiterung der Lehrerausbildung und Pluralisierung der Lehrerarten stattfand sowie eine stärkere zwischenstaatliche Vernetzung zwischen dem Fürstentum Reuß älterer Linie, dem Großherzogtum Sachsen-Weimar-Eisenach und dem Königreich Sachsen. Gerade Letzteres ging auf die Bildungspolitik des amtierenden Landesherrn Heinrich XXVII. von Reuss jüngerer Linie zurück, der den Anschluss des Reußenlandes an die fortschrittlichen Staaten jener Zeit suchte, zu denen neben Preußen v.a. Sachsen-Weimar-Eisenach und Sachsen zählten.

Der letzte tief greifende Wandel in der Schulverwaltung setzte im Zuge des Endes der Monarchie auch im Fürstentum Reuß älterer Linie ein. Im November 1918 wurde eine Verordnung über die Neuregelung der Zuständigkeit für Unterricht und Erziehung[742] erlassen, in der es in §. 1 heißt, bis »zur Schaffung einer neuen Schuloberbehörde ist an Stelle des Konsistoriums künftig für das Unterrichts- und Erziehungswesen die Landesregierung zuständig«[743]. Im Dezember 1918 wurde dann ein weiteres Schulgesetz erlassen, in dem die Schulaufsicht und Vertretung der Schulgemeinden neu geregelt wurden:[744]

> »§. 1. Die unmittelbare staatliche Schulaufsicht in allen Volks- und Fortbildungsschulen wird vom 1. Januar 1919 ab einem Bezirksschulinspektor übertragen. Mit diesem Zeitpunkt fällt die Lokalschulinspektion der Geistlichen in den Städten und auf dem Lande, die Inspektion des Seminardirektors für die Fortbildungsschulen und die Stellung des Landesschulinspektors und des Ephorus (Superintendenten) als Schulaufsichtsbehörde weg. Die von diesen geführten Akten sind dem Bezirksschulinspektor in unversehrtem und geordnetem Zustand zu übergeben. Alle bisherigen Aufsichtspersonen zustehenden Amtsbefugnisse gehen auf den Bezirksschulinspektor über.«[745]

Weiter wurde bestimmt, dass die bisherigen Lokalschulinspektoren aus dem Schulvorstand der ländlichen Schulgemeinden zum 31. Dezember 1918 auszuscheiden hätten und an ihrer Stelle ein neuer Vorsitzender aus der Mitte des Schulvorstands – der auch ein Lehrer sein könne – zu wählen sei (vgl. §.

742 Vgl. Verordnung, in: GS FRAeL, Jg. 1918, Nr. 9. 80

743 Verordnung, in: GS FRAeL, Jg. 1918, Nr. 9. 80.

744 Vgl. Verordnung, in: GS FRAeL, Jg. 1918, Nr. 13. 96.

745 Verordnung, in: GS FRAeL, Jg. 1918, Nr. 13. 96.

2). Ebenso sollte die Stadtschulverwaltung in Zeulenroda durch einen Schulausschuss ersetzt werden, der sich aus dem ersten und zweiten Bürgermeister, drei zu wählenden Mitgliedern des Gemeinderats sowie dem Schulleiter zusammen setzen und Sonstiges durch eine eigene Geschäftsordnung regeln solle (vgl. §. 3). Die Gemeindevorstände von Greiz und Zeulenroda hätten ihre Ortssatzungen über die Verwaltung der höheren Schule gemäß der Intentionen der §. 1 bis 3 ebenfalls abzuändern (vgl. §. 4) und alle Gesetze, Verordnungen sowie Verwaltungsanordnungen hätten in Kraft zu bleiben, soweit sie nicht den durch die §§. 1 bis 3 aufgestellten Bestimmungen widersprächen (vgl. §. 5).

Eine wirkliche Verselbständigung der Schulverwaltung und damit eine Lösung des gesamten Volksschulwesens aus den kirchlichen Aufsichtsstrukturen fand für Reuß älterer Linie erst im April des Jahres 1919 per »Gesetz über die Demokratisierung der Volksschulverwaltung im Volksstaate Reuß«[746] statt.

---

746 Vgl. Gesetz, in: GS VSR. 39–42.

Teil III: Die Entwicklung der Schulaufsichtsfrage im Fürstentum Reuss jüngerer Linie von 1848 bis 1918

1 Historische Grundlagen zur Schulaufsichtsfrage

In diesem zweiten Untersuchungsteil werden durch die Betrachtung wichtiger Etappen in der Landes-, Kirchen- und Volksschulgeschichte zunächst die historischen Hintergründe zur Entwicklung des Staats-Kirchen-Volksschul-Verhältnisses im 19. Jahrhundert aufgezeigt. Im Anschluss daran wird auf die Entwicklung des Staats-, Kirchen- und Volksschulwesens in rechtlicher und verwaltungsmäßiger Hinsicht eingegangen.

Das Ziel soll es sein herauszufinden, inwiefern eine Schulaufsichtsfrage existierte und wie sich angesichts dessen das Staats-Kirchen-Volksschul-Verhältnis von 1848 bis 1918 entwickelte.

1.1 Zur Landesgeschichte von 1848 bis 1918

1.1.1 Zur Regentschaft Heinrichs LXII. von Reuss jüngerer Linie von 1848 bis 1854

Der Revolution im Jahre 1848 waren bereits in den 1820er und 1830er Jahren Unruhen und Aufstände in den einzelnen Fürstentümern der jüngeren Linie vorausgegangen, deren Ursachen und Anlässe sehr unterschiedlich waren. Sie speisten sich aus politischen, wirtschaftlichen, sozialen und auch ideologischen Faktoren.[747]

---

747 Die einzelnen Staaten der jüngeren Linie zeichneten sich zwar durch eine etwas unterschiedliche, doch jeweils dem Staate und dessen Volk zu dienen bemühte Politik aus. So verfolgte der regierende Fürst von Reuß-Lobenstein und Ebersdorf, Heinrich LXXII., eine Politik, die das bürgerlich-staatliche Leben fördern wollte. Das brachte ihm zwar Sympathien vonseiten der Bevölkerung ein, was diese jedoch nicht daran hinderte dennoch zwischen 1820 und 1848 immer wieder durch Unruhen auf Missstände hinzuweisen (vgl. Brückner, Georg Martin: Landeskunde. 382). Fürst Heinrich XLII. zu Reuss-Schleiz dagegen übernahm 1836 nicht nur einen schuldenfreien Staat von seinem Vater, sondern führte diese Finanzpolitik auch weiter und erließ dem Volk die Hälfte der Steuerhöhe. Weiterhin sorgte er für den Erlass einiger fortschrittlicher Gesetze in den Bereichen der bäuerlichen Lasten und des Landschulwesens. Doch auch dies verhinderte nicht, dass sein Volk zwischen 1820

Obwohl sich in den Ländern der jüngeren Linie die wirtschaftlichen Verhältnisse durch den Beitritt der reußischen Fürstentümer zum Zoll- und Handelsverein der Thüringischen Staaten und somit zum Deutschen Zollverein im Jahre 1833 verbesserten und erste Anzeichen einer Industrialisierung einsetzten,[748] wandelten sich die gesellschaftlichen Verhältnisse nicht merklich zum Positiven, denn:

> »In der Hauptsache jedoch war auch hier der alte Staatsbau mit der ›verrotteten‹ Landesvertretung [...] mit dem großen und herrischen Beamtenzug, mit der schleppenden, kostspieligen Rechtspflege, mit dem Jagdwesen, dem Zunft- und Bannzwang und mit der Feudalbelastung und der ungleichen Besteuerung, somit aber auch die Quelle der allgemeinen Unzufriedenheiten geblieben [...].«[749]

Dennoch blieben diese Ereignisse lange Zeit ohne nennenswerte staatspolitische Folgen.[750] Erst im März 1848, angeregt durch die Unruhen in den angrenzenden Staaten, gab es in verschiedenen reußischen Staaten jüngerer

---

und 1848 immer in Form von Unruhen Kritik an der Landespolitik übte (vgl. BRÜCKNER: Landeskunde. 384f.). Die verfassungsmäßigen Zustände in allen Fürstentümern führten während der 1820er und 1830er Jahre immer wieder zu Unruhen: »1830 [...] Nachdem den *12., 13.* und *14.* September sehr unruhig Auftritte in dem benachbarten Altenburg vorgefallen waren, erhob sich der Sturm auch in Gera am *15.* d. M. Obgleich keine drückenden Abgaben die Unterthanen beschwerten, und die Kriegsschulden schon über die Hälfte abgetragen waren, nahm man doch von der oft rechtmäßigen Strenge einiger Beamten, und gewissen mit der Zeit nicht fortgeschrittenen Innungsverhältnissen und Gerechtsamen, Ursache zur Unzufriedenheit; doch wurden hier thatsächliche Excesse, wie anderwärts, nicht verübt. Durch die Gegenwart des Durchlauchtigsten Fürsten Heinrich *LXXII.* von Ebersdorf, die von demselben getroffenen energischen Maßregeln, so wie durch die Errichtung einer Bürgergarde in Verbindung mit dem aufgebotnen Militär, wurde der Anarchie glücklich vorgebeugt, so daß die Ruhe den *17.* völlig wieder hergestellt war. Die von den Landgemeinden angebrachten Beschwerden betrafen hauptsächlich das Lehngeld, die Frohnen und Fristbefugnisse, so wie den hohen Wildstand in den Forsten. Auch diesen wurde Abstellung der Mißbräuche, Erleichterung auf verfassungsmäßigem Wege zugesagt, und so die Ruhe des Landes erhalten« (KIRCHEN-GALERIE. DAS FÜRSTENTHUM REUSS-GERA. 26).

748 Vgl. GEHRLEIN: Haus. 20. Seit der Herrschaft HEINRICH I. REUSS JÜNGERE LINIE, genannt POSTHUMUS (1572–1635) war es vor allem die Textilbranche, die für Gera wirtschaftliche Bedeutung erlangt hatte. Entsprechend entwickelte sich die Stadt durch die Industrialisierung vor allem ab der Mitte des 19. Jahrhunderts zu einem Textilzentrum weiter (vgl. TREBGE: Spuren. 25f.).

749 BRÜCKNER: Landeskunde. 378f.

750 Vgl. BRÜCKNER: Landeskunde. 379.

Linie, neben Versammlungen und Ausschreitungen, auch mehrfach Petitionen an die jeweiligen Landesherrscher.[751] Fürst Heinrich LXXII. zu Reuss-Ebersdorf (1779–1853, reg. 1822–1848), dessen Fürstentum zu den ersten Revolutionsschauplätzen zählte, wurde mit Forderungen nach Pressefreiheit, Öffentlichkeit und Mündlichkeit in der Kriminalrechtspflege, Volksbewaffnung sowie der Einführung einer ständigen Repräsentativverfassung konfrontiert.[752] Er reagierte zwar nicht völlig ablehnend, war jedoch auch nicht gewillt, vollständig auf die Forderungen seiner Untertanen einzugehen. Aus diesem Grunde machte er verschiedene Zugeständnisse allein, um die Ruhe in seinem Land zu wahren:

> »Zur Beruhigung der Bevölkerung versprach Heinrich LXXII. am 14. April, dem Lande die fideikommissarischen Domanialbesitzungen gegen eine Zivilliste als Eigentum zu überlassen, und stellte ein neues Jagdgesetz in Aussicht, daß der Landtag beschließen sollte; bis dahin gab er das Abschießen des Hochwildes den Grundbesitzern frei. Außerdem sagte er den Erlaß eines Wahlgesetzes für den verfassunggebenden Landtag, Aufhebung des Salzmonopols, Ablösung der Feudallasten und Ermäßigung der Holzpreise zu. Am 20. April ordnete der Fürst aus eigenem Entschluß die Wahl von acht Abgeordneten mit einem Mindestalter von 21 Jahren für sein Land an, ohne damit der Wirksamkeit der gemeinschaftlichen Landesvertretung für Reuß j.L. vorgreifen zu wollen.«[753]

Auch in Gera trat der Stadtverordnetenrat im März aufgrund von Unruhen in der Bevölkerung zusammen und machte als Ergebnis eine Eingabe bei der Landesdirektion, in der folgende Dinge gefordert wurden:

> »Vertretung des Volkes beim Bundestag, Petitions- und Versammlungsrecht, sofortige provisorische Einführung der Pressfreiheit, volkstümliche Umgestaltung des Militärwesens unter Verminderung des augenblicklichen Militär-Etats,

---

751 Vgl. Schmidt: Geschichte. 129–137.

752 Vgl. Wucher: Reuß. 8f.; vgl. Fiedler, Heinz-Dieter: Volkeswohl. 36–42.

753 Wucher: Reuß. 11. Diesen Zugeständnissen entsprechend wurde beispielsweise noch im März 1848 die Pressefreiheit im Fürstentum eingeführt (vgl. Regierungs-Verordnung, in: GS FRLRJL, Bd. 7, Jg. 1847-1849. Nr. 195. 82).

öffentliche und mündliche Verhandlung in der Rechtspflege, Einführung von Schwurgerichten, gleichmäßige Besteuerung, Verminderung der Salzsteuer, zeitgemäße Landesverfassung mit Volksvertretung und Vorlage eines Jagdgesetzes […].«[754]

Angesichts der Tatsache, dass die Revolution von 1848 einen grundlegenden staatsrechtlichen Wandel durch die Errichtung konstitutioneller Monarchien in weiten Teilen des Deutschen Bundes nach sich ziehen würde, kündigte der Ebersdorfer Fürst dem Hause Schleiz intern bereits im April 1848 an, dass er die Regierung zugunsten der Schleizer Linie niederlegen wolle. Seine Abdankung gab er schließlich am 1. Oktober öffentlich bekannt.[755] Die Folge dessen war die Vereinigung der Länder der jüngeren Linie[756] zum FÜRSTENTUM REUSS JÜNGERER LINIE unter der Herrschaft HEINRICHS LXII. ZU REUSS-SCHLEIZ (GEB. 1785, REG. 1818–1854), dessen Haus seitdem den Titel JÜNGERER LINIE führte.[757] Eine der wichtigsten Aufgaben, vor die sich die neue Regierung gestellt sah, war die Erarbeitung einer neuen Staatsverfassung, da bisher immer noch die landständischen Traditionen galten. Entsprechend existierte

---

754 WUCHER: Reuß. 13.

755 Vgl. SCHMIDT: Geschichte. 131; WUCHER: Reuß. 28–30.

756 Die *jüngere Linie der Reußen* bestand am Ende des 18. Jahrhunderts aus den *Grafschaften Reuß-Gera, Reuß-Schleiz, Reuß-Ebersdorf* (die sich 1678 von Lobenstein abgespalten hatte), dem *Fürstentum Reuß-Lobenstein* sowie dem *Paragium und Fürstentum Reuß-Köstritz.* Bereits zu Beginn des 19. Jahrhunderts stellten sich wichtige territoriale Veränderungen ein. So war im Jahre 1802 mit dem Ableben Graf HEINRICHS XXX. ZU REUSS-GERA (GEB. 1727, REG. 1748–1802) das Haus Gera ausgestorben. Dennoch blieb Reuß-Gera auch weiterhin als Grafschaft bestehen, und dessen Besitzungen kamen unter der Bezeichnung Kondominat Reuß-Gera unter die gemeinsame Verwaltung von Reuß-Schleiz und Reuß-Lobenstein (vgl. TREBGE: Spuren. 27). Drei Jahre später starb auch die Linie Lobenstein aus. Doch das seit 1715 zu Reuß gehörige Haus Selbitz trat in dessen Erbfolge ein (vgl. HERZ: Reußen). Erst am 9. April 1806 erhielten die Staaten jüngerer Linie noch als Mitglieder des Heiligen Römischen Reiches Deutscher Nation die Reichsfürstenwürde, wobei lediglich Reuß-Schleiz, Reuß-Lobenstein, Reuß-Selbitz und Reuß-Ebersdorf zu Reichsfürstentümern erhoben wurden, da Reuß-Gera seit 1802 nicht mehr als eigenständiger Staat existierte (vgl. GEHRLEIN: Haus. 19). Im Jahre 1824 erlosch die Linie Reuß-Lobenstein-Selbitz und deren Gebiete wurden mit Ebersdorf zum Fürstentum Reuß-Lobenstein und Ebersdorf unter der Herrschaft HEINRICHS LXXII. ZU REUSS-EBERSDORF (1797–1853, REG. 1822–1848) vereinigt (vgl. KUNZ (Hrsg.): Beschreibungen. 276–280).

757 Vgl. TREBGE: Spuren. 28.

kein Landesverfassungsdokument und die Zusammenkunft des Landtages, der lediglich aus dem Landadel, Rittergutsbesitzern und den Bürgermeistern der Städte bestand, war nur zur Beratung in Steuerfragen vorgesehen.[758]

Nachdem bereits seit März 1848 Forderungen nach einer neuen Verfassung nebst Wahlgesetz seitens der Bevölkerung laut geworden waren und unterschiedlichste Akteure den Landesherren Vorschläge unterbreitet hatten, gab die Regierung in Gera Ende März bekannt, dass ein Gesetzentwurf in Bearbeitung sei. Kurz darauf legte HEINRICH LXXII. ZU REUSS-EBERSDORF UND LOBENSTEIN am 10. April 1848 überraschend einen eigenen Verfassungsentwurf vor, der jedoch durch die Geraer Regierung abgelehnt wurde. Sie veröffentlichte stattdessen sechs Tage später ein neues Wahlgesetz.[759] Das neue Gesetz sah den Landtag – im altständischen Sinne – künftig jedoch nur als beratendes Organ vor, was zu einer Ablehnung des Wahlgesetzes und Einstellung der Wahlen Anfang Mai führte. Parallel zu dem Ringen der Geraer Regierung um ein Wahlgesetz legte sie bereits am 20. April einen eigenen Verfassungsentwurf vor, der jedoch auf Ablehnung stieß:

> »Der Entwurf stellte jedoch, wie das Ebersdorfer Votum besagt, nur eine ›urkundliche Beschreibung der landständischen Rechte‹ dar und konnte daher ›gar keinen Anklang finden‹. Heinrich LXXII. verlangte, daß ein ›förmliches Staatsgrundgesetz‹ geschaffen werde, das vor allem auch die ›Urrechte der Staatsbürger‹ enthielt.«[760]

Bis endgültig Wahlen zu einem verfassungsgebenden Landtag durchgeführt werden konnten, dauerte es den ganzen Sommer über. Erst am 29. September fand eine vorbereitende Sitzung statt, der schließlich am 2. Oktober 1848 die Eröffnung des Landtags folgte.[761] Drei Tage später wählte dieser, ungeachtet der Wünsche der Regierung, einen eigenen Ausschuss zur Beratung über die Grundrechte, denn er:

> »fühlte sich gar nicht daran gebunden, mit der Regierung eine Verfassung zu vereinbaren, er nahm vielmehr nach dem Vorgang der preußischen Nationalver

758 Vgl. WUCHER: Reuß. 35.

759 Vgl. HÖCHSTE VERORDNUNG, in: GS FRLRJL, Bd. 7, Jg. 1847–1849. Nr. 197. 84–88.

760 WUCHER: Reuß. 43.

761 Vgl. WUCHER: Reuß. 36–42.

> sammlung Recht und Pflicht für sich in Anspruch, das Staatsgrundgesetz aus eigener Initiative zu schaffen.«[762]

Der erste Entwurf der Grundrechte für das Fürstentum Reuß jüngerer Linie wurde bereits am 1. November 1848 im Plenum zur Diskussion gestellt, scheiterte jedoch, da er der Regierung in einigen Punkten zu radikal war. Daraufhin wurde der Entwurf überarbeitet und im August 1849 ein zweiter vorgelegt, der Anfang Oktober kaum verändert durch die Regierung angenommen wurde. Die endgültige Schlussabstimmung über die Verfassung und das Wahlgesetz erfolgte im Oktober, sodass die Annahme einer neuen Verfassung mit dem Titel »Staatsgrundgesetz« und eines zugehörigen »Wahlgesetzes« für die Volksvertretung am 14. Dezember 1849 in der »Gesetzsammlung für die Fürstlich Reußischen Lande Reuß Jüngerer Linie« veröffentlicht und rechtskräftig werden konnte.[763] Damit hatten Landesherr und Regierung zunächst den Schritt auf dem Weg hin zu einem damals als fortschrittlich und liberal geltenden Staat getan. Da in der Folge jedoch unter HEINRICH LXII. und dessen Bruder HEINRICH LXVII. Uneinigkeit bezüglich der Abtretung der Kammergüter bestand und die politische Reaktion im Deutschen Bund wirksam zu werden begann,[764] kam es zu einer Überarbeitung der Verfassung, sodass am 12. April 1852 ein »Revidirtes Staatsgrundgesetz« verabschiedet wurde.[765]

---

762 WUCHER: Reuß. 44.

763 Vgl. WUCHER: Reuß. 44–46; STAATSGRUNDGESETZ, in: GS FRLRJL, Bd. 8, Jg. 1849–1852, Nr. 102. 53–83.

764 THOMAS HERNTRICH hält dazu fest: »Am 3. November 1851 ließ Fürst Heinrich LXII. Reuß j.L. durch seinen Staatsminister Bretschneider dem Landtag übermitteln, dass aufgrund ›eingetretener Veränderungen in den öffentlichen Verhältnissen des deutschen Gesammtvaterlandes‹ unverzüglich auch für das Fürstentum Reuß j.L. eine ›Aufhebung der deutschen Grundrechte‹ und deren ›teilweise Entfernung aus der Verfassungsurkunde‹ sowie eine ›Revision und Abänderung des Staatsgrundgesetzes vom 30. November 1849 im 1., 3., 4., 5., 7., und 11. Abschnitt‹ legislatorisch herbeizuführen seien. Am 10. November folgten dem weitere Forderungen wie die Aufhebung der Urwahlen, die Einführung indirekter Wahlen und eine ständische Gliederung der Wählerschaft. Daraufhin entflammte eine parlamentarische Diskussion, die den Landtag in Befürworter und Gegner teilte und zu einer Abstimmung am 25. November führte, bei der 10 der 18 anwesenden Abgeordneten den Forderungen des Landesfürsten zustimmten, was die demokratisch gesinnten Abgeordneten dazu veranlasste am folgenden Tag geschlossen ihre Mandate niederzulegen« (HERNTRICH: Thüringen. 179f.).

765 Vgl. SCHMIDT: Geschichte. 138; REVIDIRTES STAATSGRUNDGESETZ, in: GS FRLRJL, Bd. 8, Jg. 1849–1852, Nr. 120. 393–418.

1.1.2 Zur Regentschaft Heinrichs LXVII. von Reuss jüngerer Linie von 1854 bis 1867

Bereits 1854 starb Heinrich LXII. und sein Bruder Heinrich LXVII. (geb. 1789, reg. 1854–1867) trat gemäß Erbfolgeregelung die Regentschaft an.[766] Es wurde bald ersichtlich, dass dieser sich deutlich durch seine »regimenelle Erziehung«[767] im konservativ-legitimistischen Sinne auszeichnete, die ihn auch dazu veranlasst haben soll im Zuge der im Deutschen Bund einsetzenden Reaktionszeit ebenfalls in seinem Fürstentum wieder gewisse Einschränkungen der demokratischen Verfassungselemente einzuführen.[768] Zur Unterstützung berief er als neuen, konservativ gesinnten Staatsminister Heinrich Eduard von Geldern (1806–1866), der 1848 aufgrund seiner Einstellung aus dem Reußenland vertrieben worden war.[769] Er zeichnete sich durch eine streng konservative Herangehensweise in politischen Dingen aus, was er vor allem dadurch deutlich zum Ausdruck brachte, dass er an Gesetzgebungen mitwirkte, die die Rechte des Landtages auf ein Minimum beschränkten. Eine solche stellte die unter seiner Anleitung vorgenommene Revision der Landesverfassung dar, die 1856 als neues Staatsgrundgesetz Gültigkeit erlangte.[770] Nachdem er weiterhin auch relativ willkürlich mit der Verfügung über staatliche Gelder, dem Erlass von Verordnungen, Instruktionen sowie Reskripten umgegangen war, schürte auch dies wieder Unmut in der Bevölkerung gegen ihn und der Landesfürst sah sich 1861 schließlich dazu gezwungen von Geldern endgültig aus dem Staatsdienst zu entlassen.[771] Erst unter seinem

---

766 Vgl. Höchstes Patent, in: GS FRLRJL, Bd. 10, Jg. 1853–1855. Nr. 165. 256f.

767 Brückner: Landeskunde. 385.

768 Vgl. Brückner: Landeskunde. 385.

769 Heinrich Eduard von Geldern, der 1827 bis 1832 zunächst für die Regierung in Greiz tätig war, trat von 1832 bis 1836 als Legationsrat und Mitglied der Landesdirektion in die Dienste Heinrichs LXXII. zu Reuss-Ebersdorf ein. Im Anschluss daran war er von 1836 bis 1841 Regierungsrat beim Thüringischen Zoll- und Steuerverein (Erfurt) und wurde 1841 als Geheimrat und Steuerdirektor von Fürst Heinrich LXII. Reuss jüngerer Linie nach Schleiz berufen. Diese Stelle musste er aufgrund der Revolutionsereignisse von 1848 aufgeben. Die folgenden zwei Jahre verbrachte er in Greiz und bezog ab 1850 ein neu erworbenes Rittergut in Brandenburg, was ihn jedoch nicht daran hinderte auch weiterhin für die reußischen Herrscher politisch aktiv zu sein und diplomatische Dienste zu leisten. Im Jahre 1848 trat er erneut in den reußischen Staatsdienst für die jüngere Linie ein (vgl. Geldern-Crispendorf: Bedeutung. 26f.).

770 Vgl. Gesetz, in: GS FRLRJL, Bd. 11, Jg. 1856–1857, Nr. 194. 107–114.

771 Vgl. Brückner: Landeskunde. 386.

Nachfolger Andreas Paul Adolph v. Harbou (1809–1877),[772] der von 1861 bis zu seinem Tode Staatsminister war, setzte ein Wandel hin zur staatlichen Modernisierung ein, die neben einer Neuorganisation der Verwaltung auch auf die religions- und bildungspolitischen Bereiche im Staat übergriff.

1.1.3 Zur Regentschaft Heinrichs XIV. von Reuss jüngerer Linie von 1867 bis 1908

Das Fürstentum Reuß jüngerer Linie war, wie die anderen deutschen Staaten auch, 1866 in den Deutsch-deutschen Krieg involviert. Bereits als am 14. Juni 1866 auf der Bundestagssitzung die Frage nach der Mobilmachung des Bundesheeres gegen Preußen zu klären war, fielen die Entscheidungen der thüringischen Staaten diesbezüglich sehr verschieden aus und Reuß jüngerer Linie war lange darum bemüht den drohenden Konflikt durch die Beratung in einem Ausschuss zu lösen.[773] Erst nach der Schlacht und dem Sieg Preußens bei Königgrätz am 3. Juli 1866 schloss sich auch Reuß jüngerer Linie dem Bündnisangebot Preußens an.[774] Damit zog es gegen Österreich und Reuß älterer Linie in den Krieg.[775] Als es nach Kriegsende schließlich zu den kritischen Beitrittsverhandlungen zum Norddeutschen Bund zwischen Fürst Otto von Bismarck und der widerständigen Fürstin Caroline zu Reuss-Greiz kam, war es das Verdienst der Fürsten der jüngeren Linie, dass der kleinste deutsche Staat nicht der Mediatisierung durch Preußen zum Opfer fiel.[776]

---

772 Andreas Paul Adolph v. Harbou war vor seinem Amtsantritt in Gera von 1854–1861 Staatsminister und damit Regierungschef in Sachsen-Meiningen (vgl. Bergmann: Handbuch. 369).

773 Vgl. Jonscher/Schilling: Geschichte. 182f.

774 Vgl. Herntrich: Thüringen. Anm. 810.

775 Vgl. Trebge: Spuren. 28f.

776 Vgl. Trebge: Spuren. 29. Es war der Fürsprache der Fürsten Reuß jüngerer Linie in Preußen zu verdanken, dass die ältere Linie ihre souveränen Staatsrechte behalten durfte. Eine Rolle spielten neben der Tatsache, dass die Herrscher aus dem Hause Köstritz als angesehene preußische Offiziere dienten und Prinz Heinrich VII. von Reuss jüngerer Linie Generaladjutant des preußischen Königs sowie Freund Bismarcks war (vgl. Seela: Landtage. 27, Anm. 81; Friedel/Stone (Hrsg.): Heinrich VII), vor allem auch die Tatsache, dass Heinrich XIV. politisch geschickt zwischen reußischer und preußischer Seite vermittelnd auftrat (vgl. Zeuner (Hrsg.): Heimat. 119). Der Erbprinz Heinrich XIV. hatte sich sofort, nachdem er durch Fürst Heinrich VII. zu Reuss-Köstritz über die Mediatisierungspläne Preußens, die die Einverleibung der älteren durch die jüngere Linie vorsahen, informiert worden war, zu seinem Vater

Im Jahre 1867 trat Heinrich XIV. von Reuss jüngerer Linie (geb. 1832, reg. 1867–1908) die Regierungsnachfolge an.[777] Er hatte jedoch bereits vorher Anteil an den Staatsgeschäften seines Vaters gehabt und führte in den Folgejahren weitere Veränderungen zugunsten der fortschrittlichen Entwicklung seines Fürstentums ein.[778]

Heinrich XIV. war nicht nur – ebenso wie sein Vater – ein Verfechter des Fürstenrechts und Monarchismus, sondern auch stark durch den preußischen Militärdienst geprägt. Darüber hinaus pflegte er seit seiner Universitätszeit in Bonn (1850–1852) eine Freundschaft zu Prinz Wilhelm von Preussen (1797–1888), welcher ab 1861 König von Preußen und ab 1871 als Wilhelm I. Kaiser des deutschen Reiches war.[779] Bereits vor dem Beitritt zum Norddeutschen Bund hatte sich Heinrich XIV. in einer Denkschrift über die Reform des reußischen Militärs für eine gemeinsame Militärkonvention mit Preußen ausgesprochen, »da Oesterreich zu fern liege und zu wenig deutsch sei«.[780] Entsprechend dieser Haltung trat er mit seinem Fürstentum 1867 freiwillig dem Norddeutschen Bund und im Jahre 1871 dem Deutschen Reich bei. Dies änderte jedoch nichts an seiner Innenpolitik, deren Richtung er in einer von ihm verfassten Denkschrift im Jahre 1861 deutlich machte. Darin analysierte er nicht nur die politischen Verhältnisse jener Zeit, sondern identifizierte auch klar die Umstände, die ihn zu seinem politischen Handeln veranlassten:

Fürst Heinrich LXVII. von Reuss jüngerer Linie begeben, ihn darüber unterrichtet und war anschließend in dessen Auftrag nach Greiz gereist, um Fürstin Caroline über das Vorhaben Preußens aufzuklären. Erst daraufhin gelang es, die Fürstin in ihrer Haltung umzustimmen um so Reuß älterer Linie als eigenständigen Staat zu erhalten. Dennoch waren noch einige Verhandlungen zwischen Fürstin Caroline zu Reuss-Greiz und Reichskanzler von Bismarck nötig, die ohne die Unterstützung Heinrichs VII. wohl nicht zu solch positiven Ergebnissen für Reuß älterer Linie gelangt wären (vgl. Hänsel: Tage. 9–18). Bezüglich der Verhandlungen zwischen den Regierungen Reuß älterer Linie und Preußens um die Fortexistenz des Fürstentums, sind die Aufzeichnungen Friedrich Schneiders lesenswert, der als damaliger reußischer Regierungspräsident einen detaillierten Einblick in die Verhandlungen gewährt (vgl. Schneider (Hrsg.): Tagen. 34–60).

777 Vgl. Höchstes Patent, in: GS FRLRJL, Bd. 15, Jg. 1866–1868. Nr. 273. 109; Versicherungs-Urkunde, in: GS FRLRJL, Bd. 15, Jg. 1866–1868. Nr. 273. 110.

778 Vgl. Schmidt: Geschichte. 139f.

779 Vgl. Zeuner (Hrsg.): Heimat. 116.

780 Zeuner (Hrsg.): Heimat. 118.

»›Die ganze Richtung der Zeit ist liberal, in Deutschland regt sich der Drang nach Einheit, wie er kaum je dagewesen. Beide Strömungen sind den kleinen Staaten ungünstig. Dazu kommt die Unsicherheit der großen Europäischen Verhältnisse, aus denen leicht ein großer Krieg, eine Erschütterung des ganzen Staatensystems hervorgehen kann, welche möglicherweise einen Teil der kleinen Staaten verschlingt. Wenn wir uns also die Gefahren nicht verhehlen können, welche der Existenz der kleinen Staaten drohen, so müssen wir uns fragen, was uns noch für Mittel übrig sind, dieselben zu beschwören. Nach reiflicher Überlegung bin ich zu der Überzeugung gekommen, daß es nur zwei Mittel gibt, nämlich von Außen fester Anschluß an Preußen als den einzigen deutschen Staat, der mächtig genug ist, einen sicheren Halt zu geben. Nach Innen aber möglichste Zufriedenstellung der Bevölkerung durch Gewährung alles dessen, was unabweisbare Forderungen der Zeit sind; denn worauf will sich die Regierung eines kleinen Staates, der immer schwach ist, schließlich stützen? Das Militär ist nicht ausreichend und in zu engem Zusammenhang mit den Einwohnern. Auf die Beamten? Jede bewegte Zeit hat gezeigt, daß auf die Beamten in Augenblicken von Gefahr kein unbedingter Verlaß ist. Die sicherste Stütze einer Regierung bleibt immer die Liebe und das Vertrauen der Untertanen. Ist diese fest begründet, dann können Wühler und Demagogen keinen wesentlichen Schaden thun.‹«[781]

Wie sich an diesen Ausführungen Heinrichs XIV. zeigt, war ihm deutlich bewusst, dass die einzige Möglichkeit zum Fortbestehen des Fürstentums in einem Anschluss an die Modernisierung nach preußischem Vorbild bestand. Doch nicht nur das Wohlwollen und die soziale Absicherung seiner Untertanen waren für ihn wichtig, sondern auch die effizientere Gestaltung seines Verwaltungsapparats, wozu er in seiner Denkschrift von 1867 ausführt:

»Es werden mancherlei Ersparnisse in den Kleinstaaten eingeführt werden müssen. Man fange mit der Reduktion der Beamten an und glaube ja nicht, daß man sich dadurch einer Stütze beraube. Wir haben eben überall zu viele Beamte. Das Schreibwerk muß und kann reduziert werden. Dagegen eine straffere Zucht, mehr Kontrolle über die Beamten tut in Kleinstaaten sehr not. Die Mittel, um die Bureaukratie zu vermindern, ist die Rückkehr zur alten deutschen Selbstverwaltung, zum Selfgouvernment, dieser eminent konservativen Regierungsform. Man lasse die Gemeinden und die Bezirke ihre Angelegenheit möglichst selbst

---

781 Zitiert nach: Schmidt: Fürst. 27f. Berthold Schmidt fasste noch im Auftrag Heinrichs XIV. dessen Lebensbild ab und verweist in seinem »Vorwort« darauf, dass er es mit Hilfe handschriftlicher Aufzeichnungen des Fürsten, einschlägiger Akten, Briefe sowie persönlicher Erinnerungen an seinen »teueren unvergesslichen Herrn« niedergeschrieben habe.

> besorgen, ohne die ohnehin so oft überflüssige Einmischung von Behörden, natürlich unter Wahrung des Grundsatzes, daß, wer viel leistet, auch viel mitzusprechen habe, und man wird nicht nur sparen können, man wird sich auch an den so gebildeten Körperschaften feste Stützen schaffen.«[782]

Unter seiner Regierung kam es angesichts der Maßgaben der Verschlankung des Verwaltungsapparats und Steigerung der sozialen Wohlfahrt zu zahlreichen politisch weitsichtigen Reformen im Bereich der eigentlichen Landesgesetzgebung, der Justizorganisation, der Ausführungsbestimmungen zu den Reichsgesetzen, der Sozialgesetzgebung, des Post-, des Presse- und des Steuerwesens, der Aufsicht über die Sparkassen, der Gemeindeordnung, der Versicherungsanstalten, der Land- und Forstwirtschaft, des Jagd- und Fischereirechts sowie der Beamtenbesoldung und -pensionierung. Da Heinrich XIV. versuchte sein Land gänzlich den Anforderungen der Zeit anzupassen, hatte er auch Reformpläne für die Bereiche des Erziehungs- und Schul- sowie Kirchenwesens vorgesehen, die ab dem letzten Drittel des 19. Jahrhunderts umgesetzt wurden.[783] Des Weiteren veranlasste er die Ausführung des Bürgerlichen Gesetzbuches und aller dazugehörigen Nebengesetze[784] und sorgte auch für einen gesteigerten Ausbau des Straßen- und Eisenbahnnetzes in seinem Fürstentum, um damit die wirtschaftlichen Verhältnisse zu verbessern. Dies, die seit den 1850er Jahren stattfindende Industrialisierung[785]

---

782 Zitiert nach: Schmidt: Fürst. 54f.

783 Vgl. Schmidt: Heinrich XIV. 61–82.

784 Vgl. Gesetz, in: GS FRjL, Bd. 23, Jg. 1899. Nr. 580. 1–45; Landesherrliche Verordnung, in: GS FRjL, Bd. 23, Jg. 1899. Nr. 585. 245–261; Gesetz, in: GS FRjL, Bd. 28, Jg. 1912. Nr. 808. 81–84; Landesherrliche Nachtragsverordnung, in: GS FRjL, Bd. 30, Jg. 1916–1919. Nr. 866. 35f.

785 Die Industrialisierung in Gera setzte im zweiten Drittel des 19. Jahrhunderts ein und wurde hauptsächlich durch die Entwicklungen in der Textilindustrie vorangetrieben: »Mitte des 19. Jahrhunderts gab es in Gera bereits mehr als 40 Dampfmaschinen und Dampfkesselanlagen zum Antrieb der verschiedensten Maschinen. Doch die für Gera so bedeutsamen Kammwollstoffe wurden nach wie vor von den Webern in althergebrachter Weise zu Hause auf ihren eigenen Handwebstühlen gewebt. [...] Der für den Industrialisierungsprozess entscheidende Wachstumsschub kam dann auch folgerichtig mit der Einführung der mechanischen Webstühle. [...]. Bereits 1867 hatten sich in Gera zwölf große und mittlere sowie zahlreiche kleinere mechanische Webereien mit insgesamt 654 Webstühlen etabliert. Während der Wirtschaftskonjunktur in den 1870er Jahren erreichten die Geraer Webereien eine Erhöhung des Exports um ein Vielfaches, und endlich gelang ihnen auch die Eroberung des deutschen Marktes. Zu den Hauptabsatzgebieten gehörten aber nach wie vor neben zahlreichen europäischen Ländern die USA und vor allem der Orient. Im Jahr 1884 hatte sich in Gera die fabrikmäßige Produktion in der Kammwollweberei endgültig durchgesetzt;

und die Wirtschaftspolitik Heinrichs XIV. führten dazu, dass sich die Stadt Gera unter seiner Regentschaft endgültig zu einer Großstadt entwickelte und sich nicht nur ihre Infrastruktur, sondern »vor allem die sozialen Strukturen nachhaltig«[786] wandelten:

> »Die überwiegend sozialdemokratisch orientierte Arbeiterbevölkerung vervielfachte sich. Die politische Situation blieb jedoch in den 1860er bis 1880er Jahre nrelativ gemäßigt, nicht zuletzt infolge der liberal geprägten Regierung Heinrich XIV. und seiner Staatsminister.«[787]

1.1.4 Zur Regentschaft Heinrichs XXVII. von Reuss jüngerer Linie von 1908 bis 1918

Im November 1892 machte Heinrich XIV. seinen Sohn Erbprinz Heinrich XXVII. von Reuss jüngerer Linie (1858–1928; reg. 1908–1918 beide reussischen Linien) aus politischen wie auch gesundheitlichen Gründen zu seinem Vertreter bei der Landesregierung.[788] Wie sein Vater so führte auch er eine im liberalen Sinne und auf die gegenwärtigen zeitlichen Anforderungen hin ausgerichtete Politik.[789] Dabei soll er sich als vorbildlicher konstitutioneller Monarch gezeigt haben:

> »Er, der alle Rechte der Staatsgewalt in sich vereinigte, nur in den durch die Verfassung bestimmten Fällen an die Mitwirkung der Landesvertretung gebunden war (§ 5, 6 des Verfassungsnachtragsgesetzes vom 20. Juni 1856), war ein durchaus loyaler Fürst, der sich streng innerhalb seiner gesetzlichen Grenzen hielt und nie die Rechte des Landtags zu beeinträchtigen suchte. [...]. Auf der

---

in 26 Firmen waren 6 028 Maschinenwebstühle in Betrieb. Weitere elf Jahre später gab es bereits 63 Kammwollfabriken mit über 10 000 mechanischen Webstühlen der Handwebstuhl hatte ausgedient. Als Folge des Konzentrationsprozesses reduzierte sich später die Anzahl der Firmen, 1913 bestanden in Gera noch etwa 30 Kammwollwebereien« (Stadtmuseum Gera (Hrsg.): Geschichte. 86). Daneben entstanden auch Fabriken für Porzellan, Maschinen, Werkzeuge, Automobile sowie Musikinstrumente, die ebenfalls zum industriellen Ausbau Geras beitrugen (vgl. Stadtmuseum Gera (Hrsg.): Geschichte. 84–97).

786 Stadtmuseum Gera (Hrsg.): Geschichte. 76.

787 Stadtmuseum Gera (Hrsg.): Geschichte. 76.

788 Vgl. Schmidt: Geschichte. 140; vgl. Gesetz, in: GS FRjL, Bd. 21, Jg. 1891–1895. Nr. 503. 183f.; Versicherungsurkunde, in: GS FRjL, Bd. 29, Jg. 1913–1915. Nr. 819. 68–70.

789 Vgl. Kaufmann: Heinrich XXVII. 123.

> anderen Seite erwartete er aber auch, daß seine landesherrlichen Rechte und die der Regierung respektiert wurden und rügte es, wenn in dieser oder einer anderen Beziehung die Regierungsvorlagen von Mitgliedern des Ministeriums nicht mit der nötigen Bestimmtheit vertreten wurden.«[790]

Er pflegte überhaupt ein gutes Verhältnis zu seinen Beamten, sorgte für eine ausreichende Besoldung, für die Einführung von Alterszulagen, die Verbesserung der Dienstreisekostenzuschüsse sowie der Witwen- und Waisengelder. Weiterhin waren die Beamten in Krankheitsfällen finanziell durch den Staat abgesichert und erhielten nach Beendigung ihrer Dienstzeit ein Ruhegeld. Auch in sämtlichen anderen Bereichen des staatlichen Lebens, wie etwa dem Staatshaushalt und damit verbunden den Steuern, dem Ausbau des Verkehrswesens, der Förderung von Industrie, Handel und Gewerbe, dem Sektor der Land- und Forstwirtschaft, dem Gesundheitswesen, der Justiz sowie dem Schul- und Kirchenwesen, schenkte er Beachtung. Er war bei seinen Entscheidungen stets darum bemüht diese Bereiche zugunsten der Wohlfahrt seiner Bevölkerung und des gesamten Staates zu fördern.[791] Als 1902 der letzte regierungsfähige Fürst von Reuß älterer Linie starb, wurde HEINRICH XIV. die Regentschaft über Reuß jüngerer und älterer Linie in Personalunion übertragen, woraufhin er die Regierungsgeschäfte für Reuß jüngerer Linie komplett an HEINRICH XXVII. übertrug. 1908 fiel auch die Regentschaft über Reuß älterer Linie an HEINRICH XXVII., der nur zwei Jahre später offiziell die Regierungsgeschäfte für Reuß jüngerer Linie aufgrund des schlechten Gesundheitszustands seines Vaters[792] übernehmen musste. Erst im Jahre 1913 trat er schließlich die Thronfolge und Regentschaft über beide reußische Staaten an.[793]

Am 10. November 1918 bildete sich in Gera ein Arbeiter- und Soldatenrat und forderte die Abdankung des reußischen Monarchen. Fürst HEINRICH XXVII. gab noch an diesem Tag seine Abdankung für Reuß jüngerer Linie bekannt[794] und erklärte am folgenden Tag für den regierungsunfähigen HEINRICH XXIV. den Regierungsverzicht für die ältere Linie.[795]

---

790 KUCKDESCHEL: Heinrich XXVII. 17.

791 Vgl. KUCKDESCHEL: Heinrich XXVII. 19–31.

792 Vgl. MINISTERIAL-BEKANNTMACHUNG, in: GS FRjL, Bd. 27, Jg. 1910–1912. Nr. 748. 3f.

793 Vgl. PATENT, in: GS FRjL, Bd. 29, Jg. 1913–1915. Nr. 819. 67.

794 Vgl. VERZICHT, in: GS FRjL, Bd. 30, Jg. 1916–1919. Nr. 884. 95f.; HÖCHSTER ERLASS, in: GS FRjL, Bd. 30, Jg. 1916–1919. Nr. 884. 95.

795 Vgl. GEHRLEIN: Haus. 22.

1.2 Zur Kirchengeschichte von 1848 bis 1918

1.2.1 Zur Phase der Aufklärung von 1848 bis 1879

Die Landeskirche des Fürstentums, die durch den Zusammenschluss der reußischen Staaten jüngerer Linie keine Veränderungen in ihrer Verwaltungsstruktur erfahren hatte, sodass das Konsistorium bzw. die Generalsuperintendentur in Gera verblieb, stützte sich auch weiterhin traditionsgemäß auf die »Reußisch-Schönburgische Konfessionsschrift« in der Fassung von 1699. Dennoch war die Landeskirche seit der zweiten Hälfte des 18. Jahrhunderts in ihrer theologischen Ausrichtung nicht mehr lutherisch-orthodox geprägt, sondern zeigte Einflüsse des Pietismus sowie der Aufklärung.[796] Dies hatte bereits im 18. Jahrhundert zu einer gewissen Neuinterpretation der herrschaftsrechtlichen Stellung des Staates geführt[797] und auf eine ähnliche Weise auch zu einem neuen Kirchenverständnis, das einen Wandel im Staats-Kirchen-Verhältnis nach sich zog und wie folgt geartet war:

> »Die naturrechtlichen Anschauungen machen aus der Kirche eine Gesellschaft, einen Verein, wie es viele im Staate gibt. Damit ist aber mit dem Moment der Einheit und Einzigkeit im Begriffe des Wortes Kirche gebrochen. Bisher konnte

---

796 Nachdem das Fürstentum im 18. Jahrhundert eine pietistische Phase durchlebt hatte, in der sich Ebersdorf und Köstritz zu Zentren herrnhutischer Frömmigkeit entwickelten, gewann im 19. die Aufklärung stark an Einfluss. So galt der letzte Herrscher der Geraer Linie, Heinrich XXX. zu Reuss-Gera zu Lebzeiten ebenso wie Heinrich XLII. zu Reuss-Schleiz (geb. 1752; reg. 1784–1818) als konservativer und stark von der Aufklärung beeinflusster Landesherr. Und auch Heinrich LI. zu Reuss-Ebersdorf (geb. 1771; reg. 1799–1822) und Heinrich XXXV. zu Reuss-Lobenstein (geb. 1738; reg. 1782–1805) zeigten sich in kirchlichen Dingen ebenso konservativ wie Heinrich LIV. zu Reuss-Lobenstein (geb. 1767; reg. 1805–1824), der zwar noch eine Erziehung in Herrnhut genossen hatte, jedoch keinen Einfluss des Pietismus in seiner Regentschaft spüren ließ (vgl. Herrmann: Kirchengeschichte. 321f.).

797 Rudolf Zeissner erläutert aus juristischer Sicht zu diesem neuen Staatsverständnis: »Der *Staat* wird jetzt nicht mehr wie bisher als eine Ordnung Gottes hingenommen, die keiner weiteren Erklärung bedürftig ist, sondern man bringt ihn unter den allgemeinen Begriff der Verbandseinheit, der Korporation, die dadurch entstanden ist, daß viele Menschen sich vereinigt haben, um mit Willen und Überlegung für ihr Zusammenleben eine feste Ordnung zu schaffen, die ihnen die Sicherheit ihres Lebens und den Schutz ihres Eigentums verbürgt. Von diesem Gesellschaftsvertrag kann und soll die Obrigkeit auch nur ihre Macht ableiten, nicht mehr von ›göttlicher Verleyhung‹, wie Heinrich Posthumus sich ausdrückte. Nur soviel ihr von den Untertanten an Macht eingeräumt ist, darf sie ausüben« (Zeissner: Staat. 57).

man sich im Staate nur *eine* Kirche vorstellen, eine zweite glaubte man nicht dulden zu dürfen, auch keine Sekten, wie die Anordnung der Visitatoren für den Rat der Stadt Gera 1533 beweist. Es durfte nur *ein* Glaube im Lande herrschen, woraus sich naturgemäß z.B. ergab daß Ehen zwischen Personen verschiedener Konfession nicht geschlossen werden durften. Nach dem neuen Kirchenbegriff ist aber nun eine Mehrheit von Kirchen in einem Lande wohl möglich. Die Folge davon ist, daß der Staat auch gegen nicht der Landeskirche Angehörige Toleranz, Duldung üben muß.
Diese neuen Weltanschauungen nun treten in Reuß j.L. erst sehr spät in Erscheinung. Es bleibt zunächst alles beim Alten, und erst in der 2. Hälfte des 18. und Anfang des 19. Jahrhunderts finden sich einzelne Ereignisse, die darauf schließen lassen, daß auch in diesem Territorium die naturrechtlichen Anschauungen allmählich Eingang und praktische Verwertung gefunden haben.«[798]

Doch trotz größerer religiöser Toleranz und stärkerer Abgrenzung staatlicher und kirchlicher Aufgaben stellte die evangelische Kirche in Reuß jüngerer Linie als Landeskirche auch weiterhin einen Teil der beiden landesherrlichen Regimenter dar. Die herausragende Bedeutung der Reußischen Konfessionsschrift ging dabei nicht verloren, sondern war im Fürstentum Reuß jüngere Linie vor allem dadurch spürbar, dass die Theologen bis 1884 auf sie vereidigt wurden.[799] Und auch das Recht auf Staatsbürgerschaft blieb bis 1849 und wieder ab 1856 an das Bekenntnis gebunden[800]. Zudem gab es eine öffentliche Kirchenzucht sowie die Verpflichtung zur Teilnahme an kirchlichen Festlichkeiten und Feiertagen. Darüber hinaus blieb es für andere Religionsgemeinschaften auch weiterhin schwierig, sich zu etablieren, und wenn es ihnen dennoch gelang, blieben sie gegenüber der Staatsreligion rechtlich benachteiligt.[801]

---

798 Zeissner: Staat. 57f.

799 Vgl. Klein: Streifzüge. 60.

800 Vgl. Staatsgrundgesetz, in: GS FRLRJL, Bd. 8, Jg. 1849–1852, Nr. 102. 56, §. 16; Gesetz, in: GS FRLRJL, Bd. 11, Jg. 1856–1857, Nr. 101. 109, §. 19; Gesetz, in: GS FRLRJL, Bd. 11, Jg. 1856–1857. Nr. 190. 73, §. 3.d.

801 Die religiösen Vereine und Gemeinschaften konnten sich zunächst rechtlich nicht als selbständige Körperschaften anerkennen lassen. Doch hinsichtlich ihrer Legalität konnten sie sich auf die §§. 14 bis 17 des Staatsgrundgesetzes von 1849, den §. 16 des Revidirten Staatsgrundgesetzes von 1852, die §§. 19 und 20 des Revidirten Staatsgrundgesetzes von 1856 und auch die §§. 19 und 20 des Gesetzes von 1867 zur Änderung der Bestimmungen von 1856 stützen. Darin werden die Gewissens- und Religionsfreiheit sowie die freie Ausübung der Religion garantiert (vgl. Staatsgrundgesetz, in: GS FRLRJL, Bd. 8, Jg. 1849–1852, Nr. 102. 56; Revidiertes Staatsgrundgesetz, in: GS FRLRJL, Bd. 8, Jg. 1849–1852, Nr. 120. 395; Gesetz, in:

Fürst Heinrich LXII. zu Reuss-Schleiz bzw. von Reuss jüngerer Linie und sein Bruder und Thronerbe Heinrich LXVII. zeigten sich politisch wie auch religiös beeinflusst durch ihre Erziehung und verhaftet in der aufklärerisch-rationalen Religiosität ihres Vaters.[802] Dadurch war auch die Landeskirche des Fürstentums ab 1848 stark durch die Theologie der Aufklärung – die Neologie – geprägt,[803] was sich an der Besetzung der Superintenden-

---

GS FRLRJL, Bd. 11, Jg. 1856–1857, Nr. 101. 109; Gesetz, in: GS FRLRJL, Bd. 15, Jg. 1865–1869, Nr. 274. 115). Darüber hinaus galt bereits ab 1852 das Vereins- und Versammlungsrecht, das implizit auch die Gründung und das Wirken von religiösen Vereinen erlaubte (vgl. Gesetz, in: GS FRLRJL, Bd. 9, Jg. 1852 und 1853. Nr. 126. 64–73). Entsprechend waren in Reuß jüngerer Linie mehr religiöse Gemeinschaften als in Reuß älterer Linie zu finden, die rechtlich gegenüber der Landeskirche zwar benachteiligt blieben, aber ihre Mitglieder erhielten durch den Erlass des Dissidentengesetzes im Jahre 1872 die Möglichkeit aus der Landeskirche auszutreten und sich der von ihnen bevorzugten Religionsgemeinschaft – in Abgrenzung zur Landesreligion meist als ›Sekten‹ bezeichnet (vgl. Zeuner (Hrsg.): Heimat. 145–148; Hess: Geschichte Thüringens. 294)– anzuschließen (vgl. Gesetz, in: GS FRjL, Bd. 17, Jg. 1872–1874. Nr. 356. 133–136).

802 Vgl. Auerbach, Heinrich Berthold: Kirche. 7f.

803 Vgl. Herrmann, Rudolf: Kirchengeschichte. 341f. Aufklärerische Theologen waren maßgeblich bei der Erstellung des »Geraer Gesangbuches« von 1822 beteiligt, das auf landesherrlichen Befehl für die Herrschaft Gera herausgegeben worden war (vgl. Kirchen-Galerie. Das Fürstenthum Reuss-Gera. 24). Es wurde 1866 durch ein für das gesamte Fürstentum jüngerer Linie gültiges einheitliches Gesangbuch abgelöst, das die Reußische Landeskirche mit einem Umfang von 688 Liedern veröffentlichen ließ (vgl. Brückner: Landeskunde. 290). Rudolf Herrmann hält diesbezüglich fest: »Diese Aufklärungs-Gesangbücher hielten sich merkwürdig lange, und es gibt mancherlei Anzeichen dafür, daß die Gemeinden an ihnen hingen. Sie enthielten nur verhältnismäßig wenige Lieder aus der Zeit von der Reformation bis zur Mitte des 18. Jahrh., um so mehr aus der dann folgenden Aufklärungszeit, die teils einen allzu nüchtern-verstandesmäßigen, teils einen rührsam-pathetischen Ton anschlugen. Das entsprach dem volkstümlichen Empfinden nicht nur damals, sondern auch weithin bis zur Gegenwart. Aber dem durch die Höhen der deutschen Dichtung geläuterten Geschmack wurde vieles von dieser Art immer unerträglicher. So begann um die Mitte des Jahrhunderts eine rückläufige Bewegung. Die Führung hatten dabei die konfessionellen Lutheraner, aber ihre Forderungen wurden später auf allen Seiten anerkannt. Auch dabei ging es nicht ohne Übertreibung ab; man war teilweise geneigt, allem neueren Liedergut, auch dem poetisch und kirchlich wertvollen, die Aufnahme in die Gesangbücher zu verweigern, und lieber nüchterne gereimte Dogmatik des 16. und 17. Jahrh. aufzunehmen. In der Übergangszeit verfuhr man so, daß man den Aufklärungsliedern solche aus der älteren Zeit hinzufügte. So geschah es z.B. in Meiningen 1844, in Gera 1850, in Rudolstadt 1856, in Geiz 1860. [...] 1865 erschien ein ebenfalls ganz neues Gesangbuch für Reuß j.L., bei dem u.a. Julius Sturm Pate gestanden hatte, das aber nur im Oberland in Gebrauch kam; im Unterland scheiterte das an gewissen Widerständen. [...] Als letztes trat 1911 ein für die beiden Reuß

tenstelle zeigte. Die Superintendenten wurden vom Landesherrn persönlich für ihr Amt ausgesucht, wobei das wichtigste Kriterium war, dass sie dessen religiöse Einstellung teilten und in der Folge in ihrer kirchlichen Tätigkeit unterstützten.[804] Entsprechend dieser Vorgaben berief der Landesherr Jonathan Heinrich Traugott Behr (1786–1856; Sup. 1827–1855) in das Amt des Superintendenten. Dieser hatte seit 1810 am Geraer Gymnasium gelehrt, zeichnete sich theologisch als »gemäßigter Rationalist«[805] aus und setzte sich während seiner Amtszeit für schulische und kirchliche Reformen ein. So war er beispielsweise maßgeblich an der Entstehung der Geraer »Landschulenordnung« von 1837 beteiligt.[806] Darüber hinaus hatte er sich im Zuge der Revolution von 1848 darum bemüht, eine Synodalverfassung für Reuß jüngerer Linie durchzusetzen[807] und die Trennung von städtischem Oberpfarramt und

---

bestimmtes Buch zutage, bei dem der Schulrat Berthold Schmidt in Greiz die Hauptarbeit geleistete hatte, und das von den bedeutendsten Fachmännern als besonders gut anerkannt wurde« (Herrmann: Kirchengeschichte. 587f.).

804 Bereits seit Anfang des 19. Jahrhunderts wirkte eine Reihe von Superintendenten im Sinne der Aufklärung auf die Ausrichtung der Landeskirche ein. Für das erste Drittel des 19. Jahrhunderts ist Johann Zacharias Hermann Hahn (geb. 1771; Sup. 1804–1826) zu nennen, der von Johann Gottfried Herder (1744–1803) durchaus geschätzt worden sein soll, und sich für einige bedeutende schulische und kirchliche Reformen verantwortlich zeichnete. Hahn galt als fortschrittlich eingestellter Theologe, unter dem der Vernunftglaube in einem gemäßigten aufklärerischen Sinne den Pietismus weiter verdrängte (vgl. Herrmann, Rudolf: Kirchengeschichte. 341). Sein Wirken war vor allem hinsichtlich der Verbesserung des Volksschulwesens, der Lehrer- und auch Pfarrerbildung bedeutend, denn er gründete 1811 das pädagogische Institut in Gera, richtete eine pädagogische Bibliothek ein und etablierte monatliche Konferenzen. Diese Konferenzen waren Vorläufer der modernen Synoden und standen in der Tradition der seit der burggräflichen Kirchenordnung von 1552 immer wieder stattfindenden Predigersynoden. Während Hahns Amtstätigkeit etablierten sich beständige Synoden die ab 1817 in Gera und ab 1832 dann auch in Lobenstein regelmäßig stattfanden (vgl. Brückner: Landeskunde. 293). Darüber hinaus initiierte Hahn auch monatliche Lesezirkel, an denen Lehrer wie auch Theologen teilnahmen, setzte sich für die Neuorganisation von Bereichen des Geraer Volksschulwesens ein und etablierte Schulkirchen zum katechetischen Unterricht der Kinder aller Schulen durch junge Theologen bzw. Theologiekandidaten (vgl. Auerbach: Kirche. 20f.).

805 Herrmann: Kirchengeschichte. 425.

806 Vgl. Auerbach: Kirche. 22.

807 Mit dem Wunsch nach der Einrichtung einer Synodalverfassung bewegte sich Behr ganz im Sinne liberaler Kirchenpolitik. Deren Vertreter hatten während der Revolutionszeit von 1848/49 die stärkere Trennung von Kirche, Schule und Staat gefordert, und einen vom staatlichen getrennten, eigenen kirchlichen Verwaltungsapparat als ersten Schritt dahin gesehen. Diesem Wunsch entsprechend war in Gera 1848 eine Konferenz von Superintendenten und Pfarrern zusammengetreten, die

Superintendentur zu bewirken, wovon aber nur Letzteres gelang.[808] Dennoch wurde die Idee einer Synodalverfassung der Landeskirche nicht gänzlich verworfen, sondern im Zuge der Revision des »Revidirten Staatsgrundgesetzes« (1852) im Jahre 1856 nochmals aufgegriffen als es auch um Fragen nach kirchlichen Reformen ging, konnte sich jedoch immer noch nicht durchsetzen. Dass das Bestreben nach mehr Autonomie auf Orts- und Bezirksebene der Landeskirche durch das Zugeständnis größerer Selbstverwaltungsrechte an entsprechende schulische und kirchliche Behörden trotzdem weiterhin ein Thema war, zeigt der Abschied für den Landtag von 1862 deutlich:

> »Im Kirchen- und Schulwesen ist Unser Wunsch auf Belebung der communalen Selbstthätigkeit, die überhaupt, und zwar nicht bloß in Orts-, sondern auch in Bezirks-Angelegenheiten, dem Wirken der Staatsverwaltung zur Seite stehen, zum Theil lebhaft und opferwillig vorangehen muß, gerichtet. Ein anerkennenswerthes und ehrenvolles Beispiel hat in dieser Beziehung die Stadt Gera in der Neugestaltung ihres Schulwesens gegeben.«[809]

Nachdem 1857 bereits eine Gemeindeordnung zur Verbesserung der Verwaltungsstruktur und größeren Verselbständigung der Gemeinden erlassen worden war, folgten im Jahre 1862 die Trennung von Verwaltung und Justiz[810] und 1863 schließlich die Aufhebung des Konsistoriums und die Integration der Kirchen- und Schulsachen als eigene Abteilung in das Staatsministerium.[811]

Entwürfe für eine neue Kirchenverfassung ausarbeitete (vgl. Herrmann: Kirchengeschichte. 538.).

808 Vgl. Herrmann: Kirchengeschichte. 425f.

809 Landtagsabschied, in: GS FRLRJL, Bd.14, Jg. 1863–1865. Nr. 252. 296.

810 Vgl. Querfeld: Trennung; Landesherrliche Verordnung, in: GS FRLRJL, Bd. 13, Jg. 1862–1863. Nr. 227. 29; Gesetz, in: GS FRLRJL, Bd. 13, Jg. 1862–1863. Nr. 234. 335f.

811 Vgl. Gesetz, in: GS FRLRJL, Bd. 13, Jg. 1861–1863, Nr. 236. 505; Landesherrliche Verordnung, in: GS FRLRJL, Bd. 14, Jg. 1863–1865. Nr. 237. 1. Angesichts der Tatsache, dass der Landesherr eine Synodalverfassung ablehnte und die Kirchen- und Schulsachen 1863 stärker in den Staatsapparat integrierte, sind die erläuternden Ausführungen Rudolf Herrmanns lesenswert: »In Reuß j.L. wurde bereits bei einer Änderung der Verfassung von 1856 in Aussicht genommen, daß wichtige Neuerungen auf dem Gebiete des gottesdienstlichen Lebens nur nach vorheriger Beratung durch eine Synode erfolgen sollten. Doch ist fraglich, ob hier nicht noch der alte Sprachgebrauch (Synode = Versammlung von Theologen) zugrunde liegt. In dieser Richtung gingen jedenfalls die Gedanken, die der gewissenhafte Heinrich 14. in zwei

1.2.2 Die Hinwendung zum Neuluthertum ab 1879

Obwohl Heinrich XIV. erst 1867 den Thron in Reuß jüngerer Linie bestieg, nahm er schon weitaus früher Einfluss auf die Politik seines Vaters und es gelang ihm seine politisch liberalen Ansichten durchzusetzen. Er forcierte nicht nur eine enge Verbindung zu Preußen und eine Orientierung an der als fortschrittlich von ihm wahrgenommenen preußischen Politik, sondern auch die Modernisierung seines Fürstentums in Verwaltung und Wirtschaft.[812] Obwohl er ebenso wie sein Vater am monarchischen Prinzip und Fürstenrecht unter den Bedingungen des modernen Konstitutionalismus festhielt, unterschied er sich religiös deutlich von Heinrich LXVII. Er drängte beispielsweise auf ein größeres Zugeständnis an Eigenverantwortlichkeit für seine Landeskirche hinsichtlich ihrer inneren Verwaltungsangelegenheiten.[813] Daneben setzte er sich auch für die Förderung des Ausbaus von Schulen

---

Denkschriften (1863 und 1866) äußerte: durch die Aufhebung des Konsistoriums sei eine Lücke in der Kirchenverfassung entstanden: in innerkirchlichen Dingen müsse der Landesherr Theologen zu Rate ziehen; er hielt deshalb die Errichtung eines Kirchenrates nach weimarischem Muster für nötig, wünschte außerdem eine Vertretung der Kirchgemeinden, hielt aber 1863 eine Synodalverfassung für verfrüht, während er ihr 1866 mehr geneigt schien. Die zweite Denkschrift hing wohl mit einem Beschluß des Landtags vom gleichen Jahre zusammen, der, veranlaßt durch eine Eingabe des Geraer Stadtrats, den Erlaß einer Presbyterial- und Synodalordnung gewünscht hatte« (Herrmann: Kirchengeschichte. 548).

812 Vgl. Schmidt: Heinrich XIV. 22–82.

813 »Schon als Erbprinz machte sich *Heinrich XIV.* Gedanken über die mangelnde Kirchenverfassung, worüber eine von ihm verfasste Denkschrift vorliegt. Er unterschiedet zwischen *Pflege* der Kirche, die dem Ministerium zustehe, und *Regierung* der Kirche, wozu er die Lehre und alles Geistliche, auch die Aufsicht über den Wandel der Pfarrer rechnet. Ueber die Dinge sollten die Superintendenten befinden. Er hatte dabei, historisch angesehen, die Konsistorial-Ordnung des Heinrich Posthumus von 1635 für sich. Diese hat ein besonderes Kapitel, wofür nicht das Konsistorium, sondern die Pfarrerschaft allein zuständig sei: Wort- und Sakramentsverwaltung, Bann und Absolution, Pfarrer zu examinieren und ordinieren, Wandel der Pfarrer –, aber wenn der fürstliche Gutachter damals eine Synodal- und Presbyterialordnung für unnötig erachtete, so übersah er, daß alle alten Kirchenordnungen schon dem Pfarrer Aelteste beigaben und daß die Wandlung der absolutistisch-patriarchalischen Monarchie in eine konstitutionelle dem Notbischof ein Parlament beigesellte, das in seiner Mehrheit nicht evangelisch zu sein brauchte. Er hat ja später auch die Vorschläge von Dr. *Vollert* auf Einrichtung eines Kirchenrats neben dem Ministerium und einer Synode durchaus gebilligt; leider war beiden Plänen Erfolg nicht beschieden« (Auerbach: Kirche. 10).

und Kirchen ein, was er nicht selten selbst finanziell unterstützte,[814] führte 1867 die Religions- und Gewissensfreiheit unter Abänderung der Verfassung ein[815] und veranlasste eine Kirchenreform, die zur Einführung einer neuen Kirchenagende im Jahre 1891 führte, die nicht nur die seit knapp 125 Jahren geltende ablöste, sondern auch in Anlehnung an die neue sächsische Agende von 1880 verfasst worden war.[816]

Um die Durchsetzung seiner Kirchenpolitik stärker unterstützt zu wissen, entließ HEINRICH XIV. 1879 den amtierenden Superintendenten KARL ERNST WITTIG (GEB. 1802; SUP. 1855–1879),[817] der ihm auf zu radikale Weise

---

814 Vgl. SCHMIDT: Heinrich XIV. 69–71.

815 Vgl. GESETZ, in: GS FRLRJL, Bd. 15, Jg. 1866–1868. Nr. 274. 115.

816 Vgl. HERRMANN: Kirchengeschichte. 586.

817 Aufgrund der Unvereinbarkeit seiner religiösen Einstellung mit der HEINRICHS XIV. und dessen Ehefrau wurde BEHRS Nachfolger relativ rasch entlassen. Er war als Anhänger der Jenaer Schule ein Vertreter der rationalistischen Theologie. In den 1830er Jahren kam noch eine weitere Entwicklung hinzu, die als *Jenaer Theologie* bezeichnet werden kann: »Sie war eine Erscheinungsform der freien Theologie – frei von der äußeren Bindung an die kirchliche Überlieferung, der man sich religiös überlegen glaubte, und deren Formulierungen des Evangeliums man als durch die geschichtliche Entwicklung überholt empfand. Damit knüpfte man an die Aufklärungstheologien an, auch damit, daß man die innere Verbindung der christlichen Offenbarung mit der Vernunft aufrecht erhielt. Aber man hütete sich davor, die erstere sich ganz in die letztere auflösen zu lassen. Das war eine Folge der Überhöhung der Aufklärung durch den deutschen Idealismus. [...] Das kam auch zum Ausdruck in der gemeinsamen Wendung gegen den Rationalismus einerseits, gegen die Erwekkungsbewegung [...] und die verschiedenen, sich enger an die überlieferte kirchliche Lehre anschließenden Formen, vor allem aber gegen die unheilvolle Verquickung mancher der letzteren mit der reaktionären Politik der Restauration andererseits.« (HERRMANN: Kirchengeschichte. 428f.). Der *theologische Rationalismus* (vgl. WAGNER: Art. Rationalismus) zeichnete sich durch folgende Eigenschaften aus: »Neben der Neologie hatte eine konservative Haltung gegenüber der überlieferten Form des Christentums nie ganz gefehlt. Ihre Fortsetzung in den Jahrzehnten der Herrschaft des Rationalismus bildete eine Form der Theologie, die die Vernunft wieder mehr in den Hintergrund schob, die übernatürliche Offenbarung als für das Christentum wesentlich herausstellte und die biblischen und reformatorischen Grundgedanken gegenüber dem Rationalismus betonte. Indem sie die Übereinstimmung von Vernunft und Offenbarung hervorhob, erinnert sie an den Wolffianismus; aber sie wollte nicht mehr, wie dieser, das überlieferte Dogma im vollen Umfang, sondern nur die biblische Lehre aufrechterhalten und verteidigen. Geistesgeschichtlich steht sie im Zusammenhang mit der Romantik, jenem vieldeutigen Gegenstoß gegen den Mythus der Vernunft, der seit dem letzten Jahrzehnt des 18. Jahrh. hochkam. Auch in Jena blieb der Supranaturalismus nicht unvertreten, ohne sich jedoch durchsetzen zu können« (HERRMANN: Kirchengeschichte. 329).

den theologischen Rationalismus vertrat und berief Ernst Friedrich Lotze (1827–1909; Sup. 1879–1905) zum Superintendenten. Dieser war bereits seit 1874 als Hofprediger in Gera tätig[818] und zeichnete sich durch eine »lutherisch-konfessionelle Auffassung des Christentums«[819] aus. Unterstützt durch den Landesherrn, der wieder stärker zur Landeskonfession im lutherischen Sinne, aber unter Beibehaltung seiner liberalen Einstellung, zurückkehren wollte, begann Lotze ab 1879 die Landeskirche wieder zur lutherischen Orthodoxie zu führen. Dies gelang aufgrund seines Engagements, und ab den 1880er Jahren setzte sich das konfessionelle Luthertum in Form des Neuluthertums als allein vorherrschende Theologie durch.[820] Damit näherte sich das Fürstentum religiös seinem Bruderstaat Reuß älterer Linie wieder an.

Dadurch, dass sich 1863 das Konsistorium als oberste kirchliche Aufsichtsbehörde aufgelöst und dafür die Abteilung für Kirchen- und Schulsachen im Staatsministerium eingerichtet worden war, arbeitete Lotze eng mit Christian August Anton Vollert (1826–1897) zusammen. Dieser war seit 1877 als Leiter der Justiz- und Kultusabteilung des Geraer Ministeriums tätig und für den Bereich der Kirchen- und Schulsachen zuständig. Vollert war pietistisch geprägt und stand »in engster Fühlung zu den Führern des konfessionellen Luthertums«.[821] Seit seiner Jugend zeigte er sich als Verfechter einer konstitutionellen Monarchie, agierte als Politiker streng konservativ und daher auch engagiert in kirchlichen Angelegenheiten.[822]

---

818 Durch seine Tätigkeit verband sich das Amt des Hofpredigers mit dem des Superintendenten, was bis 1918 bestehen blieb (vgl. Herrmann: Kirchengeschichte. 426).

819 Herrmann: Kirchengeschichte. 426.

820 Vgl. Herrmann: Kirchengeschichte. 426. In diesem Zusammenhang fand auch eine gesetzliche Regulierung des politischen Engagements der Pfarrer im Fürstentum statt: »1884 erließ das Ministerium in Reuß j.L. eine von Anton Vollert verfasste Verordnung, die Pfarrern und Lehrern das Eintreten für eine Partei, die sich gegen Kirche und staatliche Obrigkeit, die Ausnützung der Predigt und anderer Amtshandlungen für politische Äußerungen und die politische Agitation überhaupt verbot und Wahlreden außerhalb der eigenen Gemeinde an die Genehmigung der vorgesetzten Behörde band. Die Verordnung war übrigens nicht durch die politische Betätigung von Pfarrern, sondern durch die einiger, der damaligen Deutschen Fortschrittspartei angehörender Lehrer veranlaßt« (Herrmann: Kirchengeschichte. 573).

821 Herrmann: Kirchengeschichte. 485. Anton Vollert war Mitbegründer des »Daheim«, der »Allgemeinen evang.-lutherischen (Luthardtschen) Kirchenzeitung« und er war Vorstandsmitglied der »Allgemeinen evangelisch-lutherischen Konferenz« (vgl. Herrmann: Kirchengeschichte. 485).

822 Vgl. Herrmann: Kirchengeschichte. 485.

Christian August Anton Vollert und Ernst Friedrich Lotze zeichneten sich auch gemeinsam für den Entwurf eines Gesetzes zur Errichtung eines Kirchenrates und einer Synodalverfassung nach weimarschem Vorbild verantwortlich. Beide Entwürfe wurden 1882 dem Landtag unter der Maßgabe vorgelegt, dass der Landesherr diese Gesetze als oberster Kirchenherr ohne Zustimmung des Landtags, doch unter dessen Kenntnisnahme erlassen wollte, was aber auf Ablehnung stieß.[823] Es folgten weitere persönliche Bemühungen Lotzes um die Belebung des kirchlichen Lebens, die Verbesserung der Lehrer- und Pfarrerbildung, den Ausbau des Schulwesens und die Reform der Landeskirche, etwa durch eine neue Agende (1891) und ein neues Choralbuch (1900). Lotze diente während seiner Amtszeit zunächst noch unter Heinrich XIV. und anschließend unter Heinrich XXVII., der bereits seit 1892 seinen Vater in der Regierungsführung für Reuß jüngerer Linie vertrat und sich politisch weniger fortschrittlich und religiös konservativer gesinnt als Heinrich XIV. zeigte.[824] Dennoch förderte auch er die Landeskirche, ohne dabei rückständig oder religiös intolerant zu sein:

> »Heinrich XXVII. war, getreu dem Wahlspruch seiner Vorfahren ›Ich bau auf Gott‹, ein frommer, gläubiger Christ und ein bekenntnistreuer Anhänger der evangelischen Lehre. Als summus episcopus und Patron verschiedener Pfarrstellen förderte er, soviel an sich lag, die positiv kirchliche Richtung in seinem

---

823 Vgl. Landtags-Abschied, in: GS FRjL, Bd. 20, Jg. 1883–1890. Nr. 445. 16. Bei dem Versuch einen Kirchenrat und eine Synode durchzusetzen, kam es zwischen dem Landtag und Staatsminister Vollert zu so großen Gegensätzen, dass ein Misstrauensvotum gegen ihn ausgesprochen wurde (vgl. Auerbach: Kirche. 19). Rudolf Herrmann fasst die Vorgänge um die Ablehnung der beiden Gesetzesvorlagen wie folgt zusammen: »Dieser [der Landtag, Anm. SEKH] aber nahm die Mitwirkung für sich in Anspruch, indem er darauf hinwies, daß die vorgesehene Synode nicht nur innerkirchliche Rechte, sondern auch das Steuerrecht besitzen solle, und daß die Wahlkörper für die Synodalabgeordneten, nämlich die Kirchenvorstände, der gesetzlichen Grundlage entbehrten und von Ort zu Ort verschieden zusammengesetzt seien. Er lehnte deshalb mit knapper Mehrheit das Eingehen auf die Regierungsvorlage betr. Errichtung eines Kirchenrates ab, bis eine Kirchgemeinde- und Synodalordnung unter Mitwirkung zustande gekommen sei. Man wird das Vorgehen der Regierung nicht besonders geschickt finden. Andererseits lassen die Äußerungen der Abgeordneten deutlich erkennen, daß das Mißtrauen gegen die ›Orthodoxie‹, d.h. gegen den lutherischen Konfessionalismus, der dem Volke fremd sei, bei der Ablehnung eine Rolle spielte; auch wünsche man Besetzung der Pfarrstellen durch die Gemeinden.« (Herrmann: Kirchengeschichte. 548).

824 Vgl. Hess: Geschichte Thüringens. 493f.

Lande, wenn er auch, wenigstens später, den rein dogmatischen Fragen keine ausschlaggebende Bedeutung zumaß.«[825]

Der Landesherr setzte sich nicht nur für die Verbesserung der Besoldung der Geistlichen ein, sondern ging auch mit den Entwicklungen der Zeit und erließ Gesetze, die deren Emanzipation vom Konsistorium stärkten, wie etwa das Gesetz vom 30. November 1893 zur Verfassung der Kirchengemeinden.[826] Nachdem er 1902 die Regentschaft für die ältere Linie in Personalunion übernommen hatte, begann er auch dort in seinem Sinne kirchenpolitisch zu wirken, konnte sich jedoch gegen das Konsistorium, die Theologen des Landes und die Hofpartei kaum durchsetzen, die politisch wie auch religiös viel rechts-konservativer als er eingestellt waren.[827]

Heinrich XXVII., der 1902 offiziell die Regierungsgeschäfte für Reuß jüngerer Linie übernommen hatte, berief im Jahre 1905 Heinrich Berthold Auerbach (1862–1940; Sup. 1905–1926), zum Superintendenten, der die gleiche theologische Ausrichtung im lutherisch-konfessionellen Sinne wie sein Vorgänger besaß.[828] Entsprechend unterstützte Auerbach die kirchlichen und schulischen Reformen Heinrichs XXVII., der nicht nur weiter um die Verbesserung der finanziellen Lage der Lehrer und Geistlichen bemüht gewesen war, sondern auch die Trennung von Kirche und Schule in den unteren Verwaltungsebenen im Jahre 1911 veranlasste und so im Prinzip die Schulaufsichtsfrage im Sinne des Staates entschied.[829] Erst im Jahre 1917 sprach sich der Landesfürst während der 400-Jahr-Feier der Reformation auch offiziell für die Trennung von Kirche und Staat aus, indem er die Einrichtung eines Landeskirchenvorstands und damit einer Synode in Aussicht stellte.[830] Dennoch überlebte das Landeskirchentum in Reuß jüngerer Linie das Ende des monarchischen Zeitalters. Als dieses im Jahre 1919 aufgelöst wurde, war sich die Kirchenleitung zunächst nicht sicher, ob ein Zusammenschluss mit der Landeskirche der älteren Linie erfolgen sollte. Nachdem kei-

---

825 Kuckdeschel: Heinrich XXVII. 28.

826 Vgl. Gesetz, in: GS FRjL, Bd. 21, Jg. 1891–1895. Nr. 515. 231–246; Verordnung, in: GS FRjL, Bd. 21, Jg. 1891–1895. Nr. 520. 307f.

827 Vgl. Hess: Geschichte Thüringens. 494.

828 Vgl. Herrmann: Kirchengeschichte. 426.

829 Vgl. Landesherrliche Verordnung, in: GS FRjL, Bd. 27, Jg. 1910–1912. Nr. 781. 417–419; Ministerial-Verfügung, in: GS FRjL, Bd. 27, Jg. 1910–1912. Nr. 784. 419f.; Landesherrliche Verordnung, in: GS FRjL, Bd. 27, Jg. 1910–1912. Nr. 787. 429f.

830 Vgl. Auerbach: Kirche. 12.

ne Einigung zwischen beiden Landeskirchen erzielt werden konnte, erklärte die verfassungsgebende Synode in Gera im September 1920, dass die ehemalige Landeskirche Reuß jüngerer Linie sich der Thüringer Evangelischen Kirche anschließen werde.[831]

1.3 Zur Volksschulgeschichte von 1848 bis 1918

1.3.1 Zu den Lehrerseminarien

Bereits im 18. Jahrhundert hatte sich im Zuge der Reformen im Schulwesen deutlich gezeigt, dass zur Hebung der Volksbildung auch eine verbesserte Ausbildung der Lehrenden notwendig war. Doch erst im 19. Jahrhundert wurden konkrete Bemühungen zu einer staatlich regulierten Lehrerausbildung unternommen, die mit dem Fortschreiten des systemisch-pädagogischen Ausbaus des Volksschulwesens eng zusammenhingen.

Die Grundlagen für die Lehrerbildung im Fürstentum Reuß jüngerer Linie sind bereits zu Beginn des 19. Jahrhunderts durch das Engagement des Geraer Superintendenten Johann Zacharias Hermann Hahn geschaffen worden. Er setzte sich neben einer Verbesserung der kirchlichen Verhältnisse auch für den Ausbau des Volksschulwesens und eine qualifizierte Lehrerbildung ein, wozu er 1807 allen Fürsten der Länder der jüngeren Linie eine Denkschrift unter dem Titel »Einige Vorschläge, wie dem allgemeinen Bedürfnisse der Schullehrerbildung sowohl in dem Amte, als vor dem Eintritte in dasselbe, ohne große Schwierigkeiten und zum Ersatze eines eigentlichen Schullehrer Seminarii einigermaßen begegnet werden könne, und wie überhaupt gebildete Schullehrer zu erhalten seyn möchten« zukommen ließ.[832] Ein Jahr später veröffentlichte Hahn anlässlich der Eröffnung seiner »Gemeinnützigen Schul- und Erziehungsbibliothek« eine weitere Denkschrift unter dem Titel »Wort und That. Ein Beytrag zur Secularfeyer des Gymnasii zu Gera«:

---

[831] Vgl. Herrmann: Kirchengeschichte. 602. Trotz des Beitritts zur Thüringer Evangelischen Kirche formulierte die verfassungsgebende Synode in Reuß jüngerer Linie einige Bedenken und folgende Wünsche: »der Landeskirche müsse die Freiheit der Entschließung verbleiben bei allen zukünftigen Maßahmen, die mit dem Bekenntnis zusammenhängen (Agende, Gottesdienstform, Gesangbuch usw.); sie müsse das Recht haben festzustellen, ob Pfarramtsbewerber ihrer theologischen Stellung nach für Gemeinden in Reuß j.L. geeignet seien; die Studenten der Theologie dürften nicht gezwungen sein, in Jena zu studieren und sich dort prüfen zu lassen usw.« (Herrmann: Kirchengeschichte. 602).

[832] Vgl. Kretschmer: Geschichte. 7.

»Die Schrift bezweckte zunächst Interesse für Hahns ›Gemeinnützige Bibliothek‹ zu wecken, sie versuchte jedoch auch in weiteren Kreisen – nicht nur im Reußenlande – Stimmung zu machen für die Errichtung eines ›Pädagogischen Instituts‹, das die Lehrerbildung in Zukunft in die Hand nehmen, und das, lediglich aus ökonomischen Rücksichten, an das bestehende Geraer Gymnasium, die alte Landesschule und Zentralanstalt des Landes, angegliedert werden sollte, um die Gründung einer selbständigen und dadurch kostspieligen Lehrerbildungsanstalt zu vermeiden. Zugleich sollte aber die Einrichtung des Instituts die Fort- und Weiterbildung des Stadt- und Landschullehrerstandes durch monatlich abzuhaltende Konferenzen in die Wege leiten.«[833]

Im gleichen Jahr gründete HAHN eine »Pädagogische Gesellschaft« und begann, unterstützt durch die Landesherren der jüngeren Linie, mit der Ausarbeitung von Plänen zur Lehrerbildung, die ab 1811 zur Umsetzung kamen:

»D. Hahn nun begründete 1811 das pädagogische Institut in Gera, das mit einem feierlichen Aktus unter Absingung der von ihm gedichteten Hymne auf ›die Würde des Menschengeistes zum Preise der Gottheit‹ eröffnet wurde. Monatlich versammelte er die Landlehrer und jene Gymnasiasten. Auch die jüngeren Geistlichen und Kandidaten der Theologie vermochte er zu freiwilliger Teilnahme zu veranlassen. Es wurden Referate über pädagogische Fragen gehalten, Bücher aus der von ihm angelegten pädagogischen Bibliothek besprochen und praktische Lehrproben gehalten. Im Jahre 1827 ging das Institut dann in das Geraer Lehrerseminar über.«[834]

Damit wurde es ab 1811 schließlich üblich, dass die Landschullehrer das Institut besuchten, wo ihnen gewisse pädagogische Grundlagen vermittelt wurden:

»Hofkantor Seyfarth war an der Ausbildung mit Katechesen über die Reformation und Vorlesungen über Gedichtsinterpretationen, Forderungen an den guten Geschmack, Schülerbeurteilungen, Buchbesprechungen und über den Aberglauben beteiligt.«[835]

---

833 KRETSCHMER: Geschichte. 15.

834 AUERBACH: Kirche. 21.

835 GLOTZ u.a.: Chronik. 5.

1.3.1.1 Zum Lehrerseminar in Schleiz von 1827 bis 1867

Dass es erst 1827 zur Errichtung eines gemeinsamen Lehrerseminars für die Fürstentümer Schleiz, Lobenstein und Ebersdorf sowie Gera kam, hing einerseits damit zusammen, dass sich das pädagogische Institut etablieren musste und andererseits damit, dass noch 1819 schulpolitische Erwägungen gegen einen weiteren Ausbau des Instituts getroffen wurden, denn

> »vorerst stellte sich freilich der damalige Minister von Weise auf den Standpunkt, erst das Landschulwesen zu verbessern, ehe man der Gründung eines eigentlichen Seminars näher treten könne«.[836]

Da jedoch Heinrich LXII. zu Reuss-Schleiz aufgrund der geringen Bildung seiner Landschullehrer eine schnellstmögliche Verbesserung der Lehrerqualifikation wünschte, begann er sich für die Errichtung eines Lehrerseminars einzusetzen. Seinem Vorhaben stimmten die Landesherren von Lobenstein und Ebersdorf zu. Doch da sich die Planungen und Verhandlungen um das neue Seminar in Gera zu lange hinzogen teilte Heinrich LXII. dem Geraer Konsistorium schließlich mit, dass er ein Seminar in seiner Herrschaft errichten werde.[837] Am 02. Mai 1820 wurde in Schleiz dieses Landesseminar mit neun Zöglingen eröffnet, das jedoch zunächst keine festen Räumlichkeiten besaß, sondern die Zöglinge wanderten je nach Unterrichtsfach von Lehrer zu Lehrer. Erst 1837 wurde im alten Gymnasialgebäude und später im Diakonat Schleiz ein Raum für das Seminar hergerichtet. Ein eigenes Gebäude wurde erst 1864 in der Nähe des Schlosses und 1868 schließlich das endgültige Seminargebäude bezogen.[838]

Trotz Mängeln in der äußeren Organisationsstruktur besaß das Lehrerseminar von Beginn an einen festen Lehrplan für den zweijährigen Ausbildungskurs, der folgende Unterrichtsgegenstände vorsah:

> »christliche Glaubens- und Sittenlehre, Bibelkunde, Catechetik, Methodik, allgemeine, biblische und Religionsgeschichte, Stilistik, Rechnen, lateinische Sprache, Schönschreiben, Choralgesang, Generalbaß und Orgelspiel«[839]

---

836 Kretschmer: Geschichte. 39.

837 Vgl. Kretschmer: Geschichte. 39–41.

838 Vgl. Bratsisch: Schulwesen. 79f.

839 Kretschmer: Geschichte. 109.

Zur Aufnahme berechtigt waren laut I. des »Plan des Schullehrer Seminariums zu Schleiz«:

»1. Inländer erhalten im Seminario, aber nicht in der Schule, freien Unterricht, jedoch sind die bey dem Organisten von ihnen sämmtlich zu nehmenden Lehrstunden im Generalbaß und Orgelspielen, und zwar jede derselben, mit 6 Pfennig von jedem Seminaristen zu bezahlen, indem das dann noch an der Bezahlung dieser Stunden Fehlende aus der Landschulenkasse zugeschossen werden soll. Ausländer bezahlen den Lehrern des Seminarii die Unterrichts-Stunden.
[...]
3. Nur wer 15 bis 16 Jahre alt, ohne auffallende körperliche Gebrechen ist, und einen guten moralischen Ruf hat, ist receptionsfähig.
4. Die Landes-Schulen-Inspection bestimmt die Lehrer, die in ihrer Gegenwart eine Prüfung mit den recipiendis anstellen.
5. Als Bedingungen der Aufnahme sind festgesetzt: a) richtiges deutsches Lesen, b) einige Fertigkeit im Schreiben, c) desgleichen im Rechnen, d) einige Kenntniß der Noten und etwas Fertigkeit auf dem Clavier und e) eine leidliche Stimme.
6. Hierauf werden die tüchtig gefundenen an die Lehrer des Seminariums förmlich zum Unterricht überweisen.
7. Die Stunden, so die Seminaristen sowohl in der öffentlichen Schule, als im Privat-Unterricht besuchen müssen, werden jederzeit von der Landes-Schulen-Inspection bestimmt.
8. Nur einmal im Jahre, nämlich zu Anfang der Sommerschule, ist Aufnahme in das Seminarium.«[840]

Darüber hinaus wurde bestimmt, dass die Seminaristen jeden Donnerstag unter Anwesenheit der Landes-Schulen-Inspektion zu prüfen seien (vgl. II. 3.) und sie nach Beendigung ihrer Ausbildung durch eine Prüfung ein Abschlusszeugnis erhalten sollten (vgl. IV. 1.). An die seminaristische Ausbildung schloss sich ein weiterer Ausbildungszeitraum an, in dem die Abgänger vierteljährlich eine Aufgabe zur schriftlichen Bearbeitung von den Lehrern des Seminars gestellt bekamen (vgl. IV. 2.). Abschließend sollten sie vor ihrer endgültigen Festanstellung als Lehrer ein zweites Examen ablegen (vgl. IV. 3.).[841]

In den Folgejahren bis 1869 erfolgten Anpassungen des Betrages, den die Seminaristen für die Musikstunden zu zahlen hatten, wurde das Seminar

---

840 Plan des Schullehrer Seminariums zu Schleiz, vom 17.04.1820. 108.

841 Vgl. Plan des Schullehrer Seminariums zu Schleiz, vom 17.04.1820. 108f.

auf eine Höchstzahl von zehn ›ordentlichen Seminaristen‹ begrenzt und den übrigen Bewerbern keine Ausbildung verwehrt, sondern diese als ›außerordentliche Zöglinge‹ ebenfalls aufgenommen.[842]

1857 wurde eine neue Ordnung für das Schullehrerseminar in Schleiz verabschiedet, die dessen nächste Entwicklungsphase einleitete. So wurde die Zahl der Lehrer für den Fachunterricht erweitert, das Aufnahmealter der Zöglinge auf 15 oder in Ausnahmefällen 14 Jahre festgelegt und bestimmt, dass sie den vollständigen Volksschulbesuch, eine gewisse Begabung, Musikalität, musikalisches Grundwissen und die Beherrschung von Klavier sowie Violine vorweisen können mussten. Die Dauer des Seminars wurde auf vier Jahre verlängert und die Seminaristen in zwei zweijährigen Kursen ausgebildet.[843] Als Lehr- und Lernziele wurden folgende festgelegt:

> »vollständige Übersicht über das Gesamtgebiet der christlichen Glaubenslehre, klare Einsicht in die konfessionellen Unterscheidungslehren, Bekanntschaft mit dem lutherischen Katechismus und die Fertigkeit, nach demselben Unterricht zu erteilen, genaue Kenntnis der biblischen Geschichte alten und neuen Testaments, der wichtigsten Religionen des vorchristlichen Altertums, Vertrautheit mit Entstehung, Fortbildung und Schicksalen der allgemeinen christlichen und insbesondere der evangelischen Kirche, Kenntnis der Entstehung des biblischen Kanon, des historischen und doktrinellen Inhalts der einzelnen biblischen Bü-

---

842 Vgl. KRETSCHMER: Geschichte. 116. Zu den Entwicklungen des Unterrichts im Seminar ab 1827 hält ERNST PAUL KRETSCHMER nach Sichtung der Akten fest: »Die Stundenzahl betrug 1827 im letzten Jahreskursus 22, davon entfielen vier auf katechetische Übungen, zwei Stunden auf neutestamentliche Bibelkunde, zwei Stunden auf Geographie, eine Stunde (!) auf Rechnen, eine Stunde (!) auf Latein, eine Stunde auf Naturlehre. Von Weihnachten bis Ostern trat für das letztgenannte Fach merkwürdigerweise ›Übung im Vorlesen‹ ein. Zwei Stunden wurden auf grammatische, orthographische und stilistische Übungen in zwei Abteilungen verwandt. Generalbaß und Orgelspiel umfaßte vier Stunden, dann folgten eine Stunde Singen, eine Stunde Schönschreiben, zwei Stunden Violinenunterricht und eine Stunde Übung im Elementarunterricht. Freilich scheint dieser Plan nicht immer streng durchgeführt worden zu sein. So kommt im Lektionsplan 1851–52 und später noch einmal sogar *Mythologie* vor. 1853 findet sich *allgemeine Erziehungs- und Unterrichtslehre* und im nächsten Semester findet sich sogar die vornehme Firma ›Dogmatik‹ im Lektionsplane vertreten. 1853–1854 wird der Zeichenunterricht durch den Inspektor Meyer in die Unterrichtsgegenstände aufgenommen. Von 1856–1869 erteilt der *Kirchenrat Schorch* den Seminaristen sogar gemeinsam mit den Sekundanern und Primanern des Gymnasiums philosophische Propädeutik. Ein Examen *pro candidatura* kommt Michaelis 1823, 1828 und 1847 in den lückenhaft geführten, vielfach unübersichtlichen Akten vor« (KRETSCHMER: Geschichte. 114).

843 Vgl. KRETSCHMER: Geschichte. 124.

cher, sowie der Eigentümlichkeiten der biblischen Sprache, praktische Übung in erbaulicher Schriftauslegung und Kenntnis der wichtigsten Bibelsprüche, Kenntnis der verschiedenen Methoden des Unterrichts und der Erziehung, Übung im katechetischen Unterricht, Sicherheit in den wichtigsten Regeln der Grammatik und Stilistik und Gewandtheit in schriftlicher Darstellung. In den Realien soll nur das Naheliegende, leicht Verständliche, für das tägliche Leben Nützliche und Brauchbare vorzugsweise behandelt werden. Die allgemeine Geschichte wird in flüchtigen Umrissen, das Vaterländische dabei ausführlich in biographischer Form gefordert. Gewünscht wird die Erklärung der wichtigsten Gesetze, Erscheinungen und Produkte der Natur in beschreibender und versinnlichender Behandlungsform, die Fähigkeit, ein leichtes Pensum ins Lateinische zu übertragen und die lateinischen Schriftstellen, die in Quarta gelesen werden, – mehr war für die Volksschullehrer in der Regulativzeit wohl vom Übel – zu übersetzen. Im Rechnen wird Kenntnis der Dezimalbruchrechnung, der Proportions- und Gesellschaftsrechung, der Elemente der Planimetrie und Stereometrie mit Berücksichtigung der praktischen Anwendung im bürgerlichen Leben gefordert. Weiter verlangt man die Befähigung, die zu singenden Musikstücke mit Klavier oder Violine zu begleiten, den Kirchengesang ›mit eigener Stimme sicher und kräftig zu leiten, jedoch Choral auf der Orgel sicher und gut mit passenden Zwischen- und Nachspielen vorzutragen, den Charakter einer Kirchenmusik zu würdigen‹, nötigenfalls einen Choral auszusetzen, oder ein Tonstück für den kirchlichen Gebrauch zu transponieren.«[844]

An den Lehrplänen, die sich von 1827 bis 1857 kaum veränderten, zeigt sich nicht nur deutlich, dass den Lehrern bezüglich der Fächerbreite nur eine sehr elementare Ausbildung zukam, sondern auch, dass das Lehrerseminar den kirchlichen Verwaltungsstrukturen unterstand, von Geistlichen geleitet

---

844 Kretschmer: Geschichte. 124f. Als Unterrichtsfächer wurden entsprechend der Ziele für die erste Seminarklasse folgende festgelegt: »zwei Stunden Religionsunterricht, zwei Stunden Kirchengeschichte, zwei Stunden Bibelkunde und Bibelerklärung, zwei Stunden Katechetik und Pädagogik, zwei Stunden katechetische Übungen, zwei Stunden deutsche Sprache, eine Stunde Denklehre, zwei Stunden Geschichte, zwei Stunden Geographie abwechselnd mit Naturkunde, zwei Stunden lateinische Sprache, zwei Stunden praktische Übungen im Elementarunterricht, eine Stunde Geometrie und für den musikalischen Unterricht Stunden nach Bedürfnis« (Kretschmer: Geschichte. 124). In der zweiten Klasse erfolgte folgender Unterricht: »zwei Stunden Religion, zwei Stunden biblische Geschichte, zwei Stunden Bibelerklärung nebst religiösen Memorieraufgaben, drei Stunden deutsche Sprache, zwei Stunden Geographie, zwei Stunden Geschichte, zwei Stunden lateinische Sprache, zwei Stunden Naturkunde, eine Stunde Denkübung und musikalischer Unterricht wie in Klasse 1, doch ohne Orgelspiel gefordert. Die beiden Klassen waren kombiniert in zwei Stunden Rechnen, zwei Stunden Zeichnen und zwei Stunden Schönschreiben« (Kretschmer: Geschichte. 124).

wurde und dementsprechend eine stark religiöse Ausrichtung besaß. Darüber hinaus verweisen die Unterrichtsinhalte für die Lehrer auf das für den Volksschulunterricht nötige Fachwissen und -können und damit auch auf die starke religiöse Ausrichtung der Volksschule als Konfessionsschule.

1.3.1.2 Zum Lehrerseminar in Gera von 1827 bis 1867

Parallel zum Schleizer Seminar wurde 1827 auf das Betreiben des Superintendenten Jonathan Heinrich Traugott Behr ein Lehrerseminar in Gera eröffnet. Behr verfasste auch dessen erstes Regulativ, das bis 1858 Gültigkeit behielt. Demnach bildeten der Subkonrektor, der Adjunkt und Choralkantor des Geraer Gymnasiums auch weiterhin die Lehrkräfte am Seminar.[845] Da ein strukturierter Ausbau des pädagogischen Profils des Seminars fehlte, verfasste der 1835 am Seminar eingestellte Ernst Julius Saupe (1809–1871) im Jahre 1842 eine Eingabe an den Superintendenten Behr, denn »ihm entgingen nicht die Fehler und Missstände des Instituts – man hatte u. a. jahrelang keinen eigenen Lektionsplan, lehnte vielmehr die Ausbildung der künftigen Lehrer ohne weiteres an den Gymnasialunterricht an«.[846]

In seiner Eingabe fordert Saupe, dass für jedes Semester künftig ein Lektionsplan für die Seminaristen zu entwerfen sei, dessen Erfüllung am Ende des Semesters nachgewiesen, und den Seminaristen eine breitere Auswahl an Fächern und die Möglichkeit der Abwahl des Lateinischen nach einigen Semestern gegeben werde müsse. Darüber hinaus sollte eine Übungsschule errichtet, oder zumindest die Pflicht zur regelmäßigen Teilnahme an den Elementarklassen an der Bürgerschule eingeführt werden, das Seminar auf höchstens drei Jahre Dauer ausgedehnt und daran regulär ein Assistenzjahr bei einem Lehrer angeschlossen werden.[847] Ergänzend dazu verlangte Saupe die Einführung von Anschauungs- und Sprachübungen, Religion, Schreiben, Deutschunterricht, Geographie, Geschichte, Naturkunde, Musik und Zeichnen als unverzichtbare Lehrgegenstände, die Beschränkung auf die Methodik und Praxis in der Unterweisung sowie für jede Disziplin ein eigenes Lehrbuch.[848] Diese Forderungen wurden weitestgehend umgesetzt und erst 1858 trat eine Veränderung ein, die eng mit der Reaktionszeit und einer Nachwirkung der »Stiehlschen Regulative« (1854) zusammenhing, wovon

---

845 Vgl. Kretschmer: Geschichte. 51.

846 Kretschmer: Geschichte. 53.

847 Vgl. Kretschmer: Geschichte. 53.

848 Vgl. Kretschmer: Geschichte. 54.

Reuß jüngerer Linie als eng an Preußen orientiertes Fürstentum betroffen war. Auch das neue Regulativ zur Seminarorganisation von 1858 stammte von Saupe und enthielt lediglich in §. 6 eine bedeutende Neuerung:[849]

> »Daß die Zöglinge des Seminars nach ihrer Aufnahme zu wirklichen Seminarsiten immer noch verbunden waren, an dem Gymnasialunterrichte teilzunehmen, hat der Bestimmung der Anstalt keinen Vorteil gebracht. Ein wirklicher Seminarist hatte in Zukunft bei der vorgeschlagenen Umgestaltung des Seminars 15 Stunden reinen Seminarunterricht, 7 Stunden Chordienst und Musikübung, 4 Stunden Kirchendienst (die Wochentags Gottesdienste nicht mit gerechnet) und 6 Stunden Teilnahme an Lehrübungen in der Bürgerschule pflichtgemäß beizuwohnen.«[850]

Die Ausbildungszeit für die angehenden Lehrer betrug auch weiterhin drei Jahre und zeigte eine an der Ausbildung der Geistlichen ausgerichtete Struktur. Darüber hinaus wurde auch eine enge Verbindung zwischen Lehramt und kirchlichen Hilfsdiensten deutlich, die sich aus der Tatsache ergab, dass das Seminar wie auch das Volksschulwesen den kirchlichen Verwaltungsstrukturen und Aufsichtsrechten unterstand.

1.3.1.3 Zum Fürstlich Reußischen Landesseminar in Schleiz von 1867 bis 1918

Angesichts bleibender Missstände in der Lehrerbildung, der Existenz von zwei Lehrerseminarien für das Fürstentum Reuß jüngerer Linie und dem Beginn der Reorganisationsphase des Geraer und Schleizer Schulwesens,

---

[849] Ernst Paul Kretschmer verweist darauf, dass das Regulativ von 1858 keine wesentlichen Neuerungen oder Verbesserungen für das Seminar enthielt: »keine Einführung in die Literaturgeschichte [...] (vergl. § 14 des Regulativs), nichts von Psychologie, sondern nur eine Art Schulkunde, (siehe die §§ 17–19), ein Sammelsurium der verschiedenen pädagogischen Disziplinen wird, eng verbunden als ›theoretisch-praktische Anweisung‹ im Seminar erteilt. Die Geschichte (vergl. § 14d) wird im Sinne *Karl von Raumers* an die Kirchengeschichte angelehnt« (Kretschmer: Geschichte. 60).

[850] Kretschmer: Geschichte. 60f.

wurden ab den 1860er Jahren verstärkt Diskussionen um eine Zusammenlegung der Seminarien in Schleiz und Gera geführt.[851] Die Vereinigung beider Lehrerbildungsanstalten erfolgte schließlich im Jahre 1867. Es entstand das Landesseminar Schleiz, womit laut Landtagsabschied für 1868 die Grundlage für die angemessene Ausbildung der Lehrer gelegt worden sei, die es weiter auszubauen gelte.[852] Dementsprechend wurde das Landeslehrerseminar, das nun direkt der Ministerialabteilung für Kirchen- und Schulsachen in Gera unterstand, ab 1869 einer Reorganisation nach preußischem Vorbild unterzogen, die die Abfassung einer neuen Lehrverfassung für das Seminar nach sich zog.[853] Gemäß dieser sollte sich der Unterricht auch weiterhin an der Bibel, dem Katechismus, dem Gesangbuch und bisher genutzten Lesebuch orientieren und wurde lediglich um einen etwas größeren Praxisbezug ergänzt, um so die Grundlagen für die spätere Tätigkeit im Volksschulwesen zu legen.[854]

---

851 Ernst Paul Kretschmer urteilt angesichts der Sichtung der Aktenbestände zum Geraer Lehrerseminar: »*Der Staat hat weder in der gründlichen Ausbildung künftiger Volksschullehrer noch an den Instituten einzeln damals voll seine Pflicht getan. Nur die Not, niemals die volle Einsicht, hat Reformen und unzulängliche Reorganisationen bewirkt.*« (Kretschmer: Geschichte. 69).

852 Vgl. Landtagsabschied, in: GS FRLRJL, Bd. 16, Jg. 1868–1871. Nr. 336. 350.

853 Vgl. Kretschmer, Ernst Paul: Geschichte. S. 132–134.

854 Diese Entwicklungen bewertet Ernst Paul Kretschmer wie folgt: »Der Unterricht in der Muttersprache lehnt sich ausschließlich an das Lesebuch an. Von deutscher Literatur und selbständiger Stellung der Grammatik ist keine Rede. Beiläufig wird in § 19 die Privatlektüre erwähnt. Minimal war der Rechenunterricht, der sich auf die vier Grundrechnungsarten und die Anfänge der Verhältnisrechnung beschränkte. Verhängnisvoll ist für den Unterricht der § 29. Hier wird gefordert, daß in jedem Fache ein Leitfaden zu gebrauchen sei. Das ging leider Jahrzehnte lang so weit, daß man in einzelnen Fächern bei einzelnen Lehrkräften der Anstalt nicht über Leitfadenwissen hinauskam, ja, und das muß hier gesagt werden, daß einzelne der späteren Lehrkräfte an der Anstalt zum ›personifizierten Leitfaden‹ wurden. [...]. Die Seminaristen der ersten Klasse hatten von nun an in Zukunft wenigstens vier Wochen lang unter der Leitung und Teilnahme eines Seminarlehrers zu unterrichten (§ 31), mußten auch am Taubstummeninstitut und sogar in verschiedenen Klassen der Bürgerschule hospitieren (§ 33). Jeder Seminarist der ersten Klasse war nach § 69 verpflichtet, ein Schulvikariat zu übernehmen, das die Dauer von drei Monaten nicht überschreiten durfte. [...]. Dem Regulativ war eine Seminar-Aspiranten-Ordnung für das Fürstentum Reuß jüngere Linie in neun Paragraphen beigegeben, die den Eintritt ins Seminar auf nicht unter 16 und nicht über 20 Jahre festsetzte und im allgemeinen für den Eintritt ins Seminar den damals üblichen Volksschulstoff und die Grundlagen für den musikalischen Unterricht forderte. Geistliche und Lehrer, die derartige junge Leute fürs Seminar vorbereiteten, sollten sich nach § 6 der im Seminar gebräuchli-

Aufgrund der Orientierung der Landesregierung an Preußen bat diese um eine Visitation des Landeslehrerseminars durch ein preußisches Ministerialmitglied, woraufhin im Jahre 1874 eine solche Visitation stattfand. Deren Auswertung zeigte, dass auch weiterhin einige Mängel im Lehrerbildungswesen des Fürstentums vorhanden waren. Zu deren Behebung wurde eine fünfte Seminarklasse eingerichtet, ein weiterer Lehrer eingestellt und eingeführt, dass die Seminaristen im letzten Kursjahr an der Übungsschule selbst Unterricht in unterschiedlichen Fächern zu übernehmen hätten.[855]

Ab den späten 1870er Jahren nahm die Anmeldung für den Besuch des Lehrerseminars stetig zu, sodass nicht nur immer wieder Absagen an Bewerber erteilt werden mussten, sondern auch weitere organisatorische und bauliche Neuerungen nötig wurden, die dazu führten, dass »von Ostern 1892 an sechs selbstständige Seminarklassen«[856] existierten.

Als es zu einer weiteren Reform des Seminarwesens in Preußen im Jahre 1901 kam, hatte dies auch Folgen für Reuß jüngerer Linie. Dort wurde 1903 das preußische Regulativ mit den neuen Lehrplänen eingeführt, die auf mehr Wissenschaftlichkeit bei der Lehrerausbildung ausgerichtet waren.[857] Dementsprechend wurden auch an die pädagogische Qualität der Ausbildung höhere Anforderungen gestellt:

> »Die Zöglinge sollen Kenntnis der Grundsätze der Unterrichts- und Erziehungslehre sowie Einsicht in deren psychologische und logische Grundlagen, Bekanntschaft mit der Geschichte der Pädagogik, besonders seit der Reformation, und eingehendere Kenntnis einiger pädagogischer Hauptwerke erlangen, auch praktische Anleitung zum Unterrichten und Anweisung zur Verwaltung eines Schulamtes erhalten.«[858]

---

chen Bücher und Leitfaden bedienen. Die Aufsicht über die Seminaraspiranten lag nach § 7 dem zuständigen Lokalschulinspektor ob. Die Aspiranten hatten beim Eintritt in das Seminar eine Aufnahmeprüfung abzulegen. Die Aspirantenordnung ersetzte nur unvollkommen eine Präparandenanstalt preußischer Art. [...]. 1871 kommt eine sogenannte Präparandenabteilung der Klasse 3 in den Akten vor. Die Schüler dieser Abteilung waren in 20 Stunden mit Schülern des Seminars kombiniert. Die übrigen 16 Stunden Unterricht erteilten [...] die Seminaristen der ersten Klasse und eine Anzahl anderer Lehrkräfte« (Kretschmer: Geschichte. 135–137).

855 Vgl. Kretschmer: Geschichte. 153.

856 Bratsisch: Schulwesen. 81.

857 Vgl. Bratsisch: Schulwesen. 81f.

858 Kretschmer: Geschichte. 164.

Darüber hinaus wurde der Lehrmethodik und Lehrpraxis eine viel größere Aufmerksamkeit geschenkt, sodass die Zöglinge bereits ab dem Zeitpunkt ihres Eintritts in das Seminar nicht nur fachlich, sondern auch praktisch stärker gefordert wurden.[859] Es folgten in den kommenden Jahren ein weiterer Ausbau und weitere Reformen des Seminars:

> »Um dieser Ausbildung den größtmöglichen Erfolg zu sichern, entschloß sich der Fürst, den Neubau eines Seminars in Schleiz herbeizuführen, und am 18./19. September 1909 konnte dieses ebenso architektonisch eindrucksvolle wie in seiner inneren Einrichtung und Ausstattung allen, auch Zukunftsbedürfnissen gerecht werdende Bauwerk eingeweiht werden.«[860]

Im Schuljahre 1912/1913 fanden eine Überprüfung und Überarbeitung der Lehrpläne des Seminars und der Übungsschule statt[861] und »von Ostern 1912 an wurden auch Mädchen, zunächst als Hospitantinnen, von Ostern 1917 an als vollgültige Schülerinnen aufgenommen«.[862] Obwohl das Fürstentum ab 1918 große politische Veränderungen durchlebte, blieb das Schleizer Lehrerseminar weiterhin als pädagogische Ausbildungsstätte bestehen,[863] und erst Ostern 1927 wurden letztmalig Abschlussprüfungen abgenommen.[864]

1.3.2 Zum Stand des Volksschulwesens von 1848 bis 1859

Zu Beginn des 19. Jahrhunderts konnten die Landesherren der jüngeren Linie auf die Grundlagen des Volksschulwesens zurückgreifen, die vor al-

---

859 Vgl. Kretschmer: Geschichte. 165–173. Die weitere Verbesserung der Ausbildungsqualität zeigt sich auch deutlich daran, dass beispielsweise im Jahre 1898 von Hermann Schochow ein Band zur Schulpraxis im Fürstentum Reuß Gera veröffentlicht wurde, das als Lern- und Nachschlagewerk zur Prüfungsvorbereitung der Seminaristen dienen sollte (vgl. Schwochow: Schulpraxis).

860 Kuckdeschel,: Heinrich XXVII. 30.

861 Vgl. Kretschmer: Geschichte. 207–209.

862 Bratsisch: Schulwesen. 82.

863 Erst 1918 wurde versucht eine endgültige Regelung für die pädaogogischen Abschlussprüfungen der Lehrer zu finden und damit der Lehrerbildung eine endgültige Form zu geben (vgl. Verfügung, in: GS FRjL, Bd. 30, Jg. 1916–1919. Nr. 914. 169–173).

864 Vgl. Kretschmer, Ernst Paul: Geschichte. 224–252.

lem im 18. Jahrhundert gelegt worden waren.[865] Dennoch gab es zahlreiche Missstände wie etwa eine nur unzureichend durchgesetzte Schulpflicht, mangelhafte Unterrichtsbedingungen, weiterhin die Orientierung des Unterrichtsstoffes an Bibel, Katechismus und Gesangbuch und das Fehlen umfassender Schulordnungen. Auch die Lehrer galten noch nicht als eigener Berufsstand, wodurch ihnen nicht nur das entsprechende gesellschaftliche Ansehen fehlte, sondern ebenfalls eine qualifizierte Berufsausbildung, eine angemessene Besoldung sowie Altersabsicherung und Lösung von den kirchlichen Diensten.

Eine erste Schulordnung wurde 1819 von Fürst Heinrich LXII. zu Reuss-Schleiz für das Fürstentum Schleiz erlassen.[866] Weitere solcher Gesetze folgten 1824 für das Fürstentum Ebersdorf,[867] 1824 das Fürstentum Lobenstein, 1837 das Fürstentum Gera, 1842 das Fürstentum Lobenstein und Ebersdorf und 1843 für die Pflege Saalburg.[868] Doch auch, wenn diese Gesetze Regelungen zur Schulpflicht, zur Bestrafung von Schulversäumnissen, zur Lehrerbesoldung, dem Schullokal und dessen Verwaltung, dem Schulgeld, den Unterrichtsgegenständen und der Organisation von Unterricht und Ferien im Schuljahr enthielten,[869] konnten diese Bestimmungen

865 Im Geraer Land existierten zur Bildung von Lehrern, Eltern und Kindern aufgrund einer fehlenden flächendeckenden Volksschulstruktur und Durchsetzung der Schulpflicht bereits ab dem Jahre 1806 Wanderbibliotheken, die zunächst dazu bestimmt waren das Evangelium nahe zu bringen (vgl. Glotz u.a.: Chronik. 5).

866 Vgl. Schmidt: Abriss. 6.

867 Vgl. Schulordnung, in: GS FRLuE, Bd. 1 u. 2, Jg. 1822–1841, Nr. 9. 24–28. Fürst Heinrich LXXII. zu Reuss-Ebersdorf, der seit 1822 regierte, zeichnete sich zwar als Person durch eine gewisse Schroffheit und Härte aus, besaß jedoch ein volkswirtschaftliches Geschick (vgl. Schmidt, Berthold: Geschichte. 130). Letzteres zeigte sich in »seine[r] gute[n] Absicht, die ländlichen Bewohner des Fürstentums zu ihrem eigenen Vorteil zu zwingen, ihre Anwesen gegen Feuersgefahr zu versichern, und davon zeugt auch das 1824 von ihm erlassene sehr brauchbare Landschulgesetz« (Schmidt, Berthold: Geschichte. 130). Dieses führte er 1822 ebenfalls in Lobenstein ein.

868 Vgl. Brückner: Landeskunde. 298.

869 Neben den Schulordnungen wurden ergänzend auch einzelne Gesetze speziell zur Schulfinanzierung, Schulpflicht, Schulaufsicht und Lehrerbesoldung erlassen (vgl. Verordnung, in: GS FRLuE, Bd. 1 u. 2, Jg. 1822–1841, Nr. 10. 83–85; Verordnung, in: GS FRLuE, Jg. 1841–1847, Nr. 33. 89–92; Höchste Entschliessung, in: GS FRLuE, Jg. 1841–1847, Nr. 34. 94; Höchste Verordnung, in: GS FRLuE, Jg. 1841–1847, Nr. 34. 102; Höchste Entschliessung, in: GS FRLuE, Jg. 1841–1847, Nr. 34. 105f.; Nachträgliche Verordnung, in: GS FRLuE, in: GS FRS, Jg. 1838. Nr. 19. 82–86.

aufgrund der realen Verhältnisse auf die sie trafen, nicht sofort vollständig umgesetzt werden und damit zu einer völligen Änderung des Schulwesens in den Fürstentümern führen. Sie bildeten jedoch rechtliche Grundlagen auf die in den Folgejahrzehnten zurückgegriffen werden konnte.[870]

Der positive Wandel in der Schulpolitik und die Förderung des Erziehungs- und Schulwesens in den Ländern der jüngeren Linie hingen im 19. Jahrhundert eng mit der Industrialisierung zusammen, deren Voranschreiten die vermehrte Ausbildung von Fachleuten nötig machte. Dem Staat kam dabei das Engagement vieler Bürger und Fabrikanten zugute, denn:

> »Da sowohl das sogenannte Bildungsbürgertum als auch die Fabrikanten großes Interesse an gut ausgebildeten Fachleuten hatten und mit dem erreichten gesellschaftlichen Status in Verbindung mit den Anschauungen im Zeitgeist über Moral und Sitte Zuwendungen für das Allgemeinwohl selbstverständlich waren, erfolgten zahlreiche Stiftungen.«[871]

In Schleiz war bereits 1808 ein neues Gebäude für die Mädchenschule errichtet worden, das nun Platz für zwei Klassen bot. 1818 wurde das Volksschulwesen neu organisiert und »die drei oberen Klassen zur Gelehrtenschule als Lyceum Rutheneum und die drei unteren zur Bürgerschule eingerichtet«[872]. Darüber hinaus wurde 1830 eine Elementarklasse und aufgrund der einsetzenden Industrialisierung 1834, ergänzend zum Volksschulwesen, eine Baugewerksschule gegründet. Nachdem jedoch 1837 ein großer Stadtbrand zahlreiche private und öffentliche Häuser der Stadt zerstört hatte, wurden schulische Neubauten notwendig. Entsprechend wurde 1838 eine neue Bürgerschule eingeweiht, die mit dem Gymnasium verbunden war und künftig zwei Knaben-, zwei Mädchen und eine Elementarklasse beherbergen sollte, sowie 1859 die bereits 1847 gegründete »Taubstummenanstalt« von Oberböhmsdorf nach Schleiz verlegt und mit dem Lehrerseminar verbunden.[873] Darüber hinaus wurde auf Initiative des Landesherrn 1843 die »Heinrichsstiftung«

---

870 Von der bäuerlichen Bevölkerung wurde das »Landschulengesetz« eher widerstrebend aufgenommen, da es Regelungen enthielt, die sich ihren Ansichten nach negativ auf die Landwirtschaft auswirkten, wie etwa die Einführung von Sommerunterricht und die Bestrafung der Eltern bei Schulversäumnissen ihrer Kinder sowie die Erhöhung des Schulgeldes (vgl. SCHMIDT: Geschichte. 117f.).

871 SCHMIDT: Abriss. 9.

872 Vgl. BRÜCKNER: Landeskunde. 586.

873 Vgl. HÄNSEL: 700 Jahre. 11–13.

eingerichtet, »zur Fortbildung der Lehrlinge und Gesellen mit Abtheilungen für Bauhandwerker und für den höheren Weberberuf; das von Heinrich XLII. Gegründete wohlthätige Institut zur Unterstützung armer Bürgersöhne, welche ein Handwerk oder eine Kunst erlernen; die Armenfreischulkasse mit 800 Thlr. Kapital; ein Verein für freiwillige Armenpflege, seit Kurzem auch mit der städtischen Armenpflege betraut; die Volksleseanstalt für das reußische Oberland mit einer Bibliothek von circa 2000 Bänden«[874]

Auch in Lobenstein existierten eine Knaben- und eine Mädchenschule sowie eine Elementarklasse, die im Laufe des 19. Jahrhunderts alle durch steigende Schülerzahlen erweitert und modernisiert werden mussten[875]. Darüber hinaus wurde auch eine Bergbauschule gegründet.[876]

Im Jahre 1835 wurde in Gera die Trennung der Bürger- (sog. Ratsschule) von der sog. Gelehrtenschule (Rutheneum) verfügt und für die Bürgerschule gleichzeitig ein Subrektor berufen,[877] dennoch fand die Trennung real erst 1864 statt.[878] 1836 bescherte die Vakanz der dritten Lehrerstelle an der allgemeinen Landesschule einen finanziellen Überschuss, der die Einrichtung eines »Schullehrerwittwenfiscus« für die ordentlichen Lehrer der Landesschule erlaubte.[879] 1837 wurde eine neue Schulordnung für die Herrschaft Gera erlassen, die Ostern 1838 offiziell in Kraft trat.[880] Obwohl diese Schulordnung eine Schulpflicht vorschrieb, der aber viele Kinder nicht nachkamen und die Schule gar nicht besuchten, stieg dennoch die Zahl der eigentlichen Schulkinder.[881] Dies hatte ernstliche Folgen, die sich anhand der Entwicklung des Rutheneums verdeutlichen lassen:

> »Ueber 200 Jahre hat diese Anstalt ohne wesentliche Veränderung in ihrer Einrichtung bestanden, und sich immer einer zeitgemäßen Frequenz von In- und

---

874 Vgl. Brückner: Landeskunde. 586f.

875 Vgl. Brückner: Landeskunde. 717.

876 Vgl. Brückner: Landeskunde. 299f.

877 Vgl. Kirchen-Galerie. Das Fürstenthum Reuss-Gera. 28.

878 Vgl. Schmidt: Abriss. 6.

879 Vgl. Kirchen-Galerie. Das Fürstenthum Reuss-Gera. 28.

880 Vgl. Kirchen-Galerie. Das Fürstenthum Reuss-Gera. 28.

881 Vgl. Schmidt: Abriss. 6. Werner verweist in diesem Zusammenhang darauf, dass die Umstände des Unterrichts zu wünschen übrig ließen, wenn für das Jahr 1858 von Klassen mit bis zu 100 Kindern in der Ratsschule berichtet wird. Des Weiteren verweist Werner darauf, dass ca. 200 bis 250 Mädchen zw. 1840 bis 1850 keine Schule besuchten (vgl. Schmidt: Abriss. 6).

Ausländern zu erfreuen gehabt. Die wachsende Bevölkerung der Stadt, die Aufhebung einiger Privat- und Winkelschulen, so wie der Mangel anderer Lehranstalten für die männliche Jugend machte aber nach dem ersten Viertel des jetzigen Jahrhunderts erst die Erweiterung derselben durch mehrere Elementarclassen, dann die Trennung des Gymnasiums von der Elementar- und Bürgerschule nothwendig.«[882]

Auch an sonstigen Schulen und vor allem den Volkschulen wurden ab dem zweiten Drittel des 19. Jahrhunderts spürbare Veränderungen deutlich, die sich zunächst in der Vergrößerung bzw. Vermehrung der Anzahl der Unterrichtsräume sowie der Einstellung von mehr Lehrern verdeutlichten. Der Unterrichtsplan wurde ebenfalls an die Umstände der Zeit angepasst und um einige Fächer über den religiösen Unterricht hinaus erweitert, was sich am Lehrplan der Untermhäuser Schule in Gera zeigt:

»Religion, Bibelerklärung, Bibel- und Religionsgeschichte, gemeinnützige Kenntnisse, Lesen, Schreiben, Gedächtnisübungen, Denk- und Sprachübungen.«[883]

Geschrieben wurde in der Untermhäuser Schule im so genannten Bauerndialekt und ab den 1830er Jahren mit Stahlfedern, die die Gänsekielfedern vollständig ersetzten.[884]

Der Ausbau des Schulwesens schritt in Gera in der Folgezeit weiter voran, und in Anlehnung an die Erfordernisse der Zeit entstanden zahlreiche Volksschulen und dazugehörige, jedoch privat geführte Anstalten wie etwa der »Jahn'sche Kindergarten« und die »Etzler'sche Elementarschule« sowie mehrere fortführende Einrichtungen, die im Sinne volksbildender Schulen Spezialisierungen im technischen oder auch auf bürgerlichem Gebiet erlaubten.[885] Zu diesen Schulen gehörten in Gera die Sonntagszeichenschule (1843), genauer die Freihand- und technische Zeichenschule, die Webschule (1843) und die Handelsschule. Letztere war von EDUARD AMTHOR 1849 gegründet und 1854 eröffnet worden. Sie gewann im Laufe der zweiten Hälfte des 19. Jahrhunderts aufgrund ihres qualitativ guten Ausbildungsangebots europaweite Bedeutung:

---

882 KIRCHEN-GALERIE. DAS FÜRSTENTHUM REUSS-GERA. DIE EPHORIE GERA. 8.

883 GLOTZ u.a.: Chronik. 5.

884 Vgl. GLOTZ u.a.: Chronik. 5.

885 Vgl. BRÜCKNER: Landeskunde. 299.

»Amthor legte bei der Vermittlung einer kaufmännischen Grundausbildung auf hohem Niveau dabei ebenso Wert auf die Sprachen und Geografie. Die Absolventen der 1895 in ›Amthorsche Höhere Handelslehranstalt‹ umbenannte Bildungseinrichtung nahmen meist ein Studium an Kaufmännischen Hochschulen auf und ergriffen im Anschluss den Beruf eines Kaufmanns. Neben der Ausbildung von Schülern fanden an der Lehranstalt auch die Fortbildungskurse für Erwachsene eine große Resonanz.«[886]

Als sich die Länder der jüngeren Linie 1848 zum Fürstentum Reuß jüngerer Linie vereinigten, blieben die Landschulenordnungen der einzelnen Teile zwar zunächst noch in Kraft, doch wurde die Landschulenordnung des Fürstentums Reuß-Gera von 1837 zur Organisation der schulischen Verwaltungsstrukturen in Reuß jüngerer Linie zugrunde gelegt und damit in den traditionellen kirchlichen Aufsichtsstrukturen belassen. In der Landesverfassung von 1849 wurden zwar die rechtlichen Grundlagen für weit reichende Veränderungen in der Schulverwaltung und -aufsicht gelegt, doch durch das Scheitern der Frankfurter Nationalversammlung und die einsetzende Reaktionszeit, die wie in Preußen auch in Reuß jüngerer Linie zu wirken begann, blieb eine größere Reform des Volksschulwesens in den 1850er Jahren zunächst aus.

1.3.3 Zur Reorganisation des Geraer Volksschulwesens ab 1861

Unter der Herrschaft Heinrichs LXVII. zu Reuss-Schleiz fanden tief greifende Reformen angesichts der herrschenden Missstände im Schulwesen statt. Dazu gehörten, durch den ab 1861 amtierenden Staatsminister von Harbou vorangetrieben, nicht nur eine Neuorganisation der staatlichen Verwaltung, sondern auch eine Verbesserung der Lage der Volksschullehrer, der vermehrte Umbau bzw. sogar Neubau von Schulhäusern in insgesamt 14 Landgemeinden, die Reorganisation der Gymnasien in Gera und Schleiz sowie der »Heinrichsstiftung« und die Errichtung des Fürstlichen Landesseminars in Schleiz statt.[887]

Allein in Gera hatte sich die Bevölkerung der Stadt zwischen 1808 und 1860 verdoppelt, doch trotz solcher Entwicklungen blieben für die Stadt Gera und viele Landgemeinden der reußischen Herrschaften die Voraussetzungen für das Schulwesen im baulichen Bereich bis zur zweiten Hälfte des 19.

---

886 Stadtmuseum Gera (Hrsg.): Geschichte. 98.

887 Vgl. Brückner: Landeskunde. 387f.

Jahrhunderts mangelhaft.[888] Um dies zu ändern setzten ab der Mitte des 19. Jahrhunderts, vor allem in der Geraer Region, vermehrt Bestrebungen zum Ausbau des Schulwesens auf architektonischem wie bildungspolitischem Gebiet ein.

Zwischen 1855 und 1861 war es zu starken Auseinandersetzungen im Stadtrat Geras gekommen, die 1860 zu dem Ergebnis führten, dass die Pflicht für die Verbesserung der schulischen Zustände eher beim Stadtrat als dem Fürsten liege.[889] In der Folge wurde zwischen 1861 und 1864 ein neues Gebäude für die »Gesamtschule« bzw. »Bürgerschule für Knaben und Mädchen« errichtet.[890] Und auch in Gera-Untermhaus wurde ein Schulneubau durchgeführt, da die dortigen Schülerzahlen beständig angestiegen waren und dies notwendig machten. Die Kosten dafür trug zu einem großen Teil der Landesherr, da mindestens ein Fünftel der Bevölkerung der zugehörigen Gemeinden in sehr ärmlichen Verhältnissen lebte und keine finanziellen Mittel für den Schulneubau beisteuern konnte.[891] Das modernisierte Gebäude gestaltete sich wie folgt:

> »Die neue Schule sollte für 350 Kinder Raum bieten, und außerdem war beabsichtigt, zwei Wohnungen für ständige Lehrer und eine Dachwohnung für einen Hilfslehrer einzubauen. Nach vielen Misshelligkeiten mit Schmieden, Schlossern, Glasern und anderen Handwerkern konnte am 20. 10. 1864 die neue Schule eingeweiht werden. Geheizt wurde mit Maschinenöfen, vor denen die Kinder durch Ofenschirme abgeschirmt waren, zunächst mit Holz, später mit Braunkohle.«[892]

Diese Schulneu- und -ausbauten wurden vom Nachbar- und Bruderstaat aufmerksam beobachtet und dienten unter anderem als Vorbild für die Reorganisation des Schulwesens in Reuß älterer Linie, ebenfalls ab den 1860er Jahren. Ein erstes Fazit zu den Reformen liefert der Landtagsabschied für das Jahr 1868:

> »Das Volksschulgesetz [von 1837, Anm. SEKH] hat die Einwirkung der Gemeinden auf die Ausbildung der Schuljugend erweitert und das Einkommen der

---

888 Vgl. Schmidt: Abriss. 6.

889 Vgl. Schmidt: Abriss. 7.

890 Vgl. Schmidt: Abriss. 7.

891 Vgl. Glotz u.a.: Chronik. 5f.

892 Glotz u.a.: Chronik. 6.

> Schullehrer wesentlich erhöht. Die Aufbringung der für das Schulwesen erforderlichen Geldmittel wird den Gemeinden, soweit nöthig, durch Beihilfe des Staats erleichtert. Zu Schulbauten ist mehrfach aus der Staatskasse Unterstützung gewährt worden. [...]. Das höhere Schulwesen ist durch die Neugestaltung des Schleizer Gymnasiums gehoben worden.«[893]

1870 wurde schließlich auch ein neues »Volksschulgesetz« erlassen, das die bisher geltenden Landschulenordnungen und Gesetze zur Schulpflicht aufhob und im Jahre 1900 nochmals erneuert wurde.[894] Diese beiden Volksschulgesetze enthielten umfangreiche Bestimmungen zur Organisation und Verwaltung des Volksschulwesens sowie zu dessen Aufsichtsstrukturen.

Mit der Gründung des Deutschen Reiches 1871 begann in Reuß jüngerer Linie ein verstärkter Ausbau[895] sowie eine stärkere Lenkung und Überwachung des Schulwesens nach preußischem Vorbild, die folgende Ergebnisse zeigten:

> »Die für das deutsche Bildungswesen nach 1870 kennzeichnende Differenzierung, das System der vertikalen Aufbauten, ist vollzogen. Die Lehrer sind Staatsbeamte und unabhängig vom Schulgeld. Die Schuldauer ist geregelt; die Lehrgänge bauen sich in Jahresklassen auf und die Lehrer sind nicht mehr Klassen-, sondern Fachlehrer geworden. Das Gymnasium beginnt in Sexta mit dem Lateinunterricht, alle lernen auch Griechisch; es versteht sich als allgemeine Vorbereitungsanstalt für die Universitätsstudien. Eben dies ist das Preußische System, wie es nach Süverns Beginn durch Johannes Schultze und Ludwig Wiese geformt worden ist. Es gehört dazu die Entwicklung des Realschulwesens als Fortführung der nun lateinlos gewordenen Bürgerschulbildung.«[896]

---

893 Landtagsabschied, in: GS FRLRJL, Bd. 16, Jg. 1868–1871. Nr. 336. 350.

894 Vgl. Volksschulgesetz, in: GS FRLRJL, Bd. 16, Jg. 1868–1871. Nr. 328. 251–270; Volksschulgesetz, in: GS FRjL, Bd. 24, Jg. 1900–1902. Nr. 606. 139–166.

895 In Gera wurden die Schulen des ›niederen‹ Schulwesens nicht als Volksschulen, sondern Bürgerschulen bezeichnet. Im Stadtzentrum zählten dazu die *Enzianschule* (1874), die *Lutherschule* (1883), die *Bergschule* (1893), Schulen in den stadtnahen Vororten *Untermhaus* (1874), *Debschwitz* (1880), *Altpforten* (1881) und *Zwötzen* (1900) sowie Schulen in den eingemeindeten Ortsteilen *Kaimberg* (1871), *Foschütz* (1883), *Windischenbernsdorf* (1887), *Tinz* (1887), *Langenberg* (1888), *Dürrenebersdorf* (1899), *Liebschwitz* (1905), *Lusan* (1906), *Lemnitz* (1908) und *Thieschitz* (1910). So genannte ›neue Schulen‹, die sich durch größere Geräumigkeit auszeichneten, um so den großen Schülerzahlen Herr zu werden, waren in der Umgebung Geras die *Untermhäuser Schule* (1903), die *Ostschule* (1906), die *Debschwitzer Schule* (1909), die *Zwötzener Schule* (1911) und die *Pfortener Schule* (1912) (vgl. Schmidt: Abriss. 8).

896 Flitner: Wissenschaft. 138.

Entsprechend dem Ausbau des Volksschulwesens waren zu Beginn der 1870er Jahre folgende Schulstrukturen in Gera zu finden:

> »Der städtische Schulkörper, nach seinen verschiedenen Elementen, Zielen und Zwecken achtfach gegliedert, aber durch einen Director [...] gebunden, überwacht und belebt, besteht aus Anstalten theils mit höherer, theils mit niederer allgemeiner Vorbildung, dort aus einer Realschule und einer höheren Töchterschule, hier aus drei Bürgerschulen und aus technischen Schulen, nämlich einer Sonntagszeichnenschule, einer Fortbildungsschule und einer Webschule. Dem mühevollen Directorium dieser städtischen Schulen steht für jede einzelne Schule ein Oberlehrer als Vicedirector zur Seite. Bibliothek und Sammlungen sind allen Schulen gemeinschaftlich. Zur Anstellung an der Realschule und der höheren Töchterschule hat der Lehrer das Examen des höheren Schulamts zu machen. Die Lehrer an den Bürgerschulen und an den Vorklassen der Realschule und höheren Töchterschule können mit einander rangiren.«[897]

HEINRICH XXVII. zeigte sich während seiner Regentschaft sehr bemüht um die Verbesserung des Schulwesens durch den Aus- und Neubau von Schulgebäuden, eine Förderung der Lehrerausbildung und -besoldung, die Verringerung bzw. Abschaffung von Schulgeld sowie die Neuregelungen zur finanziellen Unterhaltung der Schulgebäude durch die Gemeinden. Er setzte dafür einen hohen Aufwendungsetat für die Kultusabteilung an. Dies hing mit der Ansicht des Fürsten zusammen, dass eine ausgezeichnete Schulbildung das Beste sei, das seinen Untertanen ermöglicht werden könnte.[898] Ausgehend von dieser Auffassung war er auch offen für Reformvorschläge und Wünsche

---

[897] BRÜCKNER: Landeskunde. 436.

[898] Vgl. KUCKDESCHEL: Heinrich XXVII. 29f. PAUL KUCKDESCHEL hält angesichts dessen zum Wirken HEINRICHS XXVII. erläuternd fest: »Der Fürst war überzeugt, ganz in Übereinstimmung mit der vom Freiherrn vom Stein in seinem ›Politischen Testament‹ vom 24. November 1808 vertretenen Auffassung, daß er seinen Untertanen nichts Besseres geben könne als eine vorzügliche Schulbildung. Dieses Ziel suchte er ebenso sehr durch schulische Einrichtungen als durch die Tüchtigkeit der Lehrer zu erreichen. Deshalb sollte das Volksschulgesetz vom 31. Juli 1900 nur eine Etappe auf dem eingeschlagenen Weg sein. Dies bis dahin alleinige gesetzliche Regelung der gewöhnlichen Volksschule wurde auch auf die Mittelschule und die Fortbildungsschule erstreckt, wenn auch die letztere einschließlich der für die Mädchen, schulgeldfrei, zunächst der ortsstatutarischen Ausgestaltung überlassen blieb« (KUCKDESCHEL: Heinrich XXVII. 29).

z.B. der Lehrerschaft, auf deren Bitten hin er die geistlichen durch weltliche Schulinspektoren ersetzte und 1911 zwei Bezirksschulinspektoren zur Überwachung des Schulwesens gesetzlich festschrieb.[899]

Mit der Jahrhundertwende kam es zu einem letzten wichtigen Wandel im Schulwesen, der in erster Linie mit den gestiegenen Anforderungen durch die industrielle und wirtschaftliche Entwicklung an das allgemeine Bildungsniveau zusammenhing.[900] Mittlerweile existierte nicht nur eine Nachfrage nach fachlich sehr gut ausgebildeten Arbeitskräften, sondern es entstanden auch Wohngebiete speziell für die Arbeiter wie bspw. in der Stadt Gera, was einen weiteren Ausbau der Schulgebäude ebenso wie neue Bildungskonzepte erforderte:[901]

> »Dies hatte zur Folge, dass die zuvor stark sozial geprägten Unterschiede im Bildungssystem aufgelockert und erste reformpädagogische Ideen gefördert wurden, die die gleichen Bildungschancen für die Kinder aller sozialen Schichten anstrebten. Sichtbaren Ausdruck fand dieser Prozess auch in der Annäherung von Erscheinungsbild, Ausstattung und Raumdisposition von Volksschulen und ›höheren‹ Schulen.«[902]

Um den Anforderungen durch die hohen Schülerzahlen beizukommen, wurde die Schulpflicht zwischen 1908 und 1910 schließlich von 7 auf 8 Klassen erhöht.[903] Des Weiteren wurden auch die zum Fortbildungsschulwesen gehörenden Schulen, wie die auf Privatinitiativen zurückgehende Fortbildungsschule (1866) und die Fachwebschule (1869) weiter gefördert, seit der Jahrhundertwende beständig ausgebaut und strukturell stärker mit dem Volksschulwesen verbunden. Das letzte bedeutende Gesetz vor 1918 wurde im Jahre 1914 als abschließender Nachtrag zum Volksschulgesetz von 1900 erlassen und schrieb die Einrichtung einer verpflichtenden Fortbildungsschule für die Jungen vor sowie die Möglichkeit, örtlich auch eine solche

---

899 Vgl. Kuckdeschel: Heinrich XXVII. 30.

900 Dennoch verblieben die bildungspolitischen Zielsetzungen in Reuß jüngerer Linie bis zum Ende des langen 19. Jahrhunderts weiterhin sehr von den immer noch fest gefügten sozialen Strukturen des Landes geprägt (vgl. Kahl: Typologie. 10).

901 Vgl. Kahl: Typologie. 10.

902 Kahl: Typologie. 10.

903 Vgl. Schmidt: Abriss. 8.

Pflicht für die Mädchen festzuschreiben.[904] Damit war ein wichtiger Schritt hin zur Verbindung von elementarer Grundbildung und Berufsausbildung getan, was einerseits das Volksschulwesen in Reuß jüngerer Linie in seiner Bedeutung zur Ausbildung von Fachkräften hob und andererseits die notwendige Anbindung des Volksschulwesens an die Wirtschaftstrukturen weiter vorantrieb.[905]

1.3.4 ZUR REORGANISATION DES SCHLEIZER VOLKSSCHULWESENS AB 1865

Bereits zu Beginn der 1860er Jahre begannen auch in Schleiz Reformen des Volksschulwesens einzusetzen. Dementsprechend wurden die Knabenklassen der Bürgerschule 1865 vom Schleizer Gymnasium getrennt und in den nächsten Jahrzehnten begann folgender Ausbau der Bürgerschule:

> »Dann erfolgte die Trennung: die untere Abteilung der Quarta erhielt die Bezeichnung: 1. Knabenklasse der Bürgerschule; die seitherige Quinta wurde die 2. Klasse. Bis Michaelis 1868 blieb die ›Bürgerknabenschule‹ unter der Leitung des Gymnasialdirektors. Von dieser Zeit bis Ostern 1870 verwaltete ein Rektoratsverweser diese Knabenabteilung. Ostern 1870 erhielt die Bürgerschule ein besonderes Rektorat. Erster Rektor der nun selbständigen Schule, bestehend aus Knaben- und Mädchenabteilung, war Karl Böhme aus Ronneburg; 1878 wurde er zum Direktor ernannt. Die Mädchenabteilung war ab 1877 siebenstufig, wurde aber Ostern 1900 achtstufig; 1901 wurde auch das Knabensystem achtklassig. Zu jener Zeit war die Zahl der Mädchen oft um 40 höher als die der Knaben. Das Lehrerkollegium bestand aus 13, ab 1901 aus 14 Lehrern, einschl. des Rektors, und 2 Lehrerinnen, die den weiblichen Handarbeitsunterricht in je 6 Stunden wöchentlich nebenamtlich erteilten.«[906]

---

904 Vgl. ZWEITES NACHTRAGSGESETZ, in: GS FRJL, Bd. 29, Jg. 1913–1915. Nr. 834. 145–148.

905 Der weitere Ausbau des Fortbildungsschulwesens war ein wichtiges Ziel der Lehrer des Fürstentums, wie an der 1914 erschienenen Denkschrift deutlich wird, die im Auftrag des Landeslehrervereins Reuß jüngerer Linie (Vgl. KALB: Geschichte) und dessen Geschäftsführenden Ausschusses von der Pädagogischen Arbeits-Gemeinschaft des Landes-Lehrervereins bearbeitet und in Gera veröffentlicht worden war. Darin werden nach ausführlicheren Darstellungen der künftigen Gestaltungsziele für die Fortbildungsschulen schließlich elf von den beteiligten Pädagogen formulierte Grundsätze zum »zeitgenössischen Ausbau des Fortbildungswesens« festgehalten (vgl. LANDESLEHRERVEREIN REUSS JÜNGERER LINIE (Hrsg.): Denkschrift. 11f).

906 BÖHME: Bürgerschule. 83f.

Im Schleizer Gebiet spielte im Prozess der Modernisierung des Schulwesens das 1656 aus einer Lateinschule des Deutschen Ordens hervorgegangene Gymnasium »Rutheneum« eine besondere Rolle.[907] Im Jahre 1860 hatte der Landtag die Schließung desselben beschlossen, die aber durch Bürgerproteste und Fürst Heinrich LXVII. von Reuss jüngerer Linie verhindert wurde, sodass es zu einer Reformierung der Schule kam.[908] 1867 erging der Revisionsauftrag dafür, und zwei Jahre später wurde Dr. Konrad Duden (1829–1911) in das Amt des Direktors eingeführt.[909] Unter seiner Verantwortung kam es in den folgenden sieben Jahren zu zahlreichen fortschrittlichen Veränderungen die nicht nur auf das Volksschulwesen in Reuß jüngerer Linie Einfluss übten, sondern auch weit über Schleiz hinausstrahlten. So wurde bspw. der von ihm aufgestellte Stundenplan von 1876 ab 1882 Vorbild für die revidierten Stundenpläne in Preußen.[910] Wohl am bekanntesten jedoch wurde Duden durch die Veröffentlichung seines Werkes »Die deutsche Rechtschreibung« (auch »Schleizer Duden« genannt) im Jahre 1872. Es stellte eine Reaktion auf den Umstand dar, dass auch am Schleizer Gymnasium jeder Lehrer seine ganz eigene Orthographie pflegte, was bei den Schülern, die natürlich von verschiedenen Lehrern unterrichtet wurden, für Verwirrung sorgte.[911] Weiterhin wurde für den Bereich der Volksbildung im gesamten deutschen Raum auch das Engagement Dudens in der Erwachsenenbildung wichtig. Denn er gehörte 1871 zu den Gründern der »Gesellschaft für Verbreitung der Volksbildung«, die sich mit Unterstützung des Gewerbevereins zunächst als »Allgemeiner Bildungsverein zu Schleiz« konstituierte, dem sich noch im

---

907 Vgl. Schmidt: Geschichte. 152.

908 Vgl. Klimpke: 19. Jahrhundert. 11–13.

909 Bereits im September 1868 war die Anstellung Dudens beschlossen worden und daraufhin waren in der Zeit zwischen Oktober des Jahres und April 1869 von Dudens Seite schon einige Veränderungsvorschläge für die Schulreform eingegangen. Dazu gehörten die Anstellung eines Elementarlehrers, die Einrichtung von Realparallelklassen für Schüler, die kein Griechisch lernten, sowie die Verbesserung der Lehrerbesoldung (vgl. Klimpke: Konrad Duden. 3f.).

910 Vgl. Klimpke: Konrad Duden. 5–7.

911 Konrad Duden hatte bereits seit seiner Anstellung in Schleiz an einer eigens für das Rutheneum gültigen einheitlichen Orthographie gearbeitet, diese mit seinen Kollegen diskutiert und im Jahresbericht des Gymnasiums von 1870/71 schließlich unter dem Titel »Zur deutschen Rechtschreibung« zusammengefasst (vgl. Klimpke: Konrad Duden. 13–19).

selben Jahr verschiedene weitere Vereine der Stadt anschlossen.[912] Die Idee dahinter war, eine Verbesserung der allgemeinen Volksbildung zu schaffen, die sich durch die Gründung weiterer solcher Vereine auf das gesamte Deutsche Reich erstrecken sollte.[913] Damit wird ein spezifischer Zug des damaligen Zeitgeistes betreffend die Volksbildung deutlich.

Des Weiteren wurde – wie in Gera – das Fortbildungsschulwesen erweitert und fest mit dem Volksschulwesen verbunden. Die Basis dafür bildete in Schleiz die Verbindung des Heinrichstifts mit der Gewerbeschule im Jahre 1881, die in den Folgejahrzehnten als Fortbildungsschule des Landesteils weiter ausgebaut wurde:

> »1898 wurde sie in eine obligatorische Fortbildungsschule mit zweijähriger Schulzeit umgewandelt; sie stand im engsten Zusammenhang mit der Bürgerschule, deren Lehrkräfte den Hauptunterricht in den Abendstunden erteilten. Erst 1919 wurde der Unterricht auf einen Nachmittag gelegt, und seit 1920 mußte er auf behördliche Anordnung am Anfang oder Ende der Arbeitszeit liegen.«[914]

---

912 Dazu gehörten der »Naturwissenschaftliche Verein«, das »Liederkränzchen«, die »Liedertafel«, die »Turnerschaft«, der »Bürgergesangsverein« sowie der »Musikalisch-dramatische Verein« (vgl. KLIMPKE: Konrad Duden. 11).

913 Fächer die unterrichtet wurden waren Deutsche Sprache, Schreiben, Deutsche Geschichte und Geographie, Physik, Französisch, Englisch, Rechnen, Zeichnen und Modellieren. Des Weiteren richtete der »Allgemeine Bildungsverein zu Schleiz« auch eine eigene Bibliothek ein (vgl. KLIMPKE: Konrad Duden. 11).

914 HÄNSEL: Berufsschule. 87.

2 Rechtliche Grundlagen und verwaltungsmässige Grundstrukturen zur Schulaufsichtsfrage von 1848 bis 1918

2.1 Zur Staatsverwaltung

2.1.1 Zu den rechtlichen Grundlagen

2.1.1.1 Zum Staatsgrundgesetz von 1849

Am 14. Dezember des Jahres 1849 wurde das »Staatsgrundgesetz« samt »Wahlgesetz« durch die »Gesetzsammlung der Fürstlich Reußischen Lande Reuß Jüngerer Linie« veröffentlicht und bildete bis 1852 die unveränderte staatsrechtliche Grundlage des Fürstentums Reuß jüngerer Linie.[915] Dass sich die Gründer des Fürstentums in der Revolutionszeit 1848/49 an den Aktivitäten der Frankfurter Nationalversammlung bezüglich der Schaffung eines Nationalstaats auf moderner verfassungsrechtlicher Basis orientierten

---

915 Vgl. Staatsgrundgesetz, in: GS FRLRJL, Bd. 8, Jg. 1849–1852, Nr. 102. 53–83. Die Verfassung bestand aus 135 Paragraphen, verteilt auf 11 Abschnitte, die sich gemäß der darin behandelten Themen wie folgt gliedern lassen. Im *ersten Abschnitt* (§§. 1–3) werden allgemeine Bestimmungen zum Staatsgebiet erläutert. Der *zweite Abschnitt* (§§. 4–56) enthält weitestgehend die Grundrechte der Paulskirchenverfassung. Der *dritte Abschnitt* (§§. 57–65) behandelt die Rechte und Pflichten des Staatsoberhauptes und der *vierte Abschnitt* (§§. 66–69) die Volksvertretung. Im *fünften Abschnitt* (§. 70) finden sich die Rechte und Pflichten der Volksvertretung. Der *sechste Abschnitt* (§§. 71–78) enthält die Regelungen zur Finanzverwaltung und Steuerbewilligung durch den Landtag. Der *siebente Abschnitt* (§§. 79–92) handelt von der Gesetzgebung. Der *achte Abschnitt* (§§. 93–96) enthält die Regelungen zur Überwachung der Verwaltung, der *neunte Abschnitt* (§§. 97–114) die Bestimmungen zur Ausübung der Rechte der Volksvertretung im Landtag und im *zehnten Abschnitt* (§§. 115–118) geht es um Regelungen zum Landtagsausschuss. Im *elften Abschnitt* (§§. 119–123) wird schließlich die Gewähr der Verfassung und die Verpflichtung der Staatsdiener darauf festgeschrieben.

und diese unterstützten, zeigt sich einerseits an der Veröffentlichung des Grundrechtekatalogs von 1848 und der »Reichsverfassung« von 1849 in der Gesetzsammlung des Fürstentums[916] und auch sehr stark an den Inhalten des »Staatsgrundgesetzes« und »Wahlgesetztes« selbst. Beispielhaft zu nennen sind die Bestimmungen zu den Rechten der Untertanen, die im reußischen Staatsgrundgesetz im modernen Sinne als »Staatsangehörige« bezeichnet werden, und eine weitestgehende Übernahme der Frankfurter »Grundrechte des deutschen Volks«.[917] Dies zeigt nicht nur, dass der Landesherr von Reuß jüngerer Linie sehr aufgeschlossen gegenüber dem liberalen Gedankengut der Nationalversammlung war, sondern auch, dass das Fürstentum mit seiner Verfassung staatsrechtlich zu den modernsten Staaten dieser Zeit zählte. Denn die Aufhebung des Lehenswesens, die Zentralisierung der Ge-

---

[916] Vgl. Ministerialverordnung, in: GS FRLRJL, Bd. 7, Jg. 1847–1849, Nr. 219. 163f.; Verfassung, in: GS FRLRJL, Bd. 7, Jg. 1847–1849, Nr. 235. 197–243.

[917] Zu diesen Bestimmungen gehören die Regelungen zur Freizügigkeit (vgl. §. 6), die Aufhebung des Standesunterschiedes und der nicht amtsgebundenen Titel, die Abschaffung der Privilegien, die Gleichberechtigung aller Befähigten bei der Vergabe für Ämter sowie die Gleichheit aller vor dem Gesetz (vgl. §. 7), die Unverletzlichkeit der Person und damit deren Schutz vor strafrechtlicher Willkür (vgl. §. 8), die Abschaffung der Todesstrafe, von Prangerstrafen, der Brandmarkung sowie körperlicher Züchtigung (vgl. §. 9), die Unverletzlichkeit der Wohnung (vgl. §. 10), das Verbot der Beschlagnahmung von Briefen und Papieren ohne richterlichen Befehl (vgl. §. 11), die Gewährleistung des Briefgeheimnisses (vgl. §. 12), die Rede- und Meinungsfreiheit (vgl. §. 13), die volle Glaubens- und Gewissensfreiheit (vgl. §. 14–19), die bürgerliche Gültigkeit der Ehe (vgl. §. 20), die Führung der Standesbücher durch staatliche Behörden (vgl. §. 21), die Freiheit der Wissenschaft und Lehre (vgl. §. 22), neue Bestimmungen zu Unterrichts- und Erziehungswesen (vgl. §§. 23–27), das Recht zur freien Berufswahl (vgl. §. 28), das Recht auf Bitten an und zur Beschwerde über Behörden und Beamte (vgl. §§. 29–30), das Versammlungsrecht (vgl. §. 31), das Vereinsbildungsrecht (vgl. §. 32), die Unverletzlichkeit des Eigentums (vgl. §§. 34–35), die Aufhebung der Patrimonialgerichtsbarkeit, grundherrlichen Polizei und des Familienfideikommiss sowie der Stammgüter (vgl. §§. 37–39; 41), die Einführung eines Steuersystems (vgl. §. 40), die Aufhebung des Lehenswesens (vgl. §. 42), die Abschaffung der Vermögenseinziehung als Strafe (vgl. §. 43), die Zentralisierung der Gerichtsbarkeit beim Staate und damit die Aufhebung eines privilegierten Gerichtsstands sowie die künftige Öffentlichkeit und Mündlichkeit der Gerichtsverfahren, den Anklageprozess bei Strafsachen (vgl. §§. 44–50; 54), die Trennung von Verwaltung und Justiz (vgl. §§. 51–53) sowie die Einführung einer Gemeindeordnung zur freien Selbstverwaltung der Gemeinden (vgl. §. 55) und die allgemeine Volksbewaffnung (vgl. §. 56).

richtsbarkeit als staatlicher Aufgabe, die Erklärung bürgerlicher Rechte, die den Staatsangehörigen gewisse Freiheiten und einen gewissen Schutz vor staatlicher Willkür durch Staatsbeamte und -behörden boten, und die Trennung von Verwaltung und Justiz (vgl. §§. 6–56) führten nicht nur zu einer größeren Transparenz des Staates für die Bürger, sondern diese Entwicklungen bedeuteten auch einen ganz offensichtlichen Bruch mit dem bisherigen absolutistischen Staatssystem. In diesem Sinne sind auch die Regelungen in den §§. 57 bis 63 zu verstehen,[918] an denen deutlich wird, dass einerseits die monarchischen Rechte laut geltendem Fürsten- und Hausrecht bekräftigt, aber gleichzeitig auch im Sinne der neuen Verfassung so beschränkt wurden, dass der Landesherr nicht mehr absolutistisch, sondern nur noch im rechtlichen Rahmen des Staatsgrundgesetzes herrschen konnte. Um dies abzusichern wurde ihm eine Volksvertretung nach modernem Vorbild gegenübergestellt, deren Rechte und Pflichten deutlich den Einfluss der Paulskirchen-

918 In diesem dritten Abschnitt des Staatsgrundgesetzes wird festgeschrieben, dass die Person des Fürsten unverletzlich sei (vgl. §. 57), dem Fürsten allein die Exekutive zustehe (vgl. §. 59), ihm die Besetzung aller Staatsämter und der Oberbefehl des Militärs auch weiterhin obliege (vgl. §. 60), er das Recht zur Begnadigung und Strafmilderung habe (vgl. §. 61), das Recht auf die Landesregierung laut Regelungen der Hausgesetze weiterhin im Sinne einer Erbmonarchie gelte (vgl. §§. 62–63) und auch das gesamte Kammergut dem Staate zur Verwaltung übergeben werde (vgl. §. 64). Es findet sich auch die Bestimmung, dass die Regentenhandlungen der Vorfahren im Rahmen der verfassungsmäßigen Grenzen anzuerkennen und zu vertreten seien (vgl. §. 58).

verfassung zeigten. Das Volk sollte künftig durch frei gewählte Abgeordnete jeglichen Standes vertreten werden (vgl. §§. 66–68),[919] die bei ihrem Eintritt in die Landtagsversammlung Folgendes zu versprechen hatten:

> »Ich gelobe die Staatsverfassung heilig und treu zu bewahren und in der Landtagsversammlung das Staatswohl ohne Nebenrücksichten nach meiner eigenen gewissenhaften Ueberzeugung bei meinen Anträgen und Abstimmungen zu beachten.«[920]

Der Volksvertretung oblagen im Einzelnen die Rechte der entscheidenden Stimme in Steuerangelegenheiten[921], bei der Ordnung des Staatshaushalts, bei der Gesetzgebung und das Recht der Steuerbewilligung, des Gesetzesvorschlags, der Beschwerde, der Adresse und auch der Anklage der Minister (vgl. §. 70).

---

919 Über die Konditionen zur Wahl dieser Abgeordneten finden sich im Wahlgesetz von 1849 nähere Bestimmungen. Darin heißt es: »Wahlberechtigt ist jeder unbescholtene Staatsbürger, welcher das fünf und zwanzigste Lebensjahr zurückgelegt hat und eine direkte Staatssteuer entrichtet. So lange indessen eine allgemeine Einkommen- resp. Vermögenssteuer nicht eingeführt ist, ist jeder unbescholtene Staatsangehörige wahlberechtigt, welcher das fünfundzwanzigste Lebensjahr zurückgelegt hat und selbstständig ist« (Staatsgrundgesetz, in: GS FRLRJL, Bd. 8, Jg. 1849–1852, Nr. 102. 80, §. 1). Als unselbständig gelten in diesem Zusammenhang Haussöhne, Dienstboten, Handwerksgesellen, Menschen ohne Hausstand bzw. Menschen, die »sich im Brode ihres Handlungs- oder Geschäftsherrn befinden« (Staatsgrundgesetz, in: GS FRLRJL, Bd. 8, Jg. 1849–1852, Nr. 102. 80, §. 2). Als bescholten gelten gerichtlich Verurteilte (vgl. Staatsgrundgesetz, in: GS FRLRJL, Bd. 8, Jg. 1849–1852, Nr. 102. 80, §. 3). Diejenigen, die wählen durften, waren auch selbst als Abgeordnete wählbar (vgl. §. 5 [WG]), ausgenommen blieben jedoch Mitglieder der oberen Landesbehörden (vgl. §. 12 [WG]). Des Weiteren wird bestimmt, dass die Abgeordneten und deren Stellvertreter jeweils auf zwei Jahre zu wählen seien (vgl. §. 8 [WG]), die Wahlen auf Anordnung des Fürsten zu erfolgen hätten und durch das Ministerium, d.h. die Regierung zu leiten sowie zu beaufsichtigen seien (vgl. §. 13 [WG]), wobei die Wahlhandlung in den Städten durch die Gemeindevorstände unter Beihilfe der Gemeinderäte und Bezirksvorsteher und auf dem Land durch staatlich ernannte Wahlkommissare unter Beihilfe der Gemeindevertreter geleitet und vollzogen werden sollen (vgl. §. 20 [WG]). Die weiteren Bestimmungen des Wahlgesetzes sind eher von formaler Natur und handeln von den Organisationsvorschriften der Wahlen (vgl. §§. 9–11; 14–27).

920 Staatsgrundgesetz, in: GS FRLRJL, Bd. 8, Jg. 1849–1852, Nr. 102. 63. §. 69.

921 Ausführliche Bestimmungen zu dem Bereich der Steuerbewilligung und Finanzverwaltung finden sich im sechsten Abschnitt (vgl. §§. 71–78).

Neben den neuen umfangreicheren Mitsprache- und Entscheidungsrechten in Dingen der Steuerbewilligung und der Finanzverwaltung (vgl. §§. 71–78), erhielt der Landtag auch im Bereich der Gesetzgebung größere Rechte und Pflichten.[922] Daran wird deutlich, dass die Macht des Landesherrn durch die Verfassung eingeschränkt und damit nicht nur das Volk künftig an wichtigen staatsrechtlichen Entscheidungsprozessen beteiligt war, sondern auch als Kontrollinstanz gegenüber dem landesherrlichen Regiment auftreten konnte.

Zu diesem landesherrlichen Regiment gehörte die Verwaltung als ausführendes Organ der gesetzlichen Vorgaben. Zu der künftigen Überwachung der Verwaltung wurde bestimmt, dass die Volksvertretung das Recht besitze, Missbräuche in jeglichen Verwaltungszweigen selbst anzuzeigen (vgl. §. 93), dass an die Volksvertretung ausführliche Auskunft über an sie gerichtete Beschwerden erteilt werden müsse (vgl. §. 94), dass sich neben den Volksver

922 So wird bestimmt, dass kein Gesetz mehr ohne Zustimmung der Volksvertretung erlassen, abgeändert, aufgehoben oder auch »authentisch interpretiert« werden könnte (vgl. §. 79), dass jegliche Gesetzesvorlage dem Landtag vorzulegen sei, er die Abänderung oder Aufhebung bestehender Gesetze beantragen könne und auch das Recht zum Gesetzvorschlag habe (vgl. §. 80), dem Fürsten aber weiterhin die Sanktionierung und Verkündigung der Gesetze obliege (vgl. §. 81). Des Weiteren wird geregelt, dass der Fürst das Recht zum Erlass von Gesetzen ohne Zustimmung des Landtages hat – ausgenommen Abänderungen in der Verfassung und im Wahlgesetz –, wenn deren zügiger Erlass zum Wohle des Staates nötig sei (vgl. §. 82). Dennoch müssten solche Verordnungen im Nachhinein dem Landtag vorgelegt werden, ohne dass der Landtag jedoch eine rückwirkende Aufhebung beschließen könnte (vgl. §. 83). Darüber hinaus wird geregelt, dass der Fürst Gesetzesentwürfe noch während der Beratung des Landtages darüber wieder zurückziehen konnte (vgl. §. 88), dass einer Ablehnung oder Veränderungen eines Gesetzentwurfes durch den Landtag immer eine Angabe der Beweggründe beigefügt werden müsste (vgl. §. 89), dass ein von der Volksvertretung abgelehnter Gesetzentwurf zwar zum nächsten Landtag nochmals vorgelegt werden, aber auf dem Landtag auf dem es abgelehnt wurde nur in abgewandelter Form diskutiert werden dürfte (vgl. §. 90), dass alle dem Landtage vorgelegten Gesetzentwürfe und Anträge auf diesem behandelt werden mussten (vgl. §. 91) und deren Bearbeitung in einem bestimmten Zeitraum zu erfolgen hatte (vgl. §. 92). Bezüglich der Reichsgewalt wird bestimmt, dass der Landtag kein Recht zur Verhinderung der durch den Landesherrn ausgeführten reichsrechtlichen Beschlüsse besitze, sondern lediglich beratend bei der Art und Weise der Aufbringung der Mittel zur Durchsetzung der Reichsgesetzgebung mitwirken könne (vgl. §. 84). Weiterhin heißt es, dass dem Landesherrn das Recht zur außenpolitischen Vertretung des Staates allein obliege (vgl. §. 85), solange es nicht um Verhandlungen zum Staatsgebiet oder zu den Rechten der Staatsbürger gehe (vgl. §§. 86f.).

tretern auch einzelne Personen, Vereine und Korporationen mit Beschwerden über die Verwaltung an die Volksvertretung wenden könnten, wenn sie bei einer Beschwerde bei den Landesbehörden gescheitert seien und solange sie sich dabei im Rahmen der Verfassungsvorgaben bewegen (vgl. §. 95).[923] Diese Rechte zur Beschwerdeführung über die Verwaltungsinstanzen waren zuvor in solcher weit reichender Form nicht möglich gewesen, da sie im Widerspruch zum absolutistischen Herrschaftssystem standen. Im Rahmen einer konstitutionellen Monarchie wurden sie aber gerade notwendig, um eine Kontrolle staatlicher Instanzen zu gewährleisten.

Zu der Ausübung der Rechte, die der Volksvertretung künftig obliegen sollten, wurde für den Landtag bestimmt, dass die gewählten Volksvertreter regelmäßig im Zweijahresturnus tagen sollten (vgl. §. 98), dass der Landtag nur durch den Landesfürsten einberufen (vgl. §§. 99–103) sowie eröffnet werden könnte, bzw. dass bei dessen Verhinderung dies ein Ministerialmitglied zu übernehmen hätte (vgl. §. 107) und der Landtag durch eine Geschäftsordnung seinen Geschäftsgang selbständig regeln dürfte (vgl. §. 104). Des Weiteren wurde bestimmt, dass die Verhandlungen des Landtags mit dem Landesherren über das Ministerium zu führen seien (vgl. §. 105), weshalb ein Ministerialmitglied den Landtagssitzungen beizuwohnen hatte (vgl. §. 106). Darüber hinaus sollten die Landtagsverhandlungen grundsätzlich öffentlich stattfinden, konnten jedoch auf Antrag der Regierungs-Kommissarien oder von Mitgliedern der Volksvertretung auch geheim abgehalten werden (vgl. §. 108). Die Beschlussfähigkeit des Landtags war erst bei einer Anwesenheit von mindestens zwei Dritteln der Abgeordneten erreicht (vgl. §. 109) und konnte dann nicht mehr durch Protest, Berufung auf höchste Entscheidungen o.ä. verhindert werden (vgl. §. 110).

Zu den Abgeordneten wird bestimmt, dass sie während der Versammlung des Landtags strafrechtliche Immunität und stets Meinungsfreiheit zu genießen (vgl. §. 111) und Tagegelder für die Zeit der Landtagsversammlung aus der Landeskasse zu erhalten hätten (vgl. §. 112), sowie dass der Landtag in der Regel durch einen Landtagsabschied geschlossen und durch den Fürsten bzw. ein Ministerialmitglied entlassen werden sollte (vgl. §. 113). Dem Landesfürsten stand es jedoch zu, den Landtag einmalig in einer Landtagsperiode unter Angabe von Gründen vorzeitig für maximal dreißig Tage

923 Die Beschwerdeführer dürfen sich nur per Landesdirektorium an die Volksvertretung wenden (vgl. §. 96).

zu schließen. Dadurch erlosch zwar das Mandat der Abgeordneten, aber sie waren wieder wählbar. Die Frist für den Zusammentritt des neu gewählten Landtags durfte nicht mehr als sechzig Tage nach dessen Auflösung betragen (vgl. §. 114).

Angesichts der Bestimmungen der §§. 98 bis 114 zeigt sich, dass der Landtag zwar der Regierung im staatlichen Verwaltungsapparat nicht beigeordnet, sondern untergeordnet, aber auch als feste staatliche Instanz und rechtlicher Entscheidungsträger installiert worden war, dessen Abgeordneten nicht nur einen besonderen staatlichen Schutz, sondern auch Privilegien genossen. Welche wichtige Aufgabe diese Volksvertretung im staatlichen Verwaltungsapparat innehatte, zeigen auch die näheren Bestimmungen zum Landtagsausschuss. Dort heißt es, dass dieser in der Zeit zwischen den Landtagen zu bestehen und sich aus dem vormaligen Landtagspräsidenten und zwei von der Versammlung gewählten Abgeordneten zusammenzusetzen hatte, die je eines der drei früheren Fürstentümer der jüngeren Linie repräsentieren sollten (vgl. §. 115). Die konkreten Aufgaben und Befugnisse des Ausschusses sollten folgende sein:

> »a) Die Rechte der Volksvertretung aufrecht zu erhalten, die Ausführung der vom Staatsoberhaupte und vom Landtage gefassten Beschlüsse zu überwachen, in dringenden Fällen Anzeige an die Staatsregierung zu erstatten und Vorstellungen und Beschwerden bei derselben anzubringen, auch wenn es nothwendig erscheinen sollte, auf Zusammenberufung eines außerordentlichen Landtages unter Anführung der Gründe anzutragen.
> b) Schuldverschreibungen über die auf verfassungsmäßigem Wege auf Staatskassen aufgenommenen Kapitalien mitzuunterzeichnen.
> c) Bei der Abnahme der Rechnungen über diejenigen Kassen, welche der Betheiligung der Volksvertretung unterliegen, mitzuwirken, namentlich die Rechnungsbelege einzusehen, Erinnerungen zu ziehen, darüber zu wachen, daß die festgesetzten Etats dieser Kassen eingehalten werden. Sollten sich bei dieser Abnahme Anstände ergeben, welche durch den Ausschuß nicht erledigt werden können, so bleiben diese der Beschlussnahme des Landtags vorbehalten.«[924]

Die Verfassung selbst sollte künftig für alle Landesangehörigen verbindlich sein (vgl. §. 119), auch für Staatsdiener, Beamte, Magistrate, Ortsgerichte und Militärs (vgl. §§. 121; 123). Jeder, auch der Landesfürst, war dazu verpflichtet die Einhaltung der Verfassung eidesstattlich zu schwören:

---

924 Staatsgrundgesetz, in: GS FRLRJL, Bd. 8, Jg. 1849–1852, Nr. 102. 71. §. 116.

»Vor Ausübung der verfassungsmäßigen Regierungsrechte leistet der Landesfürst bei dem Regierungsantritte vor der versammelten Volksvertretung das eidliche Gelöbniß, die Verfassung des Staates aufrecht zu erhalten und in Uebereinstimmung mit derselben und den Gesetzen zu regieren.
Ueber diese Handlung wird ein förmliches, von dem Fürsten mitzuvollziehendes Protokoll aufgenommen und im Landtagsarchive niedergelegt. Dieselbe Pflicht liegt dem Regierungsverweser beim Antritte der Regentschaft ob. Bis zur Eidesleistung von Seiten des Fürsten oder von Seiten des Regierungsverwesers werden die verfassungsmäßigen Rechte des Regenten von dem verantwortlichen Ministerium ausgeübt.«[925]

Besonders bedeutend an dieser Bestimmung in §. 120 ist, dass der Landesherr bzw. Regierungsverweser nicht nur einen Eid zu leisten hatte, sondern auch, dass dies urkundlich festgehalten wurde und damit ein dokumentierter und rechtsgültiger Akt war, gegen den bei Verstoß gerichtlich vorgegangen werden konnte.

Beispielhaft für den Übergang zu einem neuen modern-konstitutionellen Staatswesen war auch der Eid, den die Landesangehörigen zu leisten hatten, denn er verpflichtete sie nicht nur auf die Einhaltung der Verfassung und Gesetze, sondern auch – wie vormals üblich – auf ein persönliches Treueverhältnis zu ihrem Landesherrn (vgl. §. 122). Dieses Nebeneinander von Tradition und Moderne wird in den Folgebestimmungen weitergeführt, wenn es heißt, dass zur Gültigkeit landesherrlich erlassener Verfügungen ein Mitglied der Regierung diese gegenzuzeichnen habe und dementsprechend für diese Gesetze auch haftbar sei (vgl. §. 124). Darüber hinaus werden Beschwerdemöglichkeiten über die Nichteinhaltung der Verfassung eingeräumt, die bis hin zu strafrechtlicher Verfolgung ausgedehnt werden können (vgl. §§. 125–134).

Damit war die neue konstitutionelle Staatsform nicht nur endgültig festgeschrieben, sondern die Einhaltung der Verfassung durch den Landesherrn bzw. den Reichsverweser und alle sonstigen Staatsangehörigen – egal welches Amt sie inne hatten oder welchen Beruf sie ausübten – auch gerichtlich einklagbar.

---

925 STAATSGRUNDGESETZ, in: GS FRLRJL, Bd. 8, Jg. 1849–1852, Nr. 102. 72. §. 120.

2.1.1.2 Zum Revidirten Staatsgrundgesetz von 1852

Die Verfassung von 1849 wurde aufgrund des Scheiterns der Nationalversammlung und der einsetzenden Reaktionspolitik im Deutschen Bund einer Revision unterzogen. Diese zog die Ablösung des Staatsgrundgesetzes von 1849 durch das »Revidirte Staatsgrundgesetz« von 1852 nach sich,[926] das mit folgenden Worten eingeleitet wird:

> »Nachdem in Folge der seit Publikation des Staatsgrundgesetzes vom 30. November 1849 eingetretenen Veränderungen in den öffentlichen Verhältnissen des deutschen Gesammtvaterlandes sich eine Revision des erwähnten Grundgesetzes nöthig gemacht hat und nachdem dieselbe in Uebereinstimmung mit dem am 10. November vorigen Jahres eröffneten ersten ordentlichen Landtage vorgenommen worden ist, so verkünden Wir unter ausdrücklicher Wiederaufhebung des gedachten Verfassungsgesetzes vom 30. November 1849 das, auf Grund der deshalb gepflogenen Verhandlungen vereinbarte neue Staatsgrundgesetz hierdurch wie folgt: [...].«[927]

Die Revision der Verfassung führte zwar zur Abänderung des Staatsgrundgesetzes in einigen Punkten, doch behielt es trotz der Aufhebung der »Grundrechte des Deutschen Volks« im Deutschen Bund diese auch weiterhin größ

926 Vgl. Revidirtes Staatsgrundgesetz, in: GS FRLRJL, Bd. 8, Jg. 1849–1852, Nr. 120. 393–418. Das Staatsgrundgesetz besteht aus 118 Paragraphen, gegliedert in elf Abschnitte: Der *erste Abschnitt* (§§. 1–4) enthält die Bestimmungen zum Staatsgebiet. Der *zweite Abschnitt* (§§. 5–39) befasst sich mit den Rechten der Staatsangehörigen. Der *dritte Abschnitt* (§§. 40–49) behandelt die Rechte und Pflichten des Staatsoberhauptes. Der *vierte Abschnitt* (§§. 50–53) handelt von der Volksvertretung und der *fünfte Abschnitt* (§. 54) von deren Rechten und Pflichten. Der *sechste Abschnitt* (§§. 55–62) regelt die Steuerbewilligung und Finanzverwaltung. Im *siebenten Abschnitt* (§§. 63–75) sind die Grundlagen für die Gesetzgebung festgeschrieben. Der *achte Abschnitt* (§§. 76–79) enthält die Bestimmungen zur Überwachung der Verwaltung. Der *neunte Abschnitt* (§§. 80–97) regelt die durch den Landtag ausübbaren Rechte der Volksvertretung. Der *zehnte Abschnitt* (§§. 98–101) handelt vom Landtagsausschuss. Der *elfte* und letzte *Abschnitt* (§§. 102–118) schreibt die Gewähr der Verfassung, die Verpflichtung der Staatsdiener auf die Verfassung sowie die Verantwortlichkeit des Ministeriums in staatlichen Dingen fest.

927 Revidirtes Staatsgrundgesetz, in: GS FRLRJL, Bd. 8, Jg. 1849–1852, Nr. 120. 393.

tenteils in wörtlicher Übernahme bei.[928] Dagegen wurden den Bundesgesetzen widersprechenden Bestimmungen – beispielsweise in den Bereichen Religion und Bildung – sowie die Regelung, dass die Domänen unter staatlicher Verwaltung stehen, gestrichen. Darüber hinaus findet sich eine Umformulierung zu Beginn des Gesetzgebungsabschnitts, die von dem neuen Geist des Staatswesens kündet. Hieß es im Staatsgrundgesetz von 1849:

> »Kein Gesetz kann ohne Zustimmung der Volksvertretung erlassen, abgeändert, aufgegeben oder authentisch interpretirt werden.«[929]

So findet sich im »Revidirten Staatsgrundgesetz« von 1852 folgende Formulierung:

> »Die gesetzgebende Gewalt wird gemeinschaftlich durch den Fürsten und die Landesvertretung ausgeübt. Die Uebereinstimmug des Fürsten und des Landtags ist zu jedem Gesetze erforderlich.«[930]

Darüber hinaus wurde der vormalige §. 120 des Staatsgrundgesetzes von 1849 abgeändert. Dieser bestimmte ursprünglich, dass ein Protokoll über das eidliche Gelöbnis des Fürsten zur Aufrechterhaltung der Verfassung und in Übereinstimmung mit ihr und den Gesetzen geführten Regentschaft angefertigt werden soll, das anschließend beglaubigt ins Landtagsarchiv gegeben wird,[931] doch ab 1852 lautet dieser Paragraph:

> »Der Landesfürst hat beim Antritte der Regierung eine Versicherungsurkunde bei Fürstlichem Worte und Ehre dahin auszustellen, daß er die Verfassung des Staates aufrecht erhalten und in Uebereinstimmung mit derselben und den Gesetzen regieren wolle.
> Die Urschrift dieser Versicherung wird im Archive der Volksvertretung niedergelegt.«[932]

---

928 Damit wird deutlich, dass der Akt der Aufhebung des Grundrechtekatalogs in erster Linie aus bundespolitischen Gründen erfolgte (vgl. HÖCHSTE VERORDNUNG, in: GS FRLRJL, Bd. 8, Jg. 1849–1852, Nr. 120.. 419).

929 STAATSGRUNDGESETZ, in: GS FRLRJL, Bd. 8, Jg. 1849–1852, Nr. 102. 65, §. 79.

930 REVIDIRTES STAATSGRUNDGESETZ, in: GS FRLRJL, Bd. 8, Jg. 1849–1852, Nr. 120. 403, §. 63.

931 Vgl. STAATSGRUNDGESETZ, in: GS FRLRJL, Bd. 8, Jg. 1849–1852, Nr. 102. 72.

932 REVIDIRTES STAATSGRUNDGESETZ, in: GS FRLRJL, Bd. 8, Jg. 1849–1852, Nr. 120. 409, §. 103.

Durch diese Unterzeichung einer Versicherungsurkunde war die Vereidigung auf die Verfassung ein rechtlich bindender Akt, der damit zugleich aus staatsrechtlicher Perspektive zu den grundlegend konstituierenden Merkmalen der landesherrlichen Herrschaft im Fürstentum wurde.

Insgesamt betrachtet zeigt das »Revidirte Staatsgrundgesetz« also nur wenige Unterschiede zur Revolutionsverfassung von 1849 und weist sich nicht offensichtlich als reaktionäre Revision aus, sondern ist lediglich soweit angepasst, dass es in keinem Widerspruch zur Bundesgesetzgebung auftritt, behält jedoch seinen grundlegend liberalen Charakter bei.

2.1.1.3 Zum revidierten Staatsgrundgesetz von 1856

Eine abermalige Revision wichtiger Teile des Staatsgrundgesetzes von 1852 erfolgte 1856 unter Zustimmung des Landtages.[933] Grundsätzlich blieb die Verfassung von 1852 in ihrer Form von elf Abschnitten mit 118 Paragraphen zwar erhalten, doch es ergaben sich wesentliche inhaltliche und formelle Änderungen, die den zweiten bis vierten und elften Abschnitt betrafen.

Zunächst sind der zweite und dritte Abschnitt in ihrer Reihenfolge vertauscht, sodass nun die Bestimmungen zum Landesherrn vor denen zu den Landesangehörigen stehen. Damit wird die Hierarchie wieder ›von oben‹ gedacht, während die Revolutionsverfassung von 1849 und auch das »Revidirte Staatsgrundgesetz« von 1852 einen formalen Aufbau der Verfassung ›von unten‹ durch die Anordnung der Abschnitte – erst Staatsangehörige, dann Staatsoberhaupt – zeigten.

Inhaltlich fällt gleich zu Beginn des zweiten Abschnitts (§§. 5–11) auf, dass er nicht mehr mit »Von dem Staatsoberhaupt«[934] überschrieben ist, sondern mit »Von dem Landesherrn«,[935] d.h. dass eine Anknüpfung oder gar Rückkehr zum landständischen System hier zumindest verbal intendiert wird. Gestützt wird dieser Eindruck durch den vollständig anderen Wortlaut des §. 40 von 1852,[936] der nun als §. 5 wie folgt formuliert ist:

---

933 Vgl. Gesetz, in: GS FRLRJL, Bd. 11, Jg. 1856–1857, Nr. 194. 107–114.

934 Revidiertes Staatsgrund, in: GS FRLRJL, Bd. 8, Jg. 1849–1852, Nr. 120. 399.

935 Vgl. Revidiertes Staatsgrundgesetz, in: GS FRLRJL, Bd. 8, Jg. 1849–1852, Nr. 120. 399.

936 »Die Person des Fürsten ist unverletzlich: die Staatsdiener sind verantwortlich. Alle Regierungsakte des Fürsten bedürfen zu ihrer Gültigkeit der Gegenzeichnung des verantwortlichen Ministeriums, das für deren Gesetzmäßigkeit einzustehen hat. Der Mangel einer solchen Gegenzeichnung macht die Verfügung ungiltig.« (Revidiertes Staatsgrundgesetz, in: GS FRLRJL, Bd. 8, Jg. 1849–1852, Nr. 120. 399)

> »Der Landesherr vereinigt in sich alle Rechte der Staatsgewalt und übt solche nach der Verfassung.
> Seine Person ist heilig und unverletzlich.«[937]

Dies wird auch durch die Inhalte des dritten – ehemals zweiten – Abschnitts (§§. 12–49) weiter gestützt. Dieser war 1852 mit »Von den Staatsangehörigen und ihren Rechten«[938] überschrieben, lautet nun aber »Von den Rechten und Pflichten der Unterthanen«.[939] Er enthält auch weiterhin einen etwas gekürzten Grundrechtekatalog. Darin werden die Bestimmungen zur Staatsangehörigkeit und Erlangung bzw. Aberkennung von Staatsrechten etwas verschärft (vgl. §§. 12–17), wird das Recht zur Auswanderung weiterhin garantiert (vgl. §. 18), der Besitz bürgerlicher und staatsbürgerlicher Rechte – anders als in den beiden vorherigen Fassungen des Staatsgrundgesetzes – an ein religiöses Bekenntnis geknüpft (vgl. §§. 19f.), das Recht auf Eigentum seiner Absolutheit benommen und eine Enteignung gegen volle Entschädigung durch den Staat oder die Gemeinde in Ausnahmefällen gestattet (vgl. §. 21). Darüber hinaus werden das Recht auf Beschwerde über Behörden (vgl. §. 22), Klage wegen Rechtsverletzung (vgl. §. 23) und öffentliche Äußerung von Wünschen und Bitten auf gesetzlichem Wege (vgl. §. 24) weiterhin erlaubt. Das Verbot zur Erteilung von Handels- und Gewerbeprivilegien ohne Zustimmung des Landtags wird dagegen verboten und ein einjähriges Patentrecht eingeführt (vgl. §. 25). Des Weiteren wird bezüglich der Regulierung von Presse- und Buchdruckwesen auf die Bundesgesetzgebung verwiesen (vgl. §. 26), bleibt das Briefgeheimnis garantiert (vgl. §. 27), wird die Bewaffnung zur Verteidigung zur Pflicht erklärt (vgl. §. 28) und die Selbständigkeit der Gemeinden garantiert (vgl. §§. 29f.). Weiterhin werden die Staatsdiener als gebunden an die Rechte und Pflichten von Gesetzen und Dienstvorschriften sowie verantwortlich für ihre Amtsverrichtung erklärt (vgl. §§. 31–33), die Trennung von Verwaltung und Justiz noch einmal bestätigt (vgl. §. 34), einige grundlegende Regelungen der Rechtspflege benannt (vgl. §§. 35–45), die Jagd auf Grundeigentum als von den Jagdgesetzen unberührt erklärt (vg. §. 46), die landesherrliche Kirchengewalt festgeschrieben (vgl. §. 47) und das Schulwesen als öffentliche staatliche Einrichtung benannt (vgl. §. 48), wobei auch den Stiftungen staatlicher Schutz zukommen sollte (vgl. §. 49).

---

937 Gesetz, in: GS FRLRJL, Bd. 11, Jg. 1856–1857, Nr. 194. 107, §. 5.

938 Revidiertes Staatsgrundgesetz, in: GS FRLRJL, Bd. 8, Jg. 1849–1852, Nr. 120. 394.

939 Gesetz, in: GS FRLRJL, Bd. 11, Jg. 1856–1857, Nr. 194. 108.

Im vierten Abschnitt wird lediglich §. 53 abgeändert und neu bestimmt, dass die Abgeordneten des Landtages nicht mehr nur auf die Staatsverfassung und das Staatswohl zu schwören hätten, sondern nun ebenfalls auf den Fürsten, das Fürstliche Haus sowie das Land. Dabei wird betont, dass das Wohl des Landesherrn und des Vaterlandes nicht nur unzertrennlich miteinander verbunden seien, sondern auch bei den Abstimmungen des Landtages[940] unterstützt werden sollten.[941]

Für den elften Abschnitt wurde nur § 107 abgeändert. Dieser legt nun fest, dass vom Landesherrn ausgehende Anordnungen und Verfügungen betreffend Regierungs- und Verwaltungsangelegenheiten als verfassungsmäßig zu gelten haben, wobei die Kontrasignatur, die die Verantwortung auf das Mitglied des Ministeriums übertrage, zur Glaubwürdigkeit und Vollziehbarkeit dessen nötig und die rechtliche Folge für alle Behörden und Gerichte maßgebend sei. Dadurch, so heißt es weiter, sei es nur der Landesvertretung möglich mit der Regierung in Verhandlungen über die Rechtmäßigkeit von Verordnungen zu treten.[942]

Angesichts dieser genannten Verfassungsänderungen wird deutlich, wie sehr diese Revision den Ansprüchen der Reaktionspolitik nach 1850 zumindest formell unterworfen war, was sich allein durch die Bezeichnungsänderungen wie etwa die Rückkehr vom »Staatsherrn« zum »Landesherrn« und von den »Staatsangehörigen« zu den »Unterthanen« als Rückbesinnung auf die vorrevolutionären Verhältnisse zeigt. Und ebenso deutlich wird die Herstellung der ursprünglichen Hierarchie durch Neuordnung des zweiten und dritten Abschnitts. THOMAS HERNTRICH weist in diesem Zusammenhang jedoch mit Recht darauf hin, dass die Bezeichnung »Reaktionszeit« für die in Reuß jüngerer Linie vorgenommenen Revisionen der Verfassungen während der 1850er Jahre unzureichend seien. Als Gründe dafür benennt er die Tatsachen, dass der Landtag gesetzgeberische Leistungen vollbracht habe, elementare Bereiche des staatlichen und gesellschaftlichen Lebens im Ver-

940 Ein neues Gesetz über die Zusammensetzung und Wahl der Landesvertretung wurde im gleichen Jahr verabschiedet (vgl. GESETZ, in: GS FRLRJL, Bd. 11, Jg. 1856–1857. Nr. 190. 71–80). Ein neues Landtags-Wahlgesetz wurde 1871 erlassen (vgl. LANDTAGS-WAHLGESETZ, in: GS FRLRJL, Bd. 16, Jg. 1868–1871. Nr. 333. 311–316; REGLEMENT, in: GS FRLRJL, Bd. 16, Jg. 1868–1871. Nr. 333. 317–334) und dieses 1874 (vgl. GESETZ, in: GS FRJL, Bd. 17, Jg. 1872–1874. Nr. 366. 209f.) und 1913 (vgl. GESETZ, in: GS FRJL, Bd. 29, Jg. 1913–1915. Nr. 817. 3–13; MINISTERIAL-BEKANNTMACHUNG, in: GS FRJL, Bd. 29, Jg. 1913–1915. Nr. 817. 14–26) nochmals abgeändert.

941 GESETZ, in: GS FRLRJL, Bd. 11, Jg. 1856–1857, Nr. 194. 114.

942 GESETZ, in: GS FRLRJL, Bd. 11, Jg. 1856–1857, Nr. 194. 114.

gleich zu den vorrevolutionären Zuständen auf relativ progressive Weise neu geregelt wurden und wenigstens teilweise der 1848/49 eingeleitete Demokratisierungsprozess in den Regelungen der Verfassungen bewahrt wurde.[943] Dem ist nach einer näheren Betrachtung des Staatsgrundgesetzes und der beiden Revisionen zuzustimmen, da trotz genannter Verfassungsänderungen wichtige bisherige Rechte des Landtages und Grundrechtsformulierungen weitestgehend erhalten blieben. Es zeigte sich eine Fortsetzung der parlamentarischen politischen Kultur, die es dem Fürstentum als konstitutioneller Monarchie in den folgenden Jahren – ausgehend von diesem rechtlichen Rahmen – auch weiterhin erlaubte, eine relativ liberale Verfassungs- wie auch Parlamentsentwicklung durchzumachen.[944]

2.1.2 Zu den Verwaltungsstrukturen von 1848 bis 1918

Zur verwaltungsmäßigen Vereinheitlichung der drei Teilstaaten Reuss-Schleiz, Reuss-Lobenstein und Ebersdorf, Reuss-Köstritz sowie Reuss-Gera wurde im Zuge des Zusammenschlusses zum Fürstentum Reuss jüngerer Linie 1848 zunächst per Landesherrlicher Verordnung[945] eine provisorische Zentralgewalt eingerichtet, ein »oberstes Berathungs- und Verwaltungskollegium«[946] bestehend aus einer Ministerial- und Regierungsabteilung mit Sitz in Gera, wobei erstere für die Angelegenheiten des fürstlichen Hauses und in außenpolitischen Belangen, für die Verfassungs- und Landtagsangelegenheiten, die Staatsbeamtenschaft, die oberste Verwaltungsaufsicht sowie für die Vorlage wichtiger gesetzlicher Ersuche an den Landesherrn zuständig war. Die zweite Abteilung dagegen bildete die Regierung, die »zu dem Justizkollegium und dem Konsistorium im Verhältniß der

---

943 Vgl. Herntrich: Thüringen. 183.

944 Das Grundgesetz von 1856 blieb bis zum Ende der Herrschaft des Fürstentums Reuß jüngerer Linie im November 1918 bestehen und erfuhr lediglich 1860, 1867, 1868, 1893 und 1910 geringfügige Änderungen (vgl. Landesherrliche Verordnung, in: GS FRLRJL, Bd. 12, Jg. 1858–1861, Nr. 222. 338f.; Gesetz, in: GS FRLRJL, Bd. 15, Jg. 1865–1869, Nr. 274. 115f.; Gesetz, in: GS FRLRJL, Bd. 15, Jg. 1865–1869, Nr. 284. 277; Gesetz, in: GS FRjL, Bd. 21, Jg. 1891–1895, Nr. 513. 225f.; Gesetz, in: GS FRjL, Bd. 27, Jg. 1910–1911, Nr. 753. 95f.).

945 Vgl. Landesherrliche Verordnung, in: GS FRLRJL, Bd. 7, Jg. 1847–1849, Nr. 216. 158–161. Dem waren bereits gesetzliche Vorbereitungen vorausgegangen (vgl. Bekanntmachung, in: GS FRLRJL, Bd. 7, Jg. 1847–1849, Nr. 200. 90f.).

946 Vgl. Landesherrliche Verordnung, in: GS FRLRJL, Bd. 7, Jg. 1847–1849, Nr. 216. 158. §. 1.

Coordination«[947] stand und der alle übrigen Landesbehörden untergeordnet waren. 1850 fand die endgültige Teilung in das Ministerium als oberster Staatsleitungsbehörde und die Regierung als Landeskollegium für die innere Verwaltung statt.[948] Dem Ministerium unterstanden die Regierung, das Landeskollegium sowie das Konsistorium. Dies änderte sich grundsätzlich und letztgültig 1862, als zunächst die Regierung[949] und 1863 schließlich auch das Konsistorium[950] in das Ministerium integriert wurden. Seitdem gliederte es sich in fünf Abteilungen und zwar Fürstliches Haus und Äußeres; Inneres; Justiz; Kirchen- und Schulsachen sowie Finanzen.

Unterhalb des Ministeriums blieben das Landesjustizkollegium als die alte gemeinschaftliche Regierung zu Gera sowie das alte gemeinschaftliche Konsistorium als mittlere Behörden erhalten und wanderten in der Verwaltungsstruktur eine Ebene tiefer.

Ebenso wie in diesen Oberbehörden vollzogen sich ab 1848 auch in den Unterbehörden Veränderungen. So kamen durch die Gemeindeordnung von 1850 auf der unteren Verwaltungsebene die Gemeindebehörden hinzu, die die Grundlagen für die selbständige Verwaltung der Ortsgemeinden und Gemeindebezirke schufen,[951] wie sie in der Verfassung von 1849 garantiert worden war. Der Staat, der verwaltungsmäßig in Städte, Ortsgemeinden und Gemeindebezirke eingeteilt war, gewährte den Gemeinden künftig das Recht der Persönlichkeit (vgl. §. 8) und der selbständigen Verwaltung (vgl. §. 9). Dafür sollten sich die Gemeinden in drei Verwaltungsebenen gliedern. Die unterste Ebene bildete die Gemeindeversammlung (vgl. §§. 53–66). Darüber waren die beiden Gemeindebehörden und zwar auf der mittleren Ebene der Gemeinderat (vgl. §§. 103–108; 123–134) und als oberste Verwaltungsebene

---

947 Vgl. Landesherrliche Verordnung, in: GS FRLRJL, Bd. 7, Jg. 1847–1849, Nr. 216. 161. §. 14.

948 Vgl. Höchste Verordnung, in: GS FRLRJL, Bd. 8, Jg. 1849–1852. Nr. 103. 85f.

949 Vgl. Landesherrliche Verordnung, in: GS FRLRJL, Bd. 13, Jg. 1861–1863, Nr. 227. 29.

950 Vgl. Gesetz, in: GS FRLRJL, Bd. 13, Jg. 1861–1863, Nr. 236. 505.

951 Vgl. Gemeindeordnung, in: GS FRLRJL, Bd. 8, Jg. 1849–1852. Nr. 104. 89–134; Erläuterungsverordnung, in: GS FRLRJL, Bd. 8, Jg. 1849–1852. Nr. 107. 154; Verordnung, in: GS FRLRJL, Bd. 8, Jg. 1849–1852. Nr. 113. 233f.; Bekanntmachung, in: GS FRLRJL, Bd. 8, Jg. 1849–1852. Nr. 116. 276.

der Gemeindevorstand[952] (vgl. §§. 91–102; 109–122; 135–137) angesiedelt (vgl. §. 10). Der Gemeinde stand die freie Wahl ihrer Vertreter und Vorstände zu (vgl. §. 11), deren gefasste Beschlüsse den Gesamtwillen der Gemeinden repräsentieren sollten (vgl. §. 12). Zur Selbstverwaltung wurde den Gemeinden das Recht gewährt, Orts-Statuten, Gebote und Verbote aufzustellen, bei deren Nichtbeachtung Gefängnis- und Geldstrafen erlassen werden durften (vgl. §. 14). Des Weiteren wurde den Gemeinden gestattet, selbständig Steuern zu erheben, wenn die verfügbaren finanziellen Mittel zur Erfüllung von Gemeindeaufgaben nicht ausreichten (vgl. §. 15). Die Gemeinden blieben trotz größerer Freiheiten dennoch weiterhin unter staatlicher Aufsicht, die durch die Regierung ausgeübt wurde (vgl. §. 167). An diese sollte sich auch gewandt werden, wenn es um Beschwerden und Berufungen in Gemeindeangelegenheiten ging (vgl. §. 169), sie hatte Ortsstatuten der Gemeinden zu bestätigen (vgl. §. 171) und den Gemeindehaushalt zu überprüfen (vgl. §. 172).[953] Eine vollständige Revision der Gemeindeordnung, die alle vorhergehenden diesbezüglichen Bestimmungen außer Kraft setzte, wurde 1874 erlassen,[954] führte jedoch zu keiner neuen Gliederung der Gemeindeverwaltung, sondern regelte lediglich bestimmte Aufgaben und Pflichten neu.

---

952 Diese Vorstände erhielten 1855 weit reichende Befugnisse als regionale Polizeibehörden zugesprochen (vgl. Verordnung, in: GS FRLRJL, Bd. 10, Jg. 1853–1855. Nr. 177. 384f.; Höchste Verordnung, in: GS FRLRJL, Bd. 10, Jg. 1853–1855. Nr. 178. 393f.).

953 Eine erste Überarbeitung der Gemeindeordnung fand 1856 statt. 1857 folgte eine größere Revision der Gemeindeordnung, die grundlegende Geltung erhielt und 1863 einige Abänderungen erfuhr (vgl. Verordnung, in: GS FRLRJL, Bd. 11, Jg. 1856–1857. Nr. 197. 134–136; Gesetz, in: GS FRLRJL, Bd. 11, Jg. 1856–1857. Nr. 209. 354–359; Gesetz, in: GS FRLRJL, Bd. 13, Jg. 1862–1863. Nr. 234. 335f.).

954 Gesetz, in: GS FRjL, Bd. 17, Jg. 1872–1874. Nr. 369. 225–272. Diese Gemeindeordnung wurde 1878, 1883, 1890 und 1891 in einzelnen Punkten geändert und an die Erfordernisse der Zeit angepasst. (vgl. Gesetz, in: GS FRjL, Bd. 18, Jg. 1875–1878. Nr. 403. 204; Gesetz, in: GS FRjL, Bd. 20, Jg. 1883–1890. Nr. 446. 21; Gesetz, in: GS FRjL, Bd. 20, Jg. 1883–1890. Nr. 490. 347f.; Gesetz, in: GS FRjL, Bd. 21, Jg. 1891–1895. Nr. 495. 35f.).

Im Jahre 1852 fand schließlich die bereits 1849 verfassungsmäßig festgeschriebene Trennung von Verwaltung und Justiz statt,[955] wodurch als untere Verwaltungsbehörden die drei Kreisstädte Gera, Schleiz und Ebersdorf zu den Gemeinden hinzukamen.

Einen gesonderten Verwaltungsstatus genossen von jeher die Städte Gera, Schleiz, Ebersdorf, Lobenstein, Köstritz, Saalburg, Hirschberg und Tanna. Aufgrund ihres Stadtrechts besaßen sie eigene Stadtordnungen zur Regelung ihrer Verwaltung, was sich im 19. Jahrhundert auch nicht weiter wandelte. Sie unterstanden zunächst der Regierung und ab 1856 direkt den Landratsämtern. Die Errichtung von Landratsämtern hing 1856 mit einer Neueinteilung des Landes zusammen, wodurch in Anlehnung an die drei Landesteile der jüngeren Linie drei Landratsämter und zwar Gera (bis 1919), Ebersdorf (bis 1871) und Schleiz (bis 1919, Sitz 1871–1880 in Ebersdorf) entstanden.[956] Sie bildeten Verwaltungsinstanzen zwischen dem Ministerium als oberster und den Gemeinden und Kreisstädten als unterster Verwaltungsbehörde, und wurden zur weiteren Vereinfachung der Verwaltung zwischengeschaltet. Nun besaß jeder der drei Landesteile eine eigene oberste Behörde, die einerseits Ansprechpartner für die Belange der ihr unterstellten Gemeinden und Städte einer Region war und andererseits als eine einzel-

955 Vgl. Gesetz, in: GS FRLRJL, Bd. 9, Jg. 1852–1853, Nr. 129. 131–140; Gesetz, in: GS FRLRJL, Bd. 9, Jg. 1852–1853, Nr. 139. 260–265. Im gleichen Jahre war auch ein Gesetz zur Aufhebung der Patrimonialgerichtsbarkeit abgefasst worden, das jedoch erst drei Jahre später zur Durchführung kam (vgl. Gesetz, in: GS FRLRJL, Bd. 9, Jg. 1852–1853, Nr. 139. 257f.; Ausführungs-Verordnung, in: GS FRLRJL, Bd. 10, Jg. 1832–1855, Nr. 172. 333–335) und der befreite Gerichtsstand wurde aufgehoben (vgl. Gesetz, in: GS FRLRJL, Bd. 9, Jg. 1852–1853. Nr. 139. 259f.). Damit war der Staat alleiniger Inhaber juristischer Rechte. Erst 1863 wurde die Justiz komplett neu organisiert, sodass es dort vier Ebenen gab (vgl. Gesetz, in: GS FRLRJL, Bd. 13, Jg. 1862–1863. Nr. 234. 335f.). Die unterste Ebene bildeten die Justizämter Gera, Hohenleuben, Schleiz, Lobenstein und Hirschberg (vgl. §§. 2–8), darüber standen die Kreisgerichte Gera und Schleiz (vgl. §§. 9f.), wiederum darüber stand das Appellationsgericht Eisenach (vgl. §§. 11–13) und schließlich bildete das Oberappellationsgericht Jena (vgl. §. 14) die oberste Ebene (vgl. §. 1). Damit in Zusammenhang stehend wurde schließlich auch der befreite Gerichtsstand endgültig aufgehoben, obwohl dies ebenfalls bereits in allen drei Varianten des Staatsgrundgesetzes als Neuregelung zu finden war (vgl. Gesetz, in: GS FRLRJL, Bd. 13, Jg. 1862–1863. Nr. 236. 504).

956 Vgl. Verordnung, in: GS FRLRJL, Bd. 11, Jg. 1856–1857, Nr. 197. 134–136; Gesetz, in: GS FRLRJL, Bd. 16, Jg. 1868–1871. Nr. 343. 384.

ne Instanz an Stelle vieler Gemeindevorstände dem Ministerium unterstand und mit diesem in Verhandlung treten konnte. Die Stadt Gera hingegen unterstand als einzige Stadt weiterhin unmittelbar der Landesregierung bzw. ab 1862 dem Ministerium.

Die obersten Gremien der Landratsämter, die Landräte, erhielten ab 1857 gewählte Bezirksräte als Beschwerdeeinrichtungen zur Seite gestellt[957], die 1866 durch die Möglichkeit zur Bildung von Bezirksausschüssen zu Organen der mit Selbstverwaltung ausgestatteten Verwaltungsbezirke wurden.[958] Die Bezirksausschüsse setzten sich nun aus dem Landrat, einem Vertreter der fürstlichen Kammer für den betreffenden Landratsamtsbezirk, den Bürgermeistern der Städte des Bezirks sowie zwischen zehn und dreizehn gewählten männlichen Vertretern des Bezirks zusammen (vgl. §§. 1f.). Die Aufgaben dieser Bezirksausschüsse waren vielfältig und umfassten in erster Instanz die Kompetenz zum Widerspruch gegen Gemeindeentscheidungen über die Verweigerung der Aufnahme von Personen in den Gemeinde- und Heimatsverband und den Vorbehalt des Bürgerrechts sowie in zweiter Instanz die Regelung der Unterstützungen für die Krankenpflege, die Reklamation in Steuer- und Kommunalabgabeangelegenheiten und die Veräußerung von Gemeindegrundbesitzungen. Darüber hinaus war künftig bei Abspaltungsangelegenheiten, der Errichtung, Einrichtung, Erhaltung und Veränderungen von öffentlichen Anstalten sowie Bezirkseigentum die Genehmigung der Bezirksausschüsse notwendig (vgl. §. 15). Eine beratende Funktion nahm der Bezirksausschuss ein, wenn es um den Neubau von Gebäuden und sonstigen Anlagen mit Geldern aus der Staatskasse ging, wenn Gemeinden Unterstützung beim Kommunikationswegebau oder auch in Kirchenanelegenheiten brauchten. Des Weiteren war der Bezirksausschuss auch in polizeilichen Angelegenheiten, bei der Vorbereitung gesetzgeberischer Arbeiten für den Bezirk, bei der Festlegung eines Gewerbesteuersatzes bzw. Kommunalabgabebetrags für die Gemeinden, bei der Bewilligung von finanziellen Zuschüssen an die Schulgemeinden zur Lehrerbesoldung sowie bei Ein- und Ausschulungen, der Einziehung und Gründung von Schulstellen beratend tätig (vgl. §. 16).

Eine Änderung auf der Ebene der Landratsämter geschah 1871 indem die drei Landratsämter zu zwei Ämtern zusammengefasst wurden und zwar zum »unterländischen Bezirk«, bestehend aus dem Landratsamtsbezirk Gera

---

957 Vgl. Gesetz, in: GS FRLRJL, Bd. 11, Jg. 1856–1857. Nr. 208. 349–352; Gesetz, in: GS FRLRJL, Bd. 11, Jg. 1856–1857, Nr. 209. 354–359.

958 Vgl. Gesetz, in: GS FRLRJL, Bd. 15, Jg. 1866–1868. Nr. 265. 36–44.

und der Pflege Hohenleuben mit Amtssitz in Gera, und zum »oberländischen Bezirk«, bestehend aus den Landratsamtsbezirken Schleiz und Lobenstein.[959] Dadurch existierte ab 1871 die Verwaltungsgliederung des Fürstentums, die dem Ministerium als oberster Verwaltungsbehörde die Landratsämter als mittlere Behörden direkt unterstellte, denen wiederum als untere Behörden die Bezirksausschüsse und diesen nachgeordnet die Gemeinden und Städte unterstanden, während die Ortschaften die unterste Verwaltungsebene bildeten. Durch diese stärkere Gliederung der Verwaltung in mehrere Ebenen, an deren Spitze immer eine Instanz zur Verhandlung mit der nächst höheren, bzw. als regional begrenzter Ansprechpartner für die Belange der ihr untergeordneten Behörden und Instanzen stand, war nicht nur eine übersichtlichere Verwaltungsstruktur geschaffen worden, sondern auch eine effektivere Verwaltung möglich. Dies erlaubte es nicht nur, auf regionale Entwicklungen innerhalb des Fürstentums schneller reagieren, sondern auch gesetzliche Entscheidungen durch die stärker ausdifferenzierte hierarchische Struktur besser bis zur untersten Verwaltungsebene durchsetzen zu können. Dieser Verwaltungsaufbau änderte sich bis 1918 in seiner Grundstruktur nicht.[960]

2.2 Zur Kirchenverwaltung

2.2.1 Zum rechtlichen Verhältnis zwischen Kirche und Staat ab 1849

Wie bereits in den Landesteilen der jüngeren Linie seit der Reformation üblich, war der Landesherr des Fürstentums Reuß jüngerer Linie ab 1849 Landes- und Kirchenregent, wodurch die kirchlichen in die landesherrlichen Verwaltungsstrukturen integriert waren und entsprechend die Verfassungen von 1849, 1952 und 1856 die gesetzlichen Grundlagen für das Staats-Kirchen-Verhältnis bildeten.

2.2.1.1 Zu den religionsrechtlichen Bestimmungen des Staatsgrundgesetzes von 1849

Erste grundlegende Änderungen im Verhältnis des Staatsoberhauptes zu seiner Landeskirche zeigten sich für die jüngere Linie im Staatsgrundgesetz

959 Vgl. Gesetz, in: GS FRjL, Bd. 16, Jg. 1868–1871. Nr. 343. 384.

960 Erst der Regierungsumsturz zog auch Veränderungen in der Verwaltungssturktur nach sich, wobei an vorderster Stelle die Änderung der Verfassung stand (vgl. Erlass, in: GS FRjL, Bd. 30, Jg. 1916–1919. Nr. 885. 97f.).

von 1849 sowie in dessen Revisionen von 1852 und 1856. So ist in der Verfassung von 1849, ganz im Sinne der Bestimmungen des Frankfurter Grundrechtekatalogs, zu lesen:

»§. 14. Jeder Staatsangehörige hat volle Glaubens- und Gewissensfreiheit. Niemand ist verpflichtet, seine religiöse Ueberzeugung zu offenbaren.
§. 15. Jeder Staatsangehörige ist unbeschränkt in der gemeinsamen häuslichen und öffentlichen Uebung seiner Religion. Verbrechen und Vergehen, welche bei Ausübung dieser Freiheit begangen werden, sind nach dem Gesetze zu bestrafen.
§. 16. Durch das religiöse Bekenntnis wird der Genuß der bürgerlichen und staatsbürgerlichen Rechte weder bedingt noch beschränkt. Den staatsbürgerlichen Pflichten darf dasselbe keinen Abbruch thun.
§. 17. Jede Religionsgesellschaft ordnet und verwaltet ihre Angelegenheiten selbstständig, bleibt aber, wie jede andere Gesellschaft im Staate, den allgemeinen Staatsgesetzen unterworfen. Keine Religionsgesellschaft genießt vor anderen Vorrechte durch den Staat; es besteht keine Staatskirche. Neue Religionsgesellschaften dürfen sich bilden; einer Anerkennung ihres Bekenntnisses durch den Staat bedarf es nicht. Ueber das Recht der Kirchengemeinden, ihre kirchlichen Beamten zu wählen, ergeht ein gesondertes Gesetz.
§. 18. Niemand soll zu einer kirchlichen Handlung oder Feierlichkeit gezwungen werden.
§. 19. Die Formel des Eides soll eine für Alle gleichmäßige, an kein bestimmtes Religionsbekenntniß geknüpfte sein; sie soll lauten: ›So wahr mir Gott helfe!‹
§. 20. Die bürgerliche Gültigkeit der Ehe ist nur von der Vollziehung des Civilaktes abhängig; die kirchliche Trauung kann nur nach Vollziehung des Civilaktes Statt finden. Die Religionsverschiedenheit ist kein bürgerliches Ehehinderniß.
§. 21. Die Standesbücher werden von den bürgerlichen Behörden geführt.«[961]

An diesen Paragraphen, die wörtlich den Frankfurter »Grundrechten des deutschen Volks« folgen,[962] wird ein fundamentaler Wandel in allen bishe-

961 Staatsgrundgesetz, in: GS FRLRJL, Bd. 8, Jg. 1849–1852, Nr. 102. 56f.

962 In Art. 5 der »Grundrechte des deutschen Volks« finden sich folgende Bestimmungen: »§. 14. Jeder Deutsche hat volle Glaubens- und Gewissensfreiheit. Niemand ist verpflichtet, seine religiöse Ueberzeugung zu offenbaren. §. 15. Jeder Deutsche ist unbeschränkt in der gemeinsamen häuslichen und öffentlichen Uebung seiner Religion. Verbrechen und Vergehen, welche bei Ausübung dieser Freiheit begangen werden, sind nach dem Gesetze zu bestrafen. §. 16. Durch das religiöse Bekenntniß wird der Genuß der bürgerlichen und staatsbürgerlichen Rechte weder bedingt noch beschränkt. Den staatsbürgerlichen Pflichten darf dasselbe keinen Abbruch thun. §. 17. Jede Religionsgesellschaft ordnet und verwaltet ihre Angelegenheiten selbst-

rigen Haltungen zu wichtigen religiösen Dingen wie Glaubenszwang, bekenntnisabhängige Staatsbürgerschaft, Kirchenzucht, religiöse Eidformel und Eheschließung deutlich, der sich durch eine bis diesem Zeitpunkt unübliche Liberalität in Religionsfragen auszeichnete. Besonders in § 17, der die evangelische Landeskirche letztlich zu einer Religionsgemeinschaft unter vielen, ohne Privilegien und nur noch zu einem religiösen Verein völlig ohne politische Bedeutung machte, wird die beginnende Lösung des Staates von einer religiösen Bindung deutlich, wie sie für den modernen demokratisch-liberalen Staat vorgesehen war. Dadurch, dass das Fürstentum diese Grundrechte für sich in die Verfassung übernahm, zeigt sich nicht nur, wie sehr Landesherr und Landtag ihren Staat in die Reihe der modernen deutschen Kleinstaaten eingliedern wollten, sondern auch, dass sich bei beiden Größen bereits eine Veränderung im Verhältnis zur Landeskirche und religiösen Dingen vollzogen haben musste.

2.2.1.2 Zu den religionsrechtlichen Bestimmungen des Revidirten Staatsgrundgesetzes von 1852

Anders als 1849 verhielt es sich jedoch mit den religionsrechtlichen Bestimmungen des »Revidirten Staatsgrundgesetzes« von 1852, worin aufgrund der offiziellen Erklärung der Ungültigkeit der »Grundrechte des Deutschen Volks« zwar nicht viele, doch zumindest die Bestimmungen religiöse Dinge betreffend wieder entfernt wurden. Es sind lediglich folgende Regelungen zu finden:

ständig, bleibt aber den allgemeinen Staatsgesetzen unterworfen. Keine Religionsgesellschaft genießt vor andern Vorrechte durch den Staat; es besteht fernerhin keine Staatskriche. Neue Religionsgesellschaften dürfen sich bilden; einer Anerkennung ihres Bekenntnisses durch den Staat bedarf es nicht. §. 18. Niemand soll zu einer kirchlichen Handlung oder Feierlichkeit gezwungen werden. §. 19. Die Formel des Eides soll künftig lauten: ›So wahr mir Gott helfe.‹ §. 20. Die bürgerliche Gültigkeit der Ehe ist nur von der Vollziehung des Civilactes abhängig; die kirchliche Trauung kann nur nach der Vollziehung des Civilactes Statt finden. Die Religionsverschiedenheit ist kein bürgerliches Ehehinderniß. §. 21. Die Standesbücher werden von den bürgerlichen Behörden geführt« (Gesetz, in: GS FRLRJL, Bd. 7, Jg. 1847–1849, Nr. 210. 113f.).

»§. 16. Jeder Staatsangehörige hat volle Glaubens- und Gewissensfreiheit; die Verschiedenheit der christlichen Konfessionen hat keine Verschiedenheit in den politischen oder bürgerlichen Rechten zur Folge, darf aber auch den staatsbürgerlichen Pflichten keinen Abbruch thun.«[963]

»§. 23. Ueber das Kirchen- und Schulpatronat und die Bedingungen, unter welchen dasselbe aufgehoben werden kann, wird ein besonderes Gesetz ergehen.«[964]

Trotz des Wegfalls der meisten Bestimmungen von 1849 verblieben doch die Glaubens- und Gewissensfreiheit, wenn auch leicht eingeschränkt. An §. 23 zeigt sich auch deutlich, dass die Aufhebung des landesherrlichen Kirchen- und Schulpatronats weiterhin ein Ziel des Landesherrn wie Landtags blieb.

2.2.1.3 Zu den religionsrechtlichen Bestimmungen des revidierten Staatsgrundgesetzes von 1856

In dem Gesetz von 1856 zur Änderung einiger Teile der Verfassung von 1852 finden sich folgende Ausführungen zu religiösen Angelegenheiten:

»§. 19. Der Genuß der bürgerlichen und staatsbürgerlichen Rechte ist von dem christlichen Glaubensbekenntnisse abhängig, vorbehältlich derjenigen Ausnahmen, welche durch besondere Gesetze bestimmt sind.
§. 20. Jedem Landeseinwohner steht vollkommene Freiheit des Gewissens und der Religionsausübung zu. Jedoch darf die Religion nie als Vorwand gebraucht werden, um sich irgend einer gesetzlichen Verbindlichkeit zu entziehen.«[965]

An diesen Bestimmungen wird deutlich, dass sich zwar der Zustand von 1849 nicht wieder einstellte, doch die Unabhängigkeit der staatsbürgerlichen Rechte vom religiösen Bekenntnis sowie die Gewissens- und Religionsfreiheit bestehen blieben. Dies hatte bis zur Mitte des 19. Jahrhunderts noch im Gegensatz zur gewohnten Religionspolitik gestanden und war seit 1848/49

---

963 REVIDIERTES STAATSGRUNDGESETZ, in: GS FRLRJL, Bd. 8, Jg. 1849–1852, Nr. 120. 395.

964 REVIDIERTES STAATSGRUNDGESETZ, in: GS FRLRJL, Bd. 8, Jg. 1849–1852, Nr. 120. 396.

965 GESETZ, in: GS FRLRJL, Bd. 11, Jg. 1856–1857, Nr. 194. 109. Entsprechend findet sich im »Wahlgesetz« von 1856 in dessen §. 3 zum Recht der Teilnahme an der Abgeordnetenwahl für den Landtag als Wähler und auch Wahlfähiger unter anderem die Bestimmung, dass eine Voraussetzung dafür »das Bekenntniß der christlichen Religion, ohne Unterschied der Konfession« sei (GESETZ, in: GS FRLRJL, Bd. 11, Jg. 1856–1857. Nr. 190. 73).

Ausdruck eines modernen Staatsverständnisses, da es durch die Entpolitisierung der Religion eine gewisse Trennung zwischen Landesreligion und -politik vorbereitet. Dennoch ist ab 1856 folgender Paragraph (§. 47) in der Verfassung zu finden:

> »Die unmittelbare und mittelbare Ausübung der Kirchengewalt über die ev.-luth. Landeskirche verbleibt wie bisher dem Landesherrn. In liturgischen Sachen ergehen die Verfügungen durch das Konsistorium und werden überhaupt keine wesentlichen Neuerungen gepflogen werden, ohne daß eine besonders zu veranstaltende Synodalversammlung darüber befragt wird.«[966]

Damit wird deutlich, dass keine Verselbständigung der Kirche beabsichtigt war, sondern das traditionelle landesherrliche Kirchenregiment trotz Neuerungen und größerer religiöser Freiheiten dennoch bestehen bleiben sollte, was sich auch in der Beibehaltung üblicher kirchlicher Verwaltungsstrukturen zeigt.

Eine nochmalige Abänderung der §§. 19 und 20 erfolgte im Jahre 1867 und war das Ergebnis immer wieder auftretender Streitigkeiten über die Auslegung der Paragraphen. Sie führte zu folgenden Neuformulierungen:

> »§. 19. Der Genuß der bürgerlichen und staatsbürgerlichen Rechte ist von dem religiösen Glaubensbekenntnisse unabhängig.
> §. 20. Jedem Landeseinwohner steht vollkommene Freiheit des Gewissens und der Religionsübung zu. Jedoch darf die Religion nie als Vorwand gebraucht werden, um sich irgend einer gesetzlichen Verbindlichkeit zu entziehen. Die christliche Religion wird bei denjenigen Einrichtungen des Staats, welche mit der Religionsausübung im Zusammenhange stehen, zu Grunde gelegt. [...].«[967]

Im Unterschied zu 1856 wird deutlich, dass der Genuss bürgerlicher und staatsbürgerlicher Rechte ab 1867 für alle Menschen und ohne Ausnahmen gelten sollte sowie, dass die Gewissens- und Religionsfreiheit künftig lediglich hinsichtlich der Anstellung und Arbeit in Institutionen, die mit der Religionsausübung zu tun haben, beschränkt wurde. Damit war eine Trennung zwischen der Religiosität im privaten und öffentlichen Leben gezogen und ein Kompromiss zwischen einem generellen Religionszwang und einer grundsätzlichen Religionsfreiheit gefunden worden.

---

966 Gesetz, in: GS FRLRJL, Bd. 11, Jg. 1856–1857, Nr. 194. 113.

967 Gesetz, in: GS FRLRJL, Bd. 15, Jg. 1865–1869, Nr. 274. 115.

2.2.2 Zu den Verwaltungsstrukturen von 1848 bis 1918

Seit dem 16. Jahrhundert beruhte die kirchliche Verfassung des Landes auf dem Territorialsystem, demzufolge der Landesherr gleichzeitig ›summus episcopus‹ seiner Staatskirche war und sein bischöfliches Recht durch das Konsistorium als oberster kirchlicher Verwaltungsbehörde ausübte. Das Konsistorium hatte dabei traditionsgemäß folgende drei Hauptaufgaben inne:

> »Wahrnehmung und Unterhaltung der landesherrlichen Rechte und Gerechtsame, 2. in der Aufsicht über alle Behörden in Ausführung der Gesetze und Verordnungen, 3. in ›Abnahme‹ aller neu anzustellenden Beamten und Diener usw.«[968]

Dem Konsistorium bzw. der Generalsuperintendentur in Gera unterstanden die Superintendenturen bzw. Ephorien Gera, Schleiz und Ebersdorf mit Lobenstein samt deren Inspektionsämtern über jeweils vier bis fünf Distrikte der Diözesen als Mittelbehörden.[969]

Die Superintendenturen waren für die inneren Angelegenheiten von Kirche und Schule in ihrem jeweiligen Amtsbezirk verantwortlich, während die Inspektionsämter bzw. Kirchenkommissionen, die sich aus dem Superintendenten, der zuständigen unteren Gerichtsbehörde und dem jeweils zuständigen Amtmann bzw. Landrat zusammensetzten, für die äußeren Kirchen- und Schulangelegenheiten, die Ehegerichtsbarkeit sowie die Gerichtsbarkeit über Geistliche und Lehrer zuständig waren.[970]

Die kirchlichen Unterbehörden bildeten die Land- und Stadtpfarreien, die wiederum jeweils Lokal- bzw. Ortsinspektionen zur Überwachung der äußeren Angelegenheiten ihrer Kirchgemeinde bildeten. Einen wichtigen Teil des kirchlichen Finanzwesens bildete die »Allgemeine Kirchenkasse«, die durch staatliche Zuschüsse je nach Feststellung des Staatshaushaltplans gespeist wurde.[971] Erst durch das Gesetz von 1854[972] wurde die Erhebung der Kirchensteuer geregelt, die in den Folgejahren weiterhin angepasst wurde. Was gleich blieb, war die Umlage auf Basis der Einkommens-, Gebäude- und Grundsteuer.

---

968 Zeissner: Staat. 61.

969 Vgl. Brückner: Landeskunde. 289f.

970 Vgl. Hess: Geschichte Thüringens. 87; vgl. Klotz, Johann Christoph: Beschreibung. 62, 107–109.

971 Vgl. Klein: Streifzüge. 60.

972 Vgl. Verordnung, in: GS FRLRJL, Bd. 10, Jg. 1853–1855, Nr. 163. 234f.

Durch den Zusammenschluss der Fürstentümer der jüngeren Linie im Jahr 1848 wurden auch die kirchlichen Verwaltungseinheiten neu eingeteilt, sodass dem Konsistorium in Gera ab diesem Zeitpunkt die Diözesen Gera, Lobenstein und Ebersdorf sowie Schleiz unterstanden. Die sonstige formale Organisationsform der kirchlichen Verwaltungsstruktur blieb gleich. Eine grundlegende Veränderung trat erst im Jahre 1863 durch eine gesetzliche Neuordnung der kirchlichen und schulischen Verwaltungsstrukturen ein.[973] Das zugehörige Gesetz vom 28. April regelt die Auflösung des Konsistoriums in Gera und der Inspektionsämter in Schleiz und Lobenstein (vgl. §. 1), sowie die Unterstellung aller kirchlichen und schulischen Dinge unter die Abteilung für Kirchen- und Schulsachen des Fürstlichen Ministeriums (vgl. §. 2). Darüber hinaus bestimmt das Gesetz die Aufhebung der geistlichen Gerichtsbarkeit und die Übertragung sämtlicher damit verbundener Befugnisse auf die Instanzen der staatlichen Justiz (vgl. §. 3) sowie die Übertragung der Ehe- und Verlöbnissachen auf die Kreisgerichte Gera und Schleiz (vgl. §§. 4f.).

Die Ministerialabteilung für Kirchen- und Schulangelegenheiten sollte sich künftig »aus dem verantwortlichen Vorstand, einem weltlichen Mitglied und zwei geistlichen Mitgliedern«[974] zusammensetzen. Dieser staatlichen Abteilung unterstanden die kirchlichen Institutionen in ähnlicher Organisationsstruktur wie bisher, d.h. die Superintendenturen blieben Mittelbehörden, die weiterhin die inneren Angelegenheiten für die Distrikte der jeweiligen Diözesen verwalteten, nun aber unterstützt von Fürstlichen Kirchen- und Schulinspektionen bzw. -kommissionen, die je aus dem Landrat und Ephorus der betreffenden drei Gebiete Gera (seit 1863),[975] Schleiz (seit 1825) und Lobenstein-Ebersdorf (seit 1825)[976] bestanden.[977] Diese waren zuständig für die Ortsgeistlichen sowie die Orts- und Kirchkastenvorstände der einzelnen Gemeinden. Für die Städte galt die gleiche Regelung: die Organe für Kirchen- und Schulsachen waren den jeweiligen Kirchen- und Schulkommissionen untergeordnet, wovon allein der Kirchen- und Schulvorstand in Gera ausgeschlossen war, der direkt der Abteilung für Kirchen- und Schulsachen unterstand.[978]

---

973 Vgl. Gesetz, in: GS FRLRJL, Bd. 13, Jg. 1861–1863, Nr. 236. 505.

974 Landesherrliche Verordnung, in: GS FRLRJL, Bd. 14, Jg. 1863–1865, Nr. 237. 1.

975 Vgl. Verordnung, in: GS FRLRJL, Bd. 14, Jg. 1863–1865. Nr. 237. 2.

976 Vgl. Verordnung, in: GS FRLRJL, Bd. 1 u. 2, Jg. 1822–1841, Nr. 8. 61–63.

977 Vgl. Gesetz, in: GS FRLRJL, Bd. 15, Jg. 1866–1868, Nr. 264. 31.

978 Vgl. Verordnung, in: GS FRLRJL, Bd. 14, Jg. 1863-1865. Nr. 237. 2.

Zur Verbesserung der Lebensverhältnisse der Geistlichen, die in Reuß jüngerer Linie als Zivilstaatsdiener galten,[979] waren zwar bereits in der ersten Hälfte des 19. Jahrhunderts in den einzelnen Landesteilen erste gesetzliche Maßnahmen ergriffen worden,[980] doch erst nach 1848 erfolgte die Verabschiedung zahlreicher weiterer Gesetze, die die finanzielle und damit existentielle Sicherung der Geistlichen grundsätzlich und langfristig sichern sollten. Dazu gehörten Gesetze zu ihrer Altersabsicherung[981] und der ihrer Witwen und Waisen[982] sowie zur Besoldung,[983] die bis 1918 immer wieder den Erfordernissen der Zeit angepasst und die finanziellen Leistungen entsprechend erhöht wurden. Die Finanzierung der kirchlichen Angelegenheiten erfolgte weiterhin aus mehreren Quellen und zwar den Lokalschul- und Kirchenkassen,[984] Orts-, Stadt- und Gemeindekassen, unterschiedlichen Fonds, Stiftungen und letztlich auch aus Mitteln der Staatskasse.[985] Auch in Reuß jüngerer Linie führte das Reichsgesetz zur Zivilehe zur Einführung von Standesämtern, wodurch nicht nur ehemals kirchliche Handlungen künf-

---

979 Vgl. Gesetz, in: GS FRLRJL, Bd. 9, Jg. 1852 und 1853. Nr. 147. 327, §. 1.

980 Vgl. Authentische Interpretation, in: GS FRLRJL, Bd. 1, Erste und zweite Abteilung. 1821–1833. Nr. 43. 207f.; Höchste Verordnung, in: GS FRLRJL, Bd. 7, Jg. 1847–1849. Nr. 181. 1–22.

981 Vgl. Gesetz, in: GS FRjL, Bd. 17, Jg. 1872–1874. Nr. 357. 143–148; Gesetz, in: GS FRjL, Bd. 22, Jg. 1896–1899. Nr. 550. 77f.; Gesetz, in: GS FRjL, Bd. 22, Jg. 1896–1899. Nr. 571. 259f.

982 Vgl. Höchste Verordnung, in: GS FRLRJL, Bd. 7, Jg. 1847–1849. Nr. 181. 1–22; Regierungs-Bekanntmachung, in: GS FRLRJL, Bd. 7, Jg. 1847–1849. Nr. 202. 92f.; Verordnung, in: GS FRLRJL, Bd. 11, Jg. 1856–1857. Nr. 208. 343; Gesetz, in: GS FRjL, Bd. 26, Jg. 1907–1909. Nr. 698. 5f.; Gesetz, in: GS FRjL, Bd. 27, Jg. 1910–1912. Nr. 781. 375–380.

983 Vgl. Gesetz, in: GS FRjL, Bd. 17, Jg. 1872–1874. Nr. 377. 311f.; Gesetz, in: GS FRjL, Bd. 19, Jg. 1879–1882. Nr. 428. 245f.; Gesetz, in: GS FRjL, Bd. 20, Jg. 1883–1890. Nr. 483. 268; Gesetz, in: GS FRjL, Bd. 21, Jg. 1891–1895. Nr. 507. 193–196; Gesetz, in: GS FRjL, Bd. 22, Jg. 1896–1899. Nr. 570. 257f.; Gesetz, in: GS FRjL, Bd. 25, Jg. 1903–1905. Nr. 655. 129f.; Gesetz, in: GS FRjL, Bd. 26, Jg. 1907–1909. Nr. 737. 335f.; Gesetz, in: GS FRjL, Bd. 27, Jg. 1910–1912. Nr. 776. 351–358; Gesetz, in: GS FRjL, Bd. 29, Jg. 1913–1915. Nr. 821. 73f.; Nachtragsgesetz, in: GS FRjL, Bd. 29, Jg. 1913–1915. Nr. 833. 143f.

984 Vgl. Verordnung, in: GS FRLuE, Bd. 1 u. 2, Jg. 1822–1841, Nr. 7. 57–60; Landesherrliche Verordnung, in: GS FRjL, Bd. 27, Jg. 1910–1912. Nr. 778. 361f.

985 Vgl. Verordnung, in: GS FRLRJL, Bd. 10, Jg. 1853–1855. Nr. 163. 227–232; Landesherrliche Verordnung, in: GS FRjL, Bd. 27, Jg. 1910–1912, Nr. 778. 361f.

tig profane Rechtsakte wurden, sondern der Landeskirche auch mit diesen Handlungen verbundene Gebühren sowie ein gesellschaftlicher Einflussbereich verloren gingen.[986]

Eine größere Veränderung in der Verwaltungsstruktur fand mit dem Erlass der Kirchgemeindeordnung im Jahre 1893 statt.[987] Darin wird den Kirchgemeinden in §. 1 Folgendes gestattet:

> »Jede Kirchengemeinde hat den Beruf, unter Anregung des in ihr bestehenden geistlichen Amtes sich zu einer Pflanzstätte evangelisch-christlichen Glaubens, Sinnes und Lebens zu gestalten und die Befugniß, ihre Angelegenheiten – unter dem gesetzlichen und aus ihrem Verhältniß als Glied der evangelisch-lutherischen Kirche sich ergebenden Beschränkungen – selbständig zu ordnen, insbesondere das Vermögen ihrer Kirchen und Pfarreien, sowie das Vermögen der Stiftungen für ihre Kirchen, Pfarreien und die Kirchengemeinde unter der Aufsicht der kirchlichen Behörden selbst zu verwalten.«[988]

Für die Selbstverwaltung durften die Kirchgemeinden eigene Vorstände wählen (vgl. §. 2), die sich aus dem Pfarrer bzw. den Pfarrern der Gemeinde, dessen pfarramtlichem Vertreter bzw. Vertretern, dem Bürgermeister bzw. den Bürgermeistern samt Stellvertretern und einer Anzahl weltlicher, gewählter Kirchenvorsteher zusammensetzen sollten. Allein Gera blieb ausgenommen, da es noch eine gesonderte Regelung zur Zusammensetzung seines Kirchgemeindevorstands erhalten sollte (vgl. §. 3). Weiter bestimmt das Gesetz, dass den Vorsitz im Kirchengemeindevorstand der Pfarrer zu führen hatte (vgl. §. 4) und der Kirchenpatron den Kirchenvorsteher ernennen durfte (vgl. §. 5). Zu den umfangreichen Aufgaben des Kirchgemeindevorstands sollten laut §. 17 künftig folgende gehören:

---

986 Vgl. Nachtrag, in: GS FRjL, Bd. 18, Jg. 1875–1878. Nr. 396. 146; Landesherrliche Verordnung, in: GS FRjL, Bd. 18, Jg. 1875–1878. Nr. 388. 77–80; Instruktion, in: GS FRjL, Bd. 18, Jg. 1875–1878. Nr. 390. 115–128; Nachtrag, in: GS FRjL, Bd. 18, Jg. 1875–1878. Nr. 392. 131f.; Nachtrag, in: GS FRjL, Bd. 18, Jg. 1875–1878. Nr. 394. 141f.; Revidirte Instruktion, in: GS FRjL, Bd. 22, Jg. 1896–1899. Nr. 538. 3–28; Landesherrliche Verordnung, in: GS FRjL, Bd. 23, Jg. 1899. Nr. 593. 447–450; Anderweit revidirte Instruktion, in: GS FRjL, Bd. 23, Jg. 1899. Nr. 593. 451–486.

987 Vgl. Gesetz, in: GS FRjL, Bd. 21, Jg. 1891–1895. Nr. 515. 231–246; Verordnung, in: GS FRjL, Bd. 21, Jg. 1891–1895. Nr. 520. 307f.; Gesetz, in: GS FRjL, Bd. 21, Jg. 1891–1895. Nr. 533. 441f.

988 Gesetz, in: GS FRjL, Bd. 21, Jg. 1891–1895. Nr. 515. 231f.

»1. Belebung des christlichen Sinnes in der Kirchengemeinde;
2. Aufsicht über die würdige Feier der Sonn- und Festtage in der Kirche, Aufrechthaltung und Beförderung der Ordnung beim Gottesdienst;
3. Aufsicht über die kirchlichen und Pfarrgebäude und deren Gebrauch;
4. die Verwaltung und Beaufsichtigung des Vermögens der Kirche und der ihr gewidmeten oder sonst mit dem Kirchenvermögen verbundenen Stiftungen;
5. die Verlosung der Kirchensitze, wo solche üblich ist, und die Verwaltung des Gottesackers, sofern der letztere der Kirchengemeinde gehört, sowie die Führung der Register über Verlosung der Kirchensitze und der Grabstellen;
6. Mitwirkung und Erklärung Namens der Kirchengemeinde bei Aenderungen des Kirchenbezirks, der lokalen kirchlichen Einrichtungen, der Kirchenämter und der Liturgie;
7. Ausübung der Rechte, welche bei Besetzung der geistlichen Stellen [...] und der niederen Kirchenämter der Kirchengemeinde zu sehen, und Aufsicht über die niederen Kirchendiener;
8. Vertretung des Kirchenvermögens und der Kirchengemeinde in Rechtsangelegenheiten;
9. die Mitwirkung bei Feststellung der Dienstbezüge der geistlichen Stellen nach § 3 des Gesetzes vom 9. Februar 1893;
10. Kirchenkollekten, deren Ertrag für die betreffende Kirchengemeinde verwendet werden soll, können vom Kirchengemeindevorstande nur mit Genehmigung des Ministeriums erhoben werden.«[989]

Die Finanzangelegenheiten blieben ähnlich geregelt wie zuvor. Entsprechend hatten sich die Kirchen in erster Linie durch ihr Kirchenvermögen, die Kirchkasse und die finanziellen Unterstützungen durch den Kirchenpatron selbst zu finanzieren. Reichte dies nicht aus, so hatte die politische Gemeinde einzuspringen (vgl. §§. 24; 29).

Durch dieses Gesetz waren der Kirchgemeinde einerseits die Rechte zur Selbstverwaltung in sämtlichen Angelegenheiten zugestanden worden, die ihr die Möglichkeit gaben ihre Belange in Zukunft effektiver, da auf kürzeren amtlichen Wegen und gleich vor Ort, regeln zu können. Und andererseits bedeutete dieses Gesetz die vollständige Trennung der Verwaltung der kirchlichen von der politischen Gemeinde, was im konservativeren Reuß älterer Linie bereits 1880 stattgefunden hatte.

---

989 Gesetz, in: GS FRjL, Bd. 21, Jg. 1891–1895. Nr. 515. 237. Genauere Ausführungen zu diesen 10 Punkten finden sich in den anschließenden §§. 18–23.

Im Jahre 1911 erfolgte per Gesetz[990] die Ablösung der Fürstlichen Kirchen- und Schulkommissionen durch Fürstliche Kirchenkommissionen (vgl. §§. 1f.). Diese sollten sich laut §. 3 wie folgt zusammensetzen:

> »1. für den unterländischen Verwaltungsbezirk mit Ausnahme der Kirchengemeinde Gera aus dem Fürstlichen Landrat und dem Superintendenten der Diözese Gera mit dem Sitze in Gera,
> 2. für die Kirchengemeinde Gera aus dem Oberbürgermeister dieser Stadt und dem Superintendenten der Diözese Gera mit dem Sitze in Gera,
> 3. für die Diözese Schleiz aus dem Fürstlichen Landrat des oberländischen Verwaltungsbezirks und dem Superintendenten für die gesamte Diözese mit dem Sitze in Schleiz,
> 4. für die Diözese Ebersdorf aus dem Landrate des oberländischen Verwaltungsbezirks und dem Superintendenten der genannten Diözese mit dem Sitze in Schleiz.«[991]

Die Errichtung neuer Institutionen zur Kirchenverwaltung war mit einer verwaltungsmäßigen Trennung von Kirche und Schule im Jahre 1911 verbunden. Damit verblieben lediglich die Schulsachen beim Ministerium, während die ehemaligen konsistorialen Aufgaben an die Kirchenkommissionen übergingen. Diese Verwaltungsorganisation blieb bis 1918 in ihren Grundstrukturen bestehen.

2.3 Zur Schulverwaltung

2.3.1 Zum rechtlichen Verhältnis zwischen Staat und Volksschulwesen ab 1849

Der Landesherr von Reuß jüngerer Linie hatte traditionell das landesherrliche Kirchenregiment inne und war entsprechend oberster Schulherr, da sich die Schulangelegenheiten im Zuständigkeitsbereich der Geistlichkeit befanden. Deutlich wird dieses Abhängigkeitsverhältnis auch an den Verwaltungsstrukturen des Kirchen- und Schulwesens, die ab 1849 zunächst

---

990 Vgl. LANDESHERRLICHE VERORDNUNG, in: GS FRjL, Bd. 27, Jg. 1910–1912. Nr. 787. 429f.

991 LANDESHERRLICHE VERORDNUNG, in: GS FRjL, Bd. 27, Jg. 1910–1912. Nr. 787. 429f.

so bestehen blieben wie sie bereits zuvor in den einzelnen Landesteilen der jüngeren Linie existiert hatten und den Bestimmungen zum Staats-Kirchen-Volksschulverhältnis in den Staatsgrundgesetzen von 1849, 1852 und 1856.

2.3.1.1 Zu den schulrechtlichen Bestimmungen des Staatsgrundgesetzes von 1849

Im »Staatsgrundgesetz« (1849) finden sich im zweiten Abschnitt folgende Ausführungen:

> »§. 23. Das Unterrichts- und Erziehungswesen steht unter der Oberaufsicht des Staats, und ist, abgesehen vom Religionsunterricht, der Beaufsichtigung der Geistlichkeit, als solcher, enthoben.
> §. 24. Unterricht zu ertheilen, sowie Unterrichts- und Erziehungsanstalten zu gründen und zu leiten, steht jedem Staatsangehörigen frei, wenn er seine moralische, wissenschaftliche, bezüglich technische Befähigung der betreffenden Staatsbehörde nachgewiesen hat. Der häusliche Unterricht unterliegt keiner Beschränkung.
> §. 25. Für die Bildung der Jugend soll durch öffentliche Schulen überall genügend gesorgt werden. Eltern oder deren Stellvertreter dürfen ihre Kinder oder Pflegebefohlenen nicht ohne den Unterricht lassen, welcher für die unteren Volksschulen vorgeschrieben ist.
> §. 26. Die öffentlichen Lehrer haben die Rechte der Staatsdiener. Der Staat stellt unter gesetzlich geordneter Betheiligung der Gemeinden aus der Zahl der Geprüften die Lehrer der Volksschulen an.
> §. 27. Für den Unterricht in Volksschulen und niederen Gewerbeschulen wird kein Schulgeld bezahlt. Unbemittelten soll auf allen öffentlichen Unterrichtsanstalten freier Unterricht gewährt werden. Die Unterhaltung der öffentlichen Bildungsanstalten, sowie die angemessene Besoldung der Lehrer an denselben liegt dem Staat ob, dagegen übernimmt er das sämmtliche Schulvermögen. Die für Schulzwecke gemachten Stiftungen bleiben unverändert fortbestehen.
> §. 28. Es steht einem Jeden frei, seinen Beruf zu wählen und sich für denselben auszubilden, wie und wo er will.«[992]

Die große Nähe zum Grundrechtekatalog wird in diesem Artikel durch die teils wörtliche Übernahme der Paragraphen deutlich[993] und das Staatsgrund-

[992] Staatsgrundgesetz, in: GS FRLRJL, Bd. 8, Jg. 1849–1852, Nr. 102. 57.

[993] In Art. 6 der »Grundrechte des deutschen Volks« heißt es: »§. 23. Das Unterrichts- und Erziehungswesen steht unter der Oberaufsicht des Staates, und ist, ab-

gesetz enthält demgemäß auch die durch die liberale Frankfurter Nationalversammlung angestrebten Neuerungen für das Volksschulwesen. Zunächst zu nennen ist die Unterstellung des gesamten Schul- und Erziehungswesens unter die staatliche Aufsicht und damit der Entzug aus dem kirchlichen Zuständigkeitsbereich (vgl. §. 23).[994] Dennoch ging es hier offensichtlich nicht um eine komplette Trennung von Kirche und Schule bzw. Religion und Schule, da der Religionsunterricht weiterhin als Fach verbleiben und unter geistliche Fachaufsicht gestellt werden sollte (vgl. §. 23). Weiterhin neu ist die Erlaubnis für jeden Staatsangehörigen, mit nachweisbarer und durch die staatlichen Schulaufsichtsbehörden anerkannter Qualifizierung, Unterrichts- und Erziehungsanstalten zu gründen (vgl. §. 24). Dies räumte künftig nicht nur die Möglichkeit ein schulische Einrichtungen außerhalb kirchlicher Aufsicht und Einflussnahme, sondern auch in größerer Vielfalt als zuvor zu gründen. Mit den Bestimmungen in §. 25 wird einerseits an die Bemühungen zur Durchsetzung der Schulpflicht im 18. Jahrhundert angeknüpft und andererseits deutlich, dass dafür von staatlicher Seite die Errichtung ausreichend vieler Schulanstalten notwendig werden wird.

Zwei bedeutende Neuerungen für den Lehrerstand finden sich in §. 26. Zum Ersten wurde bestimmt, dass diese als Staatsdiener künftig zu einem eigenen Berufsstand erhoben und damit aus dem Verhältnis von Kirchendie-

---

gesehen vom Religionsunterricht, der Beaufsichtigung der Geistlichkeit als solcher enthoben. §. 24. Unterrichts- und Erziehungsanstalten zu gründen, zu leiten und an solchen Unterricht zu ertheilen, steht jedem Deutschen frei, wenn er seine Befähigung der betreffenden Staatsbehörde nachgewiesen hat. Der häusliche Unterricht unterliegt keiner Beschränkung. §. 25. Für die Bildung der deutschen Jugend soll durch öffentliche Schulen überall genügend gesorgt werden. Eltern oder deren Stellvertreter dürfen ihre Kinder oder Pflegebefohlenen nicht ohne den Unterricht lassen, welcher für die unteren Volksschulen vorgeschrieben ist. §. 26. Die öffentlichen Lehrer haben die Rechte der Staatsdiener. Der Staat stellt unter gesetzlich geordneter Betheiligung der Gemeinden aus der Zahl der Geprüften die Lehrer der Volksschulen an. §. 27. Für den Unterricht in Volksschulen und niederen Gewerbeschulen wird kein Schulgeld bezahlt. Unbemittelten soll auf allen öffentlichen Unterrichtsanstalten freier Unterricht gewährt werden. §. 28. Es steht einem Jeden frei, seinen Beruf zu wählen und sich für denselben auszubilden, wie und wo er will« (Gesetz, in: GS FRLRJL, Bd. 7, Jg. 1847–1849, Nr. 210. 114).

994 1850 wurde ein entsprechendes Gesetz zur Funktion der Lokalschulinspektoren im ländlichen Raum erlassen. Darin wird festgelegt, dass zwar die Bestimmungen des Staatsgrundgesetzes hinsichtlich der staatlichen Aufsicht ausgeführt werden sollen, jedoch auch weiterhin Geistliche dort die Aufsicht üben werden, wenn es dafür bereits bestehende gesetzliche Regelungen gibt, die ihnen bereits ein staatliches Mandat verleihen (vgl. Ministerialverordnung, in: GS FRLRJL, Bd. 8, Jg. 1849–1852. Nr. 103. 88).

nern herausgelöst sowie mit eigenen Rechten versehen werden sollten, und zum Zweiten, dass in Zukunft der Staat in Zusammenarbeit mit den politischen Gemeinden die Lehrer anstellen wird, die geprüft sein, das heißt, über eine nachweisbare, qualifizierte Lehrerausbildung verfügen müssen.

Anders als bisher soll die Schulausbildung laut §. 27 künftig kostenlos erfolgen, was dadurch garantiert wird, dass der Staat die Unterhaltung der Schulen und Besoldung des Lehrpersonals übernimmt, das heißt, die Schulträgerschaft und -aufsicht. Die positiven Folgen dessen dürften sein, dass ein flächendeckender Volksschul- und Gewerbeschulbesuch stattfindet und so einerseits der Schulpflicht im geforderten Maße nachgekommen sowie das Bildungsniveau im Fürstentum generell angehoben wird.

Durch den §. 28 werden die schulrechtlichen und -politischen Bestimmungen in ihrer Vollständigkeit insofern abgerundet, als das hier durch das Recht der freien Berufswahl und damit zusammenhängenden freien Wahl des Bildungsweges nicht nur jedem Staatsangehörigen die Möglichkeit gegeben wird, sich nach eigenem Können und Wollen zu qualifizieren, sondern dies in der Konsequenz und auf lange Sicht auch Auswirkungen auf den Zusammenhang zwischen Arbeitswelt und Schulwesen haben wird.

Ein weiterer wichtiger Aspekt bei der Betrachtung der staatlichen Haltung zum Volksschulwesen stellt auch die Tatsache dar, dass auf diese ›Schulparagraphen‹ – anders als im Frankfurter Grundrechtekatalog, wo sich ein Artikel zum Vereins- und Versammlungsrecht anschließt (§§. 29–31)[995] – nachstehende Bestimmungen folgen:

> »§. 29. Jeder Staatsangehörige hat das Recht, sich mit Bitten und Beschwerden an die Behörden zu wenden, dieselben auch in geeigneten Fällen an den Landtag und an die Reichsversammlung schriftlich zu bringen. Dieses Recht kann sowohl von Einzelnen, als von Mehreren im Verein ausgeübt werden.
> §. 30. Jeder Staatsbürger hat das Recht, öffentliche Beamte wegen amtlicher Handlungen gerichtlich zu verfolgen, einer vorgängigen Erlaubniß durch die Oberbehörde bedarf es dazu nicht.«[996]

Anhand dieser beiden Paragraphen wird indirekt deutlich Bezug auf die vorher bestehenden Verhältnisse genommen, die es den Staatsangehörigen oft recht schwierig machten, sich offiziell gegen Staats- und auch Kirchen- und Schuldiener zur Wehr zu setzen oder sich generell politisch zu engagieren.

---

995 Vgl. Gesetz, in: GS FRLRJL, Bd. 7, Jg. 1847–1849, Nr. 210. 114f.

996 Staatsgrundgesetz, in: GS FRLRJL, Bd. 8, Jg. 1849–1852, Nr. 102. 58.

Doch durch den §. 29 würden die Staatsangehörigen künftig die Möglichkeit haben, Beschwerden, Wünsche und Bitten jeglicher Art, d.h. auch bezüglich des Schulwesens und der Lehrerschaft der Volksvertretung zukommen und damit dem Landtag zur Diskussion vorlegen zu lassen. Dadurch war der Bevölkerung ein bildungspolitisches Mitspracherecht zugesichert. Nachdem die Lehrer gemäß §. 26 zu den Zivilstaatsdienern gehören sollten, wären auch sie künftig durch den §. 30 von den Staatsangehörigen für ihre Handlungen anklagbar, das heißt sie würden nicht nur staatlichen, sondern auch gesellschaftlichen Kontrollen unterliegen.

2.3.1.2 Zu den schulrechtlichen Bestimmungen des Revidirten Staatsgrundgesetzes von 1852

Im »Revidierten Staatsgrundgesetz« von 1852 finden sich im zweiten Abschnitt folgende schulrechtlichen Bestimmungen:

> »§. 17. Jedem steht die Wahl seines Berufes und Gewerbes nach eigner Neigung frei. Unter Beobachtung der hinsichtlich der Vorbereitung zum Staatsdienste bestehenden Vorschriften ist es Jedem überlassen, sich für denselben auszubilden, wie und wo er will.
> §. 18. Jeder Staatsangehörige hat das Recht, sich mit Bitten und Beschwerden an die Behörden zu wenden, dieselben auch in geeigneten Fällen an den Landtag zu bringen. Petitionen unter einem Gesammtnamen sind nur Behörden und Korporationen gestattet.
> §. 19. Für die Bildung der Jugend soll durch öffentliche Schulen genügend gesorgt werden. Eltern und deren Stellvertreter dürfen ihre Kinder oder Pflegebefohlenen nicht ohne den Unterricht lassen, welcher für die öffentlichen Volksschulen vorgeschrieben ist.
> §. 20. Alle öffentlichen und Privatunterrichts- und Erziehungs-Anstalten stehen unter der Aufsicht vom Staate ernannter Behörden. Der häusliche Unterricht unterliegt keiner Beschränkung, vorausgesetzt, daß gegen des Lehrers moralische und wissenschaftliche Befähigung kein Bedenken vorliegt. Die öffentlichen Lehrer haben die Rechte und Pflichten der Staatsdiener.
> §. 21. Die Mittel zur Errichtung, Unterhaltung und Erweiterung der öffentlichen Volksschulen werden von den Gemeinden und, im Falle des nachgewiesenen Unvermögens, ergänzungsweise vom Staate aufgebracht. Die auf besonderen Rechtstiteln beruhenden Verpflichtungen Dritter bleiben bestehen. Der Staat gewährleistet den öffentlichen Lehrern ein festes, den Lokalverhältnissen angemessenes Einkommen.
> §. 22. Der Staat stellt unter gesetzlich geordneter Betheiligung der Gemeinden aus der Zahl der Befähigten die Lehrer der öffentlichen Volksschulen an.

§. 23. Über das Kirchen- und Schulpatronat und die Bedingungen, unter welchen dasselbe aufgehoben werden kann, wird ein besonderes Gesetz ergehen.«[997]

Aus diesen Regelungen, die sich teils merklich von den Bestimmungen der ersten Verfassung unterscheiden, wird einerseits eine weitere Konkretisierung deutlich, z.B. in den §§. 17; 20 und 21, und andererseits eine gewisse Rückkehr zu den bisherigen Zuständen, wenn beispielsweise in §. 21 verfügt wird, dass die Gemeinden weiterhin für die finanzielle Unterhaltung ihrer Schulen zuständig seien und der Staat nur im Bedarfsfalle Unterstützung leistet sowie, dass die Verpflichtungen Dritter aufgrund besonderer Rechtstitel bestehen bleiben. Damit wird die 1849 angekündigte staatliche Schulträgerschaft und damit auch staatliche Schulaufsicht zu einer Gemeindeaufsicht gewandelt. Auch das Patronat wird zunächst bestätigt, wodurch die Schulangelegenheiten weiterhin im lokalen Zuständigkeitsbereich belassen werden. Dennoch wird in §. 23 – der im Staatsgrundgesetz von 1849 nicht zu finden ist – darauf hingewiesen, dass eine Aufhebung des Kirchen- und Schulpatronats in Aussicht gestellt sei, das heißt eine Lösung des Volksschulwesens aus äußeren Abhängigkeiten. Damit wäre die Möglichkeit zu einer verwaltungsmäßigen Verselbständigung als staatlicher Anstalt gegeben.

2.3.1.3 Zu den schulrechtlichen Bestimmungen des revidierten Staatsgrundgesetzes von 1856

In der Revision von 1856, die nur einige Teile des »Revidirten Staatsgrundgesetzes« von 1852 betraf, wurden auch die Bestimmungen zum Volksschulwesen überarbeitet und stark eingekürzt, sodass sich künftig lediglich Folgendes im dritten Abschnitt findet:

»§. 48. Für den öffentlichen Unterricht, sonach die Erhaltung und Vervollkommnung der niederen und höheren Bildungsanstalten ist zu allen Zeiten nach Kräften zu sorgen.
§. 49. Alle Stiftungen ohne Ausnahme, sie mögen für den Kultus, den Unterricht oder die Wohlthätigkeit bestimmt sein, stehen unter dem besonderen Schutze des Staats, und das Vermögen oder Einkommen derselben darf unter keinem Vorwande zum Staatsvermögen eingezogen werden.«[998]

---

997 Revidiertes Staatsgrundgesetz, in: GS FRLRJL, Bd. 8, Jg. 1849–1852, Nr. 120. 395f.

998 Gesetz, in: GS FRLRJL, Bd. 11, Jg. 1856–1857, Nr. 194. 113.

Am Übrigbleiben dieser zwei Paragraphen wird deutlich, dass von den durch die »Grundrechte des deutschen Volks« beeinflussten Bestimmungen Abstand genommen wurde und damit letztlich auch von den zahlreichen Neuerungen und Verbesserungen im Volksschulwesen. Es werden keine freie Berufs- und Ausbildungswahl, kein Beschwerde- und Bittrecht gegen Behörden, keine Schulpflicht, keine staatliche Schulträgerschaft und damit -aufsicht, kein kostenfreier Schulbesuch, keine Verbesserung der Lehrerbesoldung, keine Eingliederung der Lehrer in den Zivilstaatsdienst, keine Anstellung ausreichend qualifizierter Lehrer und auch keine künftige Aufhebung der Patronatsrechte mehr garantiert, sondern lediglich sehr allgemein in §. 48 eine Pflege des Schulwesens versprochen. Durch diese Abänderung der schulrechtlichen Bestimmungen geschah formal eine Rückkehr zur Haltung vor 1848, die nichts mehr von dem Revolutionsgeist der 1840er und frühen 1850er Jahre in Reuß jüngerer Linie zeigt. Damit waren der Lehrerschaft ebenso wie der sonstigen Bevölkerung die Möglichkeiten zur Einklagung versprochener Verbesserungen im Schulwesen und ebenfalls jegliche Aussicht auf eine Herauslösung aus den kirchlichen Aufsichtsstrukturen und damit eine Verstaatlichung des Volksschulwesens genommen worden. Auch für die Lehrer bedeutete dies, dass sie weiterhin als Kirchendiener angestellt blieben und die Fortentwicklung hin zu einem professionellen und rechtlich selbständigen Berufsstand zunächst aufgehalten worden war.

2.3.2 Zu den Verwaltungsstrukturen von 1848 bis 1918

Entsprechend der traditionellen Verwaltungsstruktur der Kirchen- und Schulangelegenheiten, die abhängig von den Eigenschaften des Fürsten als Landes- und Kirchenherr fest in den staatlichen Verwaltungsapparat integriert waren, war das Volksschulwesen zwar grundsätzlich eine Angelegenheit des Staates, stand aber seit der Reformationszeit unter kirchlicher Aufsicht. Dementsprechend bildete von 1848 bis 1863 das Konsistorium bzw. die Generalsuperintendentur Gera die oberste Aufsichtsbehörde, die mit allen inneren und äußeren Kirchen- und Schulangelegenheiten im Fürstentum betraut war. Ihr unterstanden die Superintendenturen bzw. Ephorien Gera, Schleiz und Ebersdorf mit Lobenstein mit ihren Inspektionsämtern und Kirchen- und Schulkommissionen als Mittelbehörden.

Die untere Verwaltungsebene bildeten die Land- und Stadtpfarreien, die je für ihre Amtsbereiche mit der Beaufsichtigung und Verwaltung äußerer wie innerer Schulangelegenheiten durch Orts- bzw. Lokalinspektionen betraut waren.[999]

Die rechtliche Grundlage dieser Organisationsstrukturen für das Schulwesen lieferte die 1837 vom Geraer Konsistorium erlassene Landschulenordnung,[1000] die 1848 für das Fürstentum Reuß jüngerer Linie übernommen worden war. Darin wird bestimmt, dass jeder Ortsgeistliche als Lokalinspektor für die Schulen seiner Parochie verantwortlich sei und die Anordnungen über das gesamte Schulwesen zu treffen habe (vgl. §. 14). Dies bedeutete, dass er das Aufsichtsrecht über die Lehrer und deren Lebenswandel sowie zum geistlichen Einfluss auf die Schule persönlich Religionsunterricht zu erteilen hatte (vgl. §. 17).

Zu den Distriktsinspektoren wird bestimmt, dass diese über die Lokalinspektoren zu wachen und als Organe der Ephorie die Aufsicht über mehrere Schulen zu führen hätten (vgl. §. 23). Sie sollen – wie die Lokalinspektoren – zur Geistlichkeit gehören und gewählt werden (vgl. §. 27) und dem je zuständigen Superintendenten unterstehen, an den sich alle Schullehrer, Lokal- und Distriktsinspektoren sowie die Gemeinden wenden sollten, wenn sie Anliegen oder Beschwerden vorzubringen hätten (vgl. §. 30). Alle Anliegen und Anordnungen wiederum seien dem Konsistorium als oberster Instanz vorzulegen (vgl. § 30). Dementsprechend wird abschließend in dieser Landschulenordnung festgehalten, dass sich das gesamte Rechnungswesen der Schulen unter geistlicher Aufsicht befände und die Schullehrer zum ausdrücklichen Gehorsam gegen ihre geistlichen Vorgesetzten verpflichtet seien (vgl. §. 34).

---

999 Vgl. BRÜCKNER: Landeskunde. 289f.

1000 Vgl. LANDSCHULENORDNUNG, in: ANB (1837) 51. 233–236. Die Landschulenordnung des Fürstentums Reuß-Lobenstein und Ebersdorf aus dem Jahre 1825 nahm auf eine sehr umfassende Weise eine Verwaltungsreform des Landschulwesens vor und war damit auch ein Vorbild für die Geraer Landschulenordnung von 1837 (vgl. VERORDNUNG, in: GS RLuE, Bd. 1 u. 2, Jg. 1822–1841, Nr. 9. 65–82. [nebst Anhang: LEHRPLAN FÜR DIE LANDSCHULEN. 1–16]). Die Landschulordnung von Reuß-Lobenstein und Ebersdorf wurde aufgrund der einsetzenden Industrialisierung und neuen Anforderungen an das Schulbildungswesen Anfang der 1840er Jahre einer gründlichen Revision unterzogen, die zur Veröffentlichung einer neuen Landschulenordnung im Jahre 1842 führte (vgl. VERORDNUNG, in: GS RLuE, Jg. 1841–1847, Nr. 33. 73–89).

Ein erster Schritt im Sinne des Übergangs von der kirchlichen zur direkten staatlichen Aufsicht über das Schulwesen, wie dies in der Verfassung von 1852 vorbereitet worden war (vgl. §§. 20–23), wurde im Jahre 1863 durch eine Neuorganisation der Verwaltung gemacht, die die Aufhebung des Konsistoriums mit sich brachte[1001] und die alle kirchlichen und schulischen Dinge der Abteilung für Kirchen- und Schulsachen des Staatsministeriums unterstellte.[1002] Dadurch trat folgende wichtige Veränderung ein:

> »§. 3. Die von dem Konsistorium sowohl, als den Inspektionsämtern zu Schleiz und Lobenstein zeither ausgeübte Gerichtsbarkeit über Geistliche, Kirchen- und Schuldiener, in Streitigkeiten über geistliche Grundstücke, über Parochialverhältnisse und desfallsige Leistungen, sowie in anderen kirchlichen oder Schulprozessen geht auf die Justizämter des Wohnorts und der gelegenen Sache resp. auf das betreffend Kreisgericht nach Maßgabe des Gesetzes über die Zuständigkeit der Gerichte in bürgerlichen Rechtsstreitigkeiten über.«[1003]

Damit verblieben den kirchlichen Organen lediglich Aufsichtsrechte über das Schulwesen, während der Staat zum rechtlichen Handlungsträger wurde. Zur Ausübung dieser Aufsichtsrechte und -pflichten über die äußeren Angelegenheiten waren der Abteilung für Kirchen- und Schulsachen[1004] die Kirchen- und Schulinspektionen bzw. -kommissionen Gera (seit 1863),[1005] Schleiz (seit 1825) und Lobenstein-Ebersdorf (seit 1825) sowie der Schulvorstand der Stadt Gera (seit 1864) unterstellt, die von dem jeweiligen Landrat und Superintendenten geleitet wurden.

Neben den genannten schulischen Aufsichts- und Verwaltungsstrukturen bildete die Durchsetzung der Schulpflicht und damit die Sicherung regelmäßiger Unterrichtstage mit festem Lehrplan eine wichtige Vorraussetzung für das Funktionieren des Schulwesens. Da es aber trotz gesetzlicher und

---

1001 Vgl. Gesetz, in: GS FRLRJL, Bd. 13, Jg. 1861–1863, Nr. 236. 505.

1002 Vgl. Landeherrliche Verordnung, in: GS FRLRJL, Bd. 14, Jg. 1863–1865. Nr. 237. 1.

1003 Gesetz, in: GS FRLRJL, Bd. 13, Jg. 1861–1863, Nr. 236. 505.

1004 Gemäß Verordnung von 1863 sollte sich diese Abteilung aus »dem verantwortlichen Vorstand, einem weltlichen Mitglied und zwei geistlichen Mitgliedern« (Landeherrliche Verordnung, in: GS FRLRJL, Bd. 14, Jg. 1863–1865. Nr. 237. 1) zusammensetzen.

1005 Vgl. Landesherrliche Verordnung, in: GS FRLRJL, Bd. 14, Jg. 1863–1865, Nr. 237. 2.

praktischer Bemühungen in den 1850er Jahren immer noch zu viele Schulversäumnisse im ländlichen Raum gab, wurde 1853 eine Verordnung erlassen, die mit folgenden Worten eingeleitet wird:

> »Bei der in neuerer Zeit von uns besonders angeordneten strengen Ueberwachung des Bettelunwesens im hiesigen Fürstenthume hat es sich ergeben, daß zu dem Letzteren namentlich auch das Herumziehen noch schulpflichtiger Kinder in auffälliger Weise beigetragen hat.«[1006]

Im Anschluss an diese Vorrede werden die Gültigkeit der Landschulenordnungen der einzelnen Landesteile des Fürstentums aus der ersten Hälfte des 19. Jahrhunderts sowie des Gesetzes über die Schulversäumnisse von 1842 noch einmal bestätigt und auch künftig die Vernachlässigung der Schulpflicht unter Strafe gestellt.[1007] Dennoch blieb die Durchsetzung eines regelmäßigen Schulbesuchs auch weiterhin noch mangelhaft, sodass sich die Regierung beispielsweise 1858 gezwungen sah für den Landesteil Schleiz eine Ministerialverordnung zum »Miethen und Vermiethen schulpflichtiger Kinder« zu erlassen.[1008] Darin wird die vormalige Regelung, dass die Kinder im Sommer acht Stunden wöchentlich zur Schule zu gehen hätten aufgehoben, da es »sich in vieler Beziehung als unzuträglich erwiesen«[1009] habe. Stattdessen soll künftig auch die Regelung in §. 6 der Landschulenordnung für das Fürstentum Gera von 1837 in Kraft treten.[1010] Diese Verordnung erfuhr

---

[1006] Gesetz, in: GS FRLRJL, Bd. 9, Jg. 1852–1853. Nr. 146. 320.

[1007] In dieser Verordnung werden namentlich folgende vorausgehende Verordnungen genannt: »[...] so bringen wir die dießfälligen Vorschriften der Landschulenordnung für das Fürstenthum Gera vom 26. Novbr. 1837, der Verordnung wegen Verbesserung der Schulen etc. für das Fürstenthum Schleiz vom 31. März 1819 und der Schulordnung für das Fürstenthum Lobenstein-Ebersdorf vom 18. Januar 1824, ingleichen der Verordnung das Landschulwesen betreffend, vom 30. August 1842 und der damit zusammenhängenden Verordnung, das bei Ahndung der Schulversäumnisse zu beobachtende Verfahren betreffend, vom 1. September 1842« (Gesetz, in: GS FRLRJL, Bd. 9, Jg. 1852–1853. Nr. 146. 320).

[1008] Vgl. Ministerialverordnung, in: GS FRLRJL, Bd. 12, Jg. 1858–1861. Nr. 211. 62.

[1009] Ministerialverordnung, in: GS FRLRJL, Bd. 12, Jg. 1858–1861. Nr. 211. 62.

[1010] In diesem Paragraphen heißt es, dass die »Vermiethungen schulpflichtiger Kinder außerhalb des Landes gar nicht, innerhalb nur dann gestattet sein sollen, wenn die Eltern notorisch arm sind und sich der Dienstherr vor dem Ortspfarrer anheischig macht, sie die Schule eines Orts mindestens täglich zwei Stunden besuchen, und daß es geschehe, durch seine Ortspfarrer vierteljährlich schriftlich bezeugen zu lassen

1858 einen Nachtrag[1011] in dem für alle Landesteile folgende grundsätzliche Bestimmungen zur einheitlichen Regelung erlassen worden sind:

> »1. Schulpflichtige Kinder dürfen überhaupt nur für das Sommerhalbjahr vermiethet werden. Die Miethzeit endiget sich daher stets mit dem 1. Novbr. jeden Jahres. Von diesem Tage an bis zu Ostern jedes folgenden Jahres haben die vermietheten Kinder täglich die sämmtlichen Schulstunden, wie alle anderen Kinder zu besuchen.
>
> 2. Derjenige Dienstherr, welcher ein schulpflichtiges Kind in Dienst nehmen will, hat hiervon und zwar stets vor dem Beginn des Dienstverhältnisses dem Ortspfarrer Anzeige zu machen. Die Unterlassung dieser Anzeige soll an dem Dienstherrn mit zwei Thaler Geld- oder entsprechender Gefängnißstrafe geahndet werden und zwar ohne Unterschied, ob das nicht angemeldete Kind ein inländisches oder ein ausländisches ist.
>
> 3. für den pünktlichen Schulbesuch der vermietheten Kinder sind die Dienstherren, als Stellvertreter der Eltern, verantwortlich und haben daher für jede unentschuldbare Schulversäumnis der Ersteren dieselbe Strafe zu gewarten, welche in dem gleichen Falle die Eltern treffen würde.«[1012]

Zusätzlich zu diesen Bestimmungen, die nicht nur die Eltern, sondern gerade auch die Dienstherren in die Pflicht nahmen, wurde 1859 eine neue Verordnung zur Ahndung der Schulversäumnisse erlassen.[1013] Darin wird die Zuständigkeit der Gerichte in schulrechtlichen Angelegenheiten wie der Verletzung der Schulpflicht an die Landratsämter und Stadtgemeindevorstände übertragen, an die die Lokalschulinspektoren »die dienstmäßigen Anzeigen über vorkommende strafbare Schulversäumnisse zu erstatten [haben] und durch dieselben sind alsdann die gesetzlichen Strafen festzusetzen, insofern nicht von den Betheiligten auf gerichtliche Untersuchung angetragen wird.«[1014]

– denselben Bestimmungen auch die Kinder der Hirten unterworfen sind, insofern sie nach dem Ermessen des Schulvorstandes ihren Eltern beim Hüten unentbehrlich sind« (Ministerialverordnung, in: GS FRLRJL, Bd. 12, Jg. 1858–1861. Nr. 211. 62).

1011 Vgl. Nachtragsverordnung, in: GS FRLRJL, Bd. 12, Jg. 1858–1861. Nr. 211. 70f.

1012 Nachtragsverordnung, in: GS FRLRJL, Bd. 12, Jg. 1858–1861. Nr. 211. 70f.

1013 Vgl. Ministerialverordnung, in: GS FRLRJL, Bd. 12, Jg. 1858–1861. Nr. 217. 298f.

1014 Ministerialverordnung, in: GS FRLRJL, Bd. 12, Jg. 1858–1861. Nr. 217. 299.

Durch diese Verordnung verblieb die Ahndung von Schulstrafsachen auch weiterhin traditionell in der Obhut staatlicher Behörden und damit unter staatlicher Aufsicht.

Das Problem der arbeitenden Kinder, die zur Ernährung der Familie vom Schulunterricht fernblieben, hatte grundsätzlich schon immer bestanden und vor allem die ländlichen Gegenden betroffen. Doch auch mit dem Aufkommen der industriellen Revolution verschwand es nicht, sondern blieb bestehen bzw. verschärfte sich teils sogar zunächst noch, da nun auch in den Städten Kinder vom Unterricht fern blieben und als Fabrikarbeiter eingesetzt wurden.[1015]

Neben der Regelung und Verbesserung des regelmäßigen Schulbesuchs bildete auch die Professionalisierung des Lehrerstandes einen wichtigen Grundpfeiler für die Garantie eines funktionierenden Volksschulwesens. Zu den Maßnahmen, die diesbezüglich bedeutsam waren, gehörte neben einer fundierten und ausreichend qualifizierten Ausbildung durch die Lehrerseminarien in Gera und Schleiz in der ersten Hälfte des 19. Jahrhunderts und ab 1867 im Landesseminar Schleiz auch die existentielle Absicherung der Lehrer und ihrer Angehörigen. Die Grundlagen dafür waren bereits mit den Bestimmungen in den §§. 20 bis 22 des »Revidierten Staatsgrundgesetzes« von 1852 gelegt worden und wurden ab 1853 durch unterschiedliche Gesetze Stück für Stück durchgesetzt.

Das erste Gesetz zum Zivilstaatsdienst, das die Volksschullehrer zu einer eigenen Berufsgruppe im Fürstentum erhob, wurde 1853 erlassen.[1016] Darin heißt es in §. 1:

> »Als Staatsdiener (Staatsbeamte) im Sinne dieses Gesetzes gelten diejenigen Personen, welchen vom Landesfürsten oder durch eine von ihm dazu beauftragte Behörde ein für Zwecke des Staates errichtetes beständiges öffentliches Amt gegen ein aus der Staatskasse fließendes oder vom Staate gewährleistetes Einkommen übertragen worden ist. In dem Rechtsverhältnisse der Staatsdiener stehen auch die öffentlichen Lehrer.«[1017]

1015 Diese Entwicklungen führten zum Erlass eines entsprechenden Gesetzes auf Reichsebene, für das nicht nur eine Veröffentlichungspflicht in den Ländern existierte, sondern das zudem einen wichtigen Regelungsbedarf in den industrialisierten Ländern abdeckte (vgl. Verordnung, in: GS FRjL, Bd. 25, Jg. 1903–1905. Nr. 644. 83f.)

1016 Vgl. Gesetz, in: GS FRLRJL, Bd. 9, Jg. 1852–1853. Nr. 147. 327–349.

1017 Gesetz, in: GS FRLRJL, Bd. 9, Jg. 1852–1853. Nr. 147. 327.

Dieses Gesetz garantierte den Volksschullehrern als Zivilstaatsbeamten nicht nur ein regelmäßiges Diensteinkommen, das heißt eine Besoldung aus öffentlichen Kassen (vgl. §§. 10–12), sondern auch das Recht auf die Erstattung von Umzugskosten aufgrund einer Stellenversetzung (vgl. §. 24) und den Anspruch auf eine Pension (vgl. §§. 34–44).[1018] Dieser Status der Lehrer als durch den Staat öffentlich angestellte Beamte änderte sich auch durch die Verfassungsänderungen von 1856 und 1867 nicht, sondern bildete die Grundlage für die berufliche Emanzipation der Lehrer. Gesetzliche Maßnahmen zur Sicherung der versprochenen Besoldung der Volksschullehrer fanden dagegen erst ab den 1860er Jahren statt. Das erste Gesetz wurde 1860 erlassen[1019] und dessen Verabschiedung mit den begründenden Worten eingeleitet:

> »da die subsidiarische Haftpflicht der Gemeinden für die Schulgelderbezüge der Lehrer bisher nicht in allen Landestheilen nach gleichen Bestimmungen zur Ausführung gebracht worden ist, die zur Verbesserung der Schulstellen aus Landesmitteln getroffenen Anordnungen aber eine gleichmäßige Feststellung dieses Gegenstandes erfordern«[1020]

Im folgenden §. 1 wird festgelegt, dass die Lehrer, die bisher noch keine feste Abfindung oder Besoldung erhalten von den Ortsgemeinden zu bezahlen seien und zwar unabhängig vom Schulgeld, und zwar – wie in den Schulordnungen der ersten Hälfte des 19. Jahrhunderts bereits für die einzelnen Landesteile verfügt – unter der Maßgabe, dass ihnen regelmäßig ihre vollen Bezüge zukommen. Dennoch blieb die Erhebung des Schulgeldes zur Unterhaltung der Ortsschulen weiterhin bestehen (vgl. §§. 2–7). Von besonderer Bedeutung für die künftige Besoldung der Lehrer als Zivilstaatsdiener, waren die in §. 9 dieses Gesetzes getroffenen Regelungen, denn darin heißt es:

1018 Dieses Gesetz wurde zwecks einer Modifikation in den Folgejahren immer wieder ergänzt: vgl. Zusätzliche Verordnung, in: GS FRLRJL, Bd. 11, Jg. 1856–1857. Nr. 197. 129; Nachtrag, in: GS FRLRJL, Bd. 15, Jg. 1866–1868. Nr. 296. 382; Gesetz, in: GS FRjL, Bd. 21, Jg. 1891–1895. Nr. 497. 71–106; Nachtrag, in: GS FRjL, Bd. 27. Jg. 1910–1912. Nr. 775. 349f. Darüber hinaus wurde den Zivilstaatsdienern per Gesetz eine Erstattung von Reisekosten zugesichert, falls sie in Erfüllung ihres Dienstes reisen mussten (vgl. Gesetz, in: GS FRjL, Bd. 26, Jg. 1907–1909. Nr. 699. 7–12; Ministerial-Verordnung, in: GS FRjL, Bd. 26, Jg. 1907–1909. Nr. 705. 27–34).

1019 Vgl. Landesherrliche, in: GS FRLRJL, Bd. 12, Jg. 1858–1861. Nr. 225. 405–408.

1020 Landesherrliche, in: GS FRLRJL, Bd. 12, Jg. 1858–1861. Nr. 225. 405.

»Ueber die Besoldungen sämmtlicher Schulstellen sind genaue, die einzelnen Besoldungstheile gesondert aufführende Verzeichnisse durch das Ministerium in der Weise festzustellen, daß von den Schulbehörden unter Zuziehung des etwa betheiligten Patrons, des Lokalinspektors, der Lehrer, des Gemeindevorstands und Gemeinderaths, bezüglich wo ein solcher nicht besteht, der Gemeinde alle einzelnen Emolumente und Besoldungsstücke einer Stelle – die Wohnung allein ausgenommen – sowie die Zahl der schulpflichtigen Kinder einer Schule oder Klasse nach einem fünfjährigen Durchschnitt ermittelt resp. von dem Ministerium in Ermangelung einer Vereinigung bestimmt werden und zwar namentlich

a. Naturalien nach ihrer zeitherigen Beschaffenheit nach billigen Preisen;
b. die Benutzung von Dienstgrundstücken nach billigem, ortsüblichem Pachtschillinge;
c. die Bezüge aus dem mit einer Schulstelle verbundenen Kirchendienste nur dann und insoweit, als deren jährlicher Betrag nach fünfjährigem Durchschnitte 20 Thlr. –. –. übersteigt;
d. das Schulgeld voll, dem Gesetz oder dem sonstigen Betrage gemäß ohne Rücksicht auf Verlust;
e. das Holz mit Rücksicht darauf, daß nur ein Theil berechnet wird, der dem Lehrer selbst als Theil seines Gehaltes zukommt, wogegen der zur Schulheizung bestimmte Theil nicht veranschlagt werden kann;
f. Bezüge aus Stiftungskassen und von Patronen nach ihrem Betrage.

Von fünf zu fünf Jahren sind die Besoldungsverzeichnisse einer Revision zu unterziehen.«[1021]

Dieses Gesetz erfuhr bis 1918 diverse Nachträge, die entsprechend der wirtschaftlichen Entwicklungen des Landes, der Anhebung des Lebensstandards und den Forderungen der Lehrer auf die Anhebung der Volksschullehrerbesoldung und Alterszulagen abzielten.[1022]

1021 Gesetz, in: GS FRLRJL, Bd. 13, Jg. 1862–1863. Nr. 229. 51.

1022 Vgl. Nachtrag, in: GS FRLRJL, Bd. 15, Jg. 1866-1868. Nr. 296. 379; Gesetz, in: GS FRJL, Bd. 17, Jg. 1872–1874. Nr. 378. 313f.; Vgl. Gesetz, in: GS FRJL, Bd. 19, Jg. 1879–1882. Nr. 428. 247f.; Gesetz, in: GS FRJL, Bd. 20, Jg. 1883–1890. Nr. 473. 222–224; Gesetz, in: GS FRJL, Bd. 21, Jg. 1891–1895. Nr. 508. 197–199; Nachtragsgesetz, in: GS FRJL, Bd. 21, Jg. 1891–1895. Nr. 536. 451f.; Gesetz, in: GS FRJL, Bd. 22, Jg. 1896–1899. Nr. 572. 261–264; Gesetz, in: GS FRJL, Bd. 24, Jg. 1900–1902. Nr. 624. 307f.; Gesetz, in: GS FRJL, Bd. 24, Jg. 1900–1902. Nr. 625. 309–312.; Gesetz, in: GS FRJL, Bd. 25, Jg. 1903–1905. Nr. 633. 9f.; Gesetz, in: GS FRJL, Bd. 26, Jg. 1907–1909. Nr. 738. 337–340; Besoldungsgesetz, in: GS FRJL, Bd. 27, Jg. 1910–1912. Nr. 773. 341–346; Gesetz, in: GS FRJL, Bd. 27, Jg. 1910–1912. Nr. 777. 359f.; Gesetz, in: GS FRJL, Bd. 29, Jg. 1913–1915. Nr. 820. 71f.; Gesetz, in: GS FRJL, Bd. 29, Jg. 1913–1915. Nr. 822. 75f.

Entsprechend des Status der Volksschullehrer als Staatsdiener und damit Staatsbeamte wurden ihnen ebenfalls gesetzliche Ansprüche auf eine Witwen- und Waisenrente für ihre Hinterbliebenen zugesichert. Erste Gesetze zur Hinterbliebenenfürsorge waren bereits im 18. Jahrhundert erlassen[1023] und in der ersten Hälfte des 19. Jahrhunderts in den einzelnen Landesteilen der jüngeren Linie mit weiteren Rechten ausgestattet worden.[1024] 1847 wurde schließlich eine Pensionskasse für die Witwen und Waisen der Lehrer und Geistlichen gegründet[1025] und erst nach 1849 im Zuge des verstärkten systemisch-pädagogischen Ausbaus des Volksschulwesens auch mit der kontinuierlichen finanziellen und gesetzlich garantierten Absicherung der Witwen und Waisen durch staatliche Gelder begonnen.[1026]

Einen grundlegenden Einschnitt in der Volksschulgeschichte und der Verwaltung der Schulangelegenheiten stellte der Erlass des »Volksschulgesetzes« im Jahre 1870 dar,[1027] das die Volksschulverhältnisse im Fürstentum grundsätzlich und ausführlich regelte sowie die bisherigen Bestimmungen zur Schulpflicht, Lehrerbesoldung und Altersabsicherung der Volksschulleh-

---

1023 Zu dem ersten »Schullehrerwitwenfiskus« finden sich folgende Bestimmungen: »Der Schullehrerwitwenfiscus, bestimmt für die Wittwen und Waisen der Schullehrer auf dem Lande, ist im Jahre 1769 gestiftet, von dem damaligen Landesherrn Heinrich XXX. jüngere Linie Grafen Reuß confirmirt und zunächst mit 50 Thlr. dotirt worden; hierzu wurden aus milden Stiftungen verwilligt 147 Fl. und bestimmt, daß zu diesem Fiscus jeder ins Amt kommende Geistliche 12 Gr., jeder neu antretende oder beförderte Schulmeister 16 Gr., für gewöhnlich jährlich 4 Gr. und bei dem Tode eines Mitgliedes 8 Gr. zahlen solle. Die Verwaltung wurde zwei Vorstehern aus der Mitte der Schulmeister unter der Aufsicht des Superintendenten überlassen. Durch die laufenden Einnahmen und hinzugekommenen Legate ist der Capitalstock bis auf 2023 Thlr. 21 Gr. im 14 Thalerfuß gestiegen, und jede Wittwe, deren jährlich nur eine ausgestattet wird, erhält 60 Fl. oder 47 Thlr. 28 Gr. 10 Pf. ein für alle Mal« (Kirchen-Galerie. Das Fürstenthum Reuss-Gera. 14).

1024 Vgl. Authentische Interpretation, in: GS FRLJ, Bd. 1, Erste und zweite Abteilung. 1821–1833. Nr. 43. 207f.

1025 Vgl. Höchste Verordnung, in: GS FRLRJL, Bd. 7, Jg. 1847–1849. Nr. 181. 1–22.

1026 Vgl. Regierungs-Bekanntmachung, in: GS FRLRJL, Bd. 7, Jg. 1847–1849. Nr. 202. 92f., Verordnung, in: GS FRLRJL, Bd. 11, Jg. 1856–1857. Nr. 208. 343; Ministerial-Bekanntmachung, in: GS FRjL, Bd. 18, Jg. 1875–1878. Nr. 381. 11; Gesetz, in: GS FRjL, Bd. 22, Jg. 1896–1899. Nr. 551. 79–89; Gesetz, in: GS FRjL, Bd. 22, Jg. 1896–1899. Nr. 578. 293f.; Gesetz, in: GS FRjL, Bd. 26, Jg. 1907–1909. Nr. 698. 5f.; Vgl. Gesetz, in: GS FRjL, Bd. 27, Jg. 1910–1912. Nr. 781. 375–380.

1027 Vgl. Volksschulgesetz, in: GS FRLRJL, Bd. 16, Jg. 1868–1871. Nr. 328. 251–270.

rer aufgriff.[1028] Gleich zu Beginn gibt der §. 1 die Pflicht der Gemeinden und das Ziel der Schulen an:

> »Jede Gemeinde hat die Pflicht, dafür zu sorgen, daß die in ihrem Bezirke sich aufhaltenden Kinder eine öffentliche Schule benutzen können, welche in geeigneter Weise die religiöse und sittliche Erziehung fördert und die zur weiteren Ausbildung für das Leben nothwendigen allgemeinen Kenntnisse und Fertigkeiten gewährt.«[1029]

Entsprechend dieser Bestimmungen wurden den Gemeinden weit reichende Rechte zum Zusammenschluss zwecks der Unterhaltung der Ortsschulen und zur Errichtung notwendiger neuer Schulen zugestanden (vgl. §§. 2–12) sowie die Pflichten zur Finanzierung und Ausstattung der Schulgebäude sowie zur Besoldung der Lehrer (vgl. §. 13) auferlegt, jedoch die Finanzierung des Schulaufwandes durch die Staatskasse in Aussicht gestellt, wenn die Schulgemeinde nicht ausreichend finanzielle Mittel zum Unterhalt ihrer Schule(n) besitzen sollte (vgl. §. 16). Dennoch werden für die Schulangelegenheiten trotz des Zugeständnisses an Selbstverwaltungskompetenzen folgende Auflagen von staatlicher Seite gemacht:

> »§. 14. Jede Schule muß in der Regel ein lediglich für ihre Zwecke bestimmtes Gebäude haben. Ausnahmen hiervon können nur mit Genehmigung des Fürstlichen Ministeriums stattfinden. Die Schulgebäude müssen in ihrer Lage, Größe und Einrichtung den Bedürfnissen für Lehrer und Schulkinder genügen, namentlich auch den Rücksichten auf die Gesundheit entsprechen. Die Kinder müssen soviel als möglich in der Nähe des Schulgebäudes hinlänglichen Platz haben, sich im Freien zu bewegen. Das Schulgebäude darf weder mit Hypotheken belastet, noch zwangsweise verkauft werden. Eine freiwillige Veräußerung ist nicht ausgeschlossen.
> §. 15. Das Schulinventar an Tischen und Bänken muß ebenfalls den Rücksichten auf die Gesundheit entsprechen. Die Lehrmittel müssen den Bedürfnissen des

1028 *Abschnitt I* (§§. 1–16) handelt von den Rechten und Pflichten der Schulgemeinden. *Abschnitt II* (§§. 17–23) regelt die Bestimmungen zur Schulpflicht. In *Abschnitt III* (§§. 24–26) werden die Unterrichtsgegenstände und Schulfächer festgeschrieben. In *Abschnitt IV* (§§. 27–30) wird auf die Verantwortlichkeit der Eltern oder deren Stellvertreter für die Einhaltung der Schulpflicht eingegangen. *Abschnitt V* (§§. 31–33) regelt die Schulgeldzahlungen, *Abschnitt VI* (§§. 34–53) enthält die Rechte und Pflichten der Volksschullehrer und *Abschnitt VII* (§§. 54–108) regelt die Aufsicht über die Volksschulen.

1029 Volksschulgesetz, in: GS FRLRJL, Bd. 16, Jg. 1868–1871. Nr. 328. 251.

> Unterrichts, auch in den Leibesübungen, genügen. Das für die Schulstuben erforderliche Heizungsmaterial ist rechtzeitig anzuschaffen und für den Gebrauch bereitet vorräthig zu halten.«[1030]

Diese Festlegungen von gewissen Qualitätsstandards des schulischen Umfelds war in solchem Umfang eine Neuerung und machte deutlich, dass im Zuge des Ausbaus des Schulwesens seit den 1860er Jahren auch die äußeren Unterrichtsbedingungen bedeutend für die Hebung der Schulqualität waren. Ebenfalls unter diesem Aspekt sind die Bestimmungen zur Schulpflicht zu sehen, die laut Volksschulgesetz für alle Kinder grundsätzlich ab dem sechsten Lebensjahr (vgl. §§. 17f.) bis zum vierzehnten galt (vgl. §. 23) und zu der auch der Schuleintrittstermin eine Woche nach Ostern (vgl. §. 19), die Pflicht zur durchgängigen Unterrichtsteilnahme für das gesamte Schuljahr (vgl. §. 21) und die Begrenzung der Ferien auf zehn Wochen im Jahr (vgl. §. 22) gehörten. Als Unterrichtsgegenstände werden in §. 24 folgende benannt:

> »Religion; deutsche Sprache mit Lesen, Schreiben und Aufsatzübungen; Rechnen; Geometrie; Erdkunde; Geschichte; Naturgeschichte und Naturlehre; Gesang; Zeichnen.
> Dazu kommen für die Knaben Leibesübungen, für die Mädchen weibliche Handarbeiten.«[1031]

Doch auch, wenn Religion als ordentliches Unterrichtsfach galt, gab es eine Ausnahmeregelung,[1032] an der deutlich wird, dass es zwar keinen Zwang zum schulischen Religionsunterricht und damit auch nicht zur landeskirchlichen Zugehörigkeit gab, aber trotzdem grundsätzlich eine religiöse Bildung der Kinder erwartet wurde, die ersatzweise außerschulisch stattzufinden hatte (vgl. §. 25).

Ähnlich wie bei anderen vorangegangenen Gesetzen zur Schulpflicht finden sich auch im Volksschulgesetz Formulierungen zu den Pflichten und der Verantwortlichkeit der Eltern und anderer Vormundschaftsberechtigter. Diesen oblag es grundsätzlich, für die Einhaltung der Schulpflicht ihrer Kinder

---

1030 Volksschulgesetz, in: GS FRLRJL, Bd. 16, Jg. 1868–1871. Nr. 328. 253.

1031 Volksschulgesetz, in: GS FRLRJL, Bd. 16, Jg. 1868–1871. Nr. 328. 255.

1032 »Kinder, deren Eltern nicht der evangelisch-lutherischen Landeskirche angehören, sind auf Antrag der Eltern von der Theilnahme an dem Religionsunterricht in der Volksschule zu entbinden. In solchen Fällen ist nachzuweisen, daß auf andere Weise für den Religionsunterricht der Kinder Sorge getragen wird« (Volksschulgesetz, in: GS FRLRJL, Bd. 16, Jg. 1868–1871. Nr. 328. 255).

und deren Ausstattung mit den notwendigen Büchern und sonstigen Schulmaterialien zu sorgen (vgl. §. 27), und dementsprechend waren sie auch bei Verletzung dieser Pflichten rechtlich belangbar (vgl. §§. 28–30).

Der Schulbesuch blieb auch weiterhin grundsätzlich kostenpflichtig, aber den Gemeinden wurde das Recht eingeräumt, per Statut einen kostenlosen Schulbesuch zu ermöglichen (vgl. §. 31) und bestimmt, dass Eltern, deren Kinder die öffentliche Schule nicht besuchen, auch kein Schulgeld an die Gemeinde zu entrichten hätten (vgl. §. 32), sowie, dass die Aufnahme von Kindern nicht eingeschulter Ortschaften unter Zustimmung der Gemeindebehörden möglich sei (vgl. §. 33). Damit erhielten die Gemeinden neben der äußeren Verwaltung ihrer Volksschule(n), der Überwachung der Durchsetzung der Schulpflicht und Ahndung von Schulversäumnissen auch explizit die Selbstverwaltungsrechte in Finanz- und Schulaufnahmeregelungen noch einmal gesetzlich zugesprochen. Zu diesen umfänglichen Aufsichtsrechten gehörte auch die Anstellung und Beaufsichtigung der Lehrer, zu denen grundsätzlich bestimmt wird:

> »§. 34. Als Volksschullehrer können nur solche angestellt werden, die entweder von dem Landesseminar mit dem Zeugnisse der Reife entlassen worden sind, oder anderweit ihre Befähigung für das Lehramt genügend nachgewiesen haben. Der ersten definitiven Anstellung im Schuldienste hat eine Prüfung vor einer Kommission unter Leitung der Ephorie, in deren Diöcese die Anstellung erfolgen soll, vorzugehen.«[1033]

An diesem Paragraphen werden zwei Dinge deutlich, und zwar zunächst, dass die Einstellung von Lehrern nur noch nach ausreichender pädagogischer Qualifikation erfolgen konnte und dass die Gemeinden zwar die örtliche Schulaufsicht innehatten, die kirchlichen Institutionen aber weiterhin die Aufsicht auf regionaler Ebene führten.

Weitere wichtige Regelungen im Umgang mit den Lehrern stellten weiterhin die Aufhebung des Schulpatronats (vgl. §. 35) und damit des Stellenbesetzungsrechts eines Patrons sowie die grundsätzliche Besetzung von Schulstellen durch landesherrliche Ernennung (vgl. §. 36) dar. Nun wurde den Gemeinden das Recht zur Wahl bei der Besetzung ihrer Schulstellen grundsätzlich eingeräumt (vgl. §§. 37f.).[1034]

1033 Volksschulgesetz, in: GS FRLRJL, Bd. 16, Jg. 1868–1871. Nr. 328. 257.

1034 Diese Auflagen sind konkret folgende: »Wenn eine Schulgemeinde zu den ihr obliegenden Leistungen für Schulzwecke (§. 13) seit 5 Jahren Staatsbeiträge nicht

Speziell zu den Unterrichtsbedingungen wird verfügt, dass die Einstellung eines zweiten Lehrers an einer Schule möglich sei, wenn in den vergangenen fünf Jahren im Schnitt mehr als 80 Kinder von einem Lehrer unterrichtet worden seien und, dass ein Lehrer nur im Ausnahmefall mehr als 80 Kinder unterrichten dürfe (vgl. §. 39). Dementsprechend war auch die Übernahme von Unterricht durch den Ortsgeistlichen möglich (vgl. §. 40), und für die ersten drei Schuljahre durfte auch eine ausreichend qualifizierte Lehrerin als Lehrkraft am Unterricht teilnehmen und sollte den Handarbeitsunterricht der älteren Schülerinnen übernehmen (vgl. §. 41)[1035]. An diesen Ausführungen wird deutlich, dass die Lehrer im Fürstentum auch im letzten Drittel des 19. Jahrhunderts noch viel zu große Klassen zu unterrichten hatten und immer noch auf Geistliche als Lehrpersonen zurückgegriffen wurde, aber auch, dass bereits Lehrerinnen bei geeigneter Qualifikation über die Erteilung von Handarbeitsunterricht hinaus eingestellt wurden, was erst seit der zweiten Hälfte des 19. Jahrhunderts in den deutschen Ländern vorkam.

Diesen Bestimmungen folgen einige Grundsätze zur Lehrerbesoldung aus der Schulkasse (vgl. §§. 46–48), die mit den sonstigen diesbezüglichen Gesetzen korrespondieren. Sie sehen eine weitere Erhöhung der Besoldung vor, eine kostenlose Wohnung bzw. eine finanzielle Entschädigung, falls dies nicht möglich war (vgl. §§. 42f.), die Garantie von Solderhöhungen im Fünfjahresrhythmus und die Gewährung von Alterszulagen (vgl. §. 44). Des Weiteren sollten die Lehrer ihre Pension künftig aus der Staatskasse erhalten,

---

bezogen hat, so soll ihr, wenn nicht ein Dritter das Patronat hat, das Wahlrecht bei Erledigung ihrer Schulstellen eingeräumt werden. [...]. Der Umstand, daß eine eingeschulte Gemeinde Staatsbeiträge erhält, soll dem Wahlrechte der Schulgemeinde nicht entgegenstehen« (Volksschulgesetz, in: GS FRLRJL, Bd. 16, Jg. 1868–1871. Nr. 328. 257, §. 37).

1035 Dieser Paragraph wurde 1879 aufgehoben und durch folgenden ersetzt: »[...] An den Volksschulen können Lehrerinnen angestellt werden, welche entweder die in einem andern deutschen Staate erlangte Anstellungsbefähigung nachzuweisen oder sich der Prüfung durch eine vom Ministerium zu ernennende Kommission zu unterwerfen haben. Die Bedingungen ihrer Anstellung werden in jedem einzelnen Falle durch einen vom Schulvorstande mit der Lehrerin abzuschließenden und vom Ministerium zu genehmigenden Vertrag festgestellt. Das Ministerium kann den Lehrerinnen in Bezug auf die Alterszulagen und die Pensionsberechtigung dieselben Rechte zugestehen, welche den männlichen Lehrern gesetzlich eingeräumt sind. Sobald eine Lehrerin sich verheirathet, muß dieselbe aus dem Volksschuldienste ausscheiden und hat von ihrer Verheirathung an keinen Anspruch mehr auf Gehalt oder Pension« (Nachtragsgesetz, in: GS FRjL, Bd. 19, Jg. 1879–1882. Nr. 415. 121f., §. 1.).

wofür die Schulgemeinden als unterstützenden Beitrag während der Dienstzeit des Lehrers halbjährlich zwei Prozent der Besoldungen ihrer Schulstellen einzuzahlen hatten (vgl. §. 51).[1036] Zum Stellenumfang der Lehrer heißt es, dass diese wöchentlich 32 Unterrichtsstunden – den Turnunterricht nicht mitgerechnet – zu erteilen hätten, aber eine Entbindung von Boten- und niederen Kirchendiensten beantragen dürften (vgl. §§. 49f.).

Trotz all dieser finanziellen Absicherungen der Lehrer war ein Vorruhestand aufgrund körperlicher oder geistiger Beeinträchtigung ohne finanzielle Einbußen nicht vorgesehen, sondern stattdessen wird bestimmt, dass, falls ein Lehrer nicht mehr in der Lage sei, voll zu unterrichten, ihm lediglich ein Hilfslehrer zur Seite gestellt werden könne (vgl. §. 52).

Dadurch, dass die Beaufsichtigung der lokalen Schulangelegenheiten künftig in die Hände der Gemeinden fiel, wurden auch neue Verwaltungseinheiten geschaffen. Das unterste Verwaltungsorgan bildeten die Schulvorstände, die sich aus einem Ortsgeistlichen, dem jeweiligen Bürgermeister des Schulortes bzw. dessen Stellvertreter, dem Ortsschullehrer sowie zwei vom Gemeinderat bzw. von der Gemeindeversammlung des Schulortes auf drei Jahre zu wählenden Schulpflegern zusammensetzten. Sie hatten in jeder Schulgemeinde zu existieren und die Interessen der jeweiligen Volksschule zu vertreten (vgl. §. 54). Dabei war es dem Schulvorstand überlassen, frei über seine Geschäftsordnung oder die Bildung von Kommissionen zur Erledigung bestimmter Aufgaben zu entscheiden (vgl. §. 64). Weiterhin wurde jedem Mitglied das Recht auf eine Hospitanz am Unterricht zugestanden und der Vorsitzende zu einer monatlichen Hospitanz verpflichtet (vgl. §. 65). Die Verwaltungsaufgaben des Schulvorstands erstreckten sich insgesamt auf alle äußeren Angelegenheiten (vgl. §. 67), die Überwachung der Einhaltung der Schulpflicht (vgl. §§. 68–76), die Beaufsichtigung der Lehrer (vgl. §§. 77–80) und er hatte an Schulfeierlichkeiten und den jährlichen öffentlichen Prüfungen teilzunehmen (vgl. §. 81). Des Weiteren hatte der Schulvorstand halbjährlich den Stundenplan und die Ferienzeiten festzulegen (vgl. §. 82), die Schulfinanzen zu regeln (vgl. §§. 83–86) und sämtliche Fragen des Personalwesens zu klären (vgl. §§. 87–91). Aufgrund dieser Regelungen besaß jede Schule zukünftig ein eigenes, völlig auf ihre Bedürfnisse abgestimmtes

---

1036 Dieser Paragraph wurde 1879 um einige Bestimmungen zum Kündigungsrecht und den zugehörigen Kündigungsfristen für Lehrer und Lehrerinnen ergänzt (vgl. NACHTRAGSGESETZ, in: GS FRjL, Bd. 19, Jg. 1879–1882. Nr. 415. 122, §. 2).

Verwaltungsorgan zur Klärung von örtlich auftretenden Fragen und Problemen in einem geeigneten Rahmen – und bis zu einem bestimmten Grad – in einer Selbstverantwortlichkeit, die eine größere Handlungsfreiheit zur Gestaltung der örtlichen Schulverhältnisse als zuvor gestattete.

Die nächste Instanz über den Schulvorständen stellten die Distrikts-Inspektoren dar, die von der Staatsregierung zur Überwachung der Schuldistrikte ernannt wurden (vgl. §. 92). Ihnen oblag es einmal pro Schulhalbjahr, jede der ihnen unterstehenden Schulen zu visitieren (vgl. §. 93), regelmäßige Konferenzen mit den Lehrern ihres Distrikts abzuhalten (vgl. §. 94) und schließlich auch jährliche Berichte über ihren Schuldistrikt für die Kirchen- und Schulkommissionen abzufassen (vgl. §. 95). Anhand der Tätigkeit dieses Schulaufsichtsorgans gerade im Verbund mit den Lehrern des jeweiligen Distrikts werden zwei Neuerungen deutlich, und zwar zum Ersten, dass den Lehrenden in Zukunft ein größeres Mitspracherecht bei der Gestaltung innerer Schulangelegenheiten eingeräumt wurde und zum Zweiten, dass im Normalfall kein Geistlicher mehr die Inspektionsrechte ausübte und damit nicht mehr systemintern bereits eine religiöse Voreingenommenheit wie in der Vergangenheit vorherrschte, sondern ein neutralerer Umgang der Verwaltungsbehörden mit den ihnen unterstehenden Lehrern und Schulangelegenheiten.

Die dritte und damit oberste Verwaltungsinstanz bildeten die Kirchen- und Schulkommissionen, die für die Aufsicht über die jeweilige Diözese zuständig waren. Davon blieb lediglich der Schulvorstand der Stadt Gera weiterhin ausgenommen, da er direkt der Ministerial-Abteilung für Kirchen- und Schulsachen unterstand (vgl. § 96). Diese Kommissionen blieben in ihrer bisherigen Zusammensetzung bestehen und erhielten die Aufgabe mindestens zweimal jährlich eine Versammlung mit den ihnen unterstehenden Distrikts-Inspektoren abzuhalten und mindestens einmal in drei Jahren alle ihnen unterstehenden Schulen von ihrem geistlichen Mitglied visitieren zu lassen (vgl. §§. 99f.). Die oberste Instanz in allen Schulangelegenheiten des Landes bildete gemäß Volksschulgesetz auch weiterhin die »Ministerialabteilung für Kirchen- und Schulsachen« als staatliche Schulaufsichtsbehörde (vgl. §§. 102–108).

Dieses Gesetz, das die bisher geltende »Landschulenordnung« für Gera ablöste, zeigt nicht nur deutlich, dass den Schulgemeinden ab 1870 größere Selbstverwaltungsrechte eingeräumt wurden, sondern auch, dass eine stärkere Distanzierung der Schul- von den Kirchsachen stattfand. Dies zeigte sich vor allem im personellen Bereich deutlich. Darüber hinaus wird auch die fortgeschrittene Professionalisierung des Lehrerstandes wahrnehmbar, da an die Lehrer nicht nur die Anforderung einer eigens für den Schulunterricht erworbenen Qualifikation am landesherrlichen Lehrerseminar gestellt wurde, sondern ihnen auch umfangreiche finanzielle und damit existentielle Absicherungen, unabhängig von kirchlichen Dienstleistungen gewährt wurden.

Ein erneutes Volksschulgesetz wurde im Jahre 1900 erlassen und löste das von 1870 ab.[1037] Dennoch war es kein komplett anderes Gesetz, sondern enthielt auch weiterhin viele Bestimmungen des Volksschulgesetzes von 1870 in ihrer ursprünglichen oder durch die Gesetze 1872, 1879 und 1897 abgeänderten Form,[1038] doch es finden sich einige Neuerungen oder Ergänzungen. Als gleich zu Beginn des Gesetzes auffallende Neuerung ist beispielsweise die Ergänzung des §. 1 um das Schulziel der vaterländischen Erziehung zu nennen[1039]. Darüber hinaus fällt die Einfügung der Abschnitte zu den Arten und der Einrichtung der Volksschule (vgl. §§. 27–38) und zum Privatunterricht (vgl. §. 39) auf. An ersterem wird deutlich, dass sich das Volksschulwesen zur Jahrhundertwende bereits zu einem dreigliedrigen System entwickelt hatte, das aus der einfachen Volksschule, der höheren Volks-

---

1037 Vgl. Volksschulgesetz, in: GS FRjL, Bd. 24, Jg. 1900–1902. Nr. 606. 139–166.

1038 Dieses »Volksschulgesetz« erfuhr 1897 eine deutliche Veränderung, indem die §§. 23, 28–30, 54, 59 und 92 komplett ersetzt wurden (vgl. Gesetz, in: GS FRjL, Bd. 22, Jg. 1896–1899. Nr. 547. 67–70). Dadurch änderte sich für den §. 23 der erste Absatz dahingehend, dass das Ende der Schulpflicht in Zukunft an einen achtjährigen Schulbesuch gebunden sein sollte, sich in §. 28 der Strafbetrag für Schulversäumnisse deutlich erhöhte sowie laut §. 29 künftig auch die Gemeinden oder Armenstiftungen bei Eltern oder Pflegern ohne ausreichende finanzielle Mittel zur Zahlung von Versäumnisstrafen und laut §. 30 auch zur Finanzierung der Unterbringung von Kindern, die als Gefahr für ihre Mitschüler von der Schule fernbleiben mussten, herangezogen werden konnten. Die §§. 54 und 59 wurden lediglich um einige Wahlbestimmungen zu den Schulpflegern bzw. dem Schulvorstand samt dessen Vertretern ergänzt und §. 92, der die Ernennung von Inspektoren durch die Staatsregierung zur Überwachung des Schulwesens vorschreibt, um folgenden Zusatz erweitert: »Hierzu sollen in der Regel Schulmänner und nur ausnahmsweise, wenn geeignete Schulmänner nicht vorhanden sind, Geistliche bestimmt werden.« (Gesetz, in: GS FRjL, Bd. 22, Jg. 1896–1899. Nr. 547. 70). Dadurch wurde der Abstand des Schulwesens vom Kirchenwesen noch einmal betont und bekräftigt, jedoch auch deutlich gemacht, dass eine Lösung davon nicht vorgesehen war.

1039 »§. 1. Jede Gemeinde hat die Pflicht, dafür zu sorgen, daß die in ihrem Bezirke sich aufhaltenden Kinder eine öffentliche Schule benutzen können, welche in geeigneter Weise die religiöse, sittliche und vaterländische Erziehung fördert und die zur weiteren Ausbildung für das Leben nothwendigen allgemeinen Kenntnisse und Fertigkeiten gewährt« (Volksschulgesetz, in: GS FRjL, Bd. 24, Jg. 1900–1902. Nr. 606. 139).

bzw. Mittelschule und der Fortbildungsschule bestand und in das die Waisenhäuser sowie das Rettungshaus Hohenleuben als Bestandteile des einfachen Volksschulwesens angegliedert waren (vgl. §. 27). Darüber hinaus sollten die Kinder auch nicht mehr in mehrere Altersstufen umfassende Klassen, sondern nach Alter getrennt sowie in mehrklassigen Schulen Mädchen und Jungen in der Regel in den höheren Klassenstufen oder bei ausreichend vielen Klassen eher getrennt unterrichtet werden (vgl. §. 28).

Dass die Bevölkerungszahl und damit die Anzahl an Schulkindern im Fürstentum bis zum Ende des 19. Jahrhunderts stark gestiegen sein musste und sich die Schulpflicht auch stärker durchgesetzt hatte, wird nicht nur an den Bestimmungen des §. 28 zur Mehrklassigkeit, sondern auch an denen zur Leitung der Volksschulen in §. 29 deutlich:

> »Die Leitung von einfachen Volksschulen,
> a. an denen vier oder mehr Lehrer wirken, ist einem Oberlehrer,
> b. an denen acht oder mehr Lehrer thätig sind, ist einem Rektor,
> vorbehaltlich der dem Schulvorstande zugewiesenen Zuständigkeiten, zu übertragen.
> Oberlehrer und Rektoren haben in der Regel zugleich die Stelle des ersten Lehrers zu verwalten. Die Zuständigkeiten der Oberlehrer und Rektoren sind in besonderen Dienstanweisungen festzulegen, die von den Kirchen- und Schulkommissionen, bez. sowie die Stadt Gera in Frage kommt, von dem Schulvorstande mit Genehmigung der oberen Schulbehörde zu erlassen sind.«[1040]

Wie stark der systemisch-pädagogische Ausbau des Volksschulwesens fortgeschritten war, zeigt sich auch in besonderem Maße an den Möglichkeiten für die Gemeinden zur selbständigen Errichtung fortführender Fachschulen gemäß §. 30, sowie durch die Festlegung, dass die Gemeinden grundsätzlich verpflichtet seien zweijährige Fortbildungsschulen für die Jungen zu errichten (vgl. §§. 31–34) und für die Mädchen errichten zu können (vgl. §§. 35f.) sowie, dass eine Pflicht zum Besuch der Fortbildungsschule für die Jungen im Normalfall bestehe (vgl. §. 37). Der neue erzieherische Geist mit einer stärker nationalen und religiösen Prägung zeigt sich nicht nur an §. 1, sondern auch deutlich an den in §. 32 formulierten Zielen der Fortbildungsschulen:

> »Aufgabe der Fortbildungsschule ist die weitere allgemeine Ausbildung der aus der Volksschule entlassenen Knaben, insbesondere deren Befestigung und Weiterführung in denjenigen Kenntnissen und Fertigkeiten, welche für das bürger-

---

1040 Volksschulgesetz, in: GS FRjL, Bd. 24, Jg. 1900–1902. Nr. 606. 145.

liche Leben vorzugsweise von Nutzen sind; auch ist die sittlich-religiöse Charakterbildung, Gottesfurcht und Vaterlandsliebe zu pflegen.«[1041]

Dass keine Trennung der Schule vom Kirchenwesen vorgesehen war, zeigt sich darüber hinaus auch in §. 58, der die weitere Aufrechterhaltung der Verbindung des Lehrerberufs mit kirchlichen Diensten vorschreibt, wovon sich die Lehrer jedoch durch einen entsprechenden Antrag befreien lassen konnten. Die sonstigen Schulaufsichtsstrukturen, wie sie 1870 gesetzlich festgeschrieben worden waren, erfahren durch das Volksschulgesetz von 1900 keine grundsätzliche Änderung, doch werden auch hier die Geistlichen wieder stärker in die Schulangelegenheiten integriert. Dies zeigt sich beispielsweise an folgenden Bestimmungen zu den Distriktsschulinspektoren, die sich deutlich von denen der vorangegangenen Gesetze (1870, 1897) unterscheiden:

»§. 108. Zum Zwecke gleichmäßiger Förderung des Schulwesens ernennt die Staatsregierung Inspektoren für die von ihr zu bestimmenden Schulbezirke. Hierzu sollen geeignete Schulmänner bestimmt werden.
§. 109. Als Schulmänner im Sinne des vorstehenden Paragraphen sind auch Geistliche zu betrachten, welche in den Lehrgegenständen der Volksschule Unterricht ertheilt haben. Auch diese können zu Distriktsschulinspektoren ernannt werden.«[1042]

Bedeutende Veränderungen im Verhältnis zwischen Kirche und Schule zeigen sich dagegen im Nachtragsgesetz zum Volksschulgesetz von 1911[1043], das nicht nur die §§. 108 bis 118 und den §. 120 zu den Distriktsschulinspektoren komplett in Wegfall bringt (vgl. Art. I. 4), sondern auch einen neuen §. 108 einführt (vgl. Art. I. 3) und bedeutende Abänderungen zu den Bestimmungen über die Schulkommissionen enthält:

»§. 109. Die staatliche Beaufsichtigung und Leitung des Volksschulwesens in den beiden Verwaltungsbezirken des Fürstentums und in der Stadt Gera wird von Schulkommissionen ausgeübt, unbeschadet der Ausübung des Rechts des Kirchenregiments, den Religionsunterricht noch besonders durch die Ephoren beaufsichtigen zu lassen. Die Schulkommissionen werden gebildet:

1. für den unterländischen Verwaltungsbezirk mit Ausnahme der Stadt Gera aus dem Landrate und dem Bezirksschulinspektor dieses Bezirks;

1041 Volksschulgesetz, in: GS FRjL, Bd. 24, Jg. 1900–1902. Nr. 606. 146.

1042 Volksschulgesetz, in: GS FRjL, Bd. 24, Jg. 1900–1902. Nr. 606. 162f..

1043 Vgl. Nachtragsgesetz, in: GS FRjL, Bd. 27, Jg. 1910–1912. Nr. 779. 363–368.

2. für die Stadt Gera aus dem Oberbürgermeister und dem Bezirksschulinspektor des unterländischen Verwaltungsbezirks;
3. für den oberländischen Verwaltungsbezirk aus dem Landrate und dem Bezirksschulinspektor dieses Bezirks.

Die Bezirksschulinspektoren ernennt die Fürstliche Staatsregierung. Ernannt werden nur bewährte und erfahrene Schulfachmänner, die eine mehrjährige Tätigkeit an einer Volksschule ausgeübt und entweder das Reifezeugnis eines Gymnasiums, Realgymnasiums oder einer Oberrealschule und das Oberlehrerzeugnis, oder die Zeugnisse über die erste und zweite Lehrerprüfung, sowie das Mittelschullehrer- und Rektorzeugnis, oder die Zeugnisse über die erste und zweite Lehrerprüfung, sowie das Zeugnis über die pädagogische Universitätsprüfung nach entsprechenden Universitätsstudien aufzuweisen haben.«[1044]

Diesen Schulkommissionen, die sich künftig aus sehr gut ausgebildeten Schulfachmännern, ohne Berücksichtigung Geistlicher, zusammensetzen sollten, wurden alle Rechte zur inneren und äußeren Schulverwaltung der ihnen unterstehenden Bezirke übertragen (vgl. Art. I. 4: §§. 110–115) und entsprechend der vollständigen Verstaatlichung des Schulwesens und der Beaufsichtigung dessen 1911 gesonderte Gesetze zur Beaufsichtigung des Religionsunterrichts erlassen.[1045] Damit war die Trennung von Kirche und Schule in den Behörden der mittleren Verwaltungsebene rechtlich vollzogen, und in der Landesherrlichen Verordnung wurde folgende grundsätzliche Regelung des Staats-Kirchen-Volksschul-Verhältnisses in Fragen der Schul- und Fachaufsicht für den Religionsunterricht getroffen:

»§ 1. Der Religionsunterricht in den Volksschulen einschließlich der Mittelschulen und der gleichstehenden Privatschulen, sowie der Fortbildungsschulen ist als wesentlicher Bestandteil des Volksschulunterrichts zwar von den mit der staatlichen Aufsicht über das Volksschulwesen betrauten Organen und Behörden zu beaufsichtigen und zu leiten, es steht jedoch auch den kirchlichen Behörden (Ephorus, Fürstliches Ministerium, Abteilung für Kirchen- und Schulsachen, in seiner Eigenschaft als obere Kirchenbehörde) zur Wahrung des kirchlichen Interesses ein Aufsichtsrecht über diesen Unterricht zu. Dabei ist aber zu beachten, daß das Entscheidungs- und Verfügungsrecht bei Beaufsichtigung und Leitung des Volksschulunterrichts lediglich den staatlichen Schulbehörden und Aufsichtsorganen zukommt und daß Anträge der kirchlichen Behörden und Auf-

[1044] Nachtragsgesetz, in: GS FRjL, Bd. 27, Jg. 1910–1912. Nr. 779. 364f.

[1045] Vgl. Landesherrliche Verordnung, in: GS FRjL, Bd. 27, Jg. 1910–1912. Nr. 781. 417–419; Ministerial-Verfügung, in: GS FRjL, Bd. 27, Jg. 1910–1912. Nr. 784. 419f.

sichtsorgane und Erinnerungen gegen die Entscheidung und Verfügung der ersteren in dem geordneten Instanzenzuge von den Schulbehörden zu erledigen sind.«[1046]

Entsprechend der Trennung von Kirche und Schule in den mittleren, d.h. regionalen Instanzen wurde 1911 auch eine Anordnung zur Gründung von Kirchenkommissionen zur Aufsicht über die Kirchgemeinden der beiden Landratsamtsbezirke getroffen.[1047]

Im Jahre 1914 folgte der letzte Nachtrag zum Volksschulgesetz von 1900, der lediglich die Fortbildungsschulen betraf.[1048] Darin wird zunächst nochmals die Pflicht der Gemeinden zur Errichtung von Fortbildungsschulen festgeschrieben und einige Ergänzungen zu deren Finanzierung durch die Gemeinden angefügt (vgl. I.) sowie in II. zu deren Zielen und Unterrichtsinhalten konkret festgehalten:

»Die Fortbildungsschule hat neben der Erziehungsaufgabe der Volksschule die besondere Aufgabe, der Jugend die für die Erfüllung des bürgerlichen und staatsbürgerlichen Berufs nötigen Kenntnisse zu vermitteln. Wesentliche Gegenstände des Unterrichts sind für die Knaben Deutsch, Rechnen, Berufs-, Geschäfts- und Bürgerkunde, für die Mädchen, wenn für solche eine Fortbildungsschule errichtet wird (§ 35) und soweit hier nicht in besonderen Fällen eine Beschränkung der Fächer eintritt: Hauswirtschaftskunde (Haushaltungs-, Koch- und Nadelarbeitsunterricht), Deutsch, Rechnen. Ferner kann verbindlicher Unterricht eingerichtet werden in Religion und Zeichnen. Wo die Möglichkeit besteht, können Leibesübungen einschließlich der Jugendspiele außerhalb der Mindeststundenzahl und der Arbeitszeit der Schüler verbindlich eingerichtet werden.«[1049]

Des Weiteren folgen Bestimmungen zu den Unterrichtszeiten (vgl. III.), zur Pflicht eines mindestens einjährigen Besuchs der Fortbildungsschule für die Jungen oder im Ersatz dazu einer neunjährigen Mittelschule (vgl. IV.) und die

---

[1046] Landesherrliche Verordnung, in: GS FRjL, Bd. 27, Jg. 1910–1912. Nr. 781. 417f.

[1047] Vgl. Landesherrliche Verordnung, in: GS FRjL, Bd. 27, Jg. 1910–1912. Nr. 787. 429f.

[1048] Vgl. Zweites Nachtragsgesetz, in: GS FRjL, Bd. 29, Jg. 1913–1915. Nr. 834. 145–148.

[1049] Zweites Nachtragsgesetz, in: GS FRjL, Bd. 29, Jg. 1913–1915. Nr. 834. 146f.

künftige Erlaubnis zur Einstellung von Fachkräften, d.h. beruflichen Quereinsteigern zur Erteilung bestimmter Unterrichtsfächer nach erfolgreicher Prüfung durch die Schulvorstände und das Ministerium (vgl. V.).

Einen weiteren Schritt hin zur vollständigen ›Verweltlichung‹ der Abteilung für Kirchen- und Schulsachen stellte schließlich deren neue Zusammensetzung ab 1914 dar. Demgemäß bestand die Abteilung noch aus einem Vorstand, üblicherweise ein Jurist, und drei weiteren Mitgliedern, die sich aus Juristen und Pädagogen rekrutierten.[1050] Dennoch erfolgte eine wirkliche Trennung von Kirche und Schule in den oberen Instanzen erst im Jahre 1919 durch das Gesetz zur »Demokratisierung der Volksschulverwaltung«.[1051]

1050 Vgl. Landesherrliche Verordnung, in: GS FRjL, Bd. 29, Jg. 1913–1914, Nr. 837. 153.

1051 Vgl. Gesetz, in: GS VSR. 39–42.

Teil IV:
Zusammenfassung

1 Historisch-systematische Reflexion der Entwicklung des Staats-Kirchen-Volksschul-Verhältnisses im Reußenland vom 16. bis 18. Jahrhundert

In den beiden vorangegangenen Untersuchungsteilen ist deutlich geworden, dass die Schulaufsicht im Sinne einer Rechts-, Fach- und Dienstaufsicht sowie einer umfassenden Normierungs- und Beratungstätigkeit in Schulangelegenheiten bis 1919 Staat und Kirche in Gemeinschaft innehatten. Darüber hinaus hat sich gezeigt, dass die engen institutionellen und rechtlichen Verflechtungen zwischen Staat, Kirche und Schule nicht nur historisch-traditionelle und ideologische Ursachen hatten, sondern die Schulpolitik im Reußenland auch sehr oft von pragmatischen Gesichtspunkten angesichts der wirtschaftlichen, gesellschaftlichen und religiösen Veränderungen im 19. Jahrhundert bestimmt war.

Um nun diese grundsätzlichen Erkenntnisse im Rahmen der anfänglichen Fragestellung dieser Untersuchung beantworten zu können, und ein differenziertes Bild dieser Zusammenhänge zu liefern, wird im Nachfolgenden zunächst – in Anlehnung an die Ausführungen im Einleitungsteil – eine historisch-systematische Reflexion der Entwicklung des Staats-Kirchen-Volksschul-Verhältnisses im Reußenland vom 16. Jahrhundert bis 1778 erfolgen. Im Anschluss daran wird auf die Entwicklung des Staats-Kirchen-Verhältnisses und der Schulaufsichtsfrage in Reuß älterer und Reuß jüngerer Linie im ›langen 19. Jahrhundert‹ eingegangen. Und zum Abschluss dieses Teiles sowie der gesamten Untersuchung wird eine Schlussbetrachtung unter Heranziehung der Ausgangsfragestellung vorgenommen, die die Ergebnisse bündelt.

1.1 Zur Entwicklung des Staats-Kirchen-Verhältnisses

> »Das Verhältnis von Staat und Religionsgemeinschaften ist zu allen Zeiten und in allen Ländern immer auch ein Rechtsproblem. Der Staat ist Herr der weltlichen Rechtsordnung, versteht sich als Hüter des Friedens. Er nimmt seine Einwohner als Bürger in Anspruch. An dieselben Menschen richten sich religiöse Botschaften, die auch das Handeln der Menschen in der Welt betreffen. Staat und Religionsgemeinschaften stehen deshalb immer in einem Verhältnis der Auseinandersetzung, Abgrenzung und Spannung.«[1052]

Der beschriebene doppelte Herrschaftsanspruch wurde traditionell bis 1919 auch an die Staatsbewohner des Reußenlandes gestellt. Er ergab sich daraus, dass diese einerseits vom Staat – als dem Herrn der weltlichen Ordnung – als Bürger und andererseits von der evangelischen Kirche – als dem Herrn der geistlichen Ordnung – als Gläubige beansprucht wurden. Ein in besonderem Maße von diesem doppelten Herrschaftsanspruch betroffener Gesellschaftsbereich war im Reußenland stets das Schulwesen, da es Staat und Kirche seit dem 16. Jahrhundert gleichermaßen unterstand. Die Grundlage dafür bildete einerseits das System der Landesherrschaft und -verwaltung und andererseits die Legitimation der durch die Visitationen in den 1530er Jahren im Reußenland eingeführten Reformation und damit verbunden der landesherrlichen Kirchenhoheit auf der rechtlichen Grundlage des »Augsburger Religionsfriedens« von 1555. Dadurch wurde die Kirche zu einem Bestandteil der Landesverwaltung und es entstand eine reußische Landeskirche, die 1567 ihre eigene lutherisch-orthodoxe Konfessionsschrift erhielt.

An der Spitze der Landesverwaltung stand der jeweilige Landesherr, dem der fürstliche Rat bzw. die Regierung, die Kammer und das Konsistorium als Oberbehörden sowie die Städte mit ihrer Selbstverwaltung direkt unterstanden. Daran schlossen sich die Verwaltungsbehörden mittlerer und unterer Ebene zur Regional- und Lokalverwaltung des Landes an. Die gesamte Verwaltung gliederte sich in zwei Verwaltungsstränge und zwar den weltlichen und den kirchlichen, wobei das Schulwesen den kirchlichen Verwaltungs- und Aufsichtsstrukturen direkt und damit nur indirekt der staatlichen Aufsicht unterstand.

Der Landesherr, der durch Erbfolge seinen Rang erhielt, stand seinem Land als alleiniger Herrscher gegenüber. Die Bevölkerung hatte ihm nicht nur einen Treue- und Untertänigkeitseid zu leisten, sondern er vereinte auch

[1052] Campenhausen: Staat. 123.

alle drei Herrschaftsgewalten, d.h. die Judikative, die Legislative und die Exekutive in seiner Hand, und besaß die Militär- sowie Kirchenhoheit. Die Bevölkerung der Länder gliederte sich in unterschiedliche Stände, die größtenteils in Lehensabhängigkeit von ihren jeweiligen Grundherren und diese wieder in Lehensabhängigkeit vom Landesherrn lebten, wodurch ein hierarchisch fest gegliedertes Sozialgefüge existierte.

Als einziges Organ zur Gesellschaftsrepräsentation standen den Landesherren des Reußenlandes von Beginn an die Landschaften gegenüber, die auf regelmäßig stattfindenden Landtagen zusammenkamen, sich dort lediglich über Fragen des Steuerwesens austauschen konnten und von den Landesherren auch nur in Steuerbewilligungsangelegenheiten zu Rate gezogen wurden. Diese Landschaften setzten sich aus Kurien des landsässigen höhern Adels, der Ritterschaft, ausgewählter Bürger der Städte – wenn diese unmittelbar der fürstlichen Kanzlei unterstanden – sowie Prälaten zusammen und repräsentierten damit nicht das gesamte Staatsvolk, sondern lediglich eine Interessenvertretung ausgewählter Bevölkerungsschichten.

Die Herausbildung des absolutistischen Herrschaftssystems im Reußenland, das dort von der Reformation bis 1848 bzw. 1867 in dieser Weise bestand, führte nicht nur dazu, dass der Landesherr alleiniger Herrscher war, der alle Regierungsgewalten und -hoheiten in sich vereinigte, sondern auch zu einer Herausbildung eines sehr engen Staats-Kirchen-Verhältnisses. In diesem Verhältnis wurde die Kirche durch die Einführung des landesherrlichen Kirchenregiments zu einer entpolitisierten Institution innerhalb der staatlichen und damit der weltlichen Landesverwaltungsstruktur. Für das Schulwesen im Reußenland bedeutete dies, dass es zwar weiterhin den kirchlichen Aufsichts- und Verwaltungsstrukturen unterstand, damit aber auch indirekt der staatlichen Aufsicht.

Während des gesamten 17. Jahrhunderts schritt auch im Reußenland die weitere Ausbildung des landesherrlichen Machtmonopols durch den institutionellen Ausbau der landesherrlichen Verwaltungsstrukturen voran. Mit dieser Festigung der Vereinigung von weltlichem und geistlichem Regiment in der Hand des Landesherrn, die in erster Linie durch eine entsprechende Gesetzgebung und die Zentralisierung sowie straffere Durchgliederung der Verwaltung geschah, entstand ein hierarchisch strukturierter und immer stärker bürokratisierter Verwaltungsapparat.

Dieser rational durchgegliederte Verwaltungsstaat stellte eine im Weberschen Sinne so enge Verbindung zwischen dem Gesellschaftsverband, dem Verwaltungsbetrieb, dem Landesrecht, dem weltlichen und kirchlichen Verwaltungsstab sowie der legitimen Herrschaftsordnung im Reußenland her, dass eine Identifizierung des Landesherrn mit seinem Staat nicht ausblieb. Entsprechend betrachteten die Landesherren die Staatsbewohner nicht nur als ihre Untertanen, ihr Territorium als ihr Land und ihre Verwaltung als ihr Regiment mit ihren Beamten, sondern auch die Landeskirche als ihre Kirche und die Landesreligion als ihre Religion. Dadurch verfestigte sich die feudale Besitzstruktur weiter, sodass die Landesherren nicht mehr nur Grund- und Lehensherren waren, denen die Staatsgehörigen durch einen Treue- und Untertänigkeitseid verpflichtet waren, sondern sie sich alles, was in irgendeiner Weise zu ihrem Staat gehörte ideell und auch real einverleibten. Das taten sie auf zwei Weisen und zwar einerseits durch die Inkorporation als persönlichen Besitz und andererseits indem sie die Landes-, Kirchen- und Bildungspolitik zum Ausdruck des alleinigen Herrscherwillens instrumentalisierten.

Die Grundlage dieses totalitären, absolutistischen Herrschaftsanspruches bildete kein einzelner Legitimationstyp nach Weberscher Definition, sondern vielmehr war eine Mischung zwischen traditionaler, rationaler und charismatischer Herrschaft zu finden, die vor allem im 17. Jahrhundert die Verwaltung und Bürokratisierung zum Machtmittel ihrer physischen Gewaltsamkeit erhob und damit in gewisser Weise typisch für den absolutistischen Feudalismus im Reußenland gewesen ist.

Eine bedeutende Rolle in der Entwicklungsgeschichte des reußischen Absolutismus spielte auch die Berufung der Landesherren auf das Gottesgnadentum, das nicht nur traditionell an die mittelalterliche Zwei-Schwerter-Theorie anknüpfte und somit keine Erfindung des Reformationszeitalters war, jedoch durch die Reformation im Sinne der lutherischen Zweireiche- bzw. Zwei-Regimenter-Lehre umgedeutet wurde.

Ab dem 16. Jahrhundert und vor allem im Laufe des 17. Jahrhunderts wurde das Gottesgnadentum zum festen Bestandteil der reußischen Herrschaftsauffassung. Das wird daran deutlich, dass sich im Reußenland die von Herbert von Borch beschriebenen drei Konsequenzen des modernen Gottesgnadentums des Absolutismus einstellten, die auch in den reußischen Hausgesetzen des 17. Jahrhunderts rechtlich fixiert wurden. Dazu gehörten die endgültige Festschreibung der Erbmonarchie, verbunden mit der Erstgeburtsregelung sowie die explizite ideologische Verbindung von Erblegitimität und Gottesgnadentum. Dadurch betrachteten sich die reußischen Herrscher künftig als dynastisch-religiös und damit doppelt in ihrem Herrschaftsanspruch legitimiert.

Wie Herbert von Borch für die gesamtdeutsche Entwicklung festgestellt hat, war dieser Bedeutungsgewinn des Gottesgnadentums sowie dessen Neuinterpretation und Integration in den modernen absolutistischen Verwaltungsstaat in erster Linie durch die Entstehung des Landeskirchentums und die Begründung göttlicher Unmittelbarkeit alles Staatlichen und des Herrschers im Protestantismus möglich. Diese Entwicklung ist auch für das Reußenland feststellbar und hatte konkrete sozio-politische Auswirkungen auf das Verhältnis zwischen Herrscher und Beherrschten. Die religiöse Legitimation des Landesherrn und damit verbunden dessen Einsetzung in sein Amt aufgrund eines höheren, göttlichen Willensaktes, führte nicht nur zu einer Unantastbarkeit der landesherrlichen Stellung, sondern auch zu einer stärkeren Scheidung zwischen Landesherrn und Landesbewohnern.

Herbert von Borch verweist im Zusammenhang mit dieser Erscheinung darauf, dass erst das Gottesgnadentum durch diese Scheidung der weltlichen und göttlichen Sphären im Staatsgebilde zu der Überhöhung des Landesherrn führte. Aus dieser wiederum speiste sich das Souveränitätsempfinden der Landesherren. Von Borch identifiziert aufgrund dieser Beobachtung schließlich die Souveränität als den soziologischen Sinn des dynastischen Gottesgnadentums, der auch die für den Absolutismus typische Herrschervergöttlichung und Verselbständigung des modernen Staates in jeglicher Hinsicht beinhaltete. Für die reußischen Staaten ist diese Entwicklung ab dem 17. Jahrhundert feststellbar und bildete nicht nur die Grundlage für das Herrscherverhalten in staatspolitischen Dingen des 18. bis zum Ende des langen 19. Jahrhunderts, sondern auch für den Wandel des Staats-Kirchen-Verhältnisses seit der Reformation.

In Anlehnung an die drei Theorien zur systematisierenden und typisierenden Bestimmung des Staats-Kirchen-Verhältnisses aus staats- wie kirchenrechtlicher Perspektive sind auch für das Reußenland die Herausbildung des Episkopalsystems und des Territorialismus sowie Ansätze der Kollegialtheorie festzustellen. So kann, wie auch sonst in Europa, in der reußischen Geschichte die Zeit ab 1555 als die Phase der Etablierung des Episkopalsystems betrachtet werden. In ihr bildete sich im Anschluss an die ab 1533 erzwungene Reformation zunächst der Protestantismus allmählich in den reußischen Ländern aus und die neu entstehende Landeskirche fand mit der »Reußisch-Schönburgischen Konfession« von 1567 ihre theologische Identität. Eine genaue Scheidung zwischen dieser Phase und der nachfolgenden des Territorialismus ist nicht eindeutig möglich, da sich beide zu sehr überschnitten. Als mögliche Grenzdaten könnten jedoch der Druck der zweiten Auflage der Konfession im Jahre 1599, vorangetrieben durch Heinrich Posthumus, der sich als oberster Kirchenherr in der Pflicht zur Festigung und zum Ausbau seines landesherrlichen Kirchenregiments verstand, gesehen werden, oder aber auch die Errichtung des ersten Konsistoriums auf reußischem Gebiet im Jahre 1604. Gerade Letzteres war insofern Ausdruck des Territorialismus, als dass die Errichtung dieser Institution ein Akt zum Ausbau der landesherrlichen Kirchenverwaltung war.

Ansätze für einen Übergang zur Kollegialtheorie sind für Reuß älterer Linie nicht auszumachen, zeigen sich jedoch angesichts der Kirchenpolitik in Reuß jüngerer Linie bis in die erste Hälfte des 19. Jahrhunderts, was in diesem Fürstentum eng mit dem Vorherrschen der Neologie zusammengehangen haben dürfte.

Entsprechend den Beobachtungen zum Staats-Kirchen-Verhältnis und der Reflexion dessen angesichts der Kirchenverfassungstheorien zeigte sich im Reußenland bis 1918 bzw. 1919 der Territorialismus als maßgebend für das Staats-Kirchen-Verhältnis. Er band diese beiden Institutionen nicht nur eng aneinander, sondern förderte zunächst auch die herrschaftliche Auffassung, dass das landesherrliche Kirchenregiment eine von Beginn an zu den Souveränitätsrechten des Herrschers gehörende Aufgabe sei. Dementsprechend hatte sich die Kirche dem Staate unterzuordnen und sich die Kirchenpolitik im Sinne der innerkirchlichen Politik ebenfalls den Vorgaben und Wünschen des Landesherrn zu beugen und konservierte sie anschließend. Unter dieser Prämisse ist auch die Tatsache zu verstehen, dass sich die Landeskirchen in den reußischen Ländern entsprechend den religiösen Haltungen ihrer Landesherren in ihrer theologischen Ausrichtung wandelten, wie es gerade im 18. Jahrhundert angesichts der Ausbreitung des Pietismus in Reuß-Köstritz, Reuß-Ebersdorf oder auch Reuß-Obergreiz deutlich geworden ist.

Angesichts der Länder- und Kirchengeschichte des Reußenlandes vom 16. bis 18. Jahrhundert werden zwei Dinge überaus deutlich: dass sich die Entwicklung des Verwaltungsausbaus, der Bürokratisierung und des Herrschaftsverständnisses ebenso wie die Entwicklung des Staats-Kirchen-Verhältnisses – ungeachtet territorialer Sonderbedingungen – ähnlich wie bzw. parallel zu den für diese Zeit in historischer Perspektive als typisch zu bezeichnenden Entwicklungen in den absolutistischen Staaten Deutschlands vollzogen hat.

1.2 Zur Entwicklung der Volksschulgeschichte

In der Entwicklung der Volksschulgeschichte des Reußenlandes vom 16. bis zum 18. Jahrhundert sind deutliche Parallelen zwischen den reußischen Territorien wie auch zwischen dem Reußenland und der Entwicklung in den anderen deutschen Staaten erkennbar. Die Schulangelegenheiten waren mit der Reformation zu einem Teil des landesherrlichen Kirchenregimentes geworden und damit der direkten Kirchenaufsicht und -verwaltung unterstellt. Gleichzeitig jedoch bedeutete dies auch, dass sich das Schulwesen dadurch, dass alle Verwaltungszweige letztlich dem Landesherrn unterstanden, indirekt unter staatlicher Aufsicht befand. Deutlich zum Ausdruck kam dies angesichts der Verabschiedung konsistorialer und landesherrlicher Gesetze zur Regelung von Schulangelegenheiten.

Aufgrund der festen Einbindung des Schulwesens in die Kirchenstrukturen, waren die meisten Lehrenden ab dem 16. Jahrhundert nicht nur Theologen, sondern auch der Lehrplan der Schulen in der Stadt wie auf dem Lande war stark von religiösen Inhalten geprägt. Dementsprechend bildeten auch der Katechismus, das Gesangbuch und die Bibel, sowie ergänzend dazu auch zu den Bekenntnisschriften gehörende Literatur die Lehrmaterialien.

Ein spürbarer oder gar systematischer Ausbau der Volksschulen fand vom 16. bis zum Ende des 17. Jahrhunderts nicht statt, wodurch für das Reußenland in dieser Zeit von einem Schulwesen, örtlich teils sogar nur von einem Schule-Halten gesprochen werden kann. Neben dem Fehlen einer allgemeinen Schulpflicht, eines qualifizierten Lehrerstandes, geeigneter Räumlichkeiten und Lehrmaterials im Sinne von Schulbüchern, lag die Hebung des Schulwesens bis zum 17. Jahrhundert auch nicht in ausreichendem Maße im Fokus von Kirche oder Staat, sodass tief greifende Schulreformen hätten stattfinden können. Erste tatsächlich nachhaltig für den Ausbau des Schulwesens spürbare Veränderungen fanden in den Staaten der älteren und jüngeren Linie erst im 18. Jahrhundert statt. Die Grundlage bildete eine Vielzahl staatlicher Maßnahmen im Bereich der Schulgesetzgebung, in Form von Visitationen, Schulkonferenzen und ähnlichem. Die betreffenden Landesherren strebten Neuerungen wie eine Durchsetzung der Schulpflicht, eine geregelte Lehrerausbildung, eine Überarbeitung der Lehrpläne, einen weiteren Ausbau von Schulräumlichkeiten, die Anstellung von mehr Schulmeistern und feste organisatorische Schulstrukturen an. So spielte beispielsweise der Einfluss des Pietismus in den Gebieten Reuß-Obergreiz, Reuß-Ebersdorf und Reuß-Köstritz eine entscheidende Rolle bezüglich der Schulreformen des 18. Jahrhunderts, wohingegen in den übrigen Landesteilen der älteren und jüngeren Linie zwar ebenfalls punktuelle schulpolitische Maßnahmen stattfanden, jedoch in einem größeren Rahmen ausblieben.

Auffallend ist, dass in den pietistischen Regionen des Reußenlandes die Schulangelegenheiten teils explizit als Staatsangelegenheiten benannt worden sind und aus rechtlicher Perspektive auch so mit ihnen verfahren wurde, es aber kein »Landschulreglement« oder ein »Allgemeines Landrecht« wie in

Preußen gab, das dies in grundsätzlicher Weise rechtlich so formuliert hätte.

Nachdem jedoch auch die Schulreformen des 18. Jahrhunderts einerseits nicht flächendeckend von allen Landesherren der jüngeren und älteren Linie und andererseits nicht mit ausreichender Konsequenz durchgeführt worden waren, blieb das Volksschulwesen zunächst immer noch sehr uneinheitlich und in sämtlichen Angelegenheiten mangelhaft. Anders als etwa in Sachsen-Weimar-Eisenach, Sachsen oder auch Preußen wurden im Reußenland sehr spät staatliche Schulordnungen erlassen, nämlich erst in der ersten Hälfte des 19. Jahrhunderts und auch da nur in den Ländern der jüngeren Linie. Diese Landschulenordnungen stellten nicht nur eine Zusammenfassung der bis dahin erlassenen Schulgesetzgebung dar, sondern enthielten auch Zugeständnisse an die allmähliche Herausbildung eines Lehrerberufs. Das wird besonders an den Bestimmungen zur Finanzierung und teils auch Qualifikation der Lehrer deutlich.

Eine tatsächlich von staatlicher Seite stärker forcierte Schulpolitik setzte vor allem ab dem zweiten Drittel des 19. Jahrhunderts ein und stellte bereits eine erste Reaktion auf die neuen gesellschaftlichen Herausforderungen durch die einsetzende Industrialisierung dar.

1.3 Zur Entwicklung der Schulaufsichtsfrage

Wie auch in den sonstigen protestantischen deutschen bzw. thüringischen Staaten war das Volksschulwesen seit der Reformation fest in den staatlichen Verwaltungsapparat eingebunden und hatte dabei, seiner Entstehungsgeschichte folgend, einen Platz innerhalb der Strukturen des landesherrlichen Kirchenregiments eingenommen. Dennoch wurde auch im Reußenland ab dem 16. Jahrhundert immer wieder von unterschiedlichen gesellschaftlichen Größen und aus verschiedenen Beweggründen eine Schulaufsichtsfrage gestellt. Die Ziele, die mit dieser Frage verfolgt wurden, waren entsprechend mannigfaltig, hatten aber bis zum 18. Jahrhundert eines gemeinsam und zwar, dass in der Regel keine vollständige Trennung der Kirche von der Schule im Sinne einer Entkirchlichung bzw. Verweltlichung des Schul- und Erziehungswesens angestrebt wurde, sondern eine stärkere Herauslösung der Schule aus dem allein kirchlichen bzw. religiösen Kontext.

Der Ruf nach einer Verstaatlichung des Volksschulwesens hing bis zum 19. Jahrhundert eng mit pragmatischen Erwägungen zusammen. Die Motive die dabei eine Rolle spielten, waren gleich mehrere und zwar einerseits beispielsweise, dass die staatliche Trägerschaft auch die vollständige staatliche Finanzierung des Volksschulwesens und die staatliche Pflicht zur Anstellung und auch Ausbildung der Schuldiener, -meister und –lehrer bedeutet hätte, und andererseits, dass es der Geistlichkeit die Lokalaufsicht entzogen und die Theologen und Lehrer stärker getrennt hätte. Gerade Letzteres wäre einer langsamen Herauslösung der Lehrer aus dem Kirchendienst und hin zu einem eigenen Berufsstand begünstigt. Darüber hinaus spielte vonseiten der Bevölkerung auch der Gedanke eine Rolle, dass ein staatliches Schulwesen die Öffentlichkeit der Volksschule fördern, die Eltern finanziell entlasten und somit jedem Kind den Schulbesuch ermöglichen würde.

Eine starke Betonung der staatlichen Schulträgerschaft fand sich in der Geschichte des Reußenlandes vor allem im 18. Jahrhundert in den pietistisch geprägten Landesteilen. Dadurch, dass der Pietismus der Bildung einen so hohen Stellenwert einräumte, widmeten sich auch die Landesherren vermehrt dem Volksschulwesen in ihrem Land und regten Reformen an. Die Schulaufsichtsfrage schien damit zugunsten des Staates beantwortet, der zwar das Volksschulwesen nicht aus den regionalen und lokalen kirchlichen Aufsichts- und Verwaltungsstrukturen herauslöste, aber seinen Anspruch auf die Bildungshoheit durch gesetzliche Maßnahmen deutlich machte. Diese Entwicklungen endeten jedoch mit dem Ausgang des 18. Jahrhunderts und der Verdrängung des Pietismus weitgehend wieder bzw. hatten in weiten Teilen des Reußenlandes gar nicht stattgefunden, sodass im 19. Jahrhundert angesichts der Industrialisierung und des Ausbaus des Volksschulwesens in anderen Staaten auch wieder in den reußischen Fürstentümern die Schulaufsichtsfrage gestellt wurde.

2 Historisch-systematische Reflexion des Staats-Kirchen-Volksschul-Verhältnisses im Reussenland von 1778/1848 bis 1918

2.1 Das Fürstentum Reuss älterer Linie von 1778 bis 1918

2.1.1 Die Entwicklung des Staats-Kirchen-Verhältnisses von 1778 bis 1918

Als die Grafschaft Reuß-Greiz im Jahre 1878 zu einem Fürstentum erhoben wurde, wies sie die typischen staatlichen und kirchlichen Verwaltungsstrukturen des Absolutismus auf, die Landesherrschaft und Kirchenherrschaft unter der Regierung des Fürsten vereinigten. Entsprechend war die Landes- und Kirchenverwaltung in vertikaler Hierarchie organisiert, sodass dem Landesherrn alle Instanzen direkt bzw. indirekt unterstanden. Entsprechend hatten die Beamten nach seinen Befehlen zu handeln und bei Entscheidungen jeglicher Art Rücksprache mit ihm direkt bzw. über bestimmte Instanzen oder Ämter indirekt zu halten.

Der Landesfürst vereinte bis 1868 alle drei Herrschaftsgewalten in seiner Hand und konnte dadurch auf absolutistische Weise über einen ständisch organisierten Staat herrschen. Bis 1867 wurde nicht nur deutlich zwischen dem Fürsten und den von ihm abhängigen Untertanen unterschieden, sondern auch zwischen den gesellschaftlichen Ständen der Bauern, Bürger, Geistlichen, des Militärs und Adels. Die einzige Landesvertretung bildete die Landschaft, die sich auf den Landtagen als beratendes Organ in Steuersachen zusammenfand und nur dort tatsächlichen Einfluss auf den Landesherrn ausüben konnte. Deutlich betont wurde diese altständische Tradition letztmalig im Landesgrundgesetz von 1809. Sie hatte bis zum Erlass der ersten modernen Verfassung im Jahre 1867 Bestand.

In vielen deutschen bzw. thüringischen Staaten war bereits in den 1830er oder 1840er Jahren durch die Verabschiedung von Verfassungen modernen Typs der Staatsabsolutismus beendet worden. Das Verharren in den alten Strukturen konnte sich in Reuß-Greiz dagegen vor allem aufgrund der

Landespolitik und der ihr zugrunde liegenden Herrschaftsauffassung seiner Fürsten so lange halten.

Die Reußen wiesen eine deutliche Kontinuität in ihrem Selbstverständnis als Herrscher auf. Sie stützten sich dabei in erster Linie auf das Fürstenrecht und Gottesgnadentum, und damit auf die Vorstellung einer traditionell und göttlich legitimierten, souveränen Erbschaftsmonarchie. Darüber hinaus waren alle Fürsten, außer Heinrich XXII., erfahrene Offiziere in den Diensten Österreichs, diesem Staat dadurch sehr verbunden und standen dem Königreich Preußen entsprechend kritisch gegenüber. Dies zeigte sich erstmals deutlich als Preußen 1849 durch die Frankfurter Nationalversammlung die Vorherrschaft in einem künftigen Deutschen Reich angeboten worden war, bei den Verhandlungen um die Erfurter Union, bei der des Norddeutschen Bundes, des Deutschen Reiches sowie angesichts zahlreicher gesetzgeberischer Verhandlungen zwischen Reich und Ländern bis 1902.

Die Differenzen zwischen Reuß älterer Linie und Preußen waren ab der Mitte des 19. Jahrhunderts vor allem den sehr kritischen Haltungen Carolines zu Reuss-Greiz und Heinrichs XXII. zu Reuss-Greiz bzw. von Reuss älterer Linie geschuldet, die in der preußischen Bundes- und Reichspolitik immer wieder Versuche des Eindringens in ihre Souveränitätsrechte erkannten und dem entgegenwirken wollten.

Ein Wandel in der Landespolitik, hin zu einer stärkeren Liberalisierung in der Wirtschafts-, Sozial- und Bildungspolitik. setzte erst nach dem Tode Heinrichs XXII. und mit der Machtübernahme des Fürsten und des Prinzregenten der jüngeren Linie ein.

Die absolutistische Herrschaftsauffassung, das Festhalten an den alten Traditionen und Zuständen sowie der Konservativismus der Landesfürsten und Landesfürstin der älteren Linie hinderte diese nicht daran, stets um das Wohl ihrer Untertanen und ihres Landes bemüht zu sein. Deutlich zeigte sich dies in der direkten Aufbauhilfe der Landesherrn nach den Stadtbränden Ende des 18. und Anfang des 19. Jahrhunderts sowie an gesetzlichen Neuerungen zur Förderung von Wirtschaft und Bildung.

Die Anpassungen der Landes-, Wirtschafts- und Bildungspolitik an die Umstände der Zeit geschahen dabei nicht allein aufgrund der Haltungen der Landesfürsten, sondern auch abhängig von äußeren Einflussfaktoren wie der einsetzenden Industrialisierung ab den 1830er Jahren, der fortschreitenden Internationalisierung der Märkte ab der Mitte des 19. Jahrhunderts, der gesellschaftlichen Pluralisierung sowie Politisierung und der Vorgaben durch Bundes- bzw. Reichsrecht.

Einen deutlichen Schnitt in der Landesgeschichte stellte die Verfassung von 1867 dar, die nicht nur das herrschende Lehenssystem aufhob, Grundrechte und eine Volksvertretung zusicherte, sondern auch die Gewaltenteilung versprach und Reuß älterer Linie zu einer konstitutionellen Monarchie wandelte. In der Realität gelang es dem letzten Landesherrn Heinrich XXII., der reichlich 41 Jahre lang herrschte, durch die rechtliche Beschränkung der Handlungsmöglichkeiten der Volksvertretung jedoch auch weiterhin Legislative und Exekutive inne zu haben, sodass er bis 1902 weitestgehend absolutistisch regieren konnte. Dennoch vollzogen sich in der zweiten Hälfte des 19. Jahrhunderts auch Wandlungen im Verwaltungsrecht und -aufbau des Fürstentums, die den Städten, Ortschaften und Gemeinden stärkere Selbstbestimmungs- und Selbstverwaltungsrechte zugestanden sowie weitere Reformen im Wirtschafts- und Bildungsbereich nach sich zogen. Dadurch blieb das Fürstentum in wichtigen Bereichen zwar nicht hinter den Entwicklungen der Zeit zurück, doch der Umgang des Landesherrn mit seinen Untertanen blieb deutlich von seinen konservativen Souveränitätsansprüchen bestimmt, was sich auch anhand der Verweigerung der Einführung des Bürgerlichen Gesetzbuches zeigte.

Eine wichtige Stütze des landesherrlichen Absolutismus bis 1867 und auch der Herrschaftspolitik Heinrichs XXII. bis 1902 stellte die Landeskirche Reuß älterer Linie dar. Deren enge Bindung zum Landesherrn hing einerseits mit dem Gottesgnadentum und der Herausbildung eines protestantischen Konservativismus zusammen, die beide sanktionierend für das Obrigkeitssystem, die lutherische Orthodoxie und die Beibehaltung einer konservativ (und altständisch) geprägten Sozialethik wirkten. Andererseits war aber auch die traditionell enge Verbindung zwischen Staat und Kirche durch das landesherrliche Kirchenregiment von Bedeutung. Dementsprechend war der Landesherr als oberster Kirchenherr derjenige, der seit der Reformation im Jahre 1533 die Landesreligion vorgab und seine Landeskirche lenkte. Aufgrund seiner Stellung konnte er sie gemäß seiner persönlichen religiösen Ansichten formen, und zwar einerseits durch die Berufung und Bestätigung entsprechenden Personals und andererseits durch die Verabschiedung entsprechender Gesetze zur institutionellen Organisation und zur Kirchenzucht. Beide Möglichkeiten nutzten die Landesherren der älteren Linie. Dadurch blieben die traditionellen Verwaltungsstrukturen, die das Konsistorium dem Landesherrn direkt unterstellten und in seiner Zusammensetzung ohne eine Ressorttrennung eng mit der Regierung verbanden, zumindest in den Ober- und Mittelbehörden bis 1918 bestehen. Darüber hinaus blieb auch das Recht des Landesherrn zur Kirchengesetzgebung, Besetzung und Bestätigung von

Ämtern sowie zur obersten Aufsicht über die Kirchen- und Schulsachen bis zum Ende des monarchischen Zeitalters gültig.

Auffällig in der Kirchengeschichte von Reuß älterer Linie ist, dass die »Reußisch-Schönburgische Konfession« von 1567 bis 1918 – bzw. bis zum Ende der Selbstständigkeit der Reußischen Kirche 1934 – gültig blieb. Sie war das Ergebnis der Stellungnahme der reußischen Herrscher zum so genannten ›Flacianischen Streit‹ und einerseits der Ausdruck religionspolitischer Parteinahme zugunsten des Flacianismus und andererseits die kirchenrechtliche Fixierung der evangelisch-lutherischen Rechtgläubigkeit.

Nachdem die Reußische Konfession eine weitere Auflagen im Jahre 1599 erfahren hatte, blieb sie gemäß Geschlechtervertrag von 1668 grundlegende Konfession des Reußenlandes und wandelte sich ab der zweiten Drucklegung 1699 inhaltlich nicht mehr. Seitdem differierten nur die Interpretation und der Umgang mit der Konfessionsschrift, die beide den theologischen Strömungen der Zeiten unterlagen.

Die theologischen Strömungen, denen sich die Landesherren anschlossen, wiesen dennoch eine deutliche Kontinuität auf, denn die Landeskirche war im Grunde immer lutherisch-orthodox geprägt. Einzige Abweichungen finden sich im 18. Jahrhundert für die Herrschaft Reuß-Obergreiz, in der Heinrich II. einen Staatspietismus nach halleschem Vorbild etablieren wollte, und in einer kurzen Phase der Neologie, bevor 1817 schließlich eine Rückkehr zur lutherischen Orthodoxie in Form des Neuluthertums stattfand. Parallel dazu traten zwar auch die Erweckungsbewegung und die von Rudolf Herrmann als pietistisch-konfessionalistisch bezeichnete Strömung auf. Doch standen diese – ebenso wie der Pietismus selbst, der als eine Erscheinungsform des Luthertums zu sehen ist, die eine innere Reform der lutherischen Orthodoxie durch die stärkere Betonung der inneren Frömmigkeit darstellte – nicht im Gegensatz zum Neuluthertum, sondern gehörten in dessen Umfeld bzw. förderten dessen Ausprägung sogar. Dass dem so war, zeigte die Tatsache, dass trotz eines restriktiven Vereins- und Versammlungsrechts in Reuß älterer Linie die Gründung und das Wirken zahlreicher religiöser Vereine gestattet oder sogar von staatlicher Seite unterstützt wurde. Diese waren meist aufgrund pietistisch-konfessionalistischer Impulse oder auch durch den Einfluss der Erweckungsbewegung von Geistlichen der Landeskirche gegründet worden und dienten der inneren Mission und Diakonie. Damit übernahmen sie nicht nur Aufgaben, die die Landeskirche nicht übernehmen konnte oder wollte, sondern sie leisteten ebenfalls einen wichtigen Beitrag zur religiösen Gestaltung der Gesellschaft im Sinne der Landeskirche und Landesreligion. Darüber hinaus bot die enge Verbindung zwischen dem Staat und den religiösen Vereinen die Möglichkeit staatlicher Kontrolle über die Vereinstätigkeiten. Das erlaubte dem Landesherrn, der ganz konkrete Vorstellungen zur lutherisch-orthodoxen Religiosität und Moralisierung der Gesellschaft hatte, zusätzlich zu seiner sonstigen Kirchenpolitik über die Vereine religionspolitisch in die Gesellschaft hineinzuwirken.

Der Erlass der Landesverfassung im Jahre 1867 ist aus rechtlicher und staatstheoretischer Perspektive bedeutend für die Ausgestaltung des Staats-Kirchen-Verhältnisses ab der Mitte des 19. Jahrhunderts gewesen. Darin war zum einen weiterhin das landesherrliche Kirchenregiment explizit festgeschrieben und zum anderen begründete sie zwar formal einen monarchischen Konstitutionalismus, der sich aber unter der Herrschaft Heinrichs XXII. mit keinem politischen Liberalismus verbinden konnte und so nicht an Bedeutung gewann. Stattdessen behielt der Landesherr des Fürstentums auch weiterhin die Praxis eines am Absolutismus orientierten Konservativismus in seiner Staatspolitik bei und förderte entsprechend ein enges Verhältnis von Staat und Kirche. Die Führung der Landeskirche wiederum zeigte sich von 1867 bis 1918 auch weiterhin von einem starken protestantischen Konservativismus geprägt, der die Partnerschaft zwischen Staat und Kirche ebenfalls stützte.

2.1.2 Die Entwicklung der Schulaufsichtsfrage von 1778 bis 1918

Die enge Verbindung von Kirche und Schule blieb in Reuß älterer Linie bis in das 20. Jahrhundert hinein bestehen. Dafür bildeten einerseits die bestehenden Verwaltungsstrukturen die Grundlage, andererseits jedoch auch der während der Reformation an die Kirchen erteilte Bildungsauftrag. Dieser Auftrag lautete, die Gläubigen im Lesen und auch Schreiben zu unterrichten, um sie in die Lage zu versetzen, die Bibel, den Katechismus, das Gesangbuch und andere religiöse Literatur selbst lesen zu können.

Die Verwaltungsstrukturen sahen die Geistlichen jedes Ortes und der Städte Greiz und Zeulenroda als die jeweiligen Lokalschulinspektoren vor, die einer geistlichen Bezirksinspektion und diese der Superintendentur Greiz unterstanden. Die oberste Aufsichtsbehörde bildete das fürstliche Konsistorium, das dem Landesherrn direkt unterstellt und personell eng mit der Regierung verbunden war. Entsprechend wurden die Schulen von Geistlichen geleitet, visitiert und auch der Unterricht mehrheitlich von ihnen erteilt. Jener war bis zur Mitte des 19. Jahrhunderts stark von religiösen Lehrinhalten dominiert, wie sich überhaupt das Volksschulwesen als Konfessionsschulwesen zeigte.

Nachdem bereits im 18. Jahrhundert, vor allem unter dem Einfluss des Pietismus in Reuß-Obergreiz, deutliche Versuche zur Verbesserung des Schulunterrichts, der Schulpflicht zur Sicherung eines regelmäßigen Schule-Haltens in den Städten und auf dem Land sowie zur Hebung der Theologen- und Lehrerbildung unternommen worden waren, begann in Reuß-Greiz erst ab der Mitte des 19. Jahrhunderts der tatsächliche Übergang vom ›Schule-Halten‹ zum Schulwesen. Die Gründe dafür waren vielfältig, doch die Industrialisierung hatte einen erheblichen Einfluss. Sie führte nicht nur zum wirtschaftlichen Aufschwung im Land, sondern auch zur Hebung des Wohlstandes, die es Industriellen ermöglichte Stiftungen zur Unterstützung des Erziehungs- und Schulwesens zu gründen. Darüber hinaus gewannen die Bürger der Städte durch vermehrten Reichtum und als Besitzer von Fabriken u.ä. an Einfluss und konnten als gesellschaftlich relevante Bevölkerungsschicht verstärkt Forderungen an das Schulwesen stellen. Des Weiteren erforderte die Entstehung von Fabriken Facharbeiter, was nicht nur zu einer Nachfrage nach gut ausgebildeten Arbeitern führte, sondern auch zu einem Anstieg der Bevölkerung und damit der zu unterrichtenden Kinder in industriellen Ballungszentren wie Greiz. Hinzu kam die Tatsache, dass die Lehrer, die seit 1797 in Greiz ein eigenes Lehrerseminar besaßen, verstärkt auf eine Anerkennung als eigener Berufsstand drängten und die seit Beginn des 19. Jahrhunderts auftretenden politisch-liberalen Gesinnungsströmungen eine stärkere oder gänzliche Lösung der Schule von der Kirche forderten. Besonders deutlich wurden diese Bestrebungen während der Revolutionsereignisse von 1848/1849, als in den Petitionen der Bevölkerung explizit die Verstaatlichung des Schulwesens und die Verbesserung des Lehrereinkommens wie auch die Altersabsicherung der Lehrer gefordert wurden. Trotz der Ablehnung der meisten Forderungen von 1848/1849 und des Ausbleibens der staatlichen Umgestaltung zu einer konstitutionellen Monarchie zeigten sich die Landesherren Reuß älterer Linie ab den 1840er Jahren durchaus bestrebt, das Schulwesen zu verbessern. Dies wurde an zahlreichen gesetzlichen Maßnahmen deutlich. Dazu zählte die stärkere Durchsetzung der Schulpflicht ebenso wie die Regulierung der Kinderarbeit in Fabriken und des Privatunterrichtes. Des Weiteren gehörten gesetzliche Regelungen zur finanziellen Unterhaltung der Schulen durch die Schulgemeinden bzw. im Bedarfsfall durch staatliche Zuschüsse, zur Sicherung einer regelmäßigen Lehrerbesoldung, einer Altersabsicherung der Lehrer und auch einer finanziellen Absicherung der Witwen und Waisen von Lehrern sowie zur Verbesserung der Lehrerausbildung dazu. All diese Maßnahmen wurden erstmals in den 1840er bis 1860er Jahren eingeführt und entsprechend der Umstände bis 1918 immer wieder neu geregelt sowie durch weitere gesetzliche Bestimmungen abgelöst oder ergänzt. Darüber hinaus war es dem Einsatz von einflussreichen Einzelpersönlichkeiten wie Gustav Schmidt und Alfred Resch zu verdanken, dass ab den 1860er Jahren Reorganisationspläne für das Schulwesen in den Städten, aber auch auf dem Land gefasst und im letzten Drittel des 19. Jahrhunderts umgesetzt wurden. Diese Pläne zu einer Reform des Volksschulwesens enthielten zweierlei Arten von Bestimmungen. Die ersten regelten die innere Volksschulorganisation, die die Schulpflicht, die Reformation der Lehrpläne, im Sinne einer Ergänzung um weitere Realienfächer und zur Zurückdrängung der religiösen Bildungsinhalte, die Ausstellung von Schulzeugnissen und die Regelung einheitlicher Abschlussprüfungen umfassten. Die zweite Art von Bestimmungen zielte auf die Reform der äußeren Schulorganisation ab und umfassten beispielsweise die Besoldung der Lehrer, die Einstellung von Lehrerinnen und deren Besoldung, die Einrichtung der Schulhäuser und Gliederung des Schulwesens. Sie führten zu einer Schulneu- und Schulumbauphase, die die Verkleinerung der Schulklassen und entsprechend die Anstellung von mehr Lehrern nach sich zog und auch die Gestaltung der Schulgebäude standardisierte.

In engem Zusammenhang mit diesen tief greifenden Reformen des Schulwesens stand auch die Ausdifferenzierung zwischen den Schularten. Damit war beispielsweise das nach der Jahrhundertwende an das Volksschulwesen angegliederte Fortbildungsschulwesen gemeint, das die Elementarbildung um eine Fachausbildung erweiterte, die den Berufseinstieg als qualifizierter Facharbeiter ermöglichen sollte. Ebenso wurde die generelle Dreigliederung des Schulwesens in Volksschule, Fortbildungsschule und Höhere Schule ab dem letzten Drittel des 19. Jahrhunderts forciert. Bereits 1918 war sie ein festes Merkmal des entstandenen Schulsystems.

Die Neugestaltung des Volksschulwesens wurde darüber hinaus von einer nachhaltigen Reform des Lehrerbildungswesens begleitet, die ab 1860 mit der Reorganisation des Lehrerseminars in Greiz einsetzte. Es wurden Unterrichtsfächer ergänzt, die religiöse Bildung trat etwas weiter in den Hintergrund, und die in zwei Kurse gegliederte Ausbildung wurde zugunsten einer stärkeren Verknüpfung von Theorie und Praxis verlängert. Darüber hinaus wurde eine Übungsschule an das Seminar angeschlossen, sodass die Lehrer theoretisch und praktisch gut ausgebildet in den Schuldienst eintreten konnten.

Die Schulverwaltung selbst blieb in Reuß älterer Linie bis 1918 unter kirchlicher Aufsicht. Dennoch wurden Zugeständnisse an die Städte, Orte und Gemeinden gemacht, die ihnen größere Selbstverwaltungsbefugnisse in

Schulangelegenheiten einräumten. Das zeigte sich deutlich an der Gewährung weltlicher Inspektionsrechte über das stadteigene Schulwesen in Zeulenroda (1849; 1880) und Greiz (1861) sowie der Gemeindevorstände über die ihnen unterstehenden Ortschaften (1871) und angesichts der Erlaubnis der Bildung von Schulvorständen (1871) als Interessenvertretungen der Schulgemeinden.

1918 wurde die kirchliche Aufsicht über das Volksschulwesen aufgehoben und stattdessen das Unterrichts- und Erziehungswesen der Landesregierung des Freistaates Reuß älterer Linie unterstellt. Eine endgültige Trennung von Kirche und Schule fand jedoch erst 1919 per Gesetzgebung für den Volksstaat Reuß statt und hing eng mit dem Erlass der Weimarer Reichsverfassung zusammen.

Angesichts dieser Entwicklungen wird deutlich, dass sich das Fürstentum Reuß älterer Linie von 1778 bis 1918 in rechtlicher, verwaltungsmäßiger und auch personeller Beziehung durch ein relativ enges strukturelles Verhältnis von Staat, Kirche und Volksschule auszeichnete. Anstatt eine Trennung von Kirche und Schule vorzunehmen, wie es in den Forderungen von 1848/1849 vorgeschlagen worden war, und damit die Schulaufsichtsfrage zugunsten einer staatlichen Aufsicht zu lösen, wurde in Reuß älterer Linie ein Mittelweg gefunden. Dieser sah unter anderem die stärkere Verselbständigung der Schulaufsicht und Schulverwaltung auf örtlicher, städtischer und regionaler Ebene vor, beließ jedoch ansonsten die kirchlichen Aufsichtsstrukturen.

Der letzte Fürst, Heinrich XXII., unter dem die bedeutendsten Schulreformen stattfanden, war sich einerseits durchaus bewusst, dass er als Landes- und Kirchenherr nicht nur über das Schulwesen zu wachen hatte, sondern es sich auch im erzieherischen Sinne zu nutze machen konnte. Entsprechend instrumentalisierte er das Volksschulwesen zur Erziehung seiner Untertanen, was sich deutlich in den offiziellen Bildungs- und Erziehungszielen des Schulwesens und an denen des Lehrerbildungswesens niederschlug.

Darüber hinaus war Heinrich XXII. – ungeachtet seiner Reformfreudigkeit oder auch des Widerstands seiner Landeskirche gegen seine Schulpolitik – jedoch auch den vielgestaltigen Einflüssen seiner Umwelt unterworfen. Allein die wirtschaftlichen und damit verbundenen gesellschaftlichen Entwicklungen in Reuß älterer Linie, die Nachbarschaft zum industrialisierten und in Schul- und Lehrerbildungsangelegenheiten fortschrittlichen Königreich Sachsen wie auch zum Fürstentum Reuß jüngerer Linie, die Forderungen von Lehrern, Geistlichen und Bürgern und die Bundes- wie auch Reichsgesetzgebung zwangen ihn dazu, Reformen des Schulwesens durchzuführen, die bis 1918 die Entstehung eines völlig von den 1778 vorherrschenden Zuständen unterschiedlichen Schulwesens bzw. Schulsystems zur Folge hatten. Damit hatte in Reuß älterer Linie eine ähnliche Schulentwicklung wie beispielsweise in Sachsen oder Preußen stattgefunden.

Angesichts eines zwar seit dem 16. Jahrhundert bestehenden, doch kaum ausgebauten Schulwesens, hatten im 18. Jahrhundert und in der ersten Hälfte des 19. Jahrhunderts erste vorbereitende Reformen zu einem weiteren pädagogisch-systemischen Ausbau des Volksschulwesens stattgefunden. Dennoch waren es erst die konkreten und konsequenten Schulreformen ab der zweiten Hälfte des 19. Jahrhunderts – teils als Reorganisationen bezeichnet, wenn dabei auf bereits bestehende Schulstrukturen zurückgegriffen werden konnte –, die zu einem bedeutenden pädagogisch-systemischen Ausbau des Schulwesens führten, der die Vorraussetzung für die Ausbildung eines Schulsystems im modernen Sinne schuf. Zu diesen Vorraussetzungen, die ab den 1860er Jahren in Reuß älterer Linie konsequent geschaffen wurden, gehörten die endgültige Durchsetzung der Schulpflicht, verbunden mit einer systematischen Organisation des Unterrichtswesens, d.h. der inneren Schulangelegenheiten, sowie die Professionalisierung des Lehrerstandes.

Angesichts der Volksschulgeschichte von Reuß älterer Linie wird deutlich, dass sich das Volksschulwesen ungeachtet des Staats-Kirchen-Verhältnisses, der Herrschaftsauffassung und Innenpolitik des Landesherrn und auch der weiterhin bestehenden kirchlichen Schulaufsicht in ähnlicher Weise entwickelte wie es die deutschen Tendenzen etwa nach Detlef K. Müller vorgaben. Entsprechend lässt sich die Volksschulentwicklung in zwei Phasen einteilen, und zwar die der Systemfindung vom 18. bis zur Mitte des 19. Jahrhunderts und die Phase der Systemkonstitution, die sich daran anschloss und erst am Ende des langen 19. Jahrhunderts ihr Ende fand. Erste Ansätze zum Übergang zur Phase der Systemkomplementierung lassen sich kurz vor dem Ende der Monarchie ausmachen und zeigten sich beispielsweise an der Verbindung von Volksschul- und Fortbildungswesen.

2.2 Das Fürstentum Reuss jüngerer Linie von 1848 bis 1918

2.2.1 Die Entwicklung des Staats-Kirchen-Verhältnisses von 1848 bis 1918

Das Fürstentum Reuß jüngerer Linie, 1848 entstanden, war von Beginn an eine konstitutionelle Monarchie mit einer stark liberal geprägten Verfassung. Diese wurde zwar bereits in den 1850er Jahren entsprechend der einsetzenden Reaktionszeit revidiert, behielt jedoch ihre liberalen Grundzüge und führte durch ihre gesetzlichen Bestimmungen ab den 1850er Jahren zu zahlreichen Reformen in der Landesverwaltung.

Die bis 1848 auch in den Ländern der jüngeren Linie geltenden typisch absolutistischen Verwaltungsstrukturen mit einem Herrscher an der Spitze, dem die Regierung, das Konsistorium und die Kammer als Landeskollegien unterstanden und dem sich die entsprechenden Mittel- und Unterbehörden anschlossen, kamen mit der Neugründung des Fürstentums Reuß jüngerer Linie in Wegfall. An der Spitze des neuen Staates war auch weiterhin der Landesfürst als Erbmonarch zu finden. Ihm unterstand jedoch ab 1849 zunächst eine provisorische Zentralregierung, die sich ab 1863 in ein Ministerium mit den Abteilungen für das Fürstliche Haus und Äußeres, für Inneres, für Justiz, für Kirchen- und Schulsachen sowie für Finanzen gliederte. Neben dieser Einrichtung einer modernen Ministerialverfassung mit getrennten Ressorts innerhalb der Landesverwaltung wurde auch eine grundsätzliche Trennung von Verwaltung und Justiz vorgenommen sowie die mittleren und unteren Verwaltungsebenen teils neu organisiert, sodass den Ortschaften, Städten und Gemeinden mehr Rechte zur Eigenverwaltung zukamen.

Durch die Verfassung von 1849 und die beiden revidierten Versionen von 1852 und 1856 waren den Landesbewohnern Grundrechte zugesprochen, das Lehnswesen und damit die Gliederung der Gesellschaft in Stände zumindest rechtlich aufgehoben sowie eine Volksvertretung eingerichtet worden. Diese machte immer wieder ihren Einfluss geltend, obwohl der Landesherr auch künftig die Legislative und Exekutive grundsätzlich innehatte. Die Judikative fiel dagegen durch die Trennung von Verwaltung und Justiz sowie den Anschluss an die Thüringer Gerichtsgemeinschaft an das Oberappellationsgericht Jena, und als Vertretung der Staatsbürger existierte seit 1848 ein Landtag mit einer gewählten Volksvertretung modernen Vorbilds. Durch diese Maßnahmen zeigte sich das Fürstentum progressiv in der Schaffung von transparenteren und voneinander unabhängigeren Verwaltungsstrukturen durch Ressorttrennungen. Gleichzeitig erschwerten diese Strukturen dem Landesherrn die absolutistische Regierungsweise, da die ehemals sehr klare Hierarchie der Staatsverwaltung aufgebrochen worden und wichtige Bereiche, wie etwa die Judikative, dem Machtbereich des Landesherrn komplett entzogen waren. Darüber hinaus war der Landesherr nun rechtlich an die Einhaltung der Verfassung gebunden, und ihm stand ein relativ einflussreicher Landtag als Kontrollinstanz gegenüber.

Der Wandel des Fürstentums Reuß jüngerer Linie zu einer konstitutionellen Monarchie liberaler Prägung hing nicht nur damit zusammen, dass dieser Staat im zeitlichen Umfeld der Revolution von 1848/1849 entstand und dessen Verfassung als ein Ergebnis der historischen Umstände stark von der Reichsverfassung und dem Grundrechtekatalog der Frankfurter Nationalversammlung geprägt war, sondern auch mit der politischen Haltung des regierenden Landesfürsten und seiner Nachfolger sowie mit den Handlungsmöglichkeiten des Landtages. Letzterem war es dennoch nicht möglich, sich über die Wünsche des Landesherrn hinwegzusetzen oder dessen Landespolitik grundsätzlich zu blockieren bzw. zu ändern. Doch er konnte auf die Gesetzgebung einwirken und somit einen gewissen Einfluss auf die Staatspolitik nehmen.

Die Landespolitik des Landesherrn blieb auch künftig maßgebend für die politische Prägung des Fürstentums und repräsentierte die Herrschaftsauffassung des jeweiligen Fürsten. So waren Heinrich LXII. zu Reuss-Schleiz, ab 1849 von Reuss jüngerer Linie, und dessen Bruder Heinrich LXVII. traditionell durch eine konservativ-legitimistische Erziehung geprägt, die sich einerseits in den Revisionen des Staatsgrundgesetzes angesichts der einsetzenden politischen Reaktion im Deutschen Bund zeigte und andererseits in der Besetzung der staatlichen Ämter und Gestaltung der Landespolitik. Heinrich XIV. hob sich dagegen deutlich von seinem Vater und Onkel ab und begann bereits ab den 1860er Jahren, einen zunehmend liberalisierenden Einfluss auf die Regierungspolitik Heinrichs LXVII. zu nehmen. Er setzte ihn jedoch während seiner eigenen Regentschaft nur von 1867 bis 1879 weiter fort. Danach neigte er mehr zum Konservativismus in seiner Landes- wie auch Religionspolitik, den sein Sohn Heinrich XXVII. weiterführte. Dennoch stand dies in keinem Gegensatz zu einer modernen Wirtschafts-, Bildungs- und Sozialpolitik, wie sie von Heinrich XXVII. bis 1918 aufrechterhalten wurde; wenn auch in etwas abgeschwächterer Form als es unter der Herrschaft seines Vaters der Fall gewesen war.

Trotz politischer Unterschiede zwischen den Fürsten wies das Selbstverständnis der Herrscher in Reuß jüngerer Linie bis 1918 eine grundsätzliche ideologische Kontinuität auf. Sie entsprach in ihrer Bindung an das Fürstenrecht, das monarchische Prinzip und das Gottesgnadentum den konservativen Werten absolutistischer Zeit. Darüber hinaus waren die Landesfürsten der jüngeren Linie erfahrene Offiziere in preußischen Diensten und in ihrer Politik sehr am progressiven Königreich Preußen sowie am Großherzogtum Sachsen-Weimar-Eisenach orientiert. Entsprechend finden sich auch politische Parallelen zwischen Reuß jüngerer Linie und diesen Ländern, wie etwa das Nebeneinander von Tradition und Moderne sowie Legitimismus und Liberalismus. Gerade Letzterer zeigte sich in Fragen des Vereins- und Versammlungsrechts sowie der Glaubens- und Gewissensfreiheit.

Deutlich wurde der Anschluss des Fürstentums an die Moderne vor allem unter der Herrschaft Heinrichs XIV., der nicht nur angesichts der wirtschaftlichen und sozialen Herausforderungen durch die Industrialisierung mit entsprechenden Gesetzen reagierte, sondern auch die Bundes- bzw. Reichsgesetzgebung umsetzte und diese durch eigene Reformen zu ergänzen suchte. Sein Sohn führte diesen Kurs zwar weiter fort, erreichte jedoch keine so spürbaren Fortschritte in der Modernisierung seines Staates mehr wie sein Vater, sondern zeigte z.B. in seiner Religionspolitik wieder stärker konservative Züge.

Eine wichtige Stütze der Landesherren stellte traditionell die Landeskirche von Reuß jüngerer Linie dar, die auf dem Bekenntnis der »Reußisch-Schönburgischen Konfession« von 1567 fußte, die bis 1918 in Geltung blieb. Dennoch durchlief die Landesreligion Phasen unterschiedlicher theologischer Ausrichtung. So war sie ab 1848 durch die Aufklärungstheologie (Neologie) geprägt, bevor ab 1879 bis zum Ende der Monarchie wieder die lutherische Orthodoxie in Form des Neuluthertums an Bedeutung gewann. Dadurch kehrten auch wieder eine strengere Kirchenzucht und eine stärkere Fixierung auf die landeseigene Rechtgläubigkeit in die Kirchenpolitik ein. Der Wandel der theologischen Ausrichtung der Landeskirche war während des gesamten 19. Jahrhunderts stark von der Religiosität der Herrscher abhängig. Diese nutzten ihre Befugnisse als oberste Kirchenherren zur Besetzung geistlicher Stellen mit Theologen, die ihre religiöse Auffassung teilten und gestalteten so ihre Landeskirche entsprechend ihrer Frömmigkeit. Dadurch war die Landeskirche nicht nur Spiegel der Religiosität des Herrschers, sondern auch eine Institution, die seine religiöse Auffassung stützte und in die Gesellschaft trug.

Trotz einer Landeskirche und offiziellen Landesreligion wirkten innerhalb der Bevölkerung auch weitere religiöse Strömungen wie etwa die Erweckungsbewegung. Diese hatte vor allem im Bereich des religiösen Vereinswesens Einfluss, das sich aufgrund des liberalen Vereinsrechts vielfältig in Reuß jüngerer Linie entwickelte und tatsächlich eigenständig, das heißt oftmals neben den kirchlichen Strukturen und fern von staatlicher Förderung existierte. Dennoch unterlagen auch diese Vereine einer staatlichen Beobachtung, die garantierte, dass sie sich religiös in einem Rahmen bewegten, der der Landesreligion nicht entgegen stand oder auf irgendeine Weise gefährlich wurde.

Trotz einer engen Verbindung zwischen den Landesherren und ihrer Landeskirche, deren Oberhaupt sie bis 1918 blieben, fand 1863 zugunsten einer Modernisierung des Regierungsapparates die Einrichtung einer Abteilung für Kirchen- und Schulsachen im staatlichen Ministerium statt, und das Konsistorium wurde dieser unterstellt. Damit war eine weltliche Instanz zwischen Kirchenverwaltung und Landesherrn geschaltet worden, die verwaltungsmäßig zwar eine gewisse Distanz schuf, aber dennoch keine für die Kirche nachteilige Veränderung im Staats-Kirchen-Verhältnis brachte. Der Landesherr lenkte auch weiterhin seine Landeskirche durch gesetzliche oder personelle Maßnahmen und benötigte sie – ebenso wie sie ihn benötigte – zur Legitimierung seiner Stellung und als einen Bereich zur gesellschaftlichen Einflussnahme wie Machtausübung.

2.2.2 Die Entwicklung der Schulaufsichtsfrage von 1848 bis 1918

In den Ländern Reuß jüngerer Linie wurden in der Revolutionsphase von 1848 auch Forderungen nach einer Verstaatlichung des Schulwesens und der Lehreranstellung laut, die in der Verfassung von 1849 Gehör fanden. Aufgrund ihrer Nähe zur Frankfurter Reichsverfassung und den zugehörigen Grundrechten waren darin die Bestimmungen zur Verstaatlichung des Schulwesens und der Anstellung der Lehrer als Staatsdiener übernommen und damit die Schulaufsichtsfrage zugunsten des Staates gelöst worden. Auch durch die Revisionen von 1852 und 1856 änderte sich daran grundsätzlich nichts. Dennoch wurde trotz staatlicher Trägerschaft und der Anstellung der Lehrer als Zivilstaatsdiener und damit als Staatsbeamter auch weiterhin die Nutzung kirchlicher Aufsichtsstrukturen aufrechterhalten. Demnach war bis 1863 das Konsistorium oberste Schulaufsichtsbehörde und danach die Abteilung für Kirchen- und Schulangelegenheiten des Regierungsministeriums, denen sich die üblichen kirchlichen Verwaltungsstrukturen auf mittlerer und unterer Ebene anschlossen.

Insgesamt betrachtet hing der systemisch-pädagogische Ausbau des Volksschulwesens im Fürstentum Reuß jüngerer Linie, der ab 1900 auch eine Verbindung der Volksschule mit einer weiterführenden Fortbildungsschule zur Berufsausbildung vorsah und damit den Ausbau zu einem Volksschulsystem bedeutete, nicht nur eng mit der jeweiligen Bildungspolitik der Landesherren zusammen, sondern auch mit den vielfältigen politischen, gesellschaftlichen und wirtschaftlichen Wandlungsprozessen.

Ab den 1830er Jahren setzte im Fürstentum Reuß jüngerer Linie – wie auch im sonstigen thüringischen Raum – eine verstärkte Industrialisierung ein, die nicht nur zu einem wirtschaftlichen Aufschwung führte, sondern damit verbunden auch zu einer Hebung des Wohlstandes, die es Industriellen ermöglichte, Stiftungen zur Unterstützung des Ausbaus des Erziehungs- und

Unterrichtswesens zu gründen. Und auch die Bürger der Städte, die aufgrund vermehrten Reichtums und als Industrielle an politischem Einfluss gewannen, stellten verstärkt Forderungen zum Ausbau und der Verstaatlichung des Volksschulwesens sowie zur weiteren Verbesserung der Lehrerbildung und Herauslösung des Lehrerstands aus den kirchlichen Strukturen. Darüber hinaus erforderte auch in diesem Staat die Entstehung von Fabriken die Einstellung gut ausgebildeter Facharbeiter, was nicht nur zu einer erhöhten Nachfrage nach entsprechenden Bildungsmöglichkeiten führte, sondern auch zu einem Bevölkerungsanstieg und damit eines zahlenmäßigen Anstiegs der schulpflichtigen Kinder in den Städten. Die entsprechenden Reaktionen auf diese Entwicklungen zeigten sich einerseits gesellschaftlich in den Forderungen der Bevölkerung während der Revolution von 1848/49 deutlich, und andererseits im staatlich vorangetriebenen weiteren Ausbau und in der stetigen Reform des Volksschulwesens ab der Mitte des 19. Jahrhunderts bis 1918. Dabei spielten nicht nur staatliche Maßnahmen eine Rolle, sondern auch das spezielle Engagement einzelner Persönlichkeiten wie etwa Konrad Dudens in Schleiz.

Bereits in der ersten Hälfte des 19. Jahrhunderts war in den einzelnen Fürstentümern der jüngeren Linie mit Reformen im Schulwesen begonnen worden, die die Besoldung der Lehrer, die Absicherung der Lehrerwitwen und -waisen sowie die Ausbildung der Lehrer ebenso betrafen, wie die Schulpflicht, Finanzierung der Schulen und die Organisation des Unterrichts. Das vorderste Ziel war es dabei, ein regelmäßiges »Schule-Halten« unter angemessenen Bedingungen zu schaffen. Die bedeutendsten gesetzlichen Maßnahmen zu diesem Zweck stellten die Landschulenordnungen dar, die den Übergang zur strukturellen Organisation eines Schulwesens bedeuteten und von denen diejenige für das Fürstentum Gera 1849 zunächst maßgebend für das Fürstentum Reuß jüngerer Linie wurde. Erst 1870 wurden sämtliche noch in Geltung befindlichen Landschulenordnungen und sonstigen gesetzlichen Bestimmungen zum Volksschulwesen durch ein spezielles Volksschulgesetz abgelöst, das im Jahre 1900 durch ein weiteres Volksschulgesetz ersetzt wurde.

Der Erlass dieser speziellen Gesetze zur Organisation des Schulwesens war einerseits die Folge des durch das Staatsgrundgesetz von 1849 eingeschlagenen Weges, an dem auch die Revisionen von 1852 und 1856 mit ihren starken Abänderungen der schulrechtlichen Bestimmungen nichts ändern konnten, und andererseits die liberale und progressive Schulpolitik Heinrichs XIV., unter dessen Einfluss ab den 1860er Jahren nachhaltige Reformen des Schulwesens einsetzten.

Bis 1870 wurden – entsprechend den Vorgaben von 1849 – die Verstaatlichung und die Öffentlichkeit des Schulwesens, die Schulpflicht, die Beschäftigung qualifizierter Lehrer als Staatsangestellter sowie die Beschränkung der religiösen Unterrichtsinhalte auf ein Schulfach ›Religion‹ durchgesetzt. Weitere Reformen erfolgten kontinuierlich bis 1918.

Angesichts dieser Maßnahmen wird nicht nur deutlich, dass ein systemisch-pädagogischer Ausbau des Volksschulwesens im modernen Sinne stattfand, sondern auch, dass hier ganz klar eine staatlich verantwortete und geleitete Organisation des Volksschulwesens vorgenommen wurde. Entsprechend war das Erziehungs- und Unterrichtswesen politisch als ein gesondert zu regelnder Bereich wahrgenommen worden und erfuhr eine eigene, von der kirchlichen getrennte Gesetzgebung. Die kirchlichen Aufsichtsstrukturen wurden weiterhin bis 1911 genutzt. Bereits sehr früh wurde aber die Tendenz zu einer allmählichen Lösung der Schule von der Kirche deutlich. Zu diesem Prozess gehörte auch die Professionalisierung des Lehrerstandes hin zu einem eigenständigen Berufsstand mit entsprechender sozialer Achtung. Dies geschah durch die Einführung einer seminaristischen Lehrerausbildung, deren Anstellung als Zivilstaatsdiener mit einer entsprechenden Besoldung, Altersabsicherung sowie finanziellen Absicherung ihrer Hinterbliebenen und die allmähliche Lösung des Schuldienstes vom Kirchendienst.

Bezüglich der Schulaufsichtsstrukturen war die Einrichtung von Schulvorständen ab 1870 und staatlich ernannten Distrikts-Inspektoren bedeutend, die zwar auch weiterhin den Kirchen- und Schulkommissionen unterstanden, aber ihr Mandat künftig vom Staat hatten. Entsprechend bildete die Abteilung für Kirchen- und Schulangelegenheiten des Ministeriums die oberste staatliche Aufsichtsbehörde über das gesamte Volksschulwesen. Eine stärkere Trennung von Schule und Kirche in den unteren Verwaltungsstrukturen zeichnete sich ab Ende des 19. Jahrhunderts mehr und mehr ab, indem den Lehrern gesetzlich gestattet wurde, sich von kirchlichen Diensten befreien zu lassen. Die tatsächliche Trennung der schulischen und kirchlichen Verwaltungs- und damit Aufsichtsstrukturen auf unterer und mittlerer Ebene erfolgte jedoch erst 1911, indem Geistliche von den Schulkommissionen und Distrikts-Inspektionen ausgeschlossen wurden. Künftig sollte nur pädagogisches Fachpersonal zur Aufsicht über das Volksschulwesen eingestellt werden.

Obwohl 1914 auch eine Umstrukturierung der Zusammensetzung der Ministerialabteilung für Kirchen- und Schulsachen stattgefunden hatte, fand jedoch erst 1919 eine tatsächliche Trennung der Kirche von der Schule per Gesetzgebung des Volksstaates Reuß statt. Diese stand in engem Zusammenhang mit der Veröffentlichung der Weimarer Reichsverfassung.

Angesichts dieser Entwicklungen wird deutlich, dass sich das Fürstentum Reuß jüngerer Linie von 1848 bis 1918 in rechtlicher, verwaltungsmäßiger und auch personeller Beziehung durch ein relativ enges strukturelles Verhältnis von Staat, Kirche und Volksschule auszeichnete, dass sich ab dem letzten Drittel des 19. Jahrhunderts lediglich auf der untersten und mittleren Verwaltungsebene zu lockern begann. Obwohl bereits in der Verfassung von 1849 die Schulaufsichtsfrage zugunsten der staatlichen Aufsicht entschieden worden war, wurde diese nicht durchgesetzt. Stattdessen wurde eine Art Mittelweg beschritten, der die Schulaufsicht zunächst weiterhin in den kirchlichen Strukturen beließ, jedoch die stärkere Verselbständigung der Schulverwaltung auf örtlicher, städtischer und regionaler Ebene gesetzlich gefördert.

Neben den progressiv denkenden Landesherren, die ihre Schulpolitik in Anlehnung an Vorbilder wie Preußen oder Sachsen-Weimar-Eisenach betrieben, spielten auch die wirtschaftlichen und gesellschaftlichen Entwicklungen in Reuß jüngerer Linie, die Forderungen von Bürgern, Geistlichen und Lehrern sowie die Vorgaben durch die Bundes- bzw. Reichsgesetzgebung eine wichtige Rolle als Einflussfaktoren auf den weiteren Ausbau des Volksschulwesens. Dieses wies angesichts des weit fortgeschrittenen systemisch-pädagogischen Ausbaus, der nicht nur eine grundsätzliche Organisation der äußeren und inneren Schulangelegenheiten und eine Professionalisierung des Lehrerstandes, sondern auch eine Verbindung des Volkschul- mit dem Fortbildungsschulwesen bedeutete, am Ende des langen 19. Jahrhunderts einen allmählichen Übergang von der Phase der Systemkonstitution hin zur Systemkomplementierung im Entstehungsprozess eines modernen Schulsystems auf. Entsprechend lässt sich die Volksschulentwicklung im Gebiet der jüngeren Linie der Reußen in zwei Phasen einteilen und zwar die der Systemfindung vom 18. bis zur Mitte des 19. Jahrhunderts und die Phase der Systemkonstitution, die in der zweiten Hälfte des 19. Jahrhunderts einsetzte und erst am Ende des langen 19. Jahrhunderts ihr Ende fand.

3 Schlussbetrachtung

Wie entwickelte sich die Schulaufsichtsfrage in den reußischen Territorien in dem Zeitraum von 1778/1848 bis 1918 unter den Bedingungen des modernen Verfassungsstaates und der Entstehung eines Schulsystems?

Angesichts der näheren Auseinandersetzung mit der Entwicklung der Schulaufsichtsfrage in den beiden reußischen Fürstentümern in ihren historischen, rechtlichen und verwaltungsmäßigen Grundlagen wurde deutlich, dass es Unterschiede, aber auch zahlreiche Gemeinsamkeiten zwischen Reuß älterer und Reuß jüngerer Linie gegeben hat.

Beide Staaten weisen bis zum Ende des 18. Jahrhunderts eine sehr ähnliche Geschichte und ähnliche Entwicklungen im kirchen- und volksschulrechtlichen Bereich sowie den zugehörigen Verwaltungsstrukturen auf. Erst im 19. Jahrhundert zeigen sich teils starke Differenzen. Diese haben verschiedene Ursachen, zu denen der unterschiedlich starke Einfluss der Aufklärungstheologie ebenso gehörte, wie die trotz ähnlichen Verfassungsrechts voneinander verschiedene Landespolitik der Fürsten in der zweiten Hälfte des 19. Jahrhunderts und auch die pro- und antipreußische Außen- und Schulpolitik. Dennoch hat sich deutlich gezeigt, dass beide Staaten trotz merklicher Unterschiede ähnliche Entwicklungen ab der Mitte des 19. Jahrhunderts durchmachten, die einerseits zu einem weiteren Ausbau des modernen Verfassungsstaats und dessen Festigung – ungeachtet konservativer oder absolutistischer Herrschaftstendenzen – führten, sowie zu tief greifenden Reformen des Volksschulwesens.

Bei genauerer Betrachtung der beiden reußischen Staaten wurde deutlich, dass die Schulaufsichtsfrage ab der Mitte des 19. Jahrhunderts bis 1918 bzw. 1919 beharrlich vorhanden war. Keiner der beiden Staaten löste sie tatsächlich eindeutig zugunsten einer Institution, sondern im Fürstentum Reuß älterer wie auch im Fürstentum Reuß jüngerer Linie wurde jeweils ein Mittelweg eingeschlagen. Dementsprechend fand trotz einer Lösung der Schule aus der kirchlichen Bevormundung, die sich in erster Linie an einem Zurücktreten des religiösen Schwerpunkts in den Unterrichtsinhalten, der Herauslösung der Lehrer aus dem Kirchendienst und verstärkten Zugeständnissen in der schulischen Selbstverwaltung auf unterer und mittlerer Verwaltungsebene zeigten, keine Trennung von Kirche und Schule statt. Stattdessen agierten Staat und Kirche als enge Partner, die gemeinsam Reformen und Reorganisationen des jeweiligen Volksschulwesens vornahmen.

Angesichts der Ausführungen zur Entwicklung der Schulrechts- und Schulaufsichtsgeschichte in Preußen, wie sie im Einleitungsteil in einem Abriss vorgestellt wurde, wird nicht nur deutlich, dass sich der weitere systemisch-pädagogische Ausbau des Volksschulwesens im Reußenland zu einem modernen Schulsystem ähnlich wie in Preußen vollzog, sondern auch, dass – wie in Preußen – keine Säkularisierung, d.h. keine Trennung von Kirche und Staat und von Kirche und Schule vorgesehen war, oder sich durchsetzte, sondern im Laufe des langen 19. Jahrhunderts lediglich eine stärkere Ausdifferenzierung und Abgrenzung der Rechte und Pflichten der beiden Größen an den Schulangelegenheiten geschah.

Die Ergebnisse der vorliegenden Untersuchung legen nahe, dass das Zurücktreten der religiösen Lehrinhalte im Schulunterricht und in der Lehrerausbildung wenig mit einer Entkirchlichung der Gesellschaft oder Säkularisierung des Staates bzw. einer angestrebten Neutralität des konstitutionellen Verfassungsstaates zu tun hatte, sondern diese Entwicklung vielmehr als ein von pragmatischen Gesichtspunkten her bestimmter und damit im Rahmen der funktionalistischen Ausdifferenzierung des modernen Schulsystems vollzogener Prozess zu verstehen ist. So wie angesichts der Herausforderungen des Erziehungs- und Schulwesens durch die wirtschaftlichen Entwicklungen ein größeres Spektrum an Unterrichtsfächern mit stärker auf die Anforderungen der Berufswelt ausgerichteten Lehrinhalten erforderlich wurde, trat die Bedeutung religiöser Lehrinhalte in den Hintergrund. Gleichzeitig gelang es auch den Theologen und geistlichen Schulaufsehern nicht mehr adäquat den an sie gestellten Aufgaben nachzukommen, da sie keine Fachleute für den Unterricht außerhalb religiöser Kontexte waren. In diesem Sinne war die Entwicklung der Schulaufsichtsfrage im Reußenland über die Zeit des langen 19. Jahrhunderts hinweg – hin zu einer Lösung zugunsten einer staatlichen Schulträgerschaft mit einer geminderten Beteiligung der Geistlichkeit an der Schulaufsicht und -gestaltung bei gleichzeitiger Ausbildung eines pädagogisch gebildeten Lehrerstandes – eine bildungspolitische und keine religionspolitische Entscheidung. Dementsprechend lässt sich allein angesichts der Tatsache, dass sich auch im Reußenland moderne Schulsysteme ausbildeten und ›Religion‹ zu einem Unterrichtsfach neben anderen wurde, keine adäquate Aussage zum Staats-Kirchen-Verhältnis treffen. Dies ist erst angesichts der näheren Betrachtung der Entwicklung des Staats-Kirchen-Volksschul-Verhältnisses möglich, die im Rahmen dieser Untersuchung deutlich gezeigt hat, dass Staat und Landeskirche bis 1918 – unabhängig von der Schulentwicklung – ein enges strukturelles und ideologisches Verhältnis pflegten. Das Auseinandertreten von Kirche und Staat geschah 1918 schließlich nicht aufgrund eines Säkularisierungsprozesses, sondern war das Ergebnis des Zusammenbruchs des monarchischen Staatssystems am Ende des Ersten Weltkrieges und damit verbunden der staatlichen Verwaltungsstrukturen und des ideologischen Legitimationsgerüsts, das das Staatskirchentum bis dahin stützte. Ob und inwiefern der Erlass der Weimarer Reichsverfassung im Jahre 1919 tatsächlich ein Ende eines Säkularisierungsprozesses darstellte, wäre angesichts der vorliegenden Untersuchungsergebnisse zu fragen. Denn diese zeigen durchaus, dass diese Verfassung wohl viel mehr als die Reaktion auf den Zusammenbruch eines bestehenden Staatssystems und dessen Staats-Kirchen-Volksschul-Verhältnisses zu sehen ist. Dafür sprechen zwei Tatsachen und zwar zum Ersten, dass durch das Ende des Monarchismus auch das Staatskirchentum sein Ende gefunden hatte und zum Zweiten, dass bereits seit einem reichlichen halben Jahrhundert eine Verstaatlichung des Schulwesens bzw. Schulsystems zugunsten der Qualitätssteigerung und -sicherung der schulischen Fachausbildung und einer Professionalisierung des Lehrerstandes stattgefunden hatte. Die Weimarer Reichsverfassung konstatierte diesen Zustand entsprechend und erklärte den vorfindlichen Zustand damit rechtlich verbindlich zur allgemeinen Ausgangslage für die weitere Entwicklung des Staats-Kirchen-Volksschul-Verhältnisses in der Weimarer Republik, dokumentiert jedoch keine staatlich verordnete Säkularisierung. Dafür spricht auch das Belassen des Religionsunterrichts als ordentliches schulisches Lehrfach.

Teil V:
Quellen- und Literaturverzeichnis

1 Quellenverzeichnis

1.1 Bundes- und Reichsgesetze

Die Deutsche Bundes-Acte vom 8. Juni 1815, in: Boldt, Hans (Hrsg.): Reich und Länder. Texte zur deutschen Verfassungsgeschichte im 19. und 20. Jahrhundert, unter Mitwirkung von Franz Werner Mausberg, München 1987. 196–209.

Instrumentum Pacis Osnabrugensis. Osnabrückischer Friedens-Schluss, Wie Derselbe Anno 1648 zwischen dem Heil. Röm. Reiche und dem Könige und Reiche von Schweden getroffen worden, in: Corpus Juris Publici Academicum, Enthaltend die vornehmsten Grund-Gesetze des Heil. Röm. Reichs, Als: Die güldene Bulle, Profan- und Religions-auch Westphälisch- und andere Frieden, die Cammer-Gerichts- und Reichs-Hof-Raths-Ordnungen, Reichs-Matricul und neueste Wahl-Capitulation, nebst einigen andern Reichs-Constitutionen, zum Gebrauch so wohl der studirenden Jugend, als auch anderer dem Studio Juris Publici Beflissenen, zusammen getragen von Johann Jacob Schmaussen, Frankfurt/ Leipzig 1722. 449–618.

Passauisscher Vertrag, ausgerichtet und rativiciret zu gedachtem Passau den 2. Tag Augusti Anno 1552, in: Corpus Juris Publici Academicum, Enthaltend die vornehmsten Grund-Gesetze des Heil. Röm. Reichs, Als: Die güldene Bulle, Profan- und Religions-auch Westphälisch- und andere Frieden, die Cammer-Gerichts- und Reichs-Hof-Raths-Ordnungen, Reichs-Matricul und neueste Wahl-Capitulation, nebst einigen andern Reichs-Constitutionen, zum Gebrauch so wohl der studirenden Jugend, als auch anderer dem Studio Juris Publici Beflissenen, zusammen getragen von Johann Jacob Schmaussen, Frankfurt/Leipzig 1722. 151–170.

Religions-Frieden/extrahiert aus dem Reichs-Abscheidt, aufgerichtet zu Augspurg den 25. Septembris 1555, in: Corpus Juris Publici Academicum, Enthaltend die vornehmsten Grund-Gesetze des Heil. Röm. Reichs, Als: Die güldene Bulle, Profan- und Religions-auch Westphälisch- und andere Frieden, die Cammer-Gerichts- und Reichs-Hof-Raths-Ordnungen, Reichs-Matricul und neueste Wahl-Capitulation, nebst einigen andern

Reichs-Constitutionen, zum Gebrauch so wohl der studirenden Jugend, als auch anderer dem Studio Juris Publici Beflissenen, zusammen getragen von Johann Jacob Schmaussen, Frankfurt/Leipzig 1722. 171–182.

Schlussakte der Wiener Ministerkonferenzen vom 15. Mai 1820, in: Huber, Ernst Rudolf (Hrsg.): Deutsche Verfassungsdokumente 1803–1850, 3., neubearb. Aufl., (= Dokumente zur deutschen Verfassungsgeschichte; Bd. 1), Berlin u.a. 1978. 91–100.

Verfassung des deutschen Reiches vom 28. März 1849, in: Boldt, Hans (Hgrs.): Reich und Länder. Texte zur deutschen Verfassungsgeschichte im 19. und 20. Jahrhundert, unter Mitarb. von Franz Werner Mausberg, München 1987. 391–422.

Verfassung des Deutschen Reichs vom 11. August 1919, in: Boldt, Hans (Hrsg.): Reich und Länder. Texte zur deutschen Verfassungsgeschichte im 19. und 20. Jahrhundert, unter Mitarb. von Franz Werner Mausberg, München 1987. 490–525.

1.2 Fürstentum Reuss Älterer Linie

1.2.1 Fürstlich Reuss-plauisches Amts- und Verordnungsblatt

Zur Beachtung für die Herren Geistlichen und Schullehrer, in: Nr. 45 vom 04.11.1836. 180.

Schulsache. In: Nr. 12 vom 25.02.1842. 47.

Höchste Landesherrliche Urkunde vom 22. März 1842, Abänderung der Statuten der geist- und weltlichen Diener-Wittwen- und Waisen-Unterstützungs-Societät vom 18. September 1828 enthaltend, in: Nr. 13 vom 01.04.1842. 49f.

Schulgeld, in: Nr. 24 vom 17.06.1842. 95.

Landesherrliche Verordnung, die Aufhebung der Grundrechte des Deutschen Volks betreffend. In: Nr. 64 vom 14.11.1851, Beilage.

1.2.2 Gesetzsammlung des Fürstenthums Reuss Aelterer Linie

Landesherrliche Verordnung, die Publication der Gesetze und allgemeinen Verordnungen, sowie die Anlegung einer Gesetzsammlung betreffend, (erl. am 18.01.1852; ausg. am 27.02.1852), Jg. 1852, Nr. 1. 1–3.

Verordnung, die genaue Befolgung des vorgeschriebenen Lehrstundenplans, hinsichtlich der ganzen und halben Schultage betr., (erl. am 31.05.1853, ausg. am 07.06.1853), Jg. 1853, Nr. 13. 171.

Landesherrliche Verordnung, die Veranstaltung religiöser Zusammenkünfte ausser der Kirche betreffend, (erl. am 30.05.1853, ausg. am 21.06.1853), Jg. 1853, Nr. 14. 173–175.

Regierungs-Verordnung, die Auszahlung der Pensionen verstorbener Pensionärs an deren Hinterlassene betr., (erl. am 07.01.1854, ausg. am 17.01.1854), Jg. 1854, Nr. 2. 12.

Gesetz über Gemeindeeigenthum und Gemeindelasten auf dem platten Lande, (erl. am 05.01.1854, ausg. am 14.02.1854), Jg. 1854, Nr. 7. 54–66.

Gesetzliche Verordnung über die Aufbringung des für Kirchen und Schulen erforderlichen Aufwandes, (erl. am 07.01.1854, ausg. am 17.02.1854), Jg. 1854, Nr. 8. 67–76.

Gesetzliche Verordnung, betreffend die Verwaltung der Gemeindeangelegenheiten in den Ortschaften des platten Landes, (erl. am 29.05.1854, ausg. am 19.06.1954), Jg. 1854, Nr. 16. 131–142.

Landesherrliche Verordnung, die Vereinigung der Justizämter Untergreiz, Obergreiz und Dölau und die Errichtung eines Criminalgerichts betr., (erl. am 25.11.1854, ausg. am 07.02.1855), Jg. 1855, Nr. 3. 9–14.

Landesherrliche Verordnung, die Ausdehnung der dem Criminalgericht zu Greiz durch die Verordnung vom 25. November d.J. §. 3. a. und c. und §. 4. ertheilten Befugnisse auf die Stadtvoigteigerichte zu Zeulenroda und das Justizamt Burgk betr., (erl. am 29.11.1854, ausg. am 07.02.1855), Jg. 1855, Nr. 3. 15f..

Consistorialverordnung, die Erhebung des Schulgeldes auf dem Lande betr., (erl. am 19.04.1855, ausg. am 02.05.1855), Jg. 1855, Nr. 11. 61f.

Landesherrliche Verordnung, die Verwendung schulpflichtiger Kinder zur Arbeit in Fabriken und anderen gewerblichen Anstalten betr., (erl. am 24.05.1855, ausg. am 08.06.1855), Jg. 1855, Nr. 13. 81–89.

Bekanntmachung, die Anstellung eines Gemeindevorstehers in Remptendorf betr., (erl. am 14.06.1855, ausg. am 29.06.1855), Jg. 1855, Nr. 14. 91.

Gesetz, die Einführung einer Gewerbe- und Einkommensteuer anstatt der bisherigen Contribution betr., (erl. am 17.12.1855, ausg. am 21.12.1855), Jg. 1855, Nr. 27. 179–199.

Verordnung, den Unterricht der Kinder ausserhalb der betreffenden Ortsschulen betr., (erl. am 25.08.1856, aus. am 08.12.1856), Jg. 1856, Nr. 26. 349f.

Regierungs-Bekanntmachung, die Verhandlungen des vom 8. bis 22. Dezember 1856 abgehaltenen Landtags betreffend, (erl. am 14.01.1857, ausg. am 21.01.1857), Jg. 1857, Nr. 2. 5–11.

Landesherrlicher Nachtrag zur Stadtordnung für Greiz, (erl. am 18.03.1857, ausg. am 27.03.1857), Jg. 1857, Nr. 7. 45–48.

Verordnung, die bei Ansässigmachung im hiesigen Kirchspiel an den Kirchkasten allhier zu entrichtenden Abgaben etc. betr., (erl. am 20.08.1857, ausg. am 31.08.1857), Jg. 1857, Nr. 25. 180.

Bekanntmachung, die Ertheilung der Rechte milder Stiftungen an die von den Lehrern des hiesigen Landes begründete Begräbnisskasse, (erl. am 08.10.1859, ausg. am 14.11.1859), Jg. 1859, Nr. 18. 247.

Bekanntmachung, einige Ergänzungen der im Publicando vom 21. November 1839 wegen des Schullehrerseminars allhier getroffenen Bestimmungen betr., (erl. am 29.03.1860, ausg. am 04.04.1860), Jg. 1860, Nr. 3. 26–31.

Gesetz, die Verhältnisse der Civilstaatsdiener, insbesondere die Pensionirung derselben und deren Hinterlassenen betr., (erl. am 02.04.1860, ausg. am 13.04.1860), Jg. 1860, Nr. 4. 33–44.

Bekanntmachung, die Anstellung eines Gemeindevorstehers in Crispendorf betr., (erl. am 19.06.1861, ausg. am 24.08.1861), Jg. 1861, Nr. 9. 77.

Landesherrliche Verordnung, die Herstellung einer Controle über die Verwaltung des Vermögens der Landgemeinden betr., (erl. am 28.08.1861, ausg. am 10.09.1861), Jg. 1861, Nr. 12. 95f.

Consistorial-Bekanntmachung, die Ertheilung der Rechte milder Stiftungen für die »Haussmannsche Schulstiftung« betr., (erl. am 19.01.1861, ausg. am 25.01.1861), Jg. 1861, Nr. 15. 125–142.

Landesregentschaftliche Verordnung, die Feststellung der weltlichen Inspectionsrechte des Stadtrathes zu Greiz über Kirchen, Schulen und milde Stiftungen u.w.d.a. betreffend, (erl. am 21.12.1861, ausg. am 16.01.1862), Jg. 1862, Nr. 1. 1–6.

Landesregentschaftliche Verordnung, das Vermiethen schulpflichtiger Kinder als Viehhirten betreffend, (erl. am 04.01.1862, ausg. am o.A.), Jg. 1862, Nr. 1. 7f.

Gesetz, die Verbesserung des Diensteinkommens der Volksschullehrer betreffend, (erl. 07.05.1862, ausg. am 22.05.1862), Jg. 1862, Nr. 6. 53–56.

Bekanntmachung, die Einsetzung eines Gemeindevorstehers und Ausschusses in Pohlitz betreffend, (erl. am 01.09.1862, ausg. am 13.09.1862), Jg. 1862, Nr. 9. 337.

Bekanntmachung, die Verlegung des Aufnahme- und Abgangs-Termins für die Zöglinge des hiesigen Schullehrer-Seminars betr., (erl. am 24.07.1863, ausg. am 01.08.1863), Jg. 1863, Nr. 9. 69f.

Bekanntmachung, die Einsetzung eines Gemeindevorstehers und Ausschusses in Naitschau betr., (erl. am 02.11.1863, ausg. am 03.12.1863), Jg. 1863, Nr. 12. 81.

Bekanntmachung, die Einsetzung eines Gemeindevorstehers und Ausschusses in Fraureuth betreffend, (erl. am 07.01.1864, ausg. am 16.02.1864), Jg. 1864, Nr. 2. 23.

Gesetz, die Pensionsverhältnisse der Wittwen und Waisen der Geistlichen, Schullehrer und Kirchendiener u. m. d. a. betreffend, (erl. am 06.02.1864, ausg. am 23.02.1864), Jg. 1864, Nr. 3. 29–35.

Gesetz, die durch das Ausscheiden der Civilstaatsdiener, kirchlichen und Schulbeamten bedingten Verhältnisse der Diener-Wittwen- und Waisen-Unterstützungs-Societät betreffend, (erl. am 07.02.1864, ausg. am 23.02.1864), Jg. 1864, Nr. 3. 36–40.

Verordnung, die Durchführung des Gesetzes vom 7. Mai 1862 betreffend, (erl. am 24.12.1864, ausg. am 28.01.1865), Jg. 1865, Nr. 1. 1f.

Bekanntmachung, die Einsetzung eines Gemeindevorstehers und Ausschusses in Reudnitz betr., (erl. am 22.02.1866, ausg. am 10.03.1866), Jg. 1866, Nr. 3. 18.

Bekanntmachung, die Einsetzung eines Gemeindevorstehers und Ausschusses in Schönbach betr., (erl. am 03.03.1866, ausg. am 22.03.1866), Jg. 1866, Nr. 4. 23.

Bekanntmachung, die Einsetzung eines Gemeindevorstehers in Waltersdorf betr., (erl. am 12.09.1866, ausg. am 06.10.1866), Jg. 1866, Nr. 8. 113f.

Bekanntmachung, Nachtrag zu den Bestimmungen wegen des hiesigen Schullehrerseminariums vom 29. März 1860, (erl. am 12.02.1867, ausg. am 16.03.1867), Jg. 1867, Nr. 3. 15.

Höchste Verordnung, die Auflösung des zur Berathung einer neuen Landesverfassung einberufenen Landtags betr., (erl. am 14.03.1867, ausg. am 16.03.1867), Jg. 1867, Nr. 3. 16–18.

Gesetz, die Verfassung des Fürstenthums Reuss älterer Linie betr., (erl. am 28.03.1867, ausg. am 28.03.1867), Jg. 1867, Nr. 6. 29–54.

Gesetz, die Wahl der Abgeordneten zu den künftigen Landtagen betr., (erl. am 24.04.1867, ausg. am 30.04.1867), Jg. 1867, Nr. 8. 67–78.

Landesherrliche Verordnung, die Ausgabe der Gesetzsammlung betr., (erl. am 02.11.1867, ausg. am 19.11.1867), Jg. 1867, Nr. 24. 249f.

Nachtrag zu dem Gesetze vom 7. Mai 1862, die Verbesserung des Diensteinkommens der Volksschullehrer betreffend, (erl. am 30.01.1868, ausg. am 13.02.1868), Jg. 1868, Nr. 6. 91f.

Gesetz, die Pensionirung der in Ruhestand tretenden Geistlichen, Schullehrer und Kirchendiener betreffend, (erl. am 27.03.1868, ausg. am 16.04.1868), Jg. 1868, Nr. 11. 133–135.

Gesetz, die Aufhebung der Patrimonialgerichtsbarkeit betr., (erl. am 28.03.1868, ausg. am16.04.1868), Jg. 1868, Nr. 11. 136–142.

Gesetz, die Einsetzung eines Gemeindevorstehers und eines Ausschusses in Mehla betreffend, (erl. am 31.07.1868, ausg. am 11.08.1868), Jg. 1868, Nr. 18. 240.

Bekanntmachung, den mit dem Grossherzogthum Sachsen, dem Herzogthum Sachsen-Coburg-Gotha, sowie den Fürstenthümern Schwarzburg-Rudolstadt, Schwarzburg-Sondershausen und Reuss jüngerer Linie wegen Anschlusses des Herzogthums Sachsen-Coburg-Gotha und des hiesigen Fürstenthums an das gemeinschaftliche Appellationsgericht zu Eisenach abgeschlossenen Vertrag betreffend, (erl. am 18.08.1868, ausg. am 25.08.1868), Jg. 1868, Nr. 19. 243–274.

Gesetz, die Organisation der Justiz- und Verwaltungsbehörden betreffend, (erl. am 01.09.1868, ausg. am 01.09.1868), Jg. 1868, Nr. 20. 277–286.

Landesherrliche Verordnung, die Einführung eines neuen Strafgesetzbuchs betreffend, (erl. am 05.09.1868, ausg. am 05.09.1868), Jg. 1868, Nr. 21. 287–290.

Regierungs-Verordnung, die Ausführung des Gesetzes wegen Organisation der Justiz- und Verwaltungsbehörden vom 1. September 1868 betreffend, (erl. am 07.09.1868, ausg. am 15.09.1868), Jg. 1868, Nr. 23. 524f.

Regierungs-Verordnung, die Ausführung des Gesetzes wegen Aufhebung der Patrimonialgerichtsbarkeit, vom 28. März d.J. betreffend, (erl. am 08.09.1868, ausg. am 15.09.1868), Jg. 1868, Nr. 23. 525f.

Gesetz, die Aufhebung des befreiten Gerichtsstandes betr., (erl. am 12.09.1868, ausg. am 15.09.1868), Jg. 1868, Nr. 23. 527–530.

Nachtrag zur gesetzlichen Verordnung vom 29. Mai 1854, die Verwaltung der Gemeindeangelegenheiten in den Ortschaften des platten Landes betreffend, (erl. am 19.09.1868, ausg. am 19.09.1868), Jg. 1868, Nr. 25. 552.

Regierungs-Verordnung, die Ausführung des Gesetzes über die Aufhebung des befreiten Gerichtsstandes vom 12. September 1868, (erl. am 21.09.1868, ausg. am 22.09.1868), Jg. 1868, Nr. 26. 555f.

Landtagsabschied für den ersten ordentlichen Landtag der Jahre 1867 und 1868, (erl. am14.11.1868, ausg. am 01.12.1868), Jg. 1868, Nr. 30. 589-596.

Landesherrliche Verordnung, Abänderungen in der Stadtordnung für Greiz betr., (erl. am 10.12.1869, ausg. am 30.12.1869), Jg. 1869, Nr. 14. 113f.

1.2.3 Gesetzsammlung für das Fürstentum Reuss Aelterer Linie

Gesetz, Abänderungen des Gesetzes vom 7. Mai 1862 wegen Verbesserung des Diensteinkommens der Volksschullehrer und des Nachtrages hierzu vom 30. Januar 1868 betr., (erl. am 09.08.1870, ausg. am 11.08.1870), Jg. 1870, Nr. 8. 83f.

Consistorial-Verordnung, die Ausstellung von Schulzeugnissen betr., (erl. am 03.12.1870, ausg. am 06.12.1870), Jg. 1870, Nr. 13. 122.

Consistorial-Verordnung, das Verfahren gegen Eltern und Pfleger bei Schulversäumnissen der Kinder betr., (erl. am 12.12.1870, ausg. am 15.12.1870), Jg. 1870, Nr. 14. 128-130.

Gemeindeordnung für das Fürstenthum Reuss Älterer Linie, (erl. am 25.01.1871, ausg. am 28.01.1871), Jg. 1871, Nr. 1. 1-36.

Gesetz, die Bildung eines Landesausschusses betreffend, (erl. am 25.01.1871, ausg. am 28.01.1871), Jg. 1871, Nr. 1. 37-39.

Regierungsverordnung, die Ausführung der Gemeindeordnung vom 25. Januar 1871 betreffend, (erl. am 14.04.1871, ausg. am 20.04.1871), Jg. 1871, Nr. 5. 63-74.

Consistorialverordnung, die Zusammensetzung der zur Ueberwachung des regelmässigen Schulbesuches zu bildenden Schulvorstände betreffend, (erl. am 19.12.1871, ausg. am 30.12.1871), Jg. 1871, Nr. 15. 222.

Consistorialverordnung, die Ertheilung von Privatunterricht betreffend, (erl. am 03.02.1873, ausg. am 01.03.1873), Jg. 1873, Nr. 1. 1f.

Landtagsabschied für den ausserordentlichen Landtag von den Jahren 1872/73, (erl. am 21.02.1873, ausg. am 01.03.1873), Jg. 1873, Nr. 1. 3–6.

Nachtrag zu dem Gesetze vom 2. April 1860, die Verhältnisse der Civilstaatsdiener betreffend, und zu dem Gesetze vom 27. März 1868, die Pensionirung der Geistlichen etc. betreffend, (erl. am 22.02.1873, ausg. am 01.03.1873), Jg. 1873, Nr. 1. 6.

Regierungsbekanntmachung, die Ertheilung der Rechte einer juristischen Person an die Unterstützungskasse für bedürftige Schüler der höheren Bürgerschule zu Greiz betreffend, (erl. am 29.08.1873, ausg. am 16.09.1873), Jg. 1873, Nr. 9. 163.

Gesetz, die Verbesserung des Diensteinkommens der Volksschullehrer betr., (erl. am 04.01.1874, ausg. am 24.01.1874), Jg. 1874, Nr. 1. 14–16.

Consistorial-Bekanntmachung, Einschärfung der Landesherrlichen Verordnung vom 25. Januar 1847, das Alter der Schulpflichtigkeit der Kinder betr., (erl. am 27.02.1874, ausg. am 07.03.1874), Jg. 1874, Nr. 2. 24–26.

Regierungs-Bekanntmachung, die Ertheilung der Rechte einer juristischen Person an die Wittwen- und Waisenkasse der Lehrerschaft der Stadt Greiz betr., (erl. am 06.03.1874, ausg. am 07.03.1874), Jg. 1874, Nr. 2. 27f.

Gesetz, einen Nachtrag zu dem Gesetze vom 25. Januar 1871, die Bildung eines Landesausschusses betr., (erl. am 17.12.1874, ausg. am 31.12.1874), Jg. 1874, Nr. 7. 55.

Gesetz, die Erstreckung der Pensionsberechtigung auf die an öffentlichen Schulen angestellten Lehrerinnen betr., (erl. am 01.03.1875, ausg. am 02.03.1875), Jg. 1875, Nr. 3. 18.

Consistorial-Bekanntmachung, einige Aenderungen in der Organisation des hiesigen Schullehrerseminars betr., (erl. am 22.03.1875, ausg. am 27.03.1875), Jg. 1875, Nr. 6. 73.

Landesherrliche Verordnung vom 4. November 1875, die Ausführung des Reichsgesetzes über die Beurkundung des Personenstandes und die Eheschliessung vom 6. Februar 1875 betreffend, (erl. am 04.11.1875; ausg. am 25.11.1875), Jg. 1875, Nr. 15. 145–202.

Instruktion für die Standesbeamten, (erl. am 05.11.1875, ausg. am 25.11.1875), Jg. 1875, Nr. 15. 203.

Gesetz, betr. die Abänderung der Bestimmungen über die von neuen Ehepaaren zur Landesschulkasse zu entrichtenden Abgaben betr., (erl. am 23.12.1875, ausg. am 31.12.1875), Jg. 1875, Nr. 17. 254.

Gesetz, den Austritt aus der Landeskirche betr., (erl. am 24.12.1875, ausg. am 31.12.1875), Jg. 1875, Nr. 17. 255f.

Regierungs-Bekanntmachung, den Abschluss eines Uebereinkommens zwischen dem Fürstenthume Reuss Aelterer Linie und dem Königreiche Preussen wegen gegenseitiger Durchführung der Schulpflicht betreffend, (erl. am 20.06.1876, ausg. am 29.06.1876), Jg. 1876, Nr. 3. 9.

Landesherrliche Verordnung, vom 30. August 1876, die Feier der Sonn- und Festtage betreffend, (erl. am 30.08.1876; ausg. am 05.09.1876), Jg. 1876, Nr. 4. 11–15.

Regierungs-Bekanntmachung, den Abschluss eines Uebereinkommens zwischen dem Fürstenthume Reuss Aelterer Linie und dem Königreiche Sachsen wegen gegenseitiger Durchführung der Schulpflicht betreffend, (erl. am 11.10.1876, ausg. am 14.10.1876), Jg. 1876, Nr. 5. 17.

Gesetz, einen Nachtrag zur Gemeindeordnung vom 25. Januar 1871 betreffend, (erl. am 24.12.1876, ausg. am 28.12.1876), Jg. 1876, Nr. 6. 22.

Gesetz, einen Nachtrag zu dem Gesetze vom 25. Januar 1871 wegen Bildung eines Landesausschusses betreffend, (erl. am 24.12.1876, ausg. am 28.12.1876), Jg. 1876, Nr. 6. 23.

Regierungs-Bekanntmachung, den Abschluss eines Uebereinkommens zwischen dem Fürstenthume Reuss Aelterer Linie und dem Grossherzogthum Hessen wegen gegenseitiger Durchführung der Schulpflicht betr., (erl. am 08.02.1877, ausg. am 13.03.1877), Jg. 1877, Nr. 1. 1.

Consistorial-Verordnung, die Ausstellung v. Schulzeugnissen betr., (erl. am 12.04.1877, ausg. am 05.05.1877), Jg. 1877, Nr. 5. 39f.

Regierungs-Bekanntmachung, den Abschluss eines Uebereinkommens zwischen dem Fürstenthume Reuss Aelterer Linie und dem Grossherzogthume Baden wegen gegenseitiger Durchführung der Schulpflicht betreffend, (erl. am 27.07.1877, ausg. am 25.08.1877), Jg. 1877, Nr. 7. 55.

Regierungs-Bekanntmachung, den Abschluss eines Uebereinkommens zwischen dem Fürstenthume Reuss Aelterer Linie und den Thüringischen Staaten wegen gegenseitiger Durchführung der Schulpflicht betr., (erl. am 18.09.1877, ausg. am 02.10.1877), Jg. 1877, Nr. 8. 74.

Regierungs-Bekanntmachung, den Abschluss eines Uebereinkommens zwischen dem Fürstenthume Reuss Aelterer Linie und dem König reiche Württemberg wegen gegenseitiger Durchführung der Schulpflicht betr., (erl. am 15.04.1878, ausg. am 18.06.1878), Jg. 1878, Nr. 3. 13.

Nachtrag zu der Landesherrlichen Verordnung vom 30. August 1876, die Feier der Sonn- und Festtage betreffend, (erl. am 14.12.1878, ausg. am 21.12.1878), Jg. 1878, Nr. 15. 192f.

Consistorialverordnung, die Anstellung von Lehrerinnen betr., (erl. am 08.02.1879, ausg. am 18.02.1879), Jg. 1879, Nr. 1. 4.

Gesetz, die Anschaffung der verordneten Schulbücher und sonst erforderlichen Lernmittel betr., (erl. am 08.05.1879, ausg. am 10.05.1879), Jg. 1879, Nr. 7. 131.

Consistorialverordnung zur Ausführung des Gesetzes vom 8. Mai 1879, die Anschaffung der verordneten Schulbücher und sonst erforderlichen Lernmittel betr., (erl. am 06.11.1879, ausg. am 24.11.1879), Jg. 1879, Nr. 18. 273f.

Consistorial-Verordnung, die Stadtschulverwaltung zu Zeulenroda betr., (erl. am 10.03.1880, ausg. am 18.03.1880), Jg. 1880, Nr. 2. 5–8.

Gesetz, die Vertretung der Kirchgemeinden betr., (erl. am 07.04.1880, ausg. am 15.04.1880), Jg. 1880, Nr. 3. 9–21.

Consistorial-Verordnung zur Ausführung des Gesetzes vom 7. April 1880, die Vertretung der Kirchgemeinden betr., (erl. am 08.07.1880, ausg. am 15.04.1880), Jg. 1880, Nr. 3. 21–40.

Gesetz, einen Nachtrag zum §. 41 der gesetzlichen Verordnung vom 7. Januar 1854 über die Aufbringung des für Kirchen und Schulen erforderlichen Aufwandes betr., (erl. am 07.12.1880, ausg. am 14.12.1880), Jg. 1880, Nr. 10. 93.

Regierungsbekanntmachung, die Ertheilung der Rechte einer milden Stiftung an das »Heinrichs-Stift« zu Zeulenroda betr., (erl. am 19.03.1881, ausg. am 06.04.1881), Jg. 1881, Nr. 4. 79.

Landesherrliche Verordnung, die Aufstellung von Verzeichnissen der schulpflichtig werdenden Kinder Behufs ihrer Aufnahme in die Volksschulen betr., (erl. am 28.12.1881, ausg. am 30.12.1881), Jg. 1881, Nr. 12. 128f.

Consistorialverordnung, die Anlage, Einrichtung und Ausstattung der neu zu bauenden Schulhäuser für öffentliche Volksschulen betr., (erl. am 05.10.1882, ausg. am 21.10.1882), Jg. 1882, Nr. 8. 81–86.

Landesherrliche Verordnung, die Bestrafung eigenmächtigen Einschreitens der Eltern oder sonstigen Pfleger von Schulkindern gegen Disziplinarmassregeln der Lehrer und gegen die Ordnung der Schule betr., (erl. am 25.11.1882, ausg. am 12.12.1882), Jg. 1882, Nr. 10. 91.

Landesherrliche Verordnung, anlangend eine Abänderung der Bestimmungen in §. 2 der die Feststellung der weltlichen Inspektionsrechte des Stadtrathes zu Greiz über Kirchen, Schulen und milde Stiftungen betreffenden landesregentschaftlichen Verordnung vom 21. Dezember 1861, (erl. am 05.12.1882, ausg. am 12.12.1882), Jg. 1882, Nr. 10. 94–96.

Gesetz, verschiedene seither von Geistlichen, Kirchendienern und Kirchkassen bezogene Gebühren und Abgaben betr., (erl. am 01.03.1883, ausg. am 02.06.1883), Jg. 1883, Nr. 10. 83f.

Gesetz, das disciplinarische Verfahren gegen Lehrer an öffentlichen Lehranstalten betr., (erl. am 02.03.1883, ausg. am 20.03.1883), Jg. 1883, Nr. 6. 36–42.

Consistorial-Verordnung zur Ausführung des Gesetzes vom 2. März 1883, das disciplinarische Verfahren gegen Lehrer an öffentlichen Lehranstalten betr., (erl. am 19.04.1883, ausg. am 26.04.1883), Jg. 1883, Nr. 9. 75f.

Consistorial-Verordnung zur Ausführung des Gesetzes vom 1. März 1883, verschiedene seither von Geistlichen, Kirchendienern und Kirchkassen bezogene Gebühren und Abgaben betr., (erl. am 26.05.1883, ausg. am 02.06.1883), Jg. 1883, Nr. 10. 85f.

Landesherrliche Verordnung, eine Abänderung der landesherrlichen Verordnung über das Alter der Schulpflichtigkeit der Kinder vom 25. Januar 1847 betr., (erl. am 26.05.1883, ausg. am 02.06.1883), Jg. 1883, Nr. 10. 85f.

Regierungs-Bekanntmachung, die Nachrichtsertheilung von der Einleitung und dem Ausfalle strafrechtlicher Untersuchungen an gewisse Behörden und Schulleitungen betr., (erl. am 01.06.1883, ausg. am 19.06.1883), Jg. 1883, Nr. 11. 88–93.

Consistorial-Verordnung, die Gedächtnissfeier des vierhundertsten Geburtstages Dr. Martin Luthers am 10. und 11. November 1883 betr., (erl. am 27.09.1883, ausg. am 29.09.1883), Jg. 1883, Nr. 14. 141f.

Gesetz, einen Nachtrag zum Gesetz vom 1. März 1883 wegen verschiedener seither von Geistlichen, Kirchendienern und Kirchkassen bezogener Gebühren und Abgaben betr., (erl. am 08.12.1883, ausg. am 11.12.1883), Jg. 1883, Nr. 16. 149.

Landesherrliche Verordnung, die Aufstellung von Verzeichnissen der schulpflichtig werdenden Kinder behufs ihrer Aufnahme in die Volksschulen betr., (erl. am 30.12.1883, ausg. am 31.12.1883), Jg. 1883, Nr. 18. 164f.

Gesetz, einen Nachtrag zu dem Gesetze vom 27. März 1868 über die Pensionirung der in Ruhestand tretenden Geistlichen, Schullehrer und Kirchendiener betr., (erl. am 31.12.1883, ausg. am 17.01.1884), Jg. 1884, Nr. 1. 4.

Regierungs-Bekanntmachung, die Verleihung der Rechte einer milden Stiftung an die in Greiz gegründete »Kaiserstiftung« betr., (erl. am 04.01.1884, ausg. am 17.01.1884), Jg. 1884, Nr. 1. 7f.

Gesetz, die Errichtung einer neuen Behörde für die in erster Instanz auszuübende staatliche Beaufsichtigung städtischer Gemeindeverwaltung betr., (erl. am 07.01.1884, ausg. am 05.01.1884), Jg. 1884, Nr. 2. 9.

Gesetz, gewisse Abänderungen der Gemeinde-Ordnung vom 25. Januar 1871 betr., (erl. am 06.05.1884, ausg. am 27.05.1884), Jg. 1884, Nr. 5. 23–37.

Regierungs-Verordnung, Ausführungsbestimmungen zu dem Gesetze vom 6. Mai 1884 in Betracht gewisser Abänderungen der Gemeinde-Ordnung vom 25. Januar 1871 betr., (erl. am 10.05.1884, ausg. am 27.05.1884), Jg. 1884, Nr. 5, 38–46.

Consistorialverordnung, die Errichtung einer Seminarübungsschule betr., (erl. am 13.01.1885, ausg. am 17.03.1885), Jg. 1885, Nr. 1. 1.

Landesherrliche Verordnung, das Verfahren bei Ueberwachung des gesetzlich vorgeschriebenen regelmässigen Besuchs der Volksschule betr., (erl. am 23.05.1885, ausg. am 20.06.1885), Jg. 1885, Nr. 3. 17–22.

Gesetz, die Verbesserung des Diensteinkommens der Volksschullehrer betr., (erl. am 20.12.1886, ausg. am 31.12.1885), Jg. 1885, Nr. 10. 88f.

Gesetz, Abänderungen der gesetzlichen Verordnung vom 7. Januar 1854 über die Aufbringung des für Kirchen und Schulen erforderlichen Aufwandes, sowie des Gesetzes vom 7. April 1880 über die Vertretung der Kirchgemeinden betr., (erl. am 07.01.1886, ausg. am 14.01.1886), Jg. 1886, Nr. 1. 2.

Consistorial-Verordnung, die Vollziehung gewisser Schulstrafen betr., (erl. am 03.04.1886, ausg. am 29.04.1886), Jg. 1886, Nr. 6. 87.

Consistorial-Bekanntmachung, Einrichtungen bezüglich des Schullehrerseminars in Greiz betr., (erl. am 15.04.1886, ausg. am 29.04.1886), Jg. 1886, Nr. 6. 87–90.

Landesherrliche Verordnung, die Mitwirkung der Gemeindevorstände bezüglich der Aufnahme von neuzugezogenen schulpflichtigen Kindern in die Volksschule betr., (erl. am 17.04.1886, ausg. am 29.04.1886), Jg. 1886, Nr. 6. 90.

Landesherrliche Verordnung, die religiösen Zusammenkünfte ausserhalb der Kirche betr., (erl. am 06.11.1886, ausg. am 11.11.1886), Jg. 1886, Nr. 15. 162.

Landtagsabschied für den siebenten ordentlichen Landtag, (erl. am 21.12.1886, ausg. am 30.12.1886), Jg. 1886, Nr. 15. 162.

Gesetz, das Versammlungsrecht betr., (erl. am 03.01.1887, ausg. am 13.01.1887), Jg. 1887, Nr. 1. 1–7.

Gesetz, die Schulgemeinden und die Vertretung der ländlichen Schulgemeinden betr., (erl. am 12.01.1887, ausg. am 05.02.1887), Jg. 1887, Nr. 4. 35–42.

Consistorial-Verordnung, enthaltend eine Abänderung der Verordnung vom 25. August 1856, den Unterricht der Kinder ausserhalb der betr. Ortsschulen betr., (erl. am 18.08.1887, ausg. am 01.09.1887), Jg. 1887, Nr. 13. 95.

Gesetz, einen Nachtrag zu dem Gesetze vom 7. April 1880 über die Vertretung der Kirchgemeinden betr., (erl. am 29.10.1887, ausg. am 05.11.1887), Jg. 1887, Nr. 15. 106.

Consistorial-Verordnung zur Ausführung des Gesetzes vom 12. Januar 1887, die Schulgemeinden und die Vertretung der ländlichen Schulgemeinden betr., (erl. am 01.11.1887, ausg. am 08.11.1887), Jg. 1887, Nr. 16. 107f.

Regierungs-Bekanntmachung, die Verleihung der Rechte einer juristischen Person an die Kinderbewahranstalt der Erbprinzenstiftung in Greiz betreffend, (erl. am 02.09.1889, ausg. am 03.10.1889), Jg. 1889, Nr. 5. 45.

Consistorial-Verordnung, betreffend den Religionsunterricht in der Volksschule für solche Kinder, welche der evangelisch-lutherischen Landeskirche nicht angehören, (erl. am 26.09.1889, ausg. am 03.10.1889), Jg. 1889, Nr. 5. 45f.

Regierungs-Bekanntmachung, die Verleihung der Rechte einer juristischen Person an die »Solle-Stiftung« in Zeulenroda betreffend, (erl. am 12.11.1890, ausg. am 02.12.1890), Jg. 1890, Nr. 9. 47.

Gesetz, betreffend die Besoldung der Volksschullehrer auf dem platten Lande, (erl. am 31.01.1891, ausg. am 17.02.1891), Jg. 1891, Nr. 2. 9.

Consistorial-Bekanntmachung zur Ausführung des § 2 des Gesetzes vom 31. Januar 1891, betreffend die Besoldung der Volksschullehrer auf dem platten Lande, (erl. am 28.02.1891, ausg. am 05.03.1891), Jg. 1891, Nr. 3. 11.

Consistorial-Verordnung, betreffend Uebernahme von Nebenbeschäftigungen Seitens der Lehrer an öffentlichen Lehranstalten, (erl. am 23.04.1891, ausg. am 14.05.1891), Jg. 1891, Nr. 6. 17.

Gesetz, betreffend Abänderung der Bestimmungen über die in erster Instanz für die staatliche Beaufsichtigung der Verwaltung der Gemeindeangelegenheiten auf dem platten Lande zuständige Behörde, (erl. am 30.01.1892, ausg. am 18.02.1892), Jg. 1892, Nr. 1. 7.

Gesetz, einige auf die Lehrer am Fürstlichen Seminar und die Geistlichen sich beziehende Abänderungen der Gesetz vom 6. Februar 1864, 27. März 1868 und 31. Dezember 1883 über die Pensionirung der in Ruhestand tretenden Geistlichen, Schullehrer und Kirchendiener und deren Hinterlassenen betreffend, (erl. am 03.02.1892, ausg. am 18.02.1892), Jg. 1892, Nr. 1. 9f.

Gesetz, enthaltend einige Zusätze zu dem Gesetze vom 6. Mai 1884, gewisse Abänderungen der Gemeindeordnung vom 25. Januar 1871 betreffend, (erl. am 13.02.1892, ausg. am 18.02.1892), Jg. 1892, Nr. 1. 12.

Regierungs-Bekanntmachung, die Verleihung der Rechte einer juristischen Person an das vom hierländischen land- und forstwirtschaftlichen Hauptverein begründete »Heinrichsstift« betreffend, (erl. am 12.09.1892, ausg. am 20.10.1892), Jg. 1892, Nr. 8. 111.

Regierungs-Bekanntmachung, die Ertheilung der Rechte einer milden Stiftung an den Verein »Knabenhort« zu Greiz betreffend, (erl. am 12.01.1893, ausg. am 17.01.1893), Jg. 1893, Nr. 1. 28.

Regierungs-Bekanntmachung, die Verleihung der Rechte einer milden Stiftung an die Heinrichs-Jubiläums-Stiftung in Zeulenroda betreffend, (erl. am 27.07.1893, ausg. am 02.09.1893), Jg. 1893, Nr. 5. 47.

Konsistorial-Verordnung, eine Abänderung der Zensurgrade in den Schulzeugnissen betreffend, (erl. am 01.11.1893, ausg. am 30.12.1893), Jg. 1893, Nr. 7. 60.

Regierungs-Bekanntmachung, die Verleihung der Rechte einer juristischen Person an das Ernst Arnold-Studien-Stift in Greiz betr., (erl. am 24.01.1894, ausg. am 24.03.1894), Jg. 1894, Nr. 1. 2.

Regierungs-Bekanntmachung, die Verleihung der Rechte einer juristischen Person an das Ernst und Lina Arnold-Stift in Greiz betr., (erl. am 25.04.1894, ausg. am 21.06.1894), Jg. 1894, Nr. 4. 25.

Regierungs-Bekanntmachung, die Verleihung der Rechte einer juristischen Person an die Louise Hermann-Stiftung in Greiz betr., (erl. am 24.05.1894, ausg. am 21.06.1894), Jg. 1894, Nr. 4. 25.

Regierungs-Bekanntmachung, die Verleihung der Rechte einer juristischen Person an die »Fürstin Ida-Stiftung« in Greiz betr., (erl. am 06.09.1894, ausg. am 20.09.1894), Jg. 1894, Nr. 5. 31.

Regierungs-Bekanntmachung, die Verleihung der Rechte einer juristischen Person an die Wittwen- und Waisenkasse der Landlehrer des Fürstenthums Reuss Aelterer Linie betr., (erl. am 09.11.1894, ausg. am 04.12.1894), Jg. 1894, Nr. 6. 35.

Regierungs-Bekanntmachung, die Verleihung der Rechte einer juristischen Person an die von der Trenck-Stiftung in Greiz betreffend, (erl. am 25.10.1895, ausg. am 26.10.1895), Jg. 1895, Nr. 7. 78.

Regierungs-Bekanntmachung, betreffend die Anerkennung und Bestätigung der Vereinigung römisch-katholischer Glaubensgenossen als römisch-katholische Gemeinde zu Greiz, sowie die Verleihung der Rechte einer juristischen Person an dieselbe, (erl. am 04.12.1897, ausg. am 21.12.1897), Jg. 1897, Nr. 6. 43.

Gesetz zur Abänderung einiger, die Pensionirung der in Ruhesand tretenden Geistlichen und Kirchendiener betreffenden Bestimmungen der Gesetze vom 27. März 1868 und 3. Februar 1892, (erl. am 30.12.1897, ausg. am 31.12.1897), Jg. 1897, Nr. 7. 47f.

Regierungs-Bekanntmachung, betreffend die Verleihung der Rechte einer juristischen Person an die Jubiläumsstiftung für die Wittwen und Waisen der Lehrer des städtischen Gymnasiums mit Realabtheilung zu Greiz, (erl. am 28.10.1898, ausg. am 31.12.1898), Jg. 1898, Nr. 6. 35.

Regierungs-Bekanntmachung die Verleihung der Rechte einer juristischen Person an die Wittwen- und Waisenkasse (Pestalozzikasse) der Lehrerschaft in Zeulenroda betreffend, (erl. am 21.02.1900, ausg. am 27.02.1900), Jg. 1900, Nr. 1. 19f.

Gesetz, die Verbesserung des Diensteinkommens der Volksschullehrer auf dem platten Lande betreffend, (erl. am 24.01.1901, ausg. am 26.01.1901), Jg. 1901, Nr. 1. 7.

Gesetz, die verzinsliche Anlegung bei der bei Verwaltungs- und kirchlichen Behörden deponirten Gelder betr., (erl. am 25.01.1901, ausg. am 26.01.1901), Jg. 1901, Nr. 1. 8.

Regierungs-Bekanntmachung, die Verleihung der Rechte einer juristischen Person an die »Theodor von Dietel-Stiftung« in Greiz betreffend, (erl. am 24.04.1901, ausg. am 27.04.1901), Jg. 1901, Nr. 4. 62.

Konsistorial-Bekanntmachung, betreffend eine Abänderung der Konsistorial-Bekanntmachung vom 15. April 1886 über Einrichtungen bezüglich des Schullehrerseminars, (erl. am 02.05.1901, ausg. am 25.05.1901), Jg. 1901, Nr. 5. 63.

Urkunde über das von Seiner Hochfürstlichen Durchlaucht dem Fürsten Regenten verfassungsmässig geleistete Angelöbniss, (erl. am 29.04.1902, ausg. am 29.04.1902), Jg. 1902, Nr. 3. 11.

Patent, die Regentschaft betreffend, (erl. am 29.04.1902, ausg. am 29.04.1902), Jg. 1902, Nr. 3. 11f.

Konsistorial-Bekanntmachung, die Einführung der einheitlichen Deutschen Rechtschreibung in den Schulen des Fürstentums betreffend, (erl. am 19.03.1903, ausg. am 24.03.1903), Jg. 1903, Nr. 5. 29.

Regierungs-Bekanntmachung, die Stiftung des Armenvereins zu Greiz betreffend, (erl. am 01.08.1903, ausg. am 06.08.1903), Jg. 1903, Nr. 13. 74.

Konsistorial-Verordnung, eine Abänderung der Zensurgabe in den Schulzeugnissen betreffend, (erl. am 27.11.1903, ausg. am 24.12.1903), Jg. 1903, Nr. 16. 83.

Gesetz, betreffend die Besoldung der Volksschullehrerinnen auf dem platten Lande, (erl. am 21.12.1903, ausg. am 24.12.1903), Jg. 1903, Nr. 16. 88.

Gesetz zur Abänderung und Ergänzung der Gesetze vom 6. Mai 1884, gewisse Abänderungen der Gemeindeordnung betreffend, und vom 3. Juli 1879 über die Vollstreckung der Entscheidungen und Verfügungen der Verwaltungsbehörden, (erl. am 18.01.1904, ausg. am 30.01.1904), Jg. 1904, Nr. 2. 11f.

Gesetz zur Abänderung des Gesetzes vom 27. März 1868, die Pensionierung der in Ruhestand tretenden Geistlichen, Schullehrer und Kirchendiener betreffend, (erl. am 19.01.1904, ausg. am 30.01.1904), Jg. 1904, Nr. 2. 13.

Konsistorial-Bekanntmachung zur Ergänzung der Konsistorial-Bekanntmachung vom 15. April 1886, Einrichtungen bezüglich des Schullehrerseminars in Greiz betreffend, (erl. am 22.01.1904, ausg. am 30.01.1904), Jg. 1904, Nr. 2. 14.

Regierungs-Bekanntmachung, die Louise Wilhelmine Arnold-Stiftung in Greiz betreffend, (erl. am 07.03.1904, ausg. am 16.04.1904), Jg. 1904, Nr. 3. 25.

Regierungs-Bekanntmachung, die Heinrich XXIII. Stiftung in Greiz betreffend, (erl. am 21.03.1904, ausg. am 16.04.1904), Jg. 1904, Nr. 3. 26.

Regierungs-Bekanntmachung, die Ausstellung von Geburtsscheinen durch die Standesbeamten für Schul- und Unterrichtszwecke, einschliesslich des Konfirmandenunterrichtes betr., (erl. am 07.07.1905, ausg. am 18.07.1905), Jg. 1905, Nr. 8. 44.

Höchste Verordnung, die Fürstliche Stadtschulinspektion in Greiz betr., (erl. am 14.04.1906, ausg. am 19.04.1906), Jg. 1906, Nr. 5. 29f.

Regierungs-Bekanntmachung, die Jubiläumsstiftung der höheren Töchterschule in Greiz betr., (erl. am 17.04.1906, ausg. am 19.04.1906), Jg. 1906, Nr. 5. 30.

Regierungs-Bekanntmachung, die Weberstiftung in Greiz betreffend, (erl. am 02.08.1906, ausg. am 28.08.1906), Jg. 1906, Nr. 9. 43.

Regierungs-Bekanntmachung, die für den oberen Ortsteil der Gemeinde Irchwitz errichtete Gemeindeschwester-Stiftung betreffend, (erl. am 14.12.1906, ausg. am 29.12.1906), Jg. 1906, Nr. 14. 83.

Gesetz, betreffend das Diensteinkommen der Volksschullehrer auf dem platten Lande, (erl. am 31.01.1907, ausg. am 05.02.1907), Jg. 1907, Nr. 1. 5f.

Gesetz, betreffend gewisse Berücksichtigung der Wehrpflicht der Volksschullehrer bei Festlegung der Dienstalterszulagen, (erl. am 01.02.1907, ausg. am 05.02.1907), Jg. 1907, Nr. 1. 7.

Gesetz, betreffend die Besoldung der Volksschullehrerinnen auf dem platten Lande, (erl. 02.02.1907, ausg. 05.02.1907), Jg. 1907, Nr. 1. 8–10.

Gesetz, betreffend Herabsetzung der Pensionsbeiträge der Geistlichen und Lehrer, (erl. am 01.03.1907, ausg. am 21.03.1907), Jg. 1907, Nr. 2. 12.

Regierungs-Verordnung zur Ausführung des Vereinsgesetzes vom 19. April 1908, (erl. am 13.05.1908, ausg. am 14.05.1908), Jg. 1908, Nr. 4. 13–16.

Patent, den Rücktritt Seiner Hochfürstlichen Durchlaucht des Fürsten Heinrich XIV. Reuss Jüngerer Linie von der Regentschaft des Fürstentums Reuss Aelterer Linie betreffend, (erl. am 15.10.1908, ausg. am 15.10.1908), Jg. 1908, Nr. 12. 61.

Patent, die Uebernahme der Regentschaft durch Seine Durchlaucht den Erbprinzen Heinrich XXVII. Reuss Jüngerer Linie betreffend, (erl. am 15.10.1908, ausg. am 15.10.1908), Jg. 1908, Nr. 13. 62.

Urkunde über das von Seiner Durchlaucht dem Regenten verfassungsmässig geleistete Angelöbniss, (erl. am 17.10.1908, ausg. am 17.10.1908), Jg. 1908, Nr. 13. 63f.

Regierungs-Bekanntmachung, die Verleihung der Rechtsfähigkeit an die Louise Arnold-Clauss-Stiftung in Greiz betreffend, (erl. am 18.07.1909, ausg. am 17.08.1909), Jg. 1909, Nr. 6. 31.

Gesetz zur Abänderung der die Pensionsverhältnisse der Staatsdiener, Geistlichen, Lehrer, Kirchendiener und deren Hinterbliebenen betreffenden Gesetze, (erl. am 13.02.1910, ausg. am 22.02.1910), Jg. 1910, Nr. 3. 39–41.

Gesetz, betreffend das Diensteinkommen der Volksschullehrer, (erl. am 13.02.1910, ausg. am 22.02.1910), Jg. 1910, Nr. 3. 42–45.

Gesetz, betreffend die Besoldung der Volksschullehrerinnen, (erl. am 17.02.1910, ausg. am 22.02.1910), Jg. 1910, Nr. 3. 46.

Gesetz zur Abänderung des Gesetzes vom 25. Januar 1871, die Bildung eines Landesausschusses betreffend, (erl. am 25.03.1910, ausg. am 31.03.1910), Jg. 1910, Nr. 5. 60.

Regierungs-Bekanntmachung zur Abänderung der Regierungs-Bekanntmachung vom 7. Juli 1905, die Ausstellung abgekürzter standesamtlicher Geburtsurkunden für Schul- und Unterrichtszwecke, einschliesslich des Konfirmationsunterrichts betreffend, (erl. am 26.03.1910, ausg. am 31.03.1910), Jg. 1910, Nr. 5. 62.

Höchste Verordnung, die Heinrich-Elisen-Stiftung in Greiz betr., (erl. am 06.05.1910, ausg. am 10.05.1910), Jg. 1910, Nr. 7. 72–74.

Konsistorial-Verordnung, die Ordnung des Landeslehrerseminars in Greiz betreffend, (erl. am 30.11.1910, ausg. am 03.12.1910), Jg. 1910, Nr. 16. 135–142.

Regierungs-Bekanntmachung, betreffend Veränderung in Bezug auf den Bereich der Zuständigkeit einiger Organe der Landesverwaltung, (erl. am 22.12.1910, ausg. am 29.12.1910), Jg. 1910, Nr. 18. 150.

Konsistorial-Bekanntmachung, die Fürstliche Stadtschulinspektion in Zeulenroda betreffend, (erl. am 24.03.1911, ausg. am 01.04.1911), Jg. 1911, Nr. 2. 3.

Konsistorial-Verordnung, die Anstellung von Lehrerinnen an öffentlichen Schulen betreffend, (erl. am 27.04.1911, ausg. am 27.06.1911), Jg. 1911, Nr. 4. 113.

Gesetz, enthaltend eine Änderung der Bestimmungen über die Beiträge der Geistlichen zum Pensionsfonds, (erl. am 21.07.1911, ausg. am 29.07.1911), Jg. 1911, Nr. 52. 23f.

Regierungs-Bekanntmachung, betreffend Veränderung in Bezug auf den Bereich der Zuständigkeit einiger Organe der Landesverwaltung, (erl. am 20.12.1911, ausg. am 23.12.1911), Jg. 1911, Nr. 9. 69.

Gesetz, enthaltend Änderungen der Bestimmungen über das Landtagswahlrecht und das Stimmrecht in Gemeindeangelegenheiten, (erl. am 21.12.1911, ausg. am 30.12.1911), Jg. 1911, Nr. 13. 143.

Konsistorial-Bekanntmachung, betreff, die Ordnung der Pädagogischen Prüfung in den Thüringischen Staaten vom 11. Januar 1912, (erl. am 07.02.1912, ausg. am 17.02.1912), Jg. 1912, Nr. 3. 21–28.

Konsistorial-Verordnung, betreffend die II. (Wahlfähigkeits-)Prüfung der Schulamtskandidaten und die Vorbereitung darauf, (erl. am 01.03.1912, ausg. am 30.03.1912), Jg. 1912, Nr. 6. 37.

Konsistorial-Bekanntmachung, betreffend Grundsätze für die Vorbereitung der Schulamtskandidaten auf die II. (Wahlfähigkeits)Prüfung, (erl. am 02.03.1912, ausg. am 30.03.1912), Jg. 1912, Nr. 6. 38.

Konsistorial-Bekanntmachung, betreffend Ordnung der II. (Wahlfähigkeits)-Prüfung der Schulamtskandidaten, (erl. am 04.03.1912, ausg. am 30.03.1912), Jg. 1912, Nr. 6. 40–43.

Regierungs-Bekanntmachung, die Prinzessinnenstiftung in Greiz betreffend, (erl. am 06.04.1912, ausg. am 06.04.1912), Jg. 1912, Nr. 7. 53f.

Gesetz über die Verwaltungsrechtspflege, (erl. am 25.07.1912, ausg. am 08.08.1912), Jg. 1912, Nr. 11. 68–100.

Gesetz über einige Gegenstände der Verwaltung, (erl. am 25.07.1912, ausg. am 08.08.1912), Jg. 1912, Nr. 11. 101–104.

Regierungs-Bekanntmachung, die Robert und Heinrich Schilbach-Stiftung betreffend, (erl. am 09.11.1912, ausg. am 03.12.1912), Jg. 1912, Nr. 18. 223.

Regierungs-Bekanntmachung, die Johann Heinrich Schubert-Stiftung betreffend, (erl. am 26.11.1912, ausg. am 03.12.1912), Jg. 1912, Nr. 18. 226.

Regierungs-Verordnung zur Ausführung des Verwaltungsrechtspflegegesetzes vom 25. Juli 1912, (erl. am 17.12.1912, ausg. am 21.12.1912), Jg. 1912, Nr. 20. 235.

Regierungs-Verordnung zur Ausführung des Gesetzes über einige Gegenstände der Verwaltung vom 25. Juli 1912, (erl. am 18.12.1912, ausg. am 21.12.1912), Jg. 1912, Nr. 20. 236–238.

GESETZ, BETREFFEND GEWÄHRUNG VON STAATSZUSCHÜSSEN ZUR BESOLDUNG DER VOLKSSCHULLEHRER UND -LEHRERINNEN, (erl. am 19.04.1913, ausg. am 24.04.1913), Jg. 1913, Nr. 2. 23.

GESETZ ZUR ABÄNDERUNG EINIGER GESETZLICHER BESTIMMUNGEN ÜBER DIE PENSIONSVERHÄLTNISSE DER HINTERBLIEBENEN VON STAATSDIENERN, GEISTLICHEN, LEHRERN UND KIRCHENDIENERN, (erl. am 05.05.1913, ausg. am 20.05.1913), Jg. 1913, Nr. 3. 29.

FORTBILDUNGSSCHULGESETZ, (erl. am 23.05.1913, ausg. am 24.05.1913), Jg. 1913, Nr. 4. 50–54.

HÖCHSTE VERORDNUNG, DIE NEUBENENNUNG VERSCHIEDENER VERWALTUNGSBEHÖRDEN BETREFFEND, (erl. am 21.07.1913, ausg. am 31.07.1913), Jg. 1913, Nr. 7. 71.

AUSFÜHRUNGS-VERORDNUNG ZUM FORTBILDUNGSSCHULGESETZ VOM 23. MAI 1913, (erl. am 28.07.1913, ausg. am 31.07.1913), Jg. 1913, Nr. 7. 72–76.

KONSISTORIAL-VERORDNUNG, ENTHALTEND EINE NACHTRAGSBESTIMMUNG ZUR AUSFÜHRUNGSVERORDNUNG VOM 28. JULI 1913 ZUM FORTBILDUNGSSCHULGESETZ, (erl. am 15.04.1914, ausg. am 16.04.1914), Jg. 1914, Nr. 5. 40.

REGIERUNGSERKLÄRUNG, DEN ABSCHLUSS EINES UEBEREINKOMMENS ZWISCHEN DEM FÜRSTENTUM REUSS AELTERER LINIE UND DEM GROSSHERZOGTUM SACHSEN WEGEN AUFNAHME REUSSISCHER FORTBILDUNGSSCHÜLER IN DIE FORTBILDUNGSSCHULEN DES GROSSHERZOGTUMS BETR., (erl. am 04.06.1914, ausg. am 07.07.1914), Jg. 1914, Nr. 11. 129f.

KONSISTORIAL-BEKANNTMACHUNG, BETR. DIE ORDNUNG DER MITTELSCHULLEHRERPRÜFUNG IN DEN THÜRINGISCHEN STAATEN, (erl. am 25.08.1914, ausg. am 25.08.1914), Jg. 1914, Nr. 16. 152–158.

REGIERUNGS-BEKANNTMACHUNG ÜBER DAS VERFAHREN BEI EINZIEHUNG, VERWENDUNG UND VERRECHNUNG DER BEITRÄGE ZUR INVALIDEN- UND HINTERBLIEBENENVERSICHERUNG, (erl. am 08.02.1915, ausg. am 13.02.1915), Jg. 1915, Nr. 2. 5–32.

GESETZ, BETR. DIE BILDUNG EINES GEMEINDEVERBANDES FÜR DAS PLATTE LAND, (erl. am 18.11.1915, ausg. am 20.11.1915), Jg. 1915, Nr. 13. 78f.

GESETZ ZUR ERGÄNZUNG DES GESETZES VOM 19. APRIL 1913, BETREFFEND GEWÄHRUNG VON STAATSZUSCHÜSSEN ZUR BESOLDUNG DER VOLKSSCHULLEHRER UND -LEHRERINNEN, (erl. am 10.06.1916, ausg. am 15.06.1916), Jg. 1916, Nr. 7, 31f.

KONSISTORIAL-BEKANNTMACHUNG, BETREFFEND EINE VEREINBARUNG MIT DEM KÖNIGLICH SÄCHSISCHEN MINISTERIUM DES KULTUS UND ÖFFENTLICHEN UNTERRICHTS ZU DRESDEN WEGEN AUFNAHME REUSSISCHER FORTBILDUNGSSCHÜLER IN DIE FORTBILDUNGSSCHULEN DES KÖNIGREICHS SACHSEN, (erl. am 22.07.1916, ausg. am 08.08.1916), Jg. 1916, Nr. 11. 49f.

REGIERUNGS-BEKANNTMACHUNG, BETREFFEND AUFHEBUNG DER MIT ANDEREN BUNDESREGIERUNGEN WEGEN GEGENSEITIGER DURCHFÜHRUNG DER SCHULPFLICHT GETROFFENEN UEBEREINKOMMEN, (erl. am 06.11.1916, ausg. am 16.11.1916), Jg. 1916, Nr. 13. 55.

REGIERUNGS-BEKANNTMACHUNG ZUR ABÄNDERUNG DER REGIERUNGS-BEKANNTMACHUNG VOM 1. JUNI 1883, DIE NACHRICHTSERTEILUNG VON DER EINLEITUNG UND DEM AUSFALLE STRAFRECHTLICHER UNTERSUCHUNGEN AN GEWISSE BEHÖRDEN UND SCHULLEITUNGEN BETREFFEND, (erl. am 14.12.1916, ausg. am 23.12.1916), Jg. 1916, Nr. 16. 77.

REGIERUNGS-BEKANNTMACHUNG, DEN PRIVATEN GEWERBLICHEN UND KAUFMÄNNISCHEN FACHUNTERRICHT BETR., (erl. am 04.09.1917, ausg. am 18.09.1917), Jg. 1917, Nr. 9. 57.

VERORDNUNG ZUR WEITEREN AUSFÜHRUNG DES VIERTEN BUCHES DER REICHSVERSICHERUNGSORDNUNG, BETR. DIE INVALIDEN- UND HINTERBLIEBENENVERSICHERUNG, (erl. am 15.09.1917, ausg. am 18.09.1917), Jg. 1917, Nr. 9. 58.

GESETZ ZUR ABÄNDERUNG EINIGER BESTIMMUNGEN DES GESETZES VOM 7. APRIL 1880, DIE VERTRETUNG DER KIRCHGEMEINDEN BETREFFEND, (erl. am 22.06.1918, ausg. am 25.07.1918), Jg. 1918, Nr. 3. 14–18.

KONSISTORIAL-VERORDNUNG ZUR AUSFÜHRUNG DES GESETZES VOM 22. JULI 1918 ZUR ABÄNDERUNG DES GESETZES VOM 7. APRIL 1880, (erl. am 22.06.1918, ausg. am 25.07.1918), Jg. 1918, Nr. 3. 19f.

KONSISTORIAL-BEKANNTMACHUNG, DIE ORDNUNG FÜR DEN LANDESKIRCHENVORSTAND DER EVANGELISCH-LUTHERISCHEN LANDESKIRCHE DES FÜRSTENTUMS REUSS ÄLT. LINIE BETREFFEND, (erl. am 22.07.1918, ausg. am 25.07.1918), Jg. 1918, Nr. 3. 20–24.

KONSISTORIAL-VERORDNUNG, DIE AUSFÜHRUNG DER ORDNUNG FÜR DEN LANDESKIRCHENVORSTAND DER EVANGELISCH-LUTHERISCHEN LANDESKIRCHE DES FÜRSTENTUMS REUSS ÄLT. LINIE BETREFFEND, (erl. am 28.09.1918, ausg. 02.10.1918), Jg. 1918, Nr. 6. 45f.

KONSISTORIAL-VERORDNUNG, BETREFFEND AENDERUNG DER AUSFÜHRUNGSVERORDNUNG VOM 28. JULI 1913 ZUM FORTBILDUNGSSCHULGESETZ VOM 23. MAI 1913 UND DER KONSISTORIAL-VERORDNUNG VOM 15. APRIL 1914, (erl. am 03.10.1918, ausg. am 02.11.1918), Jg. 1918, Nr. 8. 73f.

Höchster Erlass, betreffend Entsagung der Landesherrschaft für den Landesherrn, (erl. am 11.11.1918, ausg. am 15.11.1918), Jg. 1918, Nr. 9. 79.

Höchster Erlass, betreffend Entbindung der Beamten von dem geleisteten Treueid, (erl. am 11.11.1918, ausg. am 15.11.1918), Jg. 1918, Nr. 9. 79.

Höchster Erlass, betreffend Entsagung der Regentschaft durch den Fürsten-Regenten und sein Haus, (erl. am 11.11.1918, ausg. am 15.11.1918), Jg. 1918, Nr. 9. 80.

Verordnung, betreffend die Zuständigkeit für das Unterrichts- und Erziehungswesen, (erl. am 15.11.1918, ausg. am 15.11.1918), Jg. 1918, Nr. 9. 80.

Verordnung mit Gesetzeskraft, betreffend die Schulaufsicht und die Vertretung der Schulgemeinden, (erl. am 20.12.1918, ausg. am 21.12.1918), Jg. 1918, Nr. 13. 96.

Gemeinschaftsnotgesetz, betreffend den Zusammenschluss der beiden Freistaaten Reuss auf dem Gebiete der Gesetzgebung, Verwaltung und Rechtspflege, (erl. am 21.12.1918, ausg. am 21.12.1918), Jg. 1918, Nr. 13. 101–104.

1.3 Fürstentum Reuss jüngerer Linie

1.3.1 Amts- und Nachrichtenblatt für das Fürstenthum Gera

Landschulenordnung für das Fürstentum Gera, vom 26. November 1837. In: 1837, Nr. 51, 233–236.

1.3.2 Gesetz-Sammlung für das Fürstenthum Reuss-Lobenstein und Ebersdorf

Schulordnung, (erl. am 18.01.1824), Bd. 1 u. 2, Jg. 1822–1841, Nr. 9. 24–28.

Verordnung, die Errichtung einer Landes-Kirchen- und Schulstiftungscasse betreffend, (erl. am 04.07.1825), Bd. 1 u. 2, Jg. 1822–1841, Nr. 7. 57–60.

Verordnung, die Einsetzung einer Kirchen- und Schulcommission betreffend, (erl. am 28.11.1825), Bd. 1 u. 2, Jg. 1822–1841, Nr. 8. 61–63.

Verordnung wegen Einrichtung der Landschulen, (erl. am 30.11.1825), Bd. 1 u. 2, Jg. 1822–1841, Nr. 9. S. 65–82. [Nebst Anhang: Lehrplan für die Landschulen im Fürstenthum Reuß-Lobenstein und Ebersdorf. 1–16.].

Verordnung, die Einrichtung einer Schulcasse für die Stadt Hirschberg betreffend, (erl. am 16.02.1826), Bd. 1 u. 2, Jg. 1822-1841, Nr. 10. 83-85.

Verordnung, das Landschulwesen betreffend, (erl. am 30.08.1842), Jg. 1841-1847, Nr. 33. 73-89.

Verordnung, das bei Ahndung der Schulversäumnisse zu beobachtende Verfahren betreffend, (erl. am 01.09.1842), Jg. 1841-1847, Nr. 33. 89-92.

Höchste Entschliessung, die Dauer des Schulunterrichts in den Städten Lobenstein und Hirschberg betr., (erl. am 09.02.1843), Jg. 1841-1847, Nr. 34. 94.

Höchste Verordnung, die Aufhebung des gegen Verfügungen der Kirchen- und Schulkommission nachgelassenen Rekurses an das Konsistorium betr., (erl. am 03.01.1844), Jg. 1841-1847, Nr. 34. 102.

Höchste Entschliessung, die Ressorverhältnisse der Landesdirektion in Kirchen- und Schulangelegenheiten betr., (erl. am 03.01.1844), Jg. 1841-1847, Nr. 34. 105f.

1.3.3 Gesetzsammlung für das Fürstenthum Reuss-Schleiz

Nachträgliche Verordnung zu dem Gesetz, wegen Verbesserung der Schulen und des Einkommens der Schullehrer in dem Fürstenthume Schleiz, vom 31. März 1819, betreffend, (erl. am 21.03.1838), Jg. 1838. Nr. 19. 82-86.

1.3.4 Gesetzsammlung für die Fürstlich Reussischen Lande Reuss Jüngerer Linie

Höchste Verordnung, die Einführung einer gemeinschaftlichen Gesetzsammlung für die Fürstlich Reussischen Lande jüngerer Linie betreffend, (erl. am 19.12.1821, ausg. am 19.12.1821), Bd. 1, Erste und zweite Abteilung. Jg. 1821-1833. Nr. 1. 1-4.

Authentische Interpretation zu §. 14. des Gesetzes vom 26. October 1826, in Bezug auf die Versorgung der hülfsbedürftigen Hinterlassenen von Geistlichen und Schullehrern durch gemeinsame verhältnissmässigen Theilnahme der zu einer Parochie oder zu einer gemeinschaftlichen Schule vereinigten Gemeinden, (erl. am 26.11.1832, ausg. am 08.02.1833), Bd. 1, Erste und zweite Abteilung. Jg. 1821-1833. Nr. 43. 207f.

Höchste Verordnung, die Publication des Statuts der Pensionsanstalt für die Wittwen und Waisen der Civilbeamten, Geistlichen und Schullehrer in den Fürstlich Reussischen Landen Jüngerer Linie betreffend, (erl. am 28.01.1847, ausg. am 22.03.1847), Bd. 7, Jg. 1847–1849. Nr. 181. 1–22.

Regierungs-Verordnung, die Einführung der Pressfreiheit betreffend, (erl. am 23.03.1848, ausg. am 23.03.1848), Bd. 7, Jg. 1847-1849. Nr. 195. 82.

Höchste Verordnung, die Wahlen zum konstituierenden Landtag betreffend, (erl. am 22.04.1848, ausg. am 22.04.1848), Bd. 7, Jg. 1847–1849. Nr. 197. 84–88.

Bekanntmachung, die Publikation des Gesetzes über Einführung einer provisorischen Centralgewalt betreffend, (erl. am 07.08.1848, ausg. am 07.08.1848), Bd. 7, Jg. 1847–1849. Nr. 200. 90f.

Regierungs-Bekanntmachung, eine Erläuterung des Statuts der Beamtenwittwen-Pensionsanstalt betreffend, (erl. am 15.09.1848, ausg. am 15.09.1848), Bd. 7, Jg. 1847–1849. Nr. 202. 92f.

Regierungs-Bekanntmachung, die Einführung eines Amts- und Verordnungsblattes für das Fürstenthum Reuss j.L. betreffend, (erl. am 21.12.1848, ausg. am 21.12.1848), Bd. 7, Jg. 1847–1849. Nr. 208. 105f.

Gesetz, betreffend die Grundrechte des deutschen Volks, (erl. am 27.12.1848, ausg. am 27.12.1848), Bd. 7, Jg. 1847–1849. Nr. 210. 110–120.

Regierungs-Bekanntmachung, das Amts- und Verordnungsblatt, sowie die Gesetzsammlung betreffend, (erl. am 02.01.1849, ausg. am 02.01.1849), Bd. 7, Jg. 1847–1849. Nr. 210. 120–122.

Landesherrliche Verordnung, die provisorische Einrichtung der obersten Landesverwaltung betreffend, (erl. am 23.10.1848, ausg. am 23.10.1848), Bd. 7, Jg. 1847–1849. Nr. 216. 158–161.

Ministerialverordnung, die Ausführung der Grundrechte des deutschen Volks betreffend, (erl. am 10.02.1849, ausg. am 10.02.1849), Bd. 7, Jg. 1847–1849. Nr. 219. 163f.

Verfassung des deutschen Reichs, (erl. am 23.03.1849, ausg. am 23.03.1849), Bd. 7, Jg. 1847–1849. Nr. 235. 197–243.

Staatsgrundgesetz nebst Wahlgesetz, (erl. am 30.11.1849, ausg. am 14.12.1849), Bd. 8, Jg. 1849–1852. Nr. 102. 53–83.

Höchste Verordnung, die Organisation eines verantwortlichen Ministeriums betreffend, (erl. am 29.01.1850, ausg. am 06.02.1850), Bd. 8, Jg. 1849–1852. Nr. 103. 85f.

MINISTERIALVERORDNUNG, DIE FUNKTIONEN DER LANDSCHUL-INSPEKTOREN BETREFFEND, (erl. am 23.01.1850, ausg. am 06.02.1850), Bd. 8, Jg. 1849-1852. Nr. 103. 88.

GEMEINDEORDNUNG, (erl. am 13.02.1850, ausg. am 27.01.1850), Bd. 8, Jg. 1849-1852. Nr. 104. 89-134.

ERLÄUTERUNGSVERORDNUNG ZU §. 67 DER GEMEINDEORDNUNG, (erl. am 15.06.1849, ausg. am 24.08.1850), Bd. 8, Jg. 1849-1852. Nr. 107. 154.

VERORDNUNG, DIE ABNAHME VON EIDEN IN DEN ZUM GESCHÄFTSBEREICH DER GEMEINDEVORSTÄNDE AUF DEM LANDE GEHÖRIGEN VERWALTUNGSANGELEGENHEITEN BETREFFEND, (erl. am 05.12.1851, ausg. am 17.12.1851), Bd. 8, Jg. 1849-1852. Nr. 113. 233f.

BEKANNTMACHUNG, DIE VERPFLICHTUNG DER GEMEINDERÄTHE BETREFFEND, (erl. am 25.01.1852, ausg. am 17.03.1852), Bd. 8, Jg. 1849-1852. Nr. 116. 276.

REVIDIRTES STAATSGRUNDGESETZ NEBST DAZU GEHÖRIGEM WAHLGESETZE, (erl. am 14.04.1852, ausg. am 05.05.1852), Bd. 8, Jg. 1849-1852, Nr. 120. 393-418.

HÖCHSTE VERORDNUNG, DIE AUFHEBUNG DER DEUTSCHEN GRUNDRECHTE BETREFFEND, (erl. am 14.04.1852, ausg. am 05.05.1852), Bd. 8, Jg. 1849-1852. Nr. 120. 419.

GESETZ, DAS VEREINS- UND VERSAMMLUNGSRECHT BETREFFEND, (erl. am 05.07.1852; ausg. am 14.07.1852), Bd. 9, Jg. 1852-1853. Nr. 126. 64-73.

GESETZ, DIE ORGANISATION DER VERWALTUNGSBEHÖRDEN BETR., (erl. am 29.07.1852, ausg. am 04.08.1852), Bd. 9, Jg. 1852-1853. Nr. 129. 131-140.

GESETZ, DIE AUFHEBUNG DER PATRIMONIALGERICHTSBARKEIT BETR., (erl. am 04.12.1852, ausg. am 26.01.1853), Bd. 9, Jg. 1852-1853. Nr. 139. 257f.

GESETZ, DIE AUFHEBUNG DES BEFREITEN GERICHTSSTANDS BETR., (erl. am 04.12.1852, ausg. am 26.01.1853), Bd. 9, Jg. 1852-1853. Nr. 139. 259f.

GESETZ, DIE ORGANISATION DER JUSTIZBEHÖRDEN IM LANDE BETR., (erl. am 04.12.1852, ausg. am 26.01.1853), Bd. 9, Jg. 1852-1853. Nr. 139. 260-265.

GESETZ, DIE EINSCHÄRFUNG DER GEGEN DIE SCHULVERSÄUMNISSE DER KINDER BESTEHENDEN VORSCHRIFTEN BETR., (erl. am 21.05.1853, ausg. am 15.06.1853), Bd. 9, Jg. 1852-1853. Nr. 146. 320.

GESETZ, ÜBER DEN CIVIL-STAATSDIENST, (erl. am 16.06.1853, ausg. am 29.06.1853), Bd. 9, Jg. 1852-1853. Nr. 147. 327-349.

Verordnung, die Errichtung der Hauptstaatskasse betr., (erl. am 09.01.1854, ausg. am 15.02.1854), Bd. 10, Jg. 1853–1855. Nr. 163. 227–232.

Verordnung, die Grundsteuer von Pfarr- und Schulgrundstücken betr., (erl. am 06.02.1853, ausg. am 15.02.1854), Bd. 10, Jg. 1853–1855. Nr. 163. 234f.

Höchstes Patent, den Regierungsantritt Serenissimi Cl. LXVII. betr., (erl. am 20.06.1854, ausg. am 05.07.1854), Bd. 10, Jg. 1853–1855. Nr. 165. 256f.

Ausführungs-Verordnung zu dem Gesetz, die Aufhebung der Patrimonialgerichte betr., (erl. am 30.12.1854, ausg. am 03.01.1855), Bd. 10, Jg. 1853–1855. Nr. 172. 333–335.

Verordnung, die Verpflichtungen der Gemeindevorstände als Organe der Sicherheitspolizei betr., (erl. am 01.05.1855, ausg. am 11.07.1855), Bd. 10, Jg. 1853–1855. Nr. 177. 384f.

Höchste Verordnung, veränderte Kompetenzverhältnisse in Verwaltungs- und Polizeiangelegenheiten betr., (erl. am 14.09.1855, ausg. am 19.09.1855), Bd. 10, Jg. 1853–1855. Nr. 178. 393f.

Gesetz über die Zusammensetzung und Wahl der Landesvertretung, (erl. am 16.05.1856, ausg. am 28.05.1856), Bd. 11, Jg. 1856–1857. Nr. 190. 71–80.

Gesetz, die Aenderung einiger Theile des unter dem 14. April 1852 erlassenen Verfassungsgesetzes betr., (erl. am 20.06.1856, ausg. am 02.07.1856), Bd. 11, Jg. 1856–1857. Nr. 194. 107–114.

Zusätzliche Verordnung zum Gesetze über den Civilstaatsdienst, (erl. am 05.07.1856, ausg. am 16.07.1856), Bd. 11, Jg. 1856–1857. Nr. 197. 129.

Verordnung, einige Modifikationen der Gemeindeordnung betr., (erl. am 08.07.1856, ausg. am 16.07.1856), Bd. 11, Jg. 1856–1857. Nr. 197. 134–136.

Verordnung, den Wegfall der aus städtischen Kassen zur Beamtenwittwen-Pensionskasse zu zahlenden Beiträge betr., (erl. am 25.11.1857, ausg. am 09.12.1857), Bd. 11, Jg. 1856–1857. Nr. 208. 343.

Gesetz, die Bildung von Bezirksausschüssen als Rekursbehörden in Gewerb- und Personalsteuer- sowie Communalabgaben-Angelegenheiten betr., (erl. am 28.11.1857, ausg. am 09.12.1857), Bd. 11, Jg. 1856–1857. Nr. 208. 349–352.

Gesetz, die Abänderung der Gemeindeordnung vom 13. Febr. 1850 betr., (erl. am 10.12.1857, ausg. am 23.12.1857), Bd. 11, Jg. 1856–1857. Nr. 209. 354–359.

Ministerialverordnung, das Miethen und Vermiethen schulpflichtiger Kinder betr., (erl. am 13.04.1858, ausg. am 09.06.1858), Bd. 12, Jg. 1858–1861. Nr. 211. 62.

Nachtragsverordnung, das Miethen und Vermiethen schulpflichtiger Kinder betr., (erl. am 10.05.1858, ausg. am 09.06.1858), Bd. 12, Jg. 1858–1861. Nr. 211. 70f.

Ministerialverordnung, die Ahndung der Schulversäumnisse betr., (erl. am 07.05.1859, ausg. am 15.06.1859), Bd. 12, Jg. 1858–1861. Nr. 217. 298–300.

Landesherrliche Verordnung, die veränderte Fassung und Vervollständigung mehrerer Verfassungsbestimmungen betr., (erl. am 15.03.1860, ausg. am 28.03.1860), Bd. 12, Jg. 1858–1861. Nr. 222. 338f.

Landesherrliche Verordnung, die Zahlung des Schulgeldes an die Lehrer öffentlicher Schulen betr., (erl. am 28.11.1860, ausg. am 13.02.1861), Bd. 12, Jg. 1858–1861. Nr. 225. 405–408.

Landesherrliche Verordnung, die obere Staatsverwaltung betr., (erl. am 16.04.1861, ausg. am 08.10.1862), Bd. 13, Jg. 1862–1863. Nr. 227. 29.

Gesetz über die Besoldung der Volksschullehrer, (erl. am 31.12.1862, ausg. am 14.01.1863), Bd. 13, Jg. 1862–1863. Nr. 229. 49–52.

Gesetz, einen Nachtrag zu der revidirten Gemeindeordnung vom 10. Dezember 1857 betr., (erl. am 11.04.1863, ausg. am 22.04.1863), Bd. 13, Jg. 1862–1863. Nr. 234. 335f.

Gesetz über die Organisation der Justiz, (erl. am 28.04.1863, ausg. am 20.05.1863), Bd. 13, Jg. 1862–1863. Nr. 234. 335f.

Gesetz, über die Aufhebung des befreiten Gerichtsstandes, (erl. am 28.04.1863, ausg. am 20.05.1863), Bd. 13, Jg. 1862–1863. Nr. 236. 504.

Gesetz, die Aufhebung des Konsistoriums und der geistlichen Inspektionsämter betr., (erl. am 28.04.1863, ausg. am 20.05.1863), Bd. 13, Jg. 1862–1863. Nr. 236. 505.

Landesherrliche Verordnung, die Ministerialabtheilung für Kirchen- und Schulangelegenheiten betr., (erl. am 23.05.1863, ausg. am 17.06.1863), Bd. 14, Jg. 1863–1865. Nr. 237. 1.

Verordnung, die Errichtung einer Kirchen- und Schulkommission für den Landestheil Gera betr., (erl. am 23.05.1863, ausg. am 17.06.1863), Bd. 14, Jg. 1863–1865. Nr. 237. 2.

Landtagsabschied für den am 18. Mai 1862 zusammengetretenen Landtag, (erl. am 05.04.1865, ausg. am 12.04.1865), Bd. 14, Jg. 1863–1865. Nr. 252. 293–296.

Gesetz, die Verrechnung von Kosten und Gebühren der Kirchen- und Schulkommissionen und Ephorien betr., (erl. am 14.04.1866, ausg. am 25.04.1866), Bd. 15, Jg. 1866–1868. Nr. 264. 31.

Gesetz, die Bildung von Bezirksausschüssen betr., (erl. am 30.04.1866, ausg. am 09.05.1866), Bd. 15 Jg. 1866–1868. Nr. 265. 36–44.

Höchstes Patent, den Regierungsantritt Sr. Durchlaucht des Fürsten Herrn Heinrich XIV. betr., (erl. am 12.07.1867, ausg. am 17.07.1867), Bd. 15, Jg. 1866–1868. Nr. 273. 109.

Versicherungs-Urkunde Sr. Hochfürstl. Durchlaucht Herrn Heinrich XIV. beim Regierungsantritt betr., (erl. am 12.07.1867, ausg. am 17.07.1867), Bd. 15, Jg. 1866–1868. Nr. 273. 110.

Gesetz, die Aenderung der §§. 19 und 20 des Verfassungsgesetzes betr., (erl. am 19.07.1867, ausg. am 24.07.1867), Bd. 15, Jg. 1866–1868. Nr. 274. 115f.

Gesetz, Aenderung des §. 94 des Staatsgrundgesetzes vom 14. April 1852 betr., (erl. am 18.06.1868, ausg. am 01.07.1868), Bd. 15, Jg. 1866–1868. Nr. 284. 277.

Nachtrag zum Gesetze vom 31. Dezbr. 1862 über die Besoldung der Volksschullehrer betr., (erl. am 23.12.1868, ausg. am 30.12.1868), Bd. 15, Jg. 1866–1868. Nr. 296. 379.

Nachtrag zum Gesetze über den Civilstaatsdienst vom 16. Juni 1853, (erl. am 28.12.1868, ausg. am 30.12.1868), Bd. 15, Jg. 1866–1868. Nr. 296. 382.

Volksschulgesetz, (erl. am 04.11.1870, ausg. am 09.11.1870), Bd. 16, Jg. 1868–1871. Nr. 328. 251–270.

Landtags-Wahlgesetz, (erl. am 17.01.1871, ausg. am 25.01.1871), Bd. 16, Jg. 1868–1871. Nr. 333. 311–316.

Reglement, die Ausführung des Landtags-Wahlgesetzes betr., (erl. am 20.01.1871, ausg. am 25.01.1871), Bd. 16, Jg. 1868–1871. Nr. 333. 317–334.

Landtagsabschied für den am 24. November 1868 zusammengetretenen Landtag, (erl. am 14.06.1871, ausg. am 21.06.1871), Bd. 16, Jg. 1868–1871. Nr. 336. 349–352.

Gesetz, die Landrathsamtsbezirke betr., (erl. am 04.12.1871, ausg. am 06.12.1871), Bd. 16, Jg. 1868–1871. Nr. 343. 384.

1.3.5 Gesetzsammlung für das Fürstenthum Reuss jüngerer Linie

Gesetz, die kirchlichen Dissidenten betreffend, (erl. am 19.10.1872; ausg. am 23.10.1872), Bd. 17, Jg. 1872–1874. Nr. 356. 133–136.

Gesetz, die Pensionirung der Geistlichen betr., (erl. am 27.10.1872, ausg. am 20.11.1872), Bd. 17, Jg. 1872–1874. Nr. 357. 143–148.

Gesetz, die Abänderung von §§. 8 und 10 des Landtagswahlgsetzes vom 17. Januar 1871 betr., (erl. am 08.05.1874, ausg. am 13.05.1874), Bd. 17, Jg. 1872–1874. Nr. 366. 209f.

Gesetz, die revidirte Gemeindeordnung für das Fürstenthum Reuss j.L. betr., (erl. am 17.06.1874, ausg. am 01.07.1874), Bd. 17, Jg. 1872–1874. Nr. 369. 225–272.

Gesetz, die Besoldungen der Geistlichen betr., (erl. am 16.12.1874, ausg. am 23.12.1874), Bd. 17, Jg. 1872–1874. Nr. 377. 311f.

Gesetz, die Besoldungen der Volksschullehrer betr., (erl. am 22.12.1874, ausg. am 30.12.1874), Bd. 17, Jg. 1872–1874. Nr. 378. 313f.

Ministerial-Bekanntmachung, die Abrundung der Besoldungssätze bei den Beamtenwittwen-Pensionsanstalten betr., (erl. am 22.01.1875, ausg. am 03.02.1875), Bd. 18, Jg. 1875–1878. Nr. 381. 11.

Landesherrliche Verordnung, die Ausführung des Reichsgesetzes über die Beurkundung des Personenstandes und die Eheschliessung vom 6. Februar 1875 betr., (erl. am 16.10.1875, ausg. am 20.10.1875), Bd. 18, Jg. 1875–1878. Nr. 388. 77–80.

Instruktion für die Standesbeamten, (erl. am 17.11.1875, ausg. am 24.11.1875), Bd. 18, Jg. 1875–1878. Nr. 390. 115–128.

Nachtrag zur Instruktion für die Standesbeamten, (erl. am 14.03.1876, ausg. am 22.03.1876), Bd. 18, Jg. 1875–1878. Nr. 392. 131f.

Nachtrag, die Aufhebung der Stolgebühren und andere Abentrichtungen für gewisse kirchliche Handlungen betr., (erl. am 25.11.1876, ausg. am 29.11.1876), Bd. 18, Jg. 1875–1878. Nr. 394. 141f.

Nachtrag, eine Abänderung von § 19 der Instruktion für die Standesbeamten vom 17. November 1875 betr., (erl. am 05.03.1877, ausg. am 07.03.1877), Bd. 18, Jg. 1875–1878. Nr. 396. 146.

Gesetz, die Abänderung von Art. 37 Abs. 2 der Gemeindeordnung vom 17. Juni 1874, (erl. am 25.12.1877, ausg. am 09.01.1878), Bd. 18, Jg. 1875–1878. Nr. 403. 204.

Nachtragsgesetz zum Volksschulgesetze vom 4. Nov. 1870, (erl. am 12.09.1879, ausg. am 24.09.1879), Bd. 19, Jg. 1879–1882. Nr. 415. 121f.

Gesetz, die Besoldungen der Geistlichen betr., (erl. am 30.12.1880, ausg. am 05.01.1881), Bd. 19, Jg. 1879-1882. Nr. 428. 245f.

Gesetz, die Besoldungen der Volksschullehrer betr., (erl. am 30.12.1880, ausg. am 05.01.1881), Bd. 19, Jg. 1879-1882. Nr. 428. 247f.

Landtags-Abschied für den am 31. October 1880 zusammengetretenen Landtag, (erl. am 03.09.1883, ausg. am 12.09.1883), Bd. 20, Jg. 1883-1890. Nr. 445. 15-20.

Gesetz, einen Zusatz zu Art. 3 der Revidirten Gemeindeordnung vom 17. Juni 1874 betr., (erl. am 20.12.1883, ausg. am 26.12.1883), Bd. 20, Jg. 1883-1890. Nr. 446. 21.

Gesetz, betr. die Besoldungen der Volksschullehrer, (erl. am 17.04.1888, ausg. am 18.04.1888), Bd. 20, Jg. 1883-1890. Nr. 473. 222-224.

Gesetz, betr. die Besoldungen der Geistlichen, (erl. am 04.01.1890, ausg. am 08.01.1890), Bd. 20, Jg. 1883-1890. Nr. 483. 268.

Gesetz, Abänderung des Art. 65 der Revidirten Gemeindeordnung vom 17. Juni 1874 betr., (erl. am 28.07.1890, ausg. am 06.08.1890), Bd. 20, Jg. 1883-1890. Nr. 490. 347f.

Gesetz, einen Zusatz zu Art. 66 der revidirten Gemeindeordnung vom 17. Juni 1874 betreffend, (erl. am 28.04.1891, ausg. am 06.05.1891), Bd. 21, Jg. 1891-1895. Nr. 495. 35f.

Gesetz, den Civilstaatsdienst betreffend, (erl. am 02.10.1891, ausg. am 04.11.1891), Bd. 21, Jg. 1891-1895. Nr. 497. 71-106.

Gesetz, betreffend die Stellvertretung in der Regierung des Landes, (erl. am 09.11.1892, ausg. am 16.11.1892), Bd. 21, Jg. 1891-1895. Nr. 503. 183f.

Gesetz, die Besoldungen der Geistlichen betr., (erl. am 09.02.1893, ausg. am 15.02.1893), Bd. 21, Jg. 1891-1895. Nr. 507. 193-196.

Gesetz, die Besoldungen der Volksschullehrer betr., (erl. am 23.03.1893, ausg. am 29.03.1893), Bd. 21, Jg. 1891-1895. Nr. 508. 197-199.

Gesetz, betreffend den § 9 des Gesetzes vom 20. Juni 1856 über die Aenderung einiger Theile des unter dem 14. April 1852 erlassenen Verfassungsgesetzes, (erl. am 09.11.1893, ausg. am 29.11.1893), Bd. 21, Jg. 1891-1895. Nr. 513. 225f.

Gesetz, die Kirchgemeindeordnung für die evangelisch-lutherische Kirche im Fürstenthum Reuss j.L. betreffend, (erl. am 30.11.1893, ausg. am 13.12.1893), Bd. 21, Jg. 1891-1895. Nr. 515. 231-246.

Verordnung, betreffend die Inkraftsetzung und Erläuterung der Kirchengemeindeordnung vom 30. November 1893, (erl. am 15.06.1894, ausg. am 20.06.1894), Bd. 21, Jg. 1891-1895. Nr. 520. 307f.

Gesetz, betreffend Zusatzbestimmungen zu § 26 der Kirchengemeindeordnung vom 30. November 1893, (erl. am 23.08.1895, ausg. am 28.08.1895), Bd. 21, Jg. 1891–1895. Nr. 533. 441f.

Nachtragsgesetz zu dem Gesetz vom 23. März 1893, die Besoldungen der Volksschullehrer betreffend, (erl. am 21.12.1895, ausg. am 25.12.1895), Bd. 21, Jg. 1891–1895. Nr. 536. 451f.

Revidirte Instruktion für die Standesbeamten, (erl. am 03.03.1896, ausg. am 18.03.1896), Bd. 22, Jg. 1896–1899. Nr. 538. 3–28.

Gesetz zum Volksschulgesetze vom 4. November 1870, (erl. am 12.04.1897, ausg. am 21.04.1897), Bd. 22, Jg. 1896–1899. Nr. 547. 67–70.

Gesetz, betreffend Abänderung des Gesetzes über die Pensionirung der Geistlichen vom 27. Oktober 1872, (erl. am 17.04.1897, ausg. am 28.04.1897), Bd. 22, Jg. 1896–1899. Nr. 550. 77f.

Gesetz, die Allgemeine Beamten-Wittwen-Pensionsanstalt betreffend, (erl. am 10.04.1897, ausg. am 05.05.1897), Bd. 22, Jg. 1896–1899. Nr. 551. 79–89.

Gesetz, Abänderung des Gesetzes vom 9. Februar 1863, die Besoldungen der Geistlichen betreffend, (erl. am 22.12.1898, ausg. am 28.12.1898), Bd. 22, Jg. 1896–1899. Nr. 570. 257f.

Gesetz, Abänderung des Gesetzes über die Pensionirung der Geistlichen vom 27. Oktober 1872 betreffend, (erl. am 23.12.1898, ausg. am 28.12.1898), Bd. 22, Jg. 1896–1899. Nr. 571. 259f.

Gesetz, Abänderung des Gesetzes vom 23. März 1893, die Besoldungen der Volksschullehrer und Aufhebung des Nachtragsgesetzes zu diesem Gesetze vom 21. Dezember 1895 betreffend, (erl. am 22.12.1898, ausg. am 28.12.1898), Bd. 22, Jg. 1896–1899. Nr. 572. 261–264.

Gesetz, die Abänderung des § 13 des Gesetzes über die Allgemeine Beamten-Wittwen- und Waisenpensionsanstalt vom 10. April 1897, (erl. am 23.06.1899, ausg. am 28.06.1899), Bd. 22, Jg. 1896–1899. Nr. 578. 293f.

Gesetz, die Ausführung des Bürgerlichen Gesetzbuches vom 18. August 1896 und des Einführungsgesetzes dazu von demselben Tage betreffend, (erl. am 10.08.1899, ausg. am 13.09.1899), Bd. 23, Jg. 1899. Nr. 580. 1–45.

Landesherrliche Verordnung zur Ausführung des Bürgerlichen Gesetzbuchs und seiner Nebengesetze, (erl. am 09.11.1899, ausg. am 23.11.1899), Bd. 23, Jg. 1899. Nr. 585. 245–261.

Landesherrliche Verordnung, die Ausführung des Reichsgesetzes über die Beurkundung des Personenstandes- und die Eheschliessung vom 6. Februar 1875 in der vom 1. Januar 1900 an geltenden Fassung betreffend, (erl. am 08.12.1899, ausg. am 13.12.1899), Bd. 23, Jg. 1899. Nr. 593. 447–450.

Anderweit revidirte Instruktion für die Standesbeamten, (erl. am 09.12.1899, ausg. am 13.12.1899), Bd. 23, Jg. 1899. Nr. 593. S. 451–486.

Volksschulgesetz, (erl. am 31.07.1900, ausg. am 08.08.1900), Bd. 24, Jg. 1900–1902. Nr. 606. 139–166.

Gesetz, die anderweite Abänderung des Gesetzes vom 23. März 1893 über die Besoldungen der Volksschullehrer betreffend, (erl. am 06.01.1902, ausg. am 15.01.1902), Bd. 24, Jg. 1900–1902. Nr. 624. 307f.

Gesetz, die Besoldungen der Volksschullehrer für den Kirchendienst betreffend, (erl. am 07.01.1902, ausg. am 15.01.1902), Bd. 24. 1900–1902. Nr. 625. 309–312.

Gesetz, eine weitere Abänderung des Gesetzes vom 23. März 1893 über die Besoldungen der Volksschullehrer betreffend, (erl. am 10.03.1903, ausg. am 18.03.1903), Bd. 25, Jg. 1903–1905. Nr. 633. 9f.

Verordnung zur Ausführung des Reichsgesetzes vom 30. März 1903, betreffend die Kinderarbeit in gewerblichen Betrieben, (erl. am 19.08.1903, ausg. am 26.08.1903), Bd. 25, Jg. 1903–1905. Nr. 644. 83.

Gesetz, eine weitere Abänderung des Gesetzes vom 9. Februar 1893 über die Besoldungen der Geistlichen betreffend, (erl. am 10.06.1904, ausg. am 22.06.1904), Bd. 25, Jg. 1903–1905. Nr. 655. 129f.

Gesetz, betreffend den Erlass der Beiträge zur Allgemeinen Beamten-Witwen- und Waisen-Pensionsanstalt, (erl. am 05.03.1907, ausg. am 13.03.1907), Bd. 26, Jg. 1907–1909. Nr. 698. 5f.

Gesetz, betreffend die Reisekosten der Zivilstaatsdiener, (erl. am 05.03.1907, ausg. am 13.03.1907), Bd. 26, Jg. 1907–1909. Nr. 699. 7–12.

Ministerial-Verordnung zur Ausführung des Gesetzes, die Reisekosten der Zivilstaatsdiener betreffend, vom 5. März 1907, (erl. am 18.03.1907, ausg. am 20.03.1907), Bd. 26, Jg. 1907–1909. Nr. 705. 27–34.

Gesetz, eine weitere Abänderung des Gesetzes vom 9. Februar 1893 über die Besoldungen der Geistlichen betreffend, (erl. am 23.06.1909, ausg. am 25.06.1909), Bd. 26, Jg. 1907–1909. Nr. 737. 335–336.

Gesetz, eine Abänderung des Gesetzes über die Besoldungen der Volksschullehrer in der Fassung vom 30. März 1905 betreffend, (erl. am 23.06.1909, ausg. am 25.06.1909), Bd. 26, Jg. 1907–1909. Nr. 738. 337–340.

Ministerial-Bekanntmachung, betreffend die Uebernahme der Regentschaft des Fürstentums seitens Seiner Durchlaucht des Erbprinzen, (erl. am 02.04.1910, ausg. am 05.04.1910), Bd. 27, Jg. 1910-1912. Nr. 748. 3f.

Gesetz, betreffend die Aenderung des § 81 des Verfassungsgesetzes vom 14. April 1852, (erl. am 07.05.1910, ausg. am 18.05.1910), Bd. 27, Jg. 1910-1912. Nr. 753. 95f.

Besoldungsgesetz, (erl. am 01.06.1911, ausg. am 14.06.1911), Bd. 27, Jg. 1910-1912. Nr. 773. 341-346.

Nachtrag zu dem Gesetze vom 9. Oktober 1891, den Zivilstaatsdienst betreffend, (erl. am 02.06.1911, ausg. am 21.06.1911), Bd. 27, Jg. 1910-1912. Nr. 775. 349f.

Gesetz, die Besoldungen der Geistlichen und die Versetzung von Geistlichen in den Ruhestand betreffend, (erl. am 02.06.1911, ausg. am 21.06.1911), Bd. 27, Jg. 1910-1912. Nr. 776. 351-358.

Gesetz, eine weitere Aenderung des Gesetzes über die Besoldungen der Volksschullehrer in der Fassung vom 30. März 1905 betreffend, (erl. am 02.06.1911, ausg. am 21.06.1911), Bd. 27, Jg. 1910-1912. Nr. 777. 359f.

Landesherrliche Verordnung, die Ueberweisung der der Fürstlichen Landeskirchen- und Schulstiftungskasse in Lobenstein und Hirschberg bisher zugeflossenen eigenen Einnahmen an die Fürstliche Hauptstaatskasse betreffend, (erl. am 02.06.1911, ausg. am 21.06.1911), Bd. 27, Jg. 1910-1912. Nr. 778. 361f.

Nachtragsgesetz zum Volksschulgesetze vom 21. Juli 1900, (erl. am 03.06.1911, ausg. am 28.06.1911), Bd. 27, Jg. 1910-1912. Nr. 779. 363-368.

Gesetz, die Versorgung der Witwen und Waisen der Staatsbeamten und anderer öffentlicher Diener betreffend, (erl. am 06.06.1911, ausg. am 28.06.1911), Bd. 27, Jg. 1910-1912. Nr. 781. 375-380.

Landesherrliche Verordnung, die Beaufsichtigung des Religionsunterrichts in den Volksschulen betreffend, (erl. am 15.06.1911, ausg. am 05.07.1911), Bd. 27, Jg. 1910-1912. Nr. 781. 417-419.

Ministerial-Verfügung, die Beaufsichtigung des Religionsunterrichts in den Volksschulen betreffend, (erl. am 15.06.1911, ausg. am 05.07.1911), Bd. 27, Jg. 1910-1912. Nr. 784. 419f.

Landesherrliche Verordnung, die Errichtung von Kirchenkommissionen betreffend, (erl. am 05.08.1911, ausg. am 16.08.1911), Bd. 27, Jg. 1910-1912. Nr. 787. 429f.

Gesetz zur Abänderung des Gesetzes vom 10. August 1899, die Ausführung des Bürgerlichen Gesetzbuchs vom 18. August 1896 und des Ein-

Führungsgesetzes dazu von demselben Tage betreffend (Gesetzs. Bd. XXIII, S. 1), (erl. am 18.06.1912, ausg. am 26.06.1912), Bd. 28, Jg. 1912. Nr. 808. 81–84.

Gesetz, betreffend Aenderung des Landtags-Wahlgesetzes, (erl. am 08.01.1913, ausg. am 22.01.1913), Bd. 29, Jg. 1913–1915. Nr. 817. 3–13.

Ministerial-Bekanntmachung, betreffend die Redaktion des Landtags-Wahlgesetzes für das Fürstentum Reuss jüngerer Linie, (erl. am 08.01.1913, ausg. am 22.01.1913), Bd. 29, Jg. 1913–1915. Nr. 817. 14–26.

Patent, den Regierungsantritt Seiner Durchlaucht des Fürsten Heinrich XXVII. betreffend, (erl. am 29.03.1913, ausg. am 29.03.1913), Bd. 29, Jg. 1913–1915. Nr. 819. 67.

Versicherungsurkunde Seiner Durchlaucht des Fürsten Heinrich XXVII., (erl. am 29.03.1913, ausg. am 29.03.1913), Bd. 29, Jg. 1913–1915. Nr. 819. 68–70.

Gesetz, die Abänderung des Besoldungsgesetzes vom 1. Juni 1911 betreffend, (erl. am 24.06.1913, ausg. am 09.07.1913), Bd. 29, Jg. 1913–1915. Nr. 820. 71f.

Gesetz, eine Abänderung des Gesetzes vom 2. Juni 1911 über die Besoldungen der Geistlichen und die Versetzung von Geistlichen in den Ruhestand betreffend, (erl. 25.06.1913, ausg. am 09.07.1913), Bd. 29, Jg. 1913–1915. Nr. 821. 73f.

Gesetz, eine weitere Abänderung des Gesetzes über die Besoldungen der Volksschullehrer in der Fassung vom 30. März 1905 betreffend, (erl. 25.06.1913, ausg. am 09.07.1913), Bd. 29, Jg. 1913–1915. Nr. 822. 75f.

Nachtragsgesetz zum Gesetz vom 2. Juni 1911, die Besoldungen der Geistlichen und die Versetzung von Geistlichen in den Ruhestand betreffend, (erl. am 11.05.1914, ausg. am 20.05.1914), Bd. 29, Jg. 1913–1915. Nr. 833. 143f.

Zweites Nachtragsgesetz zum Volksschulgesetze vom 31. Juli 1900, (erl. am 11.05.1914, ausg. am 20.05.1914), Bd. 29, Jg. 1913–1915. Nr. 834. 145–148.

Landesherrliche Verordnung, die Ministerialabtheilung für Kirchen- und Schulangelegenheiten betreffend, (erl. am 25.06.1914, ausg. am 01.07.1914), Bd. 29, Jg. 1913–1915. Nr. 837. 153.

Landesherrliche Nachtragsverordnung zur Ausführung des Bürgerlichen Gesetzbuchs und seiner Nebengesetze, (erl. am 23.02.1918, ausg. am 06.03.1918), Bd. 30, Jg. 1916–1919. Nr. 866. 35f.

Höchster Erlass Seiner Durchlaucht des Fürsten, betreffend die Entbindung aller Beamten von dem ihm geleisteten Treueid, (erl. am 10.11.1918, ausg. am 11.11.1918), Bd. 30, Jg. 1916–1919. Nr. 884. 95.

Verzicht Seiner Durchlaucht des Fürsten für sich und sein Haus auf die Regierung des Landes, (erl. am 10.11.1918, ausg. am 11.11.1918), Bd. 30, Jg. 1916–1919. Nr. 884. 95f.

Erlass des Vollzugsausschusses des Arbeiter- und Soldatenrats zu Gera, betreffend Abänderung der Verfassung, (erl. am 15.11.1918, ausg. am 16.11.1918), Bd. 30, Jg. 1916–1919. Nr. 885. 97f.

Verfügung der Landesregierung der beiden Freistaaten Reuss, betreffend Ordnung der Prüfung für endgültige Anstellung der Volksschullehrer, (erl. am 04.04.1919, ausg. am 09.04.1919), Bd. 30, Jg. 1916–1919. Nr. 914. 169–173.

1.4 Gesetzsammlung für beide Freistaaten Reuss bzw. für den Volksstaat Reuss

Gesetz über die Demokratisierung der Volksschulverwaltung im Volksstaate Reuss, (erl. am 15.04.1919; ausg. am 19.04.1919), Jg. 1919, Nr. 7. 39–42.

1.5 Sonstige Quellen

Articuli Consistorii Gräizensis, in: Schoenaich Carolath, Hans Georg zu: Das landesherrliche Kirchenregiment in Reuß-Greiz 1560 bis 1716, (= Beiträge zur mittelalterlichen und neueren Geschichte, hrsg. v. Friedrich Schneider; Bd. 9), Jena 1938. 158–160.

Aus der Rede des Kultus-Ministers Dr. Falk in der Sitzung des Herrenhauses vom 6. März, in: Provinzial-Correspondenz, Nr. 11 (1872), 10. Jg. 2.

Autumnus, Georg/Museäus, Simon: Confessionschrift etlicher Predicanten in den Herrschafften Graitz, Geraw, Schönburg, und anderer hernach unterschreibenden: Gestellet zu notwendiger Ablehnung vieler ertichten Calumnien und Lesterungen, und dagegen zu erklerunge und befödeerung der Wahrheit, zu förderst aber wie ein jeder Christ, die jetzt schwebenden schedlichen Corruptelen und Irthume, nach dem Heiligen Catechismo Lutheri erkennen, widerlegen und fliehen müge, Eisleben 1567.

Autumnus, Georg u.a.: Confessionschrifft. Nach welcher bisshero in den Reusischen Kirchen geleret worden. Itzo repetiret und publiciret neben einer neuen Praefation und darauff folgenden ausfürlichen Bericht, [2. veränderte Aufl.], Jena 1599.

Autumnus, Georg u.a.: Confessions-Schrifft. Nach welcher bißhero in den Reußischen Kirchen vermöge heiliger Schrifft, Augspurgischer Confession, und des hocherleuchten theuren Mannes Gottes D. Martini Lutheri Schrifften gelehret worden: Anno 1567 zum erten mahl gedruckt und Anno 1599 zum andern mahl. Aus wichtigen und erheblichen Ursachen repetiret und publiciret neben einer neuen Praefation, und darauf folgenden ausführlichen Bericht in welchem aller Verdacht darein erwehnte Cofession-Schrifft zu Ungebühr hat wollen gezogen werden abgelehnet ist, [3., veränderte Aufl.], Gera 1699.

die Bibel nach der Übersetzung Martin Luthers, Taschenausg. mit Apokryphen, durchgesehene Ausg. in neuer Rechtschreibung, Stuttgart 1999.

Der Geschlechtsverein sämmtlicher Herren Reussen von Plauen vom 10. November 1668, in: Schulze, Hermann (Hrsg.): Die Hausgesetze der regierenden deutschen Fürstenhäuser, Bd. 2, Jena 1878. 266–318.

Friedensvertrag zwischen Preussen und Reuss Ä.L. im Jahre 1866, in: Schneider, Friedrich (Hrsg.): Aus den Tagen Heinrichs XXII. Souv. Fürsten Reuß ä.L. (1867–1902). Aktenstücke, Aufzeichnungen und Briefe, (= Aus reußischen Archiven; Heft 1), Greiz/Leipzig 1921. 106f.

Hausvertrag vom 3., 4. und 5. Sept. 1690, in: Schulze, Hermann (Hrsg.): Die Hausgesetze der regierenden deutschen Fürstenhäuser, Bd. 2, Jena 1878. 337–355.

Instruction für den Bevollmächtigten zum Bundesrath betreffend die Civilehe, in: Schneider, Friedrich (Hrsg.): Aus den Tagen Heinrichs XXII. Souv. Fürsten Reuß ä.L. (1867–1902). Aktenstücke, Aufzeichnungen und Briefe, (= Aus reußischen Archiven; Heft 1), Greiz/Leipzig 1921. 64f.

Kirchen-Galerie der Fürstlich Reussischen Länder. Das Fürstenthum Reuss-Gera. Chronologische Uebersicht der merkwürdigsten Ereignisse der älteren und neueren Zeit in der Stadt und dem Fürstenthume Gera, Neubearb. d. Ausg. von 1842, bearb. v. Dieter Winkler, hrsg. vom Heimatverein Aga e.V., (= Agaer Geschichte und Geschichten; Bd. 210), Aga 2002.

Kirchen-Galerie der Fürstlich Reussischen Länder. Das Fürstenthum Reuss-Gera. Die Ephorie Gera, Neubearb. d. Ausg. von 1842, bearb. v. Dieter Winkler, hrsg. vom Heimatverein Aga e.V., (= Agaer Geschichte und Geschichten; Bd. 210), Aga 2002.

Kirchen-Ordnung Heinrich's IV. vom 30. August 1552, in: Sehling, Emil (Hrsg.): Die vier geistlichen Gebiete (Merseburg, Meißen, Naumburg-Zeitz, Wurzen), Amt Stolpen mit Stadt Bischofswerda, Herrschaft und Stadt Plauen, die Herrschaft Ronneburg, die schwarzburgischen Herrschaften, die reussischen Herrschaften, die schönburgischen Herrschaften, die vier Harzgrafschaften: Mansfeld, Stolberg, Hohenstein, Regenstein, und Stift und Stadt Quedlinburg, die Grafschaft Henneberg, die Mainzischen Besitzungen (Eichsfeld, Erfurt), die Reichsstädte Mühlhausen und Nordhausen, das Erzbistum Magdeburg und das Bisthum Halberstadt, das Fürstenthum Anhalt, (= Die evangelischen Kirchenordnungen des XVI. Jahrhunderts; Erste Abtheilung. Sachsen und Thüringen, nebst angrenzenden Gebieten; Zweite Hälfte), Leipzig 1904. 153–158.

Landesgrundgesetz für das Fürstenthum Reuss älterer Linie vom 15. März 1809, in: Dippel, Horst/Heun, Werner (Hrsg.): Verfassungen der Welt vom späten 18. Jahrhundert bis Mitte des 19. Jahrhunderts. Europa/ Constitutions of the world from the late 18th century to the middle of the 19th century: sources on the rise of modern constitutionalism. Europe; Bd. 3: Deutsche Verfassungsdokumente 1806–1849/ German constitutional documents 1806–1849, Teil V: Nassau – Sachsen-Hildburghausen/ Nassau – Saxe-Hildburghausen, München 2008. 121–129.

Nebenvertrag des Reussischen Hauses vom 13. November 1668, in: Schulze, Hermann (Hrsg.): Die Hausgesetze der regierenden deutschen Fürstenhäuser, Bd. 2, Jena 1878. 319–322.

Plan des Schullehrer Seminariums zu Schleiz, vom 17.04.1820, in: Kretschmer, Ernst Paul: Geschichte der Lehrerbildung im ehemaligen Fürstentume Reuß j. Linie. Ein Beitrag zur Entwicklungsgeschichte des deutschen Volkschullehrerstandes, Auf urkundlicher Grundlage dargestellt und bearbeitet von Ernst Paul Kretschmer, Schleiz 1927. 108f.

Preussisches Allgemeines Landrecht. Ausgewählte öffentlich-rechtliche Vorschriften, hrsg. von Ernst Pappermann, mit einer Einführung von Ernst Kleinheyer, Paderborn 1972.

Untergreizer Canzley-Ordnung, in: Schoenaich Carolath, Hans Georg zu: Das landesherrliche Kirchenregiment in Reuß-Greiz 1560 bis 1716, (= Beiträge zur mittelalterlichen und neueren Geschichte, hrsg. v. Friedrich Schneider; Bd. 9), Jena 1938. 163–165.

Zweck und Bedeutung des Gesetzentwurfs über die Schulaufsicht. Aus der Rede des Kultus-Ministers Dr. Falk in der Sitzung des Abgeordnetenhauses vom 9. Februar, in: Provinzial-Correspondenz, Nr. 7 (1872). 10. Jg. 2.

ALBERTI, JULIUS: Repertorium der zur Zeit in Geltung bestehenden Gesetze und Verordnungen des Fürstenthums Reuß jüngerer Linie: zum Gebrauch für Staats-, Cameral- und Gemeindebehörden, Geistliche, Advocaten, Geschäftsleute u.s.w. Nebst einem Anhang, eine Uebersicht der Behörden des Fürstenthums Reuß jüngerer Linie enthaltend, Schleiz 1860.

ALBERTI, JULIUS: Repertorium der zur Zeit in Geltung bestehenden Gesetze und Verordnungen des Fürstenthums Reuß jüngerer Linie: zum Gebrauch für Staats-, Cameral- und Gemeindebehörden, Geistliche, Advocaten, Geschäftsleute u.s.w. Nebst einem Anhang, eine Uebersicht der Behörden des Fürstenthums Reuß jüngerer Linie enthaltend, 2., verb. u. durch die neueste Gesetzgebung verm. Aufl., Schleiz 1863.

ALBERTI, JULIUS: Repertorium der zur Zeit in Geltung bestehenden Gesetze und Verordnungen des Fürstenthums Reuß jüngerer Linie mit durchgängiger Berücksichtigung der Reichs-Gesetzgebung, 3. Aufl., Schleiz 1873.

ALBERTI, JULIUS: Repertorium der zur Zeit in Geltung bestehenden Gesetze und Verordnungen des Fürstenthums Reuß jüngerer Linie mit durchgängiger Berücksichtigung der Reichs-Gesetzgebung, 4., umgearb. und ergänzte Aufl., Schleiz 1883.

ALBERTI, JULIUS: Repertorium der zur Zeit in Geltung bestehenden Gesetze und Verordnungen des Fürstenthums Reuß jüngerer Linie mit durchgängiger Berücksichtigung der Reichs-Gesetzgebung, 5., vollst. umgearb. und bis Ende 1892 fortgef. Aufl., hrsg. v. Robert Fischer, Schleiz 1893.

ALBERTI, JULIUS: Repertorium der zur Zeit in Geltung bestehenden Gesetze und Verordnungen des Fürstenthums Reuß jüngerer Linie mit durchgängiger Berücksichtigung der Reichs-Gesetzgebung, 6., vollst. umgearb. und bis Ende Februar 1901 fortgef. Aufl., hrsg. v. Robert Fischer, Schleiz 1901.

ALBERTI, JULIUS: Repertorium der Gesetze und Verordnungen des Fürstentums Reuß jüngerer Linie mit durchgängiger Berücksichtigung der Reichs-Gesetzgebung, 7., durchges. u. fortgef. Aufl., hrsg. v. Robert Fischer, Schleiz 1912.

ANSELM, REINER: Art. Zweireichelehre. I. Kirchengeschichtlich, in: TRE 36 (2004). 776–784.

AUERBACH, ALFRED: Zur Geschichte des Reußischen Schulwesens, in: 60. Jahresbericht des Altertumsforschenden Vereins zu Hohenleuben e.V. (1889). 35–38.

AUERBACH, HEINRICH BERTHOLD: Die Kirche in Reuß j.L. im 19. Jahrhundert. Kurze Rückschau auf ihr Leben nach Akten und Erinnerung, hrsg. vom Geschichts- und alterumsforschenden Verein Schleiz, Schleiz 1934.

AUERBACH, HEINRICH BERTHOLD: Zur Geschichte des landesherrlichen Kirchenregiments in Reuß j.L, in: JAUERNIG, REINHOLD (Hrsg.): Beiträge zur Thüringischen Kirchengeschichte, hrsg. i.A.d. Gesellschaft für Thüringische Kirchengeschichte e. V.; Bd. IV, Heft 2 (Der ganzen Folge Heft 9), Jena 1938. 286–306.

BALLAUFF, THEODOR/SCHALLER, KLAUS: Pädagogik. Eine Geschichte der Bildung und Erziehung. Bd. 2: Vom 16. bis zum 19. Jahrhundert, (= Orbis Academicus. Problemgeschichten der Wissenschaft in Dokumenten und Darstellungen, im Verein mit W. Britzelmayr u.a., hrsg. von Fritz Wagner und Richard Brodführer; I/12), Freiburg/München 1970.

BECK, FRIEDRICH: Die wirtschaftliche Entwicklung in der Stadt Greiz während des 19. Jahrhunderts. Ein Beitrag zur Geschichte der Industrialisierung in Deutschland, (= Beiträge zur mittelalterlichen, neueren und allgemeinen Geschichte, hrsg. von Friedrich Schneider; Bd. 25), Weimar 1955. 5–25.

BEHR, MICHAEL: Wie Alfred Resch versuchte, das kirchliche Leben in Zeulenroda zu verbessern, in: SUPERINTENDENTUR GREIZ (Hrsg.): 800 Jahre Christentum im Greizer Land. Einblicke in die reußische Kirchengeschichte, bearb. v. Stefan Michel, Greiz 2009. 67f.

BEHNRATH, GUSTAV ADOLF: Art. Erweckung/Erweckungsbewegung. I. Historisch, in: TRE 10 (1982). 205–220.

BERG, CHRISTA: Die Okkupation der Schule. Eine Studie zur Aufhellung gegenwärtiger Schulprobleme an der Volksschule Preußens (1872–1900), Heidelberg 1973.

BERGMANN, TOBIAS C.: Handbuch der Diplomatie, 1815–1963: Auswärtige Missionschefs in Deutschland und deutsche Missionsschefs im Ausland von Metternich bis Adenauer, München 2001.

BERKA, WALTER: »Autonomie« von Bildungsinstitutionen als Prinzip in rechtlicher Perspektive, in: FÜSSEL, HANS-PETER/ROEDER, PETER M. (Hrsg.): Recht – Erziehung – Staat. Zur Genese einer Problemkonstellation und zur Programmatik ihrer zukünftigen Entwicklung., (= Zeitschrift für Pädagogik; Beiheft; Nr. 47), Weinheim u.a. 2003. 120–136.

BEYREUTHER, ERICH: Die Kirche in der Neuzeit, in: PATZE, HANS/SCHLESINGER, WALTER: Kirche und Kultur in der Neuzeit, (= Geschichte Thüringens, Bd. 4), Köln/Wien 1972. 1–52.

BIBER, KLAUS/MICHEL, STEFAN: Das 18. Jahrhundert zwischen Pietismus und Aufklärung, in: SUPERINTENDENTUR GREIZ (Hrsg.): 800 Jahre Christentum im Greizer Land. Einblicke in die reußische Kirchengeschichte, bearb. v. Stefan Michel, Greiz 2009. 45–50.

BÖHM, GÜNTER: Art. Schulaufsicht. In: RGG[4] 7 (2004). 1015–1017.

BÖHME, MAX: Die Bürgerschule (Volksschule), in: HÄNSEL, ROBERT (Hrsg.): Die Stadt Schleiz. Eine kurze Monographie. Zur 700 Jahr-Feier ihrer ersten urkundlichen Erwähnung als Festschrift, Schleiz 1932. 83–86.

BOLDT, HANS (Hrsg.): Reich und Länder. Texte zur deutschen Verfassungsgeschichte im 19. und 20. Jahrhundert, unter Mitwirkung von Franz Werner Mausberg, München 1987.

BORCH, HERBERT VON: Das Gottesgnadentum. Historisch-soziologischer Versuch über die religiöse Herrschaftslegitimation, Berlin 1934.

BRANDT, HARTWIG: Landständische Repräsentation im deutschen Vormärz. Politisches Denken im Einflußfeld des monarchischen Prinzips, (= POLITICA. Abhandlungen und Texte zur politischen Wissenschaft, hrsg. von Wilhelm Hennis und Hans Maier; Bd. 31), Berlin/Neuwied 1968.

BRATSISCH, CARL: Aus dem Schulwesen. 1. Die höheren Schulen, in: HÄNSEL, ROBERT (Hrsg.): Die Stadt Schleiz. Eine kurze Monographie. Zur 700 Jahr-Feier ihrer ersten urkundlichen Erwähnung als Festschrift, Schleiz 1932. 75–83.

BRECHT, MARTIN: Art. Pietismus, in: TRE 26 (1996). S. 606–631.

BRÜCKNER, GEORG MARTIN: Volks- und Landeskunde des Fürstenthums Reuß j.L., Im Auftrage des regierenden Landesfürsten verfasst von G. Brückner, Hof und Archivrath in Meiningen, Gera 1870. (1. Reprintaufl., hrsg. v. Harald Rockstuhl, Bad Langensalza 2011).

BÜNZ, ENNO: Christianisierung und Herrschaftsbildung, Landesausbau und Kirchengründungen. Grundzüge der mittelalterlichen Kirchengeschichte des Reußenlandes, in: 800 Jahre Christentum im Greizer Land. Einblicke in die reußische Kirchengeschichte, hrsg. von der Superintendentur Greiz, bearb.v. Stefan Michel, Greiz 2009. 13–18.

BURKHARDT, FALK: Grundzüge ostthüringischer Wirtschaftsentwicklung im 19. Jahrhundert, in: GREILING, WERNER/RÜSTER, HAGEN (Hrsg.): Reuß älterer Linie im 19. Jahrhundert. Das widerspenstige Fürstentum?, (=Veröffentlichungen aus Thüringischen Staatsarchiven; Bd. 12; Veröffentlichung des Thüringischen Staatsarchivs Greiz), Jena 2013. 193–213.

Campenhausen, Axel von: Staat und Religion nach dem Grundgesetz, Humboldt Forum Recht (HFR) (12/2008). 123–129. URL: http://www.humboldt-forum-recht.de/deutsch/12-2008/beitrag.html#punkt1 [Stand: 24.02.2014].

Clausnitzer, Eduard u.a.: Das Volksschulwesen und das Lehrerbildungswesen im Deutschen Reich, (= Das Unterrichtswesen im Deutschen Reich. Aus Anlaß der Weltausstellung in St. Louis, hrsg. von Wilhelm Lexis; Bd. 3), Berlin 1904.

Conrad, Hermann: Der deutsche Staat. Epochen seiner Verfassungsentwicklung (843–1945), (= Deutsche Geschichte. Ereignisse und Probleme, hrsg. von Walther Hubatsch), Berlin/Frankfurt a.M. 1969.

Deichgräber, Reinhard: Art. Erweckung/Erweckungsbewegung. II. Dogmatisch, in: TRE 10 (1982). 220–224.

Dingel, Irene: Art. Kirchenverfassung III. Reformation, in: RGG[4] 4 (2001). 1320–1327.

Drehsen, Volker: Art. Säkularisierung, Säkularismus, in: Wörterbuch des Christentums, München 1995. 1108f.

Drehsen, Volker/Walf, Knut: Art. Kirchenzucht. In: Wörterbuch des Christentums, München 1995. 639f.

Drewek, Peter: Bildungssysteme und Bildungsexpansion in Deutschland. Zur Entwicklung ihrs Verhältnisses im hsitorischen Vergleich, in: Zeitschrift für Pädagogik 47 (2001) 6. 811–818.

Drewek, Peter: Einführung in den Themenschwerpunkt: »Bildungswesen« und Schulsystem in Deutschland. Aspekte der Begriffstradition und Grundzüge des institutionellen Strukturwandels des 19. und 20. Jahrhunderts, in: Müller, Detlef K. (Hrsg.): Pädagogik, Erziehungswissenschaft, Bildung. Ein Einführung in das Studium, Köln 1994. 225–233.

Eberhardt, Hans: Thüringens staatliche Einheit in Vergangenheit und Gegenwart, in: 175 Jahre Parlamentarismus in Thüringen (1817–1992), (= Schriften zur Geschichte des Parlamentarismus in Thüringen; Heft 1), hrsg.v. Thüringer Landtag Erfurt, Jena 1992. 107–121.

Espig, Christian: Zur sozialgeographischen Gliederung des Fürstentums Reuß älterer Linie zwischen 1867 und 1918. In: Greiling, Werner/Rüster, Hagen (Hrsg.): Reuß älterer Linie im 19. Jahrhundert. Das widerspenstige Fürstentum?, (= Veröffentlichungen aus Thüringischen Staatsarchiven; Bd. 12; Veröffentlichung des Thüringischen Staatsarchivs Greiz), Jena 2013. 215–233.

FACIUS, FRIEDRICH: Die thüringischen Staaten 1815–1918, in: SCHWABE, KLAUS (Hrsg.): Die Regierungen der deutschen Mittel- und Kleinstaaten 1815–1933, (= Bündiger Forschungen zur Sozialgeschichte; 1980; Deutsche Führungsschichten in der Neuzeit, im Auftrag der Ranke-Gesellschaft Vereinigung für Geschichte im öffentlichen Leben und des Instituts zur Erforschung historischer Führungsschichten, hrsg. von Günther Franz; Bd. 14), Boppard am Rhein 1983. 63–80.

FACIUS, FRIEDRICH: Thüringen, in: Die deutschen Länder vom Wiener Kongreß bis zur Gegenwart, (= Reich und Länder. Geschichte der deutschen Territorien; Bd. II), Darmstadt 1971. 500–539.

FARNER, MORITZ/HEINRICH XIII. REUSS (Hrsg.): Unterwegs auf der Reußischen Fürstenstraße, Frankfurt a.M./Leipzig 1999.

FATIO, OLIVIER: Art. Orthodoxie. II. Reformierte Orthodoxie, in: TRE 25 (1995). 485–497.

FIEDLER, HEINZ-DIETER: Volkeswohl ist Fürstenlust. Anspruch und Wirklichkeit des Fürsten Heinrich 72. Reuß zu Lobenstein-Ebersdorf, Norderstedt 2015.

FISCHER, HERMANN: Art. Konfessionalismus, in: TRE 19 (1990) 426–431.

FLITNER, WILHELM: Wissenschaft und Schulwesen in Thüringen von 1550 bis 1933, in: BEYREUTHER, ERICH: Die Kirche in der Neuzeit, in: Patze, Hans/Schlesinger, Walter: Kirche und Kultur in der Neuzeit, (= Geschichte Thüringens, Bd. 4), Köln/Wien 1972. 53–206.

FRANTZKE, THOMAS: Zwischen Kaiser und Kurfürst. Die Reformation in Gera und ihre Auswirkungen, (= Geraer Hefte: zur Geschichte, Archäologie und Volkskunde; hrsg. v. Stadtmuseum Gera & Historische Höhler und Stadtarchiv Gera; Heft 4/2013), Gera 2013.

FREISEN, JOSEPH: Das Fürstentum Reuss j.L., Reuss ä.L. und das Herzogtum Sachsen-Altenburg. In: Freisen, Joseph: Staat und Katholische Kirche in den deutschen Bundesstaaten: Lippe, Waldeck-Pyrmont, Anhalt, Schwarzburg-Rudolstadt, Schwarzburg-Sondershausen, Reuss-Greiz, Reuss-Schleiz, Sachsen-Altenburg, Sachsen-Coburg und Gotha; II. Teil: Anhalt, Schwarzburg-Rudolstadt, Schwarzburg-Sondershausen, Reuss-Greiz, Reuss-Schleiz, Sachsen-Altenburg, Sachsen-Coburg und Gotha, (= Kirchenrechtliche Abhandlungen, hrsg. v. Ulrich Stutz; Heft 27–29), Stuttgart 1906. 326–358.

FRIEDEL, MATHIAS/ STONE, JAMES (Hrsg.): Heinrich VII. Prinz Reuß Botschafter unter Bismarck und Caprivi. Briefwechsel 1871–1894, Paderborn 2015.

FROESE, LEONHARD: Bildungspolitische Entwicklungsskizzen, in: FROESE, LEONHARD/KRAWIETZ, WERNER (Hrsg.): Deutsche Schulgesetzgebung. Band I: Brandenburg, Preußen und Deutsches Reich bis 1945, (= Kleine Pädagogische Texte, hrsg. v. Margret Fischer u.a.; Bd. 37), völlig überarb. u. stark erweiterte Neuauflage der Textausgabe »Deutsche Schulgesetzgebung (1763–1952)«, Basel/Berlin/Weinheim 1968. 11–45.

FÜSSEL, HANS-PETER/ROEDER PETER M.: Recht – Erziehung – Staat, in: FÜSSEL, HANS-PETER/ROEDER PETER M. (Hrsg.): Recht – Erziehung – Staat. Zur Genese einer Problemkonstellation und zur Programmatik ihrer zukünftigen Entwicklung, (= Zeitschrift für Pädagogik; 47. Beiheft), Basel/Berlin/ Weinheim 2003. 7–25.

GÄBLER, CHRISTEL: Reuß älterer Linie und die Herausforderung durch die Französische Revolution, in: GREILING, WERNER/RÜSTER, HAGEN (Hrsg.): Reuß älterer Linie im 19. Jahrhundert. Das widerspenstige Fürstentum?, (= Veröffentlichungen aus Thüringischen Staatsarchiven; Bd. 12; Veröffentlichung des Thüringischen Staatsarchivs Greiz), Jena 2013. 61–71.

GEHRLEIN, THOMAS: Das Haus Reuss Älterer und Jüngerer Linie, (= Deutsche Fürstenhäuser; Heft 19), 2. überarb. Aufl., Werl 2006.

GELDERN-CRISPENDORF, ARTHUR V.: Die Bedeutung der Familie von Geldern(-Crispendorf) und ihres im Thüringischen Staatsarchiv zu Greiz hinterlegten Familien- und Rittergutsarchivs für das Reußenland, (= Beiträge zur mittelalterlichen, neueren und allgemeinen Geschichte, hrsg. von Friedrich Schneider; Bd. 18), Jena 1914.

GLOTZ, UWE U.A.: Chronik der Untermhäuser Schule, hrsg. durch den Förderverein »Otto-Dix-Schule« Gera-Untermhaus e.V., Gera 1993.

GOERTZ, HANS-JÜRGEN: Art. Kirchenzucht. 3. Reformationszeit, in: TRE 19 (1990). S. 176–183.

GOLDHAHN, RAINER: Vögte und Fürsten. Die Heinriche im Reußenland, Münster 2007.

GOLLWITZER, HEINZ: Vorüberlegungen zu einer Geschichte des politischen Protestantismus nach dem konfessionellen Zeitalter, (= Rheinisch-Westfälische Akademie der Wissenschaften, Vorträge; G 253), Opladen 1981.

GREILING, WERNER/RÜSTER, HAGEN (Hrsg.): Reuß älterer Linie im 19. Jahrhundert. Das widerspenstige Fürstentum?, (=Veröffentlichungen aus Thüringischen Staatsarchiven; Bd. 12; Veröffentlichung des Thüringischen Staatsarchivs Greiz), Jena 2013.

GRETHLEIN, CHRISTIAN: Art. Schule und Kirche, in: RGG[4] 7 (2004). 1024–1026.

GROSS, REINER: Geschichte Sachsens, 3., durchges. Aufl., Leipzig 2004.

GRÜNER, GERD (Hrsg.): 800 Jahre Greiz. 1209–2009. Festschrift der Stadt Greiz zur Wiederkehr der 800-jährigen Ersterwähnung und der 650-jährigen Nennung der Stadt, Greiz 2008.

HAGNER, UDO MANFRED: Die Dorfgemeinde und ihre Verfassung im Territorium der Fürstentümer Reuß bis zum Erlass der Gemeindeordnungen von 1850 (Reuß j.L.) bzw. 1871 (Reuß ä.L.), (Dissertationsschrift in 3 Teilbänden), Jena 2014.

HÄRLE, WILFRIED: Art. Zweireichelehre. II. Systematisch-theologisch, in. TRE 36 (2004). 784–789.

HAHN, HANS-WERNER: Deutsche Kleinstaaterei und Industrialisierung. Überlegungen zur Rolle kleiner Staaten im Industrialisierungsprozess am Beispiel des Fürstentums Reuß älterer Linie, in: GREILING, WERNER/RÜSTER, HAGEN (Hrsg.): Reuß älterer Linie im 19. Jahrhundert. Das widerspenstige Fürstentum?, (= Veröffentlichungen aus Thüringischen Staatsarchiven; Bd. 12; Veröffentlichung des Thüringischen Staatsarchivs Greiz), Jena 2013. 187–192.

HÄNSEL, ROBERT: 700 Jahre Schleiz in Zahlen, in: HÄNSEL, ROBERT (Hrsg.): Die Stadt Schleiz. Eine kurze Monographie. Zur 700 Jahr-Feier ihrer ersten urkundlichen Erwähnung als Festschrift, Schleiz 1932. 7–15.

HÄNSEL, ROBERT: Die Berufsschule, in: HÄNSEL, ROBERT (Hrsg.): Die Stadt Schleiz. Eine kurze Monographie. Zur 700 Jahr-Feier ihrer ersten urkundlichen Erwähnung als Festschrift, Schleiz 1932. 86–89.

HÄNSEL, ROBERT: Die kritischen Tage des Fürstentums Reuß älterer Linie im Jahre 1866, Vortrag im Heimat- und Geschichtsverein Zeulenroda am 5. Oktober 1942, Sonderdruck aus dem Reußischen Anzeiger, Zeulenroda 1942.

HECKEL, HANS: Schulrecht und Schulpolitik. Der Einfluß des Rechts auf die Zielsetzung und den Erfolg in der Bildungspolitik, (= Schule in Staat und Gesellschaft. Eine Schriftenreihe für Erziehung und Unterricht in der Schule, für Recht und Verwaltung, Soziologie und Wirtschaft des Bildungswesens, hrsg. von Hans Heckel u. Paul Seipp; Bd. 15), Neuwied am Rhein 1967.

HECKEL, MARTIN: Staat und Kirche nach den Lehren der evangelischen Juristen Deutschlands in der ersten Hälfte des 17. Jahrhunderts, (= JusEcc; Bd. 6), München 1968.

HECKEL, MARTIN: Vom Religionskonflikt zur Ausgleichsordnung. Der Sonderweg des deutschen Staatskirchenrechts vom Augsburger Religionsfrieden 1555 bis zur Gegenwart, (= Bayerische Akademie der Wissenschaften, Philosophisch-historische Klasse, Abhandlungen, Neue Folge; Heft 130), München 2007.

HEILAND, VANESSZA: Bildungswesen und Säkularitäten in der Mitte des 19. Jahrhunderts. Die westfälische Petitionsbewegung zur Volksschulfrage an die Frankfurter Nationalversammlung, in: ROGGENKAMP, ANTJE/WERMKE, MICHAEL (Hrsg.): Religiöse Sozialisation, Erziehung und Bildung in historischer Perspektive. Arbeitsfelder historischer Religionspädagogik, (= Studien zur Religiösen Bildung (StRB), hrsg. von Michael Wermke und Thomas Heller; Bd. 4), Leipzig 2014. 104–131.

HELLER, PAUL: Die Reußische Konfession von 1567, in: Fundamente. Dreißig Beiträge zur thüringischen Kirchengeschichte, (= Thüringer kirchliche Studien V), Berlin 1987. 269–271.

HELLER, PAUL: Graf Heinrich XXV. Reuß zu Gera und das Gemeinschaftlich Reußische Konsistorium, in: Mosaiksteine. Zweiundzwanzig Beiträge zur thüringischen Kirchengeschichte, (= Thüringer kirchliche Studien IV), Berlin 1981. 228–235.

HELLER, PAUL: Gustav Schmidt – Vater der Greizer Erweckungsbewegung, in: SUPERINTENDENTUR GREIZ (Hrsg.): 800 Jahre Christentum im Greizer Land. Einblicke in die reußische Kirchengeschichte, bearb. v. Stefan Michel, Greiz 2009. 65–66.

HERMS, EILERT: Art. Obrigkeit, in: TRE 24 (1994). 723–759.

HERNTRICH, THOMAS: Thüringen. Von den thüringischen Kleinstaaten nach Zerfall des Alten Reiches bis zum Freistaat Thüringen. Eine völkerrechtliche und verfassungsrechtliche Betrachtung, (= Schriften zum internationalen und zum öffentlichen Recht, hrsg. von Gilbert Gorning, Bd. 89), Frankfurt a.M. u.a. 2010.

HERRMANN, RUDOLF: Thüringische Kirchengeschichte, Bd. 2, Weimar 1947.

HERZ, HANS: Die Reußen, (= Thüringen. Blätter zur Landeskunde, hrsg. von der Landeszentrale für politische Bildung THÜRINGEN), 2. Aufl., Erfurt 2003.

HESS, ULRICH: Die Verwaltungsorganisation der Evangelischen Landeskirchen in Thüringen bis zur Gründung der Thüringer Evangelischen Kirche 1919, in: Aus zwölf Jahrhunderten. Einundzwanzig Beiträge zur thüringischen Kirchengeschichte, (= Thüringer kirchliche Studien II, hrsg. von der Gesellschaft für Thüringische Kirchengeschichte), Berlin 1969. 237–255.

Hess, Ulrich: Geschichte der Behördenorganisation der thüringischen Staaten und des Landes Thüringen von der Mitte des 16. Jahrhunderts bis zum Jahre 1952, (= Veröffentlichungen der Historischen Kommission für Thüringen; Kleine Reihe (VHKTh KR); Bd. 1), Jena/Stuttgart 1993. 55.

Hess, Ulrich: Geschichte Thüringens 1866 bis 1914. Aus dem Nachlaß herausgegeben von Volker Wahl, Weimar 1991.

Heun, Werner: Art. Konsistorium, in: TRE 19 (1990). 438–488.

Holzborn, Timo: Die Geschichte der Gesetzespublikation – insbesondere von den Anfängen des Buchdrucks um 1450 bis zur Einführung von Gesetzesblättern im 19. Jahrhundert, (= Juristische Reihe TENEA; Bd. 39), Berlin 2003.

Holzhey, Andreas: Auf der Suche nach El. Das Leben der Fürstin Eleonore Reuß geb. Gräfin zu Stolberg-Wernigerode zum 100. Todestag am 18. September 2003, hrsg. vom Heimatverein Jänkendorf-Ullersdorf e.V., Arbeitskreis »Jubiläum Reuß«, Waldhufen 2003.

Honecker, Martin: Art. Politik und Christentum, in: TRE 27 (1997). 6–22.

Jonscher, Reinhard/Schilling, Willy: Kleine thüringische Geschichte. Vom Thüringer Reich bis 1990, 3., überarb. u. erw. Aufl., Jena 2001. 96–219.

Jonscher, Reinhard: Heinrich XXII., Fürst von Reuß älterer Linie, in: Ignasiak, Detlef (Hrsg.): Herrscher und Mäzene. Thüringer Fürsten von Hermenefred bis Georg II., Jena/Rudolstadt 1994. 497–508.

Jonscher, Reinhard: Thüringische Verfassungsgeschichte im 19. Jahrhundert – Ein Abriß, in: Thüringische Verfassungsgeschichte im 19. und 20. Jahrhundert, (= Schriften zur Geschichte des Parlamentarismus in Thüringen, hrsg. vom Thüringer Landtag Erfurt; Heft 3), Jena 1993. 7–48.

Junghans, Helmar: Art. Superintendent, in: TRE 32 (2001). 463–467.

Kahl, Monika: Zur Typologie der Schulbauten in Gera, in: Schulen in Gera. (= Schule als Denkmal – Denkmal als Schule, hrsg. von Thüringisches Landesamt für Denkmalpflege und Untere Denkmalschutzbehörde Gera), Gera 2002. 10f.

Kalb, Gustav: Geschichte des Landeslehrervereins und der Lehrerversammlungen in Reuß j.L. während der ersten 25 Jahre ihres Bestehens, o.O. 1897.

Kalb, Gustav/Steinhäuser, Otto (Hrsg.): Volkschulrecht für das Fürstentum Reuß j.L. Sammlung der die Volksschule und Lehrer betreffenden wichtigsten gesetzlichen Bestimmungen und Verordnungen. Im Auftrage des Vorstandes des Landeslehrervereins zusammengestellt und mit Sachregister versehen von G. Kalb und O. Steinhäuser, Gera 1898.

KANTZENBACH, FRIEDRICH WILHELM/MEHLHAUSEN, JOACHIM: Art. Neuluthertum, in: TRE 24 (1994). 327–341.

KAUFMANN, ERNST: Heinrich XXVII., in: ZEUNER, MAX (Hrsg.): Unsere Heimat. Eine Einführung in ihre Naturgeschichte, Kultur und Kunst, Gera-Reuß 1914. 122–124.

KEINER, EDWIN: Lehrer, Staat und Öffentlichkeit. Die standesspezifische Formierung des Bildungssystems in der Revolution von 1848, in: Zeitschrift für Pädagogik 44 (1998) 6. 809–830.

KIRSCH, MARTIN: Die Funktionalisierung des Monarchen im 19. Jahrhundert im europäischen Vergleich, in: FISCH, STEFAN/GAUZY, FLORENCE/METZGER, CHANTAL (Hrsg.): Machtstrukturen im Staat in Deutschland und Frankreich. Les structures de pouvoir dans l'Ètat en France et en Allemagne, (= Schriftenreihe des Deutsch-Französischen Historikerkomitees; Bd. 1), Stuttgart 2007. 82–98.

KLEEBERG, SYLVIA E.: Die Entwicklung der Schulaufsichtsfrage in den reussischen Territorien im Zeitraum von 1848 bis 1918, in: ROGGENKAMP, ANTJE/WERMKE, MICHAEL (Hrsg.): Religiöse Sozialisation, Erziehung und Bildung in historischer Perspektive. Arbeitsfelder historischer Religionspädagogik, (= Studien zur Religiösen Bildung (StRB), hrsg. von Michael Wermke und Thomas Heller; Bd. 4), Leipzig 2014. 133–147.

KLEIN, MARTINA/SCHUBERT, KLAUS: Das Politiklexikon, Lizenzausg. für die Bundeszentrale für politische Bildung, Bonn 2007.

KLEIN, SVEN MICHAEL: Biographische Skizzen zum Fürstenhaus Reuß älterer Linie, in: GREILING, WERNER/RÜSTER, HAGEN (Hrsg.): Reuß älterer Linie im 19. Jahrhundert. Das widerspenstige Fürstentum?, (=Veröffentlichungen aus Thüringischen Staatsarchiven; Bd. 12; Veröffentlichung des Thüringischen Staatsarchivs Greiz), Jena 2013. 249–278.

KLEIN, SVEN MICHAEL: Die Behandlung ausgewählter kirchenpolitischer Gesetzesvorlagen im Landtag des Fürstentums Reuß älterer Linie, in: Kirchen und kirchliche Aufgaben in der parlamentarischen Auseinandersetzung in Thüringen vom frühen 19. bis ins ausgehende 20. Jahrhundert, (= Schriften zur Geschichte des Parlamentarismus in Thüringen, hrsg. vom Thüringer Landtag; Bd. 23), Erfurt 2001. 17–47.

KLEIN, SVEN MICHAEL: Fürst Heinrich XIII. Reuss Aelterer Linie. Ein Leben für Reich und Fürstentum. Der Künstler Anton Graff und sein Greizer Fürstenportrait, hrsg. vom Verein für Greizer Geschichte e.V. anlässlich der Übergabe des Graff'schen Ölgemäldes durch Freifrau Dr. Gisela

Schenck zu Schweinsberg an die Stadt Greiz, (= Mitteilungen des Vereins für Greizer Geschichte, hrsg. vom Verein für Greizer Geschichte e.V.; Bd. 16), Greiz 2009.

Klein, Sven Michael: Heinrich der Zwei und Zwanzigste. Sein Leben, sein Wirken und seine Zeit, in: Thüringisches Staatsarchiv Greiz (Hrsg.): Vereinsmitteilungen des Vereins für Greizer Geschichte e.V., Bd. 14, Greiz 2002. 4–78.

Klein, Sven Michael: Streifzüge durch die Geschichte der Landeskirche im Fürstentum Reuss Älterer Linie (1778 bis 1918), in: Superintendentur Greiz (Hrsg.): 800 Jahre Christentum im Greizer Land. Einblicke in die reußische Kirchengeschichte, bearb. v. Stefan Michel, Greiz 2009. 57–63.

Klein, Thomas (Hrsg.): Thüringen, (= Grundriß zur deutschen Verwaltungsgeschichte 1815–1945, Reihe B »Mitteldeutschland«; Bd. 15), Marburg/Lahn 1983. 289–316.

Klimpke, Juergen K.: Das 19. Jahrhundert. In: Schleiz zur Zeit der Reußen (2). 775 Jahre Schleiz – Teil 3, (= Schleizer Heimat-Hefte (ehem. Kleine Heimat-Bibliothek; 12. Jg. – Nr. 3/2007; Heft Nr. 47), Schleiz 2007.

Klimpke, Juergen K.: Dr. Konrad Duden, Gymnasialdirektor – Sieben Jahre in Schleiz. Das Wirken Dr. Konrad Dudens während seiner Zeit als Direktor des Gymnasiums »Rutheneum« zu Schleiz 1869-1876. Zum 100. Todestag Dr. Konrad Dudens, Schleiz 2011.

Kliss, Oliver: Schulentwicklung und Religion. Untersuchungen zum Kaiserreich zwischen 1870 und 1918, (= Praktische Theologie heute, hrsg.v. Gottfried Bitter u.a.; Bd. 68), Stuttgart 2005.

Klotz, Johann Christoph: Beschreibung der Herrschaft und Stadt Gera, Schleiz 1816.

Knoll, Friedrich: Greiz – Eine »Hochburg der Mission«, in: Superintendentur Greiz (Hrsg.): 800 Jahre Christentum im Greizer Land. Einblicke in die reußische Kirchengeschichte, bearb.v. Stefan Michel, Greiz 2009. 70–72.

Koch, Ernst: Die reussische Kirche unter D. Heinrich Jahn in der Republik von Weimar (1918 bis 1931), in: Superintendentur Greiz (Hrsg.): 800 Jahre Christentum im Greizer Land. Einblicke in die reußische Kirchengeschichte, bearb.v. Stefan Michel, Greiz 2009. 75–78.

Kollmann, Karl: Die kirchlichen Reformbestrebungen Graf Heinrichs II. von Obergreiz (1715–1722). Nach Akten des Fürstlichen Konsistorialarchivs zu Greiz. In: Reussische Forschungen. Festschrift für Herrn Archivrat Dr. Berthold Schmidt in Schleiz zu seinem 25jährigen Jubiläum als reussischer Geschichtsforscher, Weida 1910. 23–56.

KRAWIETZ, WERNER: Schulrechtlicher Überblick, in: FROESE, LEONHARD/KRAWIETZ, WERNER (Hrsg.): Deutsche Schulgesetzgebung. Band I: Brandenburg, Preußen und Deutsches Reich bis 1945, (= Kleine Pädagogische Texte, hrsg. v. Margret Fischer u.a.; Bd. 37), völlig überarb. u. stark erweiterte Neuauflage der Textausgabe »Deutsche Schulgesetzgebung (1763-1952)«, Basel/Berlin/Weinheim 1968. 46-65.

KRETSCHMER, ERNST PAUL: Geschichte der Lehrerbildung im ehemaligen Fürstentume Reuß j. Linie. Ein Beitrag zur Entwicklungsgeschichte des deutschen Volkschullehrerstandes, auf urkundlicher Grundlage dargestellt und bearbeitet von Ernst Paul Kretschmer, Schleiz 1927.

KROEGER, MATTHIAS: Art. Zweireichelehre. III. Praktisch-theologisch, in. TRE 36 (2004). 790-793.

KRUMWIEDE, HANS-WALTER: Art. Kirchenregiment, Landesherrliches, in: TRE 19 (1990). 59-68.

KUCKDESCHEL, PAUL: Heinrich XXVII. Reuß j.L. als Erbprinzregent und Regierender Fürst, in: REUSS, HEINRICH XLV. (Hrsg.): Fürst Heinrich XXVII. Reuß j.L. Fürstin Elise Reuß J.L., Gera 1939. 19-31.

KUNZ, ANDREAS (Hrsg.): Beschreibungen von Staaten, Provinzen und Regierungsbezirken in Deutschland 1820-1914, bearb. v. Dorlis Blume, Mainz 2008 (= Skripte und Materialien zum Forschungsprojekt »HGIS Germany - Historisches Informationssystem der deutschen Staatenwelt seit 1815«, hrsg. von Andreas Kunz, Bd. 4). URL: http://www.hgisg-ekompendium.ieg-mainz.de/Forschungsergebnisse/Skripte_Materialien/Schriftenreihe-HGISG-Bd-4.pdf [Stand vom 11.12.2013]

LACHMANN, RAINER/SCHRÖDER, BERND (Hrsg.): Geschichte des evangelischen Religionsunterrichts in Deutschland. Ein Studienbuch, Neukirchen-Vluyn 2007.

LACHMANN, RAINER/SCHRÖDER, BERND (Hrsg.): Geschichte des evangelischen Religionsunterrichts in Deutschland. Quellen, Neukirchen-Vluyn 2010.

LANDAU, PETER: Art. Kirchenverfassungen, in: TRE 19 (1990). 110-165.

LANDESLEHRERVEREIN REUSS JÜNGERER LINIE (Hrsg.): Denkschrift über die künftige Gestaltung der Fortbildungsschulen im Fürstentum Reuß j.L. Im Auftrage des Geschäftsführenden Ausschusses bearbeitet von der Pädagogischen Arbeits-Gemeinschaft des Landes-Lehrervereins, Gera 1914.

LANG, PETER THADDÄUS/ZEEDEN, ERNST WALTER (Hrsg.): Kirche und Visitation. Beiträge zur Erforschung des frühneuzeitlichen Visitationswesens in Europa, (= Spätmittelalter und Frühe Neuzeit. Tübinger Beiträge zur Geschichtsforschung (ZEEDEN, ERNST WALTER (Hrsg.): Sonderforschungsbereich 8 Tübingen = Sonderforschungsbereich Spätmittelalter und Reformation), hrsg.v. Volker Press und Ernst Walter Zeeden; Bd. 14), Stuttgart 1984. 9–20.

LANGE, HERMANN: Schulaufsicht zwischen normativen Anforderungen und faktischen Wirkungsmöglichkeiten, in: FÜSSEL, HANS-PETER/ROEDER, PETER M. (Hrsg.): Recht – Erziehung – Staat. Zur Genese einer Problemkonstellation und zur Programmatik ihrer zukünftigen Entwicklung., (= Zeitschrift für Pädagogik; Beiheft; Nr. 47), Weinheim u.a. 2003. 137–155.

LANGEWIESCHE, DIETER: Die Monarchie im Jahrhundert Europas. Selbstbehauptung durch Wandel im 19. Jahrhundert, Heidelberg 2013.

LEBER, FRANZ: Das Greizer Schulwesen, in: KÖNIG, GERD ELMAR (Hrsg.): Greizer Begegnungen. Erlebte Geschichte, Bd. 1, Greiz 2007. 192–204.

LEITH, JOHN H.: Art. Kirchenzucht. 1. Begriff, in: TRE 19 (1990). 173f.

LEITH, JOHN H.: Art. Kirchenzucht. 2. Theologischer Überblick, in: TRE 19 (1990). 174–176.

LEITH, JOHN H.: Art. Kirchenzucht. 4. Neuzeit, in: TRE 19 (1990). 183–191.

LEMM, ERHARD/SCHENKE, FRANK/SCHENKE, ANGELIKA (Hrsg.): Die Reußische Fürstenstraße, 2. überarb. Aufl., Gera 2005.

LIEBMANN, OTTO: Das Staatsrecht des Fürstenthums Reuß älterer Linie. In: Das Staatsrecht der Thüringischen Staaten: Sachsen-Weimar-Eisenach, Sachsen-Meiningen, Sachsen-Altenburg, Sachsen-Coburg und Gotha, Schwarzburg-Rudolstadt, Schwarzburg-Sondershausen, Reuß älterer Linie, Reuß jüngerer Linie, (= Handbuch des Öffentlichen Rechts; Bd. 3: Das Staatsrecht des Deutschen Reiches und der Deutschen Staaten II; Zweiter Halbbd., Zweite Abteilg.), Freiburg i.B./Tübingen 1884. 177–185.

LIESE, ADOLF (Hrsg.): Allgemeine Bestimmungen über das preußische Volksschul-, Präparanden- und Seminar-Wesen vom 15. Okt. 1872, nebst Prüfungs-Ordnung für Lehrerinnen und Schulvorsteherinnen vom 24. April 1874 und dem Schulaufsichtsgesetze vom 11. März 1872 mit den bis 1887 erlassenen, erläuternden und ergänzenden Ministerial- und Regierungsbestimmungen, 9. vermehrte Aufl., Leipzig/Neuwied 1887.

LOHE, KARL-FERDINAND: Die staatsrechtliche Stellung von Landesregierung und Volksvertretung in Reuß älterer Linie und die Austragung von Gegensätzlichkeiten zwischen beiden (1867–1918), (= Beiträge zur mittelalterlichen und neueren Geschichte, hrsg. von Friedrich Schneider; Bd. 7), Jena 1937.

LUNDGREEN, PETER: »Bildungspolitik« und »Eigendynamik« in den Wachstumsschüben des deutschen Bildungssystems seit dem 19. Jahrhundert, in: Zeitschrift für Pädagogik 49 (2003) 1. 34–41.

Lundgreen, Peter: Pädagogische Professionen. Ausbildung und Professionalität in historischer Perspektive, in: Helsper, Werner/Tippelt, Rudolf (Hrsg.): Pädagogische Professionalität, (= Zeitschrift für Pädagogik; 57. Beiheft), Basel/Berlin/Weinheim 2011. 9–39.

Luther, Martin: Von weltlicher Obrigkeit, wie weit man ihr Gehorsam schuldig sei 1523. 1. »Weltliche Obrigkeit ist Gottes Ordnung«. In: Der Heliand. Volksmissionarische Hefte; Nr. 12; III. Reihe: Zeugnisse der Väter), Berlin 1934.

Mathieu, Edward: Heinrich XXII. und die deutsche Moderne. Die Sicht der anglo-amerikanischen Geschichtsforschung, in: Greiling, Werner/Rüster, Hagen (Hrsg.): Reuß älterer Linie im 19. Jahrhundert. Das widerspenstige Fürstentum?, (= Veröffentlichungen aus Thüringischen Staatsarchiven; Bd. 12; Veröffentlichung des Thüringischen Staatsarchivs Greiz), Jena 2013. 33–49.

Matthias, Markus: Art. Orthodoxie. I. Lutherische Orthodoxie, in: TRE 25 (1995). 464–485.

Mehlhausen, Joachim: Kirche zwischen Staat und Gesellschaft. Zur Geschichte des evangelischen Kirchenverfassungsrechts in Deutschland (19. Jahrhundert), in: Rau, Gerhard/Reuter, Hans-Richard/Schlaich, Klaus (Hrsg.): Zur Geschichte des Kirchenrechts, (= Das Recht der Kirche; Bd. II; Forschungen und Berichte der Evangelischen Studiengemeinschaft, im Auftrag des Wissenschaftlichen Kuratoriums, hrsg.v. Heinz Wismann; Bd. 50), Gütersloh 1995. 193–271.

Menzel, Rudolf: Die Anfänge der Volksschule in Deutschland. Dargestellt unter besonderer Berücksichtigung der mitteldeutschen protestantischen Territorien, (= Diskussionsbeiträge zu Fragen der Pädagogik; Heft 13), Berlin 1958.

Meusel, Otto/Schmidt, Berthold (Hrsg.): A.H. Franckes Briefe an den Grafen Heinrich XXIV. j.L. Reuß zu Köstritz und seine Gemahlin Eleonore aus den Jahren 1704 bis 1727 als Beitrag zur Geschichte des Pietismus, Leipzig 1905.

Michel, Stefan: Reformation und Konfessionelles Zeitalter im Reussenland, in: Superintendentur Greiz (Hrsg.): 800 Jahre Christentum im Greizer Land. Einblicke in die reußische Kirchengeschichte, bearb. v. Stefan Michel, Greiz 2009. 33–38.

Moderow, Hans-Martin: Volksschule zwischen Staat und Kirche. Das Beispiel Sachsen im 18. und 19. Jahrhundert, (Geschichte und Politik in Sachsen, hrsg. von Urlich von Hehl, Günther Heydemann u. Hartmut Zwahr; Bd. 25), Köln/Weimar/Wien, 2007. 15–42.

MÜLLER, ANKE: Heinrich der Jüngere, genannt Heinrich Posthumus Herr von Reuß 1595–1635, in: IGNASIAK, DETLEF (Hrsg.): Herrscher und Mäzene. Thüringer Fürsten von Hermenefred bis Georg II., Jena/Rudolstadt 1994. 177–191.

MÜLLER, DETLEF K.: Methodische Voraussetzungen zur Analyse der Entwicklung des Bildungssystems im 19. und 20. Jahrhundert, in: MÜLLER, DETLEF K.: Sozialgeschichte und Statistik des Schulsystems in den Staaten des Deutschen Reiches, 1800–1945, von Detlef K. Müller u. Bernd Zymek unter Mitarb. von Ulrich Herrmann, (= Datenhandbuch zur deutschen Bildungsgeschichte; Bd. II: Höhere und mittlere Schulen; Teil 1), Göttingen 1987. 13–20.

MÜLLER, GERHARD: Landständische Verfassung und Verfassungswirklichkeit im Fürstentum Reuß älterer Linie von 1809 bis 1867, in: GREILING, WERNER/RÜSTER, HAGEN (Hrsg.): Reuß älterer Linie im 19. Jahrhundert. Das widerspenstige Fürstentum?, (= Veröffentlichungen aus Thüringischen Staatsarchiven; Bd. 12; Veröffentlichung des Thüringischen Staatsarchivs Greiz), Jena 2013. 147–164.

MÜLLER, KARL: Das Staatsrecht des Fürstenthums Reuß jüngerer Linie. In: Das Staatsrecht der Thüringischen Staaten: Sachsen-Weimar-Eisenach, Sachsen-Meiningen, Sachsen-Altenburg, Sachsen-Coburg und Gotha, Schwarzburg-Rudolstadt, Schwarzburg-Sondershausen, Reuß älterer Linie, Reuß jüngerer Linie, (= Handbuch des Öffentlichen Rechts; Bd. 3: Das Staatsrecht des Deutschen Reiches und der Deutschen Staaten II; Zweiter Halbbd., Zweite Abteilg.), Freiburg i.B./Tübingen 1884. 189–196.

NATH, AXEL: Bildungswachstum und äußere Schulreform im 19. und 20. Jahrhundert. Individualisierung der Bildungsentscheidung und Integration der Schulstruktur, in: Zeitschrift für Pädagogik 49 (2003) 1. 8–25.

PAULY, WALTER: Art. Konstitutionalismus, in: HEUN, WERNER (Hrsg.): Evangelisches Staatslexikon, Stuttgart 2006. 1313–1316.

QUERFELD, WERNER: Gründung eines amtlichen Lehrervereins in Greiz im Jahre 1841, in: Der Heimatbote. Beiträge aus dem Landkreis Greiz und Umgebung, Bd. 47 (2001). 3f.

QUERFELD, WERNER: Kultur- und Vereinsleben in der Stadt Greiz während des 19. Jahrhunderts. Ein Beitrag zur Geschichte des Partikularismus in Deutschland, (= Beiträge zur mittelalterlichen, neueren und allgemeinen Geschichte, hrsg. von Friedrich Schneider; Bd. 27), Jena 1957.

QUERFELD, WERNER: Quellen über den Beginn der Novemberrevolution von 1918 in Greiz. Ein Beitrag zum 70. Jahrestag der Novemberrevolution von 1918, Greiz 1988.

Querfeld, Werner: Trennung von Verwaltung und Justiz in Reuß jüngerer Linie um 1852. Eine Quellenpublikation, (= MR Sonderdruck Jahrbuch des Museums Reichenfels-Hohenleuben, Nr. 47), Hohenleuben 2002. 93–98.

Redaktion der RGG⁴ (Hrsg.): Abkürzungen Theologie und Religionswissenschaft nach RGG⁴, Tübingen 2007.

Rehm, Hermann: Modernes Fürstenrecht, München 1904.

Reichstädter, Michael: Napoleons langer Schatten. Das Fürstentum Reuß älterer Linie vom Rheinbund bis zur Julirevolution, in: Greiling, Werner/Rüster, Hagen (Hrsg.): Reuß älterer Linie im 19. Jahrhundert. Das widerspenstige Fürstentum?, (=Veröffentlichungen aus Thüringischen Staatsarchiven; Bd. 12; Veröffentlichung des Thüringischen Staatsarchivs Greiz), Jena 2013. 87–109.

Resch, Alfred: Das Schulwesen der Stadt Greiz, Greiz 1863.

Resch, Alfred: Das Zeulenrodaer Schulwesen in den Jahren 1852–79, (= Stemler, Johann Gottlieb: Geschichte von Zeulenroda; Ergänzungsheft), Zeulenroda 1879.

Resch, Alfred: Die Volksschule in gemeinsamer Pflege von Staat und Gemeinde. Ein Beitrag zu der Frage: Staats- oder Gemeindeschule, (= Greßlers Pädagogische Blätter, hrsg. von Otto Philipp; Heft 21), Langensalza 1913.

Resch, Alfred: Schulgesetzsammlung für das Fürstentum Reuß Älterer Linie, enthaltend die Gesetze und Verordnungen für die Volksschule, Bd. 1, Greiz 1910.

Resch, Alfred: Schulgesetzsammlung für das Fürstentum Reuß Älterer Linie, enthaltend die Gesetze und Verordnungen für die Volksschule, Bd. 2, Greiz 1914.

Resch, Gotthold: D. Alfred Resch, (= Beiträge zur thüringischen Kirchengeschichte; Bd. VI, Heft 1 (Sonderdruck)), Jena 1940.

Ris, Georg: Der »kirchliche Konstitutionalismus«. Hauptlinien der Verfassungsbildung in der evangelisch-lutherischen Kirche Deutschlands im 19. Jahrhundert, (= JusEcc; Bd. 33), Tübingen 1988.

Robbers, Gerhard: Staatliches Recht und Kirchenrecht, in: Rau, Gerhard/Reuter, Hans-Richard/Schlaich, Klaus: Zur Theorie des Kirchenrechts, (= Das Recht der Kirche; Bd. 1; Forschungen und Berichte der Evangelischen Studiengemeinschaft. Im Auftrag des Wissenschaftlichen Kuratoriums hrsg. v. Heinz Wismann; Bd. 49), Gütersloh 1997. 474–496.

Rödel, Rudolf: Die Politik des Fürstentums Reuß ä.L. von der Auflösung des deutschen Reiches bis zum Ende des Wiener Kongresses, in: 35. und 36.

Jahresbericht (13. Band) des Vereins für Greizer Geschichte. Greiz 1929, 1–103.

RUPP, HORST F.: Religion – Bildung – Schule. Studien zur Geschichte und Theorie einer komplexen Beziehung, (= Forum zur Pädagogik und Didaktik der Religion; Bd. 8), Weinheim 1994.

RÜSTER, HAGEN: Im Kampf gegen die »Reichsfeinde« – Reuß älterer Linie in der politischen Satire. Mit kommentierten Bildquellen, in: GREILING, WERNER/RÜSTER, HAGEN (Hrsg.): Reuß älterer Linie im 19. Jahrhundert. Das widerspenstige Fürstentum?, (= Veröffentlichungen aus Thüringischen Staatsarchiven; Bd. 12; Veröffentlichung des Thüringischen Staatsarchivs Greiz), Jena 2013. 279–376.

RÜSTER, HAGEN: Forschungsgegenstand und Quellenlage zu Heinrich XXII. Fürst Reuß Aelterer Linie im Thüringischen Staatsarchiv Greiz, in: Thüringisches Staatsarchiv Greiz (Hrsg.): Vereinsmitteilungen des Vereins für Greizer Geschichte e.V., Bd. 14, Greiz 2002. 79–88.

RÜSTER, HAGEN: Stadtherrschaft und Residenz in Greiz, in: GRÜNER, GERD (Hrsg.): Stadt Greiz im Vogtland. 800 Jahre Greiz. Festschrift der Stadt Greiz zur Wiederkehr der 800-jährigen Ersterwähnung und der 650-jährigen Nennung als Stadt, Greiz 2008. 10–19.

SCHLAICH, KLAUS: Die Kirche als Anstalt und Verein. Zur Kollegialtheorie des 18. Jahrhunderts, in: RAU, GERHARD/REUTER, HANS-RICHARD/SCHLAICH, KLAUS (Hrsg.): Zur Geschichte des Kirchenrechts, (= Das Recht der Kirche; Bd. II; Forschungen und Berichte der Evangelischen Studiengemeinschaft. Im Auftrag des Wissenschaftlichen Kuratoriums, hrsg. v. Heinz Wismann; Bd. 50), Gütersloh 1995. 174–192.

SCHLOTTER, PAUL: Das Staats- und Verwaltungsrecht der Fürstentümer Reuss älterer und jüngerer Linie. Gemeinverständlich dargestellt, (= Bibliothek des Öffentlichen Rechts. Sammlung gemeinverständlicher Darstellungen des Staats- und Verwaltungsrechtes der wichtigsten Kulturstaaten der Gegenwart, hrsg. von Franz Scholz u. Ludwig Storck; Bd. 8), Hannover 1909.

SCHMIDT, BERTHOLD: Geschichte des Reußenlandes von Mitte des 16. Jahrhunderts bis zum Beginn des Weltkrieges, (= Geschichte des Reußenlandes; 2. Halbband), Gera 1927.

SCHMIDT, BERTHOLD: Heinrich XIV. Fürst Reuss jüngerer Linie. Ein Lebensbild, Schleiz 1913.

SCHMIDT, FRIEDRICH LORENZ: Zeulenroda in der Zeit von 1325–1650, (= Geschichte der Stadt Zeulenroda im thüringischen Vogtland. Nach urkundlichen Quellen bearbeitet; Erster Teil: Kurzberichte aus den Quellen zur

Orts- und Familiengeschichte der Stadt Zeulenroda 1325–1650; Erste Hälfte), Zeulenroda 1935.

Schmidt, Friedrich Lorenz: Zeulenroda in der Zeit von 1651–1750, (= Geschichte der Stadt Zeulenroda im thüringischen Vogtland. Nach urkundlichen Quellen bearbeitet; Erster Teil: Kurzberichte aus den Quellen zur Orts- und Familiengeschichte der Stadt; Zweite Hälfte), Zeulenroda 1937.

Schmidt, Friedrich Lorenz: Zeulenroda von seinen Anfängen bis zum Friedensfest nach dem Dreißigjährigen Krieg im Jahre 1650 mit einer Geschichte der vor 1650 gegründeten Bürgerhäuser, (= Geschichte der Stadt Zeulenroda im thüringischen Vogtland. Nach urkundlichen Quellen bearbeitet; Zweiter Teil: Darstellende Geschichte der Stadt Zeulenroda 1325–1867. Bearbeitet nach Urkunden, Akten und Briefen staatlicher, städtischer und fürstlicher Archive; Erste Hälfte), Zeulenroda 1938.

Schmidt, Friedrich Lorenz: Zeulenroda in der Zeit von 1651–1867, (= Geschichte der Stadt Zeulenroda im thüringischen Vogtland. Nach urkundlichen Quellen bearbeitet; Zweiter Teil: Darstellende Geschichte der Stadt Zeulenroda 1325–1867. Bearbeitet nach Urkunden, Akten und Briefen staatlicher, städtischer und fürstlicher Archive; Zweite Hälfte), Weimar 1953.

Schmidt, Martin: Art. Aufklärung. II. Theologisch, in: TRE 4 (1979). 594–608.

Schmidt, Ludwig: Art. Königtum. II. Altes Testament, in: TRE 19 (1990). 327–333.

Schmidt, Werner: Kurzer Abriss der Schulgeschichte in Gera zwischen 1864 und 1976, in: Schulen in Gera. (= Schule als Denkmal – Denkmal als Schule, hrsg. von Thüringisches Landesamt für Denkmalpflege und Untere Denkmalschutzbehörde Gera), Gera 2002. 6–8.

Schneider, Friedrich (Hrsg.): Aus den Tagen Heinrichs XXII. Souv. Fürsten Reuß ä.L. (1867-1902). Aktenstücke, Aufzeichnungen und Briefe, (= Aus reußischen Archiven; Heft 1), Greiz/Leipzig 1921.

Schoenaich Carolath, Hans Georg zu: Das landesherrliche Kirchenregiment in Reuß-Greiz 1560 bis 1716, (= Beiträge zur mittelalterlichen und neueren Geschichte, hrsg. v. Friedrich Schneider; Bd. 9), Jena 1938.

Schröder, Bernd: Historische Religionspädagogik – Überlegungen zu Fokus und Funktion, in: Theo-Web. Zeitschrift für Religionspädagogik 10 (2011), Heft 2. 173–189.

Stadtmuseum Gera (Hrsg.): Die Geschichte Geras von der ersten Besiedelung bis 1914, Gera 2010.

SCHWANHÄUSSER, GERTRUD: Das Gesetzgebungsrecht der evangelischen Kirche unter dem Einfluß des landesherrlichen Kirchenregiments im 16. Jahrhundert, (= JusEcc; Bd. 5), München 1967.

SCHWERTNER, SIEGFRIED M.: Internationales Abkürzungsverzeichnis für Theologie und Grenzgebiete (ITAG). Zeitschriften, Serien, Lexika, Quellenwerke mit bibliographischen Angaben, 2., überarb. u. erw. Aufl., nachgedr. Sonderausg., Berlin/New York 1994 (= 1993).

SCHWOCHOW, HERMANN: Die Schulpraxis. Eine übersichtliche Darstellung der äußeren Verhältnisse der Volksschule in ihrer erziehlichen Bedeutung, insbesondere der Schuleinrichtung u. -Ausstattung, der Schulpflicht, Schulordnung u. Schulaufsicht. Als Lern- und Nachschlagebuch zur Vorbereitung auf pädagogische Prüfungen, sowie für Schulaufsichtsbeamte unter steter Berücksichtigung der amtlichen Vorschriften, Gera 1898.

SEELA, REYK: Landtage und Gebietsvertretungen in den reußischen Staaten 1848/67–1923. Biographisches Handbuch, (= Veröffentlichungen der Historischen Kommission für Thüringen: Große Reihe (VHKTh GR); Bd. 1: Parlamente in Thüringen 1809–1952, hrsg. v. Jochen Lengemann; Teil 2), Jena u.a. 1996.

SEHLING, EMIL (Hrsg.): Die Ordnungen Luthers. Die Ernestinischen und Albertinischen Gebiete, (= Die evangelischen Kirchenordnungen des XVI. Jahrhunderts, Abt. 1: Sachsen und Thüringen nebst angrenzenden Gebieten; 1. Hälfte), Leipzig 1902. 142–148.

SICHELSCHMIDT, KARLA: Recht aus christlicher Liebe oder obrigkeitlicher Gesetzesbefehl? Juristische Untersuchungen zu den evangelischen Kirchenordnungen des 16. Jahrhunderts, (= JusEcc; Bd. 49), Tübingen 1995.

SÖLLNER, RUDOLF: Die Entwicklung des Greizer Volks- und höheren Schulwesens, in: GRÜNER, GERD (Hrsg.): Stadt Greiz im Vogtland. 800 Jahre Greiz. Festschrift der Stadt Greiz zur Wiederkehr der 800-jährigen Ersterwähnung und der 650-jährigen Nennung als Stadt, Greiz 2008. 46–55.

SPRENGLER-RUPPENTHAL, ANNELIESE: Das kanonische Recht in Kirchenordnungen des 16. Jahrhunderts. Eine Dokumentation. In: Sprengler-Ruppenthal, Anneliese: Gesammelte Aufsätze zu den Kirchenordnungen des 16. Jahrhunderts, (= JusEcc; Bd. 74), Tübingen 2004. 98–373.

STRAUCH, JOACHIM V.: Die Schicksale und die Politik des Fürstentums Reuß ä.L. in den Jahren 1848-50, (= 31. Jahresbericht des Vereins für Greizer Geschichte und Mitteilungen des Vereins für Greizer Geschichte; Bd. 11), Greiz 1924.

STROHM, CHRISTOPH: Ius divinum und ius humanum. Reformatorische Begründung des Kirchenrechts, in: RAU, GERHARD/REUTER, HANS-RICHARD/SCHLAICH, KLAUS (Hrsg.): Zur Geschichte des Kirchenrechts, (= Das Recht der Kirche; Bd. II; Forschungen und Berichte der Evangelischen Studiengemeinschaft. Im Auftrag des Wissenschaftlichen Kuratoriums, hrsg. v. Heinz Wismann; Bd. 50), Gütersloh 1995. 115–173.

SUPERINTENDENTUR GREIZ (Hrsg.): 800 Jahre Christentum im Greizer Land. Einblicke in die reußische Kirchengeschichte, bearb.v. Stefan Michel, Greiz 2009.

SÜSSENGUTH, CHRISTIAN: Staat ohne Revolution? Reuß-Greiz in den Jahren 1848/49, in: GREILING, WERNER/RÜSTER, HAGEN (Hrsg.): Reuß älterer Linie im 19. Jahrhundert. Das widerspenstige Fürstentum?, (=Veröffentlichungen aus Thüringischen Staatsarchiven; Bd. 12; Veröffentlichung des Thüringischen Staatsarchivs Greiz), Jena 2013. 111–132.

TENORTH, HEINZ-ELMAR: Geschichte der Erziehung. Einführung in die Grundzüge ihrer neuzeitlichen Entwicklung, (= Grundlagentexte Pädagogik), 5. erw. u. verb. Aufl.,München/Weinheim 2010.

THIEME, ANDRÉ: Landesherrschaft und Reichsunmittelbarkeit. Beobachtungen bei den Burggrafen von Meißen aus dem Hause Plauen und anderen Nachfolgefamilien der Vögte von Weida, Gera und Plauen, in: ROGGE, JÖRG/SCHIRMER, UWE (Hrsg.): Hochadelige Herrschaft im mitteldeutschen Raum (1200 bis 1600). Formen – Legitimitation – Repräsentation, (= Quellen und Forschungen zur sächsichen Geschichte, im Auftrag der Sächsischen Akademie der Wissenschaften zu Leipzig, hrsg.v. Manfred Rudersdorf u.a.; Bd. 23), Stuttgart 2003. 135–161.

THOSS, ALFRED: Die Geschichte der Stadt Greiz. Von den Anfängen bis zum Ausgang des 17. Jahrhunderts. Mit besonderer Berücksichtigung der Rechts-, Verfassungs- und Wirtschaftsentwicklung, 2. Aufl., Greiz 1991.

TIETZE, HARTMUT: Wie wächst das Bildungssystem?, in: Zeitschrift für Pädagogik 45 (1999) 1. 103–120.

TREBGE, FRIEDRICH WILHELM: Heinrich XXIV., Graf von Reuß-Köstritz, in: Ignasiak, Detlef (Hrsg.): Herrscher und Mäzene. Thüringer Fürsten von Hermenefred bis Georg II., Jena/Rudolstadt 1994. 261–269.

TREBGE, FRIEDRICH WILHELM: Spuren im Land. Aus der Geschichte des apaginierten thüringisch-vogtländischen Adelshauses Reuß-Köstritz, Hohenleuben 2001.

Vollert, Wilhelm: Heinrich Posthumus als lutherischer Christ und seine Bedeutung für die Thüringische Kirchengeschichte. Gedenkschrift zum dreihundertjährigen Jubiläum des Fürstlichen Gymnasium Rutheneum in Gera, Gera 1908.

Vollstädt, Witlof: Steuerung von Schulentwicklung und Unterrichtsqualität durch staatliche Lehrpläne?, in: Füssel, Hans-Peter/Roeder, Peter M. (Hrsg.): Recht – Erziehung – Staat. Zur Genese einer Problemkonstellation und zur Programmatik ihrer zukünftigen Entwicklung., (= Zeitschrift für Pädagogik; Beiheft; Nr. 47), Weinheim u. a. 2003. 194–214.

Vondenhoff, Michael: Die Schule zwischen Staatsanstalt und causa ecclesiastica: das Schulwesen des 19. Jahrhunderts im Spannungsverhältnis von Staat und Kirche in seiner rechtsgeschichtlichen Entwicklung unter besonderer Berücksichtigung Preußens, (= Berichte aus der Rechtswissenschaft), Aachen 2008.

Wagner, Falk: Art. Rationalismus. II. Theologisch, in: TRE 28 (1997). 170–178.

Wall, Heinrich de: Art. Kirchenregiment, in: RGG[4] 4 (2001). 1292–1294.

Wall, Heinrich de: Art. Landesherrliches Kirchenregiment, in: Ev. Staatslexikon. 1380–1386.

Weber, Max: Wirtschaft und Gesellschaft. Grundriss der verstehenden Soziologie, Frankfurt a.M. 2010.

Wehler, Hans-Ulrich: Von der »Deutschen Doppelrevolution« bis zum Beginn des Ersten Weltkrieges 1849–1914, (Deutsche Gesellschaftsgeschichte; Bd. 3), München 1995. 493–1295.

Wittmütz, Volkmar: Die preußische Elementarschule im 19. Jahrhundert, in: Fisch, Stefan/Gauz, Florence/Metzger, Chantal (Hrsg.): Lernen und Lehren in Frankreich und Deutschland. Apprendre et enseigner en Allemagne et en France, (= Schriftenreihe des Deutsch-Französischen Historikerkomitees; Bd. 2), Stuttgart 2007. 15–32.

Wucher, Waldemar: Reuß jüngere Linie in der Bewegung der Jahre 1848/49, Weida i.Th. 1926.

Zeissner, Rudolf: Staat und Kirche im Fürstentum Reuß j.L., Inaugural-Dissertation zur Erlangung der Doktorwürde der hohen Juristischen Fakultät der Großherzoglich und Herzoglich Sächsischen Gesamt-Universität Jena, Weida i.Th. 1915.

Zeuner, Max (Hrsg.): Unsere Heimat. Eine Einführung in ihre Naturgeschichte, Kultur und Kunst, Gera-Reuß 1914.

ZYMEK, BERND: Die Aktualität der regionalen Schulentwicklung als Gegenstand der empirischen Bildungsforschung. Einführung in den Thementeil, in: Zeitschrift für Pädagogik 53 (2007) 3. 279–283.

ZYMEK, BERND: Schule, Schulsystem, Schulentwicklung, in: Baumgart, Franzjörg/Lange, Ute (Hrsg.): Theorien der Schule, Bad Heilbrunn 1999. 216–223.

Abkürzungen und Anmerkungen

ANB	Amts- und Nachrichtenblatt für das Fürstenthum Gera
AVB	Reuß-plauisches Amts- und Verordnungsblatt
GS FRAeL	Gesetzsammlung des Fürstenthums Reuß Aelterer Linie
GS FRAeL	Gesetzsammlung für das Fürstentum Reuß Aelterer Linie
GS FRjL	Gesetzsammlung für das Fürstenthum Reuß jüngerer Linie
GS FRLRJL	Gesetzsammlung für die Fürstlich Reußischen Lande Reuß Jüngerer Linie
GS FRLuE	Gesetz-Sammlung für das Fürstenthum Reuß-Lobenstein und Ebersdorf
GS FRS	Gesetzsammlung für das Fürstenthum Reuß-Schleiz
GS VR	Gesetzsammlung für den Volksstaat Reuß

Alle Hervorhebungen in Zitaten folgen grundsätzlich dem Original. Sperrungen sind kursiv angegeben und weitere Abweichungen entsprechend gekennzeichnet.

Gesetze der Gesetzsammlungen werden angegeben mit: Kurzbezeichnung des Gesetzes (z.B. Gesetz, (Landesherrl.) Verordnung, Ausführungsgesetz etc.), in: Kurztitel der Gesetzsammlung, (Band), Jahrgang, Nummer des Gesetzes. Seite(n).

Die Abkürzungen in dieser Untersuchung folgen grundsätzlich den Abkürzungsverzeichnissen der »Religion in Geschichte und Gegenwart« (4. Auflage) sowie der »Theologischen Realenzyklopädie«.

Danksagung

Die vorliegende historisch-systematische und im Fachbereich der Historischen Religionspädagogik angesiedelte Mikrostudie entstand im Rahmen meiner dreijährigen Mitgliedschaft als Vollstipendiatin im Thüringer Landesgraduiertenkolleg »Protestantische Bildungstraditionen in Mitteldeutschland« (LGK PBT). Sie wurde im Juli 2014 zur Bewertung eingereicht und im Wintersemester 2014/2015 durch den Rat der Fakultät für Sozial- und Verhaltenswissenschaften der Friedrich-Schiller-Universität Jena als Dissertation zur Erlangung des akademischen Grades doctor philosophiae angenommen.

Für die Veröffentlichung wurden die Literaturangaben dieser Arbeit um ausgewählte Titel aus dem zweiten Halbjahr 2014 und Jahr 2015 ergänzt. Mit der Erstellung dieser Arbeit zum Ziel der Promotion erfüllte sich für mich nicht nur ein seit meiner Jugend gehegter Traum, sondern dieses sehr interessante Forschungsprojekt zu einem Abschnitt Thüringer Regional- und deutscher Bildungsgeschichte stellte für mich auch eine besondere Herausforderung und eine in vielerlei Hinsicht persönlich bereichernde Erfahrung dar. Den zahlreichen Personen und Weggefährten und -gefährtinnen, die mich durch meine Promotionszeit begleitet und in vielfältiger Art und Weise unterstützt haben, sowie den Institutionen, die den Druck dieser Arbeit ermöglicht haben, möchte ich im Folgenden namentlich in besonderer Weise danken.

Mein herzlicher Dank gilt zunächst meinem Doktorvater Herrn Professor Dr. Michael Wermke, Inhaber des Lehrstuhls für Religionspädagogik an der Theologischen Fakultät der Friedrich-Schiller-Universität Jena und stellvertretender Sprecher des LGK PBT, der mich hervorragend durch sein Interesse an meinem Thema, seine Anregungen, Ratschläge, Kritik und persönliches Engagement unterstützt und mir zusammen mit Dr. Thomas Heller die Veröffentlichung dieser Arbeit in der Reihe »Studien zur Religiösen Bildung« (StRB) ermöglicht hat.

Des Weiteren bin ich Herrn Professor Dr. Dr. Ralf Koerrenz, Inhaber des Lehrstuhls für Historische Pädagogik und Erziehungsforschung am Institut für Bildung und Kultur der Friedrich-Schiller-Universität Jena und Sprecher des LGK PBT, zu Dank verpflichtet, der mich nicht nur als Mitglied in ein in verschiedene wissenschaftliche Netzwerke eingebundenes interdisziplinäres Graduiertenkolleg mit zugehörigem Studienprogramm aufnahm, sondern mich als Zweitbetreuer während der gesamten Zeit der Erstellung meiner Dissertation durch fachlichen Rat und Kritik in sehr fruchtbarer Weise unterstützt hat.

Zu danken habe ich ebenfalls Herrn Prof. Dr. Thomas Kroll, Inhaber der Professur für Westeuropäische Geschichte am Historischen Institut der Friedrich-Schiller-Universität Jena, der freundlicherweise das Zweitgutachten zu meiner Dissertation verfasste.

Auch meinen Doktorschwestern Sophia Großkopf, Dr. Ulrike Weißbach, Sarah Köhler M.A. und Juliane Irma Mihan M.A. gebührt großer Dank. Sie waren mir nicht nur durch unzählige anregende und lebhafte fachliche Diskussionen und das mehrfache sorgfältige Korrekturlesen meines Manuskriptes, sondern darüber hinaus durch ihre persönliche Freundschaft bei der Erstellung meiner Dissertation eine unschätzbar wertvolle Hilfe.

Zu außerordentlichem Dank bin ich an dieser Stelle der Evangelischen Kirche in Deutschland (EKD) und der Union Evangelischer Kirchen in der Evangelischen Kirche in Deutschland (UEK) sowie der Evangelischen Kirche in Mitteldeutschland (EKM) verpflichtet. Ohne die großzügige finanzielle Unterstützung dieser Institutionen wäre die Drucklegung dieser Arbeit in der vorliegenden Form nicht möglich gewesen.

Ich danke auch meinen Geschwistern Franziska, Florian und Sebastian Kleeberg, meiner langjährigen besten Freundin Sabine Spreda und meinem Mann Wolfram Hörnlein dafür, dass sie stets für mich da waren und sind, sowie meinen Großeltern mütter- und väterlicherseits für ihre finanzielle Unterstützung während meiner Promotionszeit.

Schließlich möchte ich von ganzem Herzen meinen Eltern Evelyn und Peter Kleeberg danken. Sie haben die Grundlagen für meine persönliche und berufliche Entwicklung gelegt, mich stets vorbehaltlos und mit schier endloser Energie auf meinem Lebensweg und bei der Verwirklichung meiner Träume und Ziele ideell, materiell und mental unterstützt, gefördert und auch gefordert. Ihr steter Rückhalt, ihr persönliches Engagement, Verständnis, Zuspruch und ihre Liebe sind nicht nur von unschätzbarem Wert für mich, sondern haben in wesentlichem Maße zum Gelingen meiner Arbeit beigetragen.

Meinen Eltern widme ich in tiefer Verbundenheit und Dankbarkeit diese Veröffentlichung.

Jena, im November 2015

Dr. phil. Sylvia E. Kleeberg-Hörnlein